U0895742

上海交通大學
百年报刊集成

第一辑（1896—1949）

学 术 学 科

经管卷（第三册）

上海交通大学
档案文博管理中心 编

目 录

《交大经济》简介

该刊由交通大学经济学会负责编辑、出版和发行。创刊于1934年5月,1936年2月停刊,出版时间不定,属于经济类专业刊物。前身为《经济学报》《经济周刊》《管理学院院刊》,名目繁多,却一脉相承。之所以定名为《交大经济》,"一则是specialize(专门化、专业化)的意思,二则想把交大的出版物都一律起来,现在已有《交大周刊》《交大季刊》《交大三日刊》和《交大工程》等"[①]。目前所知,该刊现存1934年第1—3期,1935年第4期,1936年第5期,以上海图书馆所藏相对完整。本书收录5期。

作为"研究经济、交通、财政、金融、会计、统计、工业管理、社会事业等问题"[②]之专门刊物,该刊以推广学理为宗旨,一般分为六个栏目:"(一)论著译述(二)演讲词(三)经济调查(四)参考资材(五)书报介绍(六)经济史实。"[③]论文主题多涉及当时中国的经济政策和货币政策、各地区产业的发展情况、经济学研究的理论与方法、国际经济形势、国外经济现象和产业模式。"经济史实"一栏,主要介绍历史时期中外的经济问题、经济运动和产业情况,代表性文章包括《上海之减租运动》和《全国海陆空联运》。"经济调查"一栏多涉及雇佣关系、劳资制度和产业制度等主题,刊载民国时期中国各地、各产业的经济数据统计,评估各地区的社会经济发展状况。"参考资料"一栏则主要介绍经济现象和经济问题的参考资料,每期所刊篇数不多。"书报介绍"一栏主要介绍各类经济学、金融学、贸易学的专著、期刊和报纸。

从该刊的稿源来看,以刊发教职员、校友、同学及外界专家的撰著、译述为主。如1934年第1期的作者群中,有交通界前辈政要、交通大学定名者、校长叶恭绰的演讲词《经济建

① 《编后》,《交大经济》1934年第1期。
② 《〈交大经济〉期刊征稿启事》,《交大经济》1934年第1期。
③ 《〈交大经济〉期刊征稿启事》,《交大经济》1934年第1期。

设与利用外资及技术》。外界专家赐稿，则有时任上海社会经济调查所主任，同时亦是校友身份的徐佩琨的《金银之比价》；时任京沪、沪杭甬两路局局长黄柏樵的《经济原则下之人才观》。还有本校教职员，如关锡麟、马彦章、张宗谦三位教授分别发表的《成本会计之成本》《中央银行在中国应负之责任》《论劳工额外酬金》，都是"企业界、学术界的极好参考"。至于同学的作品，亦不乏上乘之作。如"同学李齐长、金先邑、徐昭三君的文章，是平时研究的心得，在学生中也是不可多得的"[①]。

总体来说，《交大经济》是一本反映20世纪30年代中国经济学研究状况的刊物，其所刊载的大量有关民国时期国内经济形势与政策的论文，既为研究民国时期中国经济发展水平提供了资料，也为了解民国时期中国经济学界的研究水平提供了窗口。

① 《编后》，《交大经济》1934年第1期。

交大經濟
國立交通大學經濟學會出版

中華民國廿三年五月出版
交大經濟 (第一期) 定價大洋二角
無定期刊物
編輯者 國立交通大學經濟學會出版部
出版者 國立交通大學經濟學會出版部
發行者 國立交通大學經濟學會出版部
印刷者 朱錦堂印書館
地址——南市王家嘴角街廿九號
經售處 全國各大書坊

廣告價目表

地位	全面 6½"×8½"	半面	四分之一
封底	七十元		
封面裏幅	五十元	卅五元	
正文後	四十元	廿五元	十五元

附註

一 封面裏幅包括封面內面封面內面之對面封底內面封底內面之對面等地位

二 廣告印刷均以黑字白紙

三 如須另行製版及加印色彩者價目另議

四 繪圖刻圖價目另議

『交大經濟』期刊徵稿啟事

（一）本刊爲研究經濟交通財政金融會計統計工業管理社會事業等問題之專門刊物，如荷教職員校友同學及外界專家惠賜宏文，不論撰著譯述，一概歡迎。

（二）本刊內容暫分下列六欄：（一）論著譯述，（二）講詞，（三）經濟調查，（四）參攷資材，（五）書報介紹，（六）經濟史實。

（三）來稿文言白話均可，每篇以四千字爲度，但萬言之長稿，數百字之小品，均極歡迎。

（四）賜稿務望繕寫清楚，並加新式標點，如有插圖請用墨色，以備製版，來稿如係翻譯，請將原文附寄，否則請知示原著人姓名，原文名稱，及刊載何處。

（五）稿末請署姓名住址，揭載時之署名可聽投稿者自定。

（六）投寄之稿無論登載與否，概不退還，但如投稿人預先聲明及附有退還郵費用者亦可照辦。

（七）稿件經本刊選登者，略備薄酬。

（一）本刊
（二）交大經濟學會出版品
（三）其他名貴經濟著作

（八）本刊以推廣學理爲宗旨，來稿版權仍歸作者所有，但本刊編輯覺編時，得選入刊載。

（九）來稿於必要時，本刊得加增刪修改，但不願接受，可預先聲明。

（十）來稿請寄上海交通大學經濟學會出版部。

經濟學會出版部職員

出版部長 許冠英

祕書 張學鼎

總務 王時虎

本刊總編輯 方善桂

本刊編輯 章景瑜 任家誠 裘玄同 薛觀澄 鄧廣熙 曾進生 李齊長 金先邑 徐昭 蔣家鎳

本刊總經理 王承元

廣告 王時虎 俞國態 黃棠峯 徐厚 王樹鑣 陳膺 周光中

交大經濟第一期

目錄

經濟建設與利用外資及技術

葉恭綽

利用國際的資本和人才來建設落後的中國，已經成爲很普遍和重要的問題了，怎樣利用國際的合作才能發生良好的效果，是值得我們來討論的。

現在國內經濟，凋敝萬分，一方面農村破產佔百分之七十之農民中，可以自給的不到百分之一，內亂頻仍，天災不斷，同時政令不一，各地方苛征暴斂，把中國變成經濟上不生產之落伍者，同時各國感覺到生產過剩和失業等等恐慌，都想以遠東爲尾閭，來救治本身的困難，因之對中國的經濟侵略，日新月異，其中不顧成本之傾銷，影響我國各業尤甚，現在歷年鉅額的入超，十年以後，也許只有進口，把我國實業摧殘殆盡，連小試之出口都不克維持，而且入超貨物，以糧食爲大宗，對於整個的民生關係尤大，金融方面，則內地枯竭萬分，財富全集中都市，尤其上海，變爲不生產之死血，全用之投機地皮等等，無稗國計之途，因之現在中國一方面不能自給自足，獨立成一單位，與世界各國提携或抵抗，又不能閉關自守，而不捲入漩渦，在這種經濟國難之下，除努力建設以外，實無其他出路，但在左右二大壁壘中間，談起經濟建設之途徑，實在是一個很困難的問題，依我的意見，似宜以總理遺敎爲根據，於適合國情之原則下，採一適當的政策，同時觀察現在的情形，及將來的趨勢，經各業發達，恐必趨于建立，國家資本之一途，因爲一方面中國沒有大資本家，而且將來也難以產生，而沒有資本，何能建設，故建立國家資本，來從事建設，殆有必然的趨勢。

國家資本從那裏來呢？稅收吧？現在大多數的民衆已經是搜括殆盡，絕對沒有力量來負擔鉅大的資本，國庫吧？中國歷來入不敷出，只有虧空，絕無盈餘，又外國往往由國家銀行散發各種證劵以聚資本，但中國國家銀行，信用未充尙沒有這個魄力，因之要建立國家資本，以圖建設，恐勢必利用外資。

、我國利用外資，已有六十年的歷史，其中種種經過，情形非常複雜，所以我們萬不能把他看作很簡單的問題，而貿然從事，且國際上對我國投資之事已中斷了十餘年，在歐戰以前，英美法日曾有一個協定規定投資中國，須取一致行動，其中含有聯合封鎖作用，我國不甘就範，因此各國對華投資，從此中斷，從該協定以後，直至去年，才有變相的棉麥借款，所以國際是不是有剩餘資本，是不是肯借給中國，都是問題，於今我們假定可以借到，則以後如何利用，才能有利無害，研究起來，至少也有以下四點，需要考慮。

第一：以前利用外資，往往收不到良好的效果，最大原因，就是我國本身無整個計劃，處處在被動的地位，例如借款建築鐵道，多半不是我國感覺到建路之必要，但以外交關係，迫而出者，而借款條件，又因外交關係，予我國種種不利，借款用途，既非必要，如何還本付息，又沒有確實的預算，結果當然失敗，所以要利用外資，一定要有自己的一個整個計劃，計算緩急，權衡輕重，定其多少，對於還本付息，加以精確的預算，才能免蹈已往之復轍。

第二：國際投資，固不必全有野心，但也不能說他毫無作用，前二三十年鐵道借款之時，全國輿論，以上海為中心，認為路亡國亡，反對甚力，彼時所發言論，似覺言過其實，但看到東北事件，則鐵道與國家之存亡，其關係實非淺鮮，現在國際風雲，變幻莫測，而世界糾紛中心，無疑地是在太平洋沿岸，尤其是在中國，則各國之借款投資，是否沒有背景，沒有作用，却成很大的疑問了，這個背景問題，我們也不能不考慮的

第三：各國借用外資，前例很多，但結果不若中國之壞，受債權人種種束縛，皆因各國根據整個的計劃和政策，自動的利用外資，一面外交有相當之運用，又有自主機關，處置借資，不至受債權人的箝制，至若中國，一切因無運用機關，來充分地靈活地利用外資的，如借金還銀，借銀還金，金銀兌算，也由外人操縱，此種滙兌損失，歷年計算實在數萬萬以上，其他類似的情形，不一而足，所以要謀充分地有利地分使用外資，非有各種較靈活而有組織之機關負責運用不可。

第四：關於借債攤還，各國都有確實的保障，即如革命後的蘇俄，雖然起先不承認帝俄時代之借款，現在已經逐漸部分的變相的承認了，至於中國，因國內紛亂，年年積虧，往往不能按期付息還本，因之國際信用，喪失殆盡，對於無把握的投資，唯利是圖之歐美資本家，當然不願，年來外資不入，這也是重大原因

，所以現在要利用外資，一定要下最大的決心，清理原有債務，確保將來借款，用準確的會計和精密的預算，確定付息還本之期限和額數，然後信用可以維持，條件可以優勝。

以上四點，是利用外資之必要條件，照總理實業計劃，將來建設費用，須在二十萬萬以上，這筆鉅金，自不能不求之國際，所以我們不能不先有一番研究，方免受人操縱與欺誑上四以點，不過係指其大要，其餘應意意之點尚多茲不具述。

以上所說，全是利用資本的問題，至于利用外國人才，就是國際之技術合作，也是非常重要的問題，我國自有明以後，代用客卿，前清康熙以後，所用日漸加多，海關郵務和海軍方面，差不多全有外人服務，外人往往說我國人不能幹事，聞之固足憤慨，但如說外人全不可用，則又不然。不過以前所用的外人，並非全屬極優秀的分子，有時學問技術，亦極平常，以只我國人事事無組織，紊亂異常，所以沒有成績，外人辦事，首重紀律，和組織，所以成績較好，却不一定是人才特高之故，因此可以證明我國若能自已有嚴密的組織，聘請更有學識的外國人才，從事建設，其成效一定較前更好。

以前用外國人才的不得其法，由于自已太無計劃，亦係一重要關鍵。例如赫德本來專理海關，以後連外交海軍亦叫他去辦。同時歷來的政府，用了無數外國顧問，往往毫無實事可幹，而且用非所學，籠統任敷衍，自然生不出好果來。現在世界，各種學術事業，因演進的結果，都剖成極細的部門，所需要的往往都是極專門的人才，而因過分專門之故，往往對全局的統籌不會代庖。試觀中國僅有之漢陽鋼鐵廠曾請鍊鋼工程師不少，但是鐵廠地點，取鉄在一百里以外，取煤在六百里以外，根本錯誤，遂致客卿無所施其技。故出品雖好，而全廠不支。又外國高級專家，每每祗擔任疑難問題之判斷與補救，若通常技術事務，本有各級人員分任，無須賴此巨薪之專家。我國往往聘請故高級之專家，而使任通常之職務，而應有之參考研究資料，復感缺乏，往往耗時間于此類資料之要求，則又不經濟之甚選。

故說到客卿之使用，其中亦有許多門檻，最要者即是令人盡其才。譬如開一戲園，缺一花面演員，你却去聘一有名之花旦來客串，此花旦雖係好脚，奈不合需要何。又如聘到一花面矣，而配脚與後台均不能合手，則此花面又何從出色。凡此種種，一說便明，無奈辦事諸公，轉而看不清楚，致時時生出錯誤與損失。總而言之：皆籠統二字之過也。再者中國延用外人，往往因外交關係被迫而為，因此這些外人便有特殊地位，我國所受的損害甚多，甚至非但我國沒有選擇的自由，進退賞罰的自由，反而時受其挾制，其實各國之用客卿，乃極平常的事，日本從前，用許多客卿，於明治之維新，大有幫助，蘇俄五年計劃，得客卿之益不在少處，又蘇俄今年把全體德國專家辭退，悉易法人，是何等的自由。所以講起利用外國人才一定要保留選擇及進退賞罰之權，才不致喧賓奪主，這又是一個極應注意的。

現在國內經濟已經到了山窮水盡之秋，同時一九三六年之危機。日益脅迫，如果我國不能自救，結果更易誘起列强之競爭，以我為因，以我為果，其時死生禍福全在他人手中，危險何堪設想。今日努力建設，已嫌其晚，更禁不起幾度蹉跎，但經濟之建設，不是單靠幾段理論，或特殊手腕所能收效的，現在討論建設的一班人，都頗同情於國際合作，以為係一個起死回生之機會，但是這樁事情，絕對不是如此簡單籠統的。所以我利用今天的機會，提出利用外資及人才的問題，與諸位討論，因為國際合作與資本及人才，當然有相聯的關係，而且或者即是合作之基幹；如沒有充分的研究與方法，譬如吃藥，亦可以中毒的。徒勞無功，尚是小事。故此向諸君提請注意，以供參考！

經濟原則下之人才觀

黃伯樵

人才之消長，關係世運之隆替。舉凡世界之進化，民族之生存，社會國家之繁榮，胥賴人才之經營與扶植。顧才難之歎，自昔已然，於茲為烈。今世寰宇大通，列國競爭益亟，瞻念我國，在此世界潮流洶湧震撼之中，萬事後人，圖存乏術，原因固有多端，而究其癥結所在，定非由於人才之缺乏乎？夫以我國之地大物博，號稱天富，民族之大，為世界所僅有。全國人口，依最早之統計，為數達四萬萬，以今計之，當增至四萬萬五千萬。使此四萬萬五千萬之腦，九萬萬之手，假定除去老病幼弱之半數外，一用之於有用之地則全世界之衣，食，住，行，我力當足以全部供給之。然事實上生產建設，萬分落後，雖以農業立國著稱，而衣食所需，猶多仰給於外洋。不特可恥，抑且可危！間嘗思之：天之生才，非有厚於彼而薄於此也。今之列强，土地不如我，人口不如我，物產富源不如我；而國力相較，舉凡文化，政治，經濟，實業，軍備，無一而不十百倍於我國。彼列强之所以能致此者，誠恃國中人才之多。然彼之人才何多，我之人才何少，無他，彼能充分培養其人才與善用其人才而已。此之謂人才經濟。換言之，即國家需用何種人物，即培養何種人才；舉辦何種事業，即羅致何種人才；人盡其用，事盡其利。按諸我國，專門學校及大學畢業者，何止數萬，留學東西洋而歸者，又何止數萬，何莫非以人才自居；而國家社會猶常感人才之不易得，甯非宇宙間一大矛盾乎？實則我國非眞無人才也，培養既疎於注意，甄選又漫無標準，庸流常處於高位，傑士每屈於下僚，此在個人為埋沒眞才，在國家為浪費人才。此之謂人才之不經濟。究其所以致此之由，約如下述：

一曰培養之不適宜　人類稟賦不同，智慧各異，人有所短，寸有所長；然茍能因勢利導，無不可以成才。昔項籍學書不成，去學劍，又以爲劍一人敵，不足學，其叔父項梁授以兵法，乃大喜，以爲萬人敵。可見培養人才，要當視其稟賦之天性而異其途，非可執一不變也。往盼我國之爲父兄者，率不知利用其子弟之天性而善導之，雖期望其子弟之心，未嘗不切，而於子弟之所學是否適合其天性，皆不顧及，以致宜於文學者，强使之習軍事；宜於數理者，强使之習美術。凡此種種，不勝枚舉。試思以違戾其天性，而迫使之學不欲學之事，安能望其斐然有成，抑且固此而埋沒幾許有爲之天才，其事殆酷於秦皇之坑儒。大匠之掄材也。入山一顧，於羣木中，若者宜任梁棟，若者宜充榱桶，不待施斧斤繩墨而已灼知；無他，能熟諳乎木性也。世之爲父兄者，乃憯然於其子弟之天性，忍使之碌碌無所成就，國中人才之貧乏，爲父兄者，誠難逃其責矣。

二曰供求之不相應　社會國家所需人才，恆隨時代爲轉移；而時代之所需，亦不一其端。是在學者一方審其性之所近，一方體察當世之所需，從而研習某種學問或技術。如是，則國家社會可多得有用之人才，而個人亦易求日後之出路。此之謂供求相應，於國家社會一切事業之發展，關係極爲重大。我國興學三十餘年，學者之留學外國歸者，及畢業於國內大學或專門學校者，數不在少。然國中缺乏有用之人才，要爲不可掩之事實。其故由於從前教育之無一貫政策，對於留學生及大學生應習之學科，事先既無遠大之眼光，通盤籌畫，臨時又未能顧及需要之對象，一轍相循，漫無標準；而學者亦但知歆慕大學生與留學生之美名，亟亟以求資格之具備，鮮有計及所學之是否切合於需要，致結果一面形成供過於求之現象，而一面懸格以求，十不得一。夫有人才而無致用之地，則與無人才等。寖假有同一之專門人才千人，苟社會需要者僅十人。此十人者，固已能用其所學，而社會亦共見其人才；然所餘之九百九十人，其才與十人者相若，徒以限於社會需要之岦，出路遂隘。久之，此九百九十人不得不轉輾以求他項職業，而於向所學者，悉非所用。以一千人之才，其效用僅乃見之於十人，斯非人才之大厄如何！夫貨棄於地，人猶惜之。人才之棄置不用，化有才爲無才，豈獨人才本身之損失已哉。

三曰留學生之不務實際　中國自興學後，卽有派送留學生之舉，國中學者風起雲湧，莫不以出洋爲求學之極軌。顧倡導出洋留學，旨有採取他國之所長，以補我之所短；且使優秀之人才有實地攷察之機會，歸以爲國家謀興革之資也。東西各國，其學術文化種種，固不乏獨到之處，然未必事事皆無瑕疵可尋。故我之留學於他國者，要在能潛心默會，擇其精要而適合於我國者取之，察其糟粕而無關宏旨者捨之。所謂他山之石，可以攻玉，然決不可謂其所有石盡爲美玉也。我國近三十年來，能步趨歐美諸先進國，而稍見刷新之象者，固不能不歸功於留學生；然今日社會派別之複雜，風俗之頹靡，學術技能之膚淺，亦不能不歸咎於留學生。蓋從前留學生大都犯盲從之弊病，當其在留學國中，凡所耳濡目染者，率不暇審察其良窳，踵相仿傚，而於學問之研研，淺嘗輒止。是以對於國外之一切，若者適合於我國之需要，若者切中於我國之國情，皆不之辨；及其返國，動輙以歐美之俗尚相炫燿，雖服御飲食之微，亦必摹擬惟恐不肖，不知立國於世界，各有其立國之精神，民族之特性。我國固有之優點，不乏爲歐美各國所望塵莫及者，但加整理，卽可利用無窮。而留學生每忽於此點視，他國之所有，雖謬見鄙俗，亦奉爲神聖；而於祖國之精華美德，棄若敝屣。馴致我國立國之基礎日以搖動，歐美之糟粕輸入不已，而眞正適合於經國成物之大道者，百無一二焉。卽以譯書一事觀之，坊間歐美之譯著，汗牛充棟，一試察其內容，或立論乖謬，或陳華膚淺，雜然爭鳴，互相標榜，而欲求其有助於學術之參證，介紹他國之菁華者，恆不易猝得。此其影響於國中學術思想政教風俗者爲何？如竊謂留學生爲比較擾秀之人才，其地位高於普通之國民，一舉一動，最易引人注視。苟留學生而一味盲從，則全社會之人咸將從而盲從。試問世界盲從之民族，能久存於物競天擇之今日乎？譬諸行道，掩其目而不視，其人必致顛仆而後止。留學生者，民族之目也；身任民族之目，而盲從他人，行見全民族之顛仆不遠矣，可不懼哉！

四曰人才之漠視經驗， 人才必自歷練而成，古今中外，例無二致。蓋吾人作事，閱歷愈久者，其識愈充，而其知益眞。語有之：行遠必自邇，登高必自卑。人才之培植亦然，其始苟無深切之認識，豐富之經驗，一但猝臨於大任，未有不僨事者。譬諸軍旅。其將帥自行伍出身者，於攻守之道，所知必倍於人。又於我國商店經理，往往由學徒洊升，故其處理店務，亦多能秩然有序。此皆由於平昔經過充分之歷練而來。我國留學生及大學生，每於學業甫成，卽懷奢望，非高級之職位不屑爲，非領袖之地位不願居。果有幸而得之者，對於所任職務，胸無成竹，頗類盲人之騎瞎馬，任性妄行，漫無主宰，事業既因此而失敗，本身亦鮮得長進之機會，甚或以是而隕越者，比比也。夫天下驚人偉大之事業，未有不造端於淺近平凡者。故欲望人才之日進於高明，當先自下層做起，按步就班，循序漸進，俾遇事歷練，堅其心志，久之自能蔚爲有用之人才。否則縱有專長之學問，而對事業初無深切之認識，亦必無補於實際。彼社會上有名人物，及其名成業遂之際，全社會莫不致其歆羨與崇拜以爲不世出之大才，不知其初亦未必遽有大過人處，彼特能遇事磨礪，從大處着眼，從小處下手，不問位置之高低，致全力於目前之所任。抱有服務之興趣，深入事業之奧蘊，積之既久，其成就遂遠過於尋常耳。

五曰不努力與自棄，　事無難易，惟努力乃可成功。大抵賦閒者百計營謀，冀得棲枝，及其既得相當位置，又往往不能忠於其事，努力以求進展，視職務爲謀生之具，進身之階，不求有功，但求無過，因循敷衍。於是懈怠厭棄之心，相屬而起，乃轉而於職務之外，追求所謂享樂之生活，不惜糜其精神於無用之地。寖至七尺之身，爲嗜好物慾所驅使，與事業之正軌，背馳日遠。其才能學識，因以汨滅無餘，卒乃成爲無用之人。此之謂自棄。蓋以不努力造其因，而收自棄之惡果，毀滅人才，莫此爲甚。

六曰缺乏愛才者提攜，　人才隱伏於社會，未試諸事，恒不能以自見，甚或再試，三試，以至試之日久而後乃見。然苟無愛才者臨其上，留心而提攜之，則人才亦終無自見之日。古者，伯樂善相馬，一過冀北，而馬羣遂空。前乎伯樂而過者，未必無人，然不見有良馬也。曾文正曰：「十室之邑，有好義之士，其智足以移十人者，必能拔十人中之尤者而材之；其智足以移百人者，必能拔百人中之尤者而材之」。由是可知人才之出，必待乎愛才者之汲引；蓋世惟愛才者能識才，見有才焉，量其才而器使之，察其意而激勵之，度時機以登進之，畀事權以倚重之，故人才感激而樂於自效，於是才者日出，而不才者日退。今日我國一切事業之有待乎人才而舉者萬端，而默察社會中愛才者則甚鮮。皮相之觀，動曰無才。不知人才之養成，其間固大有一番用力之過程，未可偶致。人才之起源，在於父兄別擇其子弟之天才而引進之；而其成功最後之增梯，則全恃乎愛才者之提攜與獎進。社會之愛才者多，人才之出自衆；愛才者少，則人才亦將不自愛而旁出於自棄之途。我國今日之所以缺乏人才，無愛才者之提攜，亦一大原因也。

七曰早婚之影響，　凡青年學成投身社會後，宜先就淺近之事，加以充分之練習，以立其辦事之基礎，不必急急求躁進。然社會一般情形則反是。其故受早婚之影響者，十居八九。蓋人至成婚以後，家庭之負擔既重，遂不得不希冀較高之職位，以豐其收入，而無意於練習淺近之事。對於事業前途，遂缺乏相當之準備，基本既薄，日後之成就亦甯有圓滿之望。且吾人從事於事業應具之要素有三：一曰優異之才智，二曰活潑之精神，三曰健全之身體。兼此三者，則出以應事，愈經磨練而愈進步。成婚以後，一面既束縛於家庭之負擔，必不能若婚前之活潑自由，且復斲傷其身體。其於事業之效率必因是銳減，此又人才之大厄也。

八曰缺乏相當之保障， 我國考試銓敍之制，方在推行，各機關登進人才，大都僅憑謀事者親故之舉薦，視舉薦者權勢之大小，與交情之厚薄，而定取舍。賢能勝任者，未必能得有力者之援引，庸碌不肖者，反得夤緣倖進。各機關既不爲事擇人，勢必爲人擇事，以職務爲安插閒曹之用，以椽屬供有司差喚之需。進退既漫無標準，黜陟亦絕鮮一定之規程。每當新舊遞嬗之際，大批人員隨其所屬上司一同進退，其幸而留任者，又往往予以遷調，以爲日後裁汰之張本。卽有出類拔萃之人才，雖其學識豐富，經驗充足，因缺乏相當之保障，亦不能久於其位，遂致人人抱五日京兆之心，敷衍塞責，工作之效率乃大減，事業亦因而敗壞予冥冥之中。如欲挽此頹風，非確立人才之保障不爲功。

人才不經濟之弊害，既如上述。揆厥原因，或由於人身之缺陷，或由於環境之促成，然其爲人才之不經濟則一。夫物力之不經濟，貧乏可以立待。人才者，民族元氣之所寄也。苟長此狼籍，我中華民族前途將不至於總崩潰不止。須知國家待人才而興，民族待人才而振。願國人今後一致注意於培養與善用人才，務使合於經濟原則。上述諸弊，相戒勿復蹈。而於大學生與留學生應習之學科，政府應規定嚴格之標準，畢業後，須就其所學，加以攷試，然後承認其學政。位是，則人才自出，社會國家皆利賴之。總之，我國居大民族之地位，民智之優秀，不後於人，但能顧及人才之經濟，卽不患無人才，且不患人才之不足。故余以爲今日一切經濟問題之商討，寔先於人才之經濟問題。爰著此文，以與國人一商榷焉。

夏季衣料
凝香綃
瓔珞紗
喬其紗
美亞織綢厰
總發行所 上海天津路山西路西首
各地綢號均有經售
首都娛樂的天堂
中外鉅片的總庫
首都大戲院
發音清晰
光線準足
建築偉大
座價低廉
南京夫子廟
電話二一〇七

金銀之比價

徐佩琨

金貴銀賤之問題。爲幣制問題之癥結所在。晚近數年來。比價相差更鉅。於是問題愈趨嚴重。最初時之比價。僅十五對一。即一兩重之金。值十五兩重之銀。嗣後改爲二十對一。三十對一。四十對一。以此遞變。迄於去年。竟發現七九對一之比價。換言之。去年之金值。較金值昻貴八十倍許。金之高貴。與銀之低賤。誠有天上人間之區別矣。而所以有此懸殊之比價者。實無他。一言以蔽之曰。皆人爲之力所使至也。進而言之。金銀之所以有値者。亦皆人爲之力所使然也。明乎此。始可與言金銀之問題。惟是凡金銀之値。與比價之變遷。超越常軌。而有損害人類幸福。與文明基礎時。我人當各應以人爲之力矯正之也。今日銀價之低落。與金價之高翔。狀如手雖健全。而足已腐爛。軀殼終無以活動也。數年來。各國逐漸放棄金本位。顯示經濟制度之弱點。與夫經濟衰落之程度。而救濟之道。首在矯正金銀之比價是已。易言之。銀價必使其提高至相當程度時。至後以國際協定之方式。維持此公允之比價而可。顧爲避免空洞起見。爰將金銀比價之歷史。與近年來之情狀。略述於後。以備研究幣制改革者之參考云爾。

在十八世紀以前。金銀俱爲正幣。毫無軒輕之分。當一七九〇年。法國採用複本位時。維持十五•五對一之比價。迄於一八七〇年。是項比價常站在十五•一之譜。而從未超越十六對一。與十五對一之限度。在一七八九年。美國採用十五對一之比價。至一八三四年。改用十六對一之比價。惟在一八一六年時。英國已採用金本位。一八五四年。葡萄牙採用金本位。但常時德國，俄國，奧匈，及東亞諸國。仍維持銀本位。在一八六五年。拉丁貨幣組合成立。法國，比國，瑞士，及意大利均參加。並定十五•五對一之比價。金銀並用。均爲無限法償。是以常時採用複本位者。極爲普通。但過如一八四八年時之金礦發現。及一八六〇年之銀產過鉅。常使原定之比價不能維持。而須略爲更動耳。迨普法戰爭。於一八七一年。德國採用金本位。於一八七三年。美國停止自由鼓鑄銀幣。一八九三年。英國停止印度自由鼓鑄銀幣。嗣後各國皆採用金本位矣。於此放棄銀本位之一端。足使銀價一落千丈。況近數年來。各國對於銀物。大爲投機。融化銀幣。印度並將準備銀幣出售乎。設易地以處。我人對於金物。亦作同様之鄙棄。金價焉得不狂跌乎。此理固甚明顯。我人苟稍加思索。當可洞矚無遺焉。

今請言金銀之產額。與金銀之市價。爲便利讀者研究計。玆列表如次。

(一)	(二) 金產額 單位盎司	(三) 銀產額 單位盎司	(四) 金銀生產比例	(五) 每盎司純金合美金價	(六) 每盎司純銀合美金價	(七) 金銀比價
民十二	17,800,000	240,000,000	13.50	20.67	.649	31.8
民十三	19,000,000	239,000,000	12.58	20.67	.668	30.9
民十四	19,000,000	241,000,000	12.68	20.67	.691	29.9
民十五	19,400,000	253,000,000	13.04	20.67	.623	33.1
民十六	19,500,000	254,000,000	13.02	20.67	.563	36.7
民十七	19,700,000	257,000,000	13.04	20.67	.584	35.4
民十八	20,200,000	256,000,000	12.60	20.67	.533	38.8
民十九	17,900,000	211,428,000	11.80	20.67	.385	53.7
民廿	22,211,100	158,559,000	7.14	20.67	.290	71.3
民廿一	24,163,000	169,232,000	7.00	20.67	.283	73.0
民廿二	18,224,900	161,860,000	8.30	27.18	.346	78.6

由上表以言。金之產額。每年常在二〇，〇〇〇，〇〇〇盎司之譜。自民國十九年起。略有變動。若以十九年起四年平均計之。仍與前數相符。銀之產額。每年向爲二五〇，〇〇〇，〇〇〇盎司。惟十九年減少甚多。二十年至二十二年。減少特鉅。最後三年數字。因來源不同。或有錯誤。此點暫勿具論。故兩項之產額。除特殊情形外。每年頗爲平勻。而最可使人注意者。生產額縱有出入。而金銀之產額比例。常在十二對一。與十四對一之間。最近三年則爲七對一。假定最近三年數字。亦爲二五〇，〇〇〇，〇〇〇盎司。則是三年之產額比例。仍爲十二對一。此最近產額比例之情形也。至於以前產額之比例。自有史以來。均爲

十六對一。此固爲紐頓氏Newton所發明。旋卽建議爲比價之標準。嗣後採用十六對一爲複本位之標準者。皆根據紐頓氏之主張也。反觀金銀之市價。就美國市場之價格而言。（英國市場之價格無甚出入可勿具論）自民國十四年以還。銀價步步下跌。當年每盎司純銀。合美金六角九分許。至民國廿一年。每盎司純銀。僅值美金二角八分許。跌落一倍半許。至民廿二年。銀價雖稍回漲。但與高峯相差。仍有一倍之譜。近年來。銀價跌落之劇烈。於此可見一斑。按金價則爲法律所規定。每盎司純金。合值美金二〇•六七元。至民國廿二年。美國實行收買黃金政策。故金價略爲提高。每盎司純金。合值美金二七•一八元。金銀之個別價值。既已明瞭。（見表中第五第六兩項）則市場上之金銀比價。當可推算而得。民國十五年爲三三•一。至民國廿二年時改爲七八•六。（見表中第七項）金貴銀賤之問題。於是油然發生矣。

今再就金銀問題有關係各點。爲簡單之說明如下。金之生產量雖較小。銀之生產量較大。至其每年個別產額之增加。皆頗調勻。而無暴漲狂跌之變動。而其相互間之產額比例。尤爲穩定。自古以來。卽發現十六對一之比例。近年來因銀產較尠。致有十二對一之比例。最近之比例。更有縮之趨勢。反觀市價之比例。在各國採用複本位制時。市價站在十六對一水準之左右。旋各國次第採用金本位。市價逐漸移動。由二十將一。以至三十對一。四十對一。而最近則發現八十對一之比價。由此以觀。銀價之狂跌。全由於銀物失去其貨幣地位所致耳。

若以工業用品之銷耗而言。金銀皆美麗奪目。俱可爲裝飾品。於齒科之應用。銀之銷耗。較金爲廣。於影戲事業。銀之銷耗。占全世界銀產七分之一。就窖藏以言。中國印度人民。均喜埋藏。雖無統計。其數量必可驚人無疑。是以除貨幣立場以外以言。銀價似應較金爲昂貴。至少亦應同値。再由貨幣立場言。金銀之條件。正復相同。金之堅硬性。光澤質。產量之平勻等條件。銀無不俱備。至則何以金可爲本位貨幣。而銀不可以爲本位貨幣乎。此其原因。極爲簡單。蓋人爲之力造成之也。

苟以人力產生之金本位。而得維持其金本位之功用。我人固毋須嘵舌責難。但今日金本位之崩潰。已樹倒根見。而昔日金本位之地位。無以恢復。亦照然若揭。換言之。貨幣之本位。有改革之必要。毫無疑義。今者有倡以紙幣爲本位者。按照目前人類進化之程度。尙非其時。可置勿論。有倡以白金或金鋼鑽等。與金共同爲貨幣者。但觀其貨幣之條件。尙不如銀之高明。卽以其他金屬言。亦無一俱備貨幣之條件者。是以貨幣而須改革。舍金銀並用外。殊無其他更完善之辦法。我人如以銀爲不然。而必須拋棄者。則置之拉圾桶可已。反之。如有以金爲不然者。亦不妨試置金於拉圾桶可已。但事實上。金銀與世界文明基礎之關係。根深蒂固。絕無拋棄之可能。數百年後。或有金屬貨幣廢棄實現之一日。顧就事論事。目前徒唱高調。殊無謂也。

銀之不能拋棄。金之不能單獨維持貨幣之功用。則金銀並用。勢在必行。而目前所以遲遲不能產生並用之辦法者。實由於雙方利害衝突所牽制耳。換言之。欲求一公允之比價。而可減少雙方利害得失之問題。殊感困難已極。第事實之需要。是項困難。終有解除之一日。美政府提倡提高銀價。爲整理世界貨幣問題之初步工作。我人固樂觀其成功耳。惟近日世界風雲。復告緊張。金銀之問題。固爲次要者。勢必暫束高閣矣。　（完）

財政部廿一年鹽稅收入

民國念一年稅收統計總數爲一五六，九二一，〇〇〇元，計長蘆一二，一二六，〇〇〇元，河東二，六三二，〇〇〇元，口北四六九，〇〇〇元，晉北九七七，〇〇〇元，山東七，九四二，〇〇〇元，淮北一二，四四七，〇〇〇元，揚州一三，七六三，〇〇〇元，松江九，二五〇，〇〇〇元，兩浙九，八六二，〇〇〇元，鄂岸一二，七七七，〇〇〇元，湘岸一三，五四九，〇〇〇元，皖岸五，二〇三，〇〇〇元，西岸七，九七〇，〇〇〇元，河南五，三七一，〇〇〇元，福建三，八四七，〇〇〇元，廣東一〇，四八三，〇〇〇元，廣西一，六二二，〇〇〇元，雲南二，〇四三，〇〇〇元，川南二，五八一，〇〇〇元，川北一，九〇五，〇〇〇元，甘肅三三七，〇〇〇元，青海八三，〇〇〇元，新疆二九五，〇〇〇元，寧夏三八七〇〇〇元，連運銷國外者計二九一，〇〇〇元，合計爲一五七，二一二，〇〇〇元。

成本會計之成本

關錫麟

一般對於成本會計之誤解

國內工業，現對於成本會計，漸覺有採用之需要。惟普通有二種見解，殊屬謬誤。一種以爲成本會計，既屬必要，則所買幾何，皆屬値得。故該部份之耗費，若何浩大，亦不思減削之。又有一種以爲成本會計爲大工廠奢侈之品，非普通工廠所必需。此二種見解，率皆未明成本會計之本意。蓋成本會計之本意，爲節省而非虛耗。如成本會計在一工廠中，所得之利益較所費爲少，則此成本會計部份在此工廠內即無存在之價値。故所費無論如何渺少，苟不得利益處，則此部份亦不應設立。所費如何浩大，苟所得利益足以抵之而有餘，此成本會計部，對於工廠當爲有利也。

成本會計利益之估計

成本會計之利益及成本既應有比較，則須有估値之法，方可比較。然成本會計部非直接生利部份，共利益應如何估値乎？成本會計之眞實效用，在利用成本數字，爲將來政策及計劃之基本。故如採成本會計法後，因而將可減削之製造成本之減削，關於生產統制之改進，關於出產政策之改變，及關於推銷政策之改變者皆是也。此等改進之益處，可大略估計之。昔美因鋼鐵公司卡尼基Carnegie氏作一估計，謂該公司未用成本會計以前，耗費特多。如以前已有成本會計，其所省當不在二萬五千萬以下。此或有張大其辭之處，然足以示成本利益，可以作適當之估計也。

成本會計之成本

關於所得利益，既可有約略之估計後，則對於成本會計之成本，亦應有相當之估算。此種估算，自易較利益爲易於準確。關於此種可分四段討論之：

(一)計劃成本會計制度之用費

此項用費，包括籌備時一切用費，其籌備或由會計師或由公司內屬成本會計師擔任之。此種籌備用費，就會計學觀之，爲一種遞延資產。然此種用費如成本會計，確能生利，則有如公司之商譽，無攤提之需要。若成本會計在公司無利可得，則僅爲消耗之開始，此種用費，在計算成本不應攤提，方不應計爲第一期之費用。如欲將此項費用列入成本會計之成本內，祇可按此項費用以適當之利率，計算利息，加入成本內。或將此項費用，用長期間攤派之，俾在第一二期擔負不至太大也。

(二)設立成本會計時之生財設備及其附屬用費

此項包括計算機記賬機寫字桌等類，自有折舊保險修理等零星，應列入成本內。如此項設備所費特大，亦應按設備之折舊後淨値以適當之利率，計算利息，加入成本內。

(三)成本會計部份工作人員薪工

此項爲數最大，故應特加注意，分類列入成本內，如兼他部份職務者，須按其服務時間而攤派之。

(四)成本會計部之消耗

此項包括成本會計表格印造費，紙張，及該部之零星用費是也。如有及他部份合用之費用，則應有適當之分攤法攤派之。其分派原理與工廠消耗之攤派法相同。

利益及成平之比較

利益及成本既有相當之估價，則宜比較之。惟得利益之時及費用之時不同，有費用後，始有利益。故比較時可用累積法比較。第一二期時或得不償失，而於後期漸漸彌補之。如三四期後仍屬得不償失者，則必有故焉。或經理對於成本會計之結果不加以利用，或成本會計部費用太大也。

成本會計成本之減削

關於利用成本會計，多有論之者。茲就減削成本言之。按減削成本之法，可分爲二種，一則就在制度內局部費用之減削，一則就制度本身之改進是也。局部之減削如分析人員職務裁撤冗員。在制度下減少工作，如計算小數位不必過多，報告擇其有用存之，無用者減之。製造表式凡無須端楷墨水製出者改用鉛筆製之，減去工作。職員亦可酌減或排置及分配工作得更適當之法，俾職員不至一時過忙，一時過閑，亦減少人員之一法。至如消耗方面數目，大率不高。惟可減削，亦應減削之。記錄不須久存，用稍次等之紙，表格大小照紙張大小標準。表格印刷，每次印刷增多，而次數減少。種種省減少成本之方法，此種均係局部之改進也。

制度上改進

更有一種，即制度上之更改，辦法更爲澈底，而功效更大焉。從制度上之改進法有二：

（一）將現在之制度去繁就簡，例如存貨永久記錄，或有太繁，而存貨價值底廉，不值得者，可參用定期盤存法；存貨分類太細，故過賬太繁者，合之工作記錄；時間單位太細者，可延長之；工廠消耗攤派法太煩，則集性質相同之成本區間，而同樣攤派於他部份。此種變更，須以不影響成本數字之應用爲限。

（二）採用標準成本會計制度。標準成本之大意爲採用過去成本記錄之結果，注意現在及過去之差異，而減去現在不需之記錄。此種制度，旣減少工作，復利便分析。昔美國付款機器製造公司National cash Register company經理柏特頓氏，需用成本報告，因向成本會計部索之，而以決算未畢，久不得。因而將成本會計部裁撤，後又採用標準成本會計制度，所用人員，僅原來三分之一，而取索報告，一無拖延。故有成本會計師覺謂現用之分批成本制度爲陳舊不合用者，標準成本會計之立場，一時尙難確定。惟其利益如減少工作及分析之便利，則極明焉。

（關於標準成本之施用法可參考Harrison : Standard Costs）

結論

成本會計之成本，其可差異處甚多，今再簡述之。

（一） 成本會計之成本視制度而異，而制度則視製造程序而異，然程序相同制度亦有簡有繁。

（二） 制度相同而成本亦可多可少，因工作分配不適或僱用高薪人員，故所費致較多。

（三） 職員薪工相同，因所用設備及消耗品不同，故成本亦異。因此種種之差異，故成本之分析估算不無用焉。在已有成本會計者，應分析之而減去可減之數；在未設成本會計者；應知成本會計之成本，旣可多可少，不必因所費太多，而不設成本會計。蓋成本會計之結果，如能利用在普通情形之下，其利益當較所費爲多也。

中央銀行在中國應負之責任

馬彥章

無系統之銀行事業，在工商業發達之國家，已成過去之時代。當美國「合衆準備」銀行首創之時，卽認無系統之銀行事業，爲美國銀行制度中之極大病根。在一九一三年前，美國銀行界，在法律以內，行「各是其是主義」。舉凡一切信用之伸張及收縮，皆以本行之利益爲標準。一若其他銀行，及市面金融，與己一無若大之關係者。故遇有金融恐慌之時，各行家爲保存各個之利益起見，羣起收回及縮短其放欵。結果，乃至同歸於盡。蓋銀行與銀行之相互關係，猶如一架機器：一部運轉不靈，卽全部停止動作。職斯之故，乃有「合衆準備」銀行之建議。其目的卽在聯絡各有力之銀行，爲一有系統，有集中之銀行。不但在恐慌時節有協同補救之調濟，卽於平時，對於信用之伸縮，亦應採同一之步驟，庶可於信用恐慌之前，加以種種防範。

銀行事業在中國，旣無深遠之歷史，亦無雄厚之資本。其具有成績之銀行，亦寥寥無幾。此固爲中國工商業不能充分發展之主要原因，然亦未始非我國之福。蓋銀行之設立，使愈根深蒂固，其改革愈感困難。反不如銀行在萌芽時代，易於統盤計劃，整個改革也。故在中國，整個銀行之革新，與有系統之組織，不難實現。銀行界中，以中央銀行爲主體。是以中國中央銀行之設立，負有極重大之使命。不但負有指導各銀行之責任，並須有整個之計劃，使各銀行有互助之精神及集中之協調。而其應辦之事務，不勝枚舉。如「銀錢市場」(Money market)及「資本市場」(Capital market)之設立，票據貼現之機關，以及介紹並實現「商業票據」(Commercial papers)「銀行票據」(Bankers acceptances)通行之種種問題。不特此也，貨幣統一問題，準備金之集中問題，證券市場(Stock & Bond markets)以及承辦業務(Syndicate)等等，均爲刻不容緩之切要問題。凡此皆與中央銀行有密切關係，亦即中央銀行所應負發展之重大使命。茲就管見所及，將中國中央銀行應負之三大責任，分述於次。

（一）中國中央銀行應負維持本國幣制之穩定責任。

（二）中國中央銀行應負創設「銀錢市場」之責任。

（三）中國中央銀行應負創設「資本市場」之責任。

（一）關於中央銀行應負維持本國幣制之穩定責任：

（甲）關於幣制問題——中央銀行，首在設法統一幣制。國人因幣制紛亂而所受之損失，阻礙，與假冒，不可勝計。今廢兩改元，雖已有相當之初步成功，然距統一幣制途徑尚遠。銀元之必須劃一，輔幣之必須一律，皆為當務之急。雖其進行諸多困難，然殊不可因此而退縮。中央銀行，應與財政部合作努力，於最近期內，務使其實現。庶使我國有統一之幣制。

（乙）關於兌換券問題——有統一之幣制，然後方可談統一兌換券。兌換券之流通，為管理一國信用伸縮之必要工具。故兌換券之發行權，幾為各國中央銀行所獨享。良以中央銀行之設立，以維持本國金融之穩定為第一要義。其於營利一項，並不特別注意。其兌換券之流通量，僅在應社會之適當需要，與審擇工商業之要求。設其他銀行皆有發行之權，則必盡量發行至法律所禁之數。蓋其目的在營利，金融市面之繁榮與衰敗，不暇顧及。故中央銀行之應獨享發行兌換券之權，實無疑義。我國銀行，多數領有財部特准之發行兌換券權，而發行之數，亦無限制。在此情形之下，我國中央銀行之「信用政策」（Credit Policy） 必難發生效力。故必須設法，使兌換券之發行權，完全為中央銀行所獨享。然在事實上，困難諸多。如一時強其他銀行放棄其發行權，而一任中央銀行獨享之，恐非易事。為今之計，惟有循序漸進，而期達到中央銀行獨享發行權之一日。類如，財部對於將來任何新立之銀行，不予以發行兌換券之權。其已領有發行權者，得限制其發行量數。如有發行權之銀行，與他銀行合併時，其發行權，即作為取消。甚至於必要時，除中央銀行外，得加重發行稅於享有發行權之其他銀行。如此，則將來銀行之兌換券，可完全歸中央銀行發行。惟僅以法律限制發行，恐招多數之反感，因法律不追既往，治律既准其發行於前，豈可拒之於後。故必須先用開導，與教育方法，使其知兌換券統一之必要。俟至相當成熟時期，始用法律方法解決之。

至中央銀行達到獨享發行兌換券權之後，應用何種措保兌換券法爲其準備，是一極大問題。如美國「合衆準備」銀行所發行之兌換券，係用流通額之四成爲現金準備，其餘六成準備，爲有價期票。英國則以二六〇，〇〇〇，〇〇〇磅爲法定最多數之政府證券，及有價期票爲準備，超過此數者，必須用十足現金爲準備。此兩種擔保準備方法，各有其利弊，影響於社會金融甚大。惜爲篇幅所限，不能論及。

（丙）準備金之集中問題——我國中央銀行欲實行其維持本國幣制之穩定，除(甲)(乙)兩項外，必須有相當收管全國現金準備之能力。現金準備之於銀行，猶如血脈之於人身；血脈枯，人身絕。現金停流，銀行倒閉。故有信用之銀行，皆存有充足之現金準備。此固甚善，但現金散存各行，害多利少。平時每覺其多，而遇恐慌時，則覺其不足。倘各銀行，均將其現金存放於中央銀行，則其現金，非但可作有利之用途，且可作擠兌時之保障。蓋現金之集中，猶如放水於蓄水池中，用之多寡，隨時可以放出。上海銀行業同業公會所立之聯合準備委員會，卽本此旨。惟其目的，僅在於維持擠兌時之用。但現金準備之集中，不特須維持恐慌時之信用，且須負防患於未然之責任。故此種準備以中央銀行負擔爲最相宜，此爲各國中央銀行所行之慣例。我國中央銀行，成立未久，其信用不若歐美各國中央銀行之普及，因是，恐不能得我國其他銀行之充分信仰。關於準備集中一節，須俟其將來之努力與成績而決定。

（二）關於中國中央銀行應負創設「銀錢市場」之責任：

「銀錢市場」是專爲短期放款及貼現而設。其效用在供給一種活動資金，使貨物之銷暢，易於轉動。其方法係用短期票據爲根據。故凡各國中央銀行之辦理完善者，必有一極有效力之「銀錢市場」。至「銀錢市場」之有無效力，全視其有無下列之三種必要條件：

(甲)「貼現市場」(Discount Market)，(乙)「商業票據」及「銀行票據」之使用，(The use of Commerciel Papers and Bankers Acceptance)(丙)重貼現之便利(Facility for Rediscount)。

此三種之活動資金方法，在中國是絕無僅有的。於是我國有資金者，無處投資；有營業者，無處借款。蓋「貼現市場」之效用，是使放款與借款者同集於一處。如此，則放款者有處可放，借款者有處可借。譬如某工業家，售貨於人，三月之後，方可收賬，而於現時，急於需款。若我國有「貼現市場」，彼可以貨物收納據作證，在銀行貼現或押借。照此則在工業家方面，可得現款之通融，在銀行家方面，可得利息，而尤可隨時變賣於他人，或在中央銀行重貼現。故「貼現市場」爲利益均沾而不相衝突的，其結果足使資金活動，利率減輕。如有「貼現市場」而無貼現工具，則又有等於無故必須介紹與推行商業票據及銀行票據之使用。不特此也，中央銀行，尤須擴充重貼現之範圍，使貼現之銀行，知其於必要時，可將已貼現之票據，在中央銀行重貼現。如此則各銀行可盡量察己之情況，充分貼現。此法既可使停滯之資金，一變而爲活動之資金，而復可爲其現金準備之第二防線力(Secondary defense)，固無樂而不爲也。由此而知此三項工具爲發展「銀錢市場」之必要條件，缺一而不可行者。因此，中央銀行須負責盡力提倡與推行。其收效於工商業界，誠非淺鮮！

(三)關於中國中央銀行應負創設「資本市場」之責任：

「資本市場」是爲長期借款而設，其效用在供給一種產業之資本。方法則係用股票及公司債之投資。論理，此節應歸投資銀行，或其他同樣之機關所管理。但在人民之守舊與工商業不發達之中國，非有勢力雄厚之銀行，在前提倡，不易

爲功。故中央銀行必須如德國歐戰前之各大銀行，担負領導之責任。中央銀行可協同其他國內主要銀行組織承辦業務公司 (Syndicate)。舉凡一切新舊事業之需長期投資者，均可爲其承受。我國公司組織之不完善，及辦理之不得當，在在須求進步與改良。承辦業務公司之設立，不但可增進長期之投資，且可改良工商業不良之方法。因承辦業務公司，承受股票及公司債後，有派人管理該公司之賬目及財產之權。凡不合時代之工商管理法，均可隨時爲之改正。

與承辦業務公司之有密切關係者，爲證券市場。無證券市場，則無法將所承辦之股票與公司債銷售於民衆。我國上海，雖有證券市場之設，然所買賣者，僅有國債，股票之買賣，則不多見。誠以無承辦事業之機關，則無長期投資之可能。無證券交易之市場，則無銷售股票與公司債之可能。兩者相互爲用，缺一不可。中央銀行，應如何設法，使其寔現，實爲當務之急。

作者深信發展我國中央銀行，直接固爲鞏固我國之金融市場，間接亦爲促進我國工商事業之發展。値此國難時期，徒呼抵制日貨，不如提倡國貨。而提倡國貨尤須在價格與品質方面，加以注意。然價廉物美，非有雄厚之資本，與活動之資金，難收成效。故必須發展我國中央銀行，使其果能負起上述之三大責任，則對於我國之經濟與實業，必有莫大之助成也。

論勞工額外酬金

張宗謙

當世界經濟恐慌之際，任何國家均感覺解決各種經濟問題之困難。如銀行財政銷售運輸勞工等等，皆需要一種特殊之方法及計劃以應付之。我國自民國成立以來，商業落在人後，近年始稍稍見有進步，關于銀行鐵路交通銷售方面，政府與國民，俱抱有儘量發展之希望，惟對於勞工問題，雖久已感覺其需要迫切之改良，迄無妥善之辦治以資整理。全國工廠爲數雖少，然因雇主與工人之不能互相諒解，以致糾紛時起，結果或怠之，或罷工，失業者多，影響頗大，夫一國之工人爲數極夥，在銷售貨物及職務上亦佔有主顧之一部份，工人既因不能與雇主合作而罷工而失業，則其與商業停頓貨物銷滯之原因，亦未始無連帶關係。故一國之富强，須賴政府與商人對於各種經濟問題有澈底之解決，而勞工問題亦其一也。

試察各國工人與雇主每有問題發生，不外乎下列兩種原因：

(一)報酬太薄

(二)待遇不良

有此兩大原因，雙方糾紛遂如大海波浪，時起時平，永無甯日，而尤以第一點爲最多數。

我國生活程度雖低，而普通工人，所得之工資，則極微，其物價與工資之比率小乎歐美各國者數倍，宜乎我國工人之不能自給矣，爲目前計，工資是否應行增加，並應如何進行方可達此目的，因其包含其他經濟問題，姑且勿論，今特提出額外酬金一層意見，以資關心勞工問題者之硏討。此層頗關於人性心理學，其效果之良佳，或可超增加工資一法而過之。

額外酬金之意義，即使工人在應得之工資外，再得一相當報酬，此項酬金乃由公司於每年贏利中劃出，其數目或百分率，應由雇主先與工人約定。如美國 Nelson Mfg. Co. Tst, Louis ，其贏利之分配乃按公司資本與每年付出工資總數之比率。故每人應得酬金之多少，按照其所得工資與公司付出工資總數之比率而定凡。工資數目較大者，所得額外酬金亦較多，但此項額外酬金非該工人在公司內服務人逾規定期限後，不得領取，蓋如此始可得工人安心服務，不願再有無理要求，或發起各種風潮也。論者或謂斯法雖善，第資方將本求利，未有不願利多而用少者，多一筆開支，即在其利益上多一層剝削，詎所欲也。此眼光短淺之見，而不能高瞻遠矚也，殊不知額外酬金條之利益甚多，玆將其重要者詳列如下：

(一)鼓勵工作之穩固　公司有額外酬金之規定，則工人皆願安心工作，以期一二年後，即可享此權利。美國Edison Lluminating Co. of Brooklyn, Proctor & Gamble Co.Bo-ston Consold ated Gas Co.等皆藉此方法，而得圓滿之結果美。國勞工統計局，亦以為此法可以使工人穩固，不致再生其他枝節。

(二)雇主與工人之諧和　工人既存希望得此利權之心，則於其工作時必肯認真出力，以求公司多得贏利。公司之利益多，即自已之分潤多；多為公司出力，不啻為自巳出力，與有切身利害之關係，亦不必視其後而鞭之也。如此則雇主與工人可以一致合作，共謀生財之道矣。

(三)屏除一切浪費　英國某工廠主人曾告著名實業家俄恩Robert Owen云：「設吾廠工人不隨意浪費材料等物，每年可省去一萬磅之費用。」俄恩當即答曰：「然則君何不給廠中工人五千磅以屏除之？」由以觀之，工人既存得此額外酬金之心，必可隨時隨地愛惜物力，屏除一切浪費，俾贏利增多，酬金亦可隨之而增多也。

(四)提倡公道　資本家創辦實業，固屬將本求利，工人亦國民之一，似宜在求利外略存公道之心，與工人以優良之待遇。與以于額酬金，則其對於資方利益甚大，而工人方面亦可籍以將生活程度為舉高，提倡公道正義，並能實現焉。

總之在此勞工問題急需解決之期，得有一普通辦法，己屬佳妙，而況額外酬金一舉，對于資方工方且能兩全其美，又何樂而不為。願關心實業及勞工問題者，詳細攷慮之。

公司會計與中國公司法

鄧邦傑

公司立法，國各不同，公司會計，因而有異年來學者，編譯計學（Accounting），一仍西法，不知變化。錯謬時見，扞格難行，捨已耘人，竊不謂然。不揣愚陋，爰成此篇，非敢立異，聊以引玉，其正其誤，敢以質諸大雅！

第一章　股本

第一節　股本與股本帳

本篇所言之公司係指股份有限公司。股份有限公司者，僅依有限責任股東組織之公司也。與其他公司（依我國公司法分類，即無限公司，兩合公司，股份兩合公司），最大之區別，在其資本之性質及觀念之不同，其總資本額，等分為若干部份（公司法一一一條），曰股份(Stocks)。證明股份之有價，證券曰股票(Stockcirtificate)。故其資本曰股本（Capital Stock）。股票在公司設立一年後得自由轉讓(第一一六條)。此則股份有限公司之資本在性質上與其他公司之資本有異者也。普通營業皆有資本，在其他公司，資本不足清償債務時，倘有無限責任股東，負其責任；而在股份有限公司，各股東之責任，以所出之資本為限(112條1項)，此則股份有限公司之資本，在觀念上與其他公司之資本有異者也。

因股份有限公司之股本，與其他公司之資本有種種不同，故其表示股本之股本帳（Capital a/c），亦與其他公司表示資本之資本主帳（Proprietors' a/c）有別。股份有限公司，股東衆多，過戶頻繁，且公司以資合，非以人合，故資本主姓名，無須表現於主要賬簿，故別設股東分戶賬（Stock Ledger）以整理之。股本賬者，實即股東分戶賬之統賬也（Controlling a/c）。故無須再標明資本主之姓名，逕以股本名之。而在其他公司股東較少，讓股事件不常有，且以負無限責任，故資本主之姓名，必須表現於主要賬簿，以明責有攸歸。故其資本賬供標明資本主之姓名，如…………………(資本——趙甲)。若在獨資商店，則逕以資本主名賬，如(資本主趙甲)是也。又股本賬所表現者，爲資本之虛值 (Nominal oalue)；而資本主賬所表現者，爲實值 (Realvalue)。股份有限公司因其責任有限，故其股本賬上必須記明照所發股票票面金額計算之總資本額，以明其責任之極度；非經股東會議決增減，資本不得變更。故年中盈餘(Profit)或虧折(Loss)，不得直接記入股本賬，致其表現之數目有所增減，故股本賬所表現者，非公司之現值 (Present worth)。且依我國公司法之規定，股票得超於票面額發行之(94,97條)。而股票溢價，則不得記入股本賬，故股本賬所表現者，亦非資本之實值，而爲虛值。股本主賬則不然，因其公司責任無限，故其資本主賬無須明定一金額，以明責任之限度。故其年中損益，亦直接記入資本主賬，以表示公司現值之增減，即資本之增減。故資本主賬，所表現者，爲資本之實值也。

第二節　股份之認募

第一欵　股票之發行

股票者，證明股份之法定證券也。分有面值 (With par value) 與無面值 (No-par) 兩種。我國股票屬於第一種股票，票面註明股數及每股金額 (公司法115條)。每股金額不得少於二十元。若一次繳上者，不得少於十元 (111條)。惟事實上，股票雖有面值，亦不能常照票面金額發行，輒隨公司之信用及商業之興衰而增減。是則股票之面值，實際上毫無作用。近年來美國盛行無面值股票，其價格以發行股票數與核准發行股票 (Authonizd capital stock) 數比例而得。惟法律規定每股不得少於五元。此種股票在我國尙未通行，法律亦無明文規定，姑不詳論。

股票發行之方法有三：(1)照股票票面金額發行 (Issued at par)，(2)超於股票票面金額發行(Issued at premium)，(3)低於票面金額發行 (Issued at disconut)。茲分述之如下：

(1)照股票票面金額發行——股票面值 (Par value) 概歸一律 (111條)，照此一律之面值發行，在法律上公司會計上不發生任何問題。

(2)超於股票票面金額發行——股票超過票面金額發行，須經載明於章程，否則不發生效力(89條第2項)。股票之所以超過票面金額發行者，或因公司營業有利可圖，或因公司營業發達，購股人皆願出高價，以期獲得股票。或如銀行因欲於開始營業前，使其資產超於資本之虛值，故其股票以超於票面金額之高價賣出。依我國公司法之規定，公司股票得超於票面金額發行之。是則超於票面金額發行股票，在法律上並不發生問題。吾人所當問者，惟股票溢價如何處理之會計問題而已。容後於第三章股息及紅利中詳論之。

(3)低於股票票面金額發行——股票低於票面金額發行之原因，恰與超於票面金額發行之原因相反。依我國公司法規定，股票不能低於其面值發行(第96條)，蓋減價出售有碍公司之信用，兼害公司之資本，而公司之債權人亦將因此蒙其損失，故不爲法律所許也。

(未完)

提高銀價是否能增進中國之購買力

孟杲

(一)何謂購買力

普通所謂購買力者，往往指貨幣價值而言；貨幣價值高，即購買力大，貨購價值低，即幣買力小。而貨幣價值係以物價水準為表示，物價高即貨幣之價值小，物估低，即貨幣價值大。此之所謂購買力者，乃貨幣之購買力，而非購買者之購買力。購買者之購買力，一方因視其所有貨幣價值之高低，而同時尚須視其所得之多寡。倘貨幣價值提高而所得減少，結果則二者相抵，購買力依然未能提高也。

(二)所得與價格

所得者即生產手段從事於生產所獲得之報酬，亦即生產手段之價格。舉例言之，工資即勞力之價格，利息即租用資本之價格，租金即租用土地之價格，倘此種生產手段之價格高，則各生產手段之所有者之所得亦多，反之則少。至於生產手段之價格，胥視生產事業之盛衰以為定。生產事業勃興，則生產手段之需要激增而價格抬高；倘生產事業衰退，則生產手段之需要減縮而價格低落。至於生產事業之盛衰，在資本主義社會之下，胥視物價之上下為轉移。此衆所共喻，毋待詳言。由此推論，所得實與價格成一正比例之關係。

(三)提高銀價對於中國之影響

所謂銀價者在各國未放棄金本位以前，即指白銀以金幣所表示之價值。迨各國放棄金本位以後，乃指白銀以紙幣所表示之價值，我國對外匯價，隨銀價之上下為上下。今如銀價提高則與前同量之銀，可以換取較多之外國貨幣。亦即可以購買較多之外國貨。譬如美國洋傘每把之價爲美金五角，目前，約合華幣一元七角，因美金一元約合華幣三元半左右，如銀價提高至美金一元祇合華幣一元七角時，則同是一元七角，即可買美國洋傘兩把。再者，銀價提高，則銀幣之價值亦必提高，而由銀幣所表示之國內物價，必爲相對之低落。消費者以與前同量之銀幣，可以購取較多之物品矣。所謂增進中國人之購買力者，殆即指此。然此之所謂購買力者，乃銀幣之購買力，非中國人之購買力。所謂中國人之購買力者，合銀幣之價值與其所得而言之也。倘所得與幣值均能提高，則中國人之購買力，當然增進；次之，倘所得不多而將幣值提高，則中國人之購買力，亦可增進。然此二者，皆不合於經濟現象運行之法則，吾人在第二節已闡明價格與所得，成一正比例之關係。今如提高銀價以後，則有三事足以促成物價之下落：

(1)出口不利　提高銀價，利於進口商而不利於出口商。利於進口商者，上述購買美國洋傘之例足以明之，何以不利於出口商？譬如國產生絲，每包約合一百三十三磅。其成本爲六百元（繭元四百元工資及其他費用二百元）。運往美國，每磅可賣美金一元三角半。一百三十三磅，約值美金二百元，較目前之中美匯價，折成華幣，可得六百幾十元。故出口尚商有幾十元之淨利可得。如果銀價提高，至美金一元祇值華幣二元時，則二百元之美金，折成華幣，祇得四百元。出口商即虧二百元之本。試問生絲尚有出口之可能乎？生絲如此，其他國產，亦可類推。國產因銀價之提高，失去海外之市場，其價安得而不跌？

(2)加速現銀之流出　通常現銀之流出，大抵由於入超之故。中國對外貿易，數十年來，皆處於入超地位。而且入超額年年增加，就最近五年之數字觀之，十八年爲二萬五千萬海關兩，十九年爲四萬一千萬海關兩，二十年爲五萬二千萬海關兩，二十一年爲八萬六千萬元，二十二年爲七萬三千萬元，二十二年之超入所以較二十一年爲少者，蓋因東北各關未經算入之故。東北各關雖向爲出超，但據滿鐵月報所載，二十二年一月至十一月東北各關又已轉爲入超，其額達六千六百萬元。可知中國入超，似已帶有永久性矣。中國之巨額入超，向以華僑匯款，中國所有外國證券之收入，各國對華投資及文化事業費，外國領事及外僑在華之消費等爲抵補。其中以華僑匯款，爲數最巨。乃近年來，因各國之經濟恐慌，日益加深，華僑海外企業之相繼倒閉，華工在外之被排擠，時有所聞，此後華僑匯款，當日益減少。此外中國人所有外國証券之收入，在各國匯兌日益下落之中，亦將於無形中減少。其他關於各國對華投資及文化事業費，在中國今日混亂局面之下，亦決無激急增加之理，在此種情形之下，爲彌補此大量之入超額起見，金銀不得不流出矣。事實上從一九三二年後，金銀已轉變入超爲出超，一九三二年出超四千五百萬兩，一九三三年十個月中出超四千八百萬兩。較上所述，中國卽使不提高銀價，現銀亦將有源源外流之趨向，今如提高銀價以後，中外銀價，發生差異（國外銀價高，國內銀價低），則外商銀行，必將盡量運出現銀，以圖厚利，因入超而運出現銀者，爲淸償國際債務；因銀價提高而運出現銀者，乃以現銀本身作爲商品之販賣。故曰提高銀價，必將加速現銀之外流。外商銀行所以能有大量之現銀，可以輸出國外者，以中國之入超，年年加大故也。蓋華商向洋行定貨，貨到以後，華商須以銀行之本票或錢莊之莊票，交與洋行始能出貨，洋行將收之本票或莊票存於外商銀行，由外商銀行代爲向華銀行或錢莊收款，於是華銀行及銀莊之現銀，源源流入外商銀行。但華商在口岸所進之貨，多係運入內地，而內地出來之土貨，不能與運入之洋貨相抵，遂成欠多於收，於是內地華銀行之分行及錢莊必源源運出現銀，以資抵補。此項現銀集中各口岸之華銀行及錢莊，再由華銀行及錢莊流入外商銀行，而外商銀行有此現銀之來源，儘可盡量輸出現銀，以圖銀價高提之利，不患準備之空虛也。故入超與提高銀價，交相爲用，促成現銀之急遽流出。循是以往，國內現銀必將日益減少，華銀行之現金準備，必日益單薄，於是不得不收縮信用，以免危險。結果卽釀成金融緊縮。金融緊縮則各商家週轉不靈，祇好拍賣存貨，以解上行。於是因拍賣而虧累，因虧累而倒閉。今日中國內地，金融緊縮之恐慌，已達極點。余有親戚某君，新從內地來，據謂去年舊歷年關，本地各商家各農戶，無不受軋。農戶因缺乏籌碼，紛紛以賤價出賣土地。以前百元一畝之耕地，去年年關，可以三十元購得之。鎮上各商家則以帳頭收不起，而上行則不得不解，無不叫苦連天。此種情形實已成爲普遍現象，不僅某君所言一地爲然。今日銀價尙未提高，已屬如此。如果銀價提高，金融再又緊縮，眞是死路一條！

(3)洋貨進口愈多競爭愈烈。 中國工商業受洋貨競爭之壓迫，已有不能支持之勢，加之以國內之天災人禍，更促其陷入於不拔之地。現在我們且來看看目前我國產業與外貨競爭之情形如何：（祇舉其大要而言）：

(a)棉紡業 日本紗廠在中國所占之勢最大。據二十二年調查，我國紗廠一三三家之中，日商占四十一廠，紗錠日商占百分之三十八·八，出紗日商占百分之二四·六，出布日商占百分之四三·三，而且日廠因本身能力關係，出紗品質在華紗之上，成本在華商之下。又有雄厚的資本及政府之後盾，復不受我國關稅之限制，故能以賤價傾銷。最近日本因鑒於印度安南等地抵制日紗之熱烈，更積極採取對華傾銷政策。各廠都擴張營業，日華紗廠原有資本爲一千一百萬元，最近已增資五百萬金。上海紡織公司亦增加三百萬元。同興華豐等五廠，并派考察團往華北東三省各地調查，擬在青島等地建設大規模紗廠，上海紡織公司并決定另建大紗廠三所，以期增加產量，傾銷於我國內部。

(b)麵粉工業　我國麵粉工業原爲主要工業之一，工廠開設遍全國各地，尤以江蘇省爲最發達。麵粉銷場，則素以北方最大，如東三省天津一帶，均爲本廠粉之大銷地。東北失陷以後，麵粉大宗銷路卽已喪失，粉業卽大受一打擊。天津方面，因日俄國廉價傾銷，又有喧賓奪主之勢，我國政府去年雖曾加征洋粉進口稅每包一角餘，但仍無顯著之功效，故北洋幇之華粉銷場，仍是無法恢復。

(c)煤業　我國煤藏之豐富素爲世界所公認。據地質調查所最近調查，我國煤藏儲量全國共達二一二，一一四，〇〇〇，〇〇〇噸。其中無烟煤占百分之二十，品煤占百分之六七，下等烟質的褐炭占百分之一三。惟儲量雖豐，產量却并不多。近年全國產量，每年約在二千五六百萬噸左右。僅及儲量萬分之一，據最近調查，我國全國大小煤礦公司約二十家。至於每年銷量亦不過二千幾百餘萬噸，如果國煤運輸靈便，則煤之需，尙不致相差很遠，無如我國煤礦運輸，既不便利，成本又嫌太高，以致上海等地銷煤最鉅之處，時有煤荒之慮，於是外煤乃得源源輸入，并利用其成本之低賤，跌價傾銷，終至國煤市場，被其侵蝕，國煤營業，極度衰微。

(d)水泥業　水泥業爲我國新興工業之一種。據去年調查全國水泥產量合計約爲二百三十萬桶。但全國水泥銷額，則約計二百五十萬至三百萬桶。年來建築發達，對於水泥需要更增，國產水泥出品，當然不夠全國需要。其不足數量，則仰給於外洋，而尤以日貨爲最多。據海關冊所載，民國二十二年一月至十月份，我國由日本輸入水泥價值計一八三，六七四金單位。較二十一年同期少二四，九六七金單位。可是數量則由二三六，四九二担增至三九七，〇七七担。由此可見日本水泥跌價傾銷之積極矣。較去年調查，上海水泥市價，日貨黑龍牌上半期平均每桶(計三百七十五磅)不過國幣四元上下，而同時期我國啓新廠馬牌水泥，中國廠泰山牌水泥，及上海廠象牌水泥，每桶，(三七百十五磅)則須六元七八角左右。市價相差至二元以上，國貨當然不能與之競爭。

(e)火柴業　我國火柴業自十九年大中華火柴公司合併成立以後，市價逐步回漲，一時頗有復興氣象。至二十年底止，各火柴廠都能有相當盈餘。因此二十一年來，新廠成立很多。據火柴業中人計算，全國新成立火柴工廠約有十一家。增加的商標約有九十二種。現在全國火柴工廠，據吾人所知，約在百家上下。至於我國各火柴工廠的產額，現在尙無可靠數字，據統稅署估計，我國蘇浙皖魯豫湘鄂贛各省火柴廠生產量，自二十年七月至二十一年六月共計爲五六二，〇〇〇箱，二十一年七月至二十二年六月間增至七〇〇，〇〇〇箱。一年之間增加達十四萬箱之多。一方面似爲我國火柴業進步之表徵。可是另一方面我國火柴銷費量，現在尙增加不到此數。因此生產超過需要，不免發生過剩現象。其結果，同業爲維持營業起見，不得不互相貶價競爭。於是火柴市價低落，存貨如山。近年來頗有朝氣之火柴業，二十二年來乃不免陷於衰微之途徑矣。去年我國火柴的厄運，不僅在於生產過剩問題，更有甚於此者則爲外國火柴之傾銷。考我國火柴入口，近年以來，因我國增加入口稅之故，年有減退。但外商在華所設火柴廠之勢力，却轉而增加，而且因外商火柴廠資本雄厚，其火柴成本極輕，價値較國貨火柴每箱約低四元至五六元不等。火柴售價每箱平均不過四十元，其貶價程度竟達百分之十以上，國貨火柴銷路當然受其影響矣。

綜上所述，我國工商業實已陷於普遍的衰敝狀態。各業無不存貨堆積，物價低落，銷路呆滯，以致營業大都虧耗。夫銀價尙未提高，我國產業已日趨衰落，萬一銀價提高以後，各國以利用匯率之低落，向中國輸出大量商品，實行傾銷，益促我國產業之崩潰，固意中事也。或謂中國物價跌落，則進口貨價格亦不得不隨以俱跌。進口之勢，不將爲之稍殺乎？此言固不無相當之理。但吾人應知在提高銀價與我國物價低落兩種情形之下，進口貨之增減，其關鍵乃在銀價提高之程度與物價低落之程度二者孰大。事實上銀價提高之程度與物價低落之程度未必相同。並非銀價提高百分之十，物價卽跌落百分之十，故如銀價提高之程度大於物價跌落之程度，則進口貨在匯率上所得之利，必足償其跌價之損失而有餘。如此則進口必有增無減，茲舉一例以明之。假定現在美金一元合華幣四元，美國洋傘每把之價爲華幣二元，則折成美金祇得五角。今如銀價提高至美金一元合華幣二元時，因中國物價跌落，美國洋傘每把祇賣華幣一元五角，但折成美金可得七角五分。是美國洋傘出口商尙有二角五分餘利可得。試問此時美國洋傘之進口將增加乎？仰將減少乎？固不待言而後知也。此雖爲假定之詞，但按之事實，金銀比價之漲落，實遠過於物價之漲落。讀者不信可取物價指數與金銀比價指數對照之，當知此言之不謬。

於此吾人可以下一話，，提高銀價之結果，促進中國物價之慘跌，生產事業之衰落，生產手段需要之減縮，及其價格之下降。如此則人民所得之減少，實爲必然之結果。故一方提高銀價一方卽促成所得之減少，故吾以爲提高銀價不過是目前殘存購買力方向的變換而已，不是絕對的增加。

(四)我對於時論之意見

近年來中國社會對於當前的經濟問題確很注意。自金貴銀賤問題，銀借款問題，廢兩改元問題以至於現在的提高銀價問題。每一問題發生。報章雜誌，無不滿篇滿幅，刊載着時賢議論。自本問題發生以來，各方面之議論亦已不少，就個人所知。大概可以分爲兩派，一派以爲提高銀價，必致中國物價之跌落因而引起種種不良影響。一派則以爲銀價之漲落與我國物價影響甚少。可以不必過事憂慮，我是贊成前一派的。後一派之意見可以徐佩琨先生與俞寰澄先生所發表的論文來做代表，他們都以爲中國物價漲落與進出口貿易，所受銀價之影響甚微，俞氏謂：「顧慮物價大跌，準諸幣重物輕之理，銀價大漲，應該有此顧慮，不過物價漲跌。原因很爲複雜。拿近幾年指數表與銀價表對照，已見我國物價不完全跟着銀價上落。用銀國物價較用金國爲安定，這已經證明過。顧慮出口打擊，入超增多，證諸事實，亦不盡然。近來銀價最高要算一九一八，一九一九（民國七，八年）這兩年，然而一九一八年入超六千九百〇一萬海關兩；一九一九，入超更少，僅一千六百拾八萬海關兩，銀價最高之歲，反爲入超最少之歲；而一九三一，一九三二兩年，銀價最小，入超反而大增，開歷年來未有之新記錄。大約出入超亦同物價一樣，原因極爲複雜，銀價不過一部分的關係。我國入超數目，食糧棉花，占其大半，如果水利不保持，農村不安定，交通不便利，永遠是這樣子，國人不能如閔子騫之穿蘆花，如趙五娘之吃糠，更不能如俄國人之領黑麵包夯度日，卽使銀價跌到等於零，亦要强賒硬借來救命，入超還是不能免的，銀價眞其小焉者矣！顧慮現銀出口，這要看我國匯兌市價，是否常在現銀輸出點之下？在輸出點之下，銀價不在輸出點之下，就使銀價大到美金一元以上，亦不會輸出。出小時，亦要裝出。去年四五月間，不是已輸出過三四千萬兩麽？口徵稅，就是提高輸出點，我認爲比較有益無損……」余以爲此種論調，似欠有科學研究之精神。經濟問題，本極錯綜複雜，牽一髮而動全身。吾人研究一經濟問題固不能如化學之可以作定性分析，但是我們爲要認清楚一個問題起見，不能不把牠從錯綜複雜的體系中抽出來，作一嚴密之分析。換言之，我們祇有暫時假定其他情形不變，來分拆我人所要研究之問題。始能認識這問題之實性。俞先生把中國各方面的經濟現象都牽涉進去，則銀價問題的實性，當然看不出來了。中國物價之漲落固然不能謂爲盡由於銀價之變動。但假定其他各勢力不變，銀價提高之影響，所加於物價者，還是抬高抑是壓低，可不待言而喻矣！近年來，銀價大賤，而物價不但無起色反每況愈下，則與我人所設想者，豈非相反？殊不知近年來天災人禍，相繼而來，各地人民流離失所者。不知萬幾，市場日益縮小，購買力日益減低。物價安得不跌？幸而銀價賤，尚可略爲支持。若銀價高貴，物價之跌落，更將不知伊於胡底。至於銀價對於進出口貿易之影響，所以不甚顯著者，亦正以其他勢力。爲相互之抵銷故也。至若現銀出口，俞先生以爲僅繫於我國之匯兌市價，則更屬一面之談，吾人在前節加速現銀之流出一點已指出。現銀之流出有二種原因：卽入超與中外銀價之差。前者卽如俞先生之所云然，後者則外商銀行販賣生銀，以圖厚利是，現銀之出口固不僅限於滙兌市價之上下也。

（五） 結論

中國今日購買力之薄弱固無庸爲諱，吾人亦極希望增加吾人之購買力。蓋增加購買力卽增加物質上之享受，故如眞正能有增進購買力之法，吾人且歡迎之不暇，焉有反對之理？而今日美國之提高銀價不但不能增進中國之購買力而反所以壓低之，彼提高銀價以後，一時雖可增加對華出口以搾取中國殘存之購買力，而中國之工商業及農村經濟更因提高銀價之結果而受數量之打擊：卽(一)出口不利，(二)現銀加速流出使金融愈益緊縮，(三)外貨進口愈多競爭愈烈。於是工商業愈益凋弊，農村更加衰落，中國人之所得愈加減少，購減買力益形減低。

總之銀價對於中國貴亦不好，賤亦不好，而穩定則又不可能，此後惟一出路，祇有設法使中國貨幣與銀價脫離關係，則無論銀價貴賤，我國民經濟，可不受其影響矣，至於如何可使中國貨幣與銀價脫離關係，其道正復多端，容再爲文論之。

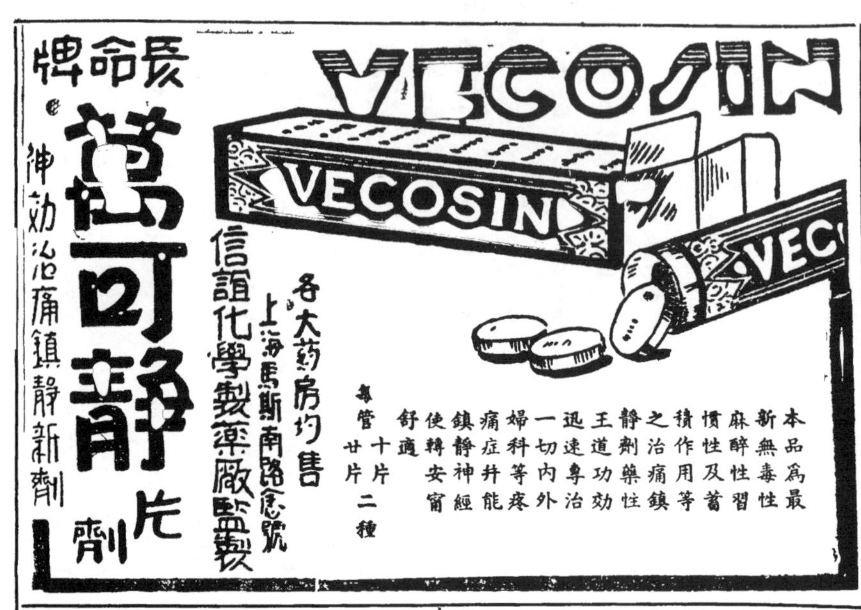
長命牌
萬可靜片劑
神効治痛鎮靜新劑
VECOSIN
VECOSIN
VEC
信誼化學製藥廠監製
上海馬斯南路念號
各大藥房均售
本品爲最新無毒性麻醉性習慣性及蓄積作用等之治痛鎮靜劑藥性王道功効迅速專治一切內外婦科等疼痛症幷能鎮靜神經使轉安甯舒適
每管十片廿片二種

美國復興計劃之檢討

The Course of America Recovey' 譯自 Iuternetional La bour Reveiw.

Harold Butler 著
李齊長 譯

引言

美國現在所進行之經濟計劃，極引起世界人士之注意，若將其工作之經過作一總檢閱，爲極有趣味之事。著者寫此篇文章，非獨根據其最近遊美所得之印象，幷大部份根據於馬丁先生在美詳細研究所採集之材料。

此篇所討論者，幷非其整个計劃，其用意在將此極複雜之計劃，作一鳥瞰。其中許多地方，不及討論：如復興法典對於勞工之影響，各國對於美國金購買政策之反響，如何增加工資，減少工作時間，減低物價，救濟失業，及各種現在之問題。此篇不外將現在之情形，作一簡單之研究，及順論將來進展之方針。

美國復興計劃，不能完全以經濟立場來批評，蓋此計劃之產生，非獨救濟世界經濟之不景氣，幷爲解決社會政治之危險現象而設，當羅斯福就職時，美國正在經濟崩潰之時，若不設法解決，其結果將產生政治社會上之極大混亂。及實行此復興計劃後，美國國內經濟恐怖現象，得以漸次免除，而重要之經濟事業，亦漸呈生氣，故將此計劃作一檢討，爲現在之重要工作。

自去年三月以來，美國便蹈入混亂之狀態，此乃由於三種原因所形成：

1銀行界之崩潰：許多細小銀行倒閉。使社會發生恐慌，其結果使最大之銀行，及最可信託之保險信託公司之信仰，亦受影響，在此種情形之下，惟一方法，便將一切信用機關。由政府管理，以往大銀行家之信仰，忠誠，已根本搖動，因他們每將公衆之存款，作冒險及含有賭博性之投資，近數月調查結果，給我們知道許多以往之經濟界巨子，已在破產時期，私人經營之事業已盡失信仰，故非政府出而維持不可。

2失業人數突增：第二件最顯明之事，卽一千四百萬之失業工人，此巨大之數目，爲美國以前所未見，失業人數增加不能不設救濟機關，以應付，許多省之財政，因救濟失業者而至於支絀在鑛工業中心發生極大恐慌，工資猛烈的減低，工業自身已在不能補救之狀態，各種以往之勞工法律，已盡失工人之信仰，彼等已知非政府出而辦理，不能將工業恢復以往之狀態，工業亦如銀行一樣，私人之信仰，已完全動搖，故美國政府，不能不參加救濟失業之工作，同時將整个工業制度，從新組織。

3農業衰落：第三種經濟恐慌，則爲農民痛苦之增加，農產品之價格，已跌至農民不能將餘利以納稅，有40%農民，已經實行抵押政策，其餘者，亦在負債之途，除非將農產之入息增加，取消負債，降低利息，已無可挽救。在此種情形，政府不能不出而維持，羅斯福在勞工農民痛苦呼救之下，不能不有一種極大之計劃，救濟他們，同時挽囘經濟之崩潰。

『新計劃』

「新計劃」已成爲政治經濟上之救命劑。羅斯福在此情形，實行取消政府不干涉國家經濟事業之政策，而採行積極干涉之態度成立一種遠大之計劃，來謀解決此重要問題，此乃其私人之計劃，其主旨與原則，可在其選舉運動演詞中見之。

其對於社會制度之批評。

『在一九二九年前，由經濟統計上，可知物價在平穩狀態，同時亦知生產費用，大大減少，故利潤極高，一部份之潤利用來降低物價，有些用來增加工資，亦有相當部份分給股東們，——以我之意見，政府之責任，在扶助商業之進展，同時維持商業狀態之平穩，此乃政治家與一般普通商人共同之責任，維持社會秩序。非獨政府之爲一任務，亦爲整个社會安全之重要事情』

羅斯福之重要功作，在恢復以前之購買力，將入息從新分配，用人力造成農產之大市場，他說：「我們最感覺困難者，爲購買力之不大，………一方面工資增加，一方面資本不能得同等之酬報，………我相信我們要將經濟思想改變，我更相信，我們將來之注意，將由生產而移重於消費，我們應當盡力挽救經濟之安定，非將一國之入消平均分配，則不能使社會之經濟制度，時常在平穩狀態之下，………在此種制度，每日之工資，應較以前爲高，同時將資本之報酬減少，猶其是對於投機之資本。

現在我們在經濟循環之半途中生產每每較消費爲大………例如最近之趨勢，每五日爲一星期及六小時爲一日之制度，其用意在減少失業之人數』。

羅斯福對於增加工資，減少工作時間，堅持生產事業國，有以減少不良之競爭，免使物價低落他說：

『政府應有權力，來阻止獨佔性之營業，同時有權處罰獨佔者，若其所得之入消太大，若每雇主皆能給工人以同等之工資，——合理的工資，同等之工作時間——合理化的工作時間，則高工資，少工作之制度對於顧主，非獨無害，而且有益，蓋因此種制度增加消費者，及其購買力……此少許之意思，爲復興計劃之重要主旨……』

復興計劃之目的，可以數字包括之『復興計劃，是向整个社會謀幸福，而非爲少數人之問題着想，』。

當羅斯福就職後，非獨實行此偉大之復興計劃，同時亦努力於社會建設，若他不用敏捷而了解之方法，實行此困難之計劃，則在最近期間內，必發生各種不良之反響，而發生不滿意此計之暴動，故他的責任，不獨負責實現復興計劃，而且負有改良建設整个的社會，蓋此計劃進行時，自不能如意料中之平坦也。

逕過九月之實驗，其中許多計劃，雖經合理之考慮，但未施於實行，其餘尚在考慮之途中，在此時期，自不能加以最後之判決，蓋如此重大計劃，希望在短時間內實現，是不可能之事，必須逕過數年實驗及改良之工作，而後可以收成就之果，以計其成功或失敗。故現在之討論，不過估計其至現在之進步而已，其所根據之事實，自然不是完全的。

銀行之情形

關於銀行方面，已有極大之改良，雖然，現尚有缺點極多，自逕羅斯福去年三月十二號播音演說之後，社會人士，對於銀行之信仰，已恢復往日之狀態，許多有穩固信用之銀行，在府政管理之下，恢復營業，同時有兩種新組織，一名曰流動資本會，Deposit Liquidation Board 委員滿佈全國，將有鞏固信用之資產，借與銀行，免使堆積，而成不流動之資本，二爲「復興財政合作社，Reconstruction Finance Corporation 購買銀行股票，來增加流動資本，而將之處於較好之位置，用作信用之交易，至今年一月一日，又已有進一步之工作，用政府之力量，保證銀行存款之安全，以上數種方法，已將去年三月銀行已失之信仰，大部挽回，三月時銀行之機能，完全喪失，則現在政府保護管理之下，恢復其業務，但尚有許多細小銀行，不能解決，將來流動資本及復興財政計劃，頗覺困難，但無論如何，現在實行之數種計劃，可以稱爲巨大興復計劃之起點。

工業之情形

工業情形，因各種關係，較為複雜，現在注意集中於工業復興計劃，及其所包含之「工業法典」其第一部，在去年七月方開始實行，故對於影響生產與消費之各種惡勢力，自不能完全解除，在工業計劃未實行之前，美國放棄金本位，而使物價稍漲，將來高工資與短時間工作之制度成功，則物價高漲，自然是意料中事，即以近日之統計而言，亦可見物價正在高漲，三月生產指數為六〇·四月漲至六七·七月已升至九六，百貨商店售貨之指數，亦有同樣之表現，零售價格，已由六九·七升至七六·一，同時農產品之價格，亦由五〇升至七六。在此情形之下，許多零售商人，已開始大量購買，希望將來物價之高升，而一般公衆消費者，亦恐將來價格上升，預先購買，同時更有一種好現象，則為失業人數減少，三月至七月間工廠雇用工人之指數，已由五七至六九，同時工資之指數亦由三七增至五〇。

照以上之情形，似乎增加太快，因購買加之增加，不能與生產之增加平行，而產生不可避免之反應，工業生產指數，在九月復跌至八五·而農產品出產指數，亦低至七〇後因減少工作之結果使生產指數在十二月後升至七七，其他各種工業亦有同樣現象，在十月統計，已有三，〇〇〇，〇〇〇·至四〇〇〇，〇〇〇，人數即25%已恢復工作，在此六月而有如此成績，可堪告慰，同時在工資表上，亦呈相當事實，在製造工業工資表之指數，在七月與九月間，增加八·在煤礦業亦各增加二二·五，與一〇·五，在電氣工業，則為一·八在零售商業則為一一·一。

但有一事應加以注意者，則為工人每星期入息增加雖小，但鐘點工資，則有相當之進展，換句說，增加工資，并非益肥每工人之收入，不過是減少每工人工作時間，減少工作時間，可以間接減少工人失業之人數，由此可以增加工人之購買力，雖然此種購買力之增加，並不能保障物價之高漲，物價之高漲，一部分固然是受增加工資之影響，即以百貨商店而言，從七月至八月售貨增加由七〇至七七，從七月至八月，復降至七〇，同時零售之價格，在兩月內，謹增加一〇點，雖然，在夏季數月，購買力是變態的。因其將冬季所造的貨物消費將七月之買出量減少。

工業法典工作之進行

當復興計劃發生效力之時，美國政府竭力使之實行，同時各大工業，亦盡力帮助，故至四月之短時期內，將一百多種之工業法典寫成，經各會議討論，參加民衆之意見，後由美國總統簽字，而立刻執行，成立執行機關，以解決各種問題之發生，特別如工會問題，至於工業法典進行之情形，今以兩種重要工業，說明之鋼與棉織工業：

在十一月十六日鋼工業法管理處長，發表佈告，在六月至八月鋼工業降低10%他說：

「在此時期，工人復業之數約爲七三〇〇〇，或20%。工資總數增加爲六，五〇〇，〇〇〇元或21%……平均之工作時間，由 三九•二跌至三二•八，平均每點鐘工資，由•五二元增至•六三元。除長時間工作者，其增加由•四七元增至•五六元每工人平均每月之入息無大改變，工人之工作，則增加小許。但上列之數目，乃在降低10%時所表現者，故由勞工之立足點來看，已是有進步之表現，」

爲明瞭完全之情形，將熟鋼與生鐵價格之變更列舉於後，在八月十五日與十月十四執鋼增加爲1•8%生鐵爲4•2%同時亦須注意者，在零落時期，鋼製造物之平均價格，只降落小許，在一九三一之開始九月，每月平均爲三一•三五元噸，一九三三爲二九•〇九元噸，雖然在一九二三年——二五，鋼之產量爲83%，但在一九三三年之三月，祗跌低21%在七月增至 100 %，但在八月跌至66%，因求的方面不活動，故工業感着低跌。

在棉織工業方面，工資與復工人數，亦有同樣之改良，在棉織工業，不合法或過長之工作時間，以成爲習慣，故工業之重要任務爲減少工作時間，每星期爲四十點鐘，有許多工廠在旺市時，工人之工作，每星期由一四四鐘頭至於一一〇點鐘，已爲普通之情形，許多婦女雇作夜工，今得80%棉織廠之幫助，實行監視生產，以維持供求律，對於新機器之增加，非經管理處批准不可，十六歲以下之童工一律取消，以減少失業之人數，而增加工資，但減少工作時間，並不增加失業工人，在三月底工人增加，以較前多40%

自工資最低限度之制成立，各種工業工人之工資，均已增加，但對於其超過最低限度之工資，並未將之減少，即以七種工業其工資已超過最低限度之統計，在一九三二——三三之增加，已由每點鐘三四•九元至四三•九元，至於最低限度之標準，即現在四十小時工作之工資，已與往日四八小時工作之工資相等，此種制度對於生產之成本，有極大之影響，但各專家以爲取消不計本之競爭，及增加物價，可以解決此問題。

自工業法典實行後，棉之批發價格指數，在三月至八月，已由五〇•增至九一•三，其原因大部分由於工人之工資增加，至於出產方面，在六月底爲一〇〇，四七九，〇〇〇碼。因短命廠之結束，復降至五七，四七一，〇〇〇碼，但此數已較一九三〇年八月之出產爲多，故此工業法典，對於工人廠主，均有利益，已毫無疑問矣。

增加購買力

除改良銀行制度，及改良生產工業之外，美國政府，用各種方法，以增加購買力，蓋因復興計劃之成功與否，完全以購買力之大小爲根據，增加購買力，爲美國政府目前之要務。

經驗告訴我們，每當商業衰落，若投資之市場復興，則購買力自然增加，現在美國之情形，完全因缺乏投資所至，至於缺乏投資之原因，由於錢之價值漲落無定，投資者，不敢放膽投資，而同時長時間之借欵，亦因價值之漲落而減少，由是而新工業建設不能實現，故現在重要之工作，爲使錢之價值穩定。有人以爲美國政府執行之「保證法令」Securities Act爲阻止工業之冒險性此不過爲其一部分之原因，其大部分之原因，猶在於美國金融之無經驗。

阻碍投資者，除了政府之Securities Act之外尚有兩種原因，一爲秋季市場之引退二爲各工廠機器購置過量，故在最短期間，新機器要求之量，自然減少，雖法令是在有禁止新器機之裝置

，以免生產之過剩，實則在商業衰落之時，新機器之購置，無形中已有限制。

當商業在常態之時，消費量增加，故各種機器用具之購置，亦增加，但在某種重要工業則不然，如在建築及鐵路，許多建築物祗爲預備將來之用，租金暴降，許多建築是空的無人租賃，建築合同之指數，已由一九二八年之一三五，直降爲一九三三年三月之一四，在一九三三年八月升至三〇，此種升漲，因政府建築工人住宅之所至，至於鐵路方面，在一九三二美國祗建造一火車頭，鐵路公司之收入極少，其原因一方面因公路運輸競爭之結果，一方面因亦各公司在經濟困難之時，不能作新發展。

爲要恢復投資市場的活動，美國政府，不能不用盡方法，無論直接或簡接的，增加社會之購買力，其中最重要者，如大計劃的建築共公建築物，解決失業問題，及救濟債務者困難之問題。

美國議會通過三，三〇〇百萬元鉅款爲公共工作之費用，但因計劃其用途，及與地方政府相量進行之步驟，將其延遲施用，現在美國政府極力避免此種阻碍，故在最短期間，可以切實施行，此種重大計劃之進展，可以增加極大之購買力，內政部長 Ickers佈告，在去年十一月二五日，工人之雇於公共工作者，已多

於一，四六二，〇〇〇人，其餘尚有三四七，〇〇〇人雇於Civilian Conservation Corps 其財政乃由公共設管理處所供給，如此看，將來雇用於公共工作之工人，必大大增加。

增加購買力之第二種重要工作，為救濟工作，現在每月用於救濟工作者，約為四〇，〇〇〇，〇〇〇元，聯邦政府方面之供給為五〇，〇〇〇，〇〇〇元，各省地方機關之供給為三〇〇，〇〇〇，〇〇〇元，此巨大之款項，可將二二，〇〇〇，〇〇〇，工人，得長久之工作，同時二，〇〇〇，〇〇〇工人，恢復工作，照此計劃，在十一月時已有一，一八〇，〇〇〇工人恢復工作。

美國政府，同時用各種方法，以恢復債務者之經濟自由，政府將四，〇〇〇百萬之抵押據收買，此種方法，不但使个人之責債減少，同時給債權者有流通之資本，以作各種事業之投者，故在最近時期，將可見此種計劃收其效果，即購買力之大增也。

農業的情形

現在講之復興農業計劃，美國農民，佔民族全數之22%，若將農業復興，則對於購買力之增加，為數極大，茲將羅斯福所寫關於美國人民之情形：「美國農民……六百五十萬農民家庭，代表美國民族22%，在一九二〇年佔全國收入14%，一九二五為11%，一九二八年為9%，據近來之統計，已降至7%。

五千萬人，已直接的慮及現在將來之農業，其餘從事於各種大小工商業之六千萬人，亦已明白他們的生活，他們的將來，是依靠農業之繁榮，他們已認清楚，除非將六千萬農民之購買力恢復，他們的生產，將無銷路………」

去年初數月，農民之情形，可以數字代表之「無利的農產價格，不能償過的債務」，在世界大戰之時美國農業之出產，遠過於其本國之需要，戰爭之後，農產銷路減少，故出產不如往日之澎漲，同時因各國之關稅政策，使國外之市場，完全關閉，此種情形之下，農業恐慌是不可避免的，更加以一九二九——三三年之大衰落，使農產品之價格，跌至往日價值之一半，有效力之救濟，已為不可少的事實，首則限制生產，使農產品之物價，漲至相當程度，繼則設法減少農民不可忍受之債務。

經過各種複雜計劃之救濟如農業改正條列Agriculture Adjusr Act, 非常時田地抵押條例TEmergency Farm Mortgage Act, 及，田地信用條例 Farm Credit Act 其重要之步驟，茲將之作一簡單之報告，在種麥之地，80%之農夫，已經允許在一九三四——三五年將其播種之數目，最低限度減小20%美國政府允許給他們利息一〇〇，〇〇〇，〇〇〇元，其中七〇，〇〇〇，〇〇〇已進行分發。在南方種棉之地，一〇，〇〇〇，〇〇〇英畝之地，已停止生產，出產量已由一七，〇〇〇，〇〇〇包減至一三，〇〇〇，〇〇〇包，如此方能將棉產之價格挽回，免陷於崩潮，同時穀類之生產，亦有同樣之阻止，三五〇，〇〇〇，〇〇〇元已作為救濟之費用，其中一八〇，〇〇〇，〇〇〇元，在短期間內，可達農夫之手，其如種煙葉，種米，及其他各種種植，亦有同樣之幫助，現在更成立貨物信用合作社放款於農民，使其維持其出產之價格。

一部分之農業計劃，故然是受到各方面不良之批評，猶其是在許多人民，發生飢餓恐慌之時，而將生產之畝數減少，及減少糧食及主要食物之出產，但管理處，現在極力避免此種弊病，而成立聯邦剩餘救濟社Feleral Surplus Relief Corporation. 將過剩之生產，購買以救濟貧困者，至於阻止生產之計劃，更受到詳細之批評，但此種計劃，乃是非常時期用之，此乃美國農業改良之必經之步驟，根據此點，美國對於際國貿易態度，方能決定，據農業部長Wallace先生說：「……若我們依照國際計劃，International Drogramme (即將剩餘貨物運出口) 我們將會收入大宗貨物，而不顧及受苦者之呼叫，若我們履行國家計劃Nationa Programme. 我們必須將五〇〇〇〇，〇〇〇畝之地，取消其生產之權，無論人民如何批評，…」

物價之低落，不過是目前一部分之問題，其大部分之問題，在於不能償過之債務，此種能直接影響於農業之收入農業信用管理局，現在實行一種新政策，將所有各種農業信託機關，歸併於一機關管理，此機關現已實行將各種抵押之農地，使之活動，同時減輕農民債務，此種重大之工作，應有充分之預備，如從新估計農業土地之價格，若求此計劃發生效力，非有數月工夫之設計，不能有良好之效果也，

結論

觀察財政，工業，農業，三者完全情形之後，我們將其方法分為三大種救濟，恢復，再建設。救濟包含各種應付。緊急時期之工作，如恢復銀行營業，救濟飢餓之家庭，及極困難之農民，再建設之工作，是進一步之工作，希望成立一種永久的財政，工業，農業組織，以抗將來商業之衰落，及經濟恐慌之攻擊，介於救濟與再造之間為一種恢復工作，其目的在於增加商業之活動，及減少失業之人數。

論及美國復興之工作，現在當然是無重大之成功，在現在而

討論美國是否在於完全復興之地位，此亦是徒然。因去年三月商業衰落之深，焉能在一年內，便可將之完全恢復，故最公平之推論，爲將現在之情形，與去年三月時之情形比較，根據此點來觀察，則此計劃之有相當進步，已爲無可辯駁之事實，無論觀察那一方面，工人工作之數目，或失業者之數目，生產及消費之量，農產價格之移動，及農業之經濟情形，銀行制度之穩固，保險公司信用之穩當，較去年一月，已有極大之改良，但有許多人以爲此種商業進展，並非美國爲然，其餘各國，在去年之末，皆有同樣之趨勢，此種評論，完全不顧及羅斯福就職時之經濟情形，在那時，三種計劃，救濟，恢復，再建造已成爲不可少的工作，倘無此計劃，美國亦能渡過重大之危機，及恢復其原來之狀態，此種思想，是不可信的。

此計劃將來之結果如何，無人敢下一个可靠的預斷，因爲此計劃，一方面已入光明之途，同時一方面尚在黑暗之域，許多複雜困難的經濟，財政問題尚待解決。現在最重要之事，乃在於購買力之能否高漲，管理處現用各種方法實現之；如減少失業工人計劃，大量款項，用作救濟工作及市民工作計劃，減少負債計劃，增加農民之購買力，及直接購買出產以增加工資等，此種計劃對於購買力尚無完全之效力，不過是少部分而已，因爲大部分之儲蓄，尚在未復業之銀行中故對購買力之增加有大阻碍，同時投資之不活動，亦爲不能恢復往日繁榮之重大原因。

在其他方面，尚有許多問題，尚待解決，如政府本身及其信用之價值，高工資制度能否實行而不增加物價，而幸減少消費量。最後，最重要之問題，爲幣價之穩定問題，諸如此類之問題，必須解決，方能達最後之成功，在現在時候，公正之觀察者，可以堅持一結論，即爲一九三四年之希望，必較一九三三年爲大爲光明也。

重商主義時代之經濟政策

金先邑

(一)導言

主義與政策，均因時代而變遷，爲應付特殊環境之手段。必先有其可以產生之背景，而後由思想之孕育，以形成主義；必先有其可以實行之客觀條件存在，而後能基之以樹立政策。故思想，主義，政策，實一貫而同限於地域之範圍，且含有歷史上之時間性。嘖觀各國經濟發展之歷史，在其各個過程階級內，所發生之經濟思想，經濟行爲，類皆不脫此空間時間之特徵。自社會上最初期之低等經濟組織，而進於莊園經濟，都市經濟，國家經濟，以至世界經濟，莫不皆然。各個時代人類所從事於經濟活動之方式既不同，因致其所需要之主義及政策，亦往往互異。假若其國民經濟程度已到達某一種確定階段內，適應此階段範圍之主義，必相應而生；反之，若其產生之客觀條件未至，試以人爲之各種方法，先期分娩，亦決不可能。是故，社會主義之經濟分配理論，不萌發於資本主義經濟極度膨脹之前；而經濟自由政策，畢竟倡導於經濟統制之後。由斯而論，凡一主義之脫胎，槪有其自然而然之勢，若其與時代關係，尤相因果。重商主義，何獨不然？

攷重商主義，形成於中古之末葉。迄十八世紀之開端，其理論之荒謬，始爲重農學派所掊擊。然當十七世紀之下半，曾磅礴一時，各國經濟決策，類多依據以爲準繩，就中尤以英法兩國，視此爲富國圖强不易之法門。推究重商主義緣何而生，及其具有支配全歐之力量，首當檢討當時之種種背景。

歐洲自十六世紀，以迄十八世紀之初期，爲政治上及經濟上發生極大變動之時期。就政治上言，家產國逐漸消滅，君主專制厲行，中央集權制度確立。由經濟上言，已由實質經濟時代進而爲貨幣經濟時代，再加以東印度航路之探獲，海外市場之拓展，新大陸之發現，貴金屬源源輸入，凡斯榮犖要端，貲以溝分中古與近世，同時予建國策略上以重大之影響。第一，政治演變，各國峙立，必須有强大之軍備，方足以自衛。而强兵必先富國。第二，經濟上貨幣融通，國際匯兌漸開其端，貨幣代表財富，羅貯之則國立强。第三，擴大海外市場，獎勵出超，爲圖强惟一方法。第四，美洲爲金銀之產地，奪爲己有，則富强立致。凡斯四者，乃各國之要圖。重商學派窺察時君欲富欲强之心理，而進以必富必强之方法。故能風聲所播，應者如響，全歐莫不翕然。

(二)重商主義之觀念與政策

重商主義，與時代相伴而生，爲應付己成事實之工具，既如上述。至重商主義本身之觀念，極其曖昧。且自來學者解釋，亦互異其辭。Ely 銓其意義，在於增加國家商業及軍事之力量，(To increase the commercial and military power of the Ination as a Whole)。Schmaller 教授則謂爲國家經濟政策，代替地方經濟政策，(The replacing of a local and territorial economic policy by that of the national state) 復次因重商主義主張嚴格干涉國家工商業，有稱爲限制主義（Restrictive System)。又有因其認貴金屬爲國家財富之表現，而名之爲重金主義。總之，議論紛紜，釋義不一。然捨其異而求其同，則重商主義之內涵外延爲：(一)認國家之貧富依金銀貨幣多寡而決定。(二)認國家之榮繁，以對外貿易輸出超爲必要。(三)認致國家富强，須由政府鼓勵干涉。是故重商主義，以國家之富强爲目的，以國際貿易輸出超過輸入爲表現，以政府極端保護爲手段。雖細目萬殊，而要義盡在於是。

重商主義之觀念，既加以闡明；其基於此而樹立之經濟政策，復次即須研究。爲便論證起見，先臚述本時代受其影響最深之法英兩國之經濟狀況，而後條分歸納，以探求其經濟政策之特質。

一• 法國　自中世末葉，以迄革命時期，法國經濟狀況，顯呈數度之遞變。以路易十二與佛蘭沙一世治下之大繁榮，隨因宗教戰爭之影響，而國民經濟爲之大退步。至路易十三之世，再以李雪之努力經濟改建，從而復興；此後因佛琅特之變亂，入於一時停滯。及路易十四之財政大臣科倍爾 (Colbert)，以重商主義之經濟政策爲基礎，計劃經濟之再建。彼舉全國農工商業之活動範圍，盡置於中央政府嚴密監督之下。其於農業，一方注意於生產工業原料之增加，一方限制勞動者主要食品價格之高漲，俾工業製造品得以廉價生產而便於輸出。其於工業，設置輸出獎勵金，竭力傾銷生產品於國外市場；同時採取最高度之關稅政策，使外國商品無法流進，而於本國所無原料之輸入，則又免除課稅。其於商業，為發展對外貿易起見，遂採取實力開擴新市場，及保護外國競爭之兩種方法。要之，科氏以不屈不撓之精神，改進農業，振興工商，其唯一目的，在於維持有利之貿易均衡，以使國庫充實。

二• 英國　英自伊麗莎白女王以後，以其優勢之海軍力，乘連勝之威，造成一大殖民帝國；而指導此時代殖民及商業之理論，厥為重商主義。故其殖民政策，須布法令，對外貿易，無不以增益國富，鞏固强盛為最終目的。如殖民地只能將其生產物供給母國，物產之輸入亦只限於母國船舶，而殖民地所需要之原料器具及其他製品均應由母國供給。所定一切制度，皆以保護母國產業界為宗旨。如格林威爾 (Cromwell) 之航業議決案（一六五一年）及查理二世之航海條例（一六〇〇年），嚴格規定屬領任何貨物之輸出或輸入，均應由英國人所有之船舶運載。如對西班牙貿易主有利，而一六七八年通過貿易禁止案（與法國），一以有利之平衡貿易為依歸。蓋由西班牙輸入之羊毛，使英之貧民有雇傭之地，同時毛織品及紐芬蘭之魚類，復可廣銷於西班牙。至若法國，製造品輸入既多，而英之毛織品又幾為其高重之關稅率所摒拒。利害權衡，故歡迎輸出超之西班牙，而排斥輸入超之法蘭西。大抵當時之經濟政策，亦全建於重商主義之上。復因海軍雄强，保護之得當，對外競爭，遂較法國為優。至其用政府力量，當干涉本國與殖民地之產業界，則與法國無異。

由前述之英法兩國近世(指十六世紀至十八世紀初期而言)國民經濟發展之過程，以探求支配此時代重商主義之經濟政策，類別而分析之，則其顯著之特質約如下：

一• 獎勵輸出　凡本國製造品輸出者，免除關稅，時或以國帑補助之。又締結有利之條約，規定殖民地之制度，壟斷國外市場，以杜防他國之競爭。

二• 遏阻輸入　凡他國製造品之輸入，為本國所能出產者，則竭力禁止，或課以重稅。至若本國所需之原料及食品則許其自由輸入。

三• 支配觀念　為欲實行上兩項，以達對外貿易出超之目的，政府必須支配治下之一切產業界。

復總納以上三種之特質，而作一簡要之說明，則重商主義時代之經濟政策，實一干涉之經濟政策耳。

(三)重商主義經濟政策之利害

重商主義經濟政策之特質，已如前述。顧此種政策，影響於國民經濟，爲利爲害，亦須討論。歐洲自中世之末期，封建時代之莊園經濟制度，雖已崩潰，農民之身分，亦次第脫去農奴狀況。然土地之大部仍握於貴族采候之手，欲令其與農民，戮力同心，依新法從事生業，勢不可能。重商派於此時，以商工業爲主，以農業爲副，不急不徐，間接改建農業，固未可厚非。復次是時工業正在萌芽，各種技藝極其幼稚，政府保護鞭策，邁進大工業之建設，發榮滋長，干涉政策，確收事半功倍之效。然有利必有弊，固事理之常然。玆論其弊：第一，奬勵輸出，而以國帑補助之，畢竟補助金之來源，由於租稅，國民負担增重，則經濟活動之能力比例而遞減。第二，遏阻輸入，而加重關稅，畢竟他國貨物之能銷售於內地者，必爲國民所需用，關稅重，則物價貴，結果轉嫁於國民。第三，以有利之商業均衡爲目的，而維持貿易超出，實違反彼此交易之原理。假定甲國常輸入超過輸出，乙國常輸出超過輸入，貿易之平衡，絕對不能永保，終必同遭慘敗。由是觀之，重商於一般國民之經濟活動，實害餘於利。至因提高關稅，與壟斷殖民地市場，結果釀成國際惡感，致破壞對外貿易，

豈惟不能增益國富，反予國內產業以重大之損害，此又重商理論荒謬之結果。

(四)重商主義與中國現代之經濟政策

最後更有一事，猶須討論。重商主義於歐洲之十六世紀以後，誠足以阻礙國民之經濟發展，自當排除。惟於產業落後之我國，應否摭拾，權作一時治標之計？攷我國年來，國民經濟之衰落，如江河日下，農村瀕於破產，工業凋零，商業更疲厥不振。推究厥因，在貿易入超過甚，外國製造品既傾銷內地，而農業生產之米麥等，又源源輸入。馴至國內工業不能抵抗外力壓迫，以至倒閉，農民生計，更不堪言。遏阻輸入之策，似可施行。

我國工業規模，極其幼稚，除上海各處少數之工坊工業而外，尚停滯於手工制度時代。對內幾不能守，對外更不能戰。惟原料豐富，勞働力低廉，與路易十四時之法國相較，有過無不及。誠能以中央之力量，統制監督，招致外國技術人材，效科倍爾之努力，左提右攜，則新規模之大工業建設，因自然環境之優勝，收效必較法國爲巨，此干涉工業之政策，亦宜用於今日之中國。

在外華僑，人數最多，顧商業不及歐美於萬一。無他，政府漠視之故。謀對外方貿易之發展，實有賴於政府之扶助。故奬勵

保護之政策，宜施於今日。惟外貨輸入之遏止，當分別而行；工業之統制監督，亦須審其性質而定，因事制宜，固不能一概而論，尤應以一般國民經濟之利害爲歸依，若科氏之偏重特殊階級之收入，則未可爲法。總之，重商主義之經濟政策，亦有行之於今日之我國，而不爲病者，但視運用之得當與否而已。

× × × × × × × × × ×

蘇省載重民船總數

大晚報鎮江通訊云，江蘇地處要衝，水陸四達。關於水運方面，載重民船，迄乏明確之統計。蘇建廳有鑒及此，特着手調查，除寶山，儀徵，淮安，銅山，沛縣，豐縣，蕭縣，碭山，宿遷，灌雲，睢寧等十一縣，未據塡送外，餘如鎮江等五十縣，已調查完竣，經探誌其隻數如左，(鎮江) 長江一帶，二〇〇隻，(溧陽)一三〇隻，(句容，龍潭，三岔，下蜀，等鎮)三七隻，(金壇)三〇隻，(江浦)三汊河，二二隻，(丹陽)運河。三二隻 (溧水)沙河一七隻，(六合)滁河二四〇隻，(高郵)五一五隻，(江寧)秦淮河，長江內河，三一隻，(楊中)二墩子港等處二二六隻，(上海)一，二，三，四，五，六區，三六隻，(金山) 朱涇張堰，三八隻，(奉賢)南橋利市廟等處，五二，(南匯)一七五一隻，(松江)亭林鎮等處，一九六隻，(太倉)二三〇隻調查未全，(川沙) 東北西城壕白龍鎮，一三五隻，(嘉定)西門外。一九隻 (崑山)一〇八六隻，(青浦)五七一隻，(無錫)七五隻，(吳縣)金鷄等處一五七隻，(常熟)三〇隻，調查未成，(宜興) ：六隻：(武進)二五〇隻，(江陰)山外灘船灣等處等，九五隻；(吳江)平望等處，七四隻；(南通)南門天生港等處，五四隻；(靖江)新港鎮等處，一八七隻：(啟東)八區中戥漎等樂，一二〇隻；(海門)長樂等處，四四隻(崇明)三四五六等區，四二九隻；(如皋)城區等處，一三〇隻：(泰興)口岸等處，一四〇隻；(江都)揚鎮等處五〇隻 (寶縣)三三四五六七等區，五七〇隻；(泗陽)東興鎮等處，二八隻；(淮陰)六七〇隻：(高郵)一三〇隻；(鹽城)二九〇隻；(興化)各莊舍沿河等處，六七九四隻；(泰縣)上河等處，二三六隻，；(阜寧)三〇八隻；(漣水)南北塘河等處，一一五〇隻；(東台)南門口碼頭等處，一〇〇隻；(邳縣)窰灣等處，七五隻；(沭陽)一九隻；(贛榆)海頭下口等處，二四隻，(東海)大浦新浦等處，二四七隻。內中計二〇擔，二七三隻；三〇擔，一五〇一隻；四〇擔　一七六隻；五〇擔，七四一三隻；六〇擔，一〇八四隻；七〇擔，一八八〇隻；八〇擔，四一九隻；九〇擔，三七二隻；一〇〇擔，八九五隻；一一〇担，六〇隻；一二〇担，二四隻；一三〇担，四〇隻：一四〇担，一三九隻；一五〇担，二〇八隻；一六〇担，二八隻；一七〇担，八〇隻；一八〇担，九九隻；一九〇担，二六〇隻；一〇〇担，八五五隻；三〇〇担，六九七隻；四〇〇担，五八〇；總計一八四〇〇隻云。

泛論銀價問題

徐昭

一，緒言

二，美國提高銀價之目的

三，銀價提高後對於中國之影響

四，結論

（一）緒言

自歐戰閉幕以後，世界武力的爭鬬一變而爲經濟的戰爭。在大戰結束的初期，各國元氣未復，這種經濟的競爭還不見顯著，但經過這幾年長期的修養，各參戰國在戰時所受的創痕已逐漸告痊，資本主義從刼後的餘燼中復活起來，開始生產的競爭，一方面因爲大量生產的結果，造成生產過剩的現象，大量的生產品國內不能盡量容納，不得不向外找求市場和原料地，於是各帝國主義者之間因分贓不均，發生了激烈的爭鬥；他方面因私人資本的過分澎漲，勞資的對立愈趨顯明，不景氣狀況籠罩了整個的世界；工廠倒閉，商業凋敝，失業人數激增，勞動者徬徨於飢餓之路，所謂經濟的恐慌，正如野火蔓燒，方興未艾。從這些事實看來，資本主義的確已到了潰滅的前夕。雖然近來有所謂集團經濟運動，經濟統制，生產合理化等等口號，但這些不過如同挖肉補瘡，杯水車薪，縱能救了目前燃眉之急，那能擋得住未來經濟的怒潮？徒然在國際間增多幾個强大的互相仇視的團體，使競爭愈演愈趨激烈。歸根講，生產過剩原爲資本主義發展的過程中應有的現象，經濟恐慌也是私有生產所不可避免的惡果。美國在歐戰後一躍而執全世界金融的牛耳，這些矛盾的現象尤其顯著；因爲世界不景氣的影響，遠東市場購買力的銳減，在生產上受了極大的打擊，國內工商業一落千丈，歐戰中黃金的時代是已經過去了；

失業的工人和飢餓的游民到處滋擾。資本主義的基盤開始動搖起來，。去年羅福斯就任總統以後，以復興運動爲號召，努力想安定國內的經濟狀况，維護將墮的資本主義。自採用通貨澎脹政策後，復興運動開始其第一砲，震撼了全世界，尤其對我國的影響最大。茲就其提高銀價之目的及利弊影響，分段討論之如下。

（二）美國提高銀價之目的

讀過人文地理的都知道美洲的產銀額佔全世界第一把交椅，每年平均生產量約佔全世界產額百分之七十五，其中以墨西哥產額最大，佔百分之四十二，美國佔百分之二十一，但墨西哥的銀礦大部份在美人手中，所以實際上美國可以說是世界第一產銀國。自一九二七年至一九三一年美國每年平均產銀量統計爲二億四千七十五萬盎斯，（Couce）（見三月七日北平晨報）銀的產量既如此豐富，而銀的功用除了作貨幣，裝飾品，及貴重器皿以外，很少其他用處。我們又知道美國的貨幣制度是以金作本位，銀不過用作輔幣，銀的產額既大而銀的用途又極有限，在這種情形下當然要發生供過於求的現象，每年過剩的白銀不得不向銀國傾銷，但是現在世界上大半國家都已先後採用金本位，即在採用銀本位的國家因紙幣及信用制度的發達，已使銀在貨幣上的効用減弱，各國都患銀過多而不患銀不足，在國外更不易找到銀的銷路，因此美國生產過剩之銀逐年屯積國內，將同廢物。提高銀價即壓低金價，則存銀可鑄爲銀幣，一轉移間，使無用之廢物一變而爲有價値之通貨，同時又可使銀礦營業繁榮，直接足以增加銀礦業之消費力，間接足以推進復興事業，這是美國提銀價對內的目的。

復次，近年來因金價之抬高，美貨的價格過昂，在遠東用銀國之銷路日減；在他方面，日英兩國在遠東貿易反駕凌美國之上，所以爲保持東亞的市場，免爲英日兩國所奪及傾銷國內過剩之生產物起見，不得不提高銀價以刺敵用銀國與蓄銀國之購買力，使美貨得以暢銷，這是美國提高銀價對外的目的——提高銀價的基本目的。

（三）銀價提高後對於中國之影響

當然，無論那一種事實或那一種制度都沒有絕對的壞，也沒有絕對的好，銀價推高後對中國之影響當然也不能例外。先就利點而言：第一，銀價提高後國際貿易上以金計算的價格雖高，在以銀折算之價格則低，換句話說，就是銀的購買力增加，這樣在消費物量的方面增加講，至少對消費人物價的享受佔到不少的利益。第二我國倘能在外貨低廉之時極力向外購買機器，以發展國內之交通及工業，實是一個最好的機會。第三利用銀貴金賤，容易償付外債可以得到許多信宜。

就害的方面而言，約可分為四項

(1)外貨暢銷　物價既然同貨幣的購買力成反比，銀價提高後外貨將愈低賤，現在市面金與銀之比價為一與七十四之比，倘如報紙所載，減低一與十二之比，顯然外貨的價格用銀計算將降低至現價六分之一有餘，外貨低廉則國人將相率購外貨而不購國貨，存銀源源流出國外，國內金融市面將因之不能穩定。

(2)工商業受摧殘　因外貨之競銷連帶的必使國內自造生產品的價格隨競爭而下落，這對消費者固然有利，但對企業家和生產者受害最大。因為競爭最後的結果必使企業所得不足以供開消，結果工廠倒閉，商業停滯，失業之人數必激增，以至釀成社會問題。

(3)農村將愈破產　國內物價下落，一般以前負債之農民，因銀購買力增加，以農稼物交換貨幣之數甚隨之減少，必無力償付舊債，生活將愈臻絕境。

(4)土地跌價　農民既無力償債，最後一途只有相率出售土地，結果使土地之價格狂跌，以土地為抵押品放款之銀行及一般經營土地事業者必受極大之打擊。

(四)　對世界之影響

銀價提高對我國之利弊既如上述，現在再將對世界之影響敘述於下，與我國之影響成一對照。

考銀協定一共包括九國，在這九國之中如英日等國早已採用金本位制度，銀價的提高對他們非但無害反而有益。因為在資本主義發達的國家沒有一個不在患生產過剩的恐慌，國外市場日蹙，國內工商業不景氣，這些在在是資本主義國家的危機，銀價提高後既足以減殺用銀國之購買力，間接就是幫助資本主義國家的貨物傾銷，替他們開拓市場。所以九國銀協定可以說是帝國主義變相的一種經濟聯盟，也可說是侵略弱小民族的總攻擊。拏亞洲來講，除了中國以外其他國家十之八九已採取金本位。印度自一九二七年起採用虛金本位，在國內用銀，在國外用金，銀價的漲落可說對他沒有什麼影響。並且印度是產銀國，擁有豐富的銀礦，雖然在銀協定第一條中規定「印度自一九三四年一月一日起，四年以內產銀量不得超過一千萬萬盎斯——每年平均不能超過二千五百萬盎斯」——這條的用意是印度存銀甚多，倘若大量向外輸出，必使銀價低落，所以用條款來限止他——但是我們知道，國際條約終究是紙上明文，一到各帝國主義者利害相衝突的時候，便會變成一張不能兌現的紙幣；金銀的趨勢又是常由價低處流向價高處，這種經濟的勢力決計不是一紙明文所能禁止，印人又不是獃子，豈肯受條約的拘束將大量白銀存儲國內，置而不用，甘受損害？結果印銀必隨物價低落的趨勢，自然向外流出；（其他產銀國也是同樣。）銀價依然要低落，金價又要提高，到最後帝國主義者空忙一場，無補於經濟的恐慌，且因金銀之漲落使經濟恐慌的範圍日趨擴大，而世界資本主義也一步步走近滅之路。

(四) 結論

十九世紀之末，歐洲經濟的怒潮開始向中國拼擊。庚子之役後，帝國主義者在中國武力爭奪的慘禍雖暫告一段落，但變相的經濟侵略且變本加厲。年來中國人民在國外資本家與國內資本家雙利剝奪之下，已奄奄一息，國內生產事業因政治不上軌道和受連年喪心病狂軍閥的內戰損害，破壞殆盡。入超一年年增加，農村日趨破產，無論世界上經濟狀況有何種變動，中國總是站在不利的地位。前幾年銀價低落，金價高漲，國內金融界也曾起了一番擾攘，多數人且因此而破產；現在金價抑低銀價逐漸抬高，國內又起了空前的恐慌。有人謂年來入超激增，銀價提高後，其害點如上第三節所述，必使入超更加增多，我國存銀將有逐漸流出之危機，其實中國在前幾年出口銀量已形激增（見下表(1)）照理論上講，銀賤金貴時，白銀出口不應增加，只應減少，但事實卻與理論相反；其次中國國際貿易的入超在前幾年中差不多均在增加，這又與普通人以為外貨價昂少買外貨之觀念相反（見下表2）。

(一)民國廿一，廿二年，現銀出口之統計

出口國	廿一年(單位元)	廿二年(單位元)
英國	二一三，五四二	二一五，一一五
日本	五三，八四五	一一三，九〇八
荷屬東印度	一一五，二六八	四六，三八五

菲列賓島		一四，一二二
新加坡等處	三一七，五一一	一，六六二，八三四
美國	九六八，五七四	七〇，九五八，四九二
關東租借地及其他各國		二，七九九，〇〇〇
總計	五七，六四五，七七四	九四，二八八，九三六

（二）四年來之金銀比價及國際貿易入超額

金銀比價	白銀出超或入超（單位海關兩）		貿易入超（單位海關兩）
十八年三八·八對一	出超	二，一八四，〇二四	二五〇，〇九一，五〇三
十九年五三·八對一	入超	六八，〇〇五，七三八	四一四，九一二，一四九
二十年七一·三對一	入超	四五，四四五，〇一七	五二四，五二四，六六九
廿一年七三對一	入超	二四，二八九，九六四	四七八，四七八，一六九

附誌民國二十一年數以金單位折合或稍有出入

（上二表見二月廿九日上海晨報）

由上兩表可知中國經濟之關鍵問題不在金銀之漲落，而在生產之不足，消費之過多，以致國際貿易不能相抵，即在銀賤金貴時，銀子還是有流入國外的危險。中國不是產銀國而是用銀國，出口貨年年減少，因此流出的銀子多而流入的銀子少，這完全因為中國生產落後的緣故。九國銀協定從理論上講來，利害參半，倘若協定第四條沒有規定自「中國自一九三四年起四年之內不能銷售因熔化銀幣所得之銀量。」中國正可以趁銀貴金賤時，實行金本位，正是中國翻身的千載良機。但狠毒的帝國主義者早已看透了這一點，所以在條文中特別規定，這實是我國的致命傷！為未來着想，我國亟應反對，要求取消這一條，至少應該辦到修改使有利於我國。至於時人所主張的禁銀出口，徵收白銀出口稅實行金銀統制等：還不過是一種臨時救急療標的辦法，最要之點還在獎勵國內之工業，發展生產力，穩定銀價，救濟農村因破產，爲自己有了充足的生產力，然後才可以談得上與帝國主義者相對抗，以挽救中國頹危的國勢。

一九三四，三月十日完稿。

全國國有鐵路之二十一年收入

全國國有鐵路，因外患內訌關係，其營業收入，向無一定準則。茲將二十一年份收入概數調查製表如左。惟表中東北各路，因戰事關係，未有報告故不列入。查該表收入總數爲一〇七，一三一，三一五萬元，較二十年份減少二〇〇四六，一四〇萬元，其中即如北寧，京滬滬杭甬三路因受暴日侵華影響合計較念年份減少二千萬元以上。茲分列如下：

路名	載運旅客人數	客貨各項進款
平漢	二六二六六二七	二五〇二九七五二元
北寧	四四七五五〇一	二五七八八二三一元
津浦	三〇〇二九六二	二〇四三三四三一元
京滬	七五六五二九〇	九六三三九〇七元
滬杭甬	五〇四六〇三四	六一六六四七三元
平綏	八一四四九二	七四一〇四一二元
正大	一〇二二五四三	五三八一〇一四元
道清	三八二四一五五	一五七〇五〇六元
隴海	一六九九六四三	八三一〇五〇六元
廣九	二一八二九七四	二二〇〇九一三元
湘鄂	九〇六〇五九	二七三四三七九元
膠濟	三〇九四一三四	一三四三四六八八元
南潯	四〇八五二五五	一一七九二〇二元
廣韶	七七四七四五四	五五九一九七〇元
共計	三七四四二〇〇八	一〇七一三一三一五元

提高銀價問題

〔經濟史實〕

方善桂

人類自原始進化而來，生活日盛，人事日繁，一介匹夫，既不能以隻身兼備及二，於是而有交換生，交換生則貨幣遂應運而起。貨幣者，交易之媒介，價值之衡量，而借償之準則也。初民日中爲市，以物易物，授受者以會合之難，趨洽之艱，相率苦之，于是乃以貨幣爲中介，使之無往而不受，則財貨之用廣，而其流暢矣。物物之間，主觀之價值不同，客觀之價值又異，勢非此物與彼物相比，乃有交換之價值生。則盈天地間之事物，使盡趨而相比，交換價值，何慮千萬，愚拙不使，甯待深論。惟貨幣則自身有其可寶之價值，如尺之有度，砝之有衡，然後可以量天下之物。使價值以貨幣表之，則可免物物相比之紛煩。財貨之交換，有非定時所可了結者，則信用交換是。應得財物於未來者，爲債權人。應償財物於未來者，爲債務人。第財物之價值，視其供求，視新腐，瞬息萬變。物價而下，則債務人蒙其害，物價而昇，則被利焉。貨借出于斯途，夫豈徒云公平哉？是必待借貨之以貨幣爲單位依爲準繩，稍可殺其爲害耳：

夫木尺有其長短，而後可以度萬物之長短；鉄錘有其重輕，而後可以衡天下之重輕；貨幣之可以爲萬物價值之準則者，是必其身有價值存焉。貨幣之價值何自存哉？論者之言有三：一曰貨幣本身之價值，彌是珍貴也。如金銀之可以爲器物飾品，雖歷萬變，不失其用，而仍存原有之價值(Inteinsic value)焉。二曰政府運其權威，使貨幣爲人民之準則，並制爲法幣，可以流通國內也。如紙幣然，兌換劵然，雖屬片紙數字，可以風行于世。三曰貨幣之內身，含有勞働力及生產成本，是以可以爲一切財物及勞働之標準，此說則近乎社會主義矣。

吾人既言貨幣之有値價，且究其價值存在之原因；第貨幣爲價值之衡量借償之準則，宜其有不變之價值而後可，然究其實，則貨幣自身之價值，仍時有昇降；方其昇降猛烈之時，則社會深爲病矣。緣財物之價值，旣以貨幣表之，則貨幣之價值，自卽以財物之價值表之。財物之價值，升降而靡定者也。則貨幣之價值，亦時波折而無止。時賢之稱貨幣價值，爲貨幣之購買力，恃此蓋可以與財物成交換也。當財物價值高增時，則貨幣之購買力卽下降；而財物跌價之時，則反之，財物之貴賤，視其供求，而貨幣購買力之榮枯，則視貨幣及信用之數量與其流轉之速度爲比例耳。

吾人今日視貨幣爲交易物價及債務之準則，則貨幣價值之變動，其影響爲何如哉！故貨幣也，可以運用之以糾正社會經濟之病態；故貨幣也，亦可以運用之以破壞國民生計。尤以近世國際競爭劇烈之秋，軍事而外，兼以經濟，貨幣政策也，國際傾銷也，寧非決勝千里之良籌乎？

此次美國總統，因圖復興國內，爭霸國外，不惜低貶其金價，抬高銀價，使銀價高至每盎斯值美金六角四分半（按未提高前僅值四角餘）。夫銀者，我國之本位幣而亦爲萬物之準繩者也。其價值變遷，如是其烈，則其于我物價也，我金融也，我出口量也，我購買力也，乃至我整個民生也，影響之巨可想而知。自消息傳華後，朝野震動，其對策之商討，官民之舉措，喧傳遐邇，旣動一時之觀聽，尤足資日後之參攷。爰將是問題經過，按報章雜誌所揭載，分述其由來、發動，及各方面之措施與言論，輯成史實，內容力求詳盡，材料難免龐雜，則有待讀者隨時注意焉。

（一）問題之由來

此次我國朝野所討論之提高銀價問題，係自美總統羅斯福之希圖提高銀價而起，同時又因去年在倫敦世界經濟會議所簽訂之九國白銀協定，將于本年四月一日，由各國政府批准；我國如亦將此協定批准，則卽須受條約之束縛，于美國提高銀價之對策上，在一部分學者及公務員之觀察，覺有不便。于是于討論白銀漲價之對策上，又多一討論白銀協定之應否批准問題。本文之任務，在搜集該問題之始末，經過事實，彙于一處，故對所以造成該問題之原由，不得不加申述，該問題之內部，旣有關于九國白銀協定，則除將美國提高銀價之原由輯集外，更須進及世界經濟會議時之白銀協定焉。

世界經濟會議與銀問題

世界經濟會議係由一九三二年七月九日洛桑會議之決議，經國聯于一九三三年六月十二日正式召集，在倫敦開會，各國俊彥，會集一堂，冠蓋如雲，可謂極一時之盛。與會者六十六國。會議之主要條欵凡六，而白銀問題居其一。緣自世界經濟恐慌發生以來，各國競圖傾售其過剩之出品，而銷路最廣之處，卽爲此上用銀之國家。但前數年來，銀價因產量關係，價格低下，故用銀國家之購買力，在與用金國交換時，亦不得不因之減少。爲使用銀國購買力加增，以挽救世界經濟之厄運起見，在此世界各國會商復興經濟之會，白銀問題自爲其中主要之一議案矣。

我國出席會議者，爲前財政部長宋子文，駐俄大使顏惠慶，駐法大使顧維鈞，及駐英大使郭泰祺。宋部長於六月十五日第三次大會時，起立演說，其演辭中有涉及銀問題者，大意謂。

關於白銀問題，歐西各國對白銀之漲跌無常，以致影響對外貿易，甚感困難，故欲在此會議中圖謀解決，中國因金銀價格比例之暴變，亦有同樣困難。白銀現價之低，爲歷來所未見，故渠希望白銀價格能隨其他物價而增高，但銀價之穩定，較提高尤要，銀爲中國貨幣之標準，且與印度亦有重大之關係，兩國人口衆多，渠甚盼望各國於謀獲金幣穩定時，亦當謀白銀之穩定云。

貨幣委員會於六月二十日晨開會，我國顏代表出席，美上議員畢德門提出一重要議案，其建議中有云：

「……（三）銀既仍爲世界大部之匯兌媒介，爲恢復遠東之信心起見，凡產銀國家及藏銀甚多之國家，應成立一種協定，限制銀之供給，增鑄銀幣，並改進銀幣成分至一千之八百……」

自小組會議討論銀問題後，世界經濟會議有提高銀價之主張，路透電傳，滬銀行公會於廿一日電宋部長，對提高銀價不表贊同，據稱中國白銀僅敷國內周轉，設令銀價提高，勢必向外流出，此與中國並無利益。

美國爲產銀國家，印度爲藏銀國家，畢德門氏既提議成立協定，小組委會愈認須產銀及存銀國問題趨同意。嗣後三十日倫敦電傳美方意欲印度長期限制出售生銀，而印方不允。倫敦七月四日電傳，畢德門氏之貨幣小組會議討論對於產銀國與存銀國互相成立諒解談判進行方法，當仍決議銀問題仍單獨討論。十日，畢德門始傳出銀協定樂觀空氣，惟因美國與歐州用金國因貨幣穩定問題爭執，致國美所創導之白銀協定，幾經波折。後由畢德門之努力，始於七月廿二日在倫敦簽字全文如下：儲銀國之印度，中國及西班牙，主要產銀國之墨西哥美國，坎拿大，秘魯，玻里維亞，澳大利亞，日本因印度及西班牙政府願出售其所儲有之銀之一部，幷因主要產銀國家如吸收生銀歸入國庫，以與出售之銀相抵，係與各該主要產銀國有益，復因出售由貨幣所得之銀，可以上云之購買相抵以得銀價穩定，係與中國有益，又因由貨幣所得之銀出售量，依照以下之條文，定有限制，復興主要之產銀國有益，爰訂立協定如左。

(一)印度政府同意，自一九三四年起，四年內每年出售之量應平均爲三千五百萬純盎斯，三四年一月一日起，四年之內售銀總量，不得超過一萬四千萬純盎斯，倘某年出售之數，不及三千五百萬純盎斯，則可於以後各年補行出售，惟每年出售之總量，應以五千萬純盎斯爲限，上列條款，於印度售銀，於任何政府以轉售美債爲目的者，則除外而不適用。

(二)主要產銀國家，於本協定適用期內，不得出售白銀並應自一九三四年起，每年向其鑛產之生銀以內，統合購買三千五百萬純盎斯。

(三)上項所購買之生銀，應即於此項之四年限期以內，置於國庫，以供貨幣上之種種目的或即爲單純之保存。

(四)中國政府同意自一九三四年一月一日起以四年爲限，不將其由鎔燬貨幣所得之生銀出售。

(五)西班牙政府或西班牙銀行同意，自一九三四年一月一日起，以四年爲限，每年不得出售生銀超過五百萬純盎斯以上。

(六)本協定須經各國政府接受，並須於一九三四年四月一日以前批准，自批准之日起，始能生效，但各該批准國家，如準備

按照上云第二款辦法，購買規定銀量，縱一國或一國以上之主要產銀國家，於彼時未予批准，仍然有效，任何政府如通知已採取必須之積極的行動，以實行本協定之目的，則此項通知應即視爲批准文件，又美國政府應請其採取必須步驟，以爲完成本協定之計。

自協定簽字後，以其性質之特殊，極爲各利害關之各國所注意。吾人可於各國人士之談話中，見此協定之作用及應響之梗概，茲根據電訊，扎錄數段如次。

倫敦廿四日電傳，顏代表對銀協定之意見，認爲協定可助穩定銀價。並抬高通貨價值，此足增中國之購買力，實中國代表之主要目的。顏認銀價不致加增，致害及中國金融。中國購買力之增，對外貿易自亦增加云。又某著名金銀條塊經紀人，則謂銀協定實無多大意義，係爲畢德門示好美人之舉。而畢德門本人之表示，據路透電傳，則謂銀協定係世界貿易最大興奮劑之一，今日世界之半，僅知有銀幣，若銀價高漲，則將令用銀幣者受益。目前銀價僅值其應有價格之半，銀價之穩定，可助中國償付債務，並在許多其他方面有助於中國云。至在美國方面，顯以白銀協定之訂立爲美國在世界經濟會議之最大收獲，各方均示滿意，尤以銀礦業主爲最。美代表團認此協定可使世界商業發展及銀價提高

。坎拿大代表團認該協定有直接利益於坎拿大之銀出產並增加遠東商家之購買力。印度方面則認該協定於印度大有利益，以其中規定可使該國出售多數積存之銀。中國代表團亦以爲該協定爲避免銀價變動之利器，及發展國際商業之興奮劑。紐約銀市中人則認此爲畢德門在國會提出用銀酌償戰債案以後，最饒建設性的發展。其能釋此協定者，謂銀市在今後四年內僅須吸收礦中新出產之銀，以印度等處所存之大批白銀衡之，此舉確有所得。雖協定未載明僉字國用銀爲準備金之切實比例，但衆鑒於銀協定及與市况之穩健影響，認此要無關重要。不過在最近未來期中，終必有關於銀的切實比例之公約。美產銀聯合會祕書萊福士稱，銀協定無疑使銀價提高，此種現象對於工業實爲有利，同時更可使礦業順利進行，並增高物價云。

美國提高銀價

自歐戰以後，資本主義國家經一度戰爭之破壞，頓呈復興氣象。但自一九二九年後，世界經濟恐慌，又漸瀰漫全球。美國爲資本主義首要國家，當然難脫此種恐慌現象；同時因世界各國之經濟競爭，日益激烈，美國以生產之衆，自非與人決一雌雄不可。國內經濟狀況之混亂，國外經濟競爭之威脅，固不得不使美國出此舉也。

美國內部經濟恐慌之現象何如乎？斯可自民國廿三年三月一日東方雜誌所載馬星野之「美國經濟之病態」文中覩之。

「……這個惡浪有些什麼特色呢？裏面包括些多少問題呢？下面是一個簡單的分析：

第一個問題一千多萬人沒有工作。

第二個問題人民及國家負債纍纍，因物價下跌，債務之重開空前所未有之記錄。

第三個問題農民瀕於破產，物價下跌，以農產品爲尤甚，債務加重，以農家爲尤甚，農民級階比任何級階要困苦些。

第四個問題產業無利可圖，利潤率漸漸減低，銷路不暢，工廠不能全部開工。本錢大而得利少，資本家心灰意懶。

第五個問題貨幣制度之紊亂及不定，因各國放棄了金本位，美國亦隨之，到底一塊金元有多少價值，現在誰都不知道。

第六個問題恐怖及不信任之心理瀰漫全國之經濟界。工商家不敢冒險，失望，延待，慵怠，及懷疑心理之普遍」。

馬氏文中述及此種恐慌之造因謂：

「其一在繁榮時代投機過度，到了民國十八年，投機市場之殭化。

其二大概因歐戰結果罷，債務過分擴充，負債太多。

其三自由競爭之學說及制度之崩潰，工商業之自由競爭漫無限制。自由競爭制度下之生產分配方法已失去適合時代需要之效。」

在此瀰天之恐慌中，美總統羅斯福被選就任。羅氏爲民主黨員，就職後卽從事復興，以通貨澎脹爲其主要政策，提高銀價亦在其政策之中。

關於美國提高銀價政策之造因，據大公報二月廿八日社評之觀察有下列五點：

「（一）對內膨脹通貨，抬高物價，以便恢復景氣。因一則白銀準備金愈多，則兌換劵愈可增發，二則具有輔幣性質之銀幣的增鑄（按白銀政策上預定一面將國內銀塊買爲國有一面將增鑄銀幣通行國內），在事實上亦不啻兌換劵之變相的增加。

（二）對外減低美金對於用銀國的滙兌，一面便於向用銀國傾銷商品，一面卽等於增加一種在用銀國打倒其他國的武器。

（三）增加財政上之收入，因美政府雖以每盎斯六角四分半收買白銀，對於市價（去年十二月市價只每盎斯四角三分）似乎吃虧，然而每盎斯白銀却可鑄換美國銀幣一元二角九分（注意！輔幣在法律上的價値與本位幣相同），故每買一盎司之白銀，則美國在財政上又將增加四十萬方金之收入，不啻與上次因美金減値四成餘而賺得二十萬萬金異曲同工也。

（四）對於不產銀國如日本及法國可以因集中白銀而增加本國之信用，卽國際金融上及政治上之地位。

（五）完成去年八月二十三日八國白銀協定提高銀價之主旨，以擁護在產銀國資格上之美國之利益，因爲此如能顧及產銀諸州之利益，以免其反對整個的產業復興法也。」

立法委員馬寅初謂美國促成白銀協定之目的不外三點：懼印度改採金本位後存銀拋出，使美國銀礦業大受影響一也。使出口貨增加可奪取中國市場二也，美現政府爲民主黨所操縱，而民主黨之背景則爲銀礦主，民主黨之不執政權，已歷十三年，此次獲選，自非結好其背景人物不可三也。

經濟學家李權時氏發現美議員對提高銀價之動機，不僅在復興國內經濟，發展海外市場，實有直接針對我國者在。茲扎錄其載於銀行週報八四二期之「美白銀派主提高銀價的動機」一段。

最近美國會議員……要想把銀價提高，當初我們以爲他們的動機是在乎。

(一)獲得產銀區選民的歡心，俾他們自己的政治生命得以延長數年。

(二)增加用銀國人的購買力，俾美國的輸出商能夠多多獲得遠東市場，以增加他們的輸出，因以減輕國內的經濟不景氣。

孰知消息傳來，謂美國國會議員中白銀派主張提高銀價元之又一動機是在乎。

(三)籍提高銀價以增加用銀國製造業的生產成本，俾中國的工業化進程爲之阻滯不前，而美國因之得乘機暢銷東亞大陸。」

(二)銀貴問題之發動

自美國新貨幣制度及提高銀價消息傳華後，上海銀行界感受極度不安。三月二十日由銀行界諸領袖張公權貝淞蓀李銘等一度集議，結果由滬銀行公會具名拍發二電。一致美國總統羅斯福，請注意中國銀價及經濟上一般的影響。一致中央政府，請求對該問題加以注意，並懇將上次倫敦世界經濟會議中之白銀協定暫緩批准，俾我國得在貨幣政策上自由行動，不受條約之限制。茲分迻之如後：

上海銀行公會致美總統電

上海銀行界上美總統羅斯福一電係屬聲明性質，大意謂對美政府此項政策，固未能明白反對，但實際上，則聲明中國銀行界，對於此舉，認爲一旦施行，表示萬分遺憾也，又據申時社記者向有關係方面探悉，該電內容，大致爲(一)說明中國現狀及經濟情形，(二)根據中國目前經濟情形，對於美方白銀政策之實行，中國金融商界將受嚴重之損失，(三)美驟然高度提高銀價結果，將引起中國國際匯兌上不可收拾之混亂，(四)盼美政府實行白銀政策，能逐步提高銀價，勿取突然漲高方法，以減少中國銀市之紊亂。以上各點，盼美方加注意。該電原以有關國際，權守祕密。後經滬新聞界覓得原務，酌譯如后：本市銀行業同人，敬致意於貴大總統閣下，自貴總統施行復興計劃，使美元價格下跌，貴國物價果以上騰，失業者日漸減少，但敝國物產價格，將繼續下跌，白銀勢將流出，爲投機事業者造機會。況敝國數十年來天災人禍，人民生活，已陷於水深火熱之中，貴國購銀政策，若繼續進行，敝國農民生活，將益感困苦，國際匯兌，亦將有非常之混亂，雙方經濟，均蒙不利。敝國銀界同業，極盼望貴總統俯察敝國情形，將銀價採取穩健之步驟，勿使突然高漲，造成匯兌上之困難。特此電達，敬乞察納爲禱，上海銀行公會，號。

上海銀行公會致財部電

該會同時致電財政部長孔祥熙，請暫緩批准世界經濟會議中所產生之白銀協定，蓋以値此美政府當局，積極設法提高白銀價格之際，覩其舉動，勢在必行。銀行界雖已致電美總統陳說一切，但恐收效殊微，而此際白銀協定，正在咨送各國政府批准中。我國政府，一旦貿然批准，則對於此後白銀問題，勢將受此拘束，不能自由伸縮運用。故特請求財部，在此美政府提高銀價政策，尚未完全明瞭之前，此項協定，暫緩予以批准。

(三)各方之觀感

自滬銀行界拍發二電後，報章騰載，僉以政治國難未已經濟侵略又深，一時社會人士，對銀問題極加注意。銀行界領袖貝淞蓀林康侯錢新之等，發表簡短意見。一般金融家對銀問題對策，頗多探測及談論。全國經濟委員會常務委員宋子文發表談話，於銀協定多所說明。立法院長孫科，亦發表談話。自中政會決議銀協定原則通過後，財政部長孔祥熙亦有談話發表。此外政界各要人及學界人士均有談片，類於銀貴問題作種種批評及主張。玆分述之如后：

上海外僑之會議

銀價問題經銀行公會拍發二電後，國人一致屬目。卽僑滬外人，對此亦不忽視，本埠十二國外僑協會，特於二十三日召集會議，討論美政府提高銀價政策，議決一致反對，分電各該國政府，迨至前日始正式致電美國羅斯福總統要求取消白銀法案，其全文內容如後，「十二國僑民合組之上海外僑協會，深望貴國政府考慮白銀法案，使世界銀價不致受其影響。爲維持中國繁榮計，銀價須與其他物價同時提高。中國避免世界恐慌之慘禍，其唯一原因在於銀價之低廉，中國由外輸入商品，以中國輸出品借款及白銀流出作抵償，倘若銀價騰貴，則中國地價及物價勢必暴跌。結果必至實行禁銀輸出或重徵白銀出口稅，屆時中國貨幣恐有被中國政府操縱之虞，對各國商務貿易發生重大危機云。」

美商會調査白銀事件

上海美商會於二月廿三日正午由行將卸任之董事部集議，舉定本埠美商代表若干人，組織委員會，調査白銀事件，俾向新董事部貢獻意見，而以郝金士氏爲主任。

宋子文之談話

全國經濟委員會常務委員宋子文，于二月廿四日發表其對白銀問題之談話如次：

關于白銀問題在此三數年中，其價格漲落，波折甚大。在三四年前，其低落情形最甚，蓋當時一般人之心理，以爲白銀在國際間已被拋棄，而無出路，乃溢入中國，故當時有一部份人主張禁銀入口。最近銀價又有增高之趨勢，於是又有一部份人，主張禁銀出口。前後情形，完全相反。恐現在之主張禁銀出口之最激烈者，或亦即以前主張禁止白銀入口之最激者也。情勢與心理，變遷之速，有如此者。

至於倫敦銀協定之目的，在穩定銀價，計已爲國人所共知。數年前，銀價暴跌之最大原因，爲印度放棄銀本位，而以鉅額之銀，向國際市場賣出。據去年統計，印度取銷銀本位尙保有白銀四萬萬盎斯，同時西班牙亦有大量白銀，流通市場。故銀協定中，規定印度，西班牙，及其他白銀本位改金本位之國家，每年售出白銀，不得超過三千五百萬盎斯。同時產銀國如墨西哥，美國，加拿大，每年各由庫國收買白銀三千ㄅ百萬盎斯，而中國亦能將政府國庫中所貯之銀向市場售出，以求白銀供應得以平衡，而銀價趨於穩定。現在社會上一般人之心理，希望我國現銀不至流出，倫敦銀協定，即本此義。故與社會心理，並無違背之處。

至中國所有之銀，爲數亦不多。除中央銀行所保存之硬貨外，更無所謂國庫白銀，協定中所指，爲後日或我國改用金本位後，白銀過剩，將向國外流出耳。至最近美國重鑄銀幣及銀行界之表示，將來如何對策，則國府自有主管機關决定大策。本人爲前任財長，因地位關係，雅不願加以任何批評及推測。

至徵收白銀出口稅問題，宋氏僅稱，以前所頒銀出口徵稅百分之二•二五，其目的純爲廢兩改元後，國定銀本位幣，其價値於純銀成分外，加鑄費百分之二•二五。外商不願使用銀幣，而仍用銀兩，因銀兩無鑄費負擔，比較上合算。故規定銀兩出口徵稅，銀幣則免，以劃一其價値，使國幣暢通，幣制統一，並無限制銀出口之意義在內云：

（二月廿五日申報）

孫科對銀問題之談話

立法院長孫科與滬記者談銀問題對「美國提高銀價，認爲中美兩國立場不同，我國對此，並無所謂籌劃對策。蓋此事之發動者，不在我而在美。美國視白銀爲通貨，提高銀價，即係提高其本國之物價，以壓低金價。美爲用金國，壓低金價，即是提高物價，此至爲明顯。至美國之所以突欲提高銀價者，係受一般銀礦主之運動，爲自身謀利益。其所持之理由，以爲提高銀價，壓低金價後，可助長中國之購買力，多量吸收美貨。就知此種片面理由，完全錯誤，蓋中國以銀爲本位，銀價提高，幣價亦漲，土產物價低落，當此商業不振之時，突然提高銀價，則其影響更甚，中國處於此種情形之下，謂能增加購買力，實一疑問，故美國此舉，完全爲經濟理想之錯誤而已。

聞美國此種運動，其實現恐不能變更，現下已有相當之進展，其計劃擬將銀價提高至金銀成爲一與十二之比，慾望之奢可知，蓋美國現下金銀價格之比，爲一與三十餘之比。今欲提高其價格，達若是之鉅，本埠銀行界雖已電美制止，恐難奏效，蓋美國對提高銀價主張，頗爲堅決。將來銀價提高後，中國白銀將流出，硬貨勢須缺少，如謂禁銀出口，恐亦無從奏效，因中國國防不嚴，無法防止也。

至提高銀價，與國際上之關係，因各國均爲用金國，無甚影響，銀價提高，即等於物價提高，故用金國與用銀國之利害完全相反，美國爲國民經濟主義，決不顧及他人之利害，故亦無如之何，倫敦銀價協定綏行批准，亦屬無用，全國經濟會對此，尚未聞有何討論，不過全國經濟會有經濟專家，對此問題，似應加以研究也，政府對此事，除派國行家已有所表示外，別無補救之辦法，恐銀行界此舉，亦未必能轉移美國之意旨也。

（二月廿一日申報）

孔財長談白銀問題對策

財長孔祥熙二十七日晨七時由滬返京語記者，發表個人意見云，銀問題極複雜，各國專家殫精竭慮，反覆推敲，亦終利弊互見，去歲世界經濟會議，認爲欲救經濟恐慌，莫要於繁榮國際貿易，尤須先求國際匯兌安定。因此主要產銀國及用銀國簽訂白銀協定，以防大量白銀在國際傾銷，我乃用銀國非產銀國，該協定第四條僅規定中國不得以廢幣改鑄之銀向市場傾銷，別無其他拘束，近有請政府勿批准協定者其實協定在國際銀市場之影響，關鍵不在我批准與否，而在我應付方略若何而定。美提高銀價用意，在完成復興運動，增高國際貿易，此舉與我利害觀點不一，我每年入超數萬萬元，若銀價提高，則溢出數當可減少，且銀價高物價必低，我進口必受其益。至於銀價高後，出口將受影響，外貨將暢進，國內工商業益將不支。惟貨幣僅爲交換媒介，商品推銷，以購買力強弱爲定，歐戰後，銀價極高，當時我貨仍在各國暢銷，近年世界不景氣，銀價賤我貨反滯銷，即爲明證。我對此事應付之策，須視察國際情况而定，政府早經熟籌，外傳禁銀出口及征出口稅等，僅其一端，惟穩定幣價，乃不易之理。

貝林錢三氏之意見

三月廿三日中國銀行滬行經理貝淞蓀，銀行公會祕書長林康侯，及四行儲蓄會經理錢永銘氏，因滬記者之詢問，對銀貴問題作簡短之表示，據貝氏稱，外間關於美政府之提高銀價政策，有謂我國爲一銀本位國，此後可以增高購買力者，故認爲有利，有謂將使我國白銀，大批流出，形成經濟恐慌者。此種觀察，後者較前者爲透澈，惟我國對此，將何以善其後，就個人觀察，尚須注視美政府對於提高銀價之眞正態度若何，而後始可確定也。至於禁止白銀出口之說，在必要時，亦可施行，此際尚無必要也。據林氏談，就彼本人意見，美政府此舉，與我國確有極大影響。往者世界經濟會議中所締結之白銀協定，現正交由各國政府批准，本人之意，應於白銀協定中規定施行辦法，或可減免國際間對於白銀問題之不安也。至於禁止白銀出口，此事固亦辦法之一，但政府當局，事前亦須有充分之準備，庶無困難發生。錢氏談美國議員中，對於銀價意見，亦分兩派，贊成銀價提高者，多爲產銀區域議員，反對派代表，則爲非產銀各區，兩派競爭甚烈。現既由產業派占勝，我國現銀鉅額流出，勢將不免。銀行公會電美表示反對，美總統迄未復電，將來如何對付，須視事態之推進而決定云。

銀價與中央財政

新聲通訊社發表民國廿二年中央財政出納有關金銀比價各欵目數字表示銀價高漲之損益云：

中央財政歲入科目中，與金銀比例價有關者，惟關稅一種。而關稅徵收單位之關金，爲一種與各金本位幣作一比例標準之虛金本位，其每年收入之多寡，與金銀比價有重大關係。如民國二十二年概算中，關稅收入爲三萬五千四百六十五萬七千餘元，佔全部歲入百分之五十二强，倘銀價提高，則由關金申折之數減，而收入額即相對而減少。

中央財政之歲出科目中，與金銀比價有關者，一爲債務費，二爲外交費中之各國使領館經費，三爲教育費中之留學經費。據二十二年歲出概算，債務費共爲二萬四千一百八十四萬二千餘元，其中內債佔九千八百零六萬六千餘元，外交費總數共一千零六十六萬三千餘元，其中尚有外交部經費在內。姑認爲全數均駐外使領館費，與債務費併計，不過一萬五千萬餘元，與關稅收之三萬五千餘萬比較，相差已逾二倍。至教育費中之留學費，則爲數甚少，故就中央財政情形言，銀價提高，亦未必有利。

再論可以購進機器，銀價高後，固可較廉，然我國歷年輸入貨品，大宗爲日用消耗品，而用以再事生產之工具原料等，則爲數甚微。此觀於歷年海關及國際貿易局報告可知。在金貴銀賤之時，我國新興工業，尚不能與外國貨競爭，倘銀價提高，外貨價格低廉，源源傾銷，國人經營之工商業，勢必完全破產，復何用購進再事生產之工具，至時資力已竭，何能再高談建設。故銀價提高，此時終覺得不償失也。

滬金融界對徵銀出口稅之意見

自銀貴問題發生後，時人僉以銀貴足以促中國存銀外流，因以造成中國之金融恐慌。故對防止現銀之流出，爲討論此問題之一要點。關於阻銀流出之方法，有主徵銀出口稅者，有對徵銀出口稅表示懷疑者。贊成徵銀出口稅者謂『我國爲銀本位國，銀價提高，於無形之間，我國財產數量，亦隨增加。此爲必然之趨勢。且我國積欠外債數目甚鉅，償付外債之時，銀價貴賤，於兌換之間，相差甚鉅，此爲提高銀價後，我國所能感受之利益。其他如銀價提高後，我國商人，能利用此良好時機，競將國貨外銷，則所得利益，亦非淺鮮，至其爲害，則百倍於此，銀價提高後，現銀之外流，勢所必然，且無法足以禁止。上海銀行界，自美政府宣稱，設法提高銀價後，即電達美總統羅斯福陳述意見，現未得復，但料美府之此項計劃，似在必行，滬銀行界之一紙電文，或恐無濟於事。所以當今要務，當計劃美政府一日實行提高銀價後，將用何法以制止國內現銀之外輸，則舍徵收現銀出口稅外，實無他法也。至稅率之規定，當隨時增減，例如銀價增加至百分之二十，則稅率亦必增至百分之二十，俾運銀者無利可圖，並須規定處罰私運現銀出口者以極刑，然恐尚不能完全禁止現銀之輸出也。蓋我國係入超國家，訂購外貨，非現銀不可，至於有人謂，銀價提高後，國內物價亦可提高，此則適足以自害，因中國國內，經濟恐慌，達於極點，購買力薄弱，致存貨山積，而農村經濟之衰落，亟待救濟，提高物價，則國內各業，更將陷於窘迫狀態中矣。』

至時徵銀出口稅表示懷疑者，則謂『我國對銀貴問題之對策，有主張徵白銀出口稅以示抵制者，但銀之本身，隨時隨市價上下，初無一定，故決不能同於其他徵收辦法，厘訂徵收率爲百分之幾。故縱或有實施之可能性，實非經過詳細之研究不可，蓋其困難在複雜也。惟以美之提高銀價而論，我國所蒙影響，亦本必十分深重，蓋我國最大缺點，厥惟生產落後。美之提高銀價，在抑其貨價，以求其過剩生產之出路，我國向爲出超之國家，以貨易貨，現銀更何從流出，奈年來卽以僅有之絲茶兩大宗出口，亦已一蹶不振，故今後唯一補救之道，惟冀政治安定，力謀增加生產耳。」

但滬金融界多數領袖，認爲美國提高銀價，依金貨隨價格上下而流動之原則，中國現金，必將大批流出，現下全滬存銀，共一萬五千萬兩，而外商銀行，如滙豐及麥家利等所存之白銀，竟達一萬萬兩，占全數三分之二。其餘五千萬兩，錢業僅占五百萬兩，餘均係華商銀行所存，一旦銀價高漲，則外商銀行必儘先將現銀全部運出，以圖厚利，同時我國以入超關係，應解外國欵項，勢必爲外商銀行所吸收，作爲存底，洋貨銷入內地，於是內地現銀，悉輸上海，再度外流，影響所及，殊可驚人。至於禁銀出口，一方因以私運之難防，難奏膚功；一方又以國外貿易入超，無法償付。此外則社會之心理極度恐慌，又爲難免。又改變貨幣本位制度，易銀爲金，庶脫銀價之羈絆，更藉金價之跌，膨脹通貨，提高物價，此舉亦難辦到。益因我國缺乏改用金本位之原料，卽爲最大難關，且耗費較大更非中國經濟危殆之現時期所能辦到。惟今之計，祇能從增加銀出口稅入手。滬銀行界領袖如貝淞蓀，徐寄廎，張公權，李馥蓀，徐新六以及林康候等均同此意，認爲增加銀出口稅，須根據美國提高銀價之程度而增加，例如美國現在所提高銀價與中國銀價相差爲百分之五，則我國徵收出口稅，亦須由原有之百分之二，五元出口稅上，再加百分之五，使之平衡。如銀價低落，則出口稅亦比例減低，以資限制云。

張素民教授談銀問題

國立暨南大學銀行學系主任張素民博士，發表關於銀價問題之談話云：美國國會提高銀價之聲，甚囂塵上。有倡定金銀比價爲一與二十者，其有倡定比價爲與十二者，而今日市價爲一與七十餘，如此人爲的將銀價提高數倍，若見實行，其必紊亂中國推兌與物價，宅無疑義。吾國自衞之道不外兩端，一，實行徵收現銀出口稅，其稅率之高低，依美國政府對於銀價所提高之程度而定，此法之效果，等於禁止現銀出口，而不如其猛烈，惟必同時防止私運現銀出口，及華商銀行存戶提取現款轉存外商銀行。二，中國政府不特任人民將現銀運出，而且自行大批運出，購買美金或金條以爲改換本金位之張本，惟同時必使國內通貨脫離銀本位。余意此辦法，均極有研究之價值，惟其關係複雜，非率而可道也。

(四)政府之措施

美國總統羅斯福採貨幣政策，圖謀復興。消息傳華，舉國震驚。政府方面，早有所聞，自接滬銀行界電請暫緩批准銀協定後，中央各要人即妥商辦法。實業部當組織銀價問題研究會，中央亦擬組中央銀價研究會從事研究。二月廿七日，中央政治會議開審查會，各委員僉認白銀協定可予批准，至提高銀價之對策，係屬另一問題，即交立法院審議批准。三月九日，立法院討論結果，照審查意見通過，附帶保留聲明，通過白銀協定，立法委員馬寅初氏，認通過銀協定後有四難題，徵求公開意見。至於應付銀貴方法，尚在商討中。茲分誌各節如后：

銀價研究會之組織

銀價問題之研討

實業部長陳公博，為研究美國提高銀價問題起見，二月廿四日南京電傳，決組織實業部銀價問題研究委員會，派許仕廉陳炳權陳鐘聲湯澄波路易士博克張履鸞等先行組織，廿六日南京電傳，中央以美國提高銀價問題關係重大，擬令全國經濟委員會財政部實業部鐵道部及內政部等關係部會聘請國內經濟專家組中央銀價問題研究會，研究應付，廿六日實業部銀價問題研究委員會首次開會。三月五日南京電傳委員湯澄波談研究銀價先從調查着手：(一)函各經濟專家及銀行界徵求對銀價問題意見，(二)分函全國各省市縣主管機關調查各該省市縣農村統計民元以來之銀價漲落與物價之關係，(三)必要時由本會親派專員分赴重要區域實地調查，(四)搜羅歐美各國歷來金融市場情形，俟調查畢事，另擬整個計劃，送請中央決定對策，又謂上項整個計劃擬兩月內脫稿，政府如有最高銀價研究會成立以統制銀價，本會即可結束。

白銀協定之批准

中央政治會議於二月廿七日下午四時召集各關係部長開審查會，到孔祥熙陳公博唐有壬褚民誼及王陸一陳立夫葉楚傖研究白銀協定問題，及對美提高銀價之對策，僉以協定作用在安定銀價，謀國際匯兌平穩，政府加入，應予批准；至美國提高銀價係另一問題，應由行政院妥籌對策，作有效之防止。當即擬具審查意見，由常委提念八日中政會討論，復經長時期之研究，於批准白銀協定及安定銀價，限制生銀出口等辦法，均有具體決定，並照審査意見通過，交立法院審議。立法院於三月二日提出討論，八日下午開外交財政經濟三委員會聯席審査會，馬寅初陳長蘅衛挺生傅秉常史維煥等十餘委員審査結果，認爲協定應予批准，惟須附帶保留聲明，卽如「與中國產業有危險時中國得採必要之行動」，俾不致受協定之限制與束縛。當擬具條文提出於次日立法院五十次院會祕密審議，詳加研討，馬寅初王祺等辯論甚久，決議附條件通過。白銀協定審査批准後，行政院長汪精衛談：不日卽由外部照會美國。至美國提高銀價與白銀協定截然二事，毫無關係，如銀價提高，物價同時高漲，或可抵補損失，萬一銀價提高，物價依然，影響實大。擬設立幣制研究會，下次中央政治會議，當可提出討論云。

彭學沛改良幣制之提議

白銀協定既經有條件之批准，關於銀貴問題對策上之有形束縛，可稱業已解除，惟提高銀價與白銀協定，原係截然兩事。銀協定之批准，並非銀貴問題之解決。故對美國提高銀價我國應取之政策，仍有商討之必要。國內政學商各界，有以昔年金貴銀賤問題發生時，我國之經濟利益頗受影響。更以銀值之賤，入超之巨，在對用金國匯兌上，耗折過甚。相率引爲深憂。今則銀價已經人爲之提高，又因其將激起現銀流出，及造成土貨跌價，加重農村經濟之崩潰等弊，羣認爲害大利小。然在現下國際經濟戰爭激烈之時，欲求銀價穩定，萬難做到。則中國欲脫銀價漲落之羈絆，勢非屏銀不用不可。故改革幣制，實爲根本應付銀問題之方法。內政部政務處長彭學沛氏，特提出改用虛金本位提案，該案已在財部幣制委員會審査中。茲錄彭氏提案如次。

中國在貨幣上之國際地位，日陷孤立。其對外貿易及貸借關係，暴露於絕大之風險，每次銀價變動，中國卽蒙受浩刦。一九二九年銀價跌落時如此，此次如銀價提高又將如此，採用金本位制，實已成迫切之需要。顧欲採用金本位制，則有二大難關，一爲中國驟難得此鉅量之儲，二爲中國人民向慣用銀，亦不易驟變此習慣。爲使自銀本位移入金本位較爲便利，且漸有希望起見，僅擬過渡辦法如下，[一]由政府准許中央銀行，得依據銀紙幣同樣之準備比例，發行金紙幣，保證準備之金單位，或在金本位國家之存款，(二)金銀紙幣，同時流通市面，不規定固定之比例，依時價兌換，如現今市面之銀幣與銅幣，(三)金幣單位等於現今海領所用之金單位之四分之一，(四)中央銀行應盡量增加金準備發行金紙幣，並努力推行之，(五)各銀行得向中央銀行領用金紙幣，辦法與領用銀紙幣同，(六)私人攜各種金塊金器來向中央銀行，或其指定之代理處兌換金紙幣者，免除一切手續費，(七)金紙幣有無限法償資格，(八)至相當時期，一切政府機關收支，概以金幣計算，實際仍不妨並用金紙幣及銀幣，(九)中央銀行在每次銀價高漲時，即利用機會以銀易金，漸次增高金準備，(十)金紙幣之兌現須在五千元以上，中央銀行得以即期或六十日期之金匯兌率兌付之，(十一)各銀行得持受金塊金器等合算金幣，作爲金幣存款，一本過渡辦法之利益一重在中國之主要用途，爲裝飾品，及儲蓄之用具，而不爲貨幣。年來金之輸出常超於輸入，採用過渡辦法，則金在中國增加一重要之用途，即可爲國內交易之媒介，如此雖不能完全阻止出超傾向，但必可作相當之挽救無疑。[二]發行金紙幣，國家可增一項新收入，以改良貨幣，以紙幣之信用，並無絲毫妨礙，(三)市面籌碼加多，可收相當提高物價之效，(四)一般公衆所死藏不用，或耗於裝飾之金，將有大部分活用於金融界，(五)各銀行金儲，將漸次增高，即全國之金儲，亦將漸次增高，(六)公衆漸得使用金幣之習慣，(七)漸次以銀易金，與過渡到金本位時，只須變換一部分貨幣，不致引起過於激烈之變動，(八)現金一般公衆買賣小量金於往往於一出入之間，大受盤剝，採用金紙幣後，可免此弊，亦可增加國民對金之樂用，(九)中央銀行在國外之存款，得以利用爲金紙幣之準備，(十)

凡與對外貿易有關係，或有遠識之人，必爭用金幣，又凡訂結各種長期契約，而懼銀價變動影響收入者，必樂用金本位爲單位，(十一)中國內地農民用銅幣，此固足以證明，中國在國內經濟上無改用較貴重之金屬爲貨幣之必要，然此與改用金本位無妨，因可用較小之單位，如法國雖用金本位，而其單位之佛郎，只值吾國之二角，今金幣單位約合銀元半元，自更便於公衆之用。

財政部設立幣制研究委員會

我國幣制，向多龐雜，商賈交易，既感不便，一遇市變，尤難統制。民國成立後，改革幣制之議，起見起輟。最近白銀問題發生，一般學者，有認爲非幣制根本改善，不足以定對策，更不足以蘇民困。國民政府財政部爲研究幣制改革事宜，特設幣制研究委員會，定委員十五人。除指派錢幣司長徐堪爲當然委員外復聘定全國銀錢業領袖張公權吳達銓錢新之周作民陳光甫貝淞蓀胡筆江唐壽民宋子良胡孟嘉徐新六秦潤卿瞿祖輝沈兀鼎等十四人，由徐司長進行籌備，設辦事處於外灘中央銀行。俟正式成立後，再當續聘各地金融領袖數人爲委員。財政部並爲考察各國幣制狀況特聘李馥蓀爲顧問，赴歐美各國考察，俾資借鏡。玆錄財政公布幣制研究委員會章程如下：第一條，財政部爲研究幣制改革事宜，特設幣制研究委員會，第二條，幣制研究委員會設委員若干人，由財政部長遴選聘任，並於委員中指定一人爲委員長，第三條，幣制研究委員會開會時，由委員長主席，第四條，幣制研究委員會設秘書長一人，秘書二人，辦事員若干人，由財政部長派充，第五條，幣制研究委員會應行研究事項如下，（一）關於改用金本位事項，（二）關於銀本位幣事項，（三）關於各種舊幣事項，（四）關於輔幣事項，（五）關於取締私鑄事項（六）關於造幣廠改良事項，（七）關於各地方銀銅元之運輸調劑事項，（八）關於紙幣事項，（九）關於取締私發紙幣事項．（十）財政部長交議事項，第六條，幣制研究委員會委員，對於第五條所列各項，均得提出議案提付討論，第七條，幣制研究委員會議決案送請財政部長採擇施行，第八條，幣制研究委員會辦事細則另定之，第九條，本章程自公佈日施行。

（五）美政府調查銀問題

此次美總統提高銀價之政策，其動力及目標，實多注重於東方市場。自中國銀行公會致電美總統請對提高銀價加以考慮後，美政府爲欲明瞭中國對於美國提高銀價之各種意見及此後之購買力起見，即有派員來華調查白銀問題狀况之計議。三月十九日華盛頓電傳，美財部已得羅斯福總統核准，派貨幣專家羅傑士教授來華調查白銀狀况。羅教授係羅總統之親信顧問，素主貨幣統制政策，美財部長摩根索並稱羅教授之往中國，毫無官場談判人資格行事之意味，僅專注意研究經濟云。

四月杪，中國政府及滬銀界即聞羅教授業已首途，不日到滬之消息。十日晨九時羅所乘之胡佛總統號始進口停泊，中國政界及美駐華使館均親身或派代表到埠迎候。與羅教授同來者有其秘書蘭德曼及依奇昂諾德二人。羅於抵滬時對新聞記者言其來華之任務，僅作觀察調查，不進行任何談判，並論其本人對提高銀價並無意見，來滬後擬訪晤中國銀行界，商會及政府人士云。

（五）學術界之討論

提高銀價對我國之影響，在學理上言之，爲貨幣數量說及格來欣定律之作用。是以提高銀價。與其言爲政策問題，毋甯視作學術問題。故自此問題發生後，我國學術界深加注意，學術團體舉行討論會演說會等。對本問題有特殊研究之學者，亦據所見撰作論文，披載報章雜誌。就中於銀貴之影響，意見頗不一致。有認銀價提高即將減低物價者，如顧季高馬寅初等。有認中國物價上下與貨幣價值無甚關係者，如徐佩琨等。二說對本問題之各方面，均有詳明之闡發，實堪爲治斯學之重要參攷。茲將上海銀行學會中國工商管理協會舉行之討論，及中國基督敎青年會所舉行之演說會上各項言論，以及各專家之論文，酌選數節如后：

上海銀行學會銀價問題討論會

上海銀行學會聯合中國經濟學社上海分社於三月二日假座上海銀行俱樂部舉行銀價問題討論會，到二會會員及各界人士數百人。銀行界領袖貝凇蓀顧季高及美國匯兌專家耿愛德（Edward Kann）亦被邀到會，對銀價問題均發表意見。茲將次日晨報載三君講詞分誌於后：

貝凇蓀君講：我國爲現在世界上唯一用銀爲本位的國家，吾人所希望於『銀』者：第一要維持一個一定不變的價值，既不要一時高漲，也不要一時低落：第二要世界上給予它相當的地位，不可任意踐踏。關於第二點，我相信將來銀爲世界上貨幣之用，至少爲輔助貨幣之用，那是很可能的，因爲，世界的人口是逐漸膨脹，貨幣的需要日廣，而黃金的產量則日減。

至於此次美國提高銀價，目的在提高物價，壓低幣價，刺激他們的工商事業發皇蓬勃。夫銀在美國不過是商品之一種，而在我則爲貨幣的基礎，美國這種舉動，絕未顧到我們的幣價高漲，物價益加低落，於是國計民生發生惡劣的影響。

其次，談到倫敦白銀協定的問題。當時本人親聞之於美國議員畢德門氏之宣稱：此項協定之主要目的，在求白銀價值之穩定，我國所希望者，亦惟銀價之穩定，故簽字於該項協定並無錯誤。其實，產銀之美國所希望於此協定者，在提高銀價，而白銀過剩之印度所望者，在售出藏銀。此一紙協定，能使同床異夢者各得其所，欣然簽定，皆無異言。蓋此協定規則，印度得每年出售存銀三千五百萬盎斯，實則印度往年從未能售出此數，其四萬萬盎斯之藏銀，當不難因此而逐漸出清也。

今美國以人爲的方法，將實行提高銀價，假設此爲單純地美國國內的經濟政策，吾人殊無加以反對之必要；乃美國顯欲吸收世界存銀，影響於我國尤甚，並且，三日一宣傳，五日一建議，弄得我們人心惶惶，金融商業極不安定，此吾人之所以必加反對也。

吾人且靜觀今後三個月內，美國政策之演變如何，萬一彼竟不顧我國利害，驟然提高銀價，使我國目前的情形，絕不能忍受這樣的提高，我們惟有實行管理貨幣政策（managed currency）以爲抵制。不過，照我國現狀而論，這個管理貨幣政策，也是很不容易實行的。

顧季高君講：吾人並不反對銀價提高，也不需要銀價低降，吾人所希望者爲銀之購買力不變，故於銀之購買力超過物價之上漲而提高，是反對的，此應先事說明。

其次，一般人頗以爲世界的銀問題與中國無關，此種見解，實太忽視了國際貿易與貨幣本位的理論。按正統派經濟學者之解釋，兩個本位相同的國家，譬如都用金本位的英國與美國，他們的現金之移動，受自然法則的支配，有一種平衡的作用。如果這是兩個本位不同的國家，譬如用銀的我國和用金的美國。假使我們的對美貿易是入超，我們勢必運金赴美以抵償支付上的差額，因爲銀是我們的貨幣本位，我們必須維持大宗存銀以保障銀本位，並且銀在美國是一種商品，金是他們的貨幣本位，所以他們也祗要金不要銀，這樣一來，在理論上，中美之間的貿易和資金之移動，就失去了那一種自然歸於平衡的作用，中國的對美支付，遂永遠地在逆勢的狀態。這種理論已經有了事實的證明，是值得我們注意的。

其次，看到一九二九年至一九三一年，世界各國採取通貨緊縮政策，而我國因當時政府大發公債，銀行信用擴張，鈔票增發，形成通貨膨脹的現象。結果，我國銀價匯價俱下跌，進口物價乃大漲，出口物價雖未漲，但亦不跌，迨一九三一年秋季以來，世界各國改行通貨膨脹政策，我國物價亦於是開始降落，更自去年九月以來，繼續慘跌，至本年一月爲止，計二年半之期間，跌去百分三十五之鉅，此爲最近三十五年來所未有的現象。假使我們有精確的統計，這三年全國生產與國民收入的減少，必有至足駭人的數字。現再加以美國無理由的提高銀價，則我國通貨緊縮與物價跌落，將益趨嚴重，這一種情勢，長此下去，是否爲吾人所能忍受，而不致全國總破產，實是疑問。所以，我特別指出這件事情，望大家注意，一致起來設法渡過難關。我個人提議，中國卽行改用金本位，以供諸君參考。

耿愛德君講：辱承邀約參加討論銀價問題。今請以不偏不倚之態度，並對中國友好之精神，貢獻鄙人之所見。

美國提高銀價，如提高其他任何商品的價格一般，自有其絕對的自由，不容吾人加以干涉，且吾人亦不能施以干涉。但，美國一旦驟然提高銀價後，其影響於中國者何如，這是要研究的。

我以爲過去這幾年，中國在世界經濟恐慌之下，加以國內水災兵荒飢饉等等之摧殘，他的物價水準還能夠維持不跌，輸出貿易雖然減少，但也不若其他各國跌落之甚，幼稚的工業也能保守着現狀，此其原因所在，就是銀價低降，中國對外匯價跌落之故。

現在，如果銀價驟然提高，而同時物價並不上漲，則中國立呈通貨緊縮的狀態生銀將流出於價高的地方，一切不動產和債劵股票的投資悉行毀壞，而資金向外流動，銀行鈔票動搖，物價大跌，人民購買力低落，農村與都市經濟同陷於極度恐慌。當此時會，中國政府如重徵銀出口稅或禁止輸出，亦係必不得已之辦法，但，此項辦法一經採用，中國卽不啻放棄銀本位，對外匯價將益趨低落，此在商人及資本家方面，自然大感不利。

以上所述，純係在學理方面，作種種假設，至於將來之事實究竟如何，尙待考察，且，鄙人相信，美國或不致以人爲的方法驟然抬高銀價至百分之十五，三十乃至四十；如爲百分之五的逐漸提高，並使之與中國物價之上漲相應適，則固爲吾人所希求，直無絲毫問題之可言了。

工商管理協會之討論會

中國工商管理協會係財長孔祥熙氏集合上海工商學術兩界人士所組織，成立有年。每月舉行敍餐會，討論工商經濟問題。銀價問題發生後，該會卽乘三月十七日敍餐會之便，討論該題。並請貝淞蓀顧季高二氏到會參加。是日貝先生因會未克到會，席間由顧氏講述該題大綱如下：

(一)銀問題卽中國之貨幣問題。

(甲)銀在中國爲商品，——各國以銀貴爲利。

(乙)銀在中國爲貨幣，——吾國希望其購買力安定，非銀價安定。

(丙)解決問題不可乞憐他人，應以中國之利害爲主。

(二)美國抬高銀價運動之歷史。

(甲)美國歷史上向來傾向於通貨膨脹。

(乙)一八七三年二月之法案，停止鑄造銀幣，爲白銀派人攻擊，指爲罪惡。

(丙)一八七八年二月之bland Allison 法案，規定每月須購二百萬至四百萬之生銀造幣，結果十四年間共購進二萬九千萬盎斯，成本三萬〇八百萬元，共鑄成三萬五千二百萬銀元，此法案一八九〇年廢棄。

(丁)一八九〇年七月之休門法案，規定每月購銀四百五十萬盎斯，結果四年間共購進一萬六千八百餘萬盎斯，成本一萬五千六百萬元，鑄成二萬一千八百萬銀洋，此法案在一八九三年因經濟恐慌而廢棄，印度政府於是年停止銀幣之鑄造。

(戊)一九一八年之畢德門法案，規定美國鎔化國庫銀元，(以三萬五千萬元爲限)以售諸英國，俾接濟印度，結果約二萬六千萬餘元，鎔成二萬萬盎斯。

(己)一九三三年之多瑪氏補充法案規定，總統得隨時定金銀比率，又得接受白銀以充戰債每國以一萬萬元爲度，每盎斯以美金五角爲度。

(庚)畢德門在倫敦與其他七國訂立白銀公約，規定美政府每年收買國內產銀二千四百萬盎斯，——羅斯福於十二月間下令按每盎斯六角四分半收買。

(辛)本年一月美國改定新平價時，畢德門氏之附議案通過該案，規定總統得將現在流通銀元改小至六角左右。

(壬)最近瓦勒(Wheeler)氏在參議院中提議，令政府購銀，俾對金比率爲一比十六，經德統反對，以一票之差未通過，現在 Fesinger 議案擬令政府購十五萬萬盎斯，俟物價達一九二六年水平時方停，Dies議案，則擬令財部接收東方銀貨照市價加四分之一以交換美國農產品者爲限。

(癸)美國購銀運動，照以上所述，可知由於。(一)民主黨歷史關係，(二)便利羅斯福通貨膨漲，(三)產銀州參議員十四人，羅氏倘不與周旋，彼等將利用權力予羅氏所提出之議案留難。

(四)美國抬高銀價對我國影響。

(甲)政府財政，一，關稅用金，——故必減少外債，雖少付銀，然不能抵補，二，全國國民收入減少，納稅能力低，政府總收入減，而總支出增，——如剿匪費是。

(乙)對國內農工商業，一，通貨緊縮，物價下跌，此等階級收入大減，無力納稅或還債，二，工人因減工而失業，生活費雖減而不利，三，消費者及債權人亦利少於害。

(丙)對金融業，一，就放款而言，債務人還賬能力減少，影響信用，二，就存款而言，數額增加，無法活動，增加負担，三，倘銀流出後，搖動信用，引致恐慌。

(丁)對國際貿易，一，入超苟無物價跌，及金銀出口，則雖大亦不足畏，因中國生產落後，資本不足，故應有入超，否則交換條件較現在更不利，二，通貨緊縮後，物價跌落，反使出口數量增，而價值減，交換條件，日日不利，將來進口亦必減退。

(四)對將來

(甲)臨時政府已有準備，無須多講，銀出口稅與進出口無分別，但使脫離銀本位後，銀流出卽無關，紙幣之危險應防。

(乙)永久應籌備(一)改管理制銀本位，俾銀購買力由我操縱，以便利國內生產，(二)改金本位，因世界物價已上漲，改金後我國物價亦上漲，生產當可發達，(三)改良生產技術及管理，與貨幣改革應同時並進。

(三月十八日晨報載)

基督教青年會之演講會

上海基督教青年會向有學術演講之舉，自銀價問題發生後，該會即擇三月十七，廿四，卅一三日，分請經濟專家徐佩琨章乃器顧季高三氏演說，徐氏講題為「美國提高銀價我國應有之態度」，章氏講題為「銀價問題之過去與將來」，茲扎集三氏講詞要點如后：

徐佩琨氏講詞。略謂自銀問題發生後，舉國惶惶，羣謀對策。有謂銀貴物價即跌，或銀購買力大物價即跌。有謂美國提高銀價後，中國市場必呈騷動，工廠停閉，失業激增，現金國出口。二說一以理論一以事實為論據。誠如後說所云，設美國以一夜之功，將銀價提高百分之五，則中國或有恐慌。然所謂一夜之功提高銀價，在事實上能否做到，則誠是費吾人之思討也。愚意美國提高銀價，亦非輕而易舉之事，設銀價不能十分提高，則吾人亦不必過於恐慌。至於銀貴物賤一說，根本係宗瑞典貨幣學者克賽爾(Cassel)之說。克氏之貨幣購買力平價論，以為各國貨幣在無論何一市場，其購買力必相等。故物價可使貨幣購買力變動，而貨幣購買力之變動，實可變動物價。信如此，則銀價提高後，中國土產價格必跌，殊足深憂！但克氏學理，未合于我國國情，萬難在華適用。中國之經濟組織，尚未健全，種種經濟設施之反應，不若歐美經濟先進國家之敏捷與明顯。外國學理，實未可死按于中國。即如物價與幣值成反比例一說，近三年來，滬地存銀激增，則銀價即應低跌，而物價更當上騰，然事上則幣價與物價俱無重大變化。又如米麥絲茶棉等商品，米價近來低跌，係因供求關係，非因幣值關係。麥亦如此。絲則因品質過劣，國際銷路已塞，故絲價低跌，非由幣值使然。茶則因質劣本貴，故無銷路，不得不廉售求現。棉則因國內產量不多，求過於供，故近年價格騰貴，並非銀賤使然。故物價之漲落，另有理論，貨幣價值之影響，僅屬一方面，不能純以貨幣價值之變動，侈論物價即被影響也。至於銀價問題之前途，愚意金之產量，年見減少，而世界貿易及各國國民經濟，則逐年發達，產業富足，遂產必不敷鑄幣之用。據一九一四年調查，世界貿易增加，年為百分之三，而金產額之增加僅千分之十二，故將來必不能以金充作貨幣，又據工程家精密估計，世界金礦，產額年減，金本位之前途，漸陷灰色矣。至於紙本位則世人尚未到採用之程度，除金以外，惟銀可合貨幣條件，故將來銀價必貴，人類心理，實不能廢銀也云。

章乃器講略謂中國爲銀本位國家，對於銀價漲落與物價漲落有密切關係。外國用金各國，視銀爲商品，其價之漲落，無足輕重。過去之金貴銀賤，除販賣商製造家，稍可獲利外，農民工人及一般消費者，均蒙損失。今各國放棄金本位，銀價上漲，物價下跌，農民大受損失，工廠停閉，工人失業。故吾人所希望者，爲銀價之平穩，使社會生活，可以安定。目前美國之所以提高銀價，其目的在爭奪中國之市場，銀價上漲，美貨價低，便可暢銷中國。且美國在中國投資者，大多爲公用事業，如電燈電話，如銀價上漲，則其美金資本更可穩固擴大。我國對策惟有禁銀出口，但亦實難收效。此日銀問題，實非我國中心問題，蓋我國現處次殖民地。，已成爲國際市場，任人爭奪，何異公共奴才。補救方法，不外（一）關稅壁壘，（二）管理貿易，但此二者實行頗非易易。如欲實行，惟有民族革命。

（三月廿六日申報）

顧季高講略分四點：（一）美國貨幣發達簡史。（二）美國提高銀價之原因，（三）美國提高銀價對我之影響，（四）我國應採之對策，並列舉各項統計，以資佐證。

提高銀價問題

美國學者甘末爾等之言論

哈瓦斯三月六日紐約電傳，美國著名貨幣專家曾任中國及其他十餘國貨幣顧問之凱末爾教授，在「紐約太陽報」撰文評論去年十二月二十一日羅斯福總統佈告之購買白銀程序。略謂此項程序，於印度顯有利益，而於中美兩國，則似害多利少。

根據總統計劃，美國每年收買白銀，至少達二四，四二一，四一〇盎斯。如此則每年世界市場上白銀減少之數，與一九三二年美國產銀全數，約略相等，收買之價以人爲方法予以提高；名爲每盎斯一元二角九分。實際美國政府扣去半數，以爲鑄幣稅及手續費，故實付之價，僅爲六角四分半。如此則金銀間比率，向來名義上雖爲十六與一之比，而實際乃爲三十二與一之比。不過羅斯福總統發出佈告之日，政府定價，固猶較市價高出百分之五十。此於印度確屬有利，因截至去年十二月十五日爲止，印度存銀達二五二，〇〇〇，〇〇〇盎斯。七年以來，印度無日不欲減少存銀數額，倫敦白銀協定，准許印度每年出售白銀一千五百萬盎斯，茲照羅斯福總統計劃，則印度白銀較易出售，而售價亦可較高矣。

至於中國情形則與印度大相逕庭，蓋除非洲阿比西尼亞與香港以外，現在保持銀本位者，僅一中國而已。倫敦白銀協定係假定中國受銀價低落之痛苦，以爲銀價如能提高，則四萬萬人民之購買力，必可增加，而購買外國貨物之能力，亦必隨之而增，詎知中國原料品價格，自一九三三年一月以來，雖見跌落，但遠較金本位各國爲穩定。中國外貿易，自一九二九年以來，其減少之比率，不若其他各國之甚，更不若美國之甚。而一九二九至一九三二年中國在世界貿易中所佔比率，自百分之二·三三，跌至百分之一·九〇，而美國則自百分之一三·八三，跌至百分之一〇·九二。中國用原料品抵付輸入貨價較多於用貨幣償付。中國每年輸入大批白銀，如銀價提高，則輸入白銀所納之代價亦必更高，且銀價提高，則使中國原料價格貶低，中國民衆之購買力，勢必因而減少而使其債務負擔增加。

美國主張提高銀價者，設法鼓鑄銀幣，以使美國人民減少通貨緊縮之痛苦，實則不啻將此種痛苦轉嫁於中國人民，中國本爲白銀輸入者，今後因銀價提高，將一變而爲白銀輸出者。其國內所存白銀，勢必向美國印度歐洲市場出售。是則與倫敦協定之目的，適相背馳矣。此外卽令加拿大秘魯澳洲、西哥等產銀國按照白銀協定在世界市場限止出售，美國亦將向印度及西班牙每年吸入存銀八分之五。由是觀之，則倫敦經濟會議中，六十五國代表，對於其他各項均未獲得一致，獨對於美國所提出之白銀協定，則加以熱烈接受，自不足怪矣云云。

文字研討舉隅

中央三月九日南京電傳謂立法院財政委員會委員長馬寅初，以白銀協定批准後，如銀價繼漲，必有下列四問題發生，我應如何應付，頗爲困難，特公開徵求意見，

（一）禁銀出口之困難：美提高銀價政策已顯然可見，雖得附以保留聲明，恐不能抵抗其政策。我爲防止現銀外流起見，或有明令禁銀出口之必要。但向美提高銀價政策實行後，中美銀價已見差額，現相差百分之五，一旦我禁銀出口，其差額必更大。因我貿易入超甚鉅，平時華商購買美滙，如美滙滙價甚貴，可運現銀出口以資低償，則美滙不至甚貴。若禁銀出口，則美滙滙價之漲勢無以遏制。美金滙漲卽我銀幣滙價跌，亦卽我銀價更跌。結果，中美銀價之差額更大，私運現銀出口者，豈不更有利可圖，恐禁不勝禁，故禁銀出口之功効甚少；不禁固流出，卽禁亦不能阻其流出，此點應如何對付？

（二）徵收生銀出口稅之困難：卽不直接禁銀出口，或僅徵收相當之出口稅，以示限制。徵收之額，當與中外銀價差額相當，

在平時固可收限制出口之效，而現在銀價有繼漲之趨勢，顯然可見，如今日差額爲百分之五，下月或可漲至百分之十五。當我征稅之初，假定中美銀價差額爲百分之五，征收百分之五之出口稅，外商銀行縱須遵章繳納，彼等亦可盡量運出，暫時儲存香港等處以俟機會。如漲至百分之十五時，始行運美，除去百分之五出口稅外。仍可賺百分之十之餘利，則限用之作用亦僅矣。此點應如何預防？

(三)籌碼缺乏之可慮：外商銀行既已運銀出口，庫存空虛，但我居入超地位，則華商欠外商之貨款多於外商欠華商之貨款，必由外商銀行向華商銀行提出現銀，以資抵補，則華商銀行之準備金減少矣。信用基礎搖動，勢必收縮，籌碼日少，物價更跌。故我物價將受兩重影響，一因銀貴而跌一因籌碼不足而跌。試問已陷恐慌之農工商業，尙堪受此壓迫耶，此點應如何預防？

(四)外商銀行之狡計難防：最奇者，外商銀行卽不自中國運出生銀，仍可將庫存現銀賣與美政府，僅須封存庫中現銀視爲美政府之寄存金可矣。俟將來有相當機會，再行運出。卽不運出，美政府之目的仍可達到。因其目的不在使用，而在封存，使銀價提高，故寄存中國視爲海外存金之一部。至我政府則以治外法權未收回，無權可以利用此項存金。故名義上現銀雖尙在中國，作用上則與運出無異，試問我又何法可以强其價賣乎？此點又應如何應付？

銀漲對策之商榷

擬答馬寅初先生所提出之四項問題

黃　鐘

自一九三一年各國相繼放棄金本位後，銀對金的比價雖然增得不多，而對各國的紙幣比價却增了不少。穆家驥先生以爲中國的經濟恐慌自一九三一年各國相繼放棄金本位的時候，卽銀價高漲的時候開始。多數的學者如金大教授卜凱先生以爲白銀價格增高，中國物價水準低降。顧季高先生連日痛論銀問題與中國物價，也以爲銀漲物廉爲經濟上不易之理。但是另有一派徐佩琨先生，却以爲中國物價下落，受貨幣之影響甚小，且根據我國絲，茶，棉等重要出產價格所以低落之原因，來作硬證。其實銀價與物價，當然有密切之關係，但是若遽謂物價下落之原因，純向銀價增高所使然，則又未必如是之簡單。因爲物價的構成，仍有供求各種情形的關係，這是凡研究過經濟學的人都知道的，用不着多所說明。

在銀價高漲之後，有兩樣現狀，是大家公認爲必會發生的，其一爲銀貨外溢，其二爲外貨內侵。中國是一個不產銀國家，如果銀價高漲，則將如耿愛德(E. Kann)所言，上海的地皮將跌落百分之三四十，各銀行必因缺乏硬貨發生擠兌，一方面因外貨猛烈內侵，中國農工將更破產，尤其外來農產品將見源源傾銷，中國經濟將更破壞至不可收拾。此種危險是國內學者均認爲有發生可能的，關於救濟的方法，大家也好似有一個比較地共同主張，近日在報章雜誌發表甚多大約可歸納爲二點，

（一）對制止銀貨外溢，多數主張禁銀出口，或徵收銀出口稅，必要時實行匯兌限制。

（二）對防止外貨內侵，多數主張，提高關稅。

馬寅初先生最近更進一步，提出關於禁銀出口，徵收生銀出口稅之困難，籌碼缺乏及外商銀行狡計之可慮等四項問題，請大家討論一個解決的辦法。現在美國白銀案已有通過之可能，故上項問題，實急待解決了。茲謹貢獻愚見，作商榷之參考。

（一）禁銀出口的問題

我們第一要研究禁銀出口要在何種條件之下，始能實行。中國是一個入超很大的國家，要抵銷入超照理要藉現金的輸出，如果禁銀出口首先要求減少入超入手，不然就直如馬先生所云「結果中美銀價之差額更大私運現銀出口者豈不有利可圖，恐禁不勝禁」。所以就中國現在的情形而論，如果驟見銀價高漲，現銀流出，即實行禁銀出口，這是頭痛醫頭，脚痛醫脚，總不是根本的辦法，恐怕收效很少，而且入超如是之大，在經濟的原則上，禁止現金出口是沒有可能的。所以要根本上防止白銀外溢，非從統制出入口不爲功。即就治標的辦法而論，禁銀出口，到不如規定現金出入口由中央銀行獨佔經營，這樣規定，必要時白銀仍可出口，至少所獲的利益，仍是政府銀行。此中所要注意的，所謂現金係指金銀而言，因爲恐祗白銀一項出入口由中央銀行經營，金子仍有輸出的可能，(事實上現在金已由中央銀行獨佔經營)，中央銀行得此特權，可廉價收買國內現金，從中統制匯兌，苟應付得宜，可以此支配世界之銀價。至若中美匯兌，差額愈大時，恐偷運現金出口，則事實上中國內河航權未曾收回，治外法權未曾取消，私運一事必不可免，如政府欲嚴密禁止，則須實行戰時之現金陳報政策，限華商銀行及銀商將現金陳報，及規定現金轉移之限國。但此事一行，外國或起而干涉，恐素主張和平之我國政府，又無此胆量，與之爭持到底能：至若生銀征稅，與禁銀出口，有同一的情形，如果現金輸出入口由中央銀行獨佔經營，則征稅政策自然不用行了。

（二）挽救入超問題

談到應付銀漲的根本問題，仍是要在挽救入超方面着想。在銀漲的結果中，我們要注意將來入超的價額。因爲銀漲的關係，未必一定增加，但是入超的數量必較前增加。現在有許多人主張以提高關稅爲應付銀漲之唯一方策，其實關稅在最近的商業政策上已失了時效了。因爲關稅只能提高物品的價格，而對輸入量數的限制，沒有一定的把握。所以提高關稅之外，應實行限額進口政策，對各種物品的輸入，規定一定的數量。尤其是對無益的消耗品，如化妝品，煙酒等，可以嚴格的限制。關於限額進口的技術上，自然不很簡單的，在此無暇詳細的討論，不過政府應集各方人才，詳細定出易於辦到的方案。限額進口的辦法，在各國實行已久，且對內的限額進口，於外交上絕對不會發生若何衝突；如外糧輸入，能夠實行限額進口，實爲救濟目前農村破產之先決問題。

還有一點，在幣制上沒有完全獨立的中國，帝國主義通貨（外幣）充塞市面，外國銀行林立國內。這種情形之下，談到匯兌限制實在不容易辦得到的，如果要決心實行的話在理論與實際方面上，須同時實行一切對外出口登記，即輸出的貨物，由中央銀行押匯，或經理，及實行外貨輸入許可制，這樣匯兌限制才辦得通。所以限額進口，與出口登記，爲統制對外匯兌之基本工作。

假如銀價增高，國內外的金融發生遽烈之變動，國內資本不可遏止的流出，那時政府爲國計民生着想，迫不得已，非實行現在大多數的國家已經實行的對外匯兌限制不可。如果實行匯兌限制之後，那就馬先生所提出籌碼缺乏的問題，就不成問題了。因爲現在歐美日本多數國家的幣制，都是支撐在匯兌限制，與貿易統制的上面，早已和籌碼二字脫離關係了，（註，籌碼即準備金）。

我們應該分清楚，銀漲是一個問題，保存國內白銀又是一個問題，兩者雖有聯絡，但性質各有不同，銀漲好似已成爲事實，以中國的經濟力量來抵抗美國挽回銀漲，是很少可能的。但是銀漲之後，我們是不是呆板的保存國內的白銀呢？這是大可商量的。因爲人工製造的銀漲，究竟能持續多久，仍是問題呢。所以中央銀行在這時候，負有很大的責任。如果政府給予輸出入現金的專利，同時設法集中與統制國內的存銀，相機行事，那確是挽救中國金融的一個不可多得的機會。至若外商售銀與美方，而封存於中國，祇能使銀漲價，如果外商與銀行沒有私運白銀出口的可能，恐怕美國政府未必管到這件事情罷。

綜上所述，當此銀漲風潮，防範之策，（一）與其禁止現銀出口，或徵現銀出口稅，似不如給予中央銀行對輸出入現金的獨佔權。同時中央銀行應設法集中與統制國內白銀，相機動作，（二）

在提高關稅之外，應實行限額進口政策，以限制輸入的量數，(三)必要時實行匯兌與對外貿易的統制。(三月八九日晨報)

美國提高銀價問題

徐佩琨

美國實施提高金價後，近日復提議提高銀價政策，引起全世界之注意。我國為用銀國，自有多方面之影響，而應及時準備應付之策。惟銀價之變遷，與我國經濟上之關係，至為複雜，斷非單純之分析，可以明瞭底蘊，亦非假用一二外國名詞，即可解釋清楚。且美總統羅斯福氏實施黃金白銀之政策，以應付世界經濟極端恐慌之環境，為羅氏永垂不朽之政績，與世道人心，兩有裨益，而於福利民生，更有偉大之貢獻。我人誠宜潛心研究其政策之因果，與夫我國應付之對策，庶幾於經濟怒潮澎湃之中，我國或可藉此而自救於不拔之境。為說明提高銀價，與我國之利害關係，我人先須明瞭下列各點之關係。

(一)我國物價低落之原因

物價變遷之原因，極為複雜，或為貨幣數量落縮有以致之者，有為成本上之關係使之然者，以及供求一切之關係而發生者。衆說紛紜，是非難辨。惟貨幣數量漲縮一端，對於物價雖不無關

係，故有貨幣數量論之說。然則欲謂貨幣數量之膨脹緊縮，與物價之消長，有直接之比例關係，而遽以貨幣之多寡為物價消長之唯一原因，實為莫大之錯誤。蓋物價之變遷，因時代環境因素而變遷，有時僅有一種變遷之原因，有時有數種變遷之原因。此點各國專家皆有詳細之討論，毋須於此申說。考我國近年來各項物價，步步下落，其原因雖不止一端，而貨幣上之關係極為微細，固無足道者。就絲業而言，外國之市場，早為日本等國劫奪以去，國內之市場則受二層之打擊，第一國人感受不景氣之壓迫，購買力極為薄弱，第二各國人造絲之侵入極受國人之歡迎，推銷之廣，無遠弗屆，以致我國固有之絲業日趨衰落，絲價跌落矣。就茶業而言，國外之市場則早為印度錫蘭等國奪去，我國之紅茶已被擯棄，綠茶銷路較佳，惟因品質之低劣以及滯銷之關係，我國之紅茶於是慘跌。就棉業而論，近數年來紗價迭續跌落，其原因全係天災人禍，東北市場被奪，而棉花之價則微見上漲。其原因則以國內棉花不敷應用，並非貨幣之多寡有以致之。就米麥麵粉雜糧而言，則各價均一致下跌，其原因全係外國糧食在我國市場傾銷所致。綜上述各項物價而言，其變遷之原因，絕非貨幣所致。今再舉一例反證之，於近數年來，全國之現銀流入上海者日漸增多，民國二十年一月為銀元(折合)二七五•五七三•〇〇〇元

，民國二十二年十二月爲五〇八・二三〇・〇〇〇元，增加幾一倍，何以除房租一項有增加外，其他物價反致下跌。而房租之所以增高，亦有特殊之原因，姑暫勿論，於此可見貨幣之多寡，與物價在我國實無因果之關係也。

(二)國際貿易構成之原由

簡單言之，物價低落國之貨物，必可輸入物價較高之國以推銷，而輸入國之現金，必向外流出，物價於是跌落。在輸出國之情形，適得其反。蓋現金輸入，物價漸漲。昔時可以低廉之物品向外推銷者，今則反爲他國低廉之物品輸入矣。前爲出超，今爲入超，黃金復須向外流出矣。川流不息，循軌來去。但此項情形，在我國實無之。假定如時人所慮，銀價提高後，我國物價卽須跌落，則外國高價之物品，無輸入低廉物價國之可能。而我國低廉之物品，反可輸入物價高昂之國矣，我國有何懼哉。再假定銀價提高，物價壓低，而我國低廉之物品；尙不能出口，豈銀價低落，物價抬高時反可增加高價物品之出口乎。前年金貴銀賤時，物價又低落，時人以爲出口必可大增特增，結果大失所望，關心時事者，尙可記憶也。槩之我國之國際貿易，並不絕對以銀價之變遷爲依歸，而觀華洋商之有利可圖與否爲根據。我國國內市場，因內亂外患，已成破碎支離之局面，我國之工商業，全賴國際貿易之推動，以資興奮。此我人於討論銀價時，須三思而行者也。

(三)現銀外流之問題

如美國實行提高銀價，並在中國市場吸收現銀，現銀於是必須外流，成爲問題，毫無疑義。但此項問題，不難應付，毋須驚惶失措。回憶去年五月間，紐約之銀價較上海之銀價高至百分之十五，當時現銀之流出共有若干，卽使外國貨物在我國市場傾銷，現銀自須流出。而我國向爲入超國，現銀必須流出，（除非我國與各國停止一切貿易）。但同時我人須注意者，外國政府旅客敎友等在華之費用，華僑之匯款，在華之一切投資款項等，皆須用銀。是以外流之現銀，仍得流回也。且美國提高銀價，決不致率然提高，卽行吸收運送以去，至必須保存現銀時，當可設法應付。若於此時高唱禁止現銀出口，及徵收現銀出口稅等，反使發生恐慌，搖動信用，影響公債市場。是以一動不如一靜，暫可聽其自然也。

(四)金銀本位之問題

我國爲銀本位，美國爲金本位，立場各有不同。美國爲產銀國，我國爲非產銀國，故於銀價提高時，產銀者當可獲鉅利，而非產銀者，毫無利益，是以利害復相衝突，我人何苦提倡提高銀價，爲人謀利，言之不無理由。顧此點實不攻自破也，蓋我國不欲提高銀價，其反面卽欲提高金價，豈提高金價而不爲人謀利乎，豈我國由非產金國而轉瞬變爲產金國乎。我國現既非產金國，亦非產銀國，（將來或可採掘大量之金銀），是以金銀價格之漲落均成問題。我國之唯一目的，在求金銀價格穩定之適當方法，使不受是項價格劇變之影響；不若英國之有金鑛，美國之有銀鑛，發生利害之衝突，前年金價飛漲時，我國幸而採用銀本位，未被捲入金本位崩潰之旋渦。現在銀價逐漸提高，我人儘可善用時機，運用此鉅量之銀值。對於進口貨物，政府不妨予以嚴厲之監督，禁止各項無謂消耗品之進口，以免無謂入超之增加。俟銀價提高至相當程度時，當可與金價成立一穩定適當之比例。各國遂可採用同一貨幣制度矣。嗣後各國間之貿易，絕不受金銀比價之影響，貨幣之煙幕彈既去，將來國際貿易，全視各國之物價及生產之成本，爲競爭之工具。

（五）我國關稅之影響問題

如果銀價提高，關稅收入，以海關金折合銀元，必然減少。假定舊昔一海關金單位，可換二銀元，今銀價巳高，祗可換一銀元半，或一銀元，損失自屬不少。雖然，此項折合之損失不可免，但我人亦可預料，進出口貿易之價值，俱可增加，而海關之總收入，必可增加，折合後之結果亦可增加也。目前因銀價略有提高，絲市已呈活動之氣象，交易逐漸開始，華北對美之出口貨物，於本年一月間，與去年同月之比較，增約百之分七十，銀價提高之利害關係，於此亦可見其端倪。

總之，我人究研銀價之問題，須採用科學方法，立於第三者之地位，爲大衆謀福利，不佞敬以小百姓之地位，貢獻區區意見，幸希讀者指正

（完）

提高銀價與中國之購買力

穆家驥

美國提高銀價，以增加遠東購買力之說，我人在近數年內，聞之熟矣。最近此種聲浪，愈唱愈高，大有卽須實行之趨勢。至於實行提高銀價，是否眞能增加遠東之購買力？遠東將受如何影響？將有何種防禦之方法？回答此種種問題，就是本文的使命了。

首先有二點，須加說明：（一）所謂提高遠東購買力，其實祗指中國而言。因印度自一八九三年放棄銀本位，對內用銀，對外

用金，所以銀價之高下，對於印度沒有多大影響，(二)所謂提高銀價，是指銀價的單獨價格，而不與其他物價同時提高；假使銀價與一般物價同時提高，於我國也沒有多大的害處；譬如前數年，物價與銀價同時下跌，所以理論上利害與事實不同。（參閱拙著「近四年來中國對外經濟中之貨幣問題」載中央銀行月報二十二年十二月期）

在此次世界經濟恐慌之前數年，各國經濟繁榮，至此極點。此種現象，在美國最爲顯著。當時有極盛行之名字曰；「新時代」。就是說當時經濟狀况，已到了一個新時代，以後惟有向黃金的道上走去，決不會回復到戰前經濟循環的痛苦。誰知道一九二九年紐約證券價格大跌以後，一切物價，節節下降，有人找不出恐慌的眞原因而徬徨，有人以爲此種現象不過是臨時的，決不會有極大的影響；同時有人乘機倡言，物價之所以下跌，實以銀價跌落（其實自一九二七年印度實行出賣存銀後銀價即下降，到一九二九年末即隨了一般物價而暴跌了）爲主要原因中之一。譬如：紐約著名銀行家拉蒙(Thomas w Lamont)在一九三〇年初說：『世界經濟恐慌之主要原因，爲黃金之缺乏，與銀價之下落。』而胡佛總統於一九三〇年十月二日在克利夫倫銀行總會內演說，分析恐慌之原因，其中有云：「中國與印度之購買力，既視銀價而定，至今也大受打擊了。」此種論調，在恐慌發軔之一二年內，屢見不鮮，但是到了後來，對於恐慌的原因，經過相當研究後，除了白銀派及與遠東商務有關係者外，此種論調，漸形消滅，今根據事實，考察銀價跌落，是否爲救濟恐慌之大原因，反過來就可以說，提高銀價，是否爲救濟恐慌之一策？玆將一九三〇年與一九三一年各主要國出入口價值之增減百分數，別表如下：

(一)進口

		一九三〇年較一九二九年增加(+)或減少(-)	一九三一年較一九三〇年增加(+)或減少(-)
中國	甲 以銀計算	(+)(〇)三·六%	(+) 四·四%
	乙 以金計算	(-)(〇)二七·〇%	(-) 二〇·〇%
美		(-) 二八·一%	(-) 三三·一%
英		(-) 一三·九%	(-) 一六·七%
日本		(-) 三〇·五%	(-) 一九·九%
法		(-) 九·八%	(-) 一九·六%

(二)出口

		一九三〇年較一九二九年增加(+)或減少(−)	一九三一年較一九三〇年增加(+)或減少(−)
中國	甲 以銀計算	(−)一一·八%	(+)一·六%
	乙 以金計算	(−)三四·〇%	(−)二五·〇%
美		(−)二一·九%	(−)四一·〇%
英		(−)二一·八%	(−)三一·八%
日		(−)三一·九%	(−)二一·八%
法		(−)一四·七%	(−)二八·九%

上表觀之，我國進口貨物以銀計算之價值，只有增加，而並沒有減少，至於以金計算之價值，則一九三〇年較一九二九年減百分之二十七。而一九三一年較一九三〇年減百分之二十，但美國與日本之進口貨物，也有同樣的減少，還有一層，不可不注意者，就是我國人口雖占全世界人口五分之一以上，而對外貿易數量，常在全世界國際貿易總值百分之二·五左右。所以我國一九三〇年之進口，以金計算，減少百分之二十七，其實在全世界國際貿易中僅不過減少不足百分之一而已（卽百分之二十七乘百分之二·五），整個世界國際貿易中，減少不足百分之一的數量，其影響於世界經濟恐慌的程度，也可以想見了。

至於出口方面，我國以金計算之價值，其縮減程度，幾乎比較表內任何國家爲多，與理論上銀價跌落可以獎勵出口之說不符。其實，因爲我國是生產不足的國家，而農產品價格暴跌與海外不景氣的緣故，出口就減少得多了。

從上述的情形看起來，銀價的下降，並不是此次世界經濟恐慌的一個原因，似無疑義了。但是仍有白銀派及與東方商務有關係者，還是高唱着提高銀價以增加遠東購買力之說。不但高唱而已，且在美國已具有相當勢力，有逼迫政府實行之可能。以下試述銀價實行提高之後，與我中國有何影響？但茲事體大，所述亦不過其犖犖大者而已。

在敍述以前，首將「銀價」兩字，弄個明白。在各國未放棄金本位以前，所謂銀價，卽指白銀以金計算之價值，而我國對外匯價，也就隨了這個價格在相當範圍內共同上下，迨各國放棄金本位以後，所謂銀價，卽指白銀以紙幣計算之價格，譬如：一九三一年九月二十一日，英國放棄金本位以後之倫敦銀價，卽指白銀以紙磅計算之價值，我國對英匯價也就隨了這個價格在相當範圍內共同上下；其餘各國放棄金本位後均可依此類推。

我們須知道：自各國放棄金本位以後，銀價（卽白銀以紙磅或紙美元計算之價格）及我國之對外匯價，早已提高了許多，尤其是在去年的一年中，換句話說：各國放棄金本位以後，他們紙幣的對外價值，自然下跌，而其結果反使我國貨幣價值被動提高，這種情形，已有一二年的歷史。明瞭了這一二年內我國所受的影響，就可以推想到以後銀價再提高後的影響了。

最可以注意的一點：就是，我國爲用銀國，而非產銀國。故自一九一〇年後，除了歐戰期間以外，年年輸入大量的白銀；但是去年又像歐戰期間的情形一樣，國外銀價高於國內銀價，我國竟因此而變爲白銀之輸出者，價值約合五千萬元之鉅，我們還記得在一九三〇年與一九三一年時，國外銀價暴跌，致使國內銀價高於國外銀價，便有大批現銀流入我國。這種現象（就是一物從價低的市場跑到價高的市場），假使不加阻止，能像水之就下，而源源流出。近一二年來白銀因受國外高價的吸引，已經出口了不少，假使銀價再行提高，白銀之輸出，勢必更多於去年，不產銀的用銀國家，輸出大批的現銀，其影響及於國家經濟，自然非常之大，可以不言而喻了。

銀價提高後，除白銀之輸出外，我國進出口貨物所受之影響，亦必不小。現在各國正患生產過剩，而我國則患生產不足，銀價提高後，國外過剩之物品，又將以我國爲尾閭，大批輸入，根據近一二年內的事實，即可證明。依著者觀察，我國經濟恐慌，不自一九二九年始，而自一九三一年末各國放棄金本位時起。當然，一九三一年後，我國經濟大受九一八與一二八之重大打擊，但是一九三一年以前所未聞而其後報紙上無日不載之外貨傾銷（大部份是跌幣傾銷），也是很大的原因，假使銀價再提高，我國工商之倒閉風潮，恐將更有甚於今日者。

出口方面，也有極不利的影響。因爲我國海外市場，已被他人奪去，銀價再提高後，我國出口物以金計算之價值也須提高，因此我國出口商品在國外之銷路，將更形減少。

提高銀價的結果既如是，所謂增加遠東購買力之說，不但不可能，反使我國經濟更大受損傷，而購買力亦必因之而更形減低耳。然則購買力如何可以提高？則惟有增加生產而已。因爲貨幣不過是交易之媒介，所出者多，所入者亦需多，以資平衡，無論個人或國家，都是如此，非提高或減低一國貨幣之價值，所能有補於國家之購買力者也。故行將舉行之生產會議，實負有重大之使命。

銀價提高，對於我國之影響，已如上述。我國爲自衞計，不得不取斷然的方策：第一，凡與我國固有或將興之工商業有害的或不需要的進口商品，當課以重稅或竟禁其入口，以免國內工商業之破產。我們須認明這種跌幣傾銷稅，並不增加消費人之負擔，目的在於保持國內物價之平衡。第二，在相當時期，禁銀出口，也是必然的步驟，以免現銀之外流。末了，以現狀觀之，當有一永久的研究銀問題之組織。因爲我國一日不脫離銀本位，銀價問題，確是一個切身的問題，當有永久的組織，繼續的研究，以免臨渴而掘井也，（完）

美國提高銀價之意義及中國應有之對策

張素民

日來美國國會提高銀價之聲浪，甚囂塵上，查現在市場上金銀比價爲一與七十四五，而美國人提高之比價，有謂應定爲一與二十者，有謂應定爲一與十六者，甚有謂應定爲一與十二者，在美國，提高銀價即爲貨幣膨脹之一種方法，美國自將美元貶價爲以前一元之百分之五九，〇六以來，即已轉入金本位，今提高銀價，即壓低金價，故美國貨幣價格必更落，物價必更漲，此其一，再考各種提高銀價之提議，無不帶有多鑄銀幣之主張者，美國原有之銀元，原以一元之金元過小而依法價代替金元者，故其額有一定之限制，今多鑄銀幣，即使通貨加多；此其二，至就對外言，美國提高銀價，則凡用銀之國如吾國者，必覺美匯之低而加購美國貨物，於是美國得以實行其傾銷政策，此美國人士提高銀價之基本目的也。

就表面言，銀價提高，中國之匯價必漲，中國對人外之購買力加大，中國似乎獲利，然銀價提高，即中國之幣價提高，中國之物價必猛落，是等於「貨幣收縮」(Deflation)，現今英美日本等國，均用貨幣膨脹政策，以圖復興，而中國已在衰敗甚深之時，獨可承受「貨幣收縮」，而達復興之路乎？何況銀價一經人爲的提高，則中國現銀必向外流，現銀流出過多，則中國之幣制，必紊亂，蓋準備日少，雖欲維持銀本位，亦不可得矣，故中國不能不速籌應付之方策。

如果美國政府實行提高銀價，則中國應付之策，不外二途：(一)即時賢所主張之徵收現銀出口稅，依美國對於銀價所提高之程度，定稅率之高低，此政策之結果，使國內銀價與國外銀價脫離關係，國內銀價低，國外銀價高，故吾國必同時防止私運現銀出口，及禁止華商銀行存戶提取存款，轉存於外商銀行，蓋存戶提取現款，悉向外商銀行，轉購美金或英鎊，則現銀必將繼續轉入外商銀行之手，其效果與現銀出口無異，此吾人所亟應注意者，徵收現銀出口稅，與禁銀出口表面雖異，實際則同，惟不如禁銀出口之猛烈耳。(二)吾國若不採第一法，亦可利用銀價之提高，爲實行金本位之準備，即政府自行收買現銀，大批運出，購買美金或金條，以一部存諸國外，供實行金本位時之匯兌基金，以一部運回國內，以爲金幣之準備，惟實行此策，必同時使國內幣制脫離銀本位，蓋現銀既盡量輸出，勢之所趨，銀本位終於無法維持也，雖然，吾國實行此策，尙有附帶之二條件焉：卽(甲)政府財政收支，宜設法使之適合，(乙)國際收支，亦須設法使之適合，其困難之處，在所難免也。

此二辦法之詳細情形，尙有切實之研究，惟就余思慮所及，以此二法爲極有研究之價值，至第一辦法，與九國銀協定無關，但第二辦法，則與九國銀協定相衝突，故余意吾國對於九國銀協定之批准，似應從緩，以免行動之受拘束也。

歐洲各國欠美戰債

國名	大戰時所借	停戰後所借	總數
英國	卅六億九千六百萬	五億八千一百萬	四十二億七千七百萬
法國	十九億七千萬	十四億三千五百萬	三十四億〇五百萬
意國	十億三千一百萬	六億一千七百萬	十六億四千八百萬
比國	一億七千二百萬	二億〇七百萬	三億七千九百萬
俄國	一億八千八百萬	五百萬	一億九千三百萬
波蘭	無	一億六千萬	同上
捷克斯拉夫	無	九千二百萬	同上
幽哥斯拉夫	一千萬	四千二百萬	五千二百萬元
羅馬尼亞	無	三千八百萬	同上
奧國	無	二千四百萬	同上
其他十國	一千萬	六千萬	七千萬元

以上戰債共一百〇三億三千八百萬元，所謂其他十國者，乃指各小國而言，其所借之數甚微，如希臘所借僅一千五百萬，愛斯東尼所借一千四百萬，亞緬尼亞借一千一百萬，古巴借一千萬，芬蘭借八百萬，尼亞拉衣借十六萬六千，賴伯利亞借二萬六千，就上表論英法意三國所借佔全數百分之九十

上海之減租運動（經濟史實）

任家誠

（一）起因

上海地當長江要衝，東絕大海，京滬滬杭甬路之聯貫，國外航船之匯集，溯自道光二十二年南京條約闢爲商埠以還，歐美僑商之經營，中西各界之籌劃，數十年來，蓋已成東方之唯一商埠，舉凡遠東商業之消長，國內金融之興衰，莫不以上海之商業情形爲依歸。職是之故，中西人士，爭趨於斯，內地金錢傾瀉於斯，舶來貨品集中於斯，農村產物推銷於斯，商業之廣，營業之盛，冠於遠東。投資之數量因之而加增，房租之租率因之而日異。然則投資數量之加增影響僅及於資本家，對於平民之關係爲間接的，而房租之高漲，則影響及於全滬人士，無論貧富，無論强弱，莫不蒙房租之高而受絕大經濟上之壓迫，以是而造成今日之減租運動，長時期潛勢力之爆發，固非偶然也。

然則房租之高漲起於偶然乎？發於暫時乎？曰否。房租之漲實有其原因在，請推論之。

（一）居民之增加也　考租界初闢時，僑滬西人僅二十三人。居住于今之租界者不過少許農民而已，及後商業漸興，遷入居住爲商業上之經營者亦漸多，一八七三年而後驟見增加。列表如下。

一八七三年	七五〇〇〇人
一八九〇年	一六八一二九人
一九〇〇年	三四五二七六人
一九一五年	六二〇四〇一人
一九二〇年	七五九八三九人
一九三〇年	九七一三九七八人

（見費唐報告書或列年工部局年報）西人之遷入亦見增加列表如下

一八七三年　一六六六八人

一九一五年　二〇九二四人

一九二〇年　二三三〇七人

一九二五年　二九九四七人

一九三〇年　三六四七一人（見費唐報告書或列年工部局年報）上述調查僅以租界二區而言，閘北南市尙未計及，已可驚人。以多數之居民，稠處一地，莫不爭其所居，而滬地面積有限，房屋之供給亦非無限制性，以少數之房屋，供多數之居民，房租之高漲，固意中事也。

（二）對外貿易之日盛也　「上海對外貿易額佔全國對外貿易額百分之五十五。假定每年上海之輸出入為十二萬萬元，則上海買辦資本家所得，值百抽五之佣金即為六千萬元。再假定在十一萬四千萬之對外貿易中，輸出為三分之一，輸入為三分之二，入超之三萬八千萬元中，有三分之一存於上海，供投資用，則其數卽為一萬六千六百六十萬元强，合之買辦佣金為一萬八千六百六十萬元强。如以其三分之二投資於房地產，則每年卽有一億二千四百萬元，供土地投機及建築投資之用矣。若年年皆有此鉅額之款項，供土地投機及建築投資之用，而出資者於每年中取得十一之利息，則上海市民所負担之地租卽須增加一千二百四十餘萬元

。此一千二百四十餘萬元分課於三百餘萬之市民，每人每年所增加之負担，卽為四元左右，中下層社會又安得不深感房租負担之奇重耶」。（見晨報時評）

（三）地價之高漲也　上海之土地買賣向由資本家所操縱，不論市府租界當局，對於土地買賣，初未有嚴密之統制及管理。以是地產之交易甚為容易，營之者日益加增。益以內地之農村破產，金融集中，處處予資本家以良機。商業之繁複，市面之興旺，造成資本家對於地產事業之猖狂。以致卅年來所漲達十餘倍，卽最近數年地價。亦見高漲，並未以商業之中衰而減低。較之三四年前，所漲亦有三四成。房租之多寡，推源於土地，地產價增，則房租自不待言矣。

（四）建築費用之昂貴也　房屋之於昔日，僅人類所以避禦風雨之殘，烈日之曝而已。科學日新，發明月巽，房屋之建築，竟成人類之奢侈品，破舊之屋不居，簡陋之室不居，尤以歐化特甚之上海為最，房屋建築力求美觀，所有設備惟圖安適，華宇高樓，洋屋輝煌以為貴，於是所需原料莫不藉之外洋，華料非我好也，磚瓦非所宜也，鋼骨水泥，無不舶來，列年金貴銀賤所費不貲。年來金銀之匯兌雖漸見平均，然而運輸之所耗，關稅之所出其價之昂貴，猶十倍於華料。以此造屋，所費之成本自大，而居戶

應繳之房租自必倍屣於昔日。愚園路一帶房租一幢之租費達百餘兩，海甯路一段之舊屋三幢不及百兩，愚園路地價非貴於海甯路也，曰今昔建築成本之各異也。

曰地稅率之增加也　市府租界當局，所以不加土地之統制者，蓋為地稅計，故對於土地之估價，往往甚高，其目的固為收入之豐富計也。以土地估價標準之提高於是地稅之率亦見增高，請以實例證明之。

公共租界估計地價簡表(見費唐報告書)

年份	估計地價兩數
一九〇〇	四四二三〇九三八
一九〇三	六〇四二三七七三
一九〇七	一五一〇四七二五七
一九一一	一四一五五〇九四六
一九一六	一六二七一八二五六
一九二〇	二〇三八六五六三四
一九二二	二四六一二三七九一
一九二四	三三六七一二四九四
一九二七	三九九九二一九五九
一九三〇	五九七二四三一六一

公共租界地稅捐率之增加表(見費唐報告書)

年份	百分率
一八六六	一厘之四分一
一八七四	一厘之十分三
一八八〇	一厘之十分四
一八九八	一厘之十分五
一九〇八	一厘十分六
一九〇九	減少二成
一九一二	減少一成半
一九一七	減少七厘半
一九一八	一厘之十分七
一九二八	一厘之十分八

地稅捐率年來雖已減至一厘之十分七，然地稅之大佔總收入六分之一，以是觀之地稅捐率之大，所費之鉅，以財政方面之眼光觀察之，地稅之最後歸宿必轉嫁於居戶，其能不增房租之數目也幾希。

綜上所述，上海房租所以高漲原因大致如此。總之，房租之高固非僅商業上之關係，內地農村崩潰，盜匪橫暴，政綱不脩，外患連綿，遂形成金融之集中，投機數量之加增，房租之增，實源于斯。

(二)經過史實

溯自一二八戰役以還，滬上市面日見蕭條，物價暴跌，商業不振，工廠之破產，店舖之倒閉，二三年來元氣未復，益以世界工商業之擴充，大工業之過剩，經濟之困，達於極點，不得不採用傾銷政策，藉我國爲市場，於是商業日見式微，滬地繁華，之因世界不景氣怒潮之傾覆，國貨不抬頭苦衷之影響而漸告中衰。然而房租之費則仍見蒸蒸日上，視工商業而上之，數年房租之增高日甚一日。市民處此矛盾社會制度之下，一方面感商業不振，或竟受失業之痛苦。一方面蒙業苛租之壓迫，有不能聊生之慨。滬市第一特區市民聯合會有鑒乎斯，客歲臘月，遂有減少房租之議，醞釀一月，於一月九日正式決議組織委員會，進行減租之舉，於是減租運動正式成立，以迄今茲。

一月十五日第一特區市聯會正式籌備減低房租委員會。同時二區亦感斯舉之應得，遂響應合作。翌日在市商會召集本市各團體，減免房租代表大會，當時決議組成減低房租委員會，幷舉葉家興胡鳳翔張一塵王漢良等三十五人爲執行委員，以常務九人主其事。數日來市聯分會之參加減租運動者，不盧十餘起，會務呈

蓬勃氣象。二十八日二時，汽車遊行全市，舉行減租總動員，盛極一時。同時推薛篤弼等名律師三十餘人組織減租法團，協助進行事務，自是以後，努力不衰。

全市民之居屋，商人之店舖，由市聯合組織減租會外。本市各學校亦有鑒乎租借校舍，房租奇昂，而致阻礙教育之發展。且以學校爲社會事業，減低房租較之住宅商店，尤見切要。故市教育會除推派代表參加減低房租運動會外，特於二月五日召集全市各租借校舍之學校，討論減租辦法。二月二十三日，二次會議時，並正式函請房產公會通知各學校房東，自行減低學校房租。迨二次會議後。迄今未聞有繼續進行之消息。

減租會成立之經過大致如此。然自成立以至此「史實」脫稿時，倘未有實際上之成效，或因時間之短促，未能立見。雖然減租之舉，影響社會各種階級，無論販夫走卒，華冠富戶，莫不付盛望於斯會。而資本家之反對阻礙，且日夕籌劃之不暇。以是觀之，斯會之任務本旨決非高調兒戲所克成就，苟能堅持主張，不呈進銳退速之惡習，則斯舉或有成功之一日。

(三)目的及辦法

減租會所以成立之目的，不外挽商業式微之狂瀾，拯居民經

濟之壓迫。今摘錄其呈黨政當局文以供參考。

「本市自遭二十二年一二八巨大創痛以還，元氣未復，戰區旣變荒墟，全市亦成死地。市狀日蹙，失業愈增，貨乏銷場，人無生路。現况已難支持，後患不遑再論。而補本培元，要在擇其所急。目前減低房租一事，亦已被迫而成迫切之問題矣。房主房客休戚相關，理可通行，誰甘抗阻。無如竟有儘知自利不顧民生之少數房主，於此民衆倒懸之日，乃一再無理加租，苟不遂心所欲，則出以強暴。或請法院追押，或事舊屋翻新，一唱百和，沿成惡例。本市三百餘萬人口中，房客實佔十之八九，減衣縮食，固已煞費經營，高貴房租，勢更無以應付。近來破產亡身者，日有所聞，其主要原因大都皆困經濟而已。本會經全市民衆之要求，由各正當團體共同組成，呈請市黨部等備案，並經代表大會議決減租原則，藉作減租運動之基礎。…………惜乎資產主義之頭腦，不知民生社會大勢之潮流，任意苛求，造成僵局，致人民無復蘇之望，商市有崩潰之勢。職會職責所在，用敢坦直陳詞，為民請命。仰希俯念民艱，公佈條例，禁止業主藉口翻造或通戶而增租額，以惟大局，而慰民生。…………。」

至於減租之辦法，減租會雖於數次會議內通過，茲列舉之。

(一)(有效期限)民國二十三年一月起至二十六年十二月止。

(二)(減租等級)民國十三年以前所造房屋，以九折付租。

民國十四年至十六年所造房屋，以八折付租。

民國十七年至十九年所造房屋，以七折付租。

民國二十年至二十二年所造房屋，以六折付租。

在民國十一年以後所租房屋中途有加租者，應照加租年份，推算減租折扣

(三)(清欠辦法)民國二十三年以前所欠舊租，須於一年內拔還之。

(四)(其他辦法)二房東轉租與三房客時，三房客亦可享減租之權利。

無論市府或租界房捐，仍舊繳付，不打折扣。

其辦法原則之決定，亦有理由在。蓋房屋之建於民十三四年者，房租甚低，苟再加以極大之折扣，則房東未免吃虧，故折扣較小。建於近年者，租價飛漲，故折扣亦大，俾使租戶不致受鉅大租費之累。雖然近來房屋建築成本之高，地價之增，此點似未為減租會所注意，而有損於房東者。

減租會之目的及辦法似極簡單，然以影響之大，幾遍整個社會。決非旦夕所能奏效，至其影響請詳論之於後。

(四)各界之意見

減租會之成立迄今已二月餘。以實行之困難，未爲各界所注意。且業主租戶各走極端，社會人士非租戶則業主，故各不願發表切實公平之意見。而市府商會亦因斯舉之影響過大，不肯輕易表示。故就數十日來報章之所載，僅二三人之談話足誌參考。

(甲)市府方面——減租會雖數度向市府請願。至四月一日市府始允謀解決辦法。祕書長俞鴻鈞向記者發表意見，略謂：

「租居糾紛之處理，原屬司法範圍，市政府處於行政關係地位，未能以命令方式，强令對方遵守。況本市房屋賃租問題，非常複雜，亦非一概括之命令所能救濟或解決。高利率一事，本爲政府所嚴禁者，本府現在調查本市實現情形，與事實眞相。根據上述原則，將召集有關係法團詳細討論。以期訂立本市房租利率之適當標準，呈請中央核定，以便雙方遵守。」

(乙)市商會方面——市商會亦因地位關係，不便發表意見。雖經減租會數次徵求，其主張僅如下述。

「房主房東應求彙籌並顧，免除雙方困難。至如何持平辦理之處，應由市府主持核辦」。

(丙)業主方面——減免房租之對於業主自無利益可言，苟能同時顧及業主租戶雙方利益，則爲最妥善方法。然業主得益，則租戶受損。租戶得益，則業主受損。雙方決無互存利益之有能。故業主就自身利害計，雖房租之昂貴，減租之不許，在業主之意，固未嘗不願顧及雙方之利益，蓋亦有其不得已之苦衷在。茲舉地產公會常委某君意見如下。

「目前經濟衰落，百業凋零，確係實情。惟滬上地產界，百分之九十爲營業性質，均向銀行界押款，投資利率多至九厘。至房東所收房金，因成本昂貴，及地捐水費之加增，最高祇得七厘左右，故日前各地產公司已十分困難。今各房客要求減租，則房東亦將要求銀行減低銀行利息及地捐水費等。如此點可辦到，房東頗願自動減租。又若房客一致拒絕付租，則本市整個金融將起搖動。蓋滬上地產大都爲銀行所置，如銀行界因拒租而被牽連，則影響殊大。」

(丁)與論方面——社會各界對於減租一事雖對一已有極大影響然亦未聞有任何表示所見者僅晨申兩報之二篇關於減租運動之論文茲錢之。

(子)晨報秀君在「減輕房租運動與土地制度」論文中之意見。

「非謂市民不當運動減少房租也，第謂居民倘欲減輕房租之負担，則當同時運動改善租界土地之制度，以求達其目的耳。蓋房租與地租本不可分，而地租與地價亦成一不斷之連環。地價在租界現行制度之下，既無低落之可能，地租自必隨之而繼長，地租增高，房租又當然隨而上漲，若減免房租運動而不觸及租界土地問題，實可謂舍本而逐末也。………總之。土地問題不解決，則房租問題亦不能解決，而欲解決土地問題，則必自土地法推行租界始。始蓋土地法不推行於租界，實無術足杜土地之投機。而市民亦將永遠爲房地產資本家之經濟奴隸也。」

(廿)申報瑞生在『減租問題之理論與事實』論文中，對於減租運動所發表之意見及辦法。

「吾人於雙方之辯論不必爲之詳述。但減租卽可以復興工商業，則未免期許過甚。卽減租之後，空閒房屋能盡出租，亦是夢想之談。蓋造成今日之局面，非一地一業一事所能解決。惟事實已如此，房客則堅不付租，業主則置之不理，相持不下，彼此不安，業主之租金正業主提資之利息，何况尙有押息乎。設租金無所得，豈非子金無着，尙須倒貼利息，則與房客易地而處，試問何以爲情。然業主對不付租金者，亦雖盡訴之法，收押固無此囹圄，封閉亦不勝其繁。欠租如月累而上，將來收取必更費事。與其殺雞以求卵，毋甯斷腕而全臂，所謂兩害相權，取其輕也。故以爲。

(一)市政當局不應漠視此次事件，任令雙方糾纏莫結。應於不泥法不畏謗不動於雙方之情勢下，確定一比較公允之原則，以爲處置本事件之張本。

(二)房租昂貴，地價高漲，有以致之。而地價高漲，土地估價之提高亦有以促成之。蓋爲稅收起見，地價高則稅收自增。在房地業係營業性質，亦但望今日所買之房屋，明日卽漲起一萬或五千，一轉手間，坐獲巨利，故估價提高正中下懷。雖納稅加重，則產經脫手與我何涉。在新買進者，亦同樣望地價之上漲，以便轉賣。因此稅收當局與房地業主志願相同，地價因估價而上漲，估價因地價而提高，互爲因果，循環不已，造成今日之地價。故欲減租，理應減稅。如房租依九折實收，地稅應照九折實徵，方爲公允。微聞某處估計地價，先將地價八折之後，再行七五折六折。實際僅照地價之三六折徵收，則又容當別論。

(三)減租標準應由當局根據最近房租之增加率豈爲制定，以求其平。惟有數點可加考慮者，卽(甲)照原房租額業主從後加租者，應就其所加租額大爲減折。(乙)新造房屋出放後之已減租者，如認爲恰當，得免再減。

(四)減租方式按月房租酌予折扣。或於合同規定租賃滿一年者，得免一月兩月或若干時期之房租。

(五)減租之期限應有一定，過期回復原狀，但有特別情形者另議。

(六)本年一月分起之欠租，應自減租實行之日起，一律付清，其餘亦應定於某時期內還還清。」

(戊)外人方面——外人對於減租運動亦因影響之巨利益之厚莫不表示擁護。計前後加入之外國團體，已達十餘國，其中以日俄印度三國人為最多。英美及其他各國，亦為謀大衆福利，促進市面繁盛計，努力激勵。俾減租運動能有達到目的之一日（見日報每日新聞）

(五)減租之影響

減免房租，驟視之，似極簡單。僅業主稍受影響而已。然細察其因果，則不僅如此。茲就各方面之影響，詳述如下。

(甲)對於滬市復興之影響——滬市自一二八戰役以還，創痛未復，閘北蒙炮轟火焚之劫，租界南市受經濟緊迫之痛，市面之蕭條，工商業之不景氣，已達極點。為維護工商業之興盛計，房租之減免，自屬必要。客冬南京路房屋，因欠租須封閉者，不知凡幾，雖勉強支持，終非善策。減租之舉，或可免除欠租流弊之萬一。就減租會之宣言觀之，「復興市面，繁榮上海」，似非減租為不功。如是則減租誠為復興滬市之不二法門。然而閘北之荒墟，南市之荇椽，諸待建設，諸待投資。否則華界商業將永無凌駕租界而上之之勢。且大上海計劃方興未艾，市府之遷，江灣路政之改良，處處足證政府對於大上海計劃實施之決心。然南市閘北之復興，大上海之計劃之奏功，決非政府單獨所能為力，端賴人民投資，建設計劃。苟減租之舉一旦實行，則何人肯投無利可圖之資。房地產業之不能發展，將永成復興舊上海建設新上海之癥結。以是觀之，減租對於上海之復興，實成一矛盾之現象。

(乙)對於房捐之影響——減租會雖決定房租減少，房捐不變之原則。然此原則無形中已自動將房捐增加，請設例明之。

設屋二幢，房租為一百元。房捐佔百分之十四，(公共租界)，為十四元。苟此屋為二十年所建，根據減租辦法，以六折付租，應為六十元。而房捐仍為十四元。如是房捐之率將自百分之十四增加至百分之二十三。

如是房客對於房捐之負担無形增加。且每年所造房屋減租成數不同，而房捐數目不變。則房捐捐率，非惟增加，抑且有不能一列之弊。

(丙)對於水木業之影響——減租之舉，一旦實行，業主將因獲利之薄，而放棄房產之投資。一切建築工作，均將減少。滬市三十餘萬水木業職工亦將因之失業。水木業工會有鑒乎斯，曾於二月十一日召集緊急會議。警告房客，減租委員會，討論應付方針，以後未聞任何消息。

(丁)對於自來水公司之影響——公共租界之自來水費用向附在房租內。苟房租減少，房東必向自來水公司請求減低水費。自來水公司將因之而受間接之影響。聞自來水公司已自動將水費減低二成。然房租減低無一定標準，六折七折減租之房東，仍將向自來水公司請求減費。

(戊)其他影響——其他如建築公司營造廠銀行業等等均將受房租之減低而蒙間接之影響。

(六)結論

減租運動對於業主多少有相當影響，自不待言。房租之減免，業主言之，處於今日之上海，不減租已因租率之薄，其他所耗及地捐自來水及建築費用之鉅，益以市面蕭條，所有房產不能完全出租，難免有空關之虞，苟再有減租之舉，則非惟無利可圖，更將蒙虧蝕之苦。房客言之，則百業凋零，滬市已早受經濟緊迫之痛。數年來能有厚利可收者，僅房地產一業而已。就年來情形觀之，房租因內地農村之破產，滬上金融之集中，日見高漲。而其他物價則因社會經濟之不景氣，日見跌落。試就近年來物價指數與房價指數比較之，可作證明。

	物價指數	房租指數
一九二六年	一〇〇	一〇〇
一九二九年	一〇四	一二二
一九三〇年	一一一	一〇四
一九三一年	一一二	一〇六
一九三二年	一一二	一〇七
一九三三年	一〇三	一〇九
一九三四年	九八	一一〇

一九二六年以來物價低落百分之二十，而房租反增高百分之十。換言之，經營商業者一九二六年以還，蒙物價跌落之迫，早已焦頭爛額，不能有所發展。而房地產業主，雖因營造費用之鉅，稅率之厚，反而不受任何影響。際此社會狀況不景氣之下，萬事難舉。何以經商者備受損失，而房地業主則安然家居，不勞而獲。減租之舉，可以減少經商者及各種階級人民之負担，當然為一極需要之運動。而房地業主，斤斤以己利是圖。然則各業均已虧蝕，何獨利房地產而損各業。故減租之舉，雖有損業主之利益，為大衆福利計，實為必要。

就上二說，各有理由。總之減租一事之伊始，非驟發於一日，更非一無原故。歸根結底，終因我國蒙世界經濟壓迫，內部農村破產之影響。故減低房租實為一局部問題，欲求業主房客之持平，仍有賴乎國家政治經濟之改善。

——二十三年兒童節——

山東煤產概況

我國煤產蘊藏至豐，尤以山西山東等諸省爲最，國際貿易局發表魯省煤產近况。

南部　魯省產煤區域，分爲東南兩部，據貿易局去年之調查，南部以中興煤礦規模爲最大，年產煤七六三，六八一噸，賈汪華東礦年產八八，〇〇〇噸，華寶礦一一，一五〇噸，華豐礦六八，七一九噸，振興礦四，七九八噸，天成礦二，七七三噸，東興礦三四〇噸，豐裕礦四二〇噸，晉利礦四，六四七噸，裕民礦三，七五〇噸，大成礦九〇〇噸，總計九四八，一七八噸。

東部　魯省東部魯大礦，年產三二四，六八〇噸，東興礦二，三七〇噸，裕通礦二六，四〇〇噸，華東礦三一，四〇〇，同興礦五〇〇，四〇〇噸，博東礦八六，〇〇〇噸，大成礦二五，七〇〇噸，大東礦四，五〇〇噸，永昌礦六，五〇〇〇噸，永和礦二七，二〇〇噸，吉成礦三九，一〇〇噸，悅升礦一六，〇〇〇噸，振業礦九，九七〇噸，久豐礦五，〇〇〇噸，增新礦九，一九〇噸，中興礦二九，二〇〇噸，博平礦二〇，九〇〇噸，福源礦一七，〇〇〇噸，旭華德記礦五五，二〇〇噸，旭華七，七〇〇噸，福康礦一四，二〇〇噸，惠元礦一四，〇〇〇噸惠豐礦一〇，四〇〇噸，總計九二三，〇二〇噸，全年產額爲一，八七一，一九八噸云。

一九三三年無錫社會經濟狀況（經濟調查）

章景瑜

一 緒言

無錫位於京滬線中心，有太湖及各內河與澄錫錫宜長途汽車之溝通，宜溧澄琴各地物產之轉銷，商品之採辦，商旅之往還，資金之流轉，均由錫地爲樞紐。卽江北靖江南通亦由澄而錫，再行轉京滬各地。就錫地本身言，絲廠紗廠麵粉廠染織廠林立，夙稱我國著名工業區域。故無錫在全國工商業上之位置，其重要可知。用將去年度無錫社會經濟狀況，略陳梗概；雖屬明日黃花，倘亦爲關心內地社會經濟者所樂聞歟？

二 社會情形

（一）天時地理

全年雨水尙稱調勻；惟小麥登場時有雨，致麥收較差。秧插時反苦旱；農民以機器打水，得免旱象，稻穀豐收。

（二）政治軍事

地方自治情形，頗爲安謐。盜匪出沒，在所難免。軍隊過境調防，因有地方士紳團體妥爲處理，尙無騷擾情事。惟因東北事件，華北抗日之影響，各業銷路停頓；大局不安，關係匪淺。歲杪閩變驟起，日趨嚴重，人心未免恐慌，商市漸趨沉滯。好在錫邑交通便捷，商市之動靜，全以滬市爲向背。

（三）人民生活

本年農作米稻收成雖豐，奈因價格低落，不易得善價而沽；故農民生活，不能以生產所得之現金，相抵其預付農作之資本；因之無力購買其他日用品。除西鄉大都經商在外，其餘南北東鄉，生活痛苦已極。工人方面，以多數絲廠時作時輟，咸失業之苦，頓絕衣食之源，尤爲窮迫。城區居民，雖稍有資產運用；而接武海上奢華風尚之後，大部亦有入不敷出之情形。

三 經濟狀況

(一)物產

錫邑本以蠶絲米麥爲主要產物。據本年調查，去年乾繭上棧數爲廿三萬一千二百餘包。除絡績提出繅絲外，現存乾繭七萬六百餘包，又成絲千餘担。糧食堆棧現存米稻九十六萬担，雜糧七十二萬五千担。存數充斥，以閩局關係，走銷不佳也。

(二)工業

本邑工業以絲廠紗廠麵粉各廠爲主要。絲廠有乾甡乾泰永泰華新等四十餘家；紗廠有慶豐豫康廣勤復興申新振新麗新等七家；麵粉有九豐泰隆茂新三家。上年春繭登場時，鮮繭每担約四十餘元，海外絲市步漲，最高價每担一千二百餘元。廠商因見原料價廉，繭身頗佳，有利可圖，樂於收買；故一時昔已陷入停頓狀態之絲廠四十餘家，均重整旗鼓，絡績開工。曾幾何時，絲市暴跌，一瀉千里，資力薄弱之廠，相繼停閉。絲業失敗原因，大致

如次：絲廠工作不良，以致出絲勻度，不能及格，難以推銷洋莊。收繭時不計成本，不嚴格鑑別繭身高次，多收搶收，價高貨劣；絲市既已愈趨愈下，銷售必經洋行，轉輾剝削損失，焉能獲利？年來錫地永泰華新二絲廠有鑒於斯，已在美設立分莊，謀有直接銷售機關。乾泰乾甡出品素著，推銷法國較占勝利外；其餘多數資金薄弱，組織散漫，故時瀕於危。紗布麵粉各廠，實力雄厚，組織嚴密；故於此銷路日狹之時，尚能力謀通暢銷路，減輕成本。惟以日貨暢銷華北，市場喪失，利益已薄。去年紗價步跌，麵粉市面亦疲憊不堪，故各廠均無甚盈餘；此乃國難期普遍情形，固不僅錫邑如此也。

(三)商市

普通商業以米行綢緞洋貨南北貨等爲主。米行因穀價低賤，存貨不易脫售，虧累甚多。春間同德米行倒閉，虧負約五萬元。入冬以來，米價步跌；大豐稔米行又告擱淺，計虧負銀行錢莊各款十餘萬元。綢緞洋貨，以社會日趨奢侈，尚能獲利。南北貨等爲日常所必需，獲利亦豐。

(四)市面

米糧以冬夏米麥上市後爲最旺。綢緞洋貨每屆秋冬競相減劵，故營業亦以秋冬爲最盛，南北貨及其他各業，近亦有廉價之舉；每屆減價，確能吸引顧客，脫售存貨。邑匯兌以蘇申爲主；新花上市則南通用款驟多，去年南通德昌和花行駐錫辦理售花，免去匯兌手續不少。米糧採辦運銷，近則鎮江南京，遠則蕪湖安慶天津濟南，均有匯兌往來。去年度拆息以九厘爲最低，一分三厘半爲最高。

（五）金融業

金融業爲一地工商業之命脈；錫邑以工商業發達，故金融機關亦特別發達。民國元年卽有江蘇銀行來錫設立分行，其後中交實業亦相繼來錫開關。現有銀行爲中國銀行交通銀行中國實業銀行江蘇銀行上海銀行浙江興業銀行農民銀行七家。錫地銀行業務爲存欵，放款，匯兌，證劵，儲蓄，發行等項。存欵因銀行存息較小，故絕少巨額存欵，全賴總行爲挹注。放款則錫邑爲工商繁盛之區，各業營運用欵甚鉅，銀行所做抵押借款甚大；借戶以絲廠，紗廠，粉廠，米行，典當爲大宗。匯兌以蘇申爲主。證劵均託上海代理，錫行不過略沾蠅利。儲蓄以社會經濟窮促，尙未普及發展。發行則中國交通實業三行發行款額較巨；錫市流通兌換價，約計中國銀行占四成，實業銀行占三成，交通銀行占二成，其餘各劵占一成。

各行連年均受絲繭影響，尤以中國銀行爲最；惟該行對於業務之銳進，並不因此而稍有瞻顧。浙江興業銀行因鑒錫地爲工商繁盛之區，於前年八月來錫設立支行，業務頗稱發達。中國銀行去年先後租賃永大繭棧廣仁糧食堆棧，稱中國銀行第一二堆棧；交通銀行租錫豐糧食堆棧，浙江興業銀行租增益復成二棧；可見錫邑銀行皆注重抵押放款。在春繭登場時，各行不敢多放繭款，江蘇銀行乘機竭力攬放，計放出絲繭款在二百萬元之譜。上期結算，該行可盈四萬元。中國銀行放出共約六百萬元，盈餘一萬元。交通銀行實業銀行營業素主穩健，略有盈餘。實業銀行去年舉辦有獎儲蓄，亦係另闢蹊徑，以謀生利。上海銀行營業手腕，夙稱活潑，去年舉辦農村放款，甚有進展。農民銀行注重農民抵押普遍小額放款，有裨農村經濟匪淺，非以牟利爲目的者也

錢莊本爲錫地唯一金融機關；近年因銀行事業擴展至錫，營業不無影響。去年上市錢莊有復元益昌瑞昶潤福裕德豐協豐允裕永恆豐慎餘福昌盛信元瑞裕寶康潤十三家。各號資本多則叁拾萬元，最少四萬元。錢莊注重信用放欵；近年以時局不安，絲業衰落，錢莊事業已成强弩之末，均抱緊縮政策；各莊中尙以復元益

昌瑞昶潤福昌盛信元福裕等莊爲穩固；但亦無盈餘可言。本年寶康潤益昌瑞裕信元四莊，均以股東無意經營，自動結束。總之此後銀行定有增設，而於錢業前途，恐爲銀行所操縱矣。

四　今後之展望

（一）社會情形之預測

地方社會情形之改善，仍視大局爲轉移。使今國軍政統一，剿匪順利，華北不發生現狀以外之危險者，人心可漸安定；則事業界必取進展態度，工商業亦可恢復向日繁榮之狀况。錫地絲廠時作時輟，影響失業問題最巨；此後絲業能有相當救濟，絲廠能重行工作，則錫邑社會治安，商市繁榮，均可期待。

（二）經濟狀況之推演

無錫居水陸交通衝要之區；今者又有錫滬公路錫鎮公路之開闢，將來工商業發達可卜。而錫邑工廠，除絲廠外，均在堅壁清野之時，實力尙存；使時局安定，必有開展之勢。商市則以人口日繁，商旅輻輳，需用奢費，可卜其日見繁榮。今年已有國貨商場數家開幕。絲業使無救濟辦法；其資力充實者，必另闢途徑，以謀生存。故經濟狀况之推演，使大局安定，必見生產消費同時增加之趨勢。

美橘輸華數目

進口數量　據國際貿易局報告，本年一月至六月之六個月中。鮮橘進口總數，爲一〇九，一〇八担值五三〇，〇一五金單位。計一月份進口七，九四六担，價四五，三七〇金單位。二月份八九，二九八担，值三一九，五三八金單位。三月份一，九九四担，值一八，八六五金單位。四月份二，一九九担，值二四，〇九一金單位。五月份二，八五二担，值四三，九三八金單位。六月份四，八一二担，值七九，二一三金單位。

我國紗業之概況（經濟調查）

許冠英

緒言

棉布爲我國國民生活之必需品。而棉布之織成，必需紡紗，故紡紗工業可謂衣服工業之基礎。我國有四億五千萬人口，三千餘萬畝之棉田，三千餘萬人之紡織勞工，其依此爲衣，賴斯爲食者，爲數頗鉅，在國民經濟與國際貿易上，實佔極重要之地位。且史籍所載，關於紡織之事亦甚多，可見紡織之重要，自古已然，非今日始也。惟處今日之世，個人式家庭式之手工業，決不能與夫集團式之工廠，機械力之生產以競生存者明矣，吾國自遜清末葉，門戶開放後，英商首以印度棉紗輸入我國，國民經濟，即感其影響。以是中國不得不急起直追，斥資創立新式紡織工廠，以謀救濟。乃以連年內憂外患，不斷侵襲，雖在歐戰期中，暫時因脫離帝國主義經濟勢力之羈絆，一度繁榮。不旋踵間，仍遭帝國主義之長期剝削，以迄於今。農村經濟破產，國民資源枯渴，而內地交通又陷於阻滯，在上海欲購陝棉，反不如購印度棉花之簡便價廉。吾國紡紗事業，至於今日，外受帝國主義之壓迫，內感原料取得成品銷售之困難。蓋已陷於極度恐慌之中矣！我國從事紡織業而稍具遠大之眼光洞察我國之需要者，決不以目前紡織業之厄運而稍存退後之心，放棄其努力奮鬥也。茲將我國紡織業之沿革，紡織廠之資本，棉紗之原料，成品之銷售等事，據調查及參考所得，分述於後，以觀我國紡紗業之概況焉。

沿革

自光緒十六年（一八九〇年），北洋大臣李鴻章，創立機器織布局於上海，其後二十餘年間，我國之紡織業，漸有顯著之發展。今則主要之紡織工廠，凡百九十九所，紗錠有三百五十四萬餘枚綫錠有十四萬三千餘枚，織機有三萬三千餘架。在最近三十年間，中國之紡織業發展之程序，可分四期述之：

（一）第一期　創業艱難時期（自光緒十六年起至三十年止）

我國紗廠之起源，以光緒十六年李鴻章創設機器織布局（俗稱洋布局）於上海楊樹浦爲嚆矢。同時李氏又在上海創設一紡織新局，分老紗廠及織布廠二部。光緒十八年，機器織布廠突遭回祿，工場全部，化爲烏有，工作遂無成績可以表現。嗣以官中出資無望，李氏囑盛宣懷募集商股，再建廠場。但應者寥寥，所得資本，不足三分之一，殊無補於事。然一方工事已興，六萬五千紗錠及六百架織布機，均已購置，於是由他方設法，得於光緒二十年開始工作，此爲中國機器紡織廠工作之始。其後屢經改組，乃爲不久以前之三新紗廠而復改爲申新第五廠矣。而紡織新局，亦以管理不良，由半官辦改爲商辦，即今恒豐紗廠之前身也。光緒十七年，張之洞設立武昌織布局於武昌，又於光緒二十年，增設紡紗局；此等官設紡織廠，實予民間不少之刺激。故光緒二十一年，無錫楊藕舫在無錫亦創辦業勤紗廠，是爲吾國內地設立紗廠之濫觴。其後光緒廿二年，蘇州蘇綸紗廠成立，光緒二十五年，南通大生紗廠繼起，至此內地紗廠亦開始發展矣。

光緒二十一年，中日戰爭停止後，締結馬關條約，承認外人

在通商口岸有設立工廠之權利，於是外人挾其雄厚之資本，優秀之技術，來華經營紗廠，紛紛設廠上海矣。如德商之瑞記（後改英商），美商之鴻源（後由英而日）英商之怡和老公茂（老公茂後改日商公大），日商之東華，均先後成立。二十八年，華商大純紗廠又爲日人所收買。綜計自光緒十六年，至三十年，實爲我國紗廠艱難締造時期；一方面毫無經驗，內部經理不良，一方面外商紛紛設廠，而政府毫無保護補助之力量。加以原棉不豐等故，在諸新式工業中最有希望之紡織業，固無日不在風雨飄搖之中也。

第二期　安穩發達時期（自光緒三十一年至民國三年爲止）

光緒卅一年（一九〇五），日俄戰後，經濟界發生新現象，滿蒙秩序漸復，紗之需要激增，棉產及工人亦有增加。我國紡織業至此乃得平穩發展。在此十年中，工廠之增設凡十七所，新增紗錠合第一期中之數目共九十七萬枚，其經營之狀況，極爲平穩。華商紗廠之成立者，無錫有振新廠，常熟有裕泰廠，寧波有和豐廠，上海有振華（初中英合辦）九成同昌德大各家，太倉有濟泰，江陰有利用廠，崇明有大生第二廠，蕭山有通惠廠，英商有公益楊樹浦二家，日商有內外棉三四五等三廠成立，至此中日英鼎足而三，競爭之局勢以成。此爲本時期中特殊之情形也。

第三期　遭進勃興之時期（自民國四年起至十三年止）　自民

三歐戰勃發，世界和平破裂。中國之紡織業，因一般的經濟關係，不能不頓生風波，而惹起變化。素稱世界紡織業霸王之英國，舉國上下，方竭全力於戰爭軍備，紡織工人之前赴戰線，逐漸增加，工廠受工人不足之影響。和平時代，端賴其巨額棉製品之供給，今一旦世界棉製品市場中最有勢力之英國品驟減，棉製品之市價，勢必隨之騰貴。我國進口之棉製品，其市價自亦昂貴，此則我國紡織事業勃興之機會也。雖日商利用歐商無暇東顧之機會，極力擴充紗業於上海等口岸，然我國紡織業之突進，幷不因此稍衰。計本期中華商紗廠之成立者，有申新等二十餘家。無錫有廣勤廣豐等四家，日商則增加二十家；就廠數論，華商與日商發展之速率，似相匹敵。然實際華商新立各廠中，頗多改組者，如大中華改爲永安恆昌源改爲申新第二廠實際不過增十餘廠而已。

迨民國十年末，運轉與計劃錠數機數如左：

運轉錠數　（華）百三十四萬枚　（日）三十六萬七千枚

（英）二十九萬九千枚　總計百九十六萬六千枚

計劃錠數　（華）八十萬枚　（日）五十萬枚　總計百三十萬枚

織布機數　（華）一萬六百架　（日）三千架　（英）二千六百架

總計一萬六千架

觀上列數字，我國之錠數，似較日商在華之數爲多，然增加之速率，華商遠不及日商。此外日商出品，受人歡迎，亦日人優越之處。要之本期中，華商紗廠發達固速，而日商紗廠進展尤爲可驚。我國紡織亦已感覺重大侵襲矣。

第四期　與日商競爭時期（自民國十四年起至今日）　自民十三後，大戰影響，逐漸恢復。棉織品復大量東，而日人復嗾使軍閥內戰，攘奪我主權，在通商各口岸，從容奠定其紡織基礎。更兼日商在華紗廠，於本國皆有固鞏之總公司爲後盾，有恃無恐，其伸張勢力於我國，實爲便利。以致我國華商紡織業，大有日暮途窮之概。計在此期中，華商方面之設立者，則上海有大豐慶記紡織有限公司，溥益紗織公司，永安紡織公司；南通大生副廠（永豐公司租借），常州有福大及通成兩廠；榆次有晉華紡織公司，審陽奉天紗廠。日商方面之設立者，則上海有大康第二廠，喜和紗廠，（收買寶成第一及第二廠後改名）；漢口有泰安紗廠；遼陽有滿洲紡績株式會社；金州有內外棉金州分廠等廠。改組者，上海有申新第五廠振華永安永豫申新第七第八各廠；無錫有業勤，常州有恆豐大成；太倉有利泰；常熟有裕泰；蘇州有蘇綸。至於日商則民十四收買寶成改爲日華五六七工場，又英商老公茂廠，售於日商改爲公大。此後迄無新廠成立。然日廠根深蒂固，錠數之增加，動輒四五萬枚，較之華商之迭以改組聞者，不可以道里計也。據上海華商紗廠聯合會編訂之中國紗廠一覽表所載：中國全境現共有紗廠一百九十九家，紗錠三百五十四萬一千五百八十四枚。而其中由外商經營者，廠數約占百分之卅九，錠數約占百分之四十一。由斯觀之，我國各紗廠中約有五分之二爲外人所操縱，而其中以日人爲尤，主客相差無幾，我國之紗廠業，固茲危矣！

現狀

自一九二八年，世界各國經濟衰落，發生生產過剩之現象。於是不得不利用傾銷之方法，開始國外之市場，我國關稅受各帝國主義之限制，稅率低廉，乃成衆矢之的，紛紛向我口岸輸入。更加民二十年大水爲災，繼以淞滬之役，東省被佔等事發，市場日益縮小，市場之供給極度擁擠，而農村經濟破產，金融日趨緊縮，購買力大爲減小。我紡織業內受天災人禍之影響，外感傾銷之壓迫，復以勞工思想之簡單，每爲外界之指使，工潮時釀，不得已而減工停廠等事聞矣。

(一)資本

紡織工業，在我國規模較大，非個人力量所能舉辦，故概爲公司及合夥等性質。其資本之計算單位，則因清末民初我國幣制之複雜，有用銀兩爲單位者，亦有以銀圓爲單位者，則無一定不易之律焉。至於各紗廠之資本，多在一百萬元至三百萬元之間。然亦有資本在一千萬元以上者，則少而又少，寥若晨星矣。當我國紡織業勃興時期中，各地之稍有資產者，瞭於紡織之利息優厚，於是紛紛設廠者，有如雨後春筍。然多數匆促集資建造廠屋，購買機械，置備用具，重金聘請技術人員，而對於流動資本，泰半漠視。故至正式開車之日，已感捉襟見肘之苦，乃不得不向銀行錢莊以廠產抵押借款。顧當時市場供給缺乏，故廠商一時頗不以利率之高昂爲患，每年盈餘雖夥，而公積金一項，我國之紗廠，素不重視，有公積金者，祇十餘廠而已，其數亦多不過數十萬元，以致時至今日，市況不振，銷路呆滯，頓感資金之不流動矣。在金融界，則見紗市不振，愈存戒心，已放款者不敢續放，未放款者即抵押借款亦不肯多做。廠家經濟，遂愈覺周轉不靈，此我國今日之紡織業資金方面之狀況也。

(二)製造

我國現時各紗廠，通行之製造手續，自原棉紡成棉紡以至打包可九步以說明之：

一，**鬆花**　卽將棉花扯鬆是也。其方法係將棉花置入鬆花機中，棉花遂爲扯鬆。

二，**清花**　使棉花中所包含之泥沙清去，且將棉花捲成直卷是也。此項工作專由清花機器爲之。

三，**捲棉**　卽將清花機中所取出之棉捲，每四層叠爲一厚片，置於捲棉機中；俟捲成後，卽按重量截爲數捲，每捲重量約在四十磅以上。

四，**梳花**　卽將棉線排成平行之方向，成爲長條，同時幷將棉花本身梳潔，此項工作乃專用梳花機爲之。

五，**均花**　卽使棉條之厚薄均勻是也。此項工作，由練條機(卽抽棉機)爲之，棉條經此機抽三四次後，卽能自首至尾一律平均。

六，**製造粗紗**　粗紗之製成，有經三重手續者，最先將棉條置於頭號紗機中，使拉長而層層圍繞於錠子之上，至此卽稱粗紗，此後再經二號粗紗機同樣製過，最後則經三號粗紗機製過，使繞於錠子之上。

七，**製造細紗**　製造細紗之機器，稱爲紡紗機，粗紗經過紡紗機後，卽成爲細紗。細紗機共有兩種：(甲)活車紡紗機，(乙)套環紡紗機，二者之中，以套環紡紗機較爲通用，其內部上面有粗紗管，下面有錠子，當錠子轉動時，紗卽繞於錠上甚勻。

八，**絞紗**　卽以上述鋼錠筒管上所繞之細紗，使繞於竹架上，成爲紗絞，凡十小絞成紗一絞。

九，**打包**　以紗十六絞入小打包機內，使將棉紗壓緊打成一小包，此後再以四十小包入大打包機內，使打成一大包。惟每小包中所含之絞數，亦視紗之支數而異，在十二支紗，則每小包有二十四絞，每絞又有五小絞，合計一百二十小絞。十四支紗每小包有十四絞，每絞有十小絞，合計一百四十小絞。二十支紗，每小包有二十絞，每絞有十小絞，合計二百小絞。其他如三十二支，四十支，六十支，均可類推。總之，每小絞之長度，均爲八百四十碼，支數愈細，則每小絞之重量愈輕，故每小包小絞數之增加，亦依比例之增多也。

製造之步驟，已如上述，外商之紗廠，亦大同小易耳。然出品成績，每無外貨之佳，價格常較外貨爲昂。此中結癥，製亦有技術之優劣，問題焉。然據精於此道之經驗家言，我國技術人才，幷不缺乏，絡續留學東西而已回國者，不下百五十餘人，且均任職於全國紡織工廠，日以紡織技術之研求是務，而言今日技術幼稚者，實有所比擬而發。良以上海之日廠設立與華廠原料同，工人同，銷路煤斤亦同，而一則產量高，品質精，成本廉，信用堅，因此銷售甚易，一則出數少，條分欠勻，製造之費用大，名譽之起覆無常。考其原因，幷非技術之幼穉，尙有其他種種之原因在焉：

一，機器設備　外商之廠，其機械必擇精巧堅固，建築採光通風噴濕暖廠等設備，無不應有盡有。凡足以影響產額品質工作者，無不斥巨資以求之。若華廠則否，購機唯求廉價，不計品質，祗知資產額之減少，罔顧收獲之如何。甚有購舊器機以設立新廠者，則笨拙之機械，固無優美之出品也。

二，工人之訓諫　外廠工人均曾受嚴格之訓諫，大多於開廠之初，卽專事各個工人之敎練。至手藝純熟，規則明晰後，方正式使之担任工作。雖當紗市需要孔殷，利益優厚之時，亦不惜忍痛以待工人養成。故工人之動作整齊，進退一致，無不良習慣，少取巧偷之弊病。卽機械之耐用，亦以工人之有訓諫而增加其年限；囘顧華廠，則一經機到，卽限期開工，惟出品應市，不計成品之如何，管理之難易，故工人率四方雜凑，習慣頁易，動作毫無秩序，貫張成性，欲其良好之成績，非緣木魚乎！

三，職員之待　外廠之任何職員，必經嚴格之考試，方能入廠，更須受若干時之試用，方得正式聘任。唯一經確定，薪金之豐厚，待遇之優美，實非我華廠當局所能比擬。他若宿舍之精美衛生，子女教養之免費完備，告老金殘廢撫恤金等規定詳盡，凡足以擾亂職員心緒意志者，極力去之，故能安心盡責，專力工作，則其出品焉得不較華廠之出品爲優哉！

四，修理添配　機器効率之高低，壽命之久暫，固在保全之當否；然久用不能無損壞，外廠每年所提折舊甚多，修理非常認眞，稍有不堪修理者，立卽換新。遇有新發明之另件，試用確有功効者，立時添購。卽在市面疲滯之時，亦必進行無澥。返觀華廠，機器有數年不加修理，數十年不換車面及鋼絲布者。甚至貪圖價廉，購外廠換下之另件，以資應用者，以殘破銹蝕，震動不準確之機器，無論管望技術之如何高超，其出品必無良好之成績，可斷言也。

以上四項爲我國今日紡織業對於製造技術上失敗之最大原因。

(三)棉花之供給狀況

紗之原料爲棉花，我國之棉產額每年約八百萬担，爲世界第三棉產國。我國年產額雖祇及印度之半，美之二十分之一，然我國土壤氣候適宜於植栽棉花，如我農民努力植棉，則產額之增加，定可預卜。玆將我國產棉各省之棉田畝數及其產額列之如左。

省名	棉田畝數(單位畝)	棉產額(單位担)
河北	三，五六二，六二一	八九九，四二六
山東	三，二九五，一七四	八六七，三五二
江蘇	八，五〇五，三四五	二，五五八，五四三
浙江	一，八八六，一七二	四二五，七六〇
江西	七四五，八七六	一三六，六二七
湖北	六，五三二，一〇四	一，一五六，六八四
安徽	一，一五六，四〇八	一六六，七五五
河南	三，三八三，五六四	一，七〇三，八三七
山西	六六五，二五六	一九八，四六八
陝西	二，一三一，五六七	五，九七，七〇二
其他	四三九，〇〇〇	二八七，〇〇〇
共計	三二，三〇三，〇八七	八、九九八，一六四

綜觀上表，我國棉產額年約八百九十九萬担左右。今假設每紗錠一枚，所需之原棉爲三百五十斤，則全國之三百餘萬錠子，即需一千二百二十五萬担。故以我國今日所產之棉花，全部供我國之紗廠之用，尙缺三成之多；況年產額八百九十九萬中，尙須除去百分之四十，作爲一般人民衣服中及其他家用，故供紗織用者，實僅五百餘萬担耳，至其不足之數，乃不得不仰給於印度美國等處矣。玆將最近八年間美棉及印棉之輸入量列表於左：

(一)美棉輸入量(以千担爲單位)		占外棉總輸入量之百分比
民十四	二三五	一三·〇
民十五	七三二	二六·七
民十六	一二八二	五三·一
民十七	六六五	三四·五
民十八	一〇二八	四〇·九
民十九	一二八九	三七·三
民二十	二六八三	五七·七
民廿一	三一〇二	八三·六

(二)印棉輸入量(以千担爲單位)		占外棉總輸入量之百分比
民十四	一四六四	八一·〇
民十五	一九四八	七一·〇
民十六	一一一二	四六·〇
民十七	一二二三	六三·八

民十八	一四四九	五七・六
民十九	二一三六	六一・八
民二十	一九一二	四一・一
民廿一	四五四	一二・二

綜觀上表，印棉之輸入，除民廿一年外，尚無劇烈之變化。惟美棉之輸入，則年有增加，而此種趨勢，據紡織業中人言，苟我國之植棉仍故步自封，墨守舊法，不加改良，則美國棉進口之增加，仍將繼續上加，蓋國民生活程度，漸次提高，其對於細紗之需要，必隨之增加，而中國之紗廠，亦將進而減出細紗。但我國棉花之品質，不適於紡細紗之用，南通棉產額頗豐，品質亦佳，但祇供紡三十二支紗之原棉用耳。山西及陝西等處優良棉花，雖能紡三十六支左右之細紗，然產額甚少。此外各省所產之棉花，大部分僅以之紡二十支左右之粗紗，故各紗廠紡細紗之原棉，必須仰給外棉也。而外棉中價格之低廉，品質之合用者，當以美棉爲長。故美棉輸入之增加傾向，在最近時期，無低落之形勢，此亦瓜熟蒂落必然之結果也。

至於我國今日棉花之品質，及爲產量之狀況，則各以其產區之地位氣候之不同而亦異。玆就各省區分別說明如左！

江蘇省　我國各省中產棉最多者，莫江蘇若，氣候土壤，悉適宜棉花之栽。數十年前，紡織工廠未發達時，棉花銷路狹小，植棉方法亦株守故步，一般農民對於棉花之栽培，殊不注意，棉產額遂亦無多。然民四後，我國紡織業突飛猛進，棉花之需求大爲增加。於是紗廠薈萃之區，栽培方法漸次改善，品質之改良，亦加注意，產額遂與日俱增，銷路亦隨而廣大，且棉花市價騰貴，誘導一般農民取植棉有利之觀念，棉田之畝數漸增。而社會方面，同時在重要棉區，設立植棉改良試驗場等機關，指導農民之栽植。故近年來江蘇省之棉花質量兩方均有顯著之進步，如南通棉纖維純白，長達一寸，泰興棉色澤潔白，纖維長達七八分，鹽城棉纖維之長者約五六分，常熟之黑子棉，因土壤輕鬆，故其品質可與陝西棉相比擬，色澤純白，纖維長達一寸，若漣水灌雲清江淮安等處之棉產地，則因植棉事業爲時不久，而栽培方法亦屬粗舊，故棉花品之質較爲惡劣也。

湖北省　我國產棉各省中，湖北居第二位。產額僅亞於江蘇省，品質以黃陂麻城黃岡三處之家鄉種爲最佳，黑子粗毛稍帶黃色，纖維長八九分，監利石首公安等地爲黑子及外國棉種，纖維長八分，惟牽引力不及陝西花；襄陽，及棗陽，樊城等處之棉花，分毛籽粗毛及黑子毛兩種，色純白而纖維特長，棉產多由平漢路裝運至漢口，日本商行爲最大之買客，大概湖北各縣之纖維，平均皆在六分以上，其運輸之方法，以平漢路及長江爲主幹。

河北省　棉產區域多在西南一帶，地勢平坦，土質輕鬆，氣候溫和，頗適植棉。近因紡織業發達之故，棉田年有增加。該省所產之棉花，除省內消費外，多向山東，山西及南方各省輸出。河北省之棉花可大別而爲三類：(一)西河棉，有白花，紫花，長絨等名稱，此種棉花，纖維短毛粗僅能紡十支及十二支之粗紗，但產額豐富，向日，美兩國輸出者多爲此種棉花，至於日美兩國此種棉花之用途，則或以之與羊毛混合，或與美國棉花混合，而充織造品之原料，因棉價低廉，需要頗爲廣大。(二)運河棉，亦有白棉紫棉等數種，產額不及西河爲多，但纖維較長，直徑稍細，以之紡十二支及十六支紗，尚屬可能，此種棉花，國內外均有銷路。(三)北河棉爲河北省所產，棉花中之品質最佳者也。惟產額甚少，其中棉種分小子花及大子花二種，小子花屬中國種，纖維甚長，能以之紡十六支及二十支紗，大子花爲美國種，品質却轉遜，然與其他棉花比，尚稱優良。

陝西省　陝西棉花品質優良，舉世共知。全省棉產額約七十餘萬担，然陝西省交通阻塞，民智未開，植棉墨守舊法，不知改良種子，殊爲缺點。省內土壤多屬砂質，最適植棉。各縣之棉產多爲在來種，但三原渭南高陵等處，多爲美國種，華陰亦屬外國種，故各縣棉花之品質優劣之差異甚大，在來種色澤不良，微帶黃褐色，纖維粗而且短，惟牽引力甚强耳。美國棉種色澤較白，纖維細而且長，牽引力最强，甚適紡織之用。質言之，陝西棉色澤不若通州棉花之白，但其牽引力則無甚差異。棉產籍渭水之運輸，先往河南省，再轉運漢口爲最多，天津轉少，此爲該省棉產之現狀也。

河南省　昔時農民多不注意棉花之栽培。惟自近來政府提倡植棉事業以後，棉花之產額逐漸增加，以偃師，新鄉，武安出產最多，靈寶閿鄉之品質較佳。近來美國棉種，漸次普及，然此項棉花，多爲彰德之廣益棉所廠吸收其運往外埠甚少。鄭州爲棉花交易之最大市場，開封爲土布織造繁盛之區。

其他各省　如四川雲南兩省，以種植罌粟爲主要之農業。但自禁止後，昔日之罌粟耕地，一變而爲棉田。植棉事業，現正在推廣中。新疆蒙古所產之棉花，能充紡織細紗之原棉，頗得好評。至於邊陲各省，均有出產，品質尚佳。惟產量有限，僅能供本省之需要而已。

至於國外之供給狀況，則以美國及印度較爲重要，茲分述於左，

(一)美國　美國之棉花，可分二種：(子)海島棉(Sea gsla-nds)，爲世界最優秀之棉花，其特點爲纖維細而且長，光澤美而

扯力强。且有適當之曲捻度數。此等棉花多用以紡百五十支以上之細紗。然我國今日之各紗廠，四十五支以上之細紗，尙不能紡織，故美國島棉之輸入，實有待我紡織工程之改進。(乙)高原棉(Up-land)蕃殖於 Texas; Oklahoma; Arkansas; Tennessee; Nort-h Carolina; 等洲。每年之產額一千萬包(每包約四百磅左右)。美國棉花之輸出。以此種爲大宗，其品質尙佳，適宜於紡四十支至六十支之細紗。其尤佳者，能充紡八十支紗之原棉。我國輸入之美國棉當然爲高原棉。蓋我國今日多數紡紗廠，僅能紡三十二支以下者，能紡三十二支至四十五支，已寥寥矣。上海之美棉，輸入商僅有日美兩國人經營之，華商資本薄弱，無力經營。日商之東洋棉花，日本棉花等，與美商之美盛及美安洋行爲主要之美棉輸入商。在華紡織公司所需之美棉，皆由以上諸商行經手購進者也。

(二)印度　印度棉比美棉之纖維短而且粗，其質之佳者，猶不適於紡四十支以上之細紗，其粗惡者，卽紡十支以上之粗紗，亦不適用也。而我國每年仍有百萬担左右之印棉輸入，此無他，我國紡織工程之程度尙欠高深，印棉適合其用耳。輸入之印棉，皆與陝西上等棉花混合使用者也。

紡織業發達，棉花之需要必增。投機者流乘此需要增加之機會，而操縱市面。因此當棉花歉收之時，棉價格外昂貴。紗廠方面，以使用外棉爲有利，於是外棉與我國之關係，乃日見密切。民十一棉花市價暴漲時，進口印棉轉爲低廉。因此從來印棉進口無多者，至是急激增加。特別於民十二後，印棉進口額之增加，更爲顯著；適當時紗織繼續發展，印棉之使用隨亦普及各紗廠，而印棉之進口，於我國之貿易冊上，乃佔極重要之地位矣！

(四)棉紗之銷售狀況

我國各地紡織工廠生產之棉紗，依地理之關係，互有消長。尤以民初內戰頻仍之時，交通地帶，棉紗運銷之路徑，常爲變動。若一度採新路徑後，商人與消費者之新關係以生，而此種關係，迨戰爭終了後，仍繼續存在。故戰爭時起，則銷路時移，迨最近時期，各主要口岸棉紗輸出額列之於左：

出口港	輸出額(担爲單位)	輸出值(兩爲單位)
青島	二二八六三	一〇三六五〇四
漢口	一三一〇三六	六六四〇五四三
上海	五九二九八六	九四四六九七八八
蘇州	三〇四二九	一三八四二九五
杭州	一一八〇五	五六一〇七六

寧波　四〇一九八　一　二一九三八八五

綜觀上表，上海一埠，實占我國棉紗出口全額之九成强。故其銷路之範圍，實足以表現我國棉紗銷路之大概。茲將上海出口之國紗(出口地點則以國內各通商口岸爲主)，及全國外紗輸入數列表於左，以證我國國紗之銷路確有擴張之勢。

年份	全國外紗輸入數(以担爲單位)	上海國紗輸出數(以担爲單位)
光緒三十年	二二八〇八七八	—
民國元年	二二九八四七九	—
民國五年	二四六六九三二	—
民國十五年	四四九二八〇	二二九四一四九
民國十六年	二九五三三八	二〇九〇二六〇
民國十七年	二八四九四五	二二四一四六〇
民國十八年	二三四一二六	二二〇〇七〇三
民國十九年	一六二四三〇	二六〇二四六三
民國二十年	四七九五一	二六二八二二二

由上表觀之，近年來外紗之輸入，顯有減退。上海一埠之國紗之輸出亦日增。可見我國近年來國紗銷路之激增也。至於我國國內各地域所上棉紗之種類內收數量，則可以下表中瞻其大概。

銷塲地	紗之種類	估計數量(以担爲單位)
廣東	十支十二支十六支爲大宗細紗則甚少(四十二支三十二支)	四四四一九六
四川	以十支二十支爲多三十二支次之	二八八〇七六
天津	二十支十六支	一六〇六九七
漢口	二十支三十二支四十二支	二九八五二七
長沙	十支二十支	—
汕廈	十支十六支二十支三十二支及四十二支	一九七二四八
九江	十六支二十支三十二支六十支	一六五六〇八
牛莊 秦皇島	十支十六支二十支四十二支	一〇二八七一
青島	十六支爲大宗	七七〇九
寧波	十六支二十支	二四六七二
雲南	十支二十支	—

上表所列，係每年由上海一口棉紗供給之種類及數量。惟我國各地棉紗之供給，除來自外洋及本地所產微量之棉紗外，類皆仰給上海。蓋上海出口棉紗，實占全國總出口額百分之九十强。故由上表之數量及種類所示，可得如下之結論：(一)我國中部各

地國紗之銷場以三十二支四十二支等細紗爲主；(二)華南各地以十支十二支等粗紗爲大宗；(三)華北各地亦以銷納十支二十支之粗紗爲大宗，至於所需之細紗，則以地理之關係均來自日本。

產品(棉紗)價格之計算，在上海及各通商口岸，以兩爲單位。在內地則以元爲單位。

棉紗納稅可分二種：(一)出口稅，報運出洋者每担一兩一分另加碼頭捐百分之二。由國內此口運往另一口岸，如係已徵統稅運往統稅區域者，出口稅可與豁免。但運往非統稅區域，仍須依老出口稅征稅，每担關平銀七分。(二)統稅，棉紗所征統稅分爲二級，凡在二十三支以下之粗紗，每担二元七角五分，每包三百廿斤，計八元五角八分，二十三支以上之細紗，每担稅銀三元七角五分，每包十一元六角三分。

至於運銷手續，可分水陸兩方以說明之，由水運者，則有出口報關之手續，約如下列：

1，先至輪船公司領塡下貨單，並向商品檢驗局請求檢驗，由局中派員扦樣，檢驗合格，乃給與證書。

2，根據下貨單，將出口報單塡就，與商品檢驗局所發證書一併送關(下貨單亦送呈)。

3，海關根據上項單據派員至碼頭驗關。

4，驗關無訛後即批出付稅單。

5，紗廠領取付稅單後即前往付稅。

6，付稅後關內即將下貨單蓋印發出。

7，紗廠領得下貨單後即至碼頭將貨裝載船上，由船上帳房發出收據。

8，將收據送至輪船公司，換取提單。

如由陸運者，則可由轉運公司代爲辦理運輸事宜。

今就我國棉紗市場觀之，從來爲英日兩國之棉紗所獨佔。但近日我國紡織業，日益發達，製品需要之範圍既如是其廣大，，而棉製品之需要復日增，故我國紡織業之將來，頗可樂觀也。

以上係就中國紡織業之情況，加以概述。所輯材料，務求精確。俾讀者則資爲參攷，以爲研究紡織工業之助。惟以時間篇幅所限，未容將重要紡織工廠，一一加以詳細之調查，庶成更實際之材料。有志於斯問題，其更起努力，蓋先知事業之現況，而後可言改良與進步也。

廿三年四月卅日，交大。

關於鐵道會計中折舊問題之參考資料

Elizabeth Cullen 編
曹麗順選錄

邇來吾國路界人士，對於「運輸成本」及「折舊」等問題，頗為注意。老同學涂君贊先，曾以關於「折舊」之參考資料見詢。徒以案頭簿籍亂積，一時不易清理，遲遲無以報命。最近偶有所得，適逢「交大經濟」徵文，爰節錄以供同好。

編者克倫女士，為美國 Bureau of Railway Economics 之圖書館主任。(Reference Librarian) 凡曾在華盛頓作博士論文者，鮮有不知其人，嘗為 Railway Age 及 Baltimore and Ohio Magazine 等雜誌，編「新書介紹」一欄。是項參考資料，則係為 Railway Accounting Officers Association 而編。其材料之排列，係用編年體裁。細觀是項資料，多散見於雜誌文件之中，至於成册專著，殊屬寥寥。以吾國圖書館中。對於舊雜誌，收藏往往不全，則擷有是項參考資料之編集，而吾人所能得之實際效用，恐甚有限耳。

選錄者附識

關於鐵道會計中折舊問題之參考資料

1879—**Operating Expense Accounts.**

(Railroad Gazette, V. II. 310—311: June 6, 1879)

Depreciation, p. 311

1907—**Accounting for Depreciation of Equipment.**

(Railway Age, July 12, 1907, p. 36)

1908—**Calvert, J. F.**

Depreciation in Railway Accounting

(Journal of Accountancy, V. 6: 229—233: August, 1908)

Depreciation in Steam Railway Accounting

(Electric Railway Journal, Oct. 3, 1908, p. 748)

Delano, Frederio A.

The application of a depreciation oharge in railway

accounting [Chicago, 1908.] pp. 585—601. Reprinted from Journal of Political Economy, V. 16: 585—601: Nov., 1908

1909—**Sturgis, C. I.**

Railway Depreciation Accounts.

(In Proceedings of National Association of Railway Commissioners, Nov. 1909, pp. 392—403).

Stockwell, Herbert

Depreciation, renewal and replacement accounts.

(Journal of Accountancy, V. 9: 89—103: 189—210: December, 1909: January, 1910.)

1912—**Cleveland, F. A., and Powell, F. W.**

Depreciation.

(In their Railroad Finance, 1912, pp. 89, 94, 130—131, 170—171)

1913—**Foster, Horatio A.**

Depreciation of Railroads.

(In his Engineering Valuation of Public Utilities and Factories, 1913, pp. 152—164)

Depreciation of Equipment

(Engineering and Contracting, Nov. 19, 1913, p. 567—568)

1914—**Depreciation Accounts**

(In proceedings of National Association of Railway Commissioners, 1914, p. 450)

Lawton, Willard Hubbard,

Depreciation, intangible values and rates.

(Journal of Accountancy, V. 17: 325—354; May, 1914)

1915—**Saliers, Earl A.**

Principles of Depreciation, New York, Ronald Press 1915.) See Index under heading "Railroads."

Depreciation and Appreciation in Railroad Valuation

(Railway World, April, 1915, p. 303)

1917—**Grunsky, C. E., and Grunsky, C. E., Jr.**

Valuation, depreciation and the rate-base. New York 1917. Contains tables.

Adams, Heury C.

Depreciation

(In His American Railway Accounting, 1918, p. 59—

60, 94, 96, 98, 99, 104, 172, 178.)

1918—Ely, Owen.

The inadequacy of present dkpreciation Accounts.

Railway Age, V. 65: 553—556: Sept. 20, 1918.

1922—Loree, L. F.

Depreciation.

(In his Railroad Freight Transportation [Appleton, 1922]. p. 222—226

Saliers, Earl. A.

Depreciation—principles and applications. New York, Ronald Press Co., 1922. See Index under heading "Railroads."

1923—U. S. Interstate Commerce Commission

Depreciation Charges of steam railroad companies. (Washington, Government Printing Office) Docket No. 15100. August 23, 1923.

1924—National Association of Railroad and Utilities Commissioners.

Report of the Committee on Statistics and Accounts of Railroad Companies. (In its Proceeding, Nov, 1924, p. 68—74.)

"Depreciation," p. 73—74.

1925—U. S. Interstate Commerce Commission.

Thirty ninth Annual Report, Dec. 1, 1925. (Washington, Government Printing Offiice)

"Depreciation accounting," p. 26—27.

1926—Railway Age [Editorial]

Shop Machinery Depreciation

(Railway Age, V. 81: p. 874: Nov. 6, 1926.)

Nau, Carl H.

Treatment of replacement reserve funds.

(Journal of Accountancy, V. 42: 418—428; December, 1926)

1927—Kramer, R. C.

A criticism of the straight line method of depreciation.

(Railway Age, V. 82; 207; Jan. 8, 1927)

Bonbright, James C.

Depreciation and valuation for rate Control.

(Columbia Law Review, V. 27: 113—131; February 1927).

Cunningham, William J.

Depreciation, deterioration. and obsolescence.

(Railway Purchases and Stores, V. 20: 135—137; March 1927.)

查理依斯拉斯不雷(Charles Ezra Sprague)

裘·玄·同·

提起了這位美國人查理依斯拉斯不雷的名兒，差不多的人都該知道了吧？他對於我們的供獻，尤其是對於會計學方面的供獻，是值得我們永遠記住他的。

他於一八四二年生在美國紐約州的挪撒（Nassau）。其實他生後受洗禮的教名是查理愛及敦（Edgerton）而並不是查理依斯拉；但被給他施洗禮的聾牧師重聽，弄成了查理依斯拉，於是他便永久的被稱爲這個名字了。

他的小傳，也是值得我們知道的。他在幼小的時候，已是不凡：這都是因了他有一個善於教導的母親的緣故，使他自幼受有很好的家庭教育。在八歲的時候，已對希臘文(Hebrew)有種種的興趣。他常拿他父親(是一個隸屬於美以美會的牧師)所有的希臘文與英文合璧的聖經，躺在地板上細細的讀。在他從紐約州阿姆斯脫敦地方(Amsterdam)的中學畢業，升到紐約州尤甯大學(Union College)的時候，纔祇有十四歲呢！雖是在那大學裏他的年齡最幼小，然而他的聰明和才幹却並不弱，曾累得各種榮譽獎，並被邀請加入許多有名的組織；自然這是多麽地引起許多教授和同學的注意和驚奇！四年中所選讀的科是社會科學和自然科學都有，(但沒有現在所謂的會計學。)到十八歲的那年便畢了業，而在格林末尤甯中學(Greenwich Union Academy)中任教職。

一八六二年是美國南北戰爭發生的那年，(這時他正二十歲)這位斯不雷先生便拋棄了粉筆生涯而從軍，爲正義而戰爭。東遷西徙的軍隊生活，並不會減少他求智識的慾望，累向家中索雜誌等讀物。很不幸的，在一八六三年七月及的堡之戰役中(Gettysburg)他因奮勇而左肩受傷，——使他終身不能忘却及的堡戰役的便是他時感痛苦的左肩，——後來他因之而陞爲大佐的階級。這個戰爭的結果，使他對於戰術一道有研究；因之在戰爭結束後他被聘為幾個軍事學校的教官，並著作了許多關於軍事的文字。

他自幼便酷喜學習他國言語文字。在中學時代他曾孜孜研究希臘言語，在二十四歲結了婚後仍是如此。在十八種不同的言語文字之外，哀斯不難懂(Esperanto) 和佛拉普克(Volapuk)這兩種世界語他也有十分興趣。關於這一點，他也曾發表過些意見，並著作了一部佛拉普克世界語的手冊(Handbook of Volapuk)。

還有一點要記的，便是他教養他四個女兒也很完善，家庭中充滿了快樂。有許多朋友和有名的人——奧斯卡槐特 (Oscar Wilde) 拉弗蕭脫(Rufus Choote)和伍廷芳等 —— 都時常願意到他家裏去。他也很喜歡旅行，曾出外旅行了二十七次。他對於他國言語文字和銀行會計方面的智識，有許多地方都是由旅行而得來的。

他小時所立的志向是操印刷業，而大學教育使他改變宗旨做一個教師；但後來却又要改向商界發展了。從前他對於數學及賬簿並不喜歡，然而在一八七零年因為善操各國言語的緣故，却到紐約聯合零數儲蓄銀行 (Union Dime Savings Bank) 裏做了一個辦事員。七年後做了那銀行裏的秘書，慢慢的做到司庫，到一八九二年五十歲的當兒他竟做到總理了。

他從一八七零年起直到一九一二年死為止都是在這個聯合零數儲蓄銀行服務。四十一年之中，供献給自己的銀行以及其他的銀行很多改進。一九零四年至一九零五年被任為美國銀行公會(American Bankers Association）儲蓄銀行部 (Savings Bank Division) 的部長。他使儲蓄銀行的簿記方法改良，節省工作時間而提高效率。活頁總帳 (Loose-leof ledgers) 也是他發明的。他並且設計了一種自動計算機 (Automalogothotype) ，這機果然成功，但可惜未曾向政府註册，致白耗費了許多錢反給他人摹做了得着專利；這眞是他一生中許多失算事中的一個！此種自動計算機，現在是各銀行都採用了。

他從事於商業後感覺到有志於商界的青年，在學校的生活中便當先預備。未踏入商界服務之先，應對商界有一種認識。若待進入商界後再一步步的學習那些基本的商業知識，實在太不合算；不但耗費自己的光陰，並且也耗費了雇主的光陰。這一種預備的教育，他以為是並非不可能的，因此他想創辦一個商學院。在一九零零年紐約大學(New York University)便成立了這樣的一個學院，他担任了幾種科。所教的幾科在當時是新的，並無教本和參考書；他祇有在公餘之暇極力搜集編纂，到每晚來教授。這樣直到他死為止。紐約大學的商學院賴以鞏固基礎，使有志於商界的青年能得到一種新的教育，所以紐約大學特地為他製造了一塊銅的剣像，安置在該校商學院門口，留爲永久的紀念。這個剣像是一九二二年六月揭幕的。

據說斯不雷最喜歡教育。他從不會以爲自己的教育已經滿足，同時他也肯竭力指導扶助別人，使別人得受教育。他的四個女兒得着良好的教育，其他人他也給他們機會受教育。他雖事業很忙，但是對於紐約大學商學院的學生，他總是設法騰出些時候來爲他們做點事的。

他從不知什麽叫做『失敗』。什麽難事，他只知道盡力的去幹。他在那聯合寄數儲蓄銀行做辦事員的職務，使他因之能有機會熟悉簿記方面的學問。在美國最初得有許書的會計師中，他便是其中的一個。從一八九六到一八九八，他曾在會計師資格審查局(Certified Public Accountant Examining Board) 服務並且担任了簿記員(The Bookkeeper)和會計雜誌(The Journal of Accountancy) 這兩種刊物的特約撰稿人。他的著作，在幾種雜誌披露過的也足一述；如一九零八年十二月二十四日獨立(Independent)的『郵政儲蓄銀行』("Postal Savings Banks")，一九一零年十二月銀行月報(Bankers Monthly)的『盈餘及股利』("Surplus and Dividends")一九一一年同報的『三釐半利率的試驗』(Test of $3^1/_2$ Per Cent Interest)，一九零七年美國政治及

社會學年鑑("Annals")的『投資公債帳務』("Proper Basis of Bond Accounts when Hold for Investment") 和『公債估值』("Valuation of Bonds on an Income Basis")，及一九零七年全國市政會議紀錄(National Conference of City Government)的『儲蓄銀行課税之研究』("Taxation of Savings Banks") 等都是。在報章披露過的亦有許多。著成專書出版的有：佛拉普克世界語手册，一八八零年的會計程式(The Algebra of Accounts)，一九零四年的投資會計學 (The Accountancy of Investment，一九零五年的公債表 (Extended Bond Tables)，一九零六年的投資會計之問題及研究 (Problems and Studies in the Accountancy of Inrestment)，和一九零七年出版的會計論理 (The Philosophy of Accounts)，——這是一本最偉大最有價值的書。

關於這本會計論理，實在是對會計學方面最大的供獻，在會計學方面成爲一本很重要的書。加省大學商學院院長 (University of California)亨利萊特海脫菲博士 (Henry Rand Hatfield) 在會計論理五版書裏所作的介紹詞如左：

從帕沙利(Pacioli會計學的先導者) 的撒瑪 (Summa) 出版後一百五十年之中，關於複式簿記眞切理論的著作實在很少。

雖然也有些複式簿記的文字發表，但幾完全是手册之類的東西，訓練學生一種簿記的方法，而不是論及簿記的理論與原理。便是帕沙利的書，也僅是一種實際的指導如何過帳，如何核對，如何記存貨而已，並不注意到理論方面。……作家們僅是彼此相沿的盲從。…………

在美國更是這樣。當一九零七年斯不雷的會計論理出版，在美國放一異彩。那時有許多爲商業學校用的教科書；有許多解答會計問題的和論及公司會計的書籍；亦有許多很不壞的關於會計學某一範圍內的著作（斯不雷的投資會計學亦是其中之一）；然而却沒有對於會計學方面一般的理論有所供獻。

在英國其情形亦差不多，……儘是盲從着習慣。有一個有名的會計學教師曾解釋一張簡單的資產負債表，論爲什麽資本科目在貸方，說道：『資本主是對這事業有××鎊的債權』；並且還照那不可寬恕的舊法子說：『資本主的資本額是資產所超過負債的數目』

若要明瞭斯不雷的供獻如何，祇要將那時所依據的理論來一比較便知。………

最初那對於使複式簿記的基本工作，能有整理的努力，是可贊許的。從前的作家全都是由交易方面了解簿記。用分錄簿作簿記事實的中心，唯一的原理是收支要相等。但這是形式上的事，雖沒有實際的收支，複式簿記對於事業的功用原仍存在。斯不雷指示出簿記員不是僅玩收支配合的把戲而已；他的職務是要有資產，負債，以及資本變遷的準確記錄。因此斯不雷解釋給他的學生說，凡事業經營的狀况，和現實的情形，爲任何會計的基礎，和任何帳務的始終。這些情形，都歸入資產負債表裏。這樣，可以避免那從前所定收支的解釋。照從前的解釋，每使人入迷途。從前以爲凡事業所收入的都歸借方；但這個公式的運用，需要一種會悟的心理。譬如遇着火災損失：腦筋簡單的人，實在不知道由火災損失收進了什麽；雖然根據了簿記的方法，製造了一個抽象的人，叫他『損益』或『火損』，使他坐在那一堆燒後的灰上，收進了這些已燒掉的財物。所以那簡單的法則，不但令人迷惑昏亂，並且還矛盾可笑。祇有斯不雷說借方是這種帳的增加，另外帳的減少。由此，他說那九個可能的分類之中做成分錄，每個借方一定有個相對的貸方。——這是一種便利查核準確的方法，其目的不僅是一種成法；不僅是一張清晰無誤的表格；而是一種達到簿記目的的解釋。

舊的解釋法，使學生將各種賬目看作爲許多收支的記錄，並不明瞭那收受的人和那收受的數目是否是具體的。這樣地記帳滿了一月或一年，儘是記着抽象的和具體的收支，終了舉行一種神祕的儀式，叫做『結帳』。用紅筆等等工作之後，看啊！顯出來的是資產負債和淨值而並不是收支了。斯不雷避免這種奇幻的觀念。主張所以記帳，是因爲每個商人要一種資產負債和資本的記錄。由那種方法，將正負的科目記錄了，全部程序便成爲合理和易懂了。

第三件對會計學理的供獻，便是改良帳的分類法。舊的分類法是將帳分成『人名帳戶』與『非人名帳戶』兩種。這種分法，在人名帳戶中包括『應收帳項』與『資本』帳，這兩個其實是不同的；而非人名帳戶中包括『損益』帳和『應收票據』這兩個亦是不同的。應收帳項與應收票據的性質很難分，但是却分屬成兩種。還有資本主的資本帳和損益帳，其相互的關係也是很密切的，而舊法也將其分屬。斯不雷將帳分成兩類：一類有資產和負債，一類則有資本和損益。這種分法，簡單而合邏輯。從此便代替了那無意義的分類法了。

更當提的便是斯不雷解放了會計方面習慣的拘束。歷年來簿記員記二欄分錄簿總是用收付("To" and" by")這兩個字，這流水簿現在是不用了。……斯不雷教導我們用支票的存根。帳與帳簿的支配可以隨環境變換。平常格式的總帳有時去掉不用反會更便利。他使呆板的習慣改成了有變化而合乎應用。

許多事使這部會計論理有價值。要知道這書對於在他以後的作家有什麼影響，我們祇要看從一九零七年以後所有其他著作的內容便知道了。很明顯地，都受着斯不雷主張的影響。……

……

紐約城，久負盛名的會計師約翰拉愛斯羅密斯 (John Rice Loomis) 也在那五版會計原理中作有介紹詞，說斯不雷是會計學黑暗時代的功臣。還有紐約大學的一個院長約瑟法蘭區約翰生 (Joseph French Johnson) 曾稱讚那會計論理說：

我曾試讀了二三部關於會計學的書籍，但甚少興趣；惟此書則甚有吸力。我一氣讀完而不肯中斷。敢說我十分明瞭了牠的內容。在他的書中，他的目標是很簡單清楚的，和他在學生面前講授一般。措辭並不華麗，也不注重虛僞的詞藻。他只是和一個眞軍人般，專直趨目標，而不屑虛張聲勢的。約翰生並稱讚他的爲人道：

他是一個老派的，有禮貌的，敏感的，圓滑的紳士；一個有高深學問而又深嗜美術和文學的人；一個並不以爲滿足而時時求科學知識的學者；一個軍人，而在戰爭時你覺得他一定是個勇敢善鬭的人。還有，他也是一個銀行家，一個會計師，和一

編後

自從經濟學會執委會。確定了本刊編輯人員後的一個月，第一期的「交大經濟」，已呱呱地誕生，和讀者們相見。在一方面受着上課時間的束縛，一方面負着攷試和習題的重債下，編輯的人，確是焦頭爛額的了。

雖然是百忙中的出品，但關於本刊的內容，編者却也不容自謙地說「壞」，葉玉甫先生，是名聞國際的中國交通前輩，不但對經濟學有深刻的研究，於中國社會政治情形，更有豐富的經驗。近年以來，不常著文言說，要讀葉先生的至理名論，確是一件不容易的事。這次葉先生慨然答應經濟學會之請，來校演講，並允將講詞紀錄發展，機會可說是難得之至。本刊即請周世正君筆記講詞，送請葉先生删正。是篇是關於利用外資及技術的論著，在這「國聯技術合作」「國際投資中國」聲中，實在是一個極好的南針。

黃伯樵先生和徐佩琨先生，前者是中國現代交通界的巨魁，後者是學術界的名人。黃先生現任京滬滬杭甬兩路局長，徐先生現任社會經濟調查所主任；都是很忙的。這次本刊向二先生請教，竟出乎意外的蒙到允諾，由此可見二先生對本刊愛護的熱心，黃先生的文章，討論的是人才經濟問題，培植人才和預備作人才的，大可注意一下；徐先生的文章討論的是金銀價值的問題，這是當前白銀問題的重要論據，該爲學者所歡迎的吧！

關錫麟馬彥章張宗謙三先生，是本校的重要教授，這次本刊徵稿，三先生特別的熱心，文章都非常精彩。關先生的成本會計之成本，是討論設立成本部的成本問題，中國企業界對成本會計之設立有問題的，都可從此尋解決之途徑。馬先生是銀行學的教授，中央銀行於中國之責任一文，即其心得之流露。張先生的勞工額外酬金，是企業界學術界的極好參攷。此外還有會計專家鄧邦傑先生，由其弟廣熙君轉來一稿，也是會計學上極有價值的著作。(惜時間不及，未得載完)曹麗順孟杲二先生的文章，是常見於經濟學會以前的出版物，這次的文章，更是合時切用。曹先生的參攷資料，因爲本刊編制的關係，便例入參攷資料欄之下。同學李齊塤金先邑徐昭三君的文章，是平時研究的心得，在學生中，也是不可多得的。

本刊爲求合乎需要起見，特設附刊四欄——經濟史實，經濟調查，參攷資料，和書報介紹。本期各欄均有稿件一二篇。關於經濟實史，因爲它是隨着事情變化走的，一方因印刷的費時，所以在付印後的一切，不能補入。關於上列四欄，還望讀者多多賜教。

經濟學會的經費是有限的，本刊的財源祇有會費和廣告。會費能用於出版的僅六七十元，其他都靠廣告了。本刊因不抱營業主義，所以售價很廉，贈送也廣。在本刊登載廣告，效力是很宏大的。有幾位有眼光的企業家，很願意來登載，但惜爲數不多，因了經費的困難，爲節省頁數起見，不能不把紙張放大，但是紙張放大了，在表面上稿子好像都很短，這在批評外表的讀者們一定覺得我們是不努力。不過祇要實質不損，這也毫無關係，編者覺得稿子在外表上短了，反可以引見讀者的興趣——好像讀了不多，却已有幾萬字了。

本刊的前身是經濟週刊，管理學院刊，和經濟學報等——名目繁多，編者也記不清。我們所以要把它改爲「交大經濟」的，一則是 Specialze 的意思，二則想把交大的出版物都一律起來——現在已有交大周刊交大季刊交大三日刊和交大工程等。

編者的才識很淺薄，時間更不充裕。擲了「卷首」的使命，不敢怠惰地在一部分工作上努力。編制如何，還待讀者諸君多多指救！本刊前途，還待讀者諸君多多帮忙！特別是在稿子和財力方面！

善桂　五，一，廿三。

交大經濟
國立
交通大學經濟學會
出版

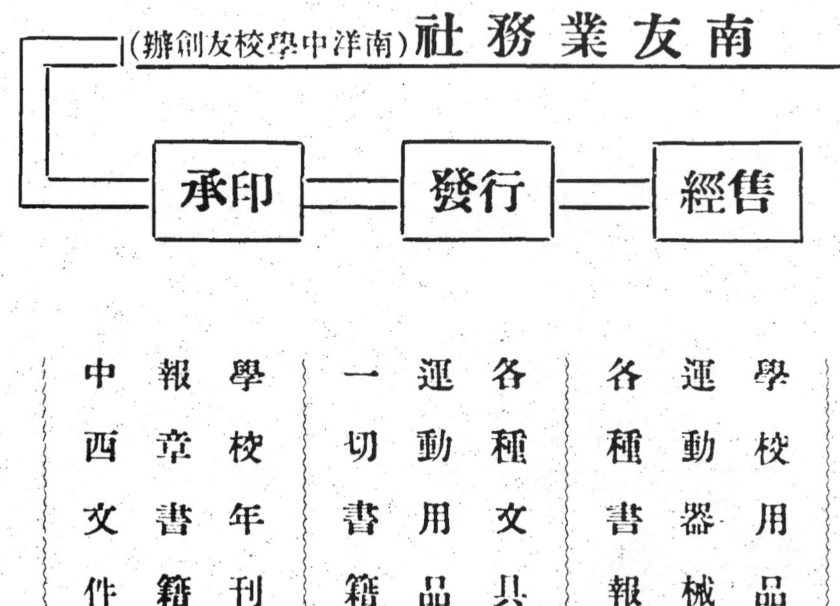

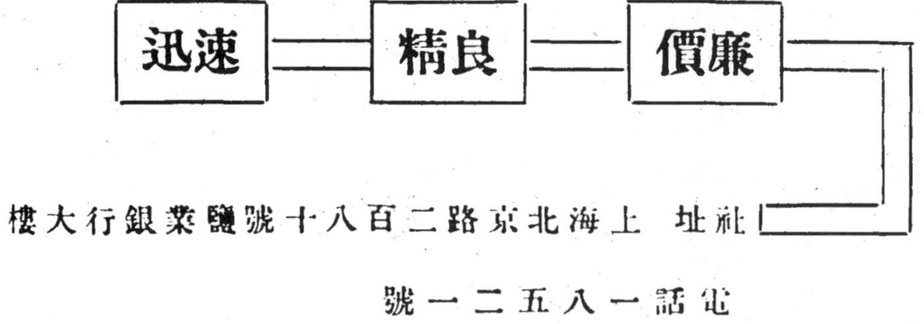

社址 上海北京路二百八十號鹽業銀行大樓

電話 一八五二一號

目錄

交大經濟 第二期 民國廿三年六月十五日

人壽保險之經濟價值

呂岳泉

人壽保險在經濟上之地位，極爲重要。何以言之？蓋人之生命價值，遠過於其他各種財產之價值，財產之價值，無論其數甚如何之鉅，然無人力以經營之管理之，則其喪失也甚易。蓋往往有生前建樹偉大之事業者，因其人之一旦謝世，後無繼起，而其所創事業，遂因之顛覆不可收拾者；於此可見人之才能智力愈富，則其生命之價值亦愈鉅，而財產之價值，即隨其人之生命爲轉移，故生命價值之鉅，遠過於財產價值，洵非虛語。但人事靡常，死生無定，修短壽夭，孰能預測？以至寶貴之生命，而一任其自然，設有不測，無所取償，豈非一大憾事乎?!今乃有法焉：估計各人生命之價值，爲適當之保障，遇有不測，則所受生命價值之損失，可獲到相當之賠償，豈非盡善盡美哉！斯法也，即人壽保險之辦法也。蓋人壽保險者，即以科學之方法，估計各人之生命價值，將其所受死亡之損失，分攤於多數人之間者也。惟社會人士，對於財產之價值，則知所珍重。故對於財產保險，視爲當然。如房屋機器船隻貨物等，皆保火險或水險以爲之保障，使遇有損失，可有所取償。然於生命之價值，則往往忽視，不思有以保障，以彌補其損失，何不思之甚乎？彼歐美之創行壽險，已逾二百年，其發達之速，保額之鉅，洵堪驚人！此制度流入我國，在海禁既通之後，最初經營此事業者，固爲洋商，而投保壽險者，亦以外人居多。至清代末葉，乃有華商壽險公司之組織，然因資本薄弱，人才缺乏，而國人之智識幼稚，對於死亡一事，輒視爲忌諱，故此項事業之發展甚遲。近年以來，雖漸呈蓬勃之象，然較諸先進各國，實覺望塵莫及。惟此有利於人羣之事業，將來必能發達無疑。茲將壽險對於個人家庭社會及國家之經濟價值，分述如左：

一，對於個人之經濟價值　人壽保險，對於個人有提倡節儉，祛除弊處之功能。蓋一經保險，每年必須照納保費，以維持其保險單之效力，則無謂之浪費，自可減省，每年如是，即可養成其節儉之習慣，其功效較諸儲蓄，尤爲顯著，蓋儲蓄之功效，必須有久長之時間，方能積成鉅數，故往往易於中止。若投保壽險，則經第一次付費後，即已獲得鉅額經濟之保障，倘若中止付費，則無異頓失鉅額之資產，故不易中斷，而能自然養成其節儉之習慣也。至一經保壽，即得鉅額經濟之保障，則對於家庭自無內顧之憂，而可專心一志努力於職務之奮進，或事業之發展，其增加辦事之效率，迥異尋常。況保壽不僅保障身故賠款，且於保壽期滿無恙時，可取回保款以爲養老之需，其功效之宏爲何如哉？

二，對於家庭之經濟價值　夫憑一人之能力，以爲仰事俯畜之計者，一旦其人謝世，則其家人，即不免有凍餒之虞！但人孰不愛其妻室子女，欲望其家庭之融融洩洩也，則必先求衣食之無虞，欲光大其門楣也，則必希望其子女之能卓然有所樹立，而欲求其有所樹立，則必須令子女教育之深造。然人事無常，如平日一無準備，則一旦本人遇有不測，其種種希望，均將等諸夢幻泡影耳。吾嘗觀於前月申報記者秦理齋君身故後，其妻與子女全家服毒之慘劇，而重有感焉。觀秦君夫人之遺書，對於死之前，謀自盡之念，供給躊躇，欲行又止者再。而終以今存並無若何遺產，使其夫人自欲為一家之生計，又須爲子女料量教育費用，所遺區區之數，終覺不敷應用，乃不得不出於自盡之一途，豈非大可憐哉？假使秦君生前，保有相當之壽險，則秦君故後，其夫人既可領得賠款，則不致受經濟之壓迫，而謀自盡之下策也。由此觀之，人壽保險對於家庭經濟之重要，可無事贅述也。

三，對於社會之經濟價值　以壽險之直接效用言之，凡人之學識才能經驗，其價值實無限量。秉其所有，以供獻於社會事業，其有益於人羣，至重且大。譬如工廠之專門技師，或商店之要員，對於事業方面，關係重大，一旦此技師或要員而忽然身故，則對於此工廠及商店，必受巨大之損失。然若此工廠或商店，平日對於此技師或要員，保有相當壽險，則遇有不測，此工廠或商店方面，即可獲得賠款，使在若干時間內，所受之損失，得藉以彌補。而一方面，即在此若干時間內，物色相當人選，以繼其後，則使事業方面，不致受長時期之損失也。又如團體保壽，可增進勞資間之感情，鼓勵工作之勤奮，增加生產之效率，此亦直接有利於社會事業之經濟者也。至壽險公司以所收壽險資金作各種押款，或公司債票之投資，亦可促進社會上各種企業之發展，如美國全國鐵道資本，其四份之一為壽險公司所投資，則更直接投資於企業者也。

四，對於國家之經濟價值　壽險之對於個人家庭及社會之經濟價值，既如上述，而此事業對於國家之經濟價值，尤為偉大。蓋壽險事業，能吸收鉅量之資金，其經濟之魄力，甚為雄厚。如歐戰時期，英美壽險公司，承購戰時公債達十萬萬金元之鉅，使軍備充實，得以摧殘強敵，克奏膚功，即其顯著之例。去年度美國各壽險公司之資產總額，達美金二〇，〇〇〇，〇〇〇，〇〇〇元，日本各壽險公司之資產總額，亦達日金二，〇〇〇，〇〇〇，〇〇〇元，如此鉅額之資金，直接可扶助各種企業之發展，間接即使國家之經濟得以充實。我國以四萬五千萬人口之衆，設若國人對於華商自營之壽險事業，能注意提倡，普遍推行，則其資產總值僅須及美國十份之一，國內各項事業，即可自謀積極發展，無須仰求外資，其有助於國家經濟，必無涯涘也。

綜上四端言之，人壽保險之經濟價值，實甚重要，不容忽視。倘望社會人士，對於此有益國家人羣之事業，注意提倡也可。

四

中國之國際貿易與國際償付

徐佩琨

我國素以地大物博自豪，而不知我人之仰給於外人者，非特為軍機戰具，工業用品，建築材料，即俗稱開門七件事，——油，鹽，醬，醋，柴，米，茶，——亦無不為舶來品焉。是以歷年來我國之國際貿易，無不有鉅額之輸入，而其入超數量之鉅，誠可驚人。今茲我人亟欲探討者，即我國所有歷年之入超數量，固何以抵償乎。蓋我人向外國購物，其償付之法，或用匯票，或輸出現金，或輸出貨物作抵。三者之中，必擇其一，以償債務。而匯票一法，亦必先有現金之輸出，或貨物之輸出，預儲現金在國外銀行，方可為之。故抵償國際貿易上之債務，實際僅有後列二種辦法耳。

顧國際貿易，所為產生國際債權債務之重要因素，惟此為有形之貿易。其無形之貿易，種類繁多，與國際債權債務之關係，至深且鉅，洵屬同樣之重要因素也。故我人欲解答何以抵償我國歷年之鉅額入超，必先知國際上一切之債權債務。換言之，明瞭國際貿易問題，僅知其一。明瞭國際償付問題後，乃知其二。此國際貿易與國際償付之關係所在，不容忽視者也。為明瞭國際貿易上之債權債務起見，先將最近十二年我國國際貿易數字列表如下。

國際貿易

（海關兩）

	進口	出口	入超
民十一年(1922)	975,034,183	684,876,466	290,157,717
民十二年(1923)	948,633,920	778,148,449	170,485,471
民十三年(1924)	1,039,102,156	792,675,947	246,426,209
民十四年(1925)	965,090,593	793,578,586	171,512,007
民十五年(1926)	1,144,646,971	884,720,489	259,926,482

民十六年(1927)	1,034,030,490	939,718,528	94,311,962
民十七年(1928)	1,210,001,728	1,005,387,445	204,614,283
民十八年(1929)	1,281,321,291	1,031,229,788	250,091,503
民十九年(1930)	1,328,231,986	913,319,838	414,912,148
民二十年(1931)	1,443,386,000	903,261,000	540,125,000
民廿一年(1932)	1,062,631,000	492,988,989	569,642,011
民廿二年(1933)	962,156,195	437,456,365	524,699,890

我國最近二十年中，每年無不有鉅大之入超，觀上表可知其一斑，最小之入超，約計一萬萬兩。最近二年，爲數更鉅，均在五萬萬兩以上。於此可見我國爲入超國，毫無疑義，此固不足怪。蓋經濟幼稚之國家，無不爲入超國。於各國經濟發展過程中，無不經此階段，我國自難期例外之倖免。顧我國得此鉅額之輸入，必先有抵付之方法。蓋貿易之條件。爲利潤之獲得，進口商中，容有暫時犧牲之策略，不惜削價虧蝕，以資競爭，但斷無永久犧牲者。彼能輸入，我能購買。方得成交。而我能購買，全視我人輸出之能力。換言之，有貿易之入超，必有無利貿易之出超，此理甚明，不再申說。今欲明瞭者，乃我國國際償付之實况問題，惟此項統計資料，殊感缺乏，自難期有正確之答案。茲就民國二十二年，我國國際償付之推算，略爲申論。下列二表，一係中國銀行之分析，次係商業金融報之估計。

(一)民國二十二年中國國際收支概況

(甲)國際收入

一・出口貨值	六一一，八〇〇，〇〇〇元	
二・出口貨價之低報	六一，二〇〇，〇〇〇元	出口貨報關價值大概少報姑以十分之一計
三・生金出口	一八九，四〇〇，〇〇〇元	
報關出口	六九，四〇〇，〇〇〇元	
私運出口	一二〇，〇〇〇，〇〇〇元	香港一埠出口數已達九千六百萬元
四・生銀出口	一四，二〇〇，〇〇〇元	
五・華僑匯款	二〇〇，〇〇〇，〇〇〇元	本年約減三分之一餘

六・外人在華游歷費用	一〇，〇〇〇，〇〇〇元	
七・教會經費及慈善捐款	五〇，〇〇〇，〇〇〇元	
八・外國在華使領經費	三〇，〇〇〇，〇〇〇元	
九・外國軍隊駐華經費	一〇〇，〇〇〇，〇〇〇元	
十・外國船隻在華費用	二五，〇〇〇，〇〇〇元	
十一・外人在華投資及信用之擴張	三〇，〇〇〇，〇〇〇元	
十二・華商所有外國發行證券之收益	五，〇〇〇，〇〇〇元	
十三・無法證明來源之數	二八二，六〇〇，〇〇〇元	
國際收入總計	一，六〇九，二〇〇，〇〇〇元	
(乙)國際支出		
一・進口貨值	一，三四五，六〇〇，〇〇〇元	
二・私運進口	一三四，六〇〇，〇〇〇元	近因稅率提高私運益增姑以百分之十計
三・償付外債	九三，〇〇〇，〇〇〇元	
關稅担保	七五，六〇〇，〇〇〇元	
鹽稅擔保	一一，四〇〇，〇〇〇元	
鐵路擔保	六，〇〇〇，〇〇〇元	
四・外商營業盈餘	二四，〇〇〇，〇〇〇元	年來外商營業大爲減色保險營業亦較清淡
五・國外使領及留學費用	六，〇〇〇，〇〇〇元	
六・在華外人匯出款項	一，〇〇〇，〇〇〇元	

項目	金額	備註
七．外國影片租金	五，〇〇〇，〇〇〇元	
國際支出總計	一，六〇九，二〇〇，〇〇〇元	

(二)民國二十二年入超抵償之估計

項目	金額	備註
一．生銀淨輸出估計價值	一五，〇〇〇，〇〇〇元	
二．生金淨輸出估計價值	八〇，〇〇〇，〇〇〇元	(三五，〇〇〇，〇〇〇金元)
三．生金私運估計價值	五〇，〇〇〇，〇〇〇元	
四．中國對於紐約證券交易利息收入 估計價值美金二〇，〇〇〇，〇〇〇元 以每美金元折合國幣四元計算	八〇，〇〇〇，〇〇〇元	
五．中國出售倫敦市場復興公債與一九二五年金庫券為五，〇〇〇，〇〇〇鎊	八〇，〇〇〇，〇〇〇元	
六．華僑匯款回國	一七〇，〇〇〇，〇〇〇元	抵常年之半數
七．外國在華傳教費用	六〇，〇〇〇，〇〇〇元	抵常年之七成
八．外國駐華海軍及軍費支出	二五，〇〇〇，〇〇〇元	
九．外國在華旅行費用	一〇，〇〇〇，〇〇〇元	
十．外國在華領事及外交費用	一五，〇〇〇，〇〇〇元	
十一．外國在華商輪供養及勞務支出	一五，〇〇〇，〇〇〇元	
十二．外國在華新投資額	二〇，〇〇〇，〇〇〇元	
十三．中國發行于海外外幣償還債券與他種外國公債由國人保有者	三〇，〇〇〇，〇〇〇元	

十四・輸出貨價估計太低之修正　五〇，〇〇〇，〇〇〇元

總　計　七〇〇，〇〇〇，〇〇〇元

觀乎上列二表之估計，出入殊鉅，孰是孰非，頗難斷言。惟如華僑匯款，減低之估計，似嫌過鉅。以著者推測，減低之限度，約在十分之一與十分之二之譜。又外人在華投資之數字估計，亦嫌過低，以著者之推測，約在一五〇，〇〇〇，〇〇〇元之左右。又出口貨之私運一項，大都忽視，惟按諸事實，誠屬國際收入之一大來源，卽以古物一項而言，據老于斯業者之估計，每年私運值，約在一〇，〇〇〇，〇〇〇元左右。惟同時進口貨之私運數量，自極鉅大。以軍械一項而言，已可設想，又收付項目中，無從估計者甚多，如中國銀行報告所載二八二，六〇〇，〇〇〇元之收入。無從查考其來源。或係在國外市場投機所獲之盈利，或係外商銀行存底加厚所致。據另一報告，去年度入超七〇〇，〇〇〇，〇〇〇元之半數。恰與華人在國外市場投機所獲之盈利相抵。如此鉅額之盈利，未免過甚其詞。惟是項之收入。斷非少數，一五〇，〇〇〇，〇〇〇元之估計。或不致失之過遠也。

綜上所述。我國之國際償付問題。日趨嚴重。蓋進口貨物之總值，與年俱增，我人必擴大出口貨物之範圍，以謀抵補，庶可維持平衡之收支。但按諸實際情形，欲求出口範圍之擴大，殊非易事。以我國之輸出物言，皆屬農產品，卽能增加輸出，爲數極微，如華僑之匯款，處于今日不景氣環境中，在最近之將來，深恐有減無增。其他無形之貿易，如投機事業之收入，自不足恃。今所可希望者，僅增加外人在華之投機，惟是項之收入，全視政治局面爲轉移。故于出口範圍中，欲求開源之道，誠有登天之難。是以不若在進口範圍中，謀節流之法。愚見所及，我人之第一步工作，應將所有奢侈品，及一切之無謂消耗品之進口稅，一律提高，庶可寓禁于征，稍挽權利外溢，而謀國際收付之平衡也。

（完）

上海交通大学百年报刊集成・第一辑（1896—1949）・学术学科

成本會計制度

安紹芸

在討論這問題之前，第一，我們要知道什麼叫成本會計，第二，成本會計的好處在什麼地方，第三，如何實行成本會計。成本會計現在是一個很時髦的名字，從文字上看起來，實在是不完整或無意義的。講到成本就是計算他的代價，所以必要有現象，譬如現在天氣很冷，家裏要生火爐，我們去買煤，每噸煤的價值同運費等等，這就是他的成本，但是成本會計實際的意義是什麼呢？普通包括兩個意思，第一是實業組織全部營業代價之計算，第二製造成本之特別重視。現在我們再說那成本會計與普通會計究有什麼不同呢？其實成本會計與普通會計沒有什麼不同的地方，而成本會計是包括在普通會計之內。但是我們嚴格的說來，也有不同的地方，第一要有永久存貨的紀錄，第二統馭賬之應用，第三有按月結一次賬的必要，這三點就是與普通會計不同的地方。

現在要說成本會計的第二個意思，就是成本會計的目標可分為兩個，第一就是決定實際損益數額及其原因，第二就是決定實際財務狀況。但是一般人對於這層意思，很容易顛倒過來，關於這一點我們亦可以把他再分作兩點來說，第一是損益無真確的數額，其所謂決定的不過依着以下三點，（一）是商業的習慣；（二）是會計的學理，（三）世理人情如要決定一個確確實實的數額，那是不可能的事。無論那一個公司廠家，是不能確定今天賺多少錢或虧多少本，所能夠估計的，是估計數額而已。至於損益的原因，亦不外有兩種，第一是銷貨的數額，假使製造出來的東西不好，那根本沒有辦法，第二是由於成本，成本方面有關於原料的，有關於人工的，有關於開徵的，現在的市面都是一種不景氣，成本更有關係，假使金融週轉一時不靈，那就要發生危險，第三要看毛利如何，第四是消費的費用與管理的費用及財務的費用，假使這幾種費用一高，當然賺的錢就少了，假使那幾種費用少，當然賺的錢就多了。第二點決定財務狀況，又可分為幾點來說，(一)就是實際財務狀況是與損益有連帶關係，(二)是要決定流動資本與流動負債的比例，(三)是固定資產與資本的比例，除了上述幾點以外，又要決定各分部的效能，決定營業的大計及保管一切財產，諸如此類亦為很重要的事情，現在要說第三點，就是我們要如何去推行成本會計，第一先要有方法這是一個專門學識的問題，方法不好效能自然少。那方法本身應具的條件，第一要準確，第二要迅速，第三要省錢，這三點是有連帶的關係，缺少一個就不行，說到方法的設計，我們應該要注意到的，就是要請專家，然而我們中國人，都是自私自利，不肯去請教人家，還有我們中國人，都歡喜冒牌，應切合本身情形，應利用舊有的組織，這種種都是關於方法的。至於實施問題也要注意，那就是人的問題，第一要看到人員的勤慎，第二賞罰的分明，第三他部人員之合作，這三件是在實施一方面要切實的留意。最後就是檢查問題，檢查一個廠最好不要用廠裏自己的人，要用廠外的人去檢查。這樣能改進方法，增進辦事效能，再能以第三者的眼光來評定損益。

人壽保險的職業

胡詠騏

作者曾在美國哥倫比大學商學院研究人壽保險繼在紐約合衆國人壽保險公司實習業務現任上海甯紹人壽保險公司總經理職本文所述爲其經驗之談　特此附誌

青年人選職業，是一個很大的問題。我們擇業，第一須注重我們性之所近。所謂「性之所近」，即是我們對於一種職業有特別興趣。我們對於一種職業無興趣，決不要去選擇牠，至於從事一種職業之能力，還是第二問題，因爲能力是可以由學習經驗養成出來的。譬仿諸位如對於壽險事業有興趣，將來畢業以後，即可從事壽險事業。壽險事業中學習最容易，而收入又最多的職業，即是壽險經理員。因爲壽險公司中有精算家和醫生等位置。然辦理此等事體的人，須有長時期的學習，而且其收入是一定的，其位置是有限的。獨有經理員是無定額，學習既易，收入復多。

我們擇業，第二須注意耐久。若見異思遷，朝三暮四，則人壽幾何，豈可一誤再誤？凡各業中成功的人，即是由終身不改業而來。有一個人名叫John Billing的，他對他的兒子說：「我的兒子，看看郵票罷。郵票的好處，就在牠粘着一物，不肯放鬆，必達到目的地而後已」。所以各位如擇定「推銷壽險」爲自己的職業，則必趕緊做預備工夫，研究壽險學銷售術等，并抱定決心，終身不改業。

（一）推銷壽險業之重要　現在我們要問：推銷壽險業是不是一種重要的職業？壽險經理員，即是一種銷售員。普通的心理，以爲銷售不是十分高尚的事業。俗話稱銷售員爲「掮客」，頗有輕視的意思，不知任何經濟事業，不外生產和分配二大部分，有人做了貨物，必有人推銷之，使其到需要者手裏去。生產固重要，分配也一樣的重要。壽險的生產者，是精算家和醫生律師等。壽險的分配者即是經理員，大概凡值九元的東西，只有一半是生產費，餘一半分配費，所以分配與生產是同一重要。

銷售術是影響別人的一種藝術，是任何職業所必需的。政治家是銷售他的思想或他的勞務之價值。青年人向女子求婚，是銷售他自己。律師醫生，是對他的顧客，銷售他的勞役。至銷售對社會的價值，就以所貢的勞役或貨物爲轉移，賣糧食的與賣鴉片的，自有天壤之別。壽險是爲謀別人家庭生活的保障，其對社會的價值之高，自無待言。所以推銷壽險是一種高尚的職業。現任美國總統羅斯福，曾爲壽險經理員，其公子某最近亦加入某壽險公司任經理員。

推銷壽險，且是一種自由職業(Profession)。所謂自由職業，不僅須爲有益於社會的職業，而且必包含一種科學；執行起來，必運用那種科學之知識。律師醫生合乎這個標準，所以爲自由職業。推銷壽險，也是一樣。壽險是一種科學，推銷壽險必運用壽險學上的知識。這種知識，不是隨便可得來的，乃必由研究和經驗得來。要對要保人指出他的需要，和使相信壽險足以滿足他的需要，須很多的研究和努力。

(三)推銷壽險業之利益　推銷壽險業有下列各種利益：

(1)服務的高尚　壽險是爲孤兒，寡婦，老年，窮人等服務。因爲保戶死了，他的妻子就成爲寡婦孤兒了；他到了老年的時候，自然成爲老人因爲年老不能作工，也成爲窮人。你早日賣給他以壽險，你就是爲來日之孤兒寡婦老年窮人等服務。還有何種職業，比這更重要呢？

(2)學習容易　從事醫生和律師的人，須費多年的學習，花許多的費用學習推銷壽險，只須短時期的學習，不僅不費本錢，而且可以賺錢，因爲從實行推銷上去學習，就可賺得佣金。

(3)營業的範圍廣　有許多商業是有地域的限制。如，小城市的銀行所能做的生意是有限的，推銷壽險，則不受地方的限制。如上海壽險經理員，範圍不僅及於全上海，而且可到外埠去。此就地區言，若就顧主的人數言，壽險是人人所需要的。據美國的統計，五六千萬人是有保單的，陸續賠出和到期還本的款項不知多少。足見壽險的範圍大。在中國，人口更多，將來壽險的發展，可超過美國之上。

(4)獨立的職業　壽險事業是一種佣金生意(A Commission business)，壽險經理員的收入，全靠佣金。惟其收入爲佣金，所以推銷壽險是獨立的職業。所謂「獨立」，即是收入操在自己手裏。收入的增加，不倚賴別人，經理員的收入增加，正是公司所歡迎。因爲他的收入增加，即是公司的生意增加。一個官長的加薪，須靠上級長官，甚或立法機關的通過。壽險經理員的報酬，全以他自己的效率和能力爲標準。靠薪水的位置，常有動搖之虞。而收入在佣金的壽險經理員，不怕失業，因爲自己即是僱主。

(5)永久的職業　經營別的職業，到了年紀稍大，就不爲人所歡迎，如教員，書記，簿記員，看護婦等皆是。而推銷壽險的青年，到了五十歲的時候，經驗更富，營業愈發達，收入跟着愈多。而且壽險經理員制度，據外國的經驗看來，是不能廢除的。因爲有經理員制度的成績，優於無經理員制度。所以壽險事業一日存在，經理員制當然一日存在。

(6)衛生的職業　推銷壽險，與身體的健康無妨碍，有許多職業妨碍目力或其他的官能。所以從事那些職業的人，常須改業。但推銷壽險是一種衛生的職業。

(7)收入豐富　推銷壽險的收入可以說是無限制的。中國的大學教授，每月不過二三百元，政府各部的司長每月不過五六百元，普通律師醫生的收入，也是有限得狠，美國的副總統和閣員每年的收入爲一萬二千美元，美國的國會議員每年的收入不過七千五百美元，自由職業者的平均收入每年不到二千美元，但美國的壽險經理員。年得五千美元的很普通，年得一萬美元的也不少，甚有年得十萬元和十五萬美元的，卽在中國年得一萬元的經理員也有。年得四五千元的狠普通，年得二三千元的更多。本國的大學畢業生謀一百元一月的位置，狠不容易。若有志推銷壽險，則希望較大。

(8)自動的養老金　外國有許多機關都有養老金的規定，但數目不大，中國一切機關，狠少備有養老金的，至於壽險經理員可有一種自動的養老金。爲什麼呢，因爲壽險經理員不僅得着第一年保費的佣金，而且得着以後數年的續保佣金，續保佣金隨新生意的增加而加多。應留爲養老金，有人計算，如一位經理員從三十五歲起，推銷壽險，每年能招攬六千元保費的生意，除每年用去第一年的佣金外，將續保佣金一律儲蓄起來，至六十五歲時，他共有一十二萬八千一百三十一元一角三分。再以買年金每月可得一千元。

總括起來講，推銷壽險業有八種利益：卽服務的高尙，學習容易，營業的範圍廣，獨立的職業，永久的職業，衛生的職業，收入豐富，及自動的養老金。

雖然，推銷壽險成功，也不是一件容易事，開始的時候，生意少，收入也當然少，以後的收入復不很一律，所以從事推銷壽險的人，必具備六種資格：卽勤快，能使人信服，創造力，儀表，知識，及有系統。這幾種資格，都可由學習和經驗得來，并不十分難。語云：有志者事竟成。推銷壽險的成功與否，也就看各人立志的堅決與否而定。

信託意義及信託業務

麥佐衡

信託兩字，在中國尙爲創見。信託公司之在上海發生，係在民十，九之間。因爲當時有交易所倒閉的風潮，而信託公司亦隨之消聲滅跡，一般人就以信託公司與交易所之業務是相同的。近年以來，信託公司又漸呈勃起之勢，蓋爲上海地價飛漲，內地資金集中都市，外商率多投資於地產。於是一般人又以爲信託公司係爲辦理地產事業者。實際上，非僅局外人，卽辦理信託事業者亦每多誤會信託的意義。信託的性質，有如一爿雜貨店，業務紛繁。不易明瞭，專書討論此問題者，亦寥若晨星。尤其在中國從來沒有過「信託」二字，更無法以表明其內在的意義。

「信託」二字，如按字面，乃爲Trust之轉譯。而實際上决不是吾人心目中的「信託」二字而已。倘以Trustee-Ship解釋之，則聞者較得明瞭的觀念。蓋在中國，信託爲代理之謂，代理卽含有相信奉託之意。如主僕之關係，公司與經理之關係，皆含有託信之意，但這並不是Trust的眞諦。公司並沒有委經理爲Trustee之事。所以信託二字，實有不能言傳之妙，勉強說起來，只可爲委託人對信託團有道德上之崇仰，而信託團則對委託人有最高尙的道德上的責任吧了。

歐美各國因有Trust之需要，於是形成Trust之心理，組成Trust之法律以表現Trusteeship。譬如經理之於公司，自當負相當之責任，有錢財的關係，沒有刑事的關係；而委託人之與被信託人間之關係，設被信託人不履行委託人之信託，則法律上認爲違反信託，應受刑事上的處分。可是中國旣無此心理，亦無此法制。不若外國之違反信託，不僅應負民事責任，且有刑事上的關係。在中國違反信託與違反通常之信託皆未有淸楚的分劃，犯有違反信託者亦只有民事上的訴訟而已。

在中國信託意義尙未明顯確定之前，所以，信託公司之業務既繁蕪而且含糊，有以模倣國外之信託事業者，有在法律所賦予之範圍內而執行其業務者，有在二者兼顧，一面倣效外人；一面顧及中國法律，更有另務信託以外的業務者。是以銀行方面有信託部，信託公司又有營業部。茲專就信託部而言，其業務也各有不同，如：

甲 中國銀行信託部的業務：

一 有價證券及重要物品之保管
二 代理買賣證券
三 代理賣買不動產及其經營
四 信託投資之處置
五 代理發行公司債券及股票
六 辦理其他特約信託；
指定特約信託
子 贍養資金信託
丑 教育資金信託
寅 婚嫁資金信託
卯 生命保險信託
辰 遺產信託

乙 中央信託公司信託部的業務：

一 遺產財產管理事項信託
二 遺囑事項信託
三 證劵事項信託
四 地產事項信託
五 保管及堆棧事項信託
六 信託金及信託投資事項
七 介紹學校及其他特約信託事項

丙 新華信託銀行的業務：

一、經收信託款項及其他定期活期存款
二 貸放各種抵押款項
三 貸放對於勞工者及小企業之信用担保放款
四 購買或貼現承兌票據
五 代理收付款項及匯兌事項
六 經理保管事項
七 房地產及有價證券之銷售
八 經辦個人法人及政府信託事項
九 經辦各種保險事項
十 其他信託公司一切業務

以我個人的意見，信託公司的信託部，和銀行的信託部的業務應如下例所舉：

(甲)保管信託——有價物代保管

(乙)不動產信託——

一　土地房產之登記及過戶

不動產與信託之關係，頗爲密切。蓋信託之起點，即爲不動產。最初執行信託業務者爲歐洲，其次就爲美國。中世紀的時候，天主教堂的勢力非常之大，而且多擁有大批的土地。所以，歐洲各國皇家以他們財產過大，思加以限制，於是遂不准其購買土地。嗣後教堂每信託道德高尚之僧侶出名收買，而由此僧侶立一單據於教堂，證明此地非其所有，這就是 Holding Title Trust。信託即由此而起，中間實含有一種宗教的意義。上海買地，有所謂道契者，以外人出面，遇過戶時，以權柄單授過戶主，表明所有權之所在。中的信託，可以說從此發生的。而且這辦法在上海已有時日，頗具相當的歷史

二　代領土地所有權使用權信託

三　代理房產徵收

(丙)財產管理信託；

一　法人財產信託

二　個人財產信託

三　人壽保險信託

四　遺產信託

(丁)信託投資

(戊)執行遺囑

(己)代理有價證券

這是我個人認爲信託事業應有的業務

公司會計與中國公司法

鄧邦傑

公司立法，國各不同，公司會計，因而有異年來學者，編譯計學 (Accounting)，一仍西法，不知變化。錯謬時見，扞格難行，捨己耘人，竊不謂然。不揣懸陋，爰成此篇，非敢立異，聊以引玉，其正其誤，敢以質諸大雅！

第一章 股本

第一節 股本與股本賬

本篇所言之公司係指股份有限公司。股份有限公司者，係依有限責任股東組織之公司也。與其他公司（依我國公司法分類，即無限公司，兩合公司，股份兩合公司），最大之區別，在其資本之性質及觀念之不同，其總資本額，等分爲若干部份（公司法一一一條），曰股份 (Stocks)。證明股份之有價證券，曰股票 (Stock certificate)。故其資本曰股本(Capital Stock)。股票在公司設立一年後得自由轉讓(第一一六條)。此則股份有限公司之資本在性質上與其他公司之資本有異者也。普通營業皆有資本，在其他公司，資本不足清償債務時，尚有無限責任股東，負其責任；而在股份有限公司，各股東之責任，以所出之資本爲限（一一二條一項），此則股份有限公司之資本，在觀念上與其他公司之資本有異者也。

因股份有限公司之股本，與其他公司之資本有種種不同，故其表示股本之股本賬 (Capital a/c)，亦與其他公司表示資本之資本主賬 (Proprietors' a/c) 有別。股份有限公司，股東衆多，過戶頻繁，且公司以資合，非以人合，故資本主姓名，無須表現於主要賬簿，故別設股東分戶賬 (Stock Ledger) 以整理之。股本賬者，實即股東分戶賬之統賬也 (Controlling a/c)。故無須再標明資本主之姓名，遂以股本名之。而在其他公司股東較少，讓股事件不常有，且以負無限責任，故資本主之姓名，必須表現於主要賬簿，以明責任攸歸。故其資本賬俱標明資本主之姓名，如…………(資本——趙甲)。若在獨資商店，則逕以資本主名賬，如(資本主趙甲)是也。又股本賬所表現者，爲資本之虛值(Nominal value)；而資本主賬所表現者，爲實值(Real value)。股份有限公司因其責任有限，故其股本賬上必須記明照所發股票票面金額計算之總資本額，以明其責任之極度；非經股東會議決增減，資本不得變更。故年中盈餘(Profit)或虧折(Loss)，不得直接記入股本賬，致其表現之數目有所增減，故股本賬所表現者，非公司之現值(Present worth)。且依我國公司法之規定，股票得超於票面額發行之(九四及九五條)。而股票溢價，則不得記入股本賬，故股本賬所表現者，亦非資本之實值，而爲虛值。股本主賬則不然，因其公司責任無限，故其資本主賬無須明定一額金，以明責任之限度。故其年中損益，亦直接記入資本主賬，以表示公司現值之增減，卽資本之增減。故資本主賬，所表現者，爲資本之實值也。

第二節　股份之認募

第一款　股票之發行

股票者，載明股份之法定等價也)分有面值(With par value)與無面值(No par)兩種。我國公司法許行一種股票，票面註明股數及每股金額(公司法一四〇條)每股金額不得少於二十元，若一次繳足者，不得少於十元(一二〇條)。惟事實上，股票雖有面值，亦不能常照票面金額發行，輒隨公司之信用及商業之興衰而增減。是則股票之面值，實際上毫無作用。近年來美國盛行無面值股票，其價格以發行股票數與核准發行股票(Authorized capital stock)數比例而得。惟法律規定每股不得少於五元。此種股票在我國尚未通行。法律亦無明文規定，姑不詳論。

股票發行之方法有三：(1)照股票票面金額發行(Issued at par)，(2)超於股票票面金額發行(Issued at premium)，(3)低於票面金額發行(Issued at discount)。茲分述之如下：

(1)照股票票面金額發行——股票面價(Par value)概歸一律(111條)，照此一律之面值發行，在法律上公司會計上不發生任何問題。

(2)超於股票票面金額發行——股票超過票面金額發行，須經載明於章程，否則不發生效力(89條第2項)。股票之所以超過票面金額發行者，或因公司營業有利可圖，或因公司營業發達，購股人皆願出高價，以期獲得股票。或如銀行因欲於開始營業前，使其資產超於資本之虛值，故其股票以超於票面金額之高價賣出。依我國公司法之規定，公司股票得超於票面金額發行之。是則超於票面金額發行股票，在法律上並不發生問題。吾人所當問者，惟股票溢價如何處理之會計問題而已。容後於第三章股息及紅利中詳論之。

（3）低於股票票面金額發行——股票低於票面金額發行之原因，恰與超於票面金額發行之原因相反，依我國公司法規定，股票不能低於其面值發行（第96條），蓋減價出售有礙公司之信用，兼害公司之資本，而公司之債權人亦將因此蒙其損失，故不為法律所許也。

第二款　認股

依照我國公司法之規定，公司股本之全數必須認募足額，方可着手收取股款，召集創立會。蓋訂立章程時，僅載明股份總金額，誰為出資義務者，尚未確定，當時之資本，不過有名無實耳故股份總數須先認募足額，以確定出資之義務，而全資本之實。否則公司必不能成立（參閱第九十條與九十三條），認股之法有二：（一）由發起人認足，謂之共同設立。若發起人不自認足，而向外界募足，謂之募集設立。其法雖不同，而其記錄則一。立例如下

設中國營業公司股本定額一百萬元，分為一萬股，每股面值百元，按一百零五元招募收款，分三期繳納，分錄如下：

（第一分錄）	認募股份(Subscription)	$1,050,000	
	股本(Capital stock)		$1,000,000
	股份溢價(Premium on stock)		$ 50,000

股份既已認募足額，公司即有收取股款權利，為表示此權利起見，分錄如下：

（第二分錄）	應收股款	$1,050,000	
	認募股份		$1,050,000

股款得分期繳納，散見於公司法各條。惟第一次股款不得少於票面金額二分之一（第九十六條），又股份溢價應與第一次股款同時繳納。本公司股款既分三期繳納，為表示此事實起見，分錄如下：

（第三分錄）	第一期應收股款（年月日到期）	$550,000	
	第二期應收股款（年月日到期）	250,000	
	第三期應收股款（年月日到期）	250,000	
	應收股款		$1,050,000

（註）第二分錄為鄙人所添。參閱名家編譯諸作，Subscription供

寫作未繳股欵，或應收股款。故股份認募足額後，即貸入未繳股欵，或應收款而將，股份認募足額之事實遺漏，實有未當。蓋股份既未認募足額，何來未繳股款。故鄙意Subscription應作認募股份解。股份認募足額時，貸入認募股份爲第一分錄所示，而於第二分錄借出，再貸入應收股款。則事實與次序俱較確當。應收股款賬之性質，與應收賬款賬性質相同，並註於此。

第三款　繳納股款

我國公司法規定，發起人認足股份總數時，應即按股繳足，第一次股款（第九十條），又規定股份總數募足時，發起人應即向各認股人催繳第一次股款（第九十七條）。蓋股東已經認股，或接受股份之後，對於公司即負交清股銀之責。非因下列兩種情形，撤消認股，不能逃繳納股款之責也（見一〇八條）。

(1)股份總數招足後，逾六個月而第一次股款尚未繳足者。

(2)第一次股款雖已繳足，而發起人於三個月內尚不召集創立會者。

然公司自經理設立登記後，則認股人無論如何，不得將股份撤消（見一一〇條），「必須繳清股款以清責任」。

股款繳納以現金爲原則，而以銀錢外之財產爲例外（參照本法一一二條一項及一〇四條二項）。惟無論如何決不准以對於公司之債權作抵，以保資本之確實（本法一一三條二項）。依前例示其分錄如下：

(1)現金繳納

（第四分錄）	現金	$550,000	
	第一期應收股款		$550,000

(2)財產繳納　以財產繳納股款，亦得分期照比例爲之。依前例其分錄如下：

（第五分錄）	財產（種類）	$550,000	
	第一期應收股款（今日到期）		$550,000

股東逾期繳款，遲延者應加算利息，如章程定有違約金者，公司得請求之（122條）。茲假定有此等情事發生，則其分錄如下：

（第六分錄）	應收遲繳股款利息（資產）	$——	
	遲繳股款利息（利益）		$——
（第七分條）	遲繳股款利息	$——	
	公積金		$——

遲繳股款利息，與普通利息有別，故須另立科目以處理之。普通利息借出損益賬（P.&L.a/c）可用作股利，而遲繳股款利息與股本溢價之性質類是，不能用作股利，故爲借出公積金賬。

如有違約金之情事發生，其分錄與第七分錄同，不過違約金科目取利息之地位而代之耳。

第三節 股本之減小

股份有限公司純爲財產之結合體。公司之財產。即爲公司債務之担保。資本減少，勢必損害債權人之利益。法律既以維持公司資本爲原則，公司資本似不能減少。然有時因公司營業清淡，或因社會經濟衰落，無須現有鉅額資本運用者，亦不妨酌量將其減少。我國公司法所有減少資本之規定也（見198.199.200條）。

減少股本之方法有三，茲分述如下：

(1) 減少股款——將票面金額減低若干之方法也。但減低之數不能超過111條規定之票面最低金額。減少股款亦有二法

1，給還法——即按股給還應減股款於股東之法也。其分錄如下：

（第一分錄）	股本	$100,000	
	現金		$100,000

2，削減法——即不按股給還若干股款於股東，而僅宣佈每股票面金額減低若干之法也。其分錄如下：

（第二分錄）	股本	$100,000	
	減少股本公積金		$100,000
	減少股本公積金	$100,000	
	虧折		$100,000

所以貸出虧折者因採此法減少股東者多屬虧折綦重之公司也。

(2) 減少股數——即將股份之數減少之法也。其法有三分述如下：

1，合併股份——即將若干股併作一股之法也。（見一九九條）若合併之後將裁減部份用現金償還股東，其分錄如第一分錄。若裁減部份用以抵銷虧折者，可用第二分錄。

2，銷除股份——即將若干股份宣佈作廢是也。公司法規定公司非依減少股本之規定不得銷除其股份（120條）其方法有二：

甲 購買法——即購股東出讓若干股份作廢是也。此法常用於公司營業獲利時。若以盈餘(Surplu profit)購買則付於股東者貸，入損益賬，同時借出銷除股份賬。或盈餘銷除股份公積金帳(Reserve created by the Retirement of Capital out of Profits)茲假定其所付者爲現金，則其分錄如下：

（第三分錄）	股本	$100,000	
	減少股本公積金		$100,000
	損益	$100,000	
	現金		$100,000

若付與股東者爲債券，分錄與上大略相同。惟債券取現金地位而

。以債券收買股份，一如以應付票據 (Note Payable) 清償債務代之耳也。

收買本公司股票，本不為我國公司法所許。惟此等收買得出自股東自願。且買得之後，隨即銷除；並非重買，不致擾亂證券市場，故為法律所可許也。

乙　抽籤法(by Sinking fund method)——抽籤法者公司以還債基金(Sinking Fund) 用抽籤銷除其股份之法也。其分錄如下：

股本	$100,000
還債基金	$100,000
還債基金準備	$100,000
減少股本公積金	$100,000

(3)減少股款與股數——減少股數法，在股票票面金額低於（111）條所規定之金額時，即不能應用。合併股份法，若股份多奇零之數不易合併時亦不易行。故有合併二法為一之法，其記錄可參閱上二法記錄。

第四節　增加股本

股份有限公司之營業，一視社會之狀況為推移。當全國經濟充裕，萬般產業繁榮之際，因不利用時機，拓大規模，以冀倍獲盈餘，當因營業。然能擴充營業，即需鉅資之運用。故增加資本，勢所必然。增加資本之法有三：(1)增加股款——即將各股票之票面金額增加是也。此法既有悖股東有限責任之原則，且股東貧富不均，志願不一，難一致通過，此諸事實。故增加股本時，採用此法者甚少。(2)發行債券——即發行債券在證券市場發賣，得款以擴充資本之法也。容在下章詳敘之。但債券之發行既屬債務之性質，即非公司之資本。公司增加資本時，雖多採用之者。但究非唯一善法也。(3)募集新股——此法公司增加資本時用之最多。因可免上述二法之缺點也。但有一事應為吾人注意者，即我國公司法規定，公司非收足股款後，不得增加資本及募集新股，並須儘舊股東先認也。

募集新股之開立記錄，與第一章募集股本時之記錄相同。惟我國公司法規定，招募新股時得發行優先股(188條)。茲假定公司發行優先股及普通股，則應略加更變如下：

認募股份——股本，普通	100,000
股本——普通股	100,000
認募股份——股本，優先	100,000
股本——優先股	100,000
應收股款	200,000

認募股份——股本，普通	100,000	
認募股份——股本，優先	100,000	
現金		200,000
應收股款		200,000

第五節 關於股本之其他各問題

(1)未認股份 我國公司法規定，股份未經認募足額，公司不得開始營業(第90 93條)故我國公司會計中，根本無未認股份一科目，茲不具論。(未認股份即Unsubscribed stock)

(2)沒收股份 (Forfeited stock)—認股人有照所填認股書繳納股款之義務。(第95條)認股人延欠第一次應繳納股時。發起人應定二個月以上之期限催告該認股人照繳，並聲明逾限不繳，即失其權利。發起人已為前項之催告，認股人不照繳者，即失其權利，其所認股份另行募集。(第98條)所謂另行募集者，即沒收其股份拍賣是也。(判例6年上字1389號)。拍賣所得之銀數，有不足者，仍得向原股東及轉讓人追補。此乃因不繳納第一次股款而發生之沒收股款也。公司每屆收取股款應於一個月前向各股東分別催告，及公告。股款屆期不繳者，公司得再定一個月以上之期限，分別催告及公告。並聲明逾期不繳，即失其權利。公司已為前項之催告及公告，股東仍不照繳者，即失其股東之權利。(第121條) 此則因未繳第一次後股款而發生之沒收股份也。前一沒收股份，記錄簡單，不待多論，茲示後一沒收股份，記錄之例如下：

設定某甲認股 10,000 元，分三期繳納，第一次股款5000元，已繳但因延繳第二次股款，失其股東權利。將其先繳股款沒收，未繳股份拍賣記錄如下：

沒收股份	10,000	
應收股款		5000
沒收股份公積金		5000

設某乙願代某甲繳納未繳股款，接授某甲股東之權利，則其分錄與未發生沒收股份同，即將上一記錄冲銷是也。

應收股款	5000	
沒收股份公積金	5000	
沒收股份		10,000

若某丙願照票面金額，買入沒收股份，則沒收股份公積無須冲銷，為公司之利。

認募股份	10,000	
沒收股份		10,000
應收股款	10,000	
認募股份		10,000

若某丁願以85元價購入沒收股份，其分錄如下：

認募股份	10,000
沒收股份	10,000
應收股款	8500
沒收股份公積	1500
沒募股份	10,000

(3) 庫藏股份(Treasury stock)——外國商業習慣，公司有時收買本公司股份，視同資產，謂之庫藏股份。其資產負債對照表如下：

ABC公司資產負債對照表

機件(Plant)	120,000	股本		
投資(Investment)	15,000	發出	90,000	
庫藏股份	10,000	庫藏	10,000	100,000
現金	5,000	債券		50,000
	150,000			150,000

但我國公司法規定，公司不得再將股份收買或收爲抵押品(第119條)。蓋因公司係由股東組織而成，若許公司自將股份收買或押入，則是公司自己爲股東，設或公司盡將股份收買或押入，其結果必至股東無一人存在，實與第87條規定相違背。且因公司收買或押入之後，不免因此高抬價格擾亂金融。而在股款未繳清之場合，須由公司自負繳清之責任，又適足破壞資本確實之原則也。因我國公司法禁止庫藏股份之發生，故公司會計中無庫藏股份一科目，故不贅論。

4.贈與股份(Donated Stock)——公司股份認募足額後，因缺乏流動資本，或因公司開辦費無處籌措，乃由股東還贈若干股份使在市場發賣，得款應用。此等還贈之股份，謂之贈與股份。贈與股份從其性質上言之，並無可非。蓋股東還贈股份與股東願出股份溢價相同，其賣得之款與股份溢額同其性質。可記入公積金帳。將開辦費一次或按年對之冲銷。但從他方面而言之，贈與股份其有助公司在票面金額發行股份之嫌。(茲設例如下)——法律雖無明文禁止然爲公司會計之責任計終以除去爲宜。

甲公司發行股票30,000元，即以該股票購買財產，該財產僅價30,000元實值僅26,000元股票折價 (Discount) 達4,000元，今甲公司爲隱藏折價避免法律干涉起見，對賣主言明須還贈股份四千元，則股票折價可減去矣，其資產負債對照表如下：

A C B 公司資產負債對照表(未還贈股份前)

財產	26,000	股本	30,000
股票折價	4,000		
	30,000		30,000

A B C 公司資產負債對照表(還贈以後)

財產	30,000	股本	30,000
贈與股票	4,000	贈與股票公積金	4,000
	34,000		34,000

如上一表，股票折價，已隱去矣。贈與股票在此處不如改作庫藏股票(Treasury stock)。但因我國公司會計無庫藏庫股之增，故移此名。又稱贈與股份公積，(Surplus from Donated stock)。

5,賞與股票 (Bonus stock) 一公司爲引誘外界購買其所發債劵起見，每規定購債劵若干，則賞與股票若干。如假定甲購乙公司債票十張，每張100元，乙公司買與股份十股，每股票100元。在此等情勢之下，某甲所付1000元全屬債劵所有，而股票則一無所有，乎在債劵價格未明前，此問題頗不易解答。假定債劵價格爲85元，則其分錄如下：

現金	1000	
債劵折價	150	
股票折價	850	
債劵		1000
股劵		1000

觀上記錄，股票折價達850元。股票折價原爲我國公司法所禁(96條)。今竟達850元，即在公司財政上言，亦非得宜。故賞與股票雖公司法無明文禁止，終究非公司之所宜有也。

6,水漬股份 (Stockwatering) 一股份發引過多，資產總值不能與其面值 (Face value) 平衡 (Take balance) 時，此等股份謂之水漬股份。所謂水漬者，言喻其無價值也。如甲公司發引1,00,000元股票，購買財產，實則該財產僅值500,000元。則甲公司有水漬股份500,000元。或甲公司自以爲有商譽500,000元，因多發500,000元股份實則商譽不值此數，或竟無有，則此500,000元股份謂之水漬股份。我國公司法第91條104項，第106條第一項所規定者，皆所以防止水漬股份之發生者也。

7,以股份分派股利 (Stock dividend) 一公司贏利必須分派股息及紅利，股息紅利之分派多以現金爲之，但若經理人不願流動資本因之減少，致不足用以償付將到期之債務，或充將來營業發展之用，改以股份分派於各股東，作為股息及紅利。若發生此等情事時，該公司之資產負債對照表如下：

ABC公司資產負債對照表（未發息前）

機件(Plant)	45,000	股本	100,000
商品盤存(Mdse.Inv.)	50,000	未派盈餘	25,000
現金	30,000		
	125,000		125,000

ABC公司資產負債對照表（發息後）

機件	45,000	股本	120,000
商品盤存	50,000	未派盈餘	5,000
現金	30,000		
	125,000		125,000

以股票分派股息，在股東並無進益（Income），因股東對公司之權利（即Stock）雖增，而代表此權利之資產因權利增多故反而減少也。

第二章（Bonds）

第一節 債券之發行

發行債券，為公司增加資本之一法，前第一章第四節已略論及。此篇則專言發行債券時應遵守之法條，及其會計上之處理方法。

債券為公司債務之一種，惟與其他債務有異。例如應付賬款（Accounts Payable）無須有價證券證明，而債券則為證明債務之有價證券。因發行債券而發生之債務，故又謂之債券債務（Bonded debts），以示與其他債務有別。應付票據（Notes Payable），其用以證明債務之本票，（Promissory note）雖亦為有價證券之一種，與債券性質相同，惟本票之期限短，最通行者為四個月期，期逾一年者極少。而債券之期限則極長，少則數年，多至十年，數十年。故在資產負債對照表上常列入負債之固定債務（Fixed liabilities）欄。

依我國公司法之規定，公司非經第186條之規定為決議後不得募集公司債。（第176條）又公司債之總額，不得超過已繳股款之總額。如公司現存財產少於已繳股款之總額時，不得逾現存財產之總額。（第177條）又公司債券每張金額，不得少於二十圓。（第178條）凡此種種皆為我國公司法對發行債券所規定之條文。發行債券者所不可不知者也。

債券發行之方法有三：（1）照票面金額發行（2）高於票面金

額發行(三)低於票面金額發行。惟無論如何，發行票面必須注明其發行之價額或其最低價額。(第180條第6項)如注之票面銀數五十元，定價實收四十九元，或票面銀數五十元，實收四十八元以上是也。用第一法發行，在法律上會計上不發生問題，故置不論。第二第三法發行所發生法律上會計上之問題，留待下節上討論。

發行債券之費用究宜如何處理，此則會計上應該解決之問題也。若債券超於票面金額發行，則發行債券之費用應與債券溢價(Premium on Bonds)對銷。蓋債券溢價一科目本爲債券之對消科目(Offseting account)，即用於對銷債券在有效期向每年所付與持券人之高出利率(Excess rate of interest)之費用者也。發行債券費用，亦一債券之對消科目與溢價對消，實至允當也。

第二節　債券溢價

債券高於票面金額發行，其高出部份謂之債券溢價(Premium on Bonds)。債券所以能高於票面金額發行者，因其所負利率高於市場利率(Market rate of interest)。(假定公司信用及市場情形如常)故債券之溢價實即持券人(Bond-holder)一次總付以期在債券有效期間，每年能由發券人手得到高出利率之利息也。如甲公司能照票面金額發行，券面金額一百元，利率5厘，廿年期之債券則其年利6厘，廿年期同金額之債券必能以112.46元賣出者多出之12.46元即甲公司對於高出市場利率一厘在廿年間可扱付之利息總和也。故甲公司第二次債券，所負利率，雖名六厘，實仍五厘也。

若債券超於其票面金額發行，則當其發行時記錄如下：

科目	借	貸
現金	112.46	
債券		100.00
債券溢價		12.46

一年後付息時其分錄如下：

科目	借	貸
利息	5.62	
債券溢價	.38	
現金		6.00

二年後付息時其分錄如下：

科目	借	貸
利息	5.60	
債券溢價	.40	
現金		6.00

第三節　債券折價

債券低於券面金額發行，其低下之數，謂之債券折價(Disccount on Bonds)。債券折價發生之原因，與債券溢價者相反，蓋溢價之發生由於券面利率高於市場利率，而折價之發生則由於券面利率低於市場利率。或因發行公司信用不佳，人皆懼於投資，故其價落發生折價。折價者即使持券人(Bond-holder)能於其所投資中，得到與市場利率同一利息之數也。如當市場利率為五厘(5%)時，甲公司發行二十年期四厘(4%)息之債券則其債券價格必為87.54元。因此付與之八十七元五角四分所生之四利厘息，可與付與百元而得五厘利息之數相同也。

若債券低於券面金額發行，則當其發行時其分錄如下：

現金	87.54
債券折價	12.46
債券	100.00

第一次付息時其分錄如下

利息	4.38
債券折價	.38
現金	4.00

第二次付息時其分錄如下

利息	4.40
債券折價	.40
現金	4.00

股票不得在票面金額下發行，我國公司法有明文規定。蓋以股份為資本之組成，若許其任意發行，必有資本空虛之虞故也。若債券在券面金額下發行，則實際上與高利借債無異，無背於資本充實之原則，故法律許之也。

第四節　債券之償還

債券發行時，董事應公告其償還之方法及日期（180條）即債券上亦須詳細註明(182)償還方法或同時一律償還，或分期抽籤償還。其償還之期限，或定最初期限，或定最終期限。至期債券即須依法償還。債券償還以償還券面金額為原則，然有時公司因求應募之踴躍，每有預定償還之時超過券面金額者。如募集每份五十元之債券預定償還之金額，超過券面五元，總共償還五十五元是也。設行此法則對於此次募集之金數公司債須一律償還五十五元，不得有所參差(公司法第一百九十七條)。

第五節　關於債券之其他問題

(1)未發債券(Unissued Bonds)—已得董事會允准而未發行之債券謂之未發債券。會計上另設未發債券一科目。以整理之，若該未發債券已有特定資產，為之抵押，則在資產負債對照表上可列入資產方(Asset side)，視為資產之一科目。若無特定之資產為之抵押，則可列入負債方（Liabilities side）。從准發債券(Bonds authorized)內減去亦可。

(2)庫藏債券(Bonds is Treasury)—公司收買本公司之債券謂之庫藏債券，可從發出債券（Bonds issues）總數中減去之。在資產負債對照表中之式如下：

發出公司債券	100,000
減去庫藏債券	50,000
外存債券	50,000

第三章 股息及紅利

Regular dividend and extra dividend

第一節 息利分派與法律限制

公司營業獲利，除提出十分之一作公積，再提出若干以彌補前年度之損失外，其餘按股分派與各股東者，謂之股息。其不問營業贏虧，必須支付每股以一定金額者，謂之紅利。此種習慣惟我國有之。商場上稱為官利。其為利為弊不在本篇討論範圍之內，不煩述。

息利之分派法律上沒有種種之限制。我國公司法規定，息利分派應有三先決條件：即(一)應先從盈餘中提出十分之一為公積金但公積金已達資本總額三分之一者不在此限，(第一七〇條)。(二)應先彌補損失，(第一七一條)(三)須確有盈餘。(第一七一條) 違反上述之要件分派股息及紅利時公司之債權人得請求退還(第172)條。而董事監察人得科千元以下罰金之制裁(第二三二條八項)。揣立法原意，其所以要求必須提存公積金者，蓋以股份有限公司純然為資本的集合，資本不足，必致動搖公司根本，直接影響於債權人之利益，間接影響於社會經濟。為鞏固公司基礎計，所以有提存公積金之必要也。其所以要求必須先彌補損失者，蓋因一方為維持資本充實之原則計，一方為保護債權人之利益計也。其所以要求須確有盈餘者，蓋以股份有限公司純為資本團體，以有限責任為其特質，故與資本相當之公司資產，為債權人之唯一担保品，其應適用資本充實之原則，尤較其他公司為必要。故法律要求於計算損益時，必須先自純財產中除去資本金，乃有盈餘可言。以之分派息利，始不至傷及債權人也。息利分派須經股東會議決，此亦一法律限制也。

此外尚有關於分派息利之一大問題需要法律為之規定者，即公司於開始營業前，可否分派息利是也。依我國公司法規定，公司依其業務之性質自設立登記後，如需二年以上之準備，始能開始營業者，經主管官廳之許可，得以章程訂明於開始營業前分派息利，惟其定率不得超過週年五厘。(第一七三條)此等股息謂之建設股息。建設股息之分派以已繳股款之多寡為標準(第一七四條)。公司開始營業時，建設股息在理論上應即停止。

第二節 息利分派與公司財政

公司雖確有盈餘，然因財政上之必要，股東會亦將為不派息利之決議。所謂財政上之必要者，如因公司亟待擴充，須得盈餘留作擴充之用；或因盈餘盡屬不動產，無現金可派。若借款派息，又與公司信用有礙；或因將到期債務甚多，留盈餘（假定盈餘悉屬現金）作償付之用等俱是也。

第三節 息利分派之記錄

設中國營業股份有限公司，二十二年一月一日開始營業，其時股本為10,000元，又公積50000元，去年底結算計獲盈餘四千元，該公司之資產負債對照表如下：

中國營業公司資產負債對照表

二十一年十二月三十日

資產		負債	
現金	4,100	應付賬款	3100
應收賬款	10,000	應付票據	0000
商品盤存	7,200	股本	10,000
生財用具	800	公積	5,000
房屋地產	2,000	損益(本期盈餘)	4,000
	24,100		24,100

該公司章程規定股息年率一分。茲經股東會議決分派股息一分，計1000元。加派紅利一分，計1000元。分錄應如下式：

損益	2000	
應付股息		10000
應付紅利		10000

此時股息紅利，既經議決分派，則其所有權即移轉於各股東而成為公司對於各股東之負債，狀如應付賬款。各股東有權向公司索取，故以應付股息，及應付紅利兩科目以整理之。

設此項應付股息及紅利已以現金陸續付訖，則應爲分錄如下：

應付股息	1,000	
應付紅利	1,000	
現金		2,000

建設股息爲開辦費(Preliminary Expcnse)之一種。公司開始營業後，從盈餘中逐年攤還，且其爲獲得股本之必須開銷，故爲股本消費(Capital Expenditure)。其每年攤銷餘額在資產負債對照表上可列入遞延資產(Deferred assets)欄内。當董事會議決分派建設股息時，其分錄如下：

開辦費	1,000	
應付建設股息		1,000

若建設股息以現金付訖，其記錄如下：

應付建設股息	1,000	
現金		1,000

第四節　可用作股息之盈餘

盈餘之定義，學者不一其辭。大要可解說如下：『盈餘者在營業期間除減去若干資產折值如折舊(Depreciation)等外資本額新增加之部份也』

盈餘之義已明，此時吾人所應研求者，即何種盈餘始得用作股息是也。茲按盈餘之來源分盈餘爲三類而一一討論如下：—

(1)營業盈餘(Operating profit)—營業盈餘者，即從買賤賣貴之商業行爲而得之盈餘也。此等盈餘用作股息可謂毫無問題。然當契約已訂，盈餘可期，而貨物尚未完成，結賬期屆，此等盈餘可否用作股息，實一極値得吾人研求之問題也。若貨物之完成期在數年之後者，可照年數按此例核計其應得盈餘分派息利。蓋貨物雖未完成，然已完成一部份，現金雖未領得，然一部份盈餘已在掌中。故可用之分派股息也。若再減去若干意外準備金(Allowance for continency)，則更覺完滿矣。若貨物之完成期在一年以内者，則其解決之法有三：—

(1)若市況不定，則以賣出爲標準(Sale basis)，因在未賣出前其盈餘不能確定也。

(2)若市況穩定，則以完成爲標準(Completion basis)，因即未賣出盈餘亦確定也

(3)若賬款難收，則以現金爲標準(Cash basis)，因在現金未收到前，盈餘不能確定也。

(2)資產盈餘(Profit form capital assets)：

1,固定資產盈餘(Profit form fixed capital assets)固定資產如房產，地皮等之漲價，(Appreciation)可視為盈餘乎？可用作股息乎？此實一最有趣味之問題也。若該漲價之地皮房產，已變賣，該漲價部份已變為現金收入(Cash Reciept)，可記入損益賬，視同盈餘，且又用作股息。但為穩健計，則以記入公積賬為宜。若然則不能用作股息矣。若該地皮房產未變賣，該漲價部份純為賬簿上之記載，則絕對不能視為盈餘。因彼主張盈餘之獲可無須漲價之賺得（Realized）者，以為該漲價即不賺得然極穩妥(Certaints)且易計算（Calculatehits）。若此說為當，則一切盈餘皆當以穩妥及易計算為獲得之標準，契約之訂否可無須過問矣。寧有是理乎？且所謂穩妥者，又未必可靠。今日漲價，難保後日不跌價，若該公司仍繼續營業，此等漲價實無注意之必要。既不能認作盈餘，自不能用作股息。若該漲價果絕對可靠，可作如下之記錄：

不動產漲價	100,000
不動產漲價公積金	100,000

若該不動產每年發生折舊者，可將折舊數目貸入不動產漲價公積金(Surplus arising from Making up the Value of the Real Estate)，而借出於進益賬(Income a/c)。若該不動產之部賣出，可將賺得漲價貸入不動產漲價公積金，而借出普通公積金(general Surplus)。此所以防阻將漲價用作股息，從穩健方面着想也。否則借出進益賬(Income a/c)或損益賬(P.+L. a/c)亦可。

2,流動資產盈餘(Appreciation of Circulating assets)—所謂流動資產盈餘者，即從商品等漲價而得之盈餘也。其已賺得者為營業盈餘，自可用作股息。至若以未賺得之漲價分派股息，則反對者，實繁有徒。即平素贊成記錄不動產漲價如Paton, Stevenson, Mortgomery 者亦不贊成。將未賺漲價貸入不動產漲價賬，而借出損益賬，則其反對將此等漲價用作股息不言可喻矣。

第五節消減資產之股息(Dividends from wasting assets)

所謂消減資產者，即移去其生產後，其本身價值即減少之資產也。如礦產是。此等情形之下，決定盈餘額為困難。因該盈餘中，尚含有本錢（Principal）在也。若計算盈餘時，不得此部份本錢減去，實等於商人忘記其商品之原價(Cost price)，製造家不顧其出產之工廠費(Factory cost)，須求得確實之盈餘，豈不難乎？茲假定甲公司以250,000元購得礦產一座，並假定該礦產恰值250,000元之數，每賣去一元之礦中其成本(包含一切開銷)為五角五分礦產折值(Depreciation)為二角五分則賣出100,000元，礦產後，其損益表如下：

甲公司損益表

開銷	55,000	賣出礦產	100,000
礦產折值	25,000		
用作股息之餘額	20,000		
	100,000		100,000

盈餘分派後，其資產負債對照表如下：

甲公司資產負債對照表

礦產原值	250,000	股本	250,000
現金等	25,000	折值準備	25,000
	275,000		275,000

依前法，礦產開空後，其資產負債表如下：

甲公司資產負債對照表

礦產——原價	250,000		股本	250,000
減折值	250,000			
金現等		250,000		
		250,000		250,000

主張從盈餘中減去折值，然後分派股息者，蓋認開礦為一永久之事業，為永久維持其股本計，故有陸續收回以前所投資本之必要。收回之資本，可再投於其他事業，使礦產開空後，另有其他資產以補其額。實則開礦事業為一投機事業，投資於此者亦知之甚悉。故其為一之目的，在開採某一數量之礦產，從速收回其本利，愈速愈妙。從無希望其事業之永久者。股本無永久維持之必要。若言收回一部份股本，投資於其他事業，更不近理。因喜投機之人，斷不願以其資本投於期長息低之債劵也。且善於理礦者，未必善於理財 提存財產使公司職員處理，未必有當 至若開礦公司，陸續收回本銀，另投於其他開礦事業，事誠有之，照此乃稀少之特別情形，不能據此以為保障，必須提存本銀之理論也。然若依我國公司法須先彌補損失之後分派股息之規定，則消減股本之收回似屬必要矣。

第六節　股息與損失

我國公司法規定，分派股息之先決條件有三：其一，即須先彌補損失，此處所謂損失，未指明為資本損失，抑營業損失。然既同屬損失，則可視同一例，皆在法律要求彌補之例 盡分派股息而不顧資本之損失，則是以資本分派股息(Dividend from Capital)不特有反資本充實之原則，抑亦不合論理也。至若營業損失之必須彌補尤為顯然。蓋一方為維持資本充實之原則，一方保護債權人之利益也。

第七節　股份溢價與股息

股份溢價(Premium on Stock)為股本之一部份，前於第一章中已略論及。依我國公司法，分派股息必須確有盈餘之規定。股份溢價絕對不可用作股息。因此溢價非公司之盈餘乃股本之一部份，用作股息不啻以股本還諸股東也。又依一七〇條二項規定。股份溢價應悉數作為公司積金。又判例三年上字1227號云：公積金本所以補充公司資產之減少，而預防公司債權人之損失。故公司解散後以之清償債務，尚有贏經，雖應分列於各股東；而在公司未解散以前，則屬公司所有。不得請求分配，是則公積金在公司未解散前，絕對不可分派，股份溢價不能用作股息之間接規定也。

第八節　債券溢價與股息

債券溢價(Premium on Bonds)乃借款之一部，第二章已有論及。故與股份溢價之為股本一部份者不同。且為公司之債務，而非公司之公積。故我國公司法並無禁止分派之條文。但從會計學之觀點觀之，以債券溢價分派股息實有未當。蓋債券溢價，非任何時期之盈餘，須按債券所負高出利率之多寡逐年攤還。（但

若數目太小時，為記錄簡便起見亦得一次記入普通公積金賬，）若以之作一年之盈餘，而分派股息，實有未當。蓋債券溢價而可用作股息，則任何借款按年攤還者當其借來之時但可盡數用作股息。是則借款之年，無中生有盈餘若干，日後攤還時，又無中生有開銷若干。實際上並不如是，公司會計失其職責矣。

第九節　贈與股份公積金與股息

贈與股份公積(Donated Surplus)已名公積則絕對不能分派股息，此則我國公司法所規定者也。

第十節　沒收股份公積金與股息

沒收股份公積(Sniples from Forfeited Stock)與贈與股份公積同不贅述。

第四章　公積金

第一節　公積金之意義

公積金(Surplus)一詞，據普通解釋，為純資產超過股本之部份。換言之，公積賬與股本賬相加，等於公司之現值(Present worth)是也。或謂若股份超於股票票面金額發行，則公積之計算須從純資產中並股本與股份溢價而減去之　實則股份溢價，即係公積金，似無須再減去此數，始能計算公積金也。況股份溢價

須全部作爲公積金，我國公司法已有明文規定。更無待辭費矣。

此則公積金廣義的解釋也。若依我國公司法之解釋，公積金不過純資產超過股本部份之十分一，其範圍狹溢多多矣。（有公司分派盈餘前應先提十分一爲公積金之規定）

公積而曰金，不能不認爲取名之錯誤。蓋純資產超過股本之部份，並非全屬現金，有時爲有形資產(Tangible asset)，如房產地皮等皆是也。有世爲無形資產(Intangible asset)，如商譽等是也。若公積而曰金，似乎公積之代表物唯有現金易滋人誤會也。

第二節　公積之種類

公積金之提存，有爲法律規定者，有爲公司章程規定，或股東會決議者。前者謂之法定公積金，爲我國公司法規定之提存之十分一盈餘是也。後者謂之任意公積金，提與不提，任公司之便。惟大抵公司章程皆有記載，或因一時特別需要，由股東會議決提存之。

第三節　公積金之來源

公積金之來源有三：（一）從盈餘蓄積而來(From profit accumulation)。其從營業盈餘 (Operating profit) 蓄積而來者，爲普通公積金，從意外盈餘 (Unusual Sain) 蓄積而來者，謂之特別公積金，如不動產漲價金積金是也。（二）從股東貢獻而來者。此類公積金，大都標有特別來源，如由股份超過股票面金額發行而得者，謂之股份溢價公積金 (Surplus from premium on Stock)。從股東贈與股份而來者，謂之贈與股份公積金 (Donated Surplus)。（三）從減少資本而來者。例如某公司因營業虧折，由股東會議決減少若干股份，以對銷虧折。若有賸餘卽入減少資本公積金賬是也。

第四節　提存公積金之目的

法律所以規定須提十分之一盈餘爲公積金者，蓋以股份有限公司，純然爲資本之集合，資本不足必致動搖公司根本，直接影響於債權人之利益，間接影響於社會經濟。爲鞏固公司之基礎起見，故要求提存公積金，預備將來公司有虧損年度時，藉以供資本塡補之用也。任意公積金之目的如下：——

(1)使股本永久增加：

1，堅債權人之担保

2，留爲公司後日發展之用

(2)用以彌補非常損失使股本不致受損

(3)用以平衡股息之分派

第五節　提存公積金之記錄

茲假定中國營業公司在民國廿一年冬獲純利4000元，除分派股息及紅利共二千元外，尚餘二千元。將此項賸餘之利益轉入公積賬戶，分錄如下：

損益	2,000	
公積金		2,000

亦有將純益一次轉入公積金賬，再由公積金賬提出若干，爲指定用途之用者。記其錄如下：

（1）損益	4,000	
公積金		4,000
（2）公積金	2,000	
應付股息		1,000
應付紅利		1,000
（3）應付股息	1,000	
應付紅利	1,000	
現金		1,000

第五章　準備（Reserve）

第一節　準備與準備金

準備者，已經指定用途之公積金也（appropriated Surplus）。國人常稱之爲準備金。實則準備一名詞，準備金又一名詞，二者不容稍紊者也。從公積金中劃出準備時，並未指定特定資產爲代表，有名無實。爲使其名實相符起見，特別指定某現金部份爲之代表，此現金部份卽所謂準備金（Reserve fund）是也。在資產負債對照表上，準備金例在資產方，準備列在負債方，因其性質異也。

每一準備，未必卽須一準備金爲之代表，主此說者其理由如下：

（1）在資產負債對照表中，純資產總值減去負債總額，等於資本總額。資產負債俱以總額計算，並非某一特別資產對某一特別負債兩兩相減也。故在負債方有一準備，資產方不必卽有一準備金也。

（2）卽特定某一資產代表準備，此準備亦不能使此準備金更安全更可用。茲假設一資產負債對照表如下：

資產負債對照表

各種資產	120,000	股本	100,000
準備金	5,000	債務	20,000
		建築準備	5,000
	125,000		125,000

此債到期適因金融恐慌不能請求續借，公司不得不將準備金還債，而建築準備金仍照未動也如下表。

資產負債對照表

各種資產	120,000	股本	100,000
		債務	15,000
		建築準備	5,000
	120,000		120,000

反言之，即有準備金之設亦難保準備不消滅如下表假定本公司損失五千元

資產負債對照表

各種資產	115,000	股本	100,000
準備金	5,000	債務	20,000
		建築準備	0
	120,000		120,000

以建築準備抵損失者，因法律規定公積須彌補損失也。

（3）因準備金常用以投資於外界事業，易使人誤會以為投資外界事業，較投資於本廠建築更為安全。

第二節 準備之種類

準備可分三類(1) 資產準備 (Asset reserve)—如折舊準備(Reserve for depreciation)，疑帳準備(Reserve for douftful debts) 是也 。(2)負債準備 (Liability reserve)—如工資準備(Reserve for wage) 營業稅準備是也。(3)資本準備 (Proprietorship reserve) —如建築準備 (Reserve for Extension) 還債基準備金 (Sinking fund Reserve)是也。

第三節 準備之效用

準備為指定用途之公積，前已言之，然而指定之者全為股東會一時之意見，而股東會之意見，固常常變更者也。茲假定某公司之試算表(Trial Balance) 如下：

試算表（ 年 月 日）

資產	615,000	股本	400,000
開銷	80,000	債券	215,000
		急需準備	70,000
		盈餘	100,000
	695,000		695,000

茲再假定某公司意外損失25,000元，若與開銷50,000元共與盈餘100,000元對銷，則公司將損失5000元。在法律上不能分派

盈餘。惟股東方望盈餘之能分派，故股東會議決將意外損失25,000元轉入急需準備內，則分派盈餘不致違法矣。其資產負債對照表如下：

資產負債對照表

資產	590,000	股本	400,000
		急需準備	45,000
		債券	125,000
		盈餘	100,000
	590,000		590,000

從上觀之，準備之效力亦微矣。

第四節　準備金與資產漲價

準備金常投資於外界事業，此乃商業界之習慣。茲假定該準備金投資於地產而該地產又適值漲價，該地產出售後所得之漲價應如何處理。此實一頗有趣味之問題也。或謂將此漲價加於準備金，增加準備金之信用，或謂公司之設準備金原欲以一定額數，準備爲某種用途之用。此種漲價在一定額用數之外，不爲公司所需，故最好轉入損益或普通公積。實則漲價如何處理，全聽自由，初無若何限制也。

第五節　祕密準備(Secret reserve)

公司如避免徵稅或隱藏大量盈餘起見，常不爲公積金存在之記錄。此被隱藏之公積金，謂之祕密準備。其產生之法有二(一)減低資產之價值，(二)增加負債之額數。今假定某公司之資產負債對照表如下：

資產負債對照表

機件	90,000		股本	90,000
減折舊	5,000	85,000	盈餘	5,000
現金		10,000		
		95,000		95,000

爲減低資產價值起見機件折舊加多5000元，則5000元之盈餘被隱去矣。其資產負債對照表如下：

資產負債對照表

機件等	90,000		股本	90,000
減折舊	10,000	80,000		
現金		10,000		
		90,000		90,000

祕密準備之利，在資產不致估價過高，公司財政較爲穩健。惟[illegible]

為奸人利用，以拒付股息。進益債券 (Income Bonds) 及非積利優先股 (Non-accumulated preferred stock) 受損最重。因公司無盈餘，持劵人及優先股東俱無所得也。若普通股股東以爲資產負債對照表所示者爲確，而將股票廉價出售則普通股股東亦受損矣。

第六節 準備之記錄

中國營業公司現存公積7000元，與股本10,000元相較，數目不爲不大。公司當局苟欲防股東會儘量將公積分派，則應將公積不可分派之部份，特別註明其用途，留作後日之準備。譬如該公司自用房屋，不日即將改建，設置準備2000元生財用具，不日即須添購，應設準備500元則可爲下示之分錄：

公積金	2,500	
建築設備		2000
購置準備		500

又如該公司之存貨值，極易漲落，如預備抵補存貨價值減低之損失起見，亦可提存彌補損失之準備。茲假定提存此項準備一千元，分錄如下：

公積金	1000	
彌補損失準備		1000

此時公司之資產負債表如下式：

中國營業公司資產負債表

現金	2,100	應付賬款	3,100
應收帳款	10,000	應付票據	2,000
商品盤存	7,200	股本	10,000
生財用具	800	公積金	3,500
房屋地產	2,000	建築準備	2,000
		購置準備	500
		彌補損失準備	1,000
	22,100		22,100

是時公司所存普通公積僅爲三千五百元。其餘三千五百元，已分別備充種種特別用途，不可派作股息矣。

若所準備之目的已達，則該準備應即撤消而代以其他科目。茲以建築準備爲例，建築完成，時其分錄如下：

(1) 建築準備	2000	
公積金		2000
或(2) 建築準備	2000	
以盈餘建築所生之準備		2000

依第二分錄，表示公司之財政方針變更。蓋準備原為公積金而公積金者應法律應章程之要求而提存之盈餘，不能派作股息者。惟法律規定公積金達資本總額二分之一時，仍得分派股息。今第一分錄將準備轉入公積金，現公司理事人有將公積分派股息之意。若公積金果用以分派股息，則建築金非來自公積金，而來自其他資產之源也。

鐵路貨櫃車業務

王炳南

在人類物質文明演進中，新陳代謝，乃爲必進之程序。昔日陸上交通，僅賴車馬及牲畜，費時多而載量少。近世鐵路建築，大道運輸，不復受人注意。歐戰時期，軍運頻繁，鐵路能力，每感不足，貨運積滯，商賈頗感不便，不得不改由汽車遞送；於是汽車運輸，乃應運而生，營業發展，一日千里，駸駸乎有取代鐵路運輸之勢；始而客運，繼而零担貨運，甚至整車貨運，亦漸爲汽車所奪矣。鐵路對此突如而來之競爭，頗現驚惶失措，營業非但不能維持現狀，且年有遞落，長此以往，何以生存？欲謀應付之方策，不外以下數端：

（一）節省開支；

（二）減低運價；

（三）改良業務；

（四）籌設汽車業務；

（五）與汽車運輸連絡及合作。

本文所論「鐵路貨櫃車業務（Railroad Container Service）」，即爲鐵路與汽車連絡合作之一例焉。

運貨櫃之形式

鐵路所用之運貨櫃（Container），爲鋼質製成之大箱，以貯零担貨物之用。體質堅固，雨水不能侵，重約三十磅，其上有四鐵環，便於起重機裝卸。櫃設門，可以啓閉；起運時託運人將貨品裝入，用自備之鎖封鎖之，到終點後，由收貨人開啓之。每一貨車，約裝運貨櫃五六隻不等。裝置時使運貨櫃之門相對，以免中途盜竊。裝運貨櫃之貨車，爲特製之平車；分隔數房，車行時運貨櫃不致擺搖。貨櫃之大小，各路殊不一律，茲將美國紐約中央鐵路所用者開列如左：

		普通貨櫃	運礦貨櫃
內部容積	寬	7 呎	4 呎 1吋
	長	7 呎 1 吋	7呎4$\frac{3}{4}$吋
	長	8 呎10吋	6呎11$\frac{3}{4}$吋
外部容積	寬	7呎2$\frac{1}{2}$吋	4呎8$\frac{3}{4}$吋
	高	8 呎 2 吋	8呎2$\frac{1}{2}$吋
	長	9呎3$\frac{1}{2}$吋	7 呎 4 吋
容量		438立方呎	210立方呎
載量		10,000 磅	3,000 磅
每平車裝		6	12
本身重		3,000 磅	2,300 磅

運貨櫃之重量，非人力所可移動，故車站須有起重機之設備，以便將貨櫃自汽車移裝貨車上，或由貨車移置汽車上。小站無起重機之設備者，此種業務，皆付厥如；惟近有特製貨車，其兩旁可放下與站台平，運貨櫃可用車拖運之。

貨櫃車業務之歷史

(一)英國鐵路

鐵路貨櫃車業務，並不自今日始。英國鐵路之用運貨櫃，遠在一八四五年，其形式與現今所用者大同小異；惟當時貨櫃僅用為聯運鐵路之貨物過軌而已，蓋其軌間距離不一，車輛不能交換。

一九一〇年有大規模鐵路貨櫃車業務之計劃：於倫敦設一總貨站，站內設備完美之零担貨物，皆由貨櫃車運送沿線各小站，後以經費無着，未果行。最近皇室運輸委員會調查報告，亦主張各鐵路擴充此種業務。

(二)美國鐵路

美國鐵路最早實行貨櫃車業務者，為紐約中央鐵路，在一九二一年三月，以克里夫蘭至支加哥一段作為試驗，嗣以營業清淡而取消；一九二二年改行於紐約及獨佛加間，一九二八年更推行於波士頓等大城。實行之初，該路備有專載運貨櫃之貨車六十八輛，運貨櫃二百七十八只，總計運貨一，四三六；〇八五噸，營業收入五，七〇一，五八〇元；至一九三〇年，運貨櫃已增至一五，七〇〇只，運貨三二二，九〇三，八一三噸，營業收入激增至一，一一六，七一四元。

本雪文尼亞鐵路貨櫃車業務始於一九二八年六月間。據一九三一年報告，該路在一九三〇年共運運貨櫃六三，〇八四只，其中，僅四，六三三只爲空櫃云。

其他鐵路之有貨櫃車業務者，有波湎鐵路，累海鐵路，米索里鐵路等。

貨櫃車業務之手續

運貨櫃係鐵路製備，託運人需用運貨櫃若干只，由電話通知起運站，鐵路卽派汽車將運貨櫃如數送至，託運人然後將貨物裝入，加以封鎖，仍由汽車載至鐵路貨站，用起重機裝入貨車。達終點後之手續適相反。鐵路方面直接將運貨櫃送至收貨人之堆棧，不先發通知書。每運貨櫃中雖裝貨件甚多，但鐵路祗給一總提貨單，塡明運貨櫃之號碼，內裝何物，以及貨物之重量。

普通零担貨物皆可由貨櫃車運送，惟體積過大，有害櫃門封鎖之包件，概行拒絕

貨物不滿一運貨櫃者，則由轉運公司代運之。轉運公司收集各客商零星貨件，併爲巨量，仍可利用貨櫃車運輸，且得享受較低之運價。此轉運公司利益之所由來也。

貨櫃車業務之運價問題

貨櫃車之運價制度，迄今已經多次之修改。最初美國紐約中央鐵路仍照普通運價收費，以貨運不旺，減低百分之十，此後每貨櫃再減運費一元 至一九二八年乃重訂運價，運貨櫃貨物不及四千磅者仍照四千磅收費，每櫃每英里收洋五分，如超過四千磅，則每五百磅每英里收洋二厘五毫，以八元二角五分爲起碼運費。此種運價與普通運價之原則，頗有不同之處：

(一)貨櫃車運價，不依遞遠遞減之原則，故遠程運價較高：

(二)普通運價，按貨品之價值分等而有高低之別，貨櫃車運價則無等級之分；

(三)普通運價，貨物不滿整車者，皆照零担運價徵收，貨運車之運價則不同，不分整車零担，數量愈增，則每百磅之運價愈低。茲舉例以明之，設自甲城至乙城之距離爲二百英里，貨物之

重量爲四千磅，應收運費十元，即每百磅之運費爲二角五分，如貨物之重量爲一萬磅，應收運費十六元，平均每百磅運費僅一角六分。（計算法如下：四千磅之運費爲十元，超出此數，則每五百磅每英里收費二厘五毫，今共超出六千磅，應加收六元，故共徵收十六元）

以上各點，頗値研究。運價既不依遞遠遞減之原則而訂定，遠程之貨物，負担加重，似不合運輸經濟原理。鐵路所恃之理由，謂貨櫃車業務實行之後，貨站費用極微，自無採用遞遠遞減原則之必要。實則鐵路之目標，在遏制汽車競爭，而汽車所能與鐵路競爭者，又在於短程零担貨物，如將短程運費減輕，不難致勝也。至於貨櫃車運價不分等級，亦有原因在焉。貨櫃車業務之經濟，由於手續簡便，人工節省，今若按等徵費，則櫃中包件，需逐一塡發提貨單，手續並無改良。貨櫃車運價之性質，實介於整車零担運價之間，換言之；如零担貨物數量較鉅時，雖不滿整車，亦得享受較低之運價，結果影響於鐵路收入甚大。夫鐵路之分零担與整車之運價，因其運輸成本有所不同，今同爲零担貨物而定差別之運價，是否合理，頗成疑問。一九三一年，美國政府曾加限制，即貨櫃車運價，無論何時，不能低於貨櫃中最高級貨品之整車運價。

貨櫃車業務之効用

嘗考鐵路推行貨櫃車業務之動機有二：（一）應付汽車競爭，挽回已失之營業；（二）減輕鐵路零担貨物之運務費。茲先論貨櫃車業務與汽車競爭之關係。零担貨運之爲汽車所奪，其主要原因，在於鐵路手續繁多，時間冗長。在起運時，貨物須先裝入汽車或馬車，送抵鐵路貨站後，轉裝貨車。到終點時，由貨車卸下，裝入汽車，然後送至收貨人之堆棧。如中途經過轉運站時，其手續更繁於此，故消費時日，輸送遲緩。且貨物由鐵路承運，必須打包，方免遺失，損壞。即此一項，商人每年所費，已屬可觀。至於在起汽站自雇車輛搬運，既不方便，又不經濟，宜乎鐵路貨運之日形衰落也。貨櫃車業務手續簡便，運送按時而迅捷。凡汽車運輸之優點，皆能有之，故鐵路自創辦貨櫃車業務之後，零担貨運已有起色，若能推廣其範圍，不難與汽車運輸爭一日之雄也。

應付汽車競爭之外，其效用在減輕鐵路運務費。

（一）節省工資——零担貨物在站台裝卸費用，因各地工資高低而不同，每噸平均約二元左右。鐵路採用運貨櫃之後，裝卸次數自六次或八次，減至二次；且每運貨櫃發一總提貨單，填寫職員，裁減許多。茲將各路所省之工資表列之於左：

每百磅所省之工資

	紐約中央鐵路	本薛文尼亞鐵路	里昂鐵路
	分	分	分
站台裝卸費	12.6	9.7	5.9
填寫單據費	11.55	11.55	7.8
共計	24.15	21.25	13.7

(二)避免賠償——運貨櫃堅固異常，風雨不能侵襲，宵小不能盜竊，故鐵路在以往數年中，未付分文之賠償。

(三)增加車輛效用——據美國紐約中央鐵路之經驗，該路貨車，用於運輸零担貨物，每年僅裝5.6噸，貨櫃車之載重爲11.3噸效用大爲增加。

貨櫃車業務給商人之惠益

以上係指鐵路本身而言，至若商人所受之利益，亦非鮮淺，如：

(一)貨件由貨櫃裝運，無須打包，人工材料，皆可節省；

(二)貨物無損壞及遺失之虞；

(三)運價低廉；

(四)運輸迅速。

貨櫃車業務實施之障礙

貨櫃車業務之利益已如上述，然實施之困難亦多。欲求業務完備，必須購置大批運貨櫃，特別貨車，及起重機等設備。貨櫃每只價值三百二十元，每車裝六只，共計洋一九二〇元；再加貨車每輛洋二千元，所需開辦資本，爲數頗鉅，此其一。普通鐵路貨車，零担及整車貨運，皆得兼用，貨櫃車專限於零担貨運，如來去兩方零担貨運不能平衡時，車輛回空里程增加矣，此其二。實行貨櫃車業務之後，仍有大部份之零担貨物，不由貨櫃運送，原有站台，仍須維持，原有人員，仍須保留，雙重開支，反使鐵路用費增加。凡此種種，皆足爲實施之障礙，而不可不加謹密之考慮也。

國營招商局創辦客貨代辦所計劃書

熊大惠

一、引言

營業之道，貴乎自動，不自設法招攬，妄望營業之發達。假手中間如報關行業，似皆不招自來，然亦究爲被動。若報關行一旦罷業，或竟與船公司斷絕關係，以資要挾，則公司營業前途何堪設想。如最近閩幇之三山會館與招商局之糾紛，足以表暴招商局營業方式，係屬於被動之一斑矣。

爲提倡自動營業，而不受任何方面之節制起見，招商局實有自辦類似報關行組織之必要。一方面易被動而爲自動，隨時可創造新的營業；一方面亦可謂深入民間服務，與眞正客商實行接觸，予招商局以機會爲本身之廣告宣傳，力求業務之優良，實施商業化，一掃以前民衆心理上之招商局官僚化現象。自辦報關行，實有百利而無一弊，又何樂而不爲乎。不揣譾陋，謹就歐美通例，參酌國情，特具計劃，分述如後。

二、名稱及其業務

自辦類似報關行之組織，其重要固如上述，然欲予以一適當名稱，實爲難事。若逕名爲招商局報關行，性質顯露，恐易遭報關同業之反對。况該組織擬兼理客運，報關行實有誤解之弊，若用營業所，仿效京滬杭甬鐵路營業之先例，亦欠愜當，不足以顯其代理性質。吾無以名之，可暫名爲「招商局客貨代辦所」，較爲妥善。既能避免報關行之口實，又能確定其創辦性質也。

招商局自設客貨代辦所，其營業項目，不妨仿照歐美航業界之貨物運送及代辦人（Freight forwarders & brokers）先例，參照我國報關行及客票代售處之習慣，辦理下列業務：

（一）代售輪船客票。如有旅客聯運，可兼售鐵路汽車或航空客票，藉以吸引營業。但目前各輪，多行頭二三等買辦包艙制度，此三等客票之出售，固與公司營業無關，欲代售可與買辦接洽，然亦徒費財力，不免間接予買辦制度以一種宜傳。際斯提倡打倒買辦制度聲中，實不應有之現象。若行輪船之業務主任實報實銷制度，如新銘普安等輪者，代售頭二三等客票，固不成問題，即特等不論新舊制，統歸公司自售，則當可由代辦所兼售也。至客票上之供給，事前根據以往之營業狀況，酌定其數量，足敷三月之用（假定三月，係仿照國有鐵路習慣而定）。臨時藉電話之傳遞，作實地之售票。所中必備客票售出登記簿，存票簿，現金簿，解欵簿，數種(其詳細使用手續，另有實施辦法，茲不贅。)每日營業終了，必草一客票售出報告，連同其他業務報告，一併送呈總局總經理鑒核。另備解欵簿，將每日所收現欵，存入指定銀行。代售客票，並不另收手續費，此應行注意者也。

(二)接送行李　查現在輪船碼頭之接送行李，由脚夫工人壟斷，敲詐剝削，無所不爲，旅客常感不便，而尤以輪船旅行爲最痛苦。此種現象，實爲發展輪船營業之暗礁，亟應設法排除，唯一之妙法，苟非賴公司創行汽車接送不辦。大約每件四角，不論遠近，價目一律，以求簡單。至於汽車自備，或另與汽車公司訂定合同，應視公司之經濟狀況而定。爲便利查核此項業務計，所內另備行李接送登記簿，行李接送收據，接日行李接送報告等，其實施辦法另列，茲不贅述。

(三)代貨商報關　現在輪船客商報關，概由報關行代辦。但以積久弊生，以多報少，藉資逃稅，或少付運價，直接得關船公司交受其影響；間接有礙於船公司貨運之名譽。報關手續，事本簡單，今招商局能代辦報關，誠屬易事。且以名譽攸關，果能嚴防於未然，則報關行不正當利益之弊病，自可免除，客商則免受一層剝削，交相稱便，而同時不啻爲輪船貨運業務，作一有力之宣傳。然舉辦此業務以前，易遭同業之嫉妬，其困難問題及解決辦法，容於後段補述之。

(四)代客辦理運貨手續　代辦運貨手續實爲獎勵直接報運之先河。因代辦所，即公司之代表；且不必另收手續費，可免中間人代辦中飽之弊。如另須由汽車接送貨物，則應酌收少數費用，以足成本辦理此項業務，所內又須備提單，准運單，託辦貨物手續簿，報告等；並隨時將運價表，運貨手續指南，以及修改情形，報告素有往來之客商，總以達到直接報運爲目的。

(五)、自動招攬貨物或宜傳客運　矯正已往被動營業，等候營業來臨之習慣，不但應維持原有及競爭他公司之營業，且應創造新的營業。欲其如此，則招攬及廣告尙焉。貨物宜隨時仿遺「跑街」各處攬載。並爲便利各埠辦貨起見，可兼辦旅館業，特別優待，以廣招徠。至於客運，則大事廣告宣傳，郵寄小冊，亦不妨舉行。如有旅客親自或用電話諮詢，總應心平氣和，盡力回答，切不可傲慢，有傷民衆感情，而妨碍公司之名譽。

其他業務，如代定旅館，代辦特產，傭船業務，代辦保險，辦理買賣船舶等，亦可斟酌情形，次第施行。

三、組織及經費

客貨代辦所之組織，應視業務之繁簡及種別而定其大小。初辦時，可用下列組織：

(一)經理，副理，各一人，其職權應與局內營業科相等。營業科爲內勤工作，係直接營業；而代辦所，則代表外勤，間接發展營業，彼此實相輔而行，並無衝突性。爲在商場招攬營業起見，不可不提高其職權。故代辦所經理，應直隸總局總經理，管理全所對內對外一切事務；副理，則協助經理執行事務。其薪水待遇，應與公司科長相同。至於人選，應慎重將事，以有專門學識而操守高尚者爲合格。

(二)辦事員人數，視業務而異。普通應有售票員，行李員，報關員，貨物員，招攬員，或跑街，會計員等十餘人。其中除報關員，須另雇有經驗者充任外，其餘概可由營業科原有員司調充，以節經費，而資熟手。其待遇與公司之科員或練習生相等。

經費一層，初定預算，約月支二千元，分配如下：

一、薪給，一千一百元。

經理，四百元，副理，二百元，事務員十人，每人平均五十元。

一、交際費，二百元。

一、房租，二百五十元

一、事務費，四百五十元。

此項經費，本爲發展營業，謀增加營業收益而用。然亦有相當收入，可資抵補，如代辦手續費及佣金等，假定每日能得六十七元之譜，則收支可以相抵，此其大較也。

四、解除報關行之反對方法

招商局自辦客貨代辦所後，即將遭報關行之反對，自屬意中事。爲避免此項阻碍，不妨先辦客運代理業務，俟有相當基礎，假定半年後，再辦貨物代理業務，同時不妨向報關行業聲明下列各點：

(一)公司自辦代辦所，非欲打倒原有報關行，乃欲於平等自由營業之下，同以服務民衆為目的，實有輔助報關行業之發展，此應聲明者一。

(二)事業以競爭而進步，現加入招商局自辦代辦所，增厚同業勢力，招商局為名譽計，必竭力改良業務，吸引顧客，則報關行業之地位，無形中提高，此應聲明者二。

(三)此次招商局辦理客貨代辦所，係以客運為主，貨運為副，以便利旅行為主要目的，故事實上，並不與報關行營業相衝突，此應聲明者三。

除此聲明外，在此時期，公司若欲舉辦報關或運貨業務，即轉委託熟悉客貨情形之報關行代辦，或與之合作辦理，歷時既久，感情融洽，再行逐漸收回，完全自辦。

五、設立前之籌備

籌備程序，先由總局總經理，將擬具方案，提交理事會議決，然後呈請交通部批准，大約兩星期可以完竣此項手續，再組織籌備委員會，由總經理聘請專員，及指定有關係各科科長或科員數人組織之。籌辦事務，約如下列：

(一)訂定各項客貨代理章則。

(二)擇定所址，最好以市場中心區，如南京路，大世界附近為佳。

(三)訓練人員，以一月為期。

(四)訂立合同，及向海關登記。

(五)預備宣傳品。

(六)佈置公事房。

(七)籌備開幕典禮。

(完)

美國鉄路客運業務之近況與新式旅客列車

曹麗順

美國鐵路之客運營業，自一九二〇年以後，逐漸減色，至最近數年，尤一落千丈。依據統計數字，則一九三三年全美鐵路之延人英里，僅及一九二〇年之百分之二十，而一九三二年之旅客人數，竟比一八九〇年之旅客人數為少。此種情形，適與一九二〇年以前之情形相反，蓋從前之經驗，凡人口日繁，個人之平均財富愈增，則鐵路客運之增加，較之貨運為尤速，是項原則，至今已打破而無餘。

然鐵路客運之減少，非卽一般旅行之減少，而實由於新興工業之競爭，如私有汽車，長途汽車，以至於飛機皆是也。以美國現狀而論，飛機載客能力，目前尚不足重視，長途汽車所奪去之營業，亦不及想像之甚，其足為鐵路最大之勁敵者，乃為一千三百萬輛之私有汽車。今日美國之鐵路人員，持有長期免票，而又自備汽車者，假日旅行遊覽，往往不願乘火車，而以自駕汽車為樂，則其他備有汽車者之心理，更可想而知矣。

鐵路處此種情況之下，固未願甘拜下風，而自認落伍，遂不得不窮思極慮，用種種方法，以謀保持現有之客運，並恢復已失客運之一部份。除營業方面，趨向於減低票價外，於技術方面，尤須謀發揮鐵路之優點，而改革其陳舊不合時宜之處。

鐵路客運業務，所常資為號召者曰安全，舒適，迅速數點是也。安全一點，因鐵路號誌之改進，成績最著，進步最早。如互鎖機，自動號誌，車廂號誌，行車自動控制機等等，使現在之行車安全，已達甚高之點，此固由於鐵路本身之日求改良，非盡關於競爭之故。

從前美國鐵路客車之舒適華麗，必推普爾曼客車，無論其為臥車，客座車，客廳車，眺望車皆屬之。至於普通之客車，所謂Day Coach者，座位固非十分舒適，布置亦未可稱為精美。然五六年來，迭有改革，所有舊式客車，現祇挂用於區間車上。至於往來大城間者，或長途通車，其Day coach之座位，除改用溫軟材料，加重彈性外，復將二人合坐之位置，中加靠手，成爲各別坐位。此外地毯燈光等等布置，亦均不亞於普爾曼式客車。近來又有發明活動椅背之座位，可以竪起後倒，對於正坐斜躺，無不相宜。如係一夜行程，雖不用臥舖，亦得閉目假寐，享睡眠休息之利益。凡此種種改良之處，並不增加旅客負擔，可謂將舒適二字，使之平民化。然上述各項，尙係枝節部份，其最大之進步，要推四年前試驗成功之Air-conditioning。吾人於夏季，一入上海之大影戲院，卽感其涼爽適意，可以意會夏日乘坐美國有此設備之火車之舒快。然此種設備，固不僅使空氣之常保其七十度之溫度，且有濾淸塵灰，調和燥濕之功用。再進一步言之，則客車內空氣之轉換，已不復恃窗戶，而專用此種方法。自此法成功以來，二三年中，推行日廣，羣視爲旅行中舒適方面之大革新，而足爲鐵路吸引旅客之一大特色也。

美國鐵路鑒於汽車之行動敏捷，速度亦高，而飛機之載客，將來又必爲鐵路之勁敵，故對於迅速二字，亦須加以革命的改進，方可以對抗圖存。然鐵路機車與車輛之構造形狀，沿用舊式，久未改良，而蒸汽機力之進步，亦幾達於極點。鐵路界人，乃不得不向其競爭者之汽車與飛機製造業，求所以改良鐵路客運車輛之法。

美國之水蒸機車，其平均最高速度，約爲每小時六十餘英里。當其客運衰落已極之際，德國已造成新式之客車，用流線式形體，及燒油之電動機發生原動力。其國有鐵路所用以行駛於柏林漢堡間者，名Flying Hamburger，其時刻表上之行駛速率，平均爲每小時七十六英里，而實際行駛之最高速率，曾達九九英里。又有依飛機狀態而造成之一客車，名曰Zeppelin on wheels，試驗結果，其速率曾超過每小時一一一英里。在美國最初作是項之試驗者，爲Michigan central railroad 其所造之流線式客車一輛，名Autotram，可以載客四十二人，每小時行八十五英里。

今年開歲以來，美國鐵路界哄動一時之盛事，爲二列新式客車之完成。其改革之程度，與列車之規模，實較以前所造者爲尤大，頓使鐵路界呈現一種新氣象，而社會上對於鐵路前途之觀念，或將因之一變焉。」

上述之二新式旅客列車，一爲Union-Pacific之Train of to-morrow，一爲 Chicago Burlington and Quincy Zephyr 。前者爲普爾曼製車公司所承造，已在二月中，周遊美國各大城，在華盛頓京城，什經羅斯福總統，親臨參觀。後者爲費城 Edward G. budd manufacturing Co. 所承造，已於四月中旬，在該城之木亭文尼亞鐵路車站 Broadstreet station，公開展覽，並將費二月之時期，周行全美各大城，然後在芝加哥百年進步博覽會陳列，供人參觀。

此二列車製造之動機，在採取汽車飛機之特點，一方面增加行車之速率，一方面減低行車之費用。而增加速率，又可分爲二點，一爲改用質輕而堅之材料，使車身之行動靈敏，一爲完全採用流線式樣，以期減少空氣阻力。故兩列車製造之原則，大致相同，至其詳細之處，則各運匠心，自其巧妙也。

此兩列車相同之點，爲完全採取流線式樣，全列車分爲三節，互相聯繫，不能拆離。第一節之前部，係發動力所在，用燒油之電動機，而不用燒煤之水蒸汽機。司機人坐于車之前部，從玻窗中，可見前面及左右兩方，如駕汽車然。此外均有郵車，行李車，客座車，及小食部。座位面前，可以架起長方小桌，將飲食開到座前。窗戶及兩節車身聯接處，均與車身外部，築成緊密之平面，免有凹凸，可以減少風之阻力。即車門供人上下之踏步，亦以活動之機械，使隨車門開出而放下，復隨其關閉而摺起，以完成車身外部光滑之平面。車窗用兩層之保險玻璃，雖遇事變，不至打破，又窗沿加以封閉，不能開啓，至於空氣之流通，則全用 Air-conditioning 之方法。行車速率，可達每小時一百十英里。至於其他設備之新穎，裝潢之簡潔，座位之舒適，皆其餘事焉。

兩列車最大不同之點，在其建築之材料，Train of To-morrow 所用者爲鋁合金，而 Zephyr 所用者爲無銹鋼 (Stainless Steel)，然其質輕而堅強則一，Train of To-morrow 全列車，長二〇四英尺有餘，重量不過八十噸，祇有現在之普爾曼臥車一輛之重量，全車可坐一百十五人。Zephyr 全車長一九六英尺，重九十五噸，座位七十二除郵車外，其行李車兼載捷運包件等，可容重五萬磅之體積。

自此種新式旅客列車建造成功後，可謂在鐵路史上，開一新紀元。而其他鐵路之繼起者，亦必不少，如 Baitimore and Ohio Railroad，即已宣布建造此種列車二列矣。將來行駛之成績果佳，則不特鐵路客運業務之趨勢，可以一變，且於技術工程方面，所生之影響，亦必甚大。即以現在初步之成功觀之，將來之結果，當可爲日見老大之鐵路事業，添一新生命也。

銀價與中國購買力

T. J. Kreps 著
章景瑜 譯

本篇係譯自字林西報節錄 Kreps 氏所著『The Price of Silver and Chinese Purchasing Power』一文該文載於『Quarterly Journal of Economics』

第一章 銀價與中國購買力之重行討論

銀問題之悠久歷史中，又將加入珍奇之一章矣。我等今日又已聽得九十年來對於銀問題之普遍論調，當然其中有許多是更深刻而進步的。此種遊說或似是而非之論議，雖無重述之價值；但近時正有若干商人起而相信銀問題之討論有許多優點而值得重行估價的。

最近銀運動在政治上又獲得更大之重要性。一九三三年七月二十二日印度中國西班牙澳大利加拿大墨西哥比魯與美國成立白銀協定；該協定規定印度中國西班牙從一九三四年一月起四年間須限止出售白銀；其餘各國每年應購買或從市上收回白銀至少三五•〇〇〇•〇〇〇盎斯，美政府允吸收該總額之70%。美總統又於農業改正條例中（Agricultural Adjustment Act）允許戰債中得接受價值二〇〇•〇〇〇•〇〇〇元之銀（每盎斯作價五十生的）；因此一九三三年六月英國政府遂利用此案償付美國一〇•〇〇〇•〇〇〇銀輔幣。

政治的力量

銀問題何以引起如此之政治力量歟？其理由不難探索。因產銀區域爲西部七州—Ltah, Idaho, Arizona, Montana, Nerade, Colorado, and New Mexico。在議院中該七州之議員占七分之一之投票權，站於衝要之地位上；結果最近有二十件以上關於銀的提案待決於國會。雖產銀各州之總人口尚不及 New Jersey 一州之人口，雖一九二九年從事於銀工業之人民不滿三千人：但合衆國之政治領袖頓覺倘欲獲得有力而重要的政治扶助，則『對銀有所舉動』是有利的。於是銀運動得以成功，引起社會上對於銀問題之絕大注意。

銀問題之愈顯嚴重，尚有其他理由；大部分的理由與九十年來之動因前後相似，而最後之分析可歸束於急切需要一種貨幣澎脹。但尚有一特種原因須待敘述而詳加討論者，因此原因爲銀運動具體化之最大動力也。此原因爲何？卽最近銀價跌落，使東方人民購買力減少也。

中國之方法

此問題之大前提爲用銀者—卽中國人民。彼等買進口貨和付外債並不以出口貨之收款與外欠相抵，彼等乃直接用金償付而間接仍用銀償付。中國幾可謂用銀來付每年大量輸入的銀。『銀是他們財富和購買力之量器，銀是他們的準備金，銀是他們的銀行賬目，銀是他們的財富，使彼等能購買我們的出口貨。』

此問題之小前提爲銀價與銀匯兌率之跌落。前Ltae州州長現任戰事部長 Dern 君曾謂：『中國不能由外國購買，因向外國購貨要付金圓，與一九二八年較要用兩倍的銀才抵到這多的金，來購買Puget Sound地方之木料，美國南部之煙草與棉花，或北部工業區域之製造品』。故美國國會某次特種會議中曾得一結論謂：『東方十萬萬人民分處於中國印度馬來羣島及墨西哥者，他們購買力之三分之二已被剝奪』(事實祇中國香港麥加西藏用銀作本位幣但無須注意)

按以上所舉出購買力之減低，當然引起種種可怕之影響；不特影響東方，且影響於美國者至大也。對於東方之影響則美國國會經濟委員會曾謂：『銀價跌落對於印度與中國之影響，在未及最大危機時，不易見到，銀幣價格之驟落，將使商業停頓，各省饑荒，百萬人口死亡。』但現在所昭示者，中國反能得到相當之繁榮。

普遍之呼聲

，對於購買力一事，則一般商人及於流行商業文學有興趣之政治家，常有一普遍的呼聲。太平洋沿岸一軍事長官曾謂：『太平洋沿岸商務之繁興，端待重得我們慘落之國外貿易；而國外貿易之振興，全賴東方人民之購買力—尤其是中國與印度。但此等國家購買力之增加，則有待於銀價之恢復，及銀與金間有一固定之比率也。』

此種意見很確定地已被洛杉磯一帶及西部各州商人之採納。其事實可見之於各商業團體之議決案。如合衆國商會西方支部貿易社西方支部銀行公會西方支部等是。此種議論又經議員畢德們在世界經濟會議中反覆申論。即一般經濟學者亦贊助此種觀念：例如。Hollander 教授宣稱『近年來銀的崩潰，即表示中國購買力的薄弱，投資之毀壞，與夫龐大民衆的國家政治方面和國際方面之不安定……倘此後銀價能增加一倍，則余想像中國必能建設一穩定之政府，必能向美國購進大量貨物，且能利用美國資本投資。』從種種理由觀察，今姑不論；則此種論議雖似有理，實屬誤解。彼等實漠視以下之事實：須知中國在外國市場之購買力，全賴中國自己出口貨之價值與數量及其他債權。須知在此不景氣時期，美國輸入之華貨較中國購買之美貨，其數量減少更甚。須知美國對遠東之出口貿易，遠較對德意及其他金本位國之出口貿易為優勝。故倍增銀價，徒使吾國愈形不景氣耳。

真正問題尚無解答

真正問題仍無解答。倘銀價跌落影響於中國之物價商業及購買力者不致如各家所述之甚；但銀價跌落，究於三者有何影響乎？設有影響，其程度如何？設以美國各家之觀念為錯誤，則真情形為何？余此作即擬描寫自一九二六至一九三二年間中國之經濟情形。共分四目：(一)中國是否為銀本位國？(二)照中國情形，可否視銀賤為果而不為因？(三)最近銀價之漲落，於中國國內物價進口物價及出口物價，影響到若何程度？(四)中國人民自身對銀問題有何動作？

第二章　中國之特殊地位

中國係採用銀本位，雖經銀贊助人所默認；但余等知中國採用銀本位，並不與美國採用金本位以前之銀本位有同樣狀態。銀的情勢在中國是時時變化的；自一九一一年以來，迄未有一中央權力機關，來管理全國以固定價格買賣大量白銀；且亦未努力使各種其他金屬貨幣及流通紙幣以法定價格兌換銀幣。故各權威者咸承認：『中國不能說是在某一個本位上。』

中國不僅為一國家而為一大陸(如歐洲)。每省每地各有其通用銀幣銅幣與紙幣。設列舉解釋之，將費去若干篇幅。第一，中國有各國紙幣，為各地軍事長官所發行者；其數量以最重要之奉天票一項而論，自一九二四年至一九三一年，平均由每百元一七六•五一增至每百元六一九四•九九。除政府紙幣外，尚有大量票券，或為中外私立銀行所發行，或為工廠公用事業及商會所發行；甚至理髮店有時亦能發行鈔票。事實上Kann氏估計中國可用之銀，未曾超過中國通行紙幣之百分之三。在他方面Kann氏又觀察到『中國紙幣發行權及市面流通之銀行鈔票之狀況，可說是紛亂無比。』

銀幣與其重量

同樣紊亂的是銀幣之種類與其重量。兩雖爲通行重量單位；而迄今仍有一百七十種銀幣，其重量各地相異。此外尚有元寶大錢小錢及無數種中外銀圓，重量不一，成色不一，流通區域不一。

由中國各地所用之通貨方面，不特可獲得國內政府興仆之記錄，且可獲得各個外國權力侵入之遺跡。每最高權力，當得勢時卽可發行通貨流轉市面。如南京國民政府以孫文銀圓爲權力區域內財政上及銀行交易之法定單位。國民政府頗努力於幣制之統一。明定圓之重量爲二六．六九七一格蘭姆純銀．八八〇。一九三二年八月令各省造幣廠（約十個）取消以兩作單位；進出口貿易廢除海關兩；取締元寶作交易媒介。國民政府又建造一世界最大之造幣廠；一九三三年三月一號開姑鼓鑄。一九三三年四月政府又徵收$2\frac{1}{2}$%之銀出口稅。但以前各政府所發行之通貨：淸代之龍洋，及袁世凱銀圓民國銀圓等仍流通市面。中國人民之90%爲不識字之農民，彼等對於貨物之認識，每以牌子老不老爲標準，彼等對於貨幣，亦有同樣觀念。不論在長江流域，在滿洲，在[illegible]盤踞區域，其流行通貨皆爲經濟上政治上得失之遺跡。

中國無銀本位

中國事實上雖大都用銀條及銀元寶作交易之媒介；但不能卽謂中國係銀本位國家。銅元，當十銅元，當二十銅元，銅角，銅票等，皆仍大量通用於中國商市上。此等銅元並非輔幣，不能在一固定比率自由兌換銀幣，其流通價値純以本身之金屬價値爲根據。此等銅元組成交易之媒介，及普通人民之賬款。中國內部恐有四分之三的農人店主與工人，從未用過銀幣，或竟未見過銀幣。零售價格均以銅元開價；農人工人之工資均以銅元計算。中國內部各省數百萬工人之工資，據一九二五年統計，大約每日由八十枚銅元至一百二十銅元之譜。（約七百二十枚銅元等於美金一元）銅元由數十造幣廠競相鑄造，有時在一城中竟有四處之多；尤以Kalgam一地爲甚，該處以銅元券發軍餉，兵士卽以銅元券向商人脅購各種貨品。僞造私運投機之事，尤層出不窮。

通貨如此複雜之結果，致較大之城市兌換店有數百所之多。此等兌換店爲統一幣制之最大阻礙。兌換店之利益甚大。中國有一成語，謂十次兌換，足以消去一人之資本；一旅行者動身時攜帶盤費甚多，設於每經一地將盤費兌換一次，則在距離不甚長之行程終點，此人不能賸餘分文。

『中國因國內匯兌之紊亂使普通國外匯兌如幼稚園問題同樣紛擾』。

兌換店兌換率之根據

兌換店兌換市面根據：即在金屬通貨間之兌換，亦不甚明瞭。銅元之價值，大都以其所含銅貨爲準。但不僅須視銀價與銅價之關係，（銅價於一九三〇年三月跌落較銀價跌落二倍）且須視銅元之需求如何，銅元鑄造融化之限制如何；有時軍事強迫情形亦爲決定銅元價值之分子。再者即在上海銅元亦已跌價；一九二八年每上海兩單位之銅元曲線升高之理由，即表示銀貴銅賤，海關徵收禁運銅元出口稅及湖北河南銅價之跌落。但此種影響，由來已久。上海銀兩與銅元之兌換率，在一九〇五年至一九二四年由一，一〇〇升至二七五，一九二六年升至三六三，一九三二年升至四一〇。

通貨複雜之又一結果，使主要省分如四川河北等省，存有二個或三個獨立的物價水準，以銀計算的，以銅計算的，及以紙幣計算的。即在天津北京兩大商埠間，其物價水準亦互異。例如一九二六年至一九二九年間，每年平均銅價由一三，八生的升至一七，八生的（或升高百分之二九），同時每年平均銀價跌落百分之十四，天津之生活程度，以銅元計算，不特未減低且升高，較以銀計算之生活程度升高一倍，即後者升高一八，六%而前者升高四四%也。

事實之引證

故堅持中國係銀本位國家說之差誤甚明。商在大商埠中零售交易各種物價雖常受銀價之影響；而零售物價仍以銅與銀兩者開價。前者對於苦力，後者對於外人及上等華人。而中國內部恐祇用銅。事實上軍事區域內均有鉅額之兌現券不兌現券及銅元券流行市面；而且各種地方商業稅——如厘金，附加稅，貨物稅，鐵路貨運稅，到達稅等，對決定物價之伸縮性甚大；至少在一九三一年一月一日以前是這樣的。

結果『各地市場之物價水準相差甚大；而同一市場，在相異時間內，相差亦甚大。』總之因中國經濟組織之散漫，故中國對於銀價變遷之感應性，不僅各地感應程度深淺不同，且大部地方對於銀價變遷，竟無所謂感應也。

第三章 華人視銀爲財寶與通貨問題之關係

華人不但用銀作通貨，且視銀爲財寶。歷代風俗習慣相承，凡農人及小康之家，皆喜貯藏生銀或銀飾；因缺乏銀行設備，又無投資思想，且以備洪水饑旱之虞也。

中國所貯銀總數，據各家統計，約有一，六〇〇，〇〇〇，〇〇〇至五，〇〇〇，〇〇〇，〇〇〇盎斯。就中以耿愛德(E. Kann)氏之統計爲最可靠，彼謂全國藏銀總數約有二，〇〇〇，〇〇〇，〇〇〇盎斯，其中上海有五三〇，〇〇〇，〇〇〇盎斯，漢口約一五〇，〇〇〇，〇〇〇盎斯，滿州與天津各存一〇〇，〇〇〇，〇〇〇盎斯。餘則散存中國內部，於此二，〇〇〇，〇〇〇，〇〇〇盎斯總額中，有二分之一至三分之二係銀幣，銀元寶，及銀條，其餘七〇〇，〇〇〇，〇〇〇盎斯至二，七〇〇，〇〇〇，〇〇〇盎斯之最大額，皆爲銀飾物。

不特藏銀總數無準確統計可靠，即每年藏銀額增加之百分率，亦無從確定。估計之銀輸入額中約有98%，絕跡市面而被貯藏。

銀飾投資

以銀飾論，則作爲儲藏之範圍，大可討辯。銀飾決不能視爲日常進款之主要來源；正如美國不以金葉金圈金錶作爲藏金同。飾物之價值，常與宗教上及社會的影響相聯；故鎔去飾物之動機，不僅因銀價關係，而大部因宗教的或社會的關係。饑荒革命常引起人民鎔去大量銀飾。但中國人民之銀飾，普通並不能如美國人以結婚戒指及家傳寶物能立刻換成日常購買力。總之中國所存銀飾，如上述由最小額七〇〇，〇〇〇，〇〇〇盎斯至最大額二，七〇〇，〇〇〇，〇〇〇盎斯之市價，與中國購買、花木料與別種進口貨無甚影響。當此鉅額銀飾未鎔化之時，則銀價可謂與中國民衆之購買力，無直接影響。

銀價上漲，祇能增加中國購物能力於極有限的範圍，即中國或能與美國生產者競爭輸出此金屬是也。此種售出，大部由於中國銀行家及資本家；因彼等乃主要蓄銀家，彼等自須以輸出之銀轉購該處之生產品。但此種生產品不能必爲棉織物，或其他大宗生產品也。且更不能必其將輸銀所得，盡費於美國。雖由三角貿易，我國輸出能受其利，但在美國何處具此隱伏的需要——需要大量銀以供給輸出之鼓勵歟？且提高中國銀通貨之價格，對於中國購買力而種種影響甚微。而當不景氣期間，金元價格之驟漲，影響於美國購買方面者甚大也。

銀——當作物品

銀爲一種物品；則國際貿易上銀價之決定與其他金屬同。即亦緊於國際的供求與需要之力也。據此，因中國爲需銀主要國家，則中國情形，將大部以其現在境況爲轉移。有此可能，將盡行破壞美國銀運動人物之觀念，故不能不深切觀察也。

一九二六——一九三二間，在國際銀市場中，中國爲唯一重要出路。彼之輸入額平均占全世界銀產額三分之一有奇。美國生銀產者之困難，如無中國之助，其嚴重將更不堪。事實上由經濟眼光觀，上海為世界主要購銀市場；倫敦居中間地位站於衝要的經濟交叉道上，全世界銀之流動，在彼處便於衡量而操縱；紐約無疑地為售銀市場。但上海更為銀匯兌，生銀及金條之投機中心；上海市場之廣泛，使於投機者非常有利，上海生銀與銀匯兌之供求，能自由找得一競爭的平衡。要之上海為決定銀價格之市場。

當吾人憶及銀之來源大部分不外鉛銅鋅金等鑛之副產物時，則中國需銀之影響的重要更能明瞭。銀價即以每盎斯值五角論，近年世界銀產額之百分之廿四為鋁鑛之副產，（鉛每磅值六元六角），百分之十四為銅鑛之副產，（銅每磅十八角）百分之七由鋅鑛得來，（鋅每磅六元四角）百分之五由金鑛得來，（金每盎斯值二○，六七元）銀產額與銀價可謂有相逆的感應。銀產額與別種金屬之需求正比，亦即與普通商業情形成正比。故當銀價由一二二元每盎斯驟落至一六五元每盎斯時，世界銀產額於一九二三——二九年間增至前所未有之高峯。在南美墨西哥加路拉大南伐大等處，皆有銀鑛的驚人發現。故銀生產之真時期，不在一四九三——一八九三年間，而在一八九三以後工業化最盛時代。在此四十年中，銀之開採，實較以前四百年之開採為多也。

非鐵工業

故銀之總供給，大部分繫於其他非鐵金屬工業之活動。而每日市場上銀之總供給，大概與政府貨幣政策之變化相對。因銀之供給與物價之關係甚小，故銀之邊際效用，乃決定銀價之重要因子也。即銀之需要（統計眼光觀察）不變，銀價仍多少跌落，（自一八九○年始）因銀產量突增之故。但近年來工業上銀之消費較連年戰時，減少一半。在一九二九年祗一，○○○，○○○，○○○盎斯，而一九一一年時銀消耗為一四○，○○○，○○○，○○○盎斯。

最近銀價之跌落，一部分僅為長期傾向之繼續，一部分特依時機而言，亦系受剝奪貨幣資格而出售之影響。此等原因之影響，可立刻過言之。（確實美國之銀生產人常如此）倘當我等擴大其注意自印度而至全世界，造幣上銀之純消費較戰前減少甚微；在一九二七至一九三一年每年平均消耗七三，七四○，○○○盎斯。故最近銀價的加速度之跌落，恐尚有其他影響在，非銀供給之關係，而為銀需要之關係也。

就中國而論，祗須略察其一九二六——一九三二年間之政治經濟情形，即足解釋銀價狂跌之故。連續不斷之內戰，實足影響中國匯兌之貸借雙方，尤其是影響輸出與輸入。

貸方

於貨方言，則戰事逼農民流爲盜賊匪冦，使工廠停頓，軍事勒索之苛，商業凋疲，農產物大減，擾亂交通機關，不特減少中國主要輸出之農產剩餘品如大豆 wilk，雞蛋，花生，高粱棉系皮，胡蔴 sesammn 等，且增加輸運此等貨物至市場之困難，戰事又阻礙新的外國投資。

但軍事並非使中國輸出墮落之唯一原因。中國農民（古全國人口百分之八七）與其他農業生產者實同受美國及其他製造國家對於原料之需要的降落。『美國對華輸出價值微跌而數量增加，旣甚顯明。同時我國由華輸入品亦跌減價值與我由別國輸入居同樣比率。中國銀的現狀有利於美國購進之事實，卽表示銀價暴跌之原因，爲美國經濟不景氣所致。』其他事故，足以減少中國輸出者，爲旱災與水災，如一九三一年長江空前大水災，被災區域之大，與不列顚或紐約全州相等，災民達二三，〇〇〇，〇〇〇人。

內戰

若言及中國國際財政之借方，我等又須首先提到中國不斷的內戰。內戰直接或間接鼓勵輸入；直接鼓勵軍用品食品原料及種種軍用物之輸入，間接使國內供給缺乏及通貨膨脹。

一九三一年中國物價升高之原因，可分數點論述。但各種意見，可分成二派：

其一就加於之中國外力言，尤著重銀價之跌落。（此端將於下節詳論）。

其二着眼於中國內部問題。第二派意見謂，中國內部不安定，使現銀流入不在戰事區域內之各條約港商埠，正與世界大戰時現銀流入美國居同樣原因及狀態。如上海一埠存銀，自一九二六年一月一日至一九三三年一月一日統計竟由一〇二，〇〇〇，〇〇〇盎斯增至三二一，九三〇，〇〇〇盎斯之多。但『海港地之存銀過多，內部卽剝去種種供給。』內部物價之漲，因缺乏貨物。而港埠物價漲高，因現銀過剩。總之一九二六——三一期間之中國，正如大戰時歐美物價膨脹等。

軍用原料

戰事一來，軍用原料及必需品之需要，卽無厭足。且以發行紙幣爲唯一財源。內部發行不兌現紙幣，條約港則以銀爲基金，政府公債亦不斷發行。南京政府四年中已發行公債額一，〇〇〇，〇〇〇，〇〇〇元有奇；其中有三〇〇，〇〇〇，〇〇〇均發行於一九三一年。『正如聯邦準備銀行情形相同，中國銀行在各種間接壓力之下，購買政府公債　銀行乃不得不膨大鈔票發行，形成普遍之通貨膨脹』。

結果條約港雖仍爲銀基礎，亦如美國在戰時爲金基礎，在末年享到非常之繁榮；同時有非常的投機事業。地產大漲價；尤其是上海。（租界地地價在一九二〇年爲二〇〇，〇〇〇，〇〇〇上海兩至一九二九年漲至六〇〇，〇〇〇，〇〇〇兩）中國小工廠勃興；（表示中國輸入原料多於製造品）金條與國外匯兌之投機狂。美國商務部曾有言曰：『銀滙兌之低落，證明鼓勵建設事業與地產經營』。輸入較前數年爲大，尤其是棉煙草小麥麵粉鋼鐵等項，與某種建造與工業設備。工業上中國已在大大擴充，尤以棉織毛織及若干小工廠及機器店之設置爲顯明。『幾乎每省皆趨於建設活動。歷史上恐未有若今日的中國能同時復興這多城市的。』

輸入商品

但商品輸入額之增加，固不僅因戰爭頻興，而使中國爲良好銷售市場；亦更不因缺之戰事而致。一部分乃因中國近年努力於城市工業制度交通事業——公路之現代化。中國鑒於鄰國之軍事及工業效率之驚人，爲欲維持固有文化及領土完整，深感非努力現代化不爲功。且城市中富有之華人，已不再以其餘利購銀儲藏，彼等用以購西方設置，來從事紡織麵粉紙煙電燈電氣等生產事業，更從事築路修街，以改善個人及國家之生活。銀價在暴跌，而工業化，城市文明化，現代化，在使輸入空前突增。

由上述使人們預料在近年來中國輸入物增加更快，或中國輸入物之減少將遠慢於輸出物之減少。亦可謂中國將爲向上的入超國。中國確已在此種情形之下。輸出與輸入之比，按海關兩計，一九二七年爲，九〇，一九二八年，八三，一九二九，八〇，一九三〇，六八，一九三一，六三，一九三二，四七，入超額於一九二七——三二年間由九四，〇〇〇，〇〇〇海關兩升至五五七，〇〇〇，〇〇〇海關兩。理論上吾人以爲銀匯兌低落，能鼓勵出口，限制進口。今得相反之結果，蓋直接由於戰事，貨幣膨脹，及現代化之關係也。

在壓力之下

由一九二七以來，「中國匯兌常受壓迫甚明。人欠總額不敵欠人總額，雖尙不足完全制止中國賣買現銀之能力。」中國匯價與銀價同時下跌，以滿足用金國與用銀國需要之等式。其秩序似爲西洋金價下跌，中國現代化，中國貿易入超愈劇，銀匯兌跌落，銀價乃跌。

反對方面，當美國日本及其他中國顧客能購相當數量之中國產品，當世界經濟情形允許國際物價上升，使中國匯兌到一相當數目，當戰時膨脹貨幣需要成爲過去，當工業化現代化能到自行籌資及自行製造，則中國匯兌壓力減輕，銀價乃能上升。雖恢復繁榮，可表示生產增加。故不特中國購買力不賴於銀價，而銀價之變動，乃大部分係於中國的購買力耳。

第四章 銀價跌落對於中國物價之各種影響

但銀價之跌落，亦非全部是一個因變數 在通商海港物價組織所受銀行變化之影響，其程序約略如下：最初影響外匯，次則進口物價，次則由進口原料所製成之熟貨物價，於是及於躉售物價，零售物價，及一般生活費用與工資，最終達於出口物價。就中國內地言，不論銀價之變動與該地物價有無影響，即有影響，亦不一致。相隔一城，其相異甚大。據南京政府之調查，謂二十二個城市中，八個城市之工資高於物價，而其餘十四個城市，則物價高於工資。但無論如何工資物價都屬上漲無疑。前者平均上漲35%，後者平均上漲41%。當表格中指示幾城市的物價與工資在短短四年中均有非常之騰躍，余等應注意各該城市所用之某年雖同，而各城市之通貨則互異。且各城市對於勞工通貨貨物之供求，亦不一致。總之在中國內部，銀價對物價工資之影響，均不一致。

中國之物價因銀價變動所受之種種影響，即有可靠之統計，亦不易求得詳細之分析。況中國除於上海天津廣州三地外，亦無滿意之常年統計。南京漢口青島三地之統計，亦祇自一九三〇以後可靠。因此銀價對於中國之影響，祇可由少數城市之經濟狀況觀察之。此等少數城市，即係治外法權所達之區域，有多數外人居住，及大部受外人管轄之區域也。而此等城市中以上海爲最重要。今即就上海之經濟統計詳考之

金條

金條價格以上海銀兩計算，（即匯兌率與銀價之倒數）升漲最先亦最劇。次則進口貨價上升，但不甚劇。次則物價水準上漲，更不甚劇。最後及於出口物價，但影響更微矣。由一九二九一九三〇一九三一年間，四者之動向極符合。但一九三二年則爲例外。價值美金二四〇元之每一金條單位之價格，由二月至十二月，由六四六．八上海兩漲至八〇九．四兩。而躉售物價指數反繼續暴落。此種暴落，始於一九三一年九月日人侵滿發生時期，而繼續至十一月，當時銀價上漲20%。但一九三二年銀價之跌落，幾無影響。出口物價跌落幾至10%，落過一九二六年之水準，當時銀價較一九三二年約高二倍。躉售物價祇微高於一九二七年之水準。倘一九二九，一九三〇，一九三一間物價之上漲，由於銀

價之低落。則何以此種影響，不見於一九三二年乎？

欲謀解答，實非易易；除非承認銀價之變動在任何時期對於物價無主要策動力。中國國定稅則委員會，對於一九三二年出口物價及躉售物價之繼續下跌，曾作下例之解釋：(一)外國米麥麵粉棉花煤等之大量輸入。(二)本年國內農產豐收，致農產物過剩；而人民購買力則因國內國外之不安定，而減少。此種解釋若用以推考一九三一年四種物價之上漲，亦正符合。該年一月一號國民政府實行關稅自主，進口物價指數卽騰漲十四鎊音，躉售物價指數漲六鎊音。稅則委員會亦述及各物供給之短少，由於水災及其他災禍，此爲對於此期中物價漲落之一般解釋；而絕少論及銀價也。戰事之影響，亦常爲人論及。謂『出口貨因戰事及共禍受到影響時，則國貨價格上升，結果指數亦上升。』

進口物價指數

進口物價指數之升高，當然大部分爲銀匯低落之結果。但中國之國外貿易，祇占全國貿易之3%。進口物價騰漲，對於通商口岸之外人雖屬重要，而於中國內部之物價組織，影響甚微。國內物價漲20%，出口物價漲10%，兩者在1932年又同時下降。此種事實固亦由於一熟習之原理，卽滙兌率降落，使進口貨價提高，出口貨價變賤，於是國內物價與工資升騰。但除此理由外，尚有其他原因，須加以考慮者。

國內物價升降之其他原因，甚易指出。一九三〇年一九三一年間金屬品與建築原料價格之高漲，因上海建築事業特然蓬勃；而此種發展，蓋由於內地富戶皆遷居上海故也。一九三一年糧食漲價，則由於江蘇安徽湖南湖北被水災，致稻穀全沒也。於是如Seasmmseed與groind nut kernels之價格亦推高。最可注意者，爲占中國進口貨最大成份之紡織物品。（一九三〇年占24%）其物價水準，低於一九二九—一九三二年間之平均價甚多，該期銀價暴跌最劇。進口穀物亦有同樣趨勢。一九三一年國內化學藥品之突漲，則表示美德英化學藥品事業獵取中國市場劇烈之競爭告一終結。但須注意化學藥品價格仍較一九二一年爲高，當時銀價爲一九三一年之二倍。一九三一年燃料價格與金屬價格之高漲，亦大部由於水災內戰，致供給驟短之故。但須注意現在物價低落之非常趨勢已發生。此或由於最近銀價之突漲乎？

出口物價指數與進口物價指數之崩潰，顯示一九三二年降落26%至一九三三年八月底又續跌10%，對於消費物品跌落十三磅音。固定稅則委員會作解釋謂：重量貨品如紅茶綠茶棉花等之跌價，亦由於需求蕭條，或由於成本減輕。羊毛與牲畜產品之跌價，亦由於需求減少，國煤與煤屑減價係與日人競爭所致。祇鐵產物，其進出口價格漲落相同。我等要注意者，不問最近銀價如何高漲，祇有鑛產，牲畜產品之出口價格增加；而其他項目之破產，自一九三一年開始後迄未停止也。

各種理由

銀價降落，或因受中國匯率之壓力所致。此種壓力 在一九二九一九三〇一九三一年間，則由於國內不安，商業分裂，通貨澎漲而來。一九三二年出口物價疲弱，或由於國內豐收之故 一九三二年中國預算相抵，亦多少有些影響。結果出口貨之銀價。較前數年更跌。下跌的出口物價，與中國對現代化實業化必須用的器械之急切需要，減少銀之需要；再加進口物價高漲，造成軟弱之銀匯率。注意一九三〇生活費大跌，一九三一年亦無升騰現象。

第五章　結論

銀價對於中國購買力種種觀念之爭論，實係國際的，而非中國的。中國祇有少數人與美國產銀者具同樣觀念。此少數人或為實業與證券之投資者，彼等接受及消費其紅利利潤於用金國家。（但彼等所受之痛苦，較美國證券商地產商遠輕 ）或為持有大量銀價證券之人，彼等常願所持之券能漲價。

就大部中國人民之意見言。中國之幣制問題，不在於對銀有所動作，而在於如何方能統一中國幣制。上面已述及中國國民政府已在開始統制貨幣政策。今希望能立即有一幣制單位，同時能管轄輔幣之鑄造，尤其對於發行紙幣，授權於中央銀行，使銀輔幣有固定價值，而使軍閥無發行紙幣之權，使其他發行機關可受同樣之統制。取銷兌換店。此乃中國真正當前之貨幣問題也。

吾人當言穩定價格，中國人民將問穩定何物乎。則有三種主要可能性：即穩定金的銀價值，外國通貨的銀價值，及貨物的銀價值是也。

可能性

第一種可能性是不需要的，亦是不可能的。欲使中國物價與金價聯在一起，則將強迫中國之經濟組織降服於美國所受金價漲落之種種騷擾中。要知中國係處於另一幣制之島上，與世界其餘各國經濟的降起，有相當之隔絕者也。

注意一九二一年後中國躉售物價迄甚平穩。當然中國不用金本位，其弊甚多。如絕端必需之進口物價大漲。中國財政部要以兩倍之銀元來償付外債本息。但進口稅之徵金，其進口貨量比較穩定 且金本位本身，亦不足減輕債負也

例如在美國需要之稅銀相同，而欲得此數，困難培增於中國

。中國政府並未因金債額而處於惡劣之境遇。以觀中國政府人民兩方面能舉鉅量銀內債，則知中國政府不採用金本位，反能處較優之境遇。且欲積一充足之金基金以爲採取金本位之預備，對中國不但不可能；就別國立場言亦屬不需要，國內或國際間，亦已不容再有金的爭奪者產生。更者英美皆有不克支持金本位之勢力，而何以中國反欲嘗試乎？

不利之點

中國如採用金匯兌本位，不特將發生與採取金本位同樣之不利；且於選擇何國通貨作匯兌本位，甚感困難。不用說，日元，英鎊，美圓，對於外國貿易最重要之三種通貨，都合資格。法郎與荷蘭幣則不穩定，而法荷幣制於中國國外貿易無甚關係，亦決不致採用該二幣者也。

但卽採擇美元日元英鎊三者之一作匯兌本位。將使中國銀圓永受異國或敵國國內政治之牽掣。倘中國以日元爲匯兌本位，則華圓於一九三一年十二月必暴跌，較在銀本位時更劇。因中國之三省被日人所剝奪也。結果抵貨運動及對日貿易停頓，將使維持華元日元之匯兌率更感困難。

提議中國以貨物來穩定通貨，此說尚未有多人討論，因種種不可能之原因在也。中國缺乏統制全國幣制之中央權力；缺乏國家利用國家管轄之銀行制度；地域散漫，地方稅收制度之散漫；運輸費昂貴，躉售物價指數之不可靠：凡此皆顯示此說之不可能。今且舉一有趣之事實，卽天津生活程度，在一九三二時與在一九二六時相同；而北平生活程度，在一九三二時確較一九二七年時跌落10%。又自一九二一年以來，上海天津廣州之躉售物價，並未劇烈變遷。與世界其餘各國較，中國物價確屬穩定得多。西方通貨需要穩定購買力，實較中國爲急切也。

一致的問題

外人對於銀問題之種種解答，對於中國均無甚價值。中國之主要問題，乃統一通貨問題。從各方面，我等常聽得下列種種論調：「由中國立場言，幣制改革問題與銀問題並非一事。」「如余爲中國銀行家或政治家，則余不願中國永爲銀之傾銷市場。此言若對；則中國之公共意見，將趨向採用限止或禁止銀進口之辦法」「倘中國之出口貿易能發展，則中國自身能解決本國之銀問題」「因世界其餘各國不能常度的購買中國貨物，當然中國購買力亦相當的減弱。……除非外國能增加向中國購買，則外國實無理由向中國推廣市場；大部人民之購買力，（祇限於輸入品）將永趨減縮。」

然則對於篇首所列，理論方面上的問題，將如何解答乎？銀價漲落與中國物價及商業究有何種確切關係乎？事實究如何乎？此種事實將如何解釋乎？

事實殊明瞭。中國自一九二六年起用銀作本位幣，只限於通商大部；其他各地仍用銅幣，以其所含金屬值來交換銀。任何區域皆有大量紙幣發行，常爲軍事當局所發行。此時期內統計表上躉售物價進口物價之曲線，雖各地不同，恐皆有同樣之動向，同時向上，或同時向下；雖其向上向下之程度各有深淺。倘以一九二六年之匯兌率進口物價躉售物價出口物價間之關係視爲平衡；則以上海爲代表，現在四者之關係爲在不平衡狀態。蓋現在躉售物價幾與一九二六年時相同，匯兌率較一九二六時平均率高兩倍，進口物價較一九二六年時之平均價高25%，而出口物價則較一九二六時平均價低20%。此種關係應鼓勵出口而限止進口；乃每年入超甚鉅。此等事實均應解釋者也。

釋解

對於上列事實之解釋，不止一種。其中有兩種解釋，最具興味。

第一種解釋，爲一般熟習經濟文學者所見到。彼等謂東方爲貴金屬之漏洞Sinkhole按此則。銀之進口在此短短七年中，對中國國內物價將無特別影響。數十年中中國物價之趨勢將穩定的向上。但因中國經濟組織之散漫，中國人民對於物價變遷所受之感應甚少，國內物價工資及出口物價之變遷，均不足以激起中國人民來鼓勵出口，限止進口，及減少銀之流入。換言之銀變爲一種有某種用途之貨物，受普通供求律之支配。中國爲最重要之市場，恐亦爲決定價格之市場。銀爲副產物，銀價之漲落，全以中國之債貨兩方之關係爲轉移。

此種意見頗具理由。因中國內戰及水災，國外經濟不景氣，對於中國物品之需要減縮；及世界原料價格之暴跌故中國以出口貨換得之款項甚小。一方面中國對於軍火及現代設備之需要仍大。國內因戰爭而出產減少；內地紙幣銅幣充斥；通商口岸因戰事反致繁榮；幾種進口製造品之價格仍未下跌；使中國對輸入品付出之銀元額未曾減縮；中國外匯迄未回漲；中國人民已無多能力，且亦不願購銀；因銀之效用，銀之價格，皆已跌落也。

自變數

第二種解釋雖亦成立，但余以爲不甚重要。此種解釋，以銀價之跌落爲自變數。匯兌率當然以銀的金值爲轉移；國際貨品的銀價自亦最初受到影響；國內物價所受影響，似最迂緩。但事實上證明，除一九三二年爲例外，進口物價與匯兌率處同一情形；但躉售物價卽在上海亦未達一較高水準；而出口物價自一九三〇年春季始，的確下落。此或爲此處所研究之時期太短，不足以得到所希望之結果。再歷數年如銀價仍跌，出口物價，躉售物價或能增加也。

即使如此，倘中國銀匯之金值，因政府幣制專家之設計得以升高，以求中國通貨之國際價值最先計高。倘此後努力抬高全國物價至一定程度。但余敢謂四年之努力，亦將一無所得耳！觀一九二九年三月各種指數不著若干；一九三三年後銀匯之金值仍係前數之兩倍，而進口物價只漲25%至30%，躉售物價無甚變易；口物出價則確跌18%。故余等可得一結論影響中國物價及商業之因子，除銀匯兌率及銀價外，尚有若干重要原因在也。

對於銀有所設施，　於中國購買力及美國出口均將無甚效果也。

內國庫劵投資得息合算法

茅於文

國民政府成立以來，發行內國公債庫劵數額達十萬萬元。工商界以及個人或團體，均有此項投資。但對於計算之方法，大都出之估計，甚少精確之計算。僅知照此種市價購入或售出，但不知所得報酬之利率為何。因此往往購買庫劵之利益，反小於他種投資，誠屬憾事！查內國庫劵發行之辦法，係本金按月還攤，利隨本減。而攤還之成數，又多非平均一律，有數十個月還千分之十，有數十個月還千分之十五，有數十個月還千分之二十等。故計算方法，須照自己所出之價，計算所合之利率。其計算法有五種：(一)上海市銀行及交易所通用之計算法，(二)近視價計算法，(三)比例計算法，(四)簡單公式計算法。(五)雙重比例計算法，

茲請以二十年鹽稅庫劵為例以說明之。查該庫劵發行總額計國幣八千萬元，分一百一十七個月還清，利率按年六厘，即月息半厘，利隨本減。於民國二十年八月發行，自民國二十一年二月至民國二十四年一月止，每月底還本利三十二萬元。自民國二十四年二月至同年七月止，每月底還本利四十一萬六千零五元。自民國二十四年八月至民國廿五年一月止，每月底還本利四十四萬八千元。自民國廿五年二月起至民國廿六年一月止，每月底還本五十六萬元。自民國廿六年二月起至民國廿七年一月止，每月底還本利六十五萬五千元。自民國廿七年二月起至民國廿八年一月止，每月底還本別七十五萬三千元。自民國廿八年二月起至民國廿九年一月止，每月還本利八十八萬六千元。自民國廿九年二月起至民國三十年一月止，每月底還本付利一百零七萬三千元。自民國三十年二月起至同年九月止，每月底還本付利一百三十萬元。於民國三十年十月底還本付利九十七萬二千元。則全數還清。茲列表以示之。

(以百元為標準。)

時期	每月底應還之本金	每月底應付之利息	每月底應還本息總額	券面餘額
廿一年二月	.四〇	.四七	.八七	九四.〇
三月	.四〇	.四七	.八七	九三.六
四月	.四〇	.四七	.八七	九三.二
五月	.四〇	.四六	.八六	九二.八
六月	.四〇	.四六	.八六	九二.四
七月	.四〇	.四六	.八六	九二.〇
八月	.四〇	.四六	.八六	九一.六
九月	.四〇	.四六	.八六	九一.二
十月	.四〇	.四五	.八五	九〇.八
十一月	.四〇	.四五	.八五	九〇.四
十二月	.四〇	.四五	.八五	九〇.〇
廿二年一月	.四〇	.四五	.八五	八九.六
二月	.四〇	.四五	.八五	八九.二
三月	.四〇	.四四	.八四	八八.八
四月	.四〇	.四四	.八四	八八.四
五月	.四〇	.四四	.八四	八八.〇
六月	.四〇	.四四	.八四	八七.六
七月	.四〇	.四四	.八四	八七.二
八月	.四〇	.四三	.八三	八六.八
九月	.四〇	.四三	.八三	八六.四
十月	.四〇	.四三	.八三	八六.〇
十一月	.四〇	.四三	.八三	八五.六
十二月	.四〇	.四三	.八三	八五.二
廿三年一月	.四〇	.四二	.八二	八四.八
二月	.四〇	.四二	.八二	八四.四
三月	.四〇	.四二	.八二	八四.〇
四月	.四〇	.四二	.八二	八三.六
五月	.四〇	.四二	.八二	八三.二
六月	.四〇	.四一	.八一	八二.八
七月	.四〇	.四一	.八一	八二.四
八月	.四〇	.四一	.八一	八二.〇
九月	.四〇	.四一	.八一	八一.六
十月	.四〇	.四一	.八一	八一.二
十一月	.四〇	.四〇	.八〇	八〇.八
十二月	.四〇	.四〇	.八〇	八〇.四
廿四年一月	.四〇	.四〇	.八〇	八〇.〇
二月	.五二	.四〇	.九二	七九.六

	三月	.五二	.三九	.九一	七九.〇八
	四月	.五二	.三九	.九一	七八.五六
	五月	.五二	.三九	.九一	七八.〇四
	六月	.五二	.三九	.九一	七七.五二
	七月	.五二	.三八	.九〇	七七.〇〇
	八月	.五六	.三八	.九四	七六.四八
	九月	.五六	.三八	.九四	七五.九二
	十月	.五六	.三八	.九四	七五.三六
	十一月	.五六	.三七	.九三	七四.八〇
	十二月	.五六	.三七	.九三	七四.二四
廿五年	一月	.五六	.三七	.九三	七三.六八
	二月	.七〇	.三七	一.〇七	七三.一二
	三月	.七〇	.三六	一.〇六	七二.四二
	四月	.七〇	.三六	一.〇六	七一.七二
	五月	.七〇	.三五	一.〇五	七一.〇二
	六月	.七〇	.三五	一.〇五	七〇.三二
	七月	.七〇	.三五	一.〇五	六九.六二
	八月	.七〇	.三四	一.〇四	六八.九二
	九月	.七〇	.三四	一.〇四	六八.二二
	十月	.七〇	.三四	一.〇四	六七.五二
	十一月	.七〇	.三三	一.〇三	六六.八二
	十二月	.七〇	.三三	一.〇三	六六.一二
廿六年	一月	.七〇	.三三	一.〇三	六五.四二
	二月	.八一	.三二	一.一三	六四.七二
	三月	.八一	.三二	一.一三	六三.九一
	四月	.八二	.三一	一.一三	六三.一〇
	五月	.八二	.三一	一.一三	六二.二八
	六月	.八二	.三一	一.一三	六一.六四
	七月	.八二	.三〇	一.一二	六〇.六四
	八月	.八二	.三〇	一.一二	五九.八二
	九月	.八二	.二九	一.一一	五九.〇〇
	十月	.八二	.二九	一.一一	五八.一八
	十一月	.八二	.二九	一.一一	五七.三六
	十二月	.八二	.二八	一.一〇	五六.五四
廿七年	一月	.八二	.二八	一.一〇	五五.七二
	二月	.九四	.二七	一.二一	五四.九〇
	三月	.九四	.二七	一.二一	五三.九六
	四月	.九四	.二六	一.二〇	五三.〇二

五月	.九四	.二六	一.二〇	五二.〇八
六月	.九四	.二六	一.二〇	五一.一四
七月	.九四	.二五	一.一九	五〇.二〇
八月	.九四	.二五	一.一九	四九.二六
九月	.九四	.二四	一.一八	四八.三二
十月	.九四	.二四	一.一八	四七.三八
十一月	.九四	.二三	一.一七	四六.四四
十二月	.九五	.二三	一.一八	四五.五〇
廿八年 一月	.九五	.二二	一.一七	四四.五五
二月	一.一〇	.二二	一.三二	四三.六〇
三月	一.一〇	.二一	一.三一	四二.五〇
四月	一.一〇	.二一	一.三一	四一.四〇
五月	一.一一	.二〇	一.三一	四〇.三〇
六月	一.一一	.二〇	一.三一	三九.一九
七月	一.一一	.一九	一.三〇	三八.〇八
八月	一.一一	.一八	一.二九	三六.九七
九月	一.一一	.一八	一.二九	三五.八六
十月	一.一一	.一七	一.二八	三四.七五
十一月	一.一一	.一七	一.二八	三三.六四

十二月	一.一一	.一六	一.二七	三二.五三
廿九年 一月	一.一一	.一六	一.二七	三一.四二
二月	一.三四	.一五	一.四九	三〇.三一
三月	一.三四	.一四	一.四八	二八.九七
四月	一.三四	.一四	一.四八	二七.六三
五月	一.三四	.一三	一.四七	二六.二九
六月	一.三四	.一二	一.四六	二四.九五
七月	一.三四	.一二	一.四六	二三.六一
八月	一.三四	.一一	一.四五	二二.二七
九月	一.三四	.一〇	一.四四	二〇.九八
十月	一.三四	.一〇	一.四四	一九.五九
十一月	一.三四	.〇九	一.四三	一八.二五
十二月	一.三五	.〇八	一.四三	一六.九一
三十年 一月	一.三五	.〇八	一.四三	一五.五六
二月	一.六二	.〇七	一.六九	一四.二一
三月	一.六二	.〇六	一.六八	一二.五九
四月	一.六二	.〇五	一.六七	一〇.九七
五月	一.六二	.〇五	一.六七	九.三五
六月	一.六三	.〇四	一.六七	七.七三

七月	一•六三	•〇三	一•六六	六•一〇
八月	一•六三	•〇二	一•六五	四•四七
九月	一•六三	•〇一	一•六四	二•八四
十月	一•二二	•〇一	一•二三	一•二二

今如民國廿二年三月購到該庫劵，價格(即市價)為五十四元二角，計算其所合利率若干(按是時票面餘額為八十四元)。今試用以下數法分別演算於下：

1. 上海市銀行及交易所通用之計算法：－

利率者，即資本與利息之比率，上海商界，本此原則，列計算公式如左：

$$月利率=\frac{本月應收利息+\frac{折扣利益}{清償月數}※}{市\quad價}$$

※此處過溢價時。即須以 $\frac{溢價}{(清償月數)}$ 於本月應收利息中減去，法仍如上

今本月應收利息 $=.06\div12\times84\ =\$.42$

折扣利益 $=84-54.2=\$29.8$

清償月數 $=7\frac{7}{12}\times12=91$月

市價 $=\$54.2$

$$月利率=\frac{.42+\frac{29.8}{91}}{54.2}=.014$$

合年利率(16.8%)六分八厘

此法以月為單位，以市價為標準，則所求之利率為暫時者。而非永久者。故祇能用作一時投機或暫時之利率計算，又此法既以九十一個月為全期計算折扣利益，又以現時市價為計算根據，就時間而論殊不合理。

上海市上尚有一種算法，其理更屬簡陋。即以月入還本數為標準，而計算之。上例則月入還本數為四角，斯時票面尚剩八十四元，今各市價僅五十四元，則應還本者以比例計之：

$$84:0.40=54.20:\times$$

$$X=\frac{0.40\times54.20}{84.00}=.25$$

當為二角五分，故由此即可知每月還本時之折扣為一角五分（四角減二角五分）依利率為資本除月入之原理言，得公式如左.

$$利率=\frac{本月利息+本月還本折扣}{市價}$$

以本例代之得

$$利率=\frac{0.42+0.15}{54.20}=1.05\%(月率)$$

$$1.05\times12=12.60\%(年率)$$

此法算法極簡陋草率，其折扣利益並非依月攤算，其市價未與票

而平均，均爲其答案不準之原因。故有用此法于市場交易倉猝之時，以約合利害。非屬精算，實毛估也。故如用于本月買進，不日仍擬拋售者，可用之以知梗概。若長期投資，萬難以此求得實益也。

2. 近視質計算法：—

其公式如下：—

$$利率=\frac{利息+\frac{折扣利益}{還清月數}}{\frac{票面+市價}{2}}$$

此法理由同於上法，惟購得後而不售出，則須將此折扣利益除以還清月數，得每月之折扣利益。此法以票面與市價之平均作爲資本除所得之利益，故較上法準確。

今利息爲四角二分，折扣利益爲二十九元八角，還清月數爲九十一個月，票面爲八十四元，市價爲五十四元二角，代入公式中得，

$$利率=\frac{.42+\frac{29.8}{91}}{\frac{84+54.2}{2}}=1.08\%$$

所得爲月利率，合年利率爲（12.96%）三十二分之九厘六毫

此法用九十一個月全期，同時以還本及市價之平均爲根據求得之利率，可作爲長期之利率，故可認爲投資率之簡易計算法。

3. 比例計算法：—（Interpolation Method）

爲引用此法計，亦須將每期付銀一元之年金現值表列入，以備計算。

每期一元年金現值表

期數	1%	$1\frac{1}{8}\%$
1	0.99009901	0.98887515
2	1.97039506	1.96674923
3	2.94098521	2.93374460
4	3.90196555	3.88998230
5	4.85343124	4.83558200
6	5.70547647	5.77066205
7	6.72819453	6.69533948
8	7.65167775	7.60973002
9	8.56601758	8.51394010
10	9.47130453	9.40810690
11	10.36762825	10.29231832

12	11.25507747	11.16669302	31	26.54228537	26.04936233
13	12.13374007	12.03134044	32	27.26958947	26.74844236
14	13.00370304	12.88636680	33	27.98969255	27.43974522
15	13.86505252	13.73188509	34	28.70266589	28.12335745
16	14.71787378	14.56799514	35	29.40858009	28.79936460
17	15.56225127	15.39480360	36	30.10750504	29 46785127
18	16.39826858	16.21241395	37	30.79950994	30.12890114
19	17.22600850	17.02092850	38	31.48466330	30.78259692
20	18.04555297	17.82044845	39	32.16303298	31.42029044
21	18.85698313	18.61107387	40	32.83468611	32.06825260
22	19.66037934	19.39290371	41	33.49968922	32.79037340
23	22.45582113	20.16603580	42	34.15810814	33.32546195
24	21.24338726	20.93056693	43	34.81009806	33.94359649
25	22.02315570	21.68659276	44	35.45545352	34.55485438
26	22.79520366	22.43420792	45	36.09450844	35.15931212
27	23.55960759	23.17350598	46	36.72723608	35.75704536
28	24.31644216	23.90457946	47	37.35369909	36.34812891
29	25.06578530	24.62751986	48	37.97395949	36.93263674
30	25.80770822	25.34241766	49	30.58807871	37.5106422

50	39.19611753	38.08221708	69	49.67019949	47.81095527
51	39.79813617	38.64743345	70	50.16851435	48.26794094
52	40.39419423	39.20636188	71	50.66189539	48.71984270
53	40.98435072	39.75907232	72	51.15039148	49.16671714
54	41.56866408	40.30563394	73	51.63405097	49.60860216
55	42.14719216	40.84611514	74	52.11292175	50.04560708
56	42.71699224	41.38058358	75	52.58705124	50.47773259
57	43.28712102	41.90910603	76	53.05648637	50.90505077
58	43.84863468	42.43174896	77	53.52127364	51.32761510
59	44.40458879	42.44857756	78	53.98145905	51.74547847
60	44.95503841	43.45965633	79	54.43708817	52.15869317
61	45.50003803	43.96504952	80	54.88820611	52.56731092
62	46.03964161	44.46482029	81	55.33485753	52.97138286
63	46.57390258	44.95903119	82	55.77708666	53.37065957
64	47.10287385	45.44774407	83	56.21493729	53.76609104
65	47.62660777	45.93102009	84	56.64845276	54.15682674
66	48.14515621	46.40891975	85	57.07767600	54.54321557
67	48.65857050	46.88150284	86	57.50264951	54.92530588
68	49.16690149	47.34882852	87	57.92341535	55.30314549

88	58.34001520	55.67678169
89	58.7249030	56.04626126
90	59.16088148	56.14463041
91	59.56522919	56.77293490
92	59.96557346	57.13021992
93	60.36195392	57.48353021
94	60.75440982	57.83290997
95	61.14298002	58.17830294
96	61.52770299	58.52005235
97	61.90861682	58.85790096
98	62.28575927	59.19199106
99	62.65916755	59.52236446
100	63.02887977	59.84906251

此法以近視法求得之結果爲標準，而以利率與市價之關係，用比例法求出更精確之答案。

市價者，即票面加每年所入求利所得(購者所求)與給利所得之差。如給利大於求利，則債劵即成溢價，反之則爲折價。故其計算公式爲：

市價＝票面＋(給利所得－求利所得)（n期i率一元年金之現值）

若以字母代表之

P＝市價

C＝票面

g＝給利

i＝求利

$a_{\overline{n|}i}$＝依i利率計n期一元年金之現值

則公式應爲

$$P = C + (Cg - Ci)a_{\overline{n|}i}$$

若應用於上例。吾人既已以近視法求出利率。可知準備之利率必亘於1%及$1\frac{1}{8}$%之間。故如先以1%率，次以$1\frac{1}{8}$%，計算市價。在此二市價之不同中，用比例方法算出處於1%及$1\frac{1}{8}$%間之利率。此即吾人所欲計算者矣！

求1%之市價：—　票面價格＝$84

債劵之利率　＝.005

收回價格　＝$84

自己願得之利率爲月利率＝1%

清償月數　＝91月

市價＝84＋[(84×.005)－(84×.01] $a_{\overline{91|}.01}$

由現價表得 $a_{\overline{91}|.01}=59.5652$

故市價 $=84+(.42-.84)(59.5652)$

$=84-(.42)(59.5652)$

$=84-25.0174$

$=58.9826$

求 $1^1/_8\%$ 之市價

市價 $=84+[(84\times.005)-(84\times1^1/_8\%)]a_{\overline{91}|1^1/_8\%}$

$=84+(.42-.945)a_{\overline{91}|1^1/_8\%}$

由現價表知 $a_{\overline{91}|1^1/_8\%}=56.7729$

故市價 $=84-.525(56.7729)$

$=84-29.8058$

$=54.1942$

月利率1%之市價爲$58.98

月利率 $1^1/_8\%$ 之市價爲$54.19

故知利率小.00125 則市價大4.79，今市價爲$54.20較58.98小4.79則利率較1%大若干，可由比例法得之。

$.00125:X=4.79:4.78$

$X=\dfrac{.00125\times4.78}{4.79}$

$=.001249$

所求之月利率 $=.01+.001249=.011249$

合年利率(13.5%)十三分五厘

4. 簡單計算法：—

公式爲：—

$$\text{月利率}=\frac{4\left[(\text{清償年數}\times\text{庫劵利率})-\dfrac{\text{折扣利益}}{\text{票面價格}}\right]}{2\times\text{清償年數}\left(\dfrac{\text{折扣利益}}{\text{票面價格}}+2\right)+\dfrac{\text{折扣利益}}{\text{票面價格}}}$$

清償年數 $=7^7/_{12}$ 年

庫劵利率 $=6\%$

折扣利益 $=\$29.8$

票面價格 $=\$84$

代入公式得

$$\text{月利率}=\frac{4\left(7^7/_{12}\times.06-\dfrac{29.8}{84}\right)}{2\times7^7/_{12}\left(\dfrac{29.8}{84}+2\right)+\dfrac{29.8}{84}}$$

$$=\frac{4\left(\dfrac{5.46}{12}-.355\right)}{\dfrac{91}{6}(.355+2)+.355}$$

$$=\frac{1.82-1.42}{35.701+.355}$$

$=.011=1.1\%$

合年利率(13.2%)十三分二厘

此法之$\left(\frac{折扣利益}{票面價格}\right)$以市價及還本為根據，而以清償年數為全期，其理正與近視計算法同，然此公式之求得，由省去小數各項而成。故亦可目為投資利率之簡易計算法，觀其結果與近視法極近可明此式之理實相同也。

5. 雙重比例計算法——

雙重比例為庫券投息合息準確方法之一。其理論之根據亦不過為利息加折扣利益被除於市價，得毛估之利率。不過該折扣利益之分攤，用年金方法算出，較前者比較準確。又以經過雙重比例，所得答案，乃更可貴。今依前例，演算如下：

前例以票面餘額八十四元之庫券，市價值五十四元二角，則即有折扣利益二十九元八角。此二十九元八角者，須俟庫券還本完畢後，方可收全。故須攤派於每期還本時，其攤派方法，須用年金法按月計算，方見準確。但年金計算中之利率，即購者所求之利率，在未得正確利率前，祇得以前近視質法之答案應用，而以比例法精算之。

為引用此法計亦須將每期付銀一元之年金總數列入，以備計算

每期一元年金總數表

期數	1%	3%
1	1.00000000	1.00000000
2	2.01000000	2.03000000
3	3.03010000	3.09090000
4	4.06040100	4.18362700
5	5.10100501	5.30913581
6	6.15201506	6.46840988
7	7.21353521	7.66246218
8	8.28567056	8.89232605
9	9.36852727	10.15910613
10	10.46221254	11.46387931
11	11.56683467	12.80779569
12	12.68250301	14.19202956
13	13.80932804	15.61779045
14	14.94742132	17.08632416
15	16.09689554	18.59891389
16	17.25786449	20.15688130

17	18.43044314	21.76158774	36	43.07687836	63.27594427
18	19.61474757	23.41443537	37	44.50764714	66.17422259
19	20.81089504	25.11686844	38	45.95272361	69.15944927
20	22.09100399	26.87037449	39	47.41225085	72.23423275
21	23.23919403	28.67648572	40	48.88637336	75.40125973
22	24.47158598	30.53678030	41	50.37523709	78.66329753
23	25.71630183	32.45288370	42	51.87898946	82.02319645
24	26.97346485	34.42647022	43	53.39777936	85.48389234
25	28.24319950	36.45926432	44	54.93175715	89.04840911
26	29.52563150	38.55304225	45	56.48107472	92.71986139
27	30.82088781	40.70963352	46	58.04588547	96.50145723
28	32.12909669	42.93092252	47	59.62634432	100.39650095
29	33.45038766	45.21885020	48	61.22260777	104.40838598
30	34.78489153	47.57541571	49	62.83483385	108.54064785
31	36.13274045	50.00267818	50	64.46318218	112.79686729
32	37.49406785	52.50275852	51	66.10781401	117.18077331
33	38.86900853	55.07784128	52	67.76889215	121.69619651
34	40.25769862	57.73017652	53	69.44658107	126.34708240
35	41.66027560	60.46208181	54	71.14104688	131.13749488

55	72.85245735	136.0716 1972	74	108.82460083	263.71927727
56	74.58098192	141.15376831	75	110.91284684	272.63085559
57	76.32679174	146.38838136	76	113.62197530	281.80978126
58	78.09005966	151.78003280	77	115.15219506	291.26407469
59	79.87096025	157.33343379	78	117.30371701	301.00199693
60	81.66966986	163.05343680	79	116.47675418	311.03205684
61	83.48636655	168.94503991	80	121.67152172	321.36301855
62	85.32123022	175.01339110	81	123.88823694	332.00390910
63	87.17444252	181.26379284	82	126.12711931	342.96402638
64	89.04618695	187.70170662	83	128.38839050	354.25294717
65	90.93664882	194.33275782	84	130.67227440	365.88053558
66	92.84601531	201.16274055	85	132.97899715	377.85695165
67	94.77447546	208.19762277	86	135.30878712	390.19266020
68	96.72222021	215.44355145	87	137.66187499	402.89844001
69	98.68944242	222.90685800	88	140.03849374	415.98539321
70	100.67633684	230.59406374	89	142.43887868	429.46495500
71	102.68310021	238.51188565	90	144.86326746	443.34890365
72	104.70993121	246.66724222	91	147.31190014	457.64937076
73	106.75703052	255.06725949	92	149.78501914	472.37885189

93	152.28286933	487.55021744
94	154.80569803	503.17672307
95	157.35375501	519.27202569
96	159.92729256	535.85018645
97	162.52656548	552.92569205
98	165.15183114	570.51346281
99	167.80334945	588.62886690
100	170.48138294	607.28773270

折扣利益＝$20.80

期數 ＝ 91月

利率 ＝ 1%或3%

月收利息 $0.42

(1%) $29.80 = RS_{\overline{91}|.01}$

$$R=\frac{29.80}{S_{\overline{91}|.01}}=\frac{29.80}{147.3119}=0.2023$$（月入折扣利益）

$0.2024+0.42=0.6223$（總投資月入）

月利率 $=\frac{0.6223}{54.20}=0.0114$

年利率 $=0.0114\times12=13.78\%$

(3%) $29.80=RS_{\overline{91}|.03}$

$$R=\frac{29.80}{S_{\overline{91}|.03}}=\frac{29.80}{157.1352}=0.1896$$（月入折扣利益）

$0.1896+0.42=0.6096$（總投資月入）

月利率 $=\frac{0.6096}{54.20}=.01125$

年利率 $=0.01125\times12=13.5\%$

今以1%計者，其利率應為13.78%，以3%計者，其利率應為13.50%。此二利率尚不準確，須再加以一重比例計算，方稱合用。

設 J_{12} ＝為擬求之年利率

$J'_{12}=13.78\%$

$J''_{12}=13.50\%$

按比例則 J_{12} 在.01與.03或 J'_{12} 與 J''_{12} 之間

.01	J'_{12}
12	J_{12}
.03	J''_{12}

$$\frac{J_{12}-.12}{.135-.12}=\frac{J_{12}-.1378}{.135-.1378}$$

$J_{12}=13.5\%$

此法求出之結果，因拋卻小數位之關係，與前相去亦不遠。

以上五法係現下學者及市場所通用，特爲例示演算，以明用法或有裨於學者歟。

（註）庫券票面輒按期攤完。債券票面之數，有與期末兌付之數不同者。上列諸法，亦可用於內國債券投資，惟此處統稱之票面二字，須視情形加以斟酌耳。

沒落中之中國農村經濟

徐昭

（一）導言

自一八四〇年以後，中國經濟史揭開新的一頁。鴉片戰爭之結果，使數千年來自給自足之國民經濟壁壘開始為外力所破，歷代根深蒂固之封建社會開始受急下之轉變。五口通商後，英帝國主義者之經濟勢力彌漫于東南沿海口，一八五八年英法聯軍二次戰役，成立天津北京兩約，除英帝國主義者而外，又添入法帝國主義者之侵略，而侵略的範圍又向沿海口而至揚子江，自揚子江而深入內地，帝國主義者在華的侵略地得了牢不可拔的根底。此後經過一八八五年中法之戰，法併越南，一八八六年中英條約，英佔緬甸，西南門戶在弱國外交之下，隨失地而盡量暴露。一八九五年中日馬關條約，朝鮮台灣被日帝國主義者席捲而去，東北自此失其屏障，至十九世紀底止，中國在列強包圍侵略之下，宛如釜中之蟻，俎上之肉，任意受人宰割，瓜分之說，盛極一時，當時形勢的危險，實不亞於現在，至一九〇〇年八國聯軍之役，成立辛丑條約，才正式規定了各帝國主義者在華的均勢，這種均勢一直保持到一九三一年九一八事變以前，而中國在這三十餘年中在各列強互相牽制之均勢下，幸得苟延一息。綜觀近百年來中國整部外交史不外失地，賠款，喪權，民族的利益，在軟弱無能的政府之下盡量地出賣。鉅大賠款的負担，使一國的經濟力逐漸消竭，影響到整個國民的生計；而國人對外的心理，永久是在排外懼外媚外三個過程中交移著，經過這幾次外來強烈的打擊，戰敗慘痛的教訓，開始使中國人民感覺到大刀弓矢終不敵各帝國主義者的重砲快槍；舊式的手工業，終抵不住外來的資本生產；於是由排外懼外媚外轉而採取學外，民族自信力逐漸喪失，舊式手工業的隄防在外來經濟怒潮中開始崩潰，而國內資本主義開始萌芽起來，三十餘年來我們看到國內各大都會新式工業的崛興，勞資衝突的尖銳化，已可以證明中國的私人資本主義，已在逐漸發展的過程中，但在外來資本主義的重壓沒有撤消以前，民族資本還沒有充分發達的餘地，生產方式還脫離不了原料生產的範圍，所以在目前的中國，勞資革命的時期還沒有成熟，反之在農村土地分配問題較前者尤爲迫切而須要解決。我們如果把中國農工在全人口所占的百分率比較，便可以明瞭農民問題，在中國是怎樣重要。據民五北京農商部統計表所載，全國農民有三二四，六五八人，佔全人口百分率九七強：製造業工人數爲四六五，二五五人佔全人口數百分之十一：礦業工人爲四一七，六五九人佔人口數百分之十三，後兩項合計不過八八二，九一四人，僅佔人口百分率二十四。又照民十五年武漢國民黨土地委員會之估計，全國農民約佔人口總數百分之八十以上。農民的人數在人口總數中所佔的地位如此重大，所以中國的興衰，完全視農村而轉移。但近幾年來，中國的農民在帝國主義壓迫地主的剝削，及國內封建勢方的蹂躪之下，在受著失業，飢餓，和死亡的襲擊，整個的農村經濟一天天衰敗下去。我們知道中國的國民經濟是建築在農村的基礎上，農村的崩潰，就是象徵整個國民經濟崩潰的預兆，所以農村復興問題，土地改革問題是中國目前經濟的關鍵，存亡的關頭。下面是根據搜集所得的統計材料，來顯示中國農村沒落中之幾種現象。本元目的在闡明原因而不在尋出結果，解決農村問題的方法和實施的責任，還得由讀者自己去意索和勇敢負担起木。

（二）歷史上之中國土地制度觀

中國數千年來土地分配問題脫離不了封建勢力的羈絆，所謂土地分配的方式，在在與封建的盛衰有關，土地的所有權，十之九八，操之於少數地主之手。最初這些土地分配的方式大半出自因功的救封，所謂采邑制，就是以土地的收入，作爲受封賜者的因功的報償，這種制度盛行于西周列國時代。西周之初，實行井田制，分土地爲九分，王室有其一，農民有其八，公田由農民分種，實際這種土地制度，等於一種變相的均田制，因爲土地爲大家所公有，所以當時無所謂大地主與農戶的對立。西周以後，列國紛峙，周室衰微，井田制隨商鞅的變法而被破壞，土地分配不均的狀態開始顯明起來：富者田連阡陌，貧者地無立錐，原始土地共有制度至此盡情毀棄無遺。經過百餘年之戰國時代，土地以掠奪和強佔的方式，開始爲少數人所佔有，這些少數人都是強大的諸候。他們再以這些奪來的土地經過重分割的式樣分配給他們的臣屬，這些臣屬，小諸候一方面是領域內的統治者，他方面又兼剝削農民的大地主，農民一方面作了諸候的臣民，一方面又是諸候的佃戶，這時賦稅與地租是很難分別的而，農民與諸候的關係完全基于政治上的強力作用。這種封建的制度雖隨著秦室的滅亡而崩潰，郡縣制代之而興，但是以土地為按功封賜的分配方式，自秦而後幾乎成了一貫不變的政策，官吏的薪俸是以糧來計算，職位的大小是以食戶之多寡而定。東漢而降，中國土地制度曾經過幾次變動，例如西漢末年王莽的土地平分制，後魏的土地均分制，宋王安石之青苗法，以至於清太平天國的土地平分運動，這些土地制度的改革，終因商品經濟的抬頭和當時社會封建勢力的阻撓，歸于失敗，自秦以後，三千餘年來朝代的更替，最後的原因雖然十之九八可以歸納到當時土地分配問題的不均，但一經舊的勢力被打倒新的勢力成立後，農民除得了些須的利益外，依然受封建勢力的宰割和支配，得不到眞正的解放。最初，新的統治者受農民的擁護，獲得政權後，他們為獲得民心，對土地問題終稍有改革，而當時土地分配問題之不均，在這種改革制度下稍得其平，但不久，這種暫時的改革，終因私有土地制之存在，逐漸歸于烏有。而土地不均之對立又尖銳化起來，於是又經過農民的一次暴動，而土地問題又得暫時解決。綜觀數千年來中國土地變遷史，土地分配問題永久是在這種循環式過程中迴旋著，找不到出路，農民永久是在地主壓迫剝削之下，過著半農奴式的生活，土地所有者和土地實際使用者，顯然是兩個不同的階級，這種濃厚的封建色彩，一直到現在，還沒有消滅

（三）近年來中國土地集中之趨勢

近世紀來，資本主義的怒浪，冲破了一切國界，湧入中國，舊日農村的經濟組織開始急遽的崩潰而逐漸趨向資本化，國內土地的集中却隨著這資本主義前的封建社會組織而加速起來。我們看到近十年來自耕農之減少，佃農數之增加，大地主土地的擴張，可知土地集中問題已形成目前中國的嚴重問題。

（表一）

類別	人口百分比	佔有土地額比
小農一——一〇畝	四四	六
中農十——三〇畝	二六	一三
富農三〇——五〇畝	一六	一七
小地主五〇——一〇〇畝	九	一九
大地主一〇〇畝以上	五	四三

（一九二七年武漢國民黨中央農學部調查）

表二

年度	自耕農	自耕兼佃農	佃農
一九一八	五三%	二一%	二六%

一九一九	四八%	一九%	三二%

（一九一九年東亞同文書院中國年鑑所載）

從上表（二）可以看出佔有農民人口百分之八十六的自耕農，僅有土地額百分之三十六，而餘外百分之六十二之土地，却爲農民人口百分之十四的大地主和小地主所佔有！

又從上表（二）自耕農在一九一九年減少百分之五，自耕農兼佃農減少百分之二，而佃農的百分比却自百分之二六增至百分之三二，增加百分之六，僅在一年之中，變遷已如此之巨，這些事實可以告訴我們土地集中的趨勢，在中國已加速起來。

至於土地集中的方式，大別可分爲三項來討論：

（一）領墾　盛行於西北一帶，例如綏包及內蒙一帶荒地，領墾者只須每畝出執照費一元，即可領到廣大的土地，這些土地所有權便永久歸他們所享有。他們將領來的荒地稍加以開闢，用傭農的方法來施行種植，或者租給當地的佃戶坐享地租。近年來在開發西北的聲浪中，却形成了這一批大地主的增加。他們領得的土地，大至用頃來計算（每頃一〇〇畝），大地主擁地在數千頃以上，小地主至少也有十頃左右。

（二）掠奪和强買　這種以暴力併吞土地的方法，充分表現中國封建勢力的野蠻還沒有根本剷除，尤其在文化不發達交通阻礙的地方，例如雲南貴州及廣西西境一帶，這種野蠻的併吞法還存在着：在這種地帶，土司可以任意在農民地上插上一種標誌，這塊便歸他所有，有時付給農民以低額之地價，有時分文不給。新地併吞後，對以前的農民，有兩種處置，一種是直接將農民驅逐出耕作地以外，另一種是農民仍可耕種原地，但須付土司以高額之地租。

（三）田產的抵押　中國土地集中的方法以這種爲最普通，盛行於中國南部及中部各省。近年來農村經濟之凋敝，都市商品生產之侵入，使以前的小地主逐漸降落到富農，富農變爲中農，中農又降到貧農，到最後農民連自己的一塊土地，因對貨幣之迫切需要，不得不在高利壓榨之下，忍痛抵押，這些土地便逐漸轉入資產擁厚的大地主之手，其抵押方法又可分爲下列三種情形：

（a）以田產爲抵押品借款起息，但土地使用權仍歸原債務人所有，借款期滿由債務人償清本利，贖回原地，如到期無力贖回，債權人即有權扣留其土地或逕併吞之。

（b）抵押後不計利息，土地亦歸債務人所有，但每年須付地租與債權者，以代借款利息，債務人如不履此種義務時，借款人即可停止其土地使用權。

(C)抵押後土地所有權，退歸債權人，但在相當時期，原主可備款贖回。

上三種情形，都是地主對以田產為抵押而借款的農民的剝削。實際，農民以田地抵押借款，到期能歸還者不到十之二三，因此這些土地便以低額的借款，為地主所併吞而集中。

(四)農民承佃地主土地的方式及付租之方法

土地集中之結果，一方面是形成地主資產之膨大，一方面是太批的農民損失土地所有權，這種現象頗與商業組織中小企業之為大企業所合併類似。以前足以自足自給的小地主到現在也不能支持了，富農中農逐漸走向沒落之路，在這種狀況下，農民為支持一家的生活起見，不得不受地主高額地租的剝削，以佃戶的地戶轉種他人田地，承佃的式樣大約可以分做三種：

(一)契約　即地主與佃戶在事先訂立一種條款，條款的內容大約關於承租年限的規定，田租的數額，以及其他佃戶應盡之義務等項。佃戶如違反此等契約，地主隨時可以將土地收回，反之在佃戶方面不論任何理由，非至期滿，不准撤租，無論年豐年荒，佃戶仍得繼續耕種，在期限未到以前，不得將土地退回。這種契約制，實際不啻農民的賣身符，一經訂立，耕種的自由完全喪失，變成地主的奴隸，種狠毒方法，地主往往用來保證他們的收入，吮吸農民的脂膏。

(二)口約　這種承佃方式內容與上種相同，不過不經過文書上的一番手續，由地主之口頭認可，即屬有效。此種承佃方式大約在佃戶與地主關係較深時用之。

(三)包佃　這是富農唯一取巧的方法，富農直接向地主承租大批的土地，然後再將這些土地，經過重剝削的方式，再分租與一般小農，以博取居間的利潤。在這種制度下，農民要變受到雙重的壓迫。

從上述三種承佃制中，我們可以看到以租田為活的農民，不是受地主契約的束縛，就是受富農居間的盤剝。而地主富農的剝餘價值完全以地租表現，現在讓我們看看中國地租的情形怎樣。

考中國南部各省如江浙一帶，地租的徵收至少在百分之五十以上。浙東餘杭等縣，地主在地租的收入方面，往往佔到三分之二以上，例如田地每畝之收穫量有三石六斗，則地主占有兩石四斗，佃戶僅有一石二斗，這種高額的地租自廢清以來，一直到現在，幾手成了牢不可破的慣例。中國西南各省地租情形因無統計材料，不得其詳，但據推測，至四終在百分之六十與七十三間。

至於佃戶付租的方法，可以分為物產租與貨幣租兩種。

(一)物產租 此種付租方法是以農產物完納，又可按付租的物質分為兩種：一種是直接以穀物交納，他一種是須按照由地主所指定的某種原料品為完租的物質。例如地主除經營農業外，又從了他種製造業，如製糖廠或織布廠，則佃戶每年須付地主以一定之甘蔗或棉花。用此種付租方法，佃戶除收得耕作地之農產外，尚須送至市場，變賣而成貨幣，再以貨幣購買地主所要之物原料，有時佃戶為應地主之需要之逕將耕作地改種此種原料，但因地主之需要非固定不變，有時要棉，有時要麥，佃戶疲於應付，往往終年所得不足以供主地之苛求，生活愈臻絕境。此種付租方法，以廣東之潮梅，高雷，及福建之長汀最盛。

(二)貨幣租，以貨幣的形式完納地租。這種付租方法在中國比較少用，最普遍的要算浙東現行的『稍田制』。所謂『稍田制』，是地主與佃戶間的一種契約，規定承租者每年須付租金若干，租金須於承租時付清，(大約每畝在六元至十元間。)有時佃戶尚須預付押金(每畝三十元)。承租期限自本年春種時起至來年秋收時止，不論年成豐歉，租金不能更改或退還，耕種的冒險完全由承租者負担。用貨幣完租方法，對農民有時極為不利，地主如兼營其他商業如糧行米商，則可在收割時操縱穀市，抑低穀價，如此則農民因貨幣對穀之購買力增加，穀物之賣出量雖多，而貨幣之交換量却隨之減少，一方因地主之催逼，急于須要貨幣完租，在這種進退兩難的地位，使農民不得不忍痛賤價出售，終年辛苦所得，不足以應付地主之剝削，此種現象，尤以豐年時最甚。

(五)中國現行之田賦之檢討

我們考察中國田賦的現狀，可以得到下面三點：

(1)田賦稅目之繁瑣。

(2)近年來田賦之繼續增高

(3)田賦的預徵

(一)田賦稅目之繁瑣 中國稅制向極混亂，尤其在賦方面。經歷年之內戰，野心的軍閥家，莫不視增加田賦為籌集軍費的不二法門，直接使農民增加負担。據近四年之調查，單浙江嘉興一縣，賦稅名目有十七種之多，茲為明瞭起見將名目開列于後：

(A)(a)正稅(b)糧捐(c)省捐

(B)附稅

解省者！

（a）軍事特捐（b）建設特捐（c）整理土地事業費（d）水利費

（e）建設附捐

解縣者

（a）教育附捐（b）抵補教育基金（c）區公所費經（d）特捐

（e）除蝗費（f）掘毁稻根費（g）治虫費（h）除蝗公債基金

（i）平糶費（j）積穀（k）農民銀行基金股本，

（三）近年來田賦之增加　近年來內戰不絕，軍費浩大，田賦一年年增加，據南京中央農業實習所的各省田賦調查，江蘇四川江西河南四省田賦與地價之比較有如下表

省	田賦	民國元年	民二十	民二十一	民二十二
江蘇	水田	一•三七	一•三〇	一•八九	三•二
	平原旱地	一•五七	一•五二	一•七七	二•四〇
	山坡旱地	二•〇〇	一•九五	二•四九	三•一三
河南	水田	一•六三	二•四八	二•二六	三•二二
	平原旱地	一•五六	二•一五	一•七二	一•九九
	山坡旱地	一•九九	二•七一	三•七五	二•[illegible]八
江西	水田	二•二一	三•五三	三•九三	四•八八
	平原旱地	一•八八	三•二三	四•〇六	四•五七
	山坡旱地	二•四八	三•七六	四•九九	六•六二
四川	水田	一。五九	二•七五	三•四九	三•六九
	平原旱田	一•八九	二•九五	三•四七	三•六七
	山坡旱田	二•〇五	三•二九	三•四二	二•九一

（三）田賦之預徵　田賦的預徵在四川最甚，每年徵收的回數自三四次至十餘次，預徵的年份自五年至十六年，就是中央直接管轄的省份，如河北福建湖南湖北等省，田賦的預徵，也很通行。

以上三種現象對自耕農固然是一種絕大的負担，即對佃農，地主仍可用轉嫁的方法，藉口租稅繁重，增加地租，轉把整個的苛捐雜稅移到農民身上，到最後，還是農民有苦無處可訴，而其結果，却造成農民棄田他往的現象，間接助成大地主土地之集中，荒地面積之增加，直接消竭農村的經濟力。

（六）農村副業的衰退——絲茶

絲茶是中國歷年的主要出口貨，農村的基本副産物。十九世紀之初，中國絲茶的輸出，在國際貿易上曾佔首要的地位，近年來絲因日意法等國之競銷，華絲海外銷路日蹙，茶業亦有顯著之衰退，日茶錫蘭茶等銷路反蒸蒸日上，據近年來海關之統計，中國絲茶之輸出，每况愈下，其中尤以絲之輸出衰退最速。

華絲輸出表

年別	輸出數額(担)	輸出價格(海關兩)
民十五年	一六八•五六三	一四四•八二六•三五八
民十六年	一六〇•〇〇二	一二八•七〇五•七三二
民十七年	一八〇•一八六	一四五•四四三•四八一
民十八年	一八九•九八〇	一四七•六八一•三三八
民十九年	一五一•四二九	一〇九•一八一•一二四
民二十年	一三六•一六〇	八四•六八〇•四八二
民廿一年	七八•二一九	三二•九三二•二五〇

歷年來茶之輸出表

年別	數量(担)
一九二三	八〇一•四一七
一九二四	七六五•九三五
一九二五	八三三•〇〇八
一九二六	八三九•三一七
一九二七	八七二•一七六
一九二八	九二六•〇二二
一九二九	九四七•七三〇
一九三〇	六•九四•〇四八

（六）農村高利貸之壓迫

在地租賦稅兩重剝削之下，農民的經濟力日趨枯竭，生活的重壓，逼得他們不得不走絕路，在最初，有幾畝田地的，還可以將土地抵押或出賣，暫救一時燃眉之急，但一至土地賣光或抵盡時，逼得他們不得不受農村資本家的剝削，借款過活，飲酖止渴。在農村中，地主一方面以土地所有之資格，直接間農民以地租的形式施行剝削；他方面又以債權人的地位，利用其賸餘價值之收入，以貨幣的形式放款給農民，實行其高利貸的掠奪，地租，賦稅，高利貸這三種封建勢力的壓榨是中國農村破產之致命傷！

農民須款的時候大概在春初或舊曆年底，前者正是農民急于購買肥料種子的時候，後者則正當債務催逼的難關，在這種青黃不接的時期，農民因對流動資本之需要，不得不忍痛受高利的盤剝。這種高利的借款，在農民擁有幾畝薄田時還可用來抵押，彌縫一時，但如沒有土地爲担保品時，便須受借款人種種苛刻的條件，下面一段實錄可以充分告訴我們這些事實：

『現在通行於鄉村中之高利貸，無一定名稱，亦無一定之利率和規例，一切皆決定於高利貸者自己之意志。據種種調查資料之證明，在江南出蠶區域，蠶忙時借錢，利錢要加一，即借錢十元，在四十天內，除還本外，須加還利息一元。若以一年計算，則須加利九分。南通，借銀一元，在三個月以內，有須還棉子一石者，其價約四五元。是則有銀一元，在三個月以內，竟有二三元之利息。江甯各地之鄉村，農民借款一元，在一年以內，有須還稻或麥一石者，當年不還，待下年，則須加還兩石。在上海崑山一帶，有所謂十元五斗者，即借銀十元，在一年以內，須加息米五斗。武進一帶，借米一石，在一年之內，須還稻三石。吳江一帶，有所謂「念頭」者，即借銀二十元，按月須付利息一元。又有所謂「借三還四」者，即借銀三元，還時加利息一元。其期限長短，由債權人決定。徐海各屬，在數月之間可以獲得兩三倍於本銀的利息，抵押每年五分是不足爲奇聞的………」

（朱慰貞江蘇農村經濟之破產與民衆教育之任務）

全國農民負債之百分數與借款利息，據最近統，有如下表：

區域	包括省分	有報告之縣	負債農家佔農家總數之百分比	借款利息
西北區	察綏甯甘陝	四八	六八	五一(厘)
北方區	晉冀魯豫	三〇五	五七	三九
中部區	鄂湘贛	八〇	六二	二八
東部區	皖蘇浙	一〇七	六六	三一
西南區	川滇貴	九〇	五九	三九
東南區	閩 粵	七一	六〇	二七

從上表，我們可以看出，全國負債農家，平均佔農家百分數之五十以上，負債最多之地，爲西北；借款利息平均在三六厘左

右，週息最高之處為東部，從這些統計事實，可以看到整個中國的農村，是在怎樣受高利貸的剝削和壓榨！

（七）都市人口之澎漲與金融之集中

農村破產的他方面，是都市畸形的發展，整個中國農村頹敗欲倒之中，都市的市面反顯著分外的繁榮，其原因可以歸結到因都市人口之增加與金融集中而來

表（一） 上海與國內各地之現金移動統計表

年份	由各方移入上海之金額
民二十年	一二•九〇〇•〇〇〇元
民廿一年	一四五•〇〇〇•〇〇〇元
民廿二年 一月至六月	六二•〇〇〇•〇〇〇元

表（二） 北平近年來人口統計表 （北平市政府統計月刊第一號）

年份	人口數目
民國十八年	九一九•二八八
民國十九年	九三七•七八七
民國二十年	九八三•八九四
民國廿一年	一•〇三六•三二五
民國廿二年	一•〇六一•三六〇

上海近年來人口統計表（南京統計局月刊第五六號合刊）

年月	人口數目
一九三二年七月	一•五[illegible]五•一四七
八月	一•五五[illegible]•八二一
九月	一•五七[illegible]•[illegible]八九
十月	一•六〇〇•一五二
十一月	一•六二五•二六五
十二月	一•六四五•六三五
一九三三年一月	一•六五三•二六八
二月	一•六五七•三六八
三月	一•六七九•九二七
四月	一•七〇二•六六[illegible]
五月	一•七二三•七二八
六月	一•七四四•三九八

（八）近年中國粮食之入超

在農村繼續破產中，一方面固然形成都市畸形之發展，一方面却造成農村生產力的銳退，地租的剝削，賦稅的繁重，高利貸之壓迫，荒地面積的增加，農村人口之減少，再加上帝國主義的

傾銷政策，直接間接，使農村的基本生產，受到極大的打擊，中國數千年來，以農立國，而近年來國內所產的糧食，反不足供一國所需，歷年來外粮之輸入，均在增加之中。

表(一)近年中外粮之入口表

年份	米(千担)	麥粉(千袋)	小麥(千担)
一九三〇	一九・九九一	五・一八八	三・七六二
一九三一	一〇・七四一	四・八八九	二三・七三三(包括美麥借款)
一九三三前九月	一八・二九八	五・五七一	二・八五三

表(二)粮食貿易表(單位海關兩)

	一九三一年	一九三二年	增減%
進口	一六六・九七六・三六五	二二一・一八五・〇四七	增三二
出口	八〇・六五七・六七九	四五・六四〇・〇七四	減四四
入超	八六・三一八・六八六	一七五・五四四・九七三	增五六

都市人口之集中，完全是農村衰落的一個反映。封建勢力之壓迫，到最後，使農民不得不棄地他往，移入都市，另謀生活，因此造成都市人口的擁擠。但這并不是都市的好現象，因為農村破產的最後結果，是整個國民經濟之崩潰，都市與農村的興衰，在在有關，到最後都市也難免捲入旋渦，目前繁榮的市面，不過是如同臨死病人回光的反照而已。

(九)歷年天災人禍的影響

助成中國農村加速崩潰的主要因子，是歷年來天災人禍之繼續不絕，天災如三年前陝甘之大旱荒以及去年長江水患，被災區域，波及湘鄂贛諸省，北部黃河泛濫，連及冀魯二省，被災區域有一一・七二六頃，災村有八千六百六十餘村之多；人禍如歷年來之內戰外患，蹂躪農村，毀壞耕地，使農民生計，受到致命的打擊，茲將本年三月三日天津大公報所載全國各省災民數，轉錄于左，以示歷年來天災人禍之結果：

各省災民數

河北四，一六一，〇〇〇人	江蘇六，四六一，〇〇〇人	山西二，一〇三，〇一三人
湖南六，四〇〇，〇〇〇人	浙江二，〇〇〇，〇〇〇人	山東四，一〇六，〇一三人
湖北九，〇〇〇，〇〇〇人	安徽六，一四六人	四川二，一九六，八〇六人
江西六，〇〇〇，〇〇〇人	甘肅四，七四〇，〇〇〇人	廣東 二九，九四六人
	河南三，二一六，二四一人	總計六四，五六四，二七〇人

(十)結論

我們分析上述各種現象，中國農村破產的最後原因，可以歸納到下列各點：

一、帝國主義者商品之傾銷，一方面使農產品國外的市場隨競爭而消失，一方面農產國內的銷路，在日益外來的低廉農產品

之輸入中而被瓜代。往日自給自足之經濟狀態，在各帝國主義者資本侵略之中盡量被其破壞

(二)國內商品經濟之抬頭，農村舊日的自然經濟，隨潮流的趨勢，受不可避免的衰落。

(三)農村土地分配之不均，土地所有者與土地使用者關係之深刻化，目前土地組織之不良，減弱土地之生產効力。

(四)封建勢力之摧殘，地租之剝削，苛捐雜稅之繁徵，及農村高利貸之壓迫，使農民生活，日就窮困。

(五)連年政治之腐敗，內戰之破壞，天災之流行，直接間接加速農村經濟之崩潰。

上述(二)(三)原因又可以歸併到土地制度之不良之一總原因。所以中國土地改革問題，實爲目前救濟農村與復興農村迫切之圖。關於土地分配問題，本文因篇幅所限，不能詳述，但未來趨勢，終不外下列兩途：

(一)因生產之工業化，目前封建式之土地制度，隨資本主義之發展而消滅，土地之分配，重以新的方式，出現於社會。

(二)實行土地國有均產制，耕者用其田，消滅地主，根本剷除土地私有制。

用上述第一種方法，土地所有權，由大地主而轉移入資本家，固足以發展農村生產之近代化，使農業的生產方式，完全脫離獨立的狀態，與工業打成一片，以挽救目前農村的厄運，但土地私有制，依然存在，病根未去，不過由地主與農民的對立，轉變爲勞資的衝突，結果還是換湯不換藥，土地糾紛，仍不能得到根本的解決，那麼只有用第二種方法了，照理論講，第二法實較第一法更爲澈底，不過在實際，我們看到國內封建勢力的迷漫，實行此種社會政策，必引起地主階級強烈的抵抗阻礙，實際能否水到渠成，現在還不易決定。不過我們觀察社會的趨勢，土地私有制之存在，已引起種種之罪惡，國有制勢在必行，私有制之必歸消滅，是不容疑問的。　(完)

本文因出版期在即，一方又忙於準備大攷，匆率草成，中間時期短促，搜集材料多未能完全，詞句亦無暇修改，謬誤之處，尚乞讀者指正，暑假將近，同學如乘返里之便，調查本鄉之農村經濟狀況，彙集研究，以挽救目前之農村厄運，農村復興前途幸甚！

——作者——

一九三四，八月一日于新中院

本文資料採自下列各書！

東方雜誌第三十卷第十號

第三十卷第四號第十號

銀價動盪聲中之中國貿易

王樹德譯

「當此舉世不景氣之際，安定銀價，已成目前極大問題，而銀價之安定，於吾國之國際貿易，又有莫大之關係。倫敦泰晤士報白銀專號，討論白銀問題，尤爲綦詳，用特選譯斯文，或有助於國人之研究也。譯者附註」

在過去一年中，因爲受了許多影響的波及，所以銀價問題，更其飄搖不定。美國銀行界之不景氣，與因美國放棄金本位而生國際匯兌市場之不道德，及美國提高物價通貨政策之危機，均使中國人士發生對於紙幣之不信任，思欲穩固上海之銀價，而維持國際間支付之平正。世界經濟會議之前，各國莫不盡其利用白銀，以期恢復其原有之地位，所以一九三三年一月至六月間倫敦平均每月銀價自一六•八七便士漲至一九•〇六便士。及世界經濟會議開幕，乃組織特種委員會，專事討論此銀價問題。

需要減少

但此世界瞻望之經濟會議，並未能完全成其召集之初旨，幾個對於白銀有關係國家之協定，僅僅爲一種孤立之成功，雖在中國方面，或因此協定表示產銀國家與用銀國家之合作而略表同情外，但此協定究竟如何影響將來之銀價，尚未敢頌揚也。按協定規定，在今後四年之中，產銀國家合出一四〇，〇〇〇，〇〇〇盎司，以造成一人工之市場，同時限制印度不得以過剩之產銀，銷售市上。此協定之關鍵，對於印度方面，可謂已得圓滿之條件，但對於中國人民所渴望之穩定銀價，殊少裨益也。

不論銀價如何跌落，近年白銀之地位，在中國與印度兩國，俱有減少需要之傾向；中印兩國購買銀子之能力，直接隨其由出口貨所得之購買力之大小爲轉移，在此世界經濟恐慌嚴重之下，此種由出口貨取得之購買力，當然亦隨恐慌之程度而日減一日。歐戰以後，中國年有不利之入超，此乃有目共覩之事實，所藉以抵補此巨大之漏洞者，以華僑之匯款回國者為大宗；然亦以經濟恐慌之關係，華僑匯款，不免減少，而被迫返國者，又不知凡幾。同時外國通貨之不穩定，投機家以為白銀將來可有大量之用途，作為交易媒介之通貨，從事投機，所以去年銀價，又一度保持較高之價格，此時自中國運銀出口之商人，大獲厚利。但此種白銀之出口，純出於商人圖利之心，非所宜也。倘其他物價不漲，祇銀價高漲，則其結果使中國之輸入有增無已，而國產之輸出，則江河日下矣；故白銀出口，可補國際間尾數之支付。

上海方面之意見

補救蘭開夏Lancashire因銀價跌落在中國之棉業市場之衰敗，已費盡九牛五虎之力，由推論得知提高銀價，方能改進蘭開夏在中國市場之地位，但在中國人士與一般好競爭之人觀之，此種解決辦法是否易於實現，尚屬疑問。近今銀價低落，實連帶影響進口稅之增加，此種進口稅之增加，對於發達中國實業，不無小補，但同時日本之棉業競爭，與最近之蘇俄棉業競爭，使蘭開夏在中國之市場，更充滿嚴重之恐怖。從過去一年之經驗言之，若祇銀價高漲，其他中國之出口物價，並不隨之遞增，則可發生一紛亂之結果，即使由輸入之中國，一變而為輸出白銀之中國。茲為便利起見，節錄去年六月十七日上海英商會與上海商會致倫敦一電如左：

『維持銀價，可增進貿易，若祇强為抬高，而其他物價不有同等之提高，勢將減少中國之輸出，而限制其購買能力，使中國財政，受莫大之打擊，逼入不履行條約義務之途徑，此乃對華貿易之大不利也。』

在過去一年中，對於白銀問題，有主恢復其原有之地位者，有主維持其價格者，各執理由，莫衷一是，茲為明瞭計，試將銀價協定最有關係國家中富有專門學識者之意見，一申述之：在未談一般學者意見之前，須先區別主張恢復白銀地位者為一派，主張穩定銀價者為又一派，雖在主張維持銀價者之中，對於計劃之是否能實現而發生懷疑者，仍不免大有人在也。銀價穩定後，中國之國際貿易，當然大有幫助，故穩固銀價，已無異議，且有頌揚之價值，然而銀價一漲一落，在某種程度下，亦可以調濟國際間之支付，而任何穩定方略，如以中國為惟一白銀之購買者，此乃錯誤之觀念，行將證實於最近之將來；故中國除在其採用完善貨幣制度過渡時期中，參與此等政策外，否則必不聞不問，袖手旁觀。吾人知金屬貨幣制度之原則，為國際市場之無限流通，若失此効用，則其國根本不適於國際貿易，故以貨幣之立場言之，中國可輸出白銀，以與入超保持平衡；不然銀幣幾無異於無準備金之空頭紙幣；且也卽空頭紙幣而不如，因紙幣發行之數量，尙可藉政府之力，以爲節制，而維持其代表之價值。至於銀幣，則任何產銀者可任其意之所欲，傾其所有於中國，使中國之貨幣，名價大於實價；換言之卽表示產銀國稍有餘銀，可以出賣，終必盡量投諸中國，直至售銀國家達其希望之國際貿易與滙兌率而後已。

自中國人觀之，目前銀價之低落，有利亦有弊，中國所借外債，大部以海關鹽稅與鐵路之收入爲擔保，此種外債之償還，除最近以金計外，以前均以銀計；關稅之收入，因入口稅之抽納，現均依照海關金單位計算，故銀價之變動，已不能影響關稅之收入；但鹽稅與鐵路之收入，仍以銀計，故銀價愈跌，則以鹽稅與鐵路收入爲擔保之外債之負擔愈重，反之銀價愈增，則對於此等外債之負擔愈輕。

依從事於國際貿易者之言，當然不希滙兌率漲落甚烈，蓋滙兌暴漲暴跌，使貿易變爲賭博性質，固有意外之收，但亦在在有不可預計之意外損失；由此可見銀價能直接影響中國之國外貿易，使上海之商人，不得不時時刻刻注意於滙兌之趨向，相機發展其市場。故一言以蔽之曰：銀價低賤，一方鼓勵中國輸出，一方減少輸入，反之則減少輸出，鼓勵輸入。

自銀價暴跌，金價驟漲以後，舶來品價格倍增，故中國人士，俱有愛好國貨之趨向，因之本國實業，確得極大之幇助與鼓勵，同時最近工業製造品進口稅之加重，亦使本國實業，得以保障；故銀價上漲，一般人認爲對於中國之幼稚工業，殊爲不利，無怪乎許多上海商人，仍傾向於低賤之銀價云。

實則中國之經濟發展，太半須藉其政治之安定，與中央及各省預算之合度，中國國內實業，甚爲幼稚，一切經濟發展之資材，尙不能完全自給，故爲建設計劃與發展鐵道前途計，銀價若繼續低落，殊爲不利也。

綜觀在過去數年中，中國經濟與財政狀况紛亂之際，因其貨幣與其他各國尙未密切聯成一片，故得免銀價跌落及世界不景氣之最不良結果。以目前環境而論，低賤之銀價，殊在意料之中，金貴銀賤，固多不利，但中國是否願意冒險加入協定，提高銀價，尙有考慮之必要。（完）

美國貨幣之現狀

"Our Present Papar Standard" by E. W. Kemmerer

方善桂譯

紙本位與金本位幣制之基本辨異——美國八種貨幣之歷史及用途，其受現下政策之影響如何。

（一） 紙本位與金本位之辨異

美國今日實在紙本位幣制度之下。紙本位幣與金本位幣具有其基本之辨異焉。其一，則紙本位之價值，非繫于世界市場之物價，以其無兌付黃金及維持平價之義務，政府或中央銀行得隨需要而發行之，其發行既無限度，其波動乃更鮮既極。其二，紙本位之作用，範圍狹小，往往止于國境；雖英國現時之金磅紙本位，與其政商有關之鄰國，採行同一本位者，可以互通 要一獨立之國家，實不樂其紙幣單位之價值，爲人操縱而決定。故凡採行紙本位之國家，輒自制其紙本位幣發行之法律，規定國家得隨政治經濟上之需要，發行若干數目若何程度之紙幣。由是則每當紙本位制風行之日。若過去之世界大戰及今日之情況等，各國之貨幣制度，同有一律，自爲漲落，而無與他國事。此顯爲國際貿易及匯兌上之天害；蓋此際匯兌之比率，在各紙本位國中及與各金本位國間，波動必甚劇烈也。

（二）美國貨幣之今昔

自一九三三年二月美國新貨幣制度建立後，原有貨幣，俱在各方面起重要之變化。美國爲擁有多種貨幣之國家，除鎳幣輔幣及已將過市之「一八九〇國庫券」(Treasury Notes of 1890)外，流行于市者達八種之多。計爲（一）金元；（二）金票；（三）銀元；（四）銀票；（五）綠背票；（六）國家銀行鈔票；（七）聯邦準備券；及（八）聯邦準備銀行鈔票。自一九三三年六月五日國會通過，凡美國所有貨幣，連同鎳幣輔幣銅幣等，無論於公債及私債。悉掛作無限法償，經此種奇異之變故後，吾人于美國之貨幣，不得不依其現在之情形，加以觀察焉，

金元　美國之金元，依一七九二年之造幣案而鑄造，在百年之前，爲使其在複本位制下通行無阻起見，曾二次酌改其金含量，除一八六二至一八七九間綠背紙幣發行時，一度被擯于市，祗流行於太平洋岸數處外，在萬一世紀，爲世樂用。窮美國之歷史，未嘗有限制金元收授之紀載也。

一九三三年三月變法後，蔚觀頓改，金元無復有流通市廛之自由，而執有金元者，反視同非法而須重懲。一九三三年終，依金法郎匯率，每金元計值紙幣一•五七元。而美國政府則以每十金元紙幣十六元四角七分之代價，收買外國及本國礦山之黃金，但如仍有死藏現金者，政府須加重罰，不稍寬貸。

金券　金券或稱黃背券(Yellow Back)。溯自一八六三年起，該項金券卽依法由國庫祕書處(Secretary of Treasusy)發行，並以金幣金條爲準備，僅作兌換之用，不可用於他途。故自來卽爲人視同貨幣，以爲其性質有類棧單者。蓋所存貯之黃金，卽爲握有此券者所有，而以金券代表流通之。

今之持金券者，國家認爲非法，卽其以金券易作黃金，則黃金卽不應爲人民所握有，故犯者須受照其所握金二倍以上之科罰。

銀元　當一七九二年鑄幣法通過後，銀幣卽開始鼓鑄，迄于

今日，成色容量，曾無稍改。因銀幣形式之不合，近數年來，流行不廣，計市上所流通者，總數少於二九，〇〇〇，〇〇〇。一九三三年末，因政府之力量，得維持銀元與紙幣之平價，而金銀間之平價，爲每銀元值金元六角四分之譜，每銀元中所含銀值，依世界行市約值紙幣三角四分，在維持銀元價值之努力中，含銀何者，殊無重大關係。

在一九三三年五月美國農業糾正法案(Agriculture Adjustment Act)下，總統有決定金銀間法定比價(Mint Ratio)之責，以便在此比例下，自由鼓鑄金銀貨幣。今因無論一八七八年後，世界已無複本位之存在，但今總統(指羅斯福)所努力者，實在使美國造幣廠無限制的鼓鑄銀幣，以圖國內的或國際的複本位制之嘗試。再則，去冬(一九三三年十二月)金銀市價，比例達七十四對一，此更使議院中之「白銀派」及銀黨員，頗贊同舊時複本制十六對一之比例矣。

銀券　銀券之要點，俱與金券若。一八七八年該券開始發行，及一九三三年十二月，流通于市者，計占全體貨幣百分之七。今担保該券之存銀，每元僅及現行紙幣三角四分，故于維持其平價，關係極少。以銀券易取現銀者，爲數甚鮮。銀券仍能自由流通及換現。以金值論，則銀券與美國其他貨幣然，已被貶值。銀

券之增發，大有可能，蓋一九三三年五月之農業糾正法案，已允許總接受白銀還債，數達二〇〇，〇〇〇，〇〇〇元。當此大宗現銀收入時，則國庫秘書處又當發行銀券矣。

綠背券　美國第五種重要之貨幣。爲綠背券，或稱合衆國鈔票(United State Note)。此種貨幣爲造成一八六二至一八七九年美國紙幣跌價之主角。綠背券係由政府直接發行。一九〇〇年金本位案建立時，始以一五〇，〇〇〇，〇〇〇元之金準備担保之。當一八七八年，綠背券之流行額，減至三四六，〇〇〇，〇〇〇元。蓋一方因其于十七年中（一八六二到一八七八）跌價之烈，一方因政府受資金之壓迫可以膨脹其額數；此項紙幣。自貨幣學者視之，久爲美國幣制之劣績。因此終其史迹，曾有不少運動，圖根本推翻此制焉。

國家銀行紙幣　一八六三年美國國家銀行法案決定國家銀行紙幣之發行，一時執發行業之銀行，達五千家以上，散處國中。此種紙幣應由政府及發行銀行負責，並有債券及法幣爲担保，就中法幣占其半，故每元慨有十足之担保焉。國家銀行紙幣之發行額，每行不得超其實收資本數額之上。一九三三年終，其總數約占美國全數流行貨幣六分之一。自一九三二七月達一九三三十一月，流通額增加約在二〇〇，〇〇〇，〇〇〇元以上。國家之公債增加愈速，則此項紙幣之增發亦愈多。依最近法律規定，則此項紙幣已不能兌換黃金。

聯邦準備券　美國紙幣之最關重要者，在今當推聯邦準備券。一九三三年終，其流行額占美國流行貨幣全數之半。此項紙幣由美國政府及十二家聯邦準備銀行負責，而以抵押金塊，可靠票據，政府債券爲担保。其担保品數額概較流行在外之紙幣爲多。依法律規定，此項紙幣可隨時兌付現金，而聯邦準備局則無論何時須設置等於流行額四成之準備，設如金準備跌價，致低于四成時，則聯邦準備局得徵收「準備虧耗稅」(Graduated taox on the Roesrve dificiency)。其稅率隨金價低落而累進，同時並加此數于聯邦準備銀行之貼現率，使顧客負担之。此稅及貼現增率，作用極佳，蓋準備低減爲通貨膨脹之險號，此時之信用膨脹，待此稅及貼現增率有以強力吸引之也。

洎乎最近，則聯邦準備券之地位大變，而上述保障亦漸行消除。聯邦準備券無復有隨時兌取金元之可能，且其金值已貶至紙幣六角四分，與其他貨幣同待。故聯邦準備局，此後不過躪遵法律所規定之準備，至于準備低跌應徵之準備虧耗及應增加貼現率等任務，悉被解除。換言之，聯邦準備局對指導減低各聯邦準備銀行準備之所有限制，今已完全撤去矣。

聯邦準備銀行鈔票　最後吾人試言聯邦準備銀行鈔票。此種鈔票係依一九一三年聯邦準備銀行法案而發行，除一九一八年畢德門銀案施行後，一度占重要地位，嗣後即歸銷沉，不在美國貨幣上占何勢力。聯邦準備銀行之鈔票與以公債担保之國家銀行鈔票，頗有相似之處，但前者係由聯邦準備銀行自行發行。此種鈔票由聯邦準備銀行負責，近則亦以美國國家公債，十足担保。除五厘兌現金以法幣積貯于美國國庫外，並無他項準備。洎一九三三年二月，是項紙幣之流通額，約為三百萬元弱。

自一九三三年初變新法產生後，聯邦準備銀行鈔票，一躍居重要地位。是年二月至十一月間，流通量月見增加，迄十一月終總數凡二〇六，〇〇〇，〇〇〇元。

是年三月之銀行意外法案(Emergeucy Banking Act)，規定是項紙幣之發行，除照前例以十足政府債券担保外，並參以九成弱之期票，匯票，及承兌票等。

聯邦準備銀行鈔票，可以自由流轉，於其發行，殊鮮限制。蓋政府發行公債，既無限制，則其以公債易取聯邦準備銀行鈔票，亦無限制，循是則聯邦準備銀行鈔票之發行，乃亦無限制矣。前戰後之德國累區銀行鈔票，什及其原價兆兆分之一(Trillionth)，今之美國聯邦準備銀行鈔票，亦殊類此，且鈔票由國家政府負責，尤彼此相似。故此紙幣者，實美國貨幣之最弱點。

(三) 激烈之貨幣法為經濟復興之障礙。

總之，吾人須加注意者，即今時議院授權總統，不過予以許可，使得應付目前危局，性質多屬暫時，而非可與委任統治相視為一。當議院通過此議時，有謂總統遽握大權，亦將置其中數項而不用，所以免國家為激烈議院所應響，又所以保障議院，使不為激烈議員所應響也。處此複雜之狀況下，吾人誠莫測高深矣。雖然，長此以往，議案之如斯者長存法條，總統之行為不能克其所握之權勢，則公衆對復興運動之信任，足以應響該運動之健全與耐久者，勢必盡捐，此蓋必然者也。

中央造幣廠工作情形

參觀部

中央造幣廠處上海戈登路底，蘇州河東岸，面積寬廣，屋宇巍峨，入門即一空場，場中路植花木，正中有水門土通道直達廠屋，屋凡二層，上為辦公處，下為工場首入即為配銅間。但見銀塊，元寶，琳瑯滿目，蓋銀元之成分，百之八十為銀。而其餘則為銅，故生銀入室，必先攙以相當成分之銅，然後運至溶冶間，內置大溶爐一，工人置銀塊其中，須臾即有紅光閃爍之銀液流出，旋即漬於稀硝酸溶液中，使其中所含之炭分溶解而去 (dissolves out) 蓋當生銀溶化時，面鋪炭粒(carbon particles)，藉以縮小與空氣之接觸面而減少氧化也，迨此銀取出，則即壓成銀條，條長可三尺，寬厚與普通之銀幣相若，於是遂入另一室曰機榕課，工人以已成之銀條，置機器中截成銀塊，繼續落下，此即銀幣之生坏，然後以溫火烘之，使堅韌耐久，且復加以洗滌，使其質更加純碎，於是入打模間，其機械之構造非常精密，銀坏一經放入，上下均受緊壓，遂成預定之文字及圖形，且四週圍以鋼箍，當上下均受壓力之際，銀幣必向外橫溢，然因為鋼箍所限，故顯四週之細輪，至此銀幣已告成功。繼入衡量室，室中玻璃櫥數具，天稱若干，銀幣一入櫥中，過重者自右出。過輕者自左出，各不相混，然後再驗其輕重之程度，是否過某一限額，不然即可採用，餘則仍須重鑄，及至計數間，乃以紙包裹可用之銀幣，裝入木箱，每箱計五千元，而後送至稽查科任取二枚化驗，觀其所含成分，是否與法定標準相合，不然，全箱重復鼓鑄，其合於標準者，則存入銀庫，據該廠職員云：「生銀之來源，除銀條元寶外，尚有舊幣如龍洋及袁世凱等。而銀幣自生坏至於造成，其可用者，僅百分之五十，即銀幣造成後，其重量之不合標準者，亦往往佔百分之二十，是以鑄幣雖全用機器，事實上亦不如理想之簡單也」。

首都娛樂的天堂 中外鉅片的總庫

首都大戲院

發音清晰
光線準足
建築偉大
座價低廉

南京夫子廟
電話二二二〇七

上海九江路二百號

伊文思圖書有限公司

發行學校課本
經售原版圖書
印刷中西文件
批發文房用品
經理科學儀器
代訂歐美雜誌

定價低廉
服務週到

Edward Evans & Sons, Ltd.
200 Kiukiang Road
Tel. 15015.
SHANGHAI.

全國海陸空聯運（經濟史實）

薛觀澄

引言

吾國自有鐵路輪船以來，已垂數十年。創始之初，非有後於各國也。乃歷年辦事者，率多貪污無能，殊少功績。其間雖有一時份呈蓬勃之勢，如民十二三之間，各路之聯運，成績頗爲優異。乃好景不常，國內政局飄搖，戰禍頻仍，破壞多而建設少，竟成今日喘喘一息之局，良勝感慨。最近一年來，內憂外患，煎迫益甚。國家之瀕於滅亡其間不容髮。舉國人士，於是有一共同之覺悟，卽圖存救亡，舍從實業建設入手外，別無其他捷徑。蓋有鑑於暴日之所以能成爲「暴日」也。唯在民生凋敝，國庫空虛之今日，實業建設，談何容易，無然，其爲整理與發展舊有已成者乎。是則各路與其他各交通機關又呈朝日清新之氣，未始非國家前途之曙光也。而其中成績足資稱述者，卽爲最近騰躍塵上之水陸空聯運是也。

聯絡運輸之意義及方式

各種運輸方式，自有其特殊之功用。任何一種運輸，不能謂可以担任一切用途而有餘。鐵路運輸，最宜於重大貨運及長途之用；公路運輸，可供短距離及運載貴重物品；內河及沿海運輸，宜於運載大宗低賤貨物，而不須迅速運輸者；空中運輸宜於載運郵件及旅客。以上各種運輸方式，雖各有其獨特之功能，而實際上不能將其功能分劃清楚。如水道與鐵道，公路與鐵道，皆有激烈競爭之可能　且事實亦如此，美之公路與鐵路之相水火卽是也。是則聯絡運輸者，乃指其在複雜經濟情形之內，每種運輸之運用，能達到最適合其各自特性之地位，而彼此間之競爭，得以減除，而利益得以平均享受是也。聯絡運輸之方式可分爲下列三種：

（一）自動聯絡　各種運輸事業，自動聯絡，各不失其獨立之性質。

(二)鐵路領導　聯絡運輸之促成，亦可由鐵路居首要地位，自己有公路，水道，空中運輸之種種設備，或由財務上統制其他運輸機關。在此種聯絡狀況之下，鐵路有以公路水道，航空等爲其營養線之可能。

(三)法律規定　國家運用法令，可限制各種運輸機關，使之彼此協調。法律可獎勵各種運輸機關合併。甚而强迫其合併，設立公共管理機關，以保護公衆利益。

以上所舉三種方式，率多指民營輸輸機關而言，如英美兩國之聯絡運輸，多採第二種辦法。蓋第一種辦法，由各運輸機關自動合作，其自動合作者，常受外界之競爭與嫉視，因而感受困難。吾國之運輸機關，規模較大者，多係國營之事業。鐵路且都有獨佔性質，一切設施，悉政府規定，招商局之與膠濟隴海等路訂立海陸聯運合同，卽准照去歲全國第十六次聯運會議之議決案而推行者也。

吾國聯運略史

吾國聯絡運輸業務之肇始，可分水陸聯運與鐵路聯運兩項言之：

(甲)水陸聯運　宣統二年二月，郵傳部以輪路兩項，利在交通，自須設法籌增進款，招徠運輸。部屬之鉄路，半屬

專利營業。惟航業分利者多，而宜擇與江海相通之鐵路，聯合運輸，議定合同，以免他人攙越。其應行聯絡各線，總計有四：

(一)由上海至營口，轉運奉天；

(二)由廣州至營口，轉運奉天，

(三)由上海至天津，轉運張家口；

(四)由上海附近鐵路至鎮江南京，轉運漢口。

以上四節，往來一律，各在該局——招商局或分局——發售直達之客票貨票。惟當時招商局以船期訂在合同，快車列有準表。欲謀銜接一氣，恐難變動兩利。因擬星期一約派江新或江裕等速率較勝之船，照班提早數小時開行。並飭沿岸趕緊裝卸，縮短停泊時間，加增汽機馬力。約期黎明，必可安達漢口。先於火車碼頭，江邊停輪。候車站派人招接上岸。並由路局於碼頭上豎立燈旗，以便各船遠鏡能見。宣統三年，津浦鐵路通車，所有招客載貨，分途轉運，以長江輪船爲貫注。擬卽就天津浦口車站碼頭，停泊局輪，並免納費。民國元年，與京滬路議訂聯運辦法，未經實行。此吾國水陸聯運之端倪，稱之爲史，尙覺未宜也

(乙)鉄路聯運　吾國國有鉄路正式創辦聯運。始於民國二年。前此各路雖偶以接軌之關係，有互相聯絡之舉，僅亦限於兩路之間。或兩路各一段之間，且辦法亦參差不一。民國二年十月，北京交通部鑒於聯運之需要，召集北甯，平漢，平綏，津浦，及京滬五路代表，開會於天津，當經議定旅客行李及包裹聯運各辦法，於民國三年四月一日實行。嗣後每年開會一次，討論改良及擴充辦法，至去年止，已開會十六次矣。

國內聯運，初僅五路，故亦稱五路聯運。嗣後國有各路，如滬杭甬，道清，正太，隴海及汴洛，膠濟，湘鄂等路，均先後加入，凡可連接運輸之鉄路，殆均在內。

至貨物運輸，因各路貨物等級及運價運送規則，既有懸殊，各路車輛設備，亦盈缺不同，加以當時沿線厘捐林立，檢驗手續繁雜，採行聯運，阻礙甚多，至民國十年二月一日，始開始實行。

民國十二三年間，國有各路，聯運業務頗爲發達。民十二客運進款達三百餘萬，而貨運進款竟至九百餘萬。惜自十五年起，內戰擴大。各大幹線交通中斷。迨國民政府成立以來，尚未恢復舊觀也。

以上略約敘述過去之吾國聯運，茲將最近一年來之各項聯運依水陸，公路與鉄道及鉄道本身間分別述之。至水空與陸空兩方面，僅擬議，尚未見諸實行。且吾國航空尚在萌芽時期，載運客郵，爲數有限，即公鉄方面，亦頗幼稚可憐也。

水陸聯運

水陸聯運雖始議於宣統二年，而實行則於去歲第十六次國內聯運會議以後。茲將鉄部業務司長俞棪氏去年所發表之「鉄路業務聯運之來年計劃」一文內關於「實行水陸聯運」一段錄如下：

鉄路爲陸路之運輸利器，輪船爲水路之運輸利器。一國地域有陸有水，鉄路不惟當彼此聯絡，同時亦應與輪船聯絡，然後一國之交通始稱便利，客貨之運輸始能敏捷，此水陸聯運尚矣。吾國國營水運機關，僅一招商局規模比較具備，欲求水陸聯運之早日實現，惟有亟由國有各路先與國營招商局從事聯運，因於第十六次國內聯運會議時，邀請招商局加入，擬訂水陸聯運辦法，決定由本部聯運處代表國有各路，根據所定辦法，與招商局簽訂聯運合同，再由招商局與關係各路商訂聯運辦事細則，此項合同及辦事細則現均已商訂就緒，即可公布實行，所有沿海及長江各埠之客貨均可與國有各路聯運矣。

由此可見吾國之水陸聯運，實由當局者之決心舉辦，非徒偶然也。國有鐵路與國營招商局之聯運大綱，其內容如下：

一　凡國營招商局輪船及航線所經各埠，與國有鐵路有聯運可能者均得協議訂約，實行聯運

二　國營招商局與國有鐵路管理局，同爲國營交通事業，有合作之必要。對於各鐵路聯運有優先訂約之權利。

三　路局及船局定約後，須各於可能範圍內，盡量載運聯運客貨。

四　凡聯運行李及貨物，如發現殘短情事，應查明責任所在，各按定章辦理，

五　關於輪船班期，車行時刻，務使互相銜接，便利運輸。如臨時遇有大批客貨，得互通電報，預先知照，俾照準備。

六　路局船局所築碼頭棧房，遇有聯運貨物裝卸時，得儘先使用之。如須收取租費，務照原定價格從廉，以示優待。

七　路局各車站附近，如船局於必要時，自購或租借地基，建築碼頭棧房，以備存儲聯運貨物，路局須儘速舖設岔道，以便銜接路軌，便於運輸。其建築費用由船局照路章規定擔担之。如遇不能舖設岔道時，雙方另籌搬運方法，使其銜接，可於訂約時就各地情形規定之。

八　雙方爲辦事便利起見，於必要時得在船局航綫所經各埠，及路局車行起訖各站互派辦事員，或設立辦事處，負責辦理聯運事宜，其費用各自担負之。

九　路局與船局，得雙方議定印製關於聯運應用之印刷品，以便使用。其費用由雙方分擔之。

十　路局船局實行磋商訂約聯運時，應以本大綱爲原則。

十一　本大綱如有未盡事宜，得由鐵道部聯運處，會商各關係路局與招商局，隨時修改之。

十二　本大綱由聯運處與招商局簽定之日起施行。

按根據聯運大綱，而後有國有鐵路與國營招商局聯運辦法二十一條之公佈，其內容如左：

(一)辦理水陸聯運之鐵路如左：京滬，滬杭甬路，津浦路，隴海路，膠濟路，北甯路，平綏路，平漢路，正太路，道清路，湘鄂路，辦理水陸聯運之招商局輪船如左，(甲)津滬粵間各航線，(乙)川漢滬粵間各航線，但經由浦口上海間之聯運客貨，應由京滬路聯運，

(二)辦理水陸聯運之車站及口岸。由鐵路及招商局雙方商定，(聯運站名，由各路代表回路後，斟酌運輸情形，分別客貨，

開單預送聯運處。）

（三）每批貨物之重量，以無限制爲原則，其有特殊情形者，可與招商局暫行制定，每批貨物之起碼重量，於最短期內取消此項限制。

（四）如招商局輪船因故缺乏，不能或不敷辦理聯運時，其已由鐵路運至接運地點，及已起運之貨物，應由招商局負責設法，接運至到達地，如鐵路運輸因故發生阻擬時，其已由輪船運至接運地點，及已起運之貨物，應由鐵路接收負責處理。

（五）水陸聯運票價及運費，以車船兩項結總計算爲原則，其有特殊情形者，另行商訂核減辦法，呈部核定，鐵路貨物運價。如有特價，照特價核收，輪船運價，應照客在運價，再予特別核減，輪船運價，應包括輪船部分保險費，車船運價，概按公斤公噸公尺計算，

（六）水陸聯運票價及運費，應一次收足，聯運貨物運輸，暫以先付及到付兩種爲限，先付者，統由運站或口岸，核收現款，到付者，統由到達站或口岸核收現款此外裝御及其他雜費，屬於起運者，由起運站或口岸核收，屬於到達及中轉者，由到達站或口岸核收。

（七）聯運貨物，由鐵路運輸及保管時，發生損失者，應由鐵路按照鐵路定章負責賠償，其由輪船運輸，及保管時，發生損失者，應由輪船按照輪船定章負責賠償，賠償損失之貨物，如有運費關稅，及其他雜費，應一并由負責方面照數賠償。損失負責不明時，按照起運機關定章賠償，所有賠償各款，統由承運各機關，按照該批貨物所得運費，比例攤認，鐵路與輪船負責任轉移，以授受憑證簽字時爲準。

（八）聯運貨物遇有損失時，客商應憑貨物收據或提貨單，向到達車站，或口岸請求賠償，如向起運車站或口岸請求賠償時，該起運車站或口岸，應立時通知到達車站或口岸以便處理。

（九）聯運輸物遇有損失須請求賠償者，應自託運之日起，三個月內，提出請求賠償書，過時無效，鐵路或輪船接到客商請求賠償書時，經調查確實，應立即賠償，至遲不得過兩月，（自接到請求賠償書之日起算）。

（十）聯運貨物，客商得委託鐵路或船局代爲報關，並墊付關稅，其詳細辦法，由招商局與各關係路分別商酌辦理。

（十一）凡墊付之關稅，或其他墊款，理鐵路墊付者，應由鐵路通知招商局，由招商局負責在到達口岸向客商收取歸還鐵路，由招商局墊付者，應由招商局通知到達路，由到達路負責在到達車站，向客商收取。歸還招商局。

(十二)聯運單據格式，應歸一律，由招商局派員與聯運處商訂。

(十三)聯運賬目，應由聯運處清算股，按照國內聯運會計規則清算。

(十四)聯運進款，應由聯運各路及招商局，各自指定經有關各方面同意之殷實銀行，負責按期代收代付。

(十五)國有鐵路與招商局辦理聯運，應由聯運處代表聯運各路，與招商局簽定合同，定名國有鐵路與國營招商局客貨聯運合同，有效期間，自實行之日起，暫定一年。

(十六)凡水陸聯運貨物，除鐵路自辦輪運外，聯運各路，須照本辦法之規定，儘先與招商局辦理聯運。

(十七)凡在聯運地點，鐵路與輪船授受聯運貨物辦法，幷車船銜接日期，暨次數等，及其他事項，或具有特殊情形，訂有細則之必要者，應由當事之路與招商運分別商訂聯運細則，但不得與本辦法抵觸。

(十八)鐵路與招商局兩方面，如有一方面不能履行合同，或細則之規定時，其他一方面得斟酌情形，隨時取消一部分，或全部分之聯運。

(十九)俟簽訂正式合同，並訂定各種單據格式，由部通令各路後，再由招商局派員與各路商訂聯運細則，呈部核辦。

(二十)招商局對於聯運處經費，應照各路成例，比例担負。

(二十一)聯運價目表，由招商局與銜接各路會商，以貨物為標準，編訂該路與招商局之聯運價目表，送聯運處彙集編製，各聯運車站與各聯運口岸間之聯運價目表。

國有鐵路已與招商局實行聯運者計有隴海與膠濟兩路，而平漢，津浦，北甯三路則尚在接洽中云。

隴海鐵路與招商局之聯運

隴海鐵路負開發西北之使命，故路局為發展西北運輸起見，切實進行連雲港之開闢，添建墟溝新港，並實施海陸聯運。現新港正在趕造，本年即可全部完成。去年各路航業，均皆清淡，獨海州一路，以西北貨物輸出增加，而能維持不敝。滬上航行海州之輪船，均獲利頗豐，適值招商局收歸國營後，經劉鴻生氏之整頓，業務蒸蒸日上。同時局方又委聘本校教授周鳳圖博士為辦理聯運專員，於是隴海水陸聯運乃先各路而實行。其聯運細則則於客歲簽定。內容據傳聞所得，約有下列各點，惟是否如此，尚難確定也：

一 聯運細則係根據國有鐵路與國營招商局聯運大綱及鐵道部第十六次聯運大會議決案，就隴海情形及貨商便利

而定

一 聯運車站口岸及接運地點計有：

聯運車站爲隴海路幹支綫各站。

聯運口岸爲上海與廣州

接運地點爲老窰臨時碼頭

一 雙方爲辦事聯絡起見，曾在上海與老窰臨時碼頭設聯運事務所，彼此予以充分便利。

一 聯運貨物之運價(詳後)。

一 聯運貨物之運費，其收款辦法分定如左：

(甲)由路局輸出聯運貨物之運費：

一 凡預付之運費及墊款，其關於船局部份者，由路局核收，按日電知駐滬聯運辦事所撥交船局。

二 凡到付之運費及墊款，其關於路局部份者，由船局核收，按日撥交路局駐滬聯運辦事所。

(乙)由船局輸入聯運貨物之運價：

一 凡預付之運費及墊款，其關於路局部份者由船局核收，按日撥交路局駐滬聯運事務所。

二 凡到付之運費及墊款，其關於船局部份者，由路局核收，按日電知駐滬聯運事務所撥交船局。

一 聯運貨物之託運單，貨物收據，提貨單(即提單)以及各種應用單據，均用一律格式由雙方訂定。(式見後)

一 路局運從各口岸之聯運貨物，由路局對貨主直接負全程責任。至在船局範圍內者，則船局須照船局提單條件對路局負責。

一 船局由各埠運往隴海沿綫之聯運貨物，由船局對貨主直接負全程責任。其在路局範圍內者，則路局須照負責運輸通則各規定對船局負責。

一 進出口聯運貨物由西連島附近駁運至老窰臨時碼頭，或由臨時碼頭駁運至輪船之鐵駁，統歸船局負責。

一 聯運貨物在運送或保管期內如有損失者，則有下列之規定。

(甲)在路局範圍內發生者，照國有鐵路負責運輸通則辦理。

(乙)在船局範圍內發生者，照船局向章辦理。

(丙)凡貨物損失，其責任未能證明者，則按照所得運費歸船路兩方比例攤認。

一　船局按聯運貨物數量之需要，訂定從來上海西連島間快船班次，常川運輸。

一　船局在臨時碼頭，或貨棧內堆存之貨，及聯運各貨，在駁運期內，路局須負保護之全責云。

一　聯運貨物因貨商捏報等情，所有補費或罰款，歸發現局所有。如於兩局接受時發現，應以交付通知簽字為準。如在簽字前發現時，歸交付局所有。在簽字後發現，歸接收局所有。

一　一件貨物超過一噸以上者，或體積龐大不能入艙者，起運局須先向聯運局商洽同意，始得聯運。

以上乃合同之大概內容也。至實行之期，則於去年十二月十九日正午十二時，由招商局派定同華輪，自滬駛海州老窰，作初次之水陸聯運。計於二十日抵老窰，裝載首批聯運貨物，於二十二日由老窰返滬，二十四日抵達。

招商局於海州一路，平時原派一輪行駛，或同華，或嘉禾，於兩輪中隨時指定。迨訂定聯運合同後，西北方面之進出口貨，勢為之大增。該局之海州一路營業，亦隨之而擴大。於是在定造新海輪未經到滬之後，乃就南北洋班內調派一二艘，以應急需。

招商局之海州起運站，本為大浦，蓋其為商輪通行之埠。但近年淤塞過甚。吃水較深之重艦，每每擱淺失事，故隴海路有墟溝新港之建造。惟在新港未付落成之前，路局為便利貨物聯運之上落計，業在距大浦四十公里之老窰海口，設立臨時碼頭，建造臨時貨棧，此即合同內所指之老窰臨時碼頭也。隴海鐵路並伸展其支線至此，於是此處即成為海陸聯運之臨時港口矣。

聯運辦法，由上海至隴海路各站貨物，可分為整車貨及不滿整車貨二種。隴海路之各聯運站，計為新浦，阿湖鎮，新安鎮，運河，徐州，銅山，黃口，碭山，馬牧集，商邱，柳河，民權，蘭封，開封，中牟，鄭州，汜水，鞏縣，洛東，會興鎮，陝州，常家灣，閿底鎮，潼關等二十四站。由上海往隴海幹支各站聯運貨物手續，可分為三步：(一)先將貨物花名件數重量，或尺碼，抄繕清楚，交與招商總局業務科水陸聯運股，其託運單之格式附下(式一)。

格式（一）

國營招商局——國有鐵路

託運人填註欄　　**水陸聯運負責貨物託運單**　　路局或船局員的填註欄

由________局站至________局站經由________

發運類別________　運費交付方法________

託運人｛姓名或商號________　詳細住址________

收貨人｛姓名或商號________　詳細住址________

（________鐵路局________鐵路局）貨位號數________

託運號數________　裝運類別________　貨物存場________　收據號數________　貨票號數________　提貨單號數________

貨車｛路別________　類別________　號數________

篷布號數________　繩索號數________

輪船｛名稱________　次數________

貨名	包裝及標誌	件數	起運時價值		實在重量或體積(立方)								計費重量				類別	等級	路別	運率		運費		……費		……費		……費		共計		附記
					重量				體積																							
			元	角分	公噸	公斤	擔	斤	公尺	公寸	英	尺	公噸	公斤	擔	斤				元	角分	元	角分	元	角分	元	角分	元	角分	元	角分	
																			鐵路													
																			合計													
																			輪船													
																			合計													
																			共計													

特約事項	上列貨物願遵照水陸聯運負責貨運一切規章託運此致 ________　託運人簽名蓋章________ 中華民國　年　月　日	辦理員司蓋章	過磅	計算	寫票	裝車或裝船

（二）商人於託運單填注後，如欲起運局代墊關稅者，可由起運局付給代墊關稅通知書。（式二）。於是持此書換取關單。貨物裝船後，

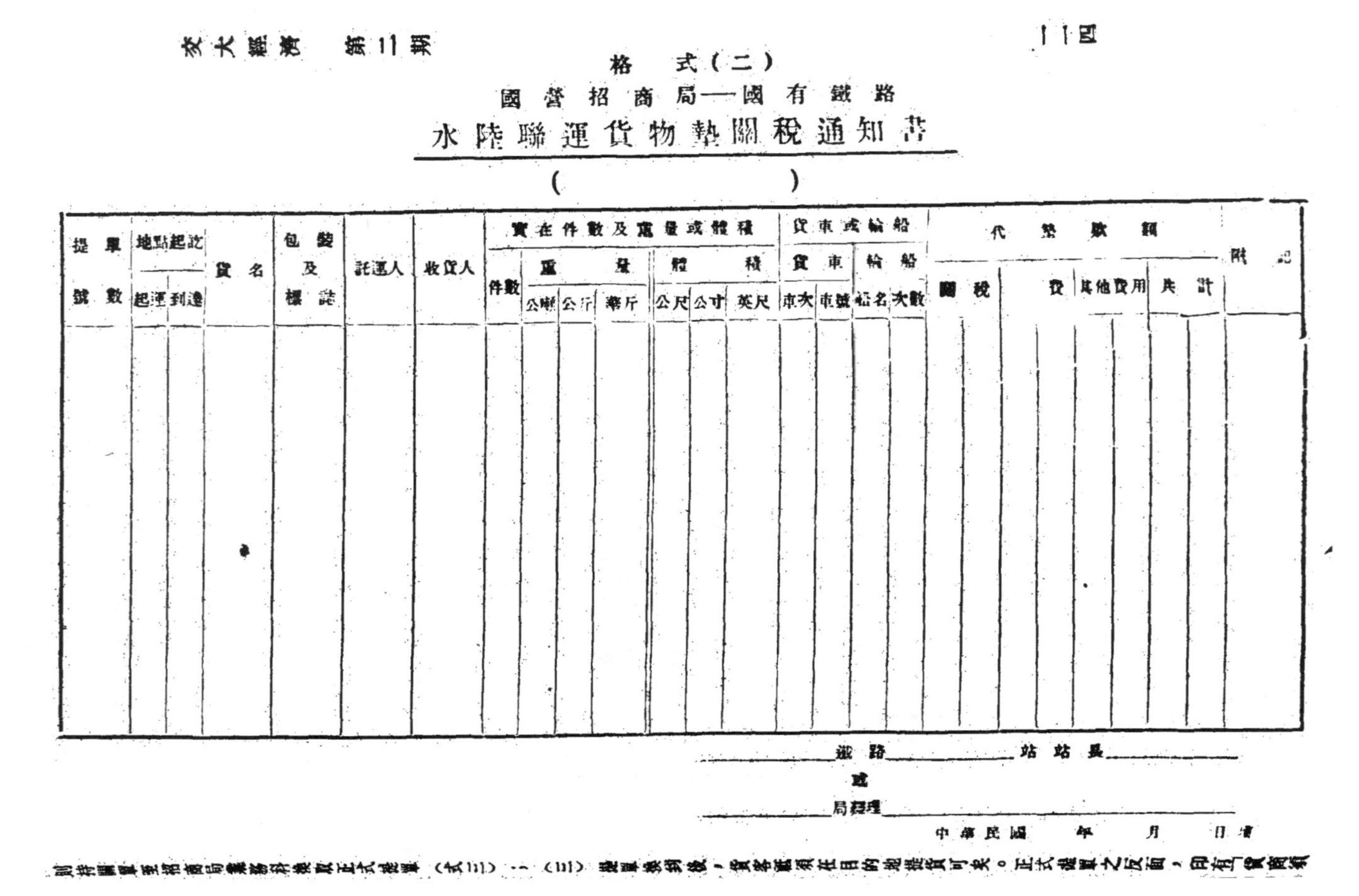

格　式（二）

國營招商局——國有鐵路

水陸聯運貨物墊關稅通知書

（　　　　　　）

提單號數	地點起訖		貨名	包裝及標誌	託運人	收貨人	實在件數及重量或體積							貨車或輪船				代墊款額				附記
							件數	重量			體積			貨車		輪船						
	起運	到達						公噸	公斤	華斤	公尺	公寸	英尺	車次	車號	船名	次數	關稅	貨	其他費用	共計	

＿＿＿＿鐵路＿＿＿＿站站長＿＿＿＿

或

＿＿＿＿局經理＿＿＿＿

中華民國　　年　　月　　日填

則持關單至招商局業務科換取正式提單（式三）。（三）提單換到後，貨客祇須在目的地提貨可矣。正式提單之反面，印有「貨商須

格式（三）

提單號數
B/L No.
運費交付辦法
付

國營招商局……隴海鐵路管理局
China Merchants S. N. Co. Ltd.-Lunghai Railway Administration

水陸聯運負責貨運提貨單
THROUGH BILL OF LADING

船名	
次數	
貨種類	
車號數	
篷布號數	
鐵索號數	

發貨日期 Date of Issue

由 From　　至 To

託運人 Shippers
姓名或商號 Name or Firms Name
詳細住址 Address

收貨人 Consignees
姓名或商號 Name or Firms Name
詳細住址 Address

包裝及標誌 Marks & Numbers	件數 No. of Pkgs.	貨名 Description	起運時價值 Value	實在重量或體積(立方) Actual Weight or Measurement						計費重量 Weight or Measurment of Freight Calculation			等級		運率 Rate	運費 Freight	費	費	費	共計 Total
				重量 Weight			體積 Measurement													
				公噸	公斤	擔斤 Piculs	公尺	公寸	英尺 Cb. ft.	公噸	公斤	擔斤 Piculs	別	級						

特約事項

I/we have taken delivery of above cargo in good order and condition
上列貨物業經完全收妥

Date:
年　月　日　時

Consignee's Signature & Chop
收貨人簽章

起運負責人員名章 Signed & Chopped
職名……………

清發員名章 Signed & Chopped
職名……………

(一)水陸聯運負責貨物運收據，發交託運貨物之人收執，作為提貨之憑證，

(二)水陸聯運負責貨運，須蓋發行站站長，或船局負責人員及填發員之名章或簽字，始發生效力。

(三)水陸聯運負責貨運收據不得塗改，否則無效。

(四)凡水陸聯運貨物，得以先付或到付，如到貨之貨物運抵到達站或到達口岸後，無人認領，或遇收貨人拒絕收受情事，所有運費雜費等，應由託運人負責補繳。

(五)水陸聯運負責貨運收據內所載之起運時貨物價值，係與託運人在託運單內所報之價相同。路局及船局對於託運人所報之價值須嚴厲監督，力求真確，但不負證明之責。

(六)對於水陸聯運負責貨運收據之貨物損失，其賠償責任如在路局管理範圍內，照國有鐵路負責運輸通則辦理，如在船局範圍內，照船局向章處理。

(七)凡貨物損失之賠償須於貨物運抵到達站或口岸之日起算，一個月內提出請求，逾限概不受理。

(八)凡貨物遇有變價拍賣時。除去運費以及一切費用外如有餘款，貨主得於拍賣成立後一年以內，隨時具保領之。

逾期概不補付。如不足時，並須負責補繳。

(九)茲遵海關之規定，凡輪船到埠進口各貨，限以七天之內報關完稅。如過期未清，或海關有留難議罰等事，乃係自誤，與船路局方無涉。

(十)水陸聯運負責聯運收據之貨物，如遇下列情事而受損失者，不負賠償責任：

(甲)凡屬於天災事變，非人力所能抵抗者；

(乙)凡因包裝單薄，或標誌嘜頭不清者；

(丙)凡貨物之自然燃燒，縮減或腐化者；

(丁)凡因防疫，徵稅，戰爭，羣衆暴動，及法律之制裁者；

(戊)凡屬於火災者；

(己)凡屬於貨商之過失，或不能證明確係路局及船局之過失者。

(十一)凡本須知未盡事宜，應依照路局及船局向章，與一般提單上之條件辦理之。

此項提單，計分六聯；第一聯(式四)為起運車站或起運船局之存根。其用法當填寫時應先用炭素紙(覆寫紙)五張，於每聯之

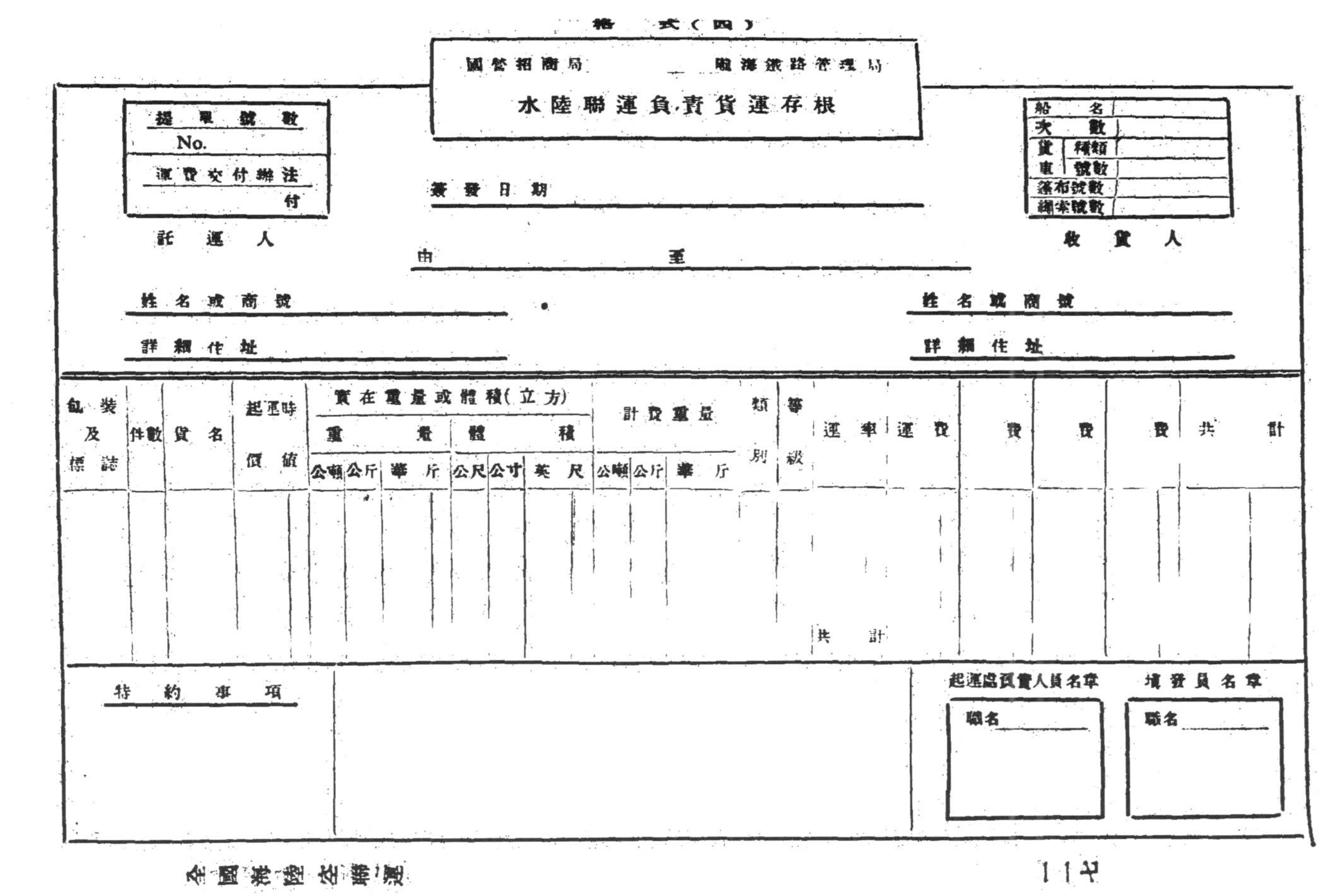

格 式（四）

國營招商局 —— 隴海鐵路管理局

水陸聯運負責貨運存根

提單號數
No.
運費交付辦法
付

簽發日期 ____________

船名	
次數	
貨車 種類	
貨車 號數	
篷布號數	
綑索號數	

託運人 由 ________ 至 ________ 收貨人

姓名或商號 ____________ 姓名或商號 ____________

詳細住址 ____________ 詳細住址 ____________

包裝及標誌	件數	貨名	起運時價值	實在重量或體積(立方) 重量			體積			計費重量			類別	等級	運率	運費	費	費	費	共計
				公噸	公斤	華斤	公尺	公寸	英尺	公噸	公斤	華斤								
															共計					

特約事項

起運處負責人員名章 職名 ________

填發員名章 職名 ________

下各襯一張，就後逐一填註。到付運費應用紅格填註，預付運費，應用黑格填註。此聯用黃色紙，格式與正式提單同，皆用紅色線，惟無詳文。第二聯則為正式提單，(見式三)交由託運人送寄收貨人，以憑提貨之用。俟貨物提清後，無論到達之船局或車站收回此聯，應即送寄路局會計處，或船局業務科，以憑查核。此聯係用質地較佳之白色紙印成。第三聯(式五)因水陸聯運負責貨運通知書，用白色紙，線係紅色。其用法乃為由路去船貨物，歸由起運車站填就後，交由車上之管理貨物負責人自隨貨送至接運

格式（五）

國營招商局＿＿＿＿隴海鐵路管理局

陸聯運負責貨運通知書

提單號數
No.
運費交付辦法
付

船名	
次數	
貨車 種類	
貨車 號數	
篷布號數	
繩索號數	

發貨日期＿＿＿＿＿＿＿＿

由＿＿＿＿＿＿至＿＿＿＿＿＿

託運人

姓名或商號＿＿＿＿＿＿

詳細住址＿＿＿＿＿＿

收貨人

姓名或商號＿＿＿＿＿＿

詳細住址＿＿＿＿＿＿

包裝及標誌	件數	貨名	起運時價值	實在重量或體積(立方) 重量				體積				計費重量				類別	等級	運率	運費	費	費	費	共計
				公噸	公斤	華	斤	公尺	公寸	英	尺	公噸	公斤	華	斤								
																		共計					

特約事項

代付款項			
名目	地點	號數	款額

月　日　時　分到站

月　日　時　分通知

月　日　時　分領取

起運處負責人員	填發員	到達處負責人員
名章	名章	名章

地點老窰車站，交由海洲分局加註船名及次數等項後，轉交車上之管理貨物負責人員隨貨送交到達地點船局會計科。如係由船去路之貨物，則此聯歸由起運船局塡就後，交由船上之管理貨物負責人員，隨貨送至接運地點海州分局交老窰車站加註車次及車號等項後，轉交船上之管理貨物負責人員隨貨送交到達地點路局會計處。第四聯格式，紙張，顏色完全與第三聯相同，其用法如由路去船之貨物，則此聯歸由起運車站塡就後，交由車上之管理貨物負責人員，隨貨送至接運地點由海州分局，交老窰車站加註車次及車號數等項後，連同貨物授受證轉交船上之管理貨物負責人員，隨貨送交到達地點車站。如係由船去路之貨物，則此聯歸由起運船局塡就後，交由船上之管理貨物負責人員，隨貨送至接運地點海州分局，交由老窰車站加註車次及車號等項後，連同貨物授受證轉交船上之管理貨物負責人員，隨貨送交到達地點車站。

第五六兩聯曰水陸聯運負責貨運交接地點存根。第五路局存；第六聯船局存。其顏色紙張與第三四聯同，附式如下：

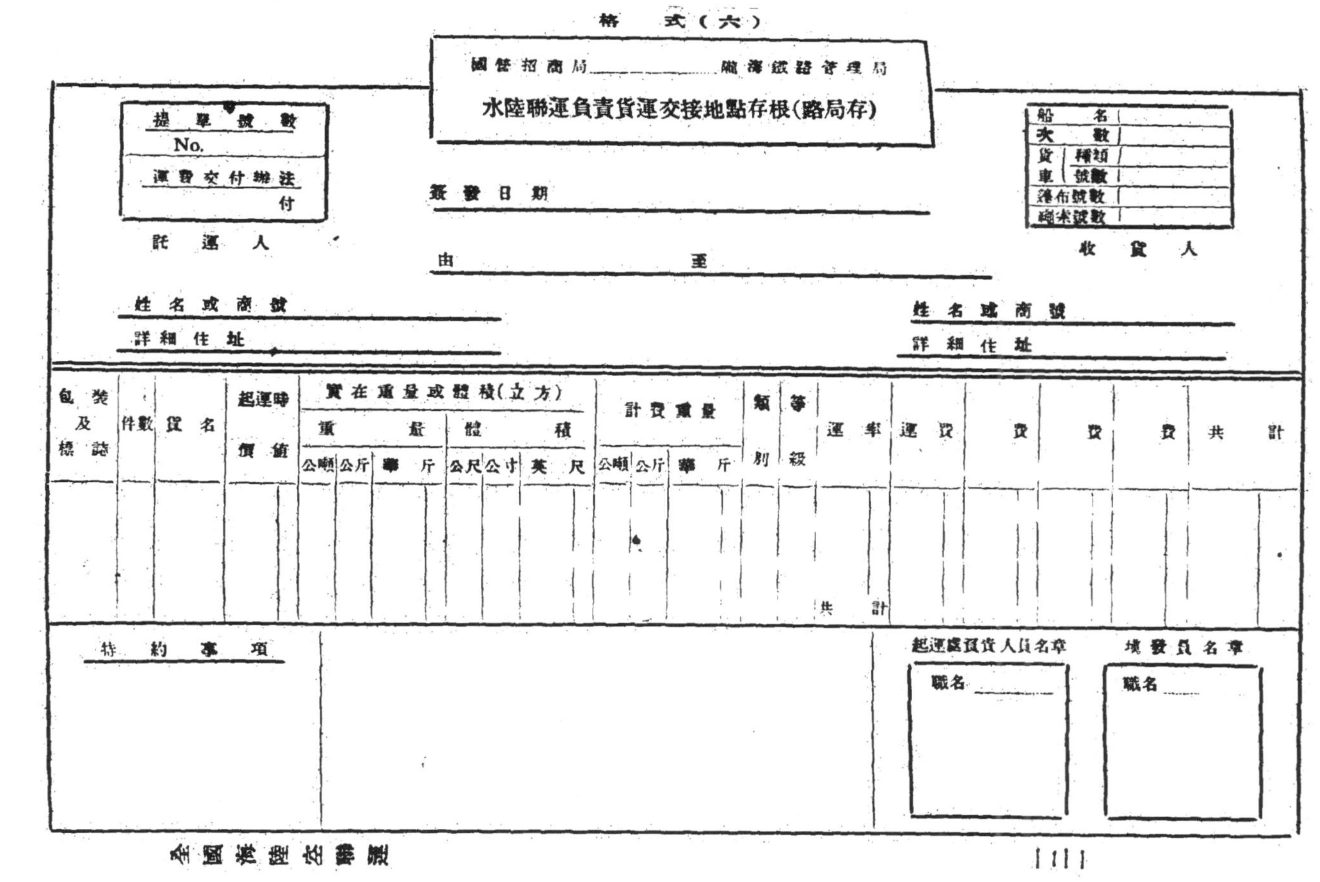

格式（六）

國營招商局＿＿＿＿＿＿隴海鐵路管理局

水陸聯運負責貨運交接地點存根（路局存）

提單號數
No.
運費交付辦法
付

簽發日期

托運人　　由　　至　　收貨人

船名	
次數	
貨車 種類	
貨車 號數	
篷布號數	
繩索號數	

姓名或商號　　姓名或商號

詳細住址　　詳細住址

包裝及標誌	件數	貨名	起運時價值	實在運量或體積（立方）							計費重量			類別	等級	運率	運費	費	費	費	共計
				重量			體積														
				公噸	公斤	華斤	公尺	公寸	英尺		公噸	公斤	華斤								
																共計					

特約事項

起運處負責人員名章	填發員名章
職名＿＿＿	職名＿＿＿

全國海陸空聯運　　三

第五聯爲由路去船貨物，歸由起運車站塡就後，交由車上之管理貨物負責人員，隨貨送至接運地點海州分局存查。如係由船去路之貨物，則此聯歸由運船局塡就後，交由船上之管理貨物負責人員，隨貨送至接運地點老窰車站存查。第六聯格式與第五聯同，其用法如係由去船之貨物，歸由起運車站塡就後，交由車上

之管理貨物負責人員，隨貨送至接運地點老窰車站，連同貨物授受證交給海州分局存查。如係由船去路之貨物，則歸由起運船局塡就後，交由船上之管理貨物負責人員，隨貨送至接運地點海州分局，連同貨物授受證交給老窰車站存查。

所謂貨物授受證者曰水陸聯運貨物授受證(式七)，

格式（七）

國營招商局——隴海鐵路管理局

水陸聯運貨物授受證

中華民國　　年　　月　　日

提單				地點起訖		起運車輛或輪船				到站或到埠				包裝及標誌	貨名	起運時件數重量及體積							交接時件數重量及體積							缺少件數重量及體積						
號數	簽發日期			由來	何往	車輛		輪船		日期		時間				件數	重量			體積（立方）			件數	重量			體積（立方）			件數	重量			體積（立方）		
	年	月	日			車次	車號	船名	次數	月	日	時	分				公噸	公斤	華斤	公尺	公寸	英尺		公噸	公斤	華斤	公尺	公寸	英尺		公噸	公斤	華斤	公尺	公寸	英尺

附記

授方｛負責人員姓名……　職務……

受方｛負責人員姓名……　職務……

計共五聯，紙張，顏色，格式皆完全相同。紙質與前同，紅線黑字。各聯皆係接運地點存根，其用法如由路去船貨物，歸老窰車站負責人員填寫，如由船去路物貨，歸海州分局負責人員填註。

此外尚有運費及雜費訂正單，蓋遇有計算錯誤，託運商人揑報或虛報貨物之花名數量重量等情事，則可以此訂正單訂正之，其式如下：

格　式（八）

國營招商局

聯運運費及雜費訂正單

由＿＿＿＿發　　　　第＿＿＿＿號

號數		簽發日期			船名	航行次數	包裝及標誌	付費方法	起運地點	到達地點	託貨人	收貨人	訂正摘要	業務科主任批簽
貨票	提貨單	年	月	日										

原貨票或提貨單記載項目及費用之訂正

	貨名	件數	實在重量		體積	計費重量		運率		運費		裝卸費		費		會計科主任批簽
			公噸	公斤	立方公寸	公噸	公斤	元	角分	元	角分	元	角分	元	角分	
原記載項目																
訂正項目																

	費用總計			
	應補收		應退還	
	元	角分	元	角分
中華民國　年　月　日發出訂正人蓋章………………				
中華民國　年　月　日辦理訂正人蓋章………………				

如遇貨物發現損失，或在聯運中途發生事故，則有水陸聯運貨物損失事故報告書，蓋船路局兩方對託運商人之法律上根據也。其式見下：

國營招商局—國有鐵路

水陸聯運貨物損失事故報告書

（　　　　）

提單				貨名	包裝及標誌	地點		貨車或輪船						起運時價值	實在件數及重量或體積							附記
號數	簽發日期					起運	到達	貨車				輪船			件數	重量			體積（立方）			
	年	月	日					路別	類別	車次	車號	船名	次數			公噸	公斤	市斤	公尺	公寸	英尺	

發現損失暨檢查情狀

發現損失時間			發現損失地點			損失種類	損失數量							處理情形
年	月	日	車站或口岸	貨棧	車上或船上		件數	重量			體積（立方）			
								公噸	公斤	市斤	公尺	公寸	英尺	

＿＿＿＿鐵路＿＿＿＿站站長＿＿＿＿

或

＿＿＿＿局經理＿＿＿＿

中華民國　年　月　日填報

關於上海至隴海各站聯運貨物，可分整車貨，及不滿整車貨兩種。由上海至下列各站聯運整車貨，每公噸運價：新浦一等貨九元七角五分，二等貨八元一角八分，三等貨七元七角，四等貨五元三角一分，五等貨五元一角。徐州一等貨二十六元四角二分，二等貨十八元一角三分，三等貨十六元零四分，四等貨十二元五角七分，五等貨十元零八分。商邱一等貨三十六元八角二分，二等三十三元二角，三等貨二十元三角三分。四等貨十六元八角五分，五等貨十二元六角九分，開封一等貨四十四元五角三分，二等貨二十六元四角，三等貨二十三元一角，四等貨十九元六角五分，五等貨十四元四角九分。鄭州一等貨四十七元八角八分，二等貨二十七元六角八分，三等貨二十四元二角，四等貨二十元六角，五等貨十五元一角七分，洛東一等貨五十三元四角七分，二等貨二十九元七角三分，三等貨二十五元八角八分，四等貨二十一元九角一分，五等貨十六元一角八分。陝州一等貨六十五元八角，二等貨三十四元一角四分，三等貨二十九元四角，四等貨二十四元五角五分，五等貨十八元二角九分。潼關一等貨七十四元二角九分，二等貨三十七元一角七分，三等貨三十一元八角三分，四等貨二十六元三角八分，五等貨十九元七角四分。

由上海到下列各站聯運不滿整車貨物，每五十公斤運價：新浦一等貨八角六分，二等貨七角四分，三等貨七角，四等貨四角九分，五等貨四角六分。徐州一等貨一元七角五分，二等貨一元三角八分，三等貨一元二角四分，四等貨九角五分，五等貨七角九分。商邱一等貨二元六角三分，二等貨一元七角二分，三等貨一元五角三分，四等貨一元二角三分，五等貨九角六分。開封一等貨三元一角二分，二等貨一元九角一分，三等貨一元七角，四等貨一元四角一分，五等貨一元零七分。鄭州一等貨三元三角三分，二等貨二元，三等貨一元七角七分，四等貨一元四角七分，五等貨一元一角二分。洛東一等貨三元七角，二等貨二元一角四分，三等貨一元八角九分，四等貨一元五角六分，五等貨一元一角九分。陝州一等貨四元五角一分，二等貨二元四角三分，三等貨二元一角一分，四等貨一元七角四分，五等貨一元三角三分。潼關一等貨五元零六分，二等貨二元六角二分，三等貨二元二角六分，四等貨一元八角五分，五等貨一元四角三分。

以上已將隴海鐵路與招商局水陸聯之大概情形與辦法約略敍述一番。惟水陸負責聯運，對托運貨物商人方面，實有極顯而易見之便利，茲將其敍之如下：

(一)手續簡單　託運貨物之商人將貨物託運後，即可逕持提單至目的地提取貨物。中途舟車輾轉，與商人無關焉。

(二)負責賠償　除以上提單內所註明之「商人須知」項內所發生之事故外，貨物如於中途損失船路兩方皆可負賠償之責，以其爲負責聯運也。

(三)費用節省　路船兩方不僅將聯運各項費用，按最低廉辦法算爲整個運費，以輕商人之負担外，並於沿途一切無謂費用，概可省免。

(四)付費方法優異　商人如不能决起運點付費時，可預先聲明，得於到達目的地時照數付清。

(五)消息靈捷　商人所貴者在行情之報告，同時須知車船之班期列次以便捷足先登。故路船兩方並將各聯運船舶名稱，日期，及上海青島各種大宗貨物市行，逐日用電報通知各局站，分別公佈，以便商人。

因有以上之種種利便，故隴海與招商聯運實行後，營業突形發達，各民營航業公司，以招商且有獨占性質，利益所關，羣起反對，欲求參加聯運，俾得機會均等，故隴海鐵路管理局，曾於去年十二月對新聞記者發表隴海與招商局聯運之眞相云：

自鐵道部提倡各路與招商合作辦理水陸聯運簽訂合同以來，隴海鐵路爲應付環境之需要，及流通沿線之農產起見，首先依據合同條文，由招商局商訂辦法，定期實行。而民業輪船公司，誠恐該路貨物，爲招商局所獨攬，起而反對，各情皆已見諸報端，因此惹起一般人之注意　此種事件，要爲交通界之大改進，關於商業經濟，農產前途至鉅，當有研究價值。究竟隴海海陸交接點之現狀若何，民業輪船公司之貨運，是否確實絕望，非詳加調查，難明眞和：(一)隴海爲國內東西向最大幹線，橫串江蘇北部，河南中部，經潼關以達陝西之西安，以運輸地位言之，似與揚子江其一重要。其東端之水陸交接車站，名曰大浦。居臨洪河之濱，建有碼頭，停泊來往上海及青島間輪船，裝載貨物。自此出海，尚有四十餘里河道，因潮水關係，航運不能十分暢達。此係該路臨時碼頭，已有民營輪船公司數家，招攬貨運。每逢貨物暢旺之時，大浦貨物，不能迅速輸出，以致濡緩延擱，久爲客商所病。故大浦爲隴海出口之一則可，爲隴海唯一之出口則不可。該路早鑒及此，故竭力經營連雲海港，以輔大浦之不足，與貨運之需要。將來連雲海港完成以後，大浦碼頭，仍可爲輸出之旁枝，外傳大浦碼頭即行廢棄，此昧於事實之言，不足信也。(二)大浦碼頭，既不能暢達輸出，連雲海港之老窰正式碼頭工程浩大，又不能立時完成，如不另謀出路，則陝甘晉南豫西徐海一帶之農產，必有堵塞難銷之虞，影響上述各地農村經濟，人民生計，決非鮮淺　隴海路局，惕於茲事之重大，乃一面在老窰之西約十里，地名孫家山，建築臨時碼頭，堆貨倉庫，一面遵照部令，與招商進行聯運辦法，俾與大浦之航運，分道揚鑣，並行不悖。外傳隴海與招商在老窰碼頭辦理海陸聯運，此亦昧於當地情形之談。現在老窰碼頭，尚在打樁塡海時期，何能停船辦理聯運，稍有常識者，已知其爲傳聞之誤也。（三）現在大浦碼頭，已堆積貨物數千噸，不能暢運，貨物來者愈多，大浦擁擠愈甚，隴海與招商之聯運，因此種需要，乃刻不容緩，亟須實行。說者謂孫家山開辦聯運以後，大浦將受影響，甚至謂該處與航運有關者，亦不免受其損失，此亦觀察錯誤之談。須知航業向有競爭，中外各地皆然。孫家山開辦海陸聯運，與大浦輪運，發生競爭，則保實在情形，若謂大浦將受其若何重大影響，未免言之過甚。因大浦車站，既然照常通車，大浦碼頭，亦照常裝卸，只須該處輪船公司，改良辦法，設法兜攬，何愁無貨可運。隴海因合同關係，雖與招商合作，但運輸貨物，仍聽憑客商意見，倘客商必欲運至大浦，交民營輪船起運，隴海亦不能強其必交招商聯運，此理至明，損於何有。如照大浦現狀，貨多即被積壓，難保貨物不出他途，雖無孫家山臨時碼頭之競爭，與大浦有何益處。總之，大浦碼頭前途之窮通，要視該處輪船公司之辦法良否以爲斷。如其經營得法，水腳低廉，雖有聯運競爭，未見有若何影響也云云，

蓋所以解釋當時民營航業公司所持之反對理由也　於此吾人將於民營公司參加水陸聯運加以探討與敍述焉。（未完）

世界銀產量之地理分佈（參攷資料）

作家誠譯

——自倫敦"The Times"日報——

本文列述世界白銀之產況，不僅對于地理上分析，至爲詳盡，其統計圖表之精密，調查數目之正確，刊於倫敦泰晤士報時，頗得白銀問題專家之稱道。目之爲白銀問題之基本研究可，以之爲參攷資料尤無不可。方今白銀問題，囂張塵上，國人致力於斯者，大不乏人，苦無正確之調查，多泛于空論，因譯之以供讀者。 譯者識

生銀之開採及熔鑄遍全世界，尤以西半球爲生銀出產之大宗，據一九二八年至一九三二年五年間之調查，西半球產銀幾達全球銀產量總數一，一三八，〇〇〇，〇〇〇盎司之百分之八十二•三。茲先就世界各地最近五年間產銀百分數之比較如下

墨西哥	百分之四十二
美國	百分之十九•六
加拿大	百分之九•七
南美洲	百分之九•五
歐洲	百分之五•七
大洋洲	百分之四•二
英屬印度	百分之三•三
日本及朝鮮	百分之二•五
中美	百分之一•五
非洲	百分之〇•九
東印度羣島	百分之〇•七
紐芬蘭 (Newfoundland)	百分之〇•三
中國及其他各處	百分之〇•一

生銀產量之比較既如上述，今請分陳各地產銀之數量及其產源如下：

（一）墨西哥

一九二八年	一〇八，五〇〇，〇〇〇盎司
一九二九年	一〇八，七〇〇，〇〇〇盎司

一九三〇年　一〇五，二〇〇，〇〇〇盎司

一九三一年　八六，一〇〇，〇〇〇盎司

一九三二年　六九，三〇〇，〇〇〇盎司

平均佔世界產額百分之四十二。

墨西哥之銀產，多出於銀鑛及鉛銀鑛，亦有產於金鑛中者。一九二〇年至一九二九年間，鉛之出產甚多，於是而增加銀之產量，銀之價格因之下墜。自一九三〇至一九三二年間，白銀之產量因鉛產之低減亦見減少，然而因金鑛開採之增加，銀產亦稍有增進。請列圖如下以誌參考，亦以見鉛產之增減及其間接影響白銀之價格也：

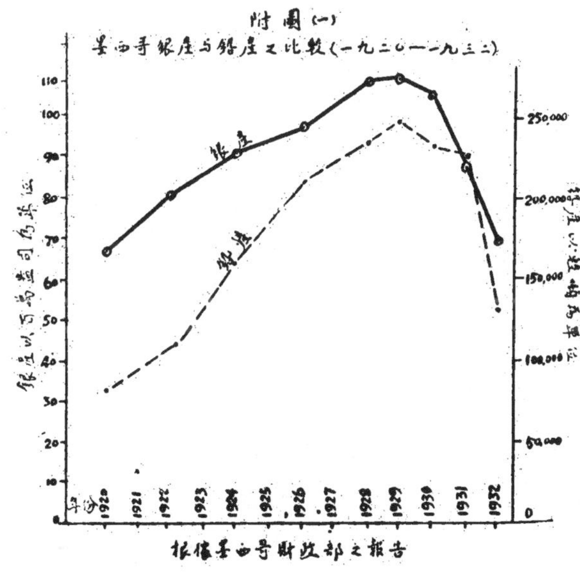

（二）美國

一九二八年　五六，一〇〇，〇〇〇盎司

一九二九年　六〇，二〇〇，〇〇〇盎司

一九三〇年　五〇，二〇〇，〇〇〇盎司

一九三一年　　三一，六〇〇，〇〇〇盎司

一九三二年　　二四，八〇〇，〇〇〇盎司

平均佔世界產額百分之一九·六

下列附圖二表明一九二〇至一九三一自(甲)金銀鑛，(乙)銅鑛(丙)鉛鋅鑛中所採出銀之總數，及其自各鑛所得之比較。根據此表，足以證明銀之採自純銀鑛者，實如鳳毛麟角，採自金銀鑛亦僅佔總數之一小半，而大部美國銀產多為熔鍛銅鉛鋅等金屬物質之副產。下列附圖三表明銀價之伸縮。

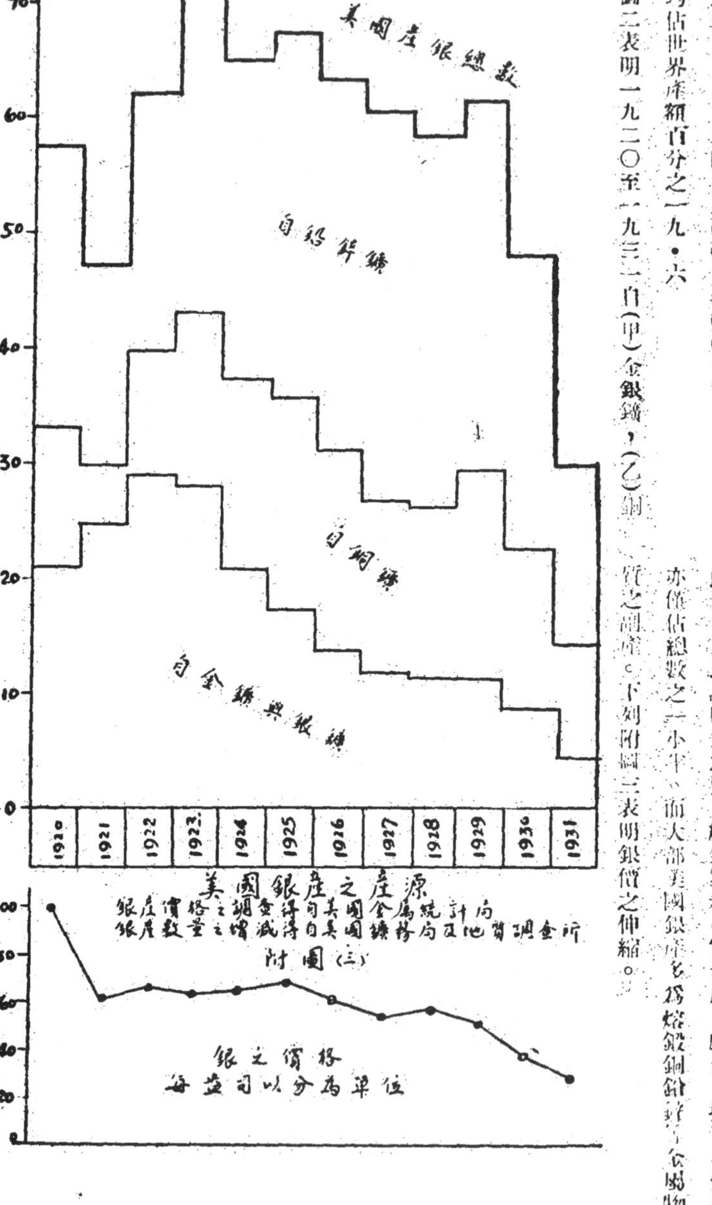

下列附圖四表明鉛與銅產之增減對於每年銀產量之影響：

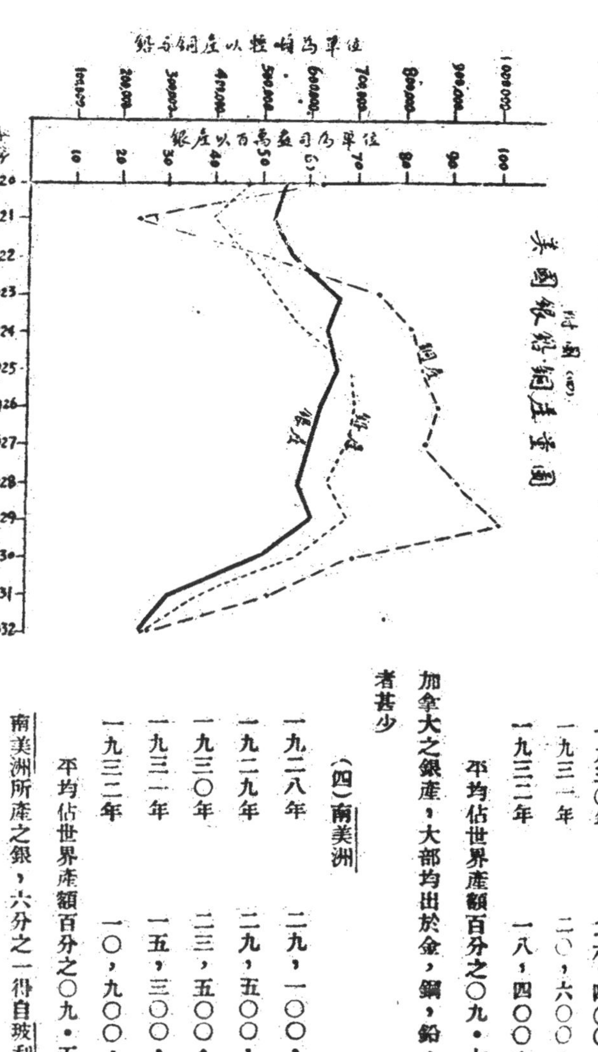

（三）加拿大

一九二八年　二一，九〇〇，〇〇〇盎司

一九二九年　二三，一〇〇，〇〇〇盎司

一九三〇年　二六，四〇〇，〇〇〇盎司

一九三一年　二〇，六〇〇，〇〇〇盎司

一九三二年　一八，四〇〇，〇〇〇盎司

平均佔世界產額百分之〇九・七

加拿大之銀產，大部均出於金，銅，鉛，鋅，鑛中，產自純銀鑛者甚少

（四）南美洲

一九二八年　二九，一〇〇，〇〇〇盎司

一九二九年　二九，五〇〇，〇〇〇盎司

一九三〇年　二三，五〇〇，〇〇〇盎司

一九三一年　一五，三〇〇，〇〇〇盎司

一九三二年　一〇，九〇〇，〇〇〇盎司

平均佔世界產額百分之〇九・五

南美洲所產之銀，六分之一得自玻利維亞(Bolivia)之錫銀鑛中，爲煉錫之副產，此種錫鑛成分極爲複雜，產鉍(Bi)較銀爲多。又六分之一得自玻利維亞罕察加鑛山(Huanchaca Mine)中之鉛銀鋅鑛中。其餘三分之二生銀多得之於秘魯(Peru)及智利(Chile)之銅鑛與鉛鋅鑛中。亦有一小部得之於金鑛中。

（五）歐洲

一九二八年	一〇，九〇〇，〇〇〇盎司
一九二九年	一一，四〇〇，〇〇〇盎司
一九三〇年	一三，六〇〇，〇〇〇盎司
一九三一年	一四，六〇〇，〇〇〇盎司
一九三二年	一四，五〇〇，〇〇〇盎司

平均佔世界產額百分之〇五•七

歐洲之產銀，普通得之於鉛鑛。產地有比利時，德國，波蘭，西班牙，德國等。得之於金鑛者極少。

(六)大洋洲

一九二八年	九，六〇〇，〇〇〇盎司
一九二九年	九，九〇〇，〇〇〇盎司
一九三〇年	一〇，一〇〇，〇〇〇盎司
一九三一年	八，六〇〇，〇〇〇盎司
一九三二年	九，七〇〇，〇〇〇盎司

佔世界產額百分之〇四•二

澳大利亞與新西蘭(New Zealand)所產之銀皆得之於新南威爾士(New South Wales)之鉛鋅鑛中。得之金鑛者僅十分之一許。純銀鑛則付厥如。

(七)英屬印度

一九二八年	七，四〇[illegible]盎司
一九二九年	七，[illegible]盎司
一九三〇年	[illegible]盎司
一九三一年	七，二[illegible]盎司
一九三二年	六，九〇〇，〇〇〇盎司

佔世界產額百分之〇三•[illegible]

英屬印度所產之銀均為緬甸(Burma)鉛鋅鑛之副產。

(八)日本與朝鮮

一九二八年	五，二〇〇，〇〇〇盎司
一九二九年	五，二〇〇，〇〇〇盎司
一九三〇年	五，七〇〇，〇〇〇盎司
一九三一年	六，〇〇〇，〇〇〇盎司
一九三二年	五，七〇〇，〇〇〇盎司

佔世界產額百分之〇二•五

日本與朝鮮多數之銀得之於熔鍊鉛，鋅銅鑛中，尚有小部份出自極小之金鑛中。均產於日本。

(九)中美

一九二八年	二，六〇〇，〇〇〇盎司
一九二九年	二，八〇〇，〇〇〇盎司

一九三〇年	三,九〇〇,〇〇〇盎司
一九三一年	四,〇〇〇,〇〇〇盎司
一九三二年	四,〇〇〇,〇〇〇盎司

佔世界產額百分之〇一•五

中美所產之銀均自金鑛及低金屬鑛中。

(十)非洲

一九二八年	一,三〇〇,〇〇〇盎司
一九二九年	一,三〇〇,〇〇〇盎司
一九三〇年	二,五〇〇,〇〇〇盎司
一九三一年	二,三〇〇,〇〇〇盎司
一九三二年	二,三〇〇,〇〇〇盎司

佔世界產額百分之〇•九

非洲所產銀，爲羅得西亞(Rhodesia)與屈司凡爾(Transvaal)之金鑛中。剛果(Congo)與其他各處之水道金沙中亦產之

(十一)東印度羣島

一九二八年	二,〇〇〇,〇〇〇盎司
一九二九年	二,〇〇〇,〇〇〇盎司
一九三〇年	二,一〇〇,〇〇〇盎司
一九三一年	一,五〇〇,〇〇〇盎司
一九三二年	八〇〇,〇〇〇盎司

佔世界產額百分之〇•七

東印度羣島所產，皆得之於金銀鑛及水道之金沙中。

(十二)紐芬蘭

一九二八年	一一七,〇〇〇盎司
一九二九年	五七六,〇〇〇盎司
一九三〇年	五九七,〇〇〇盎司
一九三一年	九六二,〇〇〇盎司
一九三二年	一,三三六,〇〇〇盎司

佔世界產額百分之〇•三

紐芬蘭之產銀多得自鉛鋅鑛中

(十三)中國及其他各處

一九二八年	四〇〇,〇〇〇盎司
一九二九年	三〇〇,〇〇〇盎司
一九三〇年	四〇〇,〇〇〇盎司
一九三一年	二〇〇,〇〇〇盎司
一九三二年	一〇〇,〇〇〇盎司

佔世界產額百分之〇•一

中國及其他各地所產銀，大半爲極小金鑛之副產，間亦有得

自水道金沙中者

下表列陳一九二八年至一九三一年間銀產之產源，一九三二年以後則不及列入。其內皆以平均之百分數表示之

國名	銀產百分率　一九二八年——一九三一年					
	自銀鑛者	自金銀鑛者	自銅鑛者	自鉛鋅鑛者	自　鑛者	總計
墨西哥	24.7	5.0	0.5	12.3	—	42.5
美國	0.6	3.6	5.2	11.6	—	21.0
加拿大	0.3	1.6	2.4	5.3	—	9.6
南美洲	1.6	1.0	5.0	1.0	1.6	10.2
歐洲		0.2	—	4.6	—	4.8
大洋洲		0.3	—	3.8	—	4.1
英屬印度		0.1	—	2.8	—	2.9
日本及朝鮮		0.1	1.1	1.0	—	2.2
中美		0.8	—	0.6	—	1.4
非洲		0.5	—	—	—	0.5
東印度羣島		0.7	—	—	—	0.7
中國及其他		0.1	—	—	—	0.1
	27.2	14.0	14.2	43.0	1.6	100.0

註——紐芬蘭未列入

世界各國對於銀產量之增減及其產源，少有統計，欲求詳盡之分析，殊屬艱辛。有公開數字之報告者僅美利堅一國，然而對於純銀鑛之產銀仍無估計。至於墨西哥大略可分爲純銀鑛，金銀鑛，鉛鑛，及低金屬鑛類之副產。加拿大銀鑛已經美國之調查分析。其他如大洋洲印度及歐洲等處銀多產於鉛鋅鑛，故其估值亦以鉛鋅鑛爲根據。

就上舉白銀產源百分表觀察之，我人可以之作一概括之百分率比較如下

		百分數		
(一)	副產銀			
	自鉛鋅鑛業	43.0		
	自銅鑛業	14.2		
	自錫鑛業	1.6	58.8	
(二)	金銀鑛產銀			14.0
(三)	純銀鑛產銀			27.2
				100.0

金銀鑛中所產之白銀，金價高於銀價，因採金而得銀，故銀產之增減，全有賴乎金產之多寡。銀價之伸縮，亦因金鑛之採開而變動

我人亦可以圖解說明白銀之產源如下：

世界銀產量之地理分佈

附圖(五) 世界白銀之產源

副產銀 72.8%
副產銀得自鉛鋅鑛 43.0%
副產銀得自銅鑛 14.2%
副產銀得自錫鑛 1.6%
銀產得自純銀鑛 27.2%
副產銀得自金銀鑛 14.0%

註：1. 此圖爲世界銀產總額之百分數
2. 白銀之產於金銀鑛亦可稱爲副產銀因銀值較金值爲廉也
3. 此估值乃根據美國金屬統計局報告及其他各種調查

附圖之說明

白銀之產量，與鉛，鋅，銅鑛有密切關係。就附圖一可知墨西哥銀產與鉛鑛之關係。就附圖二可知美國產銀之源多得之於鉛

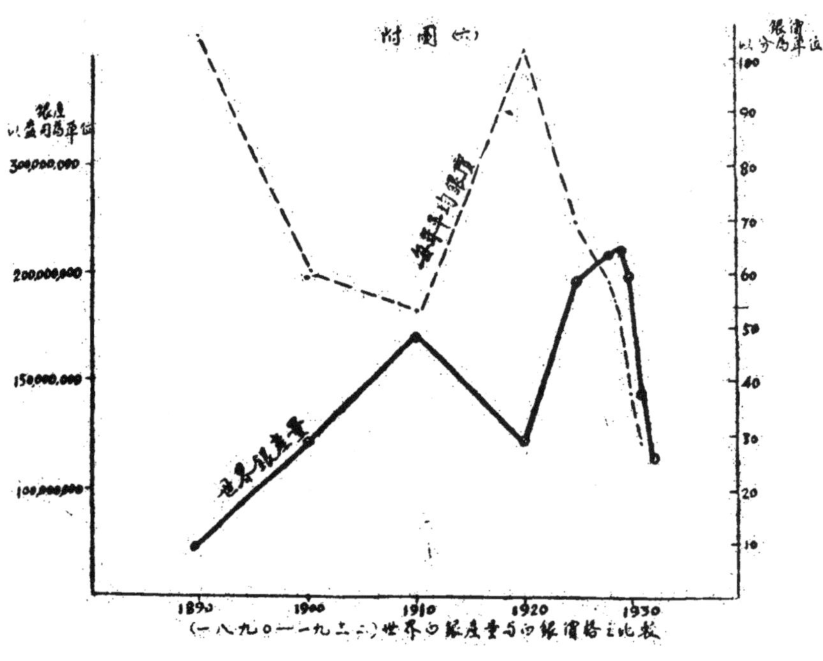

（一八九〇—一九三二）世界白銀產量與白銀價格之比較

，鋅，銅鑛之開採，就附圖四可知美國銀產之增減，皆因受鉛與銅鎔煉之關係。今更舉附圖六，此所以說明銀產之增減與銀價有極大之影響也。

依據上述諸節所說，銀得之於金，銅，鉛鋅鑛也明矣，以是可知銀價之伸縮非僅由於白銀本身供求之故，而與其他鑛產有更密切之關係。

杭江鐵路一瞥（經濟調查）

裘玄同

（一）引言

管二鐵道門同學於本學期之初卽有乘春假假期赴杭江鐵路參觀之議，其動機蓋有三：

（甲）春假期內同學每消磨其光陰於無益之處，不如乘此時集合同學出外旅行，卽使於學識一無裨益，然身心方面必得怡暢非凡，不致辜負此大好春光。

（乙）讀萬卷書不如行萬里路，古人早已有言。交大學生非攻哲學神學，可憑揣摩懸想；所讀者乃係注重實用。歷屆卒業校友太偏理論，久爲各路局所引爲憾事。管二鐵道門同學本學期所讀各科，如鐵道組織管理客車業務等，均非有實地參觀不爲功。爲避免閉戶造車之譏，是故益覺有此議之必要。

（丙）鐵道組織管理客車業務等科學識，如能由規模較小鐵路參觀着手，則更易明瞭。杭江鐵路長有三百五十五公里，全線橋樑達一百五十二座之多，本非屬我人所謂之小規模鐵路；然因其設備簡單，用人不多，故爲吾輩參觀之最好目標。況又蜚乎其開支經濟，辦事精進之名，遂更抱必去之心。

會同級實業門同學亦有往浙東調查經濟，觀察浙東人民生活情形之舉，於是二門同學乃聯絡共籌進行規定一律穿着制服，及團體行動之紀律。籌備之中因乏辦事經驗，曾遇種種困難，幾致不克成行。幸賴本院院長鍾偉成先生及本院將士騏先生等多方指鼎幫助，始得實現；而杭江路上更蒙謝副局長文龍先生（前本院教授）賜以種種便利，該路員工及本校校友之服務於該路者諄諄告知一切，此皆爲吾二門同學所銘感不已者也。

此次春假共十日左右。予等在杭逗留三日卽首途赴該路，惟期間短促，遺漏錯誤均所不免。時又逢陰雨連綿，然同學並不因之少懈。除至金華後，一部分同學因少眠不克支持而不得不留金華少憩外，其他均行動一致，達玉山而回。至金蘭支綫，則因時間關係，不能前去；至今同學猶均引爲憾事焉。

（二）路史簡述

浙東向擅魚鹽之利，雖係濱海，然其交通不著浙西之便利。浙西公路水道鐵路，早經完成。民十六年，浙省政府爲謀發展浙東，貫通東西計，有建輕便鐵道之議，旋因經費無着中輟。十七年冬，建設委員會咨得浙省當局同意，派員赴浙實地考察。初遵錢江左岸，再沿衢江右岸，至玉山爲止路勘，十八年一月始蕆事。於同年三月，經浙省府委員會議決成立杭江鐵路工程局籌備處，隨組測量隊實測。同年六月，正式組織杭江鐵路工程局，惟以財政奇窘，不得已於編製建築經費預算後，暫行停頓，改築蕭常公路，（自蕭山迄常山，凡三百公里。）未幾浙省府又謀將所定蕭常公路綫改築蕭常輕便鐵路；是時因鐵路選綫標準異於公路，而蕭常公路蕭諸段路基又已經招標承築之關係，不得不另謀解決之道，乃改擇今日之路線，又得舉國贊助，始克成功，而仍名杭江鐵路。於二十年六月實行逐段開車售票及收受貨運，迄今總二年餘也

（三）組織變遷

該路工程局成立於十八年六月，是時其組織系統如左：

- 局長、副局長
  - 總務處
    - 文書股
    - 會計股
    - 材料股
    - 地畝股
    - 機車股
    - 運輸股（綫設）
    - 警務股（綫設）
    - 庶務股
  - 工務處兼總工程司
    - 設計股
    - 橋樑股
    - 考工股
    - 第一段總工程處——分段
    - 第二總段工程處——分段
  - 秘書

杭因之變更；

二十年初，因浙省厲行緊縮行政經費之關係，該路之組織系

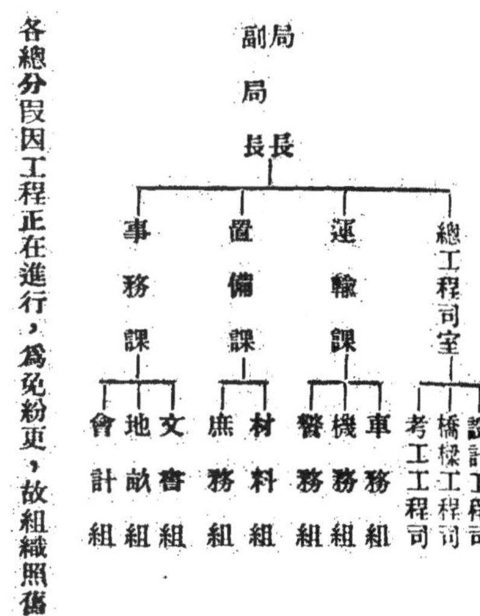

各總分段因工程正在進行，為免紛更，故組織照舊。

同年七月，復遵照新頒修正規程改組如左：

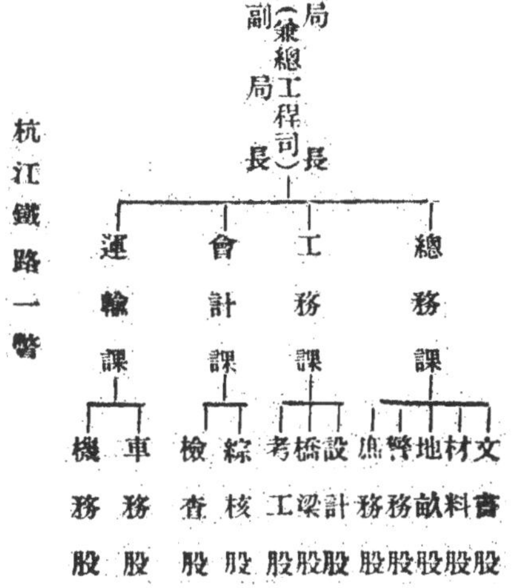

右表內設計，橋樑，考工，機務四股主任，係副工程司兼任；又該路收支款項及材料工程之稽核考核，則由浙建設廳派有總稽核駐局辦理。似北寧等局之總稽核，但非由部任命。其外段組織仍舊，惟將總段工程處改歸工務課直轄而已。

二十一年三月通車至蘭谿其組織系統改如左表：

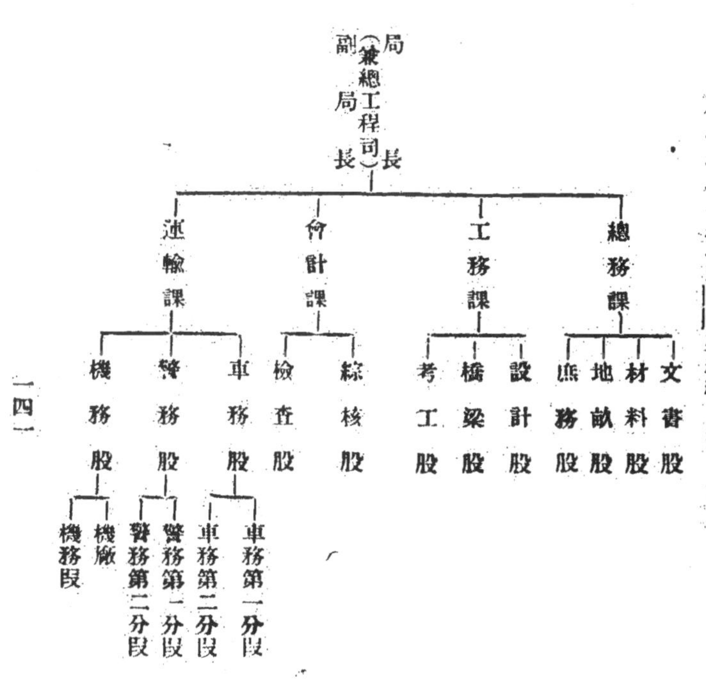

二十一年十月金玉段工程實施開始。其系統仍舊，惟添設橋工處於各大橋，隸屬各該總段而已。是時其總段管轄區域，則已更變。

二十二年七月因營業日盛收支日繁，且金玉段即將完成通車，故其組織系統又復變更如左：

- 局長（兼總工程司）
- 副局長
  - 總務課
    - 文書股
    - 材料股
      - 材料總所
        - 材料分所
    - 地畝股
    - 庶務股
    - 人事股
  - 工務課
    - 設計股
    - 橋樑股
    - 考工股
    - 工務第一總段
      - 第一工區
      - 第二工區
      - 第三工區
      - 第四工區
    - 工務第二總段
      - 工務第一分段
      - 工務第二分段
      - 工務第三分段
      - 工務第四分段
    - 工務第三總段
      - 工務第五分段
      - 工務第六分段
      - 工務第七分段
      - 工務第八分段
  - 運輸課
    - 車務股
      - 車務第一分段
      - 車務第二分段
    - 機務股
      - 機廠
      - 機務段
        - 江邊車房
        - 義烏車房
        - 蘭谿車房
    - 警務股
      - 第一警區
      - 第二警區
  - 會計課
    - 綜核股
    - 檢查股
    - 出納股
  - 駐路總稽核

工務第二總段下尚有金華江橋工處，霧山港橋工處，及上下山溪橋工處；工務第三總段下有東跡江橋工處，江山江橋工處，及濟口橋工處；均於橋工告竣後即撤消。各課中以運輸課之事務最煩，茲將其現在組織系統亦錄於此：

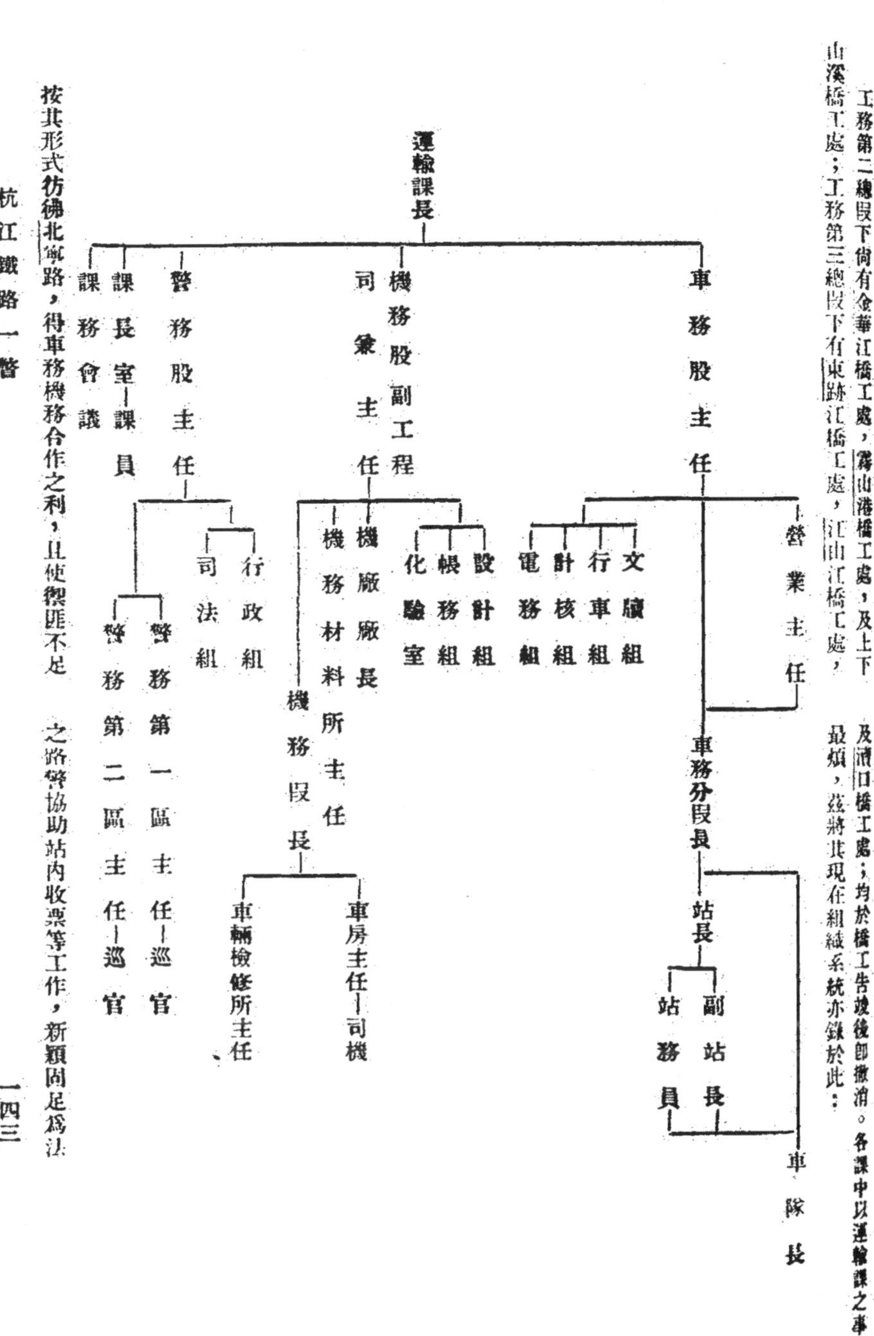

按其形式彷彿北寧路，得車務機務合作之利，且使禦匪不足之路警協助站內收票等工作，新穎固足為法

（四）沿綫經濟情形大要

該路全綫共有三十四站。江蘭段爲靜江江邊蕭山白鹿塘臨浦尖山湖池直埠白門諸暨牌頭安華鄭家塢蘇溪義烏義亭孝順塘雅金華竹馬館右方蘭谿等站，金玉段爲湯溪湖鎮龍游安仁樟潭衢縣廿里牌後溪江山賀村新塘邊玉山等站。沿綫物產以農礦產品爲大宗，均爲輸出銷售浙省各縣及由上海甯波轉運各地。故該路亦可謂係京滬滬杭甬兩路之培養線。據浙江經濟調查所調查該路之土地人口，沿線浙境九縣，（蕭山諸暨義烏金華蘭谿湯溪龍游衢縣江山）土地面積共二千零六十七萬九千五百八十四畝，（係根據浙江省陸軍測量局統計。）墾地面積僅七百七十五萬一千零十一畝，佔土地面積百分之三十七又五。各縣戶口共五十五英一千四百二十三戶，二百六十九萬八千九百四十九人。以諸暨最密，（計十一萬二千八百六十餘戶五十二萬九千二百五十餘人。）以湯溪爲最少，（二萬四千一百四十八戶十萬九千二百三十七人。）（民十七年浙江民政廳統計。）錢江上游各縣土地荒蕪遼闊，人口稀疏，而下游則人口密集，土地分配漸少。故杭江路之完成，使腹地交通便利，土地之利用可日廣，希望固甚巨大也。其礦之分如左：

縣名	礦產	備註
諸暨	弗石，鉛，鋅礦，煤。	
金華	煤，弗石。	弗石儲量一二二，〇一八公噸，
義烏	煤，弗石。	弗石儲量五〇八，一二〇公噸，現年出約七百餘噸。
蘭谿	煤，石灰。	煤尚未開採。石灰現年出二十餘萬担。
湯溪	鋅，鉛。	試採未成。
龍游	煤。	尚未開採。
衢縣	煤，鉛，陶土，石炭石	煤甚多。
江山	煤，弗石	煤蘊藏甚富，可與長興匹敵

其他物產，浙江經濟調查所及該路運輸課均有詳細調查：如紹興餘姚產鹽及滷品，行銷浙東年達八九十萬元之巨；金華龍游衢縣等產米，年運出有一百六十餘萬担；諸暨常山江山玉山婺源等年產茶輸出額有四萬餘担。其他又如沿線牛輸出額年約三萬三千隻，猪年產約九十餘萬隻，雞鴨年運出約八十餘萬隻，及龍游衢縣之紙，浦江義烏之桐油，柏油，青油，茶油，菜油，龍泉諸暨之陶瓷，玉山上饒萬載之夏布，湯溪龍游之甘蔗，衢州之橘，竹筍，東陽松陽之藥材菸葉等，爲數實足驚人也。

沿線商業市場以蘭谿為最盛；蓋水道公路均有，交通便利。銀行有中國浙江地方二家，錢莊亦有十餘家。次盛者為衢縣，素有「八省通衢」之稱，有地方農民銀行及錢莊十餘家之設立。金華蕭山次於衢縣，金華有中國銀行辦事處及錢莊三四家。蕭山以臨浦為最盛，為附近各地之米市，其義橋地方為浦陽江下游之木業市場。其他如諸暨有大商店二百餘家，錢莊四五家；龍游有錢莊四五家；江山之清湖鎮有錢莊二三家；義烏縣城及佛堂鎮各有錢莊二家；觀金融機關之設置，即可知其商業情形矣。

（五）營業狀況一斑

二十年六月，該路開始通車售票，時僅通車至尖山。七月通車至諸暨，十月通車至牌頭，十一月通車至安華，十二月通車至義烏，廿一年二月通車至金華，三月江蘭段全段完成通車，金玉段則至去歲年底始告竣。其營業進款調查如左：（根據該路營業概數報告，包括客運，貨運，軍運，雜項及公務運輸等，自廿一年七月起至廿三年二月止。其現款收入欄與進款共計欄相減之差，則為軍運及公務運輸之記賬數目。）

年　月	現款收入	進款共計
21年7月	缺	缺
21年8月	91,893.61	94,907.31(註一)
21年9月	缺	缺
21年10月	93,371.46	100,958,26
21年11月	59,013.92	93,791.91
21年12月	95,327.23	99,563.54
22年1月	115,914.39	118,036.14
22年2月	98,411.34	108,080.04
22年3月	缺	缺
22年4月	缺	缺
22年5月	88,404.59	91,724.64
22年6月	105,256.20	107,479.19
22年7月	111,813.83	121,282.93
22年8月	缺	缺
22年9月	107,830.42	118,[illegible]91.22
22年10月	111,566.64	115,365.74(註二)
22年11月	82,961.57	114,481.10(註三)
22年12月	78,452.73	152,668.47(註四)
23年1月	126,576.83	177,719.59
23年2月	129,880.24	166,133.76

（註一）江蘭段已通車

（註二）通車至龍游

（註三）通車至衢縣，閩變發生，軍運增加，直至次年一月始略止。

（註四）全線通車

該路客運業務因水運競爭之關係，一屆霧雨江水高漲舟楫便利時，其旅客人數即形減少。至他時期，則車運究較船運迅速便利，故客運尙多。每逢一月，客運最忙；蓋時屆歲暮，商賈貿易倍蓰，旅外之人相率言旋，而該路於此時又特開駛冬季小工列車，減價售票也。旅客以三等佔極端多數，左為其客運狀況調查：（自廿一年七月至廿　年底）

年　月	人　數	延人公里	每人平均里程
21-7	75.543 1/2	4.751.760	62.8
8	77.716 1/2	5.0[illegible]7.191	64.5
9	75.611 1/2	4.432.983	58.6
10	79.924	5.108.626	63.9
11	77.864 1/2	5.524.216	70.9
12	81.383 1/2	6.218.920	76.4
22-1	105.881 1/2	72.86.886	68.8
2	83.197	5.910.060	71.0
3	84.736 1/2	5.854.529	69.1
4	79.442	4.984.172	62.7
5	80.736	5.795.918	71.8
6	68.804	4.367.449	63.5
7	77.855 1/2	5.208.101	66.9
8	83.600	5.666.842	67.8
9	缺	缺	缺
10	83.139 1/2	5.477.959	67.9
11	78.068	6.370.253	81.6
12	缺	缺	缺

此表旅客包括政府，（民事及軍事）及游覽，優待，等項。廿二年度自十一月起因閩變軍運甚忙，致混合列車與區間車均取消，每日僅維持不準時刻之往返客車兩次而已。惜其調查材料未能獲得，不克列入。

貨運逢減價特價及廢歷年關時特盛。噸數及進款皆以製造品爲獨多，次爲農產物及牲畜。下行者以鹽，糖，肥田粉，肥料用羽毛，煤油，火柴，及其他日用製造品爲大宗。上行以猪，牛，米，豆，火腿，木材，石灰，等爲大宗。每月運輸數量食鹽及猪牛尙平均。肥料等則多在春季秋種時，故以四五等月最旺。火腿以夏間爲多，茶葉以暮春爲盛，米則視各地需要及行市而定，但終以在秋收後較多。貨運進款以下行較多，顯示輸出之農產物不足與輸入之製造品相抵。玆將其貨運狀況調查列左：（自廿一年七月至廿二年底，公務運輸除外。）

年月	噸數		延噸公里	每噸平均里程
	公噸	公斤		
21-7	4.122.	350	432.624.0	104.9
8	5.383.	750	734,285.0	136.3
9	3.399.	775	386.036.0	110.6
10	3.706.	055	452.718.0	122.2
11	3.631.	325	472.783.0	130.2
12	4.405.	900	551.527.0	125.2
22-1	4.124.	275	474.369.0	112.6
2	6.607.	350	1.062.974.5	160.9
3	6.708.	750	930.808.5	138.7
4	7.188.	300	892.873.0	104.2
5	11.049.	875	1.465.836.0	1.326
6	7.389.	475	1.030.850.5	139.5
7	7.926.	700	929.678.5	117.3
8	9.342.	550	1.219.508	129.5
9	9.104.	225	1.074.496	118.0
10	8.087	600	1.118.629.5	138.3
11	6.611	900	1.051.664.5	159.1
12	缺		缺	缺

右表年一半期間每噸貨物平均行程約爲一百二十九里三左右。閩變時期貨運完全停頓，故該路所受損失頗大。夏季江水高漲，貨運改由水道而減少之情形於表中亦可見一斑 左爲運貨種類數日之分析，觀此可以明瞭該路所運貨物之類別：（公務運輸除外）

類別 年月	礦產品		農產品		林產品		畜產品		工藝品		共計	
12-7	4	725	1.597	270	107	675	299	030	2.113	650	4.122	350
8	7	375	2.898	300	3	000	662	845	1.812	230	5.383	750
9	4	950	931	365	81	225	923	625	1.458	610	3.399	775
10	34	450	913	525	134	875	708	330	1.914	875	3.706	055
11	15	700	1.139	125	364	650	283	600	1.828	250	3.631	325
12	14	600	1.240	050	529	075	667	165	1.955	010	4.405	900
小計	81	800	8.719	635	1.220	500	3.544	595	11.082	625	24.649	155
22-1	125	925	1.398	250	248	475	890	425	1.461	200	4.124	275
2	104	225	462	650	308	125	1.130	175	4.602	175	6.607	350
3	99	025	1.160	175	473	275	2.770	700	2.205	575	6.708	750
4	209	800	1.042	875	174	350	2.412	500	3.348	775	7.188	300
5	620	050	3.164	850	168	250	2.332	625	4.764	100	11.049	875
6	141	075	3.361	025	147	950	1.077	625	2.661	800	7.389	475
小計	1.300	100	10.589	825	1.520	425	10.614	050	19.043	625	43.068	025
22-7	198	775	1.730	700	382	450	1.524	400	4.090	375	7.926	700
8	113	250	2.033	520	436	875	2004	350	4.754	825	9.342	550
9	109	925	2.993	150	176	425	1.748	200	4.076	525	9.104	225
10	342	250	2.608	525	342	450	1.494	775	3.219	600	8.007	600
11	149	025	1.649	950	83	750	1.429	825	3.299	350	6.611	900
12	缺		缺		缺		缺		缺		缺	
小計	913	225	11.015	575	1.421	950	8.201	550	19.440	675	40992	975
總計	2.295	125	30.325	035	4.162	875	22.360	195	49.566	925	108.710	155

前哉各表，因時間關係，計算容或稍有錯誤，但大致都係錄自該路自己報告。客運調查方面，乘車延人公里，每營業公里之延人公里及每客座每日延人公里，與貨運方面每營業公里延噸公里，及每行駛日期每噸容積延噸公里等，均未能一一錄出，（因材料不全。）故對該路營業概況難窺全豹。按其營業進款延人延噸公里等雖顯示增加，但須注意各表並非全綫通車之紀錄。該路係新築，至廿二年底纔全線通車，以前均係完工一段營業一段。能表示其財政狀況優良者，厥為營業百分率之減低；蓋該路於開辦時其營業百分率即已僅百分之七十，將來之發展自屬可期也。

（六）客貨等級及價目

該路客票係分三等。（該路無四等車，但於冬季開行小工車，票價甚廉，則亦倣之，但非普通業務而已。）依國有各路先例，其票價係以三等票價為根據，按一二三之比例計算。基本票價，江諸間為每公里一分五釐，金玉段為每公里二分，諸暨至蘭谿亦為每公里二分；各段各站運價，即為各該區間價率核算相加之和。貨物則分為六等，自始即為負責運輸。沿線均設有貨棧。因所運出者以農礦產品及牲畜為大宗，多屬四五六等貨，而輸入則多為洋貨及工藝品，係屬頭二三等，故為招攬貨運，及符合貨物之負担力，不得不將土貨運價之比率降低，以六等貨為整車基本運價。其現行基本運價為左表：

貨物等級／里程	頭等	二等	三等	四等	五等	六等
1—50	（每公里）0.07000	（每公里）0.05000	（每公里）0.03600	（每公里）0.02800	（每公里）0.02300	（每公里）0.02000
51—100	0.06300	0.04500	0.03240	0.02340	0.02070	0.01800
101—100	0.05950	0.04250	0.03060	0.02210	0.01955	0.01700
201—350	0.05600	0.04000	0.02880	0.02080	0.01840	0.01600

該路貨運以零担為多，最初係定照整車加收百分之百，今則改為按整車運價加百分之三十。

江關段蘭谿及金華各站有水運競爭，江山衢縣龍游亦然，玉山一帶則有間接之水運競爭，故該路規定凡有水運競爭之各大站，其運出之大宗貨物，按其競爭程度，給予減價以資招徠；但以整車托運爲限

(七)聯運業務處理

在錢江大橋未建之先，該路特於西興車站對江三廊廟設站接送行李發售車票。嗣於廿一年十月一日起開始與京滬滬杭甬兩路訂立合同，開始發售聯運頭二三等單程客票，及滬杭路之四等與該路三等合併客票，並舉辦行李包裹聯絡運輸。其聯運頭二三等客票，分尋常客票與特別快車客票兩種。（該路本身現尚無特別快車。）聯運各等客票收入，卽登記在該路客運進款日記簿本路各等客票下。於客運進款撮總簿將所收聯運客票行李及包裹等進款，依所頒分攤表分別本路及他路登記。聯運售票月報單，運出行李月報單，及運出包裹月報單等，均按站賬例第五十二條六十三條及六十七條辦理，塡造三份：一份存站，二份寄局。

關於每日所收到之聯運客票，則塡入收票員報告單內，書明號碼。運進聯運行李票，運進聯運包裹票亦然，每月終塡就月報單（亦須三份）寄局。聯運客票則紮捆就妥每日隨同收票員報告單

寄局

尚有聯運業務各種報單點驗單，（站帳式乙）係依照站賬則例塡造處理。

聯運行李及包裹須收過江費，及由三廊廟站至南星橋站之挑力，係由起運站一次收訖。

該路與他路亦有貨物聯運，其處理辦法與旅客聯運相彷彿，惟所用單據不同耳。

(八)車務概況

該路現有機車分二——六——〇式（薩谷耐）燃煤蒸汽機車及四——八——〇式二種：前者重三十六噸，輓力自三四六〇公斤至五四五〇公斤，後者重七十二噸，輓力爲六九四〇公斤。是項機車均備有雙輓鉤，一高一低：低者用於該路現有車輛，高者則備將來聯運，符合國有鐵路標準鉤高之用。客車長度僅十二公尺，座位均爲橫列式。三等車之設備甚佳，彷彿京滬滬杭甬之新式三等客車，每節可容五十二人。二等車設備則較兩路爲遜，亦爲固定橫列式。二等及三等之臥車予等未得見，聞三等臥車係三層橫列式，二等則爲雙層式。貨車載重爲十五噸，車身分鋼架木體與全鋼兩種。平車，敞車，棚車，亦尚足用。安全設備如韋氏氣

軌及手輒均齊全。

初蒞該路，見其列車之矮短，甚感興趣；蓋大似本校工鐵展覽會時之小火車也。其車均新油漆，聞車輛每四個月須拆驗清潔一次，非若兩路昔對於客車油漆不甚注意。（但近亦改良。）據該路機務股本校校友金君告知，該路對客車維護修理方針，係每滿定期必重檢驗油漆一次，不論其是否陳舊也。

該路初以車次不多及建築經費之關係，故遠近號誌未裝設。現司列車出入站之號誌係爲簡單式之旗號，但其遠近方臂形號誌及開車臂形號誌均已在籌議添設中。調移車輛號誌則係用鳴放汽笛之方法。

所用轉轍器，於立桿上有轍尖標誌。轍尖向直線開通則兩面顯示長方形白色標誌，標尖向曲線開通則迎面顯示箭頭白色標誌，而背面顯示二半圓形。入夜則於中燃燈。站長與轉轍夫間之聯絡係用擊點之法，其物即爲鋸斷之鋼軌懸空，既經濟亦響亮。

行車採用路簽及甲乙兩種清道證制。路簽爲銅製，形狀不一，有圓形方形三角形之分。鄰接區間形式不同，以示區別，並記有該區間兩端站名。甲種清道證係綠色硬紙片，乙種清道證則係橙色硬紙片。其使用方法如左：

（子）路簽　在同一路簽區間內一列車開往對方車站後，於對方列車開來之先若並無第二次列車開行者，則此項列車須用路簽開行。

（丑）甲種清道證　在同一路簽區間內一列車開往對方車站後，於對方列車開來之先尚有第二次或二次上之列車開往者，則所有前行列車均用甲種清道證開行，而於對方列車開來之前此站最後開往該處之列車須用路簽開行。凡司機於接受甲種清道證時必須目視有該區間所備之路簽在站，否則不得開行。

（寅）乙種清道證　行於行車次序臨時變更，致該區間路簽在對方車站，一時無相當列車開來帶回之時；或則路簽損壞遺失，而欲開行一列車或二次以上之列車之時；此均係以清道電報爲之。先以電報告知對方站，扣留來車勿令駛來，俟得對方電復允許開往及路簽業已封鎖後，此站方得照填乙種清道證，並附該項復電之副張，一併交欲開往對方之列車司機收執開行。

關於運輸規則，悉係依部頒客車貨車運輸通則而另定有附則。列車運行每日繪用「行車圖」。客貨車輛之編配係採集中調度制，直接由車務股指配。其他行車規章多根據部頒中華民國國有鐵路行車規章。該路現尚無特別快車之駛行，因號誌未完備也。

（九）會計制度

該路會計課係在杭州裏西湖總局，其隸屬已如前述。另有查賬員及材料點查員查核各站賬目及點查全路各段廠所材料。每年七月一日至次年六月三十日爲一會計年度。記帳單位均用國幣銀元。自始即厲行預算政策，因之收支均能經濟符合。關於站賬，多係依部頒站賬例則處理。各站每日須填送左列四種日報單：

(子)收票員日報單。

(丑)運出貨物日報單。(根據運出貨物票)

(寅)運進貨物日報單。(根據運進貨物票)

(卯)解款單。

每日於末次車開行後，各站將當日各種日報單造就，於次日頭次車交該車車隊長帶往江邊站轉至會計課。每月尚有左列各種月報單須填造：

(子)客賬月報及平準表。

(丑)貨賬月報及平準表

各站核造客貨賬目報月報及平準表經會計課查核後，發客貨運更正知照單知照各站。款項解送係置於解款袋內，鎖就並加火漆印，掣回解款回單。

該路所用會計科目與他路同。會計課檢查股韓君係予舊雨，故得知一切甚詳。左列二表係其收支部份主要賬簿及報告書表系統，與營業部份各種賬冊系統，觀之即足知其會計手續處理及帳簿組織之一斑：

杭江鐵路收支部份主要賬簿及報告書表系統

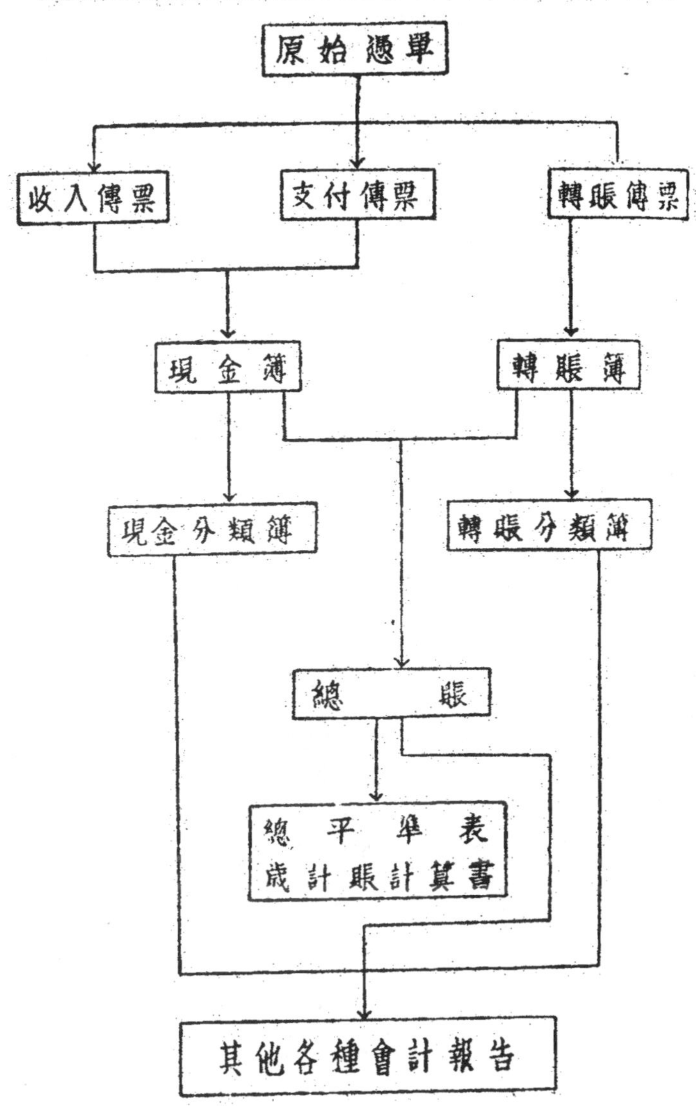

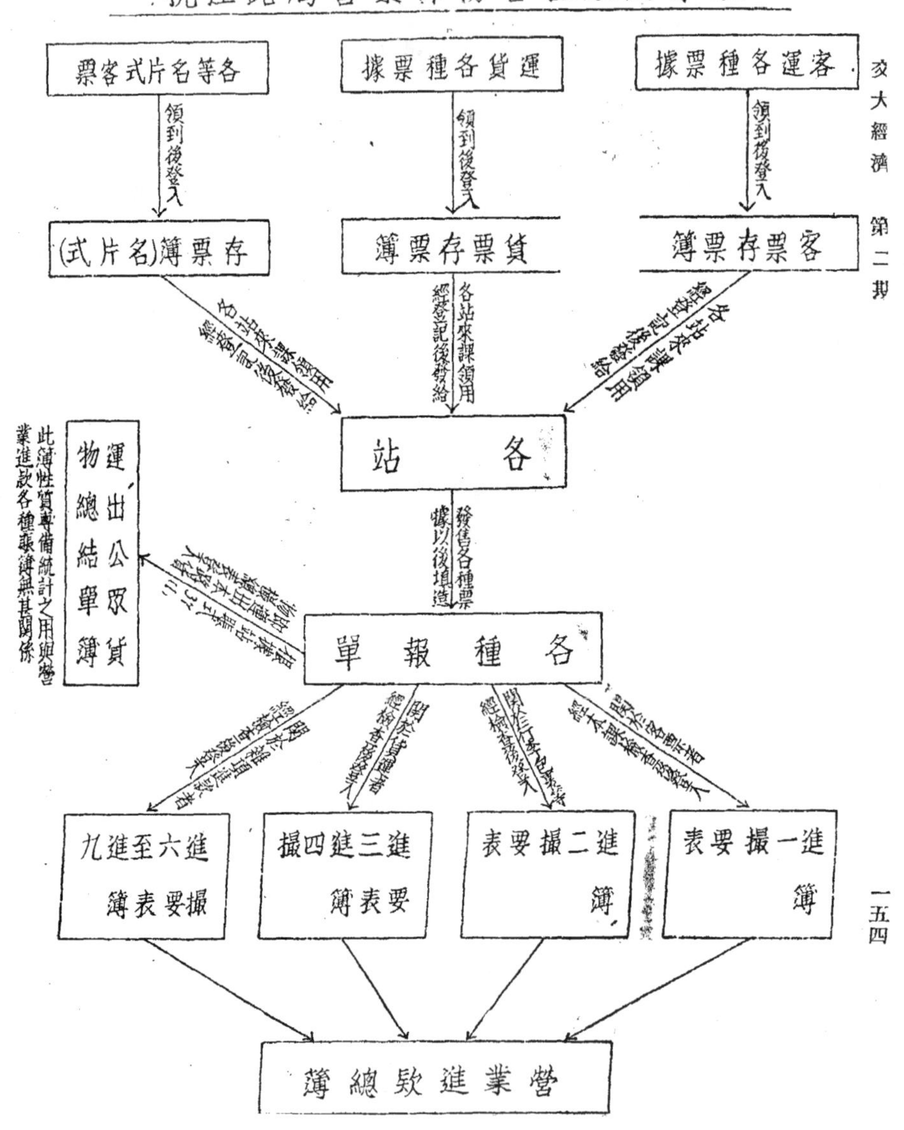
杭江路局營業部份各種賬冊系統
各等名片式客票
運貨各種票據
客運各種票據
領到後登入
領到後登入
領到後登入
存票簿(名片式)
貨票存票簿
客票存票簿
各站來課領用
經登記後發給
各站
發售各種票據以後填造
各種報單
運出公眾貨
物總結單簿
此簿性質專備統計之用與營業進款各種帳簿無甚關係
進六至進九撮要表簿
進三進四撮要表簿
進二撮要表簿
進一撮要表簿
營業進款總簿

（十）結論

該路前運輸課長金士宣先生（現升調爲平綏路車務處長）於去歲曾在本校演講杭江鐵路之建築管理及營業政策（原演講辭爲徐宗蔚吳家鈞二君筆記，載本校經濟學報第二號，又見交通雜誌第一卷第十期）言及該路建築之特色有五：

（甲）路綫之選定，以工程省運輸多爲主。

（乙）採用輕軌（三十五磅）以避免價格之壟斷而減輕建築費。

（丙）先求通車，再求改良。

（丁）限期完成。

（戊）利用當地物料以節省經費。

蓋卽係依其左列之建築政策爲目標：

（甲）建築成本必須低廉。

（乙）建築工程必須適合運輸需要。

（丙）建築時必須培養其營業能力。

驟聞之疑信參半；蓋國有各路其每公里路線及設備品平均達十萬元之巨，東北各路雖自備車輛少及橋工小亦達五萬元，而杭江路則僅三萬五千元而已。（且包括金價漲高之損失，及一年餘時間之豫備費用。）相較之下，以爲該路必簡陋不堪，實則大謬。簡固簡，但敷用，簡則全非。其建築之成功昭示吾人五種意義：

（甲）三十五磅輕軌用四尺八寸半之標準軌距能勝任長距離大宗運輸。

（乙）本國人才並不遜於外人。

（丙）本國都市資本向內地移動。（該路建築費全賴本國金融界之贊助）

（丁）低廉資本造路亦屬可能。

（戊）祇須辦事人有決心肯犧牲，成功可必。（如該路創辦之初並無確定資本卒賴毅力成功）

該路最大特點厥爲平民化經濟化商業化。如注重三等客車，如厲行預算政策，如力除鐵路與乘客商人間之隔膜，非若國有各路之多趨於官僚化等均是。吾人參觀歸來，尚有感想數點亦記於左：

（甲）金玉段土質甚鬆易被水冲瀉陷落。吾人赴該路之前一日卽聞發生損壞情事，迨車經該段猶見工人工作未竣。此雖係培養時短之關係，但若將路邊行人道加寬，亦未始不無裨益；且便利該處人民匪淺。因現時所有之行人道實太狹窄，鄉人逢車來無處可避也。

(乙)金華為該路要站之一，數次列車均須以該站為終始點，而時間往往在夜半。該路客車所需之燈光，皆屬機車發電機供給電力，因是逢列車停在站內而未掛機車，或車到站而機車即行摘去，必致全車黑暗。站上燈光又黯淡異常，(金華有电燈)旅客枯坐甚為不耐，雖幸無竊盜等事，但似應設法改良之。其法或於列車上另裝磨電機，或使機車緩摘下及早掛上，(遇列車需停時間甚長者則不摘下，) 或則加强站上燈光，使光足能射入車內。

(丙)該路多採用低月台，因其車輛亦低，且建築費可少而旅客踏越亦便利。其建築以參差式為最多，相對式次之，大都未設有天橋。甚者即以木板枕木或混凝土所造之過道亦無之，又往往天棚未齊全。譬如吾人到達諸暨正值大雨，車停斜對面月台，與出口相距甚遠，因無天棚，致同學皆淋漓不堪。對此點聞該路員工言正在籌建中。

(戊)該路員工均係招考訓練而再派事。青年蓬勃之氣象於全國各路之中尤稱為最，辦事皆刻苦耐勞，且彬彬有禮者居多。因路係新築，故無其他各路之積弊，而各員工亦頗自好，不屑為之。然因員工多係招考訓練，初任各事，運用自屬欠缺，鐵路規章站帳則例等尚未能嫻熟。如帳簿塗改或不遵限登記結清間仍有發生，但為期一久想必定能改進矣。

(己)金玉段路基新築，車行多覺略有搖擺。玉山站內軌道並非直形而有高低彎曲之狀，係由於土質鬆脆，因是客車時刻於江邊至金華尚可準確，而金玉間則多延誤，此似宜設法補救

(庚)金玉段因係初成，客運殊感欠佳　全列車掛有三等車七八輛及二三等混合車一輛，而乘者除吾等及車長一人玉山站長一人(因公赴江邊)其他員司車僮廚役數人外，乘客僅五六人而已。如此空車里程加大，太不經濟　其故一則因金玉段通車不久，二則因玉山匪氛未殺，想將來必能增加。按此項實非該路能力所及，聞該路曾用種種方法招徠客運，迄今已增加不少矣。

總之，所未能愜意各點，實多由於經濟問題。以該路之精神及營業之日盛，逐漸改進自在意中。該路最足述珍貴之事即為辦事之精神，上下齊心。如機廠設備不全而員工仍黽勉從事，玉山匪氛未靖累毀車站，而服務人員未敢少離職守均是。所望該路能始終貫徹，因杭江路之使命於通溝浙東之外，尚有為各鐵路之模範，及票團銀行對投資交通事業之信用二端。至營業方面，目前雖已不差，將來如能建築鐵路旅館，繁榮車站，便利沿途名勝地之交通，(該路沿途名勝地離最近車站均在數十里以上)，則客運自更能增加。苟復能供給更詳細之經濟調查材料，俾金融界有投資南針，則商業可日趨繁盛，而貨運自亦旺矣。

——完——

上海各工廠之工資制度（經濟調查）

張學鼎

（一）緒言

工廠之工資制度，為近世各國目爲最重要之問題。蓋工資制度不特對于工人之生活，工廠之成本，出品之佳劣，與數量之多寡有關。且與一國之物價及經濟狀況亦有莫大之影響焉。是故各國經濟學者，工業鉅子，罔不悉心研究，以期制度之改善，俾各級工人均能獲充分之用，而得合理之工資，使出品至於至善，廠方得減輕成本而獲最大之利益，國內經濟情狀，因而日臻繁榮。考世界各國所採用之工資制度，有計時給值制，按貨給值制，合同制，陶因氏(Henri R. Towne)分利制，哈爾塞氏(F. A. Halsey)，及洛溫氏(David Rowan)獎工制，泰萊氏(Fred W. Toylor)微分計件給資制，愛默生氏(Harrington Emerson)計件付值制，與坎特氏(H. L. Gantt)獎金制度等八種，各有其長，各有其弊，故能相立並存于世，我國清季末叶，政府人民始覺工業之重要。以是風起雲湧，設立各種工廠。今全國工廠以上海爲最多。上海爲我國最大之工業區，亦爲全國之經濟中心，工廠工資制度之善否，影響自不待言。近年上海之勞資糾紛，日漸增加，大半以工資問題爲爭執之焦點。是亦工資制度之不完善，使之然也。茲將上海各工廠之工資制度，作一簡短之記述，俾海內關心社會經濟者備考焉。

（二）上海各工廠之分類

上海工廠林立不下數百家，工資情形，甚不一致。如將各廠一一分別敍述之，將不勝其繁。幸同業各廠工資情形雖各不同，但大都大同小異。本文爲說明上之便利起見，以業爲單位，將各工廠分業臚列於後：

造紙業　煙草業　造船業　翻砂業

皂燭業　製蛋業　製革業　電機業

火柴業 油漆業 玻璃業 機器業

搪瓷業 漂染業 鋸木業 電氣業

化粧品業 麵粉業 榨油業 印刷業

繅絲業 棉紡業 絲織業 棉織業

針織業 毛織業 水泥業 磚瓦業

自來水業 調味食品業 冷飲食品業

(三)工人之類別

各業工廠所僱工人，以性別年齡分計：有男工，女工，童工，三種。以技能分：亦可分為上中下三等，——凡工人具有較高之學力及訓練而有特殊技巧者為上等具有普通學識與技能者為中等毫無技巧者為下等。各工廠均以其性質之不同，需要何種工人，亦自各異。如造船，電機，儀器，機器等業，均僱上等男工。如罐頭，食品，磚瓦，等業，全用下等男工。如繅絲業，則大都為上等女工，其他各業工廠各部工作有適于男工者，有適于女工者，有適于童工者，有須上等工人，有須中等工人，有須下等工人，以是依各部所需而僱用之。

(四)工資之分析

上海各工廠工人，所得工資，可分為：(1)正式工資，(2)變相工資，二種 正式工資者，乃每一工人，所額定應得之工資，變相工資者，如獎金分紅等等，廠方用以鼓勵工人努力而設。惟亦有少數工廠，除正式工資外，並無獎金等之設置，變相工資，在每一工人之歲入中，數量亦復不小 今試舉其各種名目詳述如左：

禮拜賞——如繅絲廠之車間工人，工作滿一星期者，賞二角或三角。

升工——如繅絲廠工人做足十二日者，賞二工。十八日者，賞三工。廿四日者，賞四工。

半月賞——做滿半月者，有賞金，如絲織廠賞五角，針織廠賞三角，搪瓷，火柴，製革等廠，賞一工。

月賞——工作滿一月有獎金，如紗廠，油漆廠賞二工；漂染廠，賞三工；製蛋業，賞四工；最多者為泰康罐頭食品賞五工。

節賞——每屆端午，中秋，冬至三節，有節賞，如製燭廠，造船，機器廠等賞半工。

半年賞——如紙煙廠工人，在廠工作滿六月者，一律按其所得工資加百分之五。款由廠方代存，給月息八厘。

年終獎金——歲底有賞金，如造船，機器廠陽曆歲底賞一工。陰曆歲底賞二工。水泥廠賞半月。調味食品廠電機廠等賞一月。

雙　工——例假與歲首仍作工者，工資加倍。

快　賞——凡工人于一定時間內，所作超過應完成之數量者，廠方依超出數目之多少，給予獎金。如綿織廠于陰歷二，三，八，九，十，十一月，爲布匹暢銷之時，出貨不及，廠方給快賞，以期出件迅速。

重　賞——綿織廠之布疋重量，廠方訂有標準，織布愈密，則布疋愈重，重量超過標準時，廠方按逾重兩數給賞。

米　貼——米價高漲時，工人所得工資不足生活最低費用，以是有米貼之設。如火柴業于米價在十四元以上時，每日每工人得米貼五分，水泥工廠于米價在十二元以上時，由廠按名津貼一元。平時之設有米貼者，肥皂業每月一元儀器，機器業依工資反比例給貼。工資愈小者，貼金愈多。工資愈大，貼金愈少。貼金之最多者，爲四元半，最少

不過一元。紙煙工廠規定每日工資在七角以上者，每月貼一元半，七角以下者，貼二元。米價在十二元以上時，貼全數，上十二元以下時，貼半數。

分　紅——每屆年終，廠方如有盈餘，依工人平日之功過勤惰，或進廠年數，酌給紅利。漂染業，絲織業，火柴業，造船業，調味業，罐頭品業，均有之。

(五)計工制之種類

各業工廠，性質不同，故計工制亦均不同。茲將各工廠所採各種計工制分述如下：

(1)計時制——即以一定時數，定爲一工。各工廠每工時數，並不一律。有以五小時爲一工，有以七小時爲一工，有以八小時爲一工，有以十小時爲一工，亦有以十二小時爲一工者。如每日工作時數超過一工，則須按超過時數加給工資。上海各業工廠，採取是制者最多，如綿紡業，造紙業，肥皂業，繅絲業(抄間除外)，機器業，造船業，(船

上裝配工人除外），電機業，電泡業，翻砂業，水泥業，搪瓷業(美術部除外)，製蛋業，冷飲食品業，製革業，自來水業，調味食品業(女工除外)，中央造幣廠等，二百三十四廠。

(2)論日制——每日工作時間無規定，工作忙時，多做幾小時，工作閑時，少做幾時，論日給值。上海各工廠中，全廠工人完全採取是制者尚未有。僅繅絲業之抄間女工，與榨油業之清油間，榨油間工人。

(3)論月制——工資以月計，即每一工人每月工資若干，如普通之傭工然。上海各工廠採是制者，有漂染業，榨油業(清油間榨油間除外)，麵粉業，油漆業等六十四廠。

(4)計件制——廠方按件給資，故工人每日所得工資，與所作件數成正比例，多做者做得，少做者少得。採此制者，為棉織業，火柴業(刷燐大包裝匣糊匣篾箕五部除外)，煙草業之雪茄煙廠，電機業之電池工廠，等一百五十八廠。

(5)籌工計——此制僅為火柴廠之刷燐裝匣大包三部採用之。工人領取工作時，均有一籌，每籌代表一定之數目。工人憑籌領取工資，廠方祇認籌不認人。故工人可請他人代作，或邀人幇做。領得工資後，工人自行分配。

(6)包工制——包工制由一工頭承包，工人人數與工資均由工頭支配與廠無涉。上海各磚瓦公司除泰山磚瓦公司外，均採包工制，餘如造船廠之船上木器，及艙間裝配等工人與火柴廠糊盒篾箕二部工人均採包工制。

(六)工資率之標準

考工資率之規定，不外依工人生活必需品之價格與出品價格之漲落為標準。惟上海各工廠于初創時均係糊塗規定，入後生活程度日高，工人生活艱難，以是增加工資。當出品價格高漲時，工資雖未見加高，而于年底時間有少數工廠，酌給工人紅利若干。近年各業蕭條，工廠時有減低工資之舉。因而引起糾紛者甚衆，各工廠對于各級工人工資之高下之規定，普通大都以

(1)年齡區分——年青力壯者較老弱孩童爲高；

(2)性別區分——男工較女工爲高；

(3)智識技能分——技能高超者，較無特技者爲高。如各廠有用馬達者，馬達間工人之工資必較其他部份之工人高。

至于新辦之工廠，工人工資均照同業各廠所規定者，稍加參酌而訂定之。

(七)工資付給之日期與貨幣

上海各工廠對于工資付給之日期，大半均無切實之規定。祇少數廠家有規定發付工資之期，大都又均爲一月一次，規定每半月或一星期發工資一次者，少而又少，僅數家而已。至于工資之貨幣，不論洋商華商，均以上海通用之銀元十足大洋計算，惟火柴業各廠，發付工資，常以一千五百文或一千七百文折合國幣一元。故該工廠人，實際所得工資，常較定額約增加一倍。

(八)工人之平均工資

至於各工廠工人之平均工資，依十八年上海社會局統計，男工每小時平均工資率爲七分三厘，女工四分四厘，童工三分四厘。如每一工人每日工作時間均以八小時計，則男工每日五角八分四厘，女工三角五分二厘，童工二角七分二厘。每月以三十日計，則男女童工按月平均工資爲：

男工 一七・五二元

女工 一〇・五六元

童工 八・一六元

上列數字既爲平均數，則與各業工人之實際平均月入略有不同，茲將各業工人平均月入列左：

業別	男工	女工	童工
繅絲業		一三・二二	八・四〇
棉紡業	一五・三〇	一二・五〇	八・一〇
絲織業	三〇・三〇	二〇・二〇	
毛織業	一六・五四	九・四三	
針織業	一八・八三	一五・四二	
機器業	二九・五〇		
電機業	二三・四九	一二・七二	一二・九二
翻砂業	二三・八〇		
綿織業	二三・五四	一一・六九	一八・一〇
造船業	三八・二〇		一五・二五
水泥業	一九・〇九		

磚瓦業	一九・〇〇		
鋸木業	一九・二五		
麵粉業	一七・六一		
榨油業	一七・二八		
製蛋業	二〇・九〇	一一・五六	
煙草業	二三・八六	一二・八二	九・三八
電氣業	二五・九〇		
印刷業	四七・五〇	三一・二四	
造紙業	二〇・六〇	八・七二	九・四六
皂燭業	一八・七二	八・七五	
火柴業	二一・三九	五・五〇	一一・三八
油漆業	一八・三七	一一・五一	
製革業	二〇・四〇	一二・三二	八・四〇
玻璃業	一六・二五		九・五〇
搪瓷業	一八・〇四	八・三〇	
漂染業	二一・六〇		
化裝品業	一九・六五	八・七六	
自來水業	二七・九七		
調味罐頭業	二五・八〇	一一・〇五	
冷飲食品業	一八・九四		

上表數字雖不十分可靠，但亦可知其梗概矣。又據十九年工商部報告男女童工平均月入為：

男工	一五・二八
女工	一二・五〇
童工	八・七

(九)工資指數與生活費指數之比較

上海各工廠工人之工資指數，與生活費之升降，足以觀察工人生活之實在情形。茲將民國十五年至民十九年之工資與工人生活費指列后：

	工資指數	工人生活費指數
民國十五年	一〇〇・〇〇	一〇〇・〇〇
民國十六年	一〇九・〇〇	一〇一・〇九
民國十七年	一一八・〇〇	九三・二一
民國十八年	一二四・〇〇	一〇一・九八
民國十九年	二〇八・〇〇	一一六・七九

觀乎上表工資于五年間增加一倍有餘，而工人生活費指數僅增百分之十六・七九。是則今日工人之生活，似甚優裕。然實際不然，蓋上列指數以民國十五為基本年，當時之工資與生活費確

準甚遠，今工資增加一倍，實則仍在標準線之下。雖較民國十五年時爲佳，今日工人之生活仍甚艱難。

(十)上海各工廠工資制度之缺點

上海各工廠之工資制度已如上述，顯其缺點甚多。試舉其犖犖大者：

(1)各廠設立各種獎金，目的在使生產速度增加，工人貪得小利，拼命工作，最後身體衰弱，因而造成種種不幸之結果，使社會增加損失(Social loss)。廠主雖當極力設法獲得大之利益，但亦應顧及工人之康健而維人道。

(2)包工制爲最不合理之制度，大工頭承包後，再包與小工頭，小工頭再包與小小工頭，由小小工頭僱用工人。工人經重重之剝削後，所得無幾矣。時有大工頭承包每件一角者，工人實得僅一二分。故工頭之擁資鉅萬者，比比皆是，而工人則終日勤勞，僅足糊口而已。是故包工制不容再存，幸中央已將取締包工制，列入黨綱。包工制之消滅，爲期當不遠矣。

(3)付給工資之日期，毫無規定，不能與工人之經濟需要時日相適應。

(4)凡不視體力而重技術之工作，工資率之規定應以工人技能爲標準，不應以性別區分，使女工工資不能與男工平等。

(十一)上海各工廠工資制度應有之改進

上海各工廠制度之缺點，已分述如上，此種缺點之存在，處處足使整個社會蒙不良之影響，爲今之計，當有以改進之。

(1)罪大惡極之包工制，中央已有意取締，應從速督促政府消滅之，使勞工血汗所得爲合理工資。

(2)各種不合人道之獎金，應卽取消，例如快賞重賞等等，對於工人康健有莫大影響，且所出貨品，因工人貪得賞金，草率做成，而發生粗劣現象，有毀廠譽。故此種獎金之存在，對勞資雙方，均有害而無益，故應速取締之。

(3)男女工人之工資率，均應以技能爲區分，不應故意壓低女工之工資。廠主每以爲男子有家庭之負担，故工資理應較高，殊不知亦有中年寡婦，家庭之負担亦甚重。故男女工工資應平等。

(4)付發工資之日期，應從速規定，現在工人每以工資發付日期不能與需要時相適應而舉債，受付息之損失。工人收入幾何，不應使再有剝削。

（5）最低工資之確定——依工商部假定工人之家庭，除夫婦二人外，子女三人，共計五人；生存費用約爲二十七元二角。試觀上表，工人平均月達廿七元二角者僅印刷機器造船自來水四業而已。其他各業工資均在標準生存線之下，由此可知工人生活之艱困。或曰工人之妻與子女均在廠作工五人所得當不止廿七元二角。但如子女年長，自可進廠做工，當在襁褓，妻以照顧子女而不能入廠，則全家之費用，均出於工人一身矣。工人之情形類此

者，爲數不鮮；故當有最低工資之確定。最低工資準應以最低生存費爲標準，凡低於生存費之工資，均應提高。務使與生存費相平，則工人生活亦得裕如。社會可減少不安定之現象，各方面按可得推銷上之便利。故最低工資之確定，誠爲目前第一要務。

上述（3）（4）（5）三點，十八年十二月三十日公佈之工廠法第五章第二十條，第二十二條，第二十四條，已有專條規定，惜至今當未見諸事實。

二十三年五月二十五日，西宿舍。

上海七大工廠參觀記（經濟調查）

民二五級
實業管理門

實業管理一道，並非徒恃幾冊書籍，幾條原理，即可解決一切。且必須博覽實務，洞察利弊，而後可知興革。吾國學校所讀書籍，大率爲美國出版者，在美國之社會經濟狀況下，當然合宜。然移諸我國，則未必適用。蓋我國社會，經濟，風俗，習慣，處處與外國迥異，外國之學理，固不能執一齊萬也。我班同學有鑒於斯，乃組織假期工商參觀團。利用假期之閑暇，分赴各工廠調查我國工業之實際狀況，爲課外之探討。既可以免專恃外版書籍而有閉門造車之譏，又足爲研究學理之參考資料，誠一舉而兩得也。此次——民廿二年寒假——爲我班首次關於我國工廠實地之調查。至應注意之處，爲求博覽無遺起見，在出發之先，遍請諸師長指導，及參考各有關書籍，擬成表格，於參觀時隨時填寫，待假期開課後，由各同學分任整理，草成報告，呈存管理學院，以作隨時研究之需。此次假期共二星期，而星期六與星期日各工廠因整理內部工場機械，停止外界參觀，故實行參觀之日僅一旬耳。於斯一旬中，經歷工廠十一家，其中如申新鴻章等同爲紡織工廠，然其中自各有異同之處。美亞染織廠經緯廠織綢第七廠雖同爲美亞公司之工廠，顧其內部工作各不相同，故就大體而言，此一旬中所參觀之各廠，自各有其價值。而對於我國工廠中之情況，尤非平日在書籍上所能得其萬一也。此次假期參觀爲我等初次之課外作業，各種調查恐有挂一漏萬之譏，故記載不厭求詳。各廠中上至高等職員，下及小工，其工作情形無不備載，故是篇雖未敢謂爲完美作品，然以爲參考之資料，亦不無相當之價值也。

許冠英識於交大五，二一。

(一)參觀康元製罐廠報告

參觀日期：　民國二十三年一月念四日

廠　址：　華德路九百六十五號

廠　史：——

該廠創於民十一於上海有恆路之武陵里。越二年（民十三），接盤日人所辦之工商製罐公司於華德路，即今之廠址，遂將老廠遷入合併辦理，於是印刷製罐兩部粗告厥成。嗣廠長項先生遠遊察綏，廠務乏人經管乃以辦理不善，屢經挫折，數年經營，幾至傾覆。民十五夏、項先生倦遊返滬，矢願重整舊業，乃專心一志整頓廠務。幷延聘專才，分司其事。經年而成効大著，規模既具，基礎斯定，營業亦漸進展矣。民十六春，鑒於營業之發達，因就餘地建築三層樓房，將各部同時加以擴充，一切設備，亦力求完備。然當時所引爲最大缺憾者，乃工作効率之低弱，與成本會計之疏略，於是有實行科學管理之決心。惟以國人素性泥於成法，憚於更張，進行太急，勢將影響工作，故於着手之前，不得不殫心竭力，以覘職工之個性爲初步，繼則熟籌彌補闕陷之方法，衡度情勢，分別規定。而實行伊始，則首先律已以爲表率，繼則督促主要職員循規進行，最後則施諸工友學生。自上而下，逐漸實施，庶無操之過急之弊。閱時二載，始見就緒。在民十八時又建大工場，其容納工人機械之數，倍於往昔，產量之增加，亦如之。

該廠當在發軔時代，職工人員，共計四十人。印刷部祇有印刷機兩座，製罐部則有製罐機二十座。每年營業額約五萬左右。占地僅二分耳。自民十六年以來，廠中規模已具，出品益精，行銷區域，幾徧全國　且爲便利顧客起見，凡係通商大埠，暨南洋羣島等處，分設辦事處，接洽營業。十年之間，統計造出大小罐聽三萬七千五百餘萬只，平均吾國每年每一百十人用一只。由此可見社會之需要，將來營業激進，定無限量也。

組織：——

(1)組織系統表。如下：

(2)管理政策　以目前之情形觀，凡職工之管理，以教育政策爲主，附以虛僞之口號，使之本廠職工之思想，甘心一生爲廠服務。

(3)管理之法規

(A)有行政組織大綱，規定總經理，副經理，秘書，協理，總工程師，廠長，營業所長，總稽查，部長，

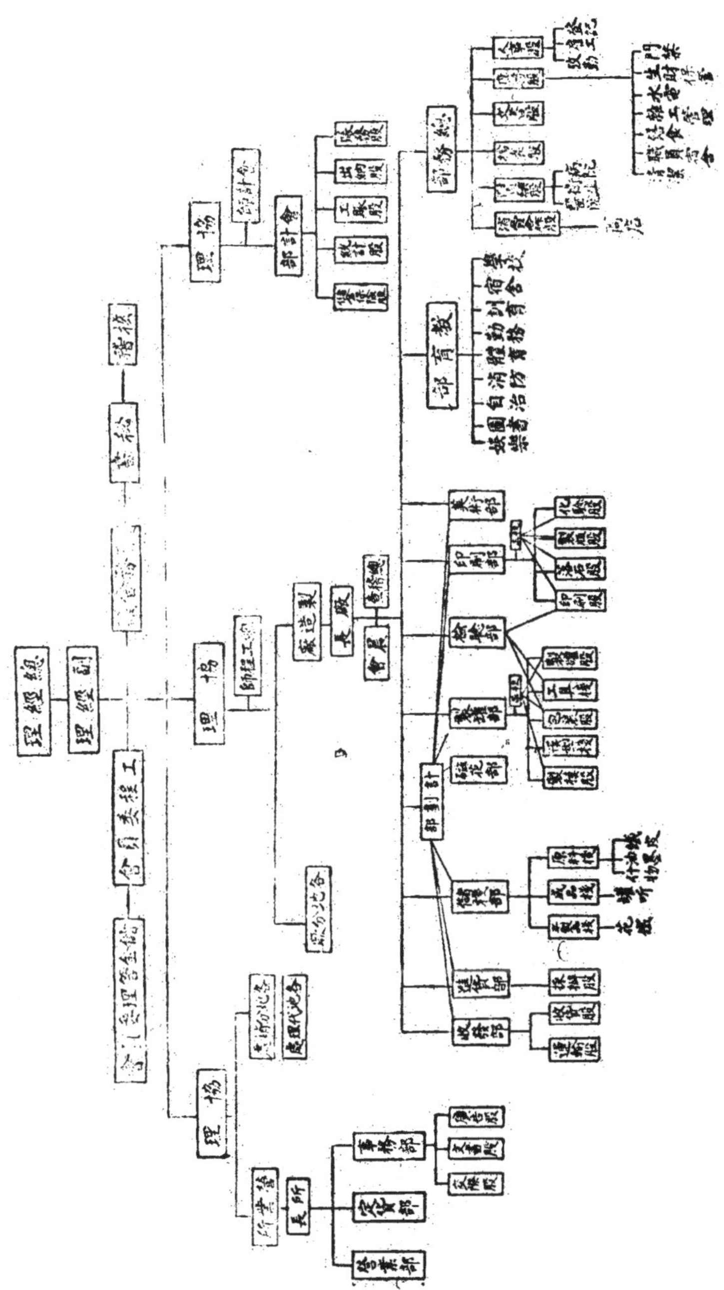

技正，股長，廠務會議，工程委員會，及儲金管理委員會，等等之職權，及事務等項。

(B)學生及訓諫班規定除共同遵守廠中職工服務規則外，在一定期限內(五年，三年)，不得中途離廠，並不得結婚。

(C)練習生規定遵守廠規外，不得中途離廠，不得兼營他業。

(D)有宿舍規則，儲藏規則及沐浴規則等之規定。

(4)研究部之組織

並無專部設立，惟墨油之須改良者，由化驗部辦理，工人効率之研究，由總務部人事股辦理，機械之改良，由各部長及技正等設法。

(5)計劃部之組織　除部長一人外，有助理員四人，其事務及工作程序，可由組織系統表中見之。

原料：——

(1)產地　鐵皮用美國U.S. Steel Products Co.之貨，而油墨則大部爲中國貨(永和牌)，小部分爲該廠化驗部自製。

(2)運輸之方法　鐵皮由外輪載至上海，再由汽車運至廠中，輪船碼頭與該廠之距離尚近

(3)需用數量不定，依市面情形而伸縮。

(4)材料之儲藏　大部材料貯於中央及上海銀行之堆棧中，短期間需用者，則貯於廠內原料棧。

(5)收料是否試驗　鐵皮則外洋進口時已有一定尺寸，故不復加以試驗，至於油墨則由化驗部加以試驗。

製造：——

(1)工作進行程序(詳見圖解)

(2)出品：

(甲)以茶叶罐，香煙罐，餅乾罐，及糖果罐爲大宗，至於鐵皮標語廣告等亦有。

(乙)打樣及設計大都爲廠方代客家辦理，由計劃部總其事，詳情見工作進行程序圖中。

(丙)包裝方面實甚簡陋，大都出品均以舊報紙包裹。

(丁)出品甚有標準，蓋用機械之部多而手工之處少也。

(戊)出品由各工場之管理員檢驗，並在出品之包上蓋章簽字，以明職守而專責任。

(己)出品概無儲藏，因今日在工場中所製之物，皆爲一月或數月前所預定之物也，每日出產有定量。

工作進行程序圖解

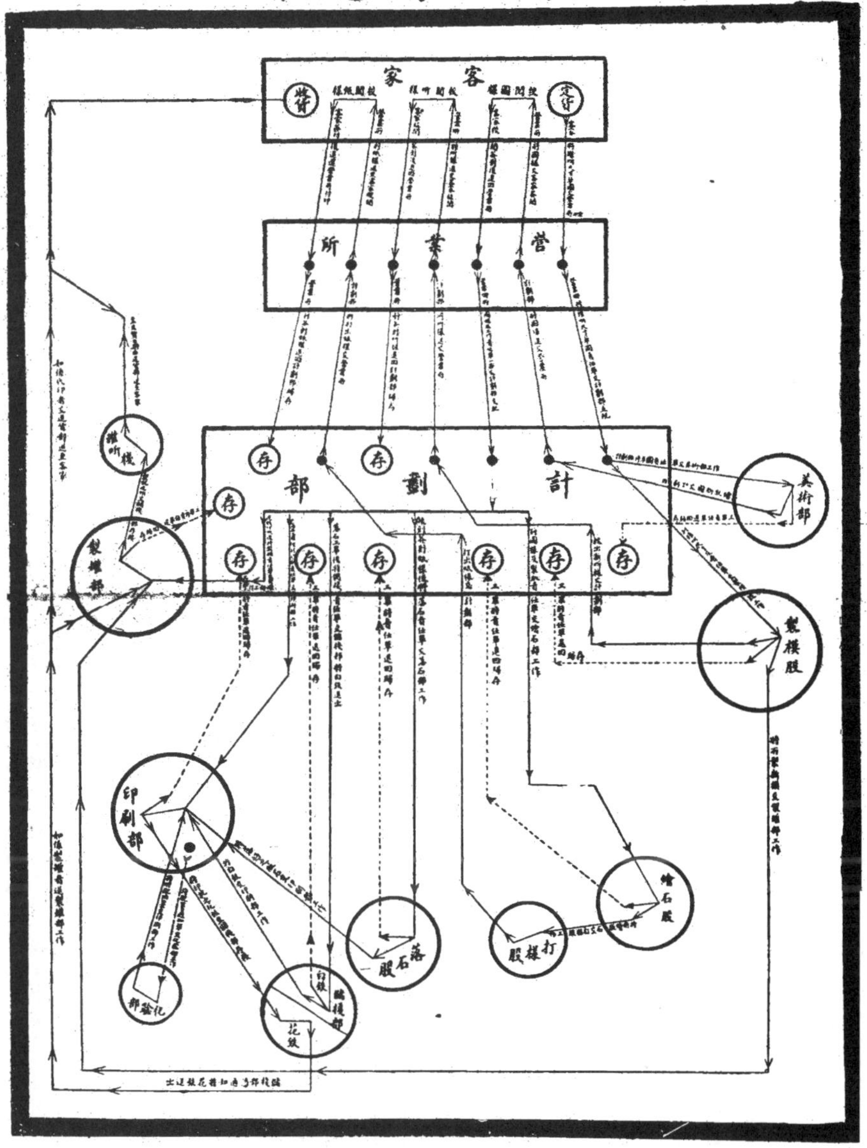

客家

營業所

計劃部

美術部

製模股

繪石股

打樣股

落石股

印刷部

化驗部

製罐部

(3)廠內運輸方法　人工搬運，因空罐之體積雖大，其重量則甚輕也。

(4)副產品　並無副產品，惟有剪下之碎雜鐵皮出賣。

機械：——

(1)種類：該廠有蘭開愛式蒸汽鍋爐一座，專供抽水機及烘房水汀之用。至於其他製品機之原動爲上海電力公司之電力，其製品機如下：

(A)印刷機，有軋鐵車，磨石車，落石車，軋墨車，石印車，噴漆車，銀粉車，上光車，剪紙車，軋紙車，瓷花車，及揮粉車等。

(B)製罐機則有剪刀車，滾圓機，翻邊機，摺方機，切角機，裝蓋機，滾線機，接口機，切邊機，眞空試驗機，眞空封口機，及電鍍機等。

(2)另件之配置由該廠之金工間辦理，其中有車床，刨床，插床，鑽床，銑床，磨床，鋸床，拋床，刻花機，及淬花爐等機械。

(3)機械空閒問題　分配工作甚爲均勻，各種機械均得極佳之利用。

銷售：——

(1)所有售賣均爲批發。

(2)現每年約百萬元。附五年來業務百分比較如後：

(3)銷售之地帶　南至香港新加坡，北及東三省西至四川惟大部之客戶則在本部十八省而以江浙爲最。

五年來營業百份比較圖

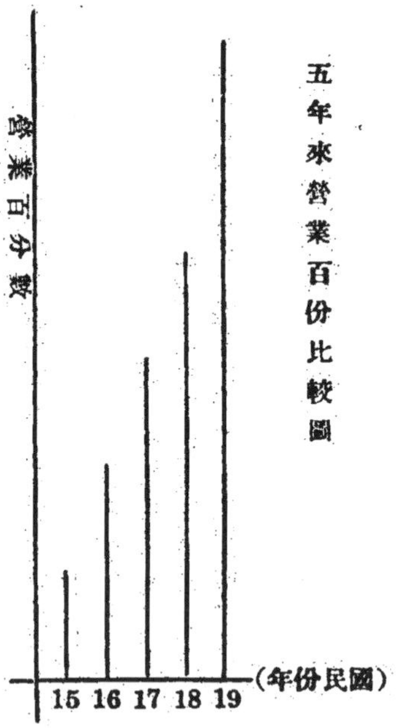

營業百分數

15 16 17 18 19 (民國年份)

(4)廣告之方式　大概爲報紙之宣傳，無其他方法。

(5)競爭之情形　現國內此種廠甚少，即有，規模亦甚小。故與之競爭者唯日本人開辦之廠家，

(6)市價之變動與售量之伸縮　觀乎營業百分比較圖，可知其營業蒸蒸日上也。然其大部原料來自美國，當民廿年時金元價甚昂，而其營業量並不減少，觀下表吾人又可知其營業方針矣。

成本百分比較表（以元爲單位）

比較／年份	總成本	原料成本	%	做工成本	%	開支成本	%
民十六	854000	397100	46.5	177600	20.8	279300	32.7
民十七	842000	399100	47.4	165900	19.7	277000	32.9
民十八	821000	454100	55.3	134600	16.4	232300	28.3
民十九	799000	485800	60.8	112700	14.1	200500	25.1
民二十	804000	525800	65.4	101300	12.6	176900	22.0
民廿一	801000	528700	66.0	96900	12.1	175400	21.9

（7）稅捐　除出口須關稅外無雜捐。

人事：——

（1）薪資

勞工工資爲計時制，每一工人有一卡片，每晨進廠時至標準鐘印進廠時間，出廠時亦印出廠時間。每半個月，會計處即以此卡爲標準，付給工資。至於工作之優良者，另有獎勵金。

關於職工之福利事項，有職工死傷撫養費辦法，職

工養老儲金辦法，職員醫院例簡章等規定。

此外復有消費合作社，爲職工自己之組織，以購辦日常需品者也。

（2）工作時間　每日上午七時起至十二時，下午一時至四時。每星期日休假一日，年底另有假期一星期（國慶日亦有一日休假）。

（3）職員之雇用　除舊有職員外，現時雇用職員皆由學生中選拔，不復由外界直接介紹進廠矣。

（4）工人之選擇及來源地　舊有工人爲轉輾介紹而來者，然此後則由廠方派員往外省招募，據云最近已有二百餘人由山東運來矣。

（5）職工之支配　每個工人皆有其個別記錄；此事由人事股辦理。

此種工業中之工人，亦有手技之關係，故不主時常調動，然偶有調動則由計劃部策謀。

職工於此種工業中，既有特技，則新募之工人，必須加以訓練，此訓練之責任，有教育部專權辦理。

廠場：——

(1)	平屋	樓屋	附近空基
用途	機製部	學校，宿舍辦公室，醫藥室等	可作擴充之用
特性	通間無牆壁等隔離	清潔光亮	

(2)設備：——

衛生：有醫藥室，療養室浴室理髮室等，設備：寢室中有換氣機之裝置。

安全：機械之安全設備，可說絕無，而對於火警，則設備甚爲週詳。且各員工均有訓練處理緊急事變。

工餘消遣：有藍球，網球，國術，絲竹等設備。

其他：學生之牀舖均爲鐵架上下三疊式，各人有衣櫥一具，不准攜帶衣箱。各人之鞋亦有一定地方懸掛，不得隨意亂丟，以昭清潔。每一臥室中，有鐘一只，以示時間。各床舖衾被之摺疊，均有一定方式。

附註：——

(1)此廠工人並無工會之組織。

(2)有工廠會議之組織。 以總經理爲主席，以副理協理廠長所長各部長爲委員，決議全廠一切。大致如擬具章則辦法，交負責人員執行，計劃廠務之興革，決定營業之取捨，每星期集會一次。

(3)會計部之組織 主任由協理兼負金融之調劑共分爲五股如下：

出納股	司現金及票據之收付
賬務股	管理一切賬冊及簿記
工賬股	管理職工之賬務
儲蓄保險股	主持廠幣之發行，舉辦職工儲蓄會，長壽保險團，及自辦消費合作社等事宜。
統計股	辦理營業比較資產表格等統計事宜。

(4)人事部之調查表 此表由職工填明自己之履歷經驗教育與趣成績家庭狀況等各項以後，關於該職工之孜勤，升調，獎勵均以此表爲有力之根據，並爲求符合實際計，每年更換一次。

(5)請假 應得休養假(一星期)而仍願工作或休養假不滿一星期者，則其例外工作之日按日加給薪水(雙工)，如全年請假超過一星期者，按日扣薪。除例假休養假外，全年不請假，並不遲到者加薪一月。

（二）參觀上海華商水泥公司報告

參觀日期：民國廿三年一月廿五日。

廠　址：上海南市龍華江鏡廟岸。

工業性質：製造水泥，

［子］廠史：—

（1）開辦日期：民國九年十二月。

（2）資本：

最初資本		最初營業
固定	流動	
$ 1,200,000	仝	民十二年八月開始

增加資本	何時增資	原因		數量	結果	
		本廠	社會情形		業務方面	機械方面
第一次	十七年四月	謀擴充	水泥供不應求	$.305,100.00	擴充	添置改良
第二次	二十年四月	謀擴充	水泥供不應求	$.133500.00	擴充	添置改良

（3）會否停業及其原因：— 該廠之設立。預合社會之需因而歷年營業成績頗佳，故未曾停業。

［丑］原料：—

（1）原料之種類：甲 石灰石。

乙 黏土。

丙 石膏。

（2）其產地：石灰石產自浙江湖州，黏土則取之黃浦江中，石膏則來自德國。

（3）用的數量：甲 石灰石。——每年凡五萬噸。

乙 黏土。——每年凡三萬噸。

丙 石膏。——每年凡二千四百噸。

（4）運輸的方法及價格：甲•石灰石每噸約須運費二元六角，灰石山自購於湖州，由自備駁船裝運。乙•黏土取諸黃浦江中，所費甚微。丙•石膏每噸約值二十兩，向洋行訂購，運輸則由外輪裝載進口，再由貨運汽車送至該廠。

(5)材料之儲藏： 均堆置廠內沿江空地上。

(6)收料時是否加以試驗： 不加以試驗。

[寅]製造：—

(1)步驟： 泥及灰石由黃浦江起岸後，即由廠中設置之自動斗車，從鐵軌上運入廠屋，（或堆置空場上）。原料運入廠屋後，灰石傾入壓碎機內打碎，泥則傾入洗磨，打成泥漿，由運送機輸入泥斗（Hopper），再由此斗陸續墜入混合機，（Mixer）。灰石壓碎後，即入管磨（Tube mill）磨成粉末，粉末經自動稱後，乃輸入灰石斗而至混和機，以確定比例與泥漿混合。攪勻後，取出一部分加以試驗，若未合須定標準，則重行加入灰石或泥漿，以確合為止。迨經合於標準之混合後，即將其運至泥漿池（Slurry Tank），再由此放入旋轉窰（Rotary kiln）使受以高熱。窰長凡五十粎，傾斜度約50。當泥漿未放入前，須用煤粉將窰燒至高熱。

煤係在窰內燃燒，故須先磨成粉末，利用吹氣機，將煤粉吹入窰中燃燒。泥漿(混合物)由窰之後端繼續放入，煤粉則由窰之前端吹進；故泥漿(混合物)由後端進至前端時，溫度漸漸增高。迨至前端，泥(混合物)已成熟料（Finished Good）。此熟料即由前端小孔落下，再由升降機運至廠樓，放入球磨磨細。同時，已磨細之石膏粉，由另一轉運機送至木斗；由此放入球磨與熟料配合。石膏之加入量，亦有一定之比例。熟料在球磨內磨勻後，再須過篩。過篩後乃放入地窖中藏之，期為四星期。

(2)出品：

甲·種類及註冊商標：——出品僅一種，註冊商標為象牌。

乙·打樣及設計——無。

丙·包裝。——甲 袋裝。

乙 桶裝。——A鐵製桶。

B木製桶。

丁·出品標準化，——以上海租界工部局所規定者為標準。

戊·製品之檢驗。——出品由檢驗處加以檢驗，如不合時，則須重製。

(3)每日出產之數量。——1600桶。

(4)廠內運輸方法。——有鐵軌自動斗車，及自動小電話。

(5)副產品。——無。

[卯]機械：—

(1)種類：—

甲•原動力部(Power Plant):

A 拔伯葛鍋爐(Babcock)四具。

B 氣壓機三具。

C 1500K.W.交流發電機一座。

D 1900H.P. 蒸汽透平一座。

E 1000H.P. 柴油引擎一座。

乙•製品機都：

A 生料磨部。——a. 牙關軋石機(Jaw Crusher)

b. 生料磨。

B 窰房部(Kiln Room)：—

a. 50呎長旋窰二座。

C 熟料磨部(Finishing Mill)：—

a. 熟料磨一部。

b. 裝桶機全部。

D 燃料磨部(Full Mill)：—

a. 煤粉磨一座。

E 其他：

a. 洗磨(Washing Mill).

b. 管磨(Tube Mill).

c. 球磨(Ball Mill).

d. 石膏磨。

(2)另件(互用與裝配)。——有小規模之金工廠，配置機械之另件。

(3)機械空閑問題。——全廠日夜開工，無停閑時間。惟須修理時則不在此例。該廠之機械，開動後三日方能工作，故除非萬不得已時決不停工。

[辰]銷售：—

(1)批發或另售。——批發由華商，中國，啟新三華商公司，合組國產水泥營業事務所於上海，專司其事。水泥售立，均遵共同訂立之市價。至於一切另售，則可向五金商號接洽。外埠方面，設有經濟處，皆與該公司訂有契約，並經殷實之舖保。

(2)每年之營業額。年銷六七十萬桶，約值三百萬兩。

(3)銷售之地帶。—上海為主要市場，江浙兩省境內之通都大邑次之。

(4)運輸之方法與價格。——在本埠之營業，則由自備之運貨汽車運輸之。外埠之營業則由轉運公司負責運輸之。

(5)廣告之方式與費用。——該廠之象牌水泥出品，已能蜚聲於社會。故對於廣告並不注重之。

(6)競爭之情形。——象牌水泥，以上海為主要之主場。國產水泥與之競爭者，有中國水泥廠之泰山牌水泥，及青洲水泥公司之青洲牌與黑驢牌水泥。泰山牌現與象牌實行產銷合作，青洲牌則尚非二者之敵，故國產水泥之間，競爭尚不劇烈。外貨水泥與之競爭最烈者，厥為日貨，而淺野公司之船牌，扇子牌，及小野田公司之龍牌水泥傾銷尤為着力。

(7)市價之變動與售量之伸縮。——市價變動對於售量甚有伸縮。

(8)售貨與折扣。——市價由聯合營業所訂定，折扣亦由此營業所統一辦理之。

(9)稅捐。——僅出廠統稅，每桶為銀四錢三分。

【巳】人事：—

(1)薪資：

甲・是否具有依物價與生活費之變動，而增減工資之辦法。——無此辦法。

乙・職員之薪俸——由每月數十元至數百元不等。

丙・勞工之工資——最高為六十五元一月，最低為十五元一月。

丁・勞工工資之計算——計時為標準，以月為單位。工資以管理電機及窰者為最高。

戊・薪資付給時期。——每月付給一次，如有急需，則過半月後，可領取半月之工資。

己・職工的獎勵金養老金分紅福利等項。——均無。

(2)工作時間：

甲・辦事時間。——與其他企業公司之辦事時間，無特著之差異。

乙・做工時間。——日夜兩班，每班十小時工作。

丙・假期。——無假期。

(3)職員的雇用及待遇。——與其他企業公司之職員的雇用及待遇，無特著之差異。

(4)工人的選擇招募及來源地。——因該廠之工作頗為單簡，故無須選擇熟手工人。均係由附近地招募之。

(5)職工的支配：

甲•工人有個別工作記錄否。——無此種記錄。

乙•職工之調動——非有特別情故，則不常調動之。

丙•職工之訓練。——因無須特殊技術，故職工不加訓練。

[申](1)有無工會之組織。——無(初有，現已解散)。

(2)工廠會議之組織。——無。

(3)最近有無糾紛而能工或關廠之事件發生。——無

[酉]廠場：—

(1)

	平屋	樓屋	附近空基	附近建築
用途	機廠	辦公處	堆置原料	原料上岸
間數	二大間	一幢	—	—
特性	高敞	清潔	—	碼頭

(2)設備：

甲•衛生。——廠內除辦公處外，均甚污穢。衛生設備，頗見乏缺。

乙•安全——缺乏此種設備惟在機器內之危險地處，則立警告牌若干。

丙•工餘之消遣，——因地處鄉僻，工餘之消遣，僅有國術團等。

[戌]會計：—

(1)組織。——西式會計。

(2)預算決算之製就。——無預算決算。

(3)家保否。——無。

(4)每年盈餘若干提出作公積金。——提百分之二十作爲公積金。

(5)成本會計是否與總賬成一氣。——不詳。

(6)機械折舊之計算。——不詳。

(完)

(三)參觀阜豐麵粉公司報告

(子)

廠址：上海莫干山路廿五號。

性質：製麵粉。

股份有限公司。

廠史：

(1)開辦日期：光緒廿四年。民十八年添購新機。

(2)創辦人。孫仲立先生。

(3)資本　一百萬。

(丑)組織：該廠於總廠長之下分設料務，粉務，工務，麥務，四部。

該廠專司製麵，至於一切原料之購買，出品之銷售，另有總經業所辦理。每月舉行會議一次，討論一切興革事宜。

另有工程委員會，研究機器之改革及修理。

(寅)機械：該廠所用機器，多爲英國出品，如磨粉機，打麥機，烘乾機，去殼機，多爲英國Henry Simon Co.最新出品，烘乾機尤爲特色，中國只阜豐一家有之。Dust Collector則爲美貨。原動力來源，爲租界電

氣公司。

(卯)原料：

(1)名稱：小麥。

(2)產地：本國。江北一帶。

外國。加拿大。澳洲，美國。

(3)購買手續：

外國：由洋行代爲定購。

本國：派人向內地收買。每屆新麥登塲之時派人駐地收買。

(4)數量：每年實需小麥二百餘萬石。

(5)材料之儲藏。有倉房及大空塲。堆儲空塲者以蓆蓋之。

(6)收料時是否加以試驗？加以試驗。試驗其所含水分及沙塊之多少是否與貨樣相符合。普通小麥含沙12%，水11%。

(辰)製造。

(A)步驟：製造步驟。可分爲十一種程序。

1.選麥。選小麥中之粒形豐大，色澤鮮明者。

2.混麥。收用之麥，來自各方，品種絕難一致，粉

質亦難均等，須先將各種小麥混合。混合之方法可在運用時在入口之昇降機中混合之。或在碎麥器中混合之。

3.清麥。混合之小麥由升降機拖至四樓，用頭道麥篩篩過，將泥土，石塊，草頭，豆類等雜物篩淨。降至一樓，復由升降機拖至四樓用二道麥篩篩之。將麥中所有空麥，麥柄等篩淨，是爲清麥。清麥方法不一，有所除塵機者，亦有用水洗淨而加以烘乾者。

4.打麥。二道篩篩過後，即降至三層樓過頭道打麥機。將麥端之毛打淨。再降至二層，過二道打麥機，細細整理。如麥太乾，須再摻水方能應用。

5.刷麥。打就之麥，由淨麥倉降至一層，復升至四層過刷麥機，將麥內細灰，麥皮刷淨。

6.壓碎。壓碎之過程在去麩皮，所用之機件爲鋼製磨輥。共分五道。各道輥上之牙數不同，

可分爲12牙，14牙，16牙，20牙，24牙等五種。愈進愈細。至五道麥篩已完全壓碎麩皮亦完全去盡。

7.篩別。磨輥碎麥每經一道，即有一道平篩篩別之，頭道平篩所出之細粉爲頭道粉。

8.細磨。麥子經過五次篩別，麩皮已完畢，此後則用光磨棍每過一道又必加以篩別。已成細粉者，即沿路轉入打包機裝包。未成者再走次道光輥。

9.粉屑吸收。在磨粉者，有粉屑外揚。須用粉屑吸收器吸收之將粉屑徐徐吸入。

10漂白。有用氧化氮氣漂白之，亦有藉日光，空氣之天然漂白者。

11打包。漂白後：用布袋裝置。經打包機縫口後，即用皮帶運粉機運至堆棧。

(B)出品： 甲•種類及商標。

該廠所出粉麵，共有廿餘種，註冊商標有自行車，雙魚，雙虎，綠炮車，等等。

乙•包裝： 用布袋裝，布袋是買洋布自造，

用機器裝。

丙●出品標準化，一切手續多用機器，向稱標準化。

戊●製品之檢驗。　不檢驗。

巳●製品儲藏及時日：　已成粉麵背存倉房內；儲藏至多一月。

(庚)每日出產數量。　三廠共出粉三萬五千包，內二萬二千包爲該新廠所出，

(辛)廠內運輸方法。　原料進廠，出品運出，用小鐵車及汽車，廠內工人上下有特製鋼帶升降機，麵粉在製造程序中都藉風力在鉛管內輸送。

(壬)副產品。　麩皮爲主要副產品。

(己)銷售：

(1)批發或另售。　批發。

(2)銷售之地帶。　3/1 銷售於上海本地，其餘多銷於平，津，營口，及長江一帶。

(3)廣告之方式與費用。　該廠對於廣告宣傳，並不注意。

(4)稅捐　由政府派人駐廠管理，在麵粉出廠時徵收，每袋徵稅壹角，以前徵麥不徵粉，今則徵粉不徵麥。

(午)人事。

(1)薪資。

(甲)是否是有依物價與生活費之變動而增減工資之辦法？　無，薪資不隨物價之變動而增減。

(乙)勞工工資之計算？

採計時制。

(丙)薪資付給時期？

按月發薪，如有特別需要時亦可在半月後預支月薪之半數。

(丁)職工的獎勵金，養老金，分紅等福利事項？

無養老金，年有贏利，工人可增加工資五角至一元，職員有紅利，工人年老時可調任輕易工作，

(2)工作時間。

每日上午五時至下午五時，十一點起有一小時用飯，夜工則由下午五時至翌日上午五時，

假期？

星期日不放假，年假放五天，過節亦不放假，惟加發一日薪金。

工人的選擇招募及來源地？

工人多雇自安徽，山東，二省。

有無工會之組織？ 無

(未)廠場。

(1) 平房 樓房。

(四)參觀鴻章紡織染廠報告

參觀日期：廿三年一月二十二日

廠　　址：英租界車袋角麥根路53號

資　　本：一百五十萬

組　　織：股份有限公司，其組織系統如下：

樓房 辦公處及機房，辦公室為二層樓房，機房則為五層樓房

(2)設備：

(甲)衞生。 無衞生設備，一部場間，溫度過高，空氣亦不充足

(乙)安全。 有帮浦，惟機器方面則少安全設備，各機器之距離太近，又無絲綱，甚易引起災害。

(丙) 工餘之消遣。 無

(申)會計。 帳目用中式。

股東會—董事會—總經理—{廠長—{紡部、織部、染部、人事科、修理廠、物料處}；營業所}

(一)紡紗部

原料——產地——棉花除本國自產者外，會有來自加拿大，美國，印度等地者。

購買手續——本國棉有掮客才買，外國棉則向洋行接洽，均須樣品。

儲藏，——設有棧房

製造手續：

1.鬆花——將棉花送入鬆花機，即得扯鬆。

2.清花——使去其泥沙雜物，捲花成直卷，由清花機爲之。

3.捲棉——每四層疊成一厚片，於捲棉機中，再按重量裁來轉卷，每捲約重四十餘磅。

4.梳花——使棉卷成棉條。

5.均花——用抽棉機使之厚薄平均。

6.製造粗紗——棉條經三重粗紗機後，繞上椗子。

7.製造細紗——粗紗經紡紗機後即成細紗。

8.絞紗——細紗成後，絞成以備打包。

9.打包——以十六絞成一小包，四十小包壓成一大包。

出品——分十支，十二支，十四支，十六支，四十支五種，以二十支爲最多，每日出數不定。

商標——寶鼎，福壽，鴻禧三種。

機器——紗錠二萬餘，線錠三千二百，皆英 Herthington & Sons Co 出品。

原動——電機。

（二）織布部

原料——多爲本廠所自產。

製造手續：

1.準備，經紗緯紗。

(a)絡經——絡紗成筒。

(b)整理——成軸以便上漿。

(c)漿紗——收斂紗綫之毛絨，增加其强力。

(d)穿綜——穿入綜眼。

(e)穿扣——穿入扣齒。

(f)捲緯。

(g)整理。

2.織造——以織布機織之。

3.整理——加以修飾，以改善其外觀。

(a)燒毛——燒去布面之織毛，使生光澤。

(b)水洗——洗取污物。

(c)乾燥。

(d)擴張——使之挺直不縐。

(e)平面——使布面平滑。

出品——直貢呢，嗶嘰二種。

商標——三羊，雙鳳，雙球，萬象，機球，鷹球。

機器——布機二百十六架。筒子車，經紗機，漿紗機，穿冠機，驗布機，括布機，水壓機等各若干架，亦爲英 Herthington & Sons 出品，另件中亦有用中國大隆機器廠之出品者。

(三)染煉部

原料——漂白粉，顏料，鹽酸，硫酸，均係外國輸入尤以德爲最。

手續——織布部製成之布置入精煉釜，歷二小時以上之時間，再入水洗機，如是兩次精煉後，放入漂槽，漂白後過硫酸槽使之中和，然後乾燥之，再上伸張機，軋光機而至碼叠間，

印花——設有專門技師打樣印花，先以紙板刻花名爲型紙，置於織物上，用顏料調和於糯米粉漿內，此桃花薄片刮上型紙，印就後即須晒乾，再入蒸汽箱蒸之，用清水洗淨。

人事——(a)職員

1.薪俸——自十餘元至二百元。

2.辦公時間——六時半起至十二時，下午一時起至六時。

3.人數——五十餘人。

4.資格——有南通紡織學院畢業數人。

(b)工人

1.工資計算——計件制。

2.付給時期——半月一付。

3.工資平均數——約每日六角餘。

4.工作時間——分日夜班，採六六制。

5.工人之選擇，招募及來源——概由人事部辦理，本埠工人較多。

6.工會——並無組織。

7.人數——一〇五〇人。

廠塢——平屋樓房均有內頗清潔光線亦尚充足

設備——除設有女工哺乳室外，其內爲工人之設備毫無。

(五)參觀大隆機器廠報告

參觀日期：二十三年一月二十日

廠　址：小沙渡北岸

資　本——流動三十萬，固定約二十萬。

組　織——獨資，其統系如下：——

- 光裕公司
  - 大隆廠
    - 總務
    - 業務
    - 生產
  - 蘇綸紗廠
    - 金工場
    - 木工場
    - 礪砂場
    - 煉鐵場

原料——生鐵——由中華機廠聯合公司販運分攤，外貨則向洋行購取。

製造——1.設計——聘有工程師三四人(內有外籍者二人)。

2.製圖——聘助理員插繪。

3.製模——木工。

4.礪砂——礪砂廠。

5.細工——用車床。

出品——紡紗機，柴油引擎及零件，均須先行定貨。

原動力——電機。

機械——來自英者較多，生意清淡時亦就可自製者，自行製造之。

銷售——(1)數量——機器定購批發，小件零售。

(2)地帶——江浙最多；其他各省甚少，今已在北平設立辦事處從事宣傳。

(3)競爭情形——鐵廠之數，目下甚多，競爭甚力，甚有因嫉妒而從中破壞者。

人事——(a)職員——三十餘人膳宿均由廠供，可攜家眷使人專心於廠事。學徒則有二三元津貼膳宿亦由廠供。

(b)工人——約五百人，童工甚多，並無工會之組織。

管理政策——工人一概不准出外，星期並不停止，使工人常在場中，不致在外，浪費金錢，或與他處工人接觸而引起工潮，購物可由廠內合作社代辦，此法頗屬有效。

設備——工人膳宿概由廠方供給，宿舍膳堂亦頗清潔，宿舍每室設室長一人，以資負責。膳堂設有講堂，以便授以知識。其他有浴室等。

廠地——多係平房，內尚有空基甚多，極可擴充。

工作時間——上午六時至十二時，下午一時至五時，夜工七時至十時。

安全——極無安全設備，故常有損傷，但設有衛生處。

福利事業——有獎勵金，紅利等，現正進行人壽保險

(六) 參觀五洲藥皂廠報告

民國二十三年一月十八日至五洲藥皂廠參觀。廠位於上海徐家匯謹記橋，該廠原分兩部，一部為營業部。設總行於公共租界四馬路，并營西藥批發零售等事業。分行除上海外，香港等地亦均有之。徐家匯之藥皂廠專製本牌之藥皂等。其皂廠本由德國人創辦，歐洲大戰時，五洲藥房購之，至今成國人辦皂廠。規模至宏大者。藥廠即在皂廠之後，製自來血，糖精，魚肝油，臭藥水，女界寶等物。資本製皂三十萬元，製藥二十萬元。工人二百餘，管理有廠長一人，及職員技師等。藥皂製就後，統送至營業部銷售。

原料　原料頗夥。製皂方面有油，苛性鈉。香料，藥品，酒精松香及鹽等。製藥方面普通為葡萄糖，酒精，檸檬酸，硼酸，碘化物，魚肝油等。藥之原料幾全部購自國外。製皂之油多採廉者，通常為魚油，羊油，牛油，柏油，棉子油，椰子油等。魚油來自日本，現已不用。羊油產北部各省及浙江杭嘉湖一帶。牛油產自魯豫蜀各省，上海，南京，丹陽，鎮江等埠亦有出產　柏油棉子油中部東部各省均有。惟椰子油來自菲律賓，新加坡南洋各地價較昂，非製上等皂不用之。苛性鈉，塘沽永利公司及天原電化廠均有出品，香料及藥品購自國外，松脂食鹽則中國出產甚豐。

製造　先將油脂放入鍋中以蒸汽熱之使之溶解。另加水，鹹(苛性鈉)汽等鹹化鍋，甘油即由此洗出，所得之甘油約有百分之二至五，初時為稀薄溶液。前者售與外人，今五洲廠新辦一甘油廠於徐家匯附近，乃用此溶液以濾淨之，使成潔淨之甘油，為利用此副產品之計劃也。油脂與水相合成乳狀，入鍋與鹹同化，再加鹽，乃將厚質液體此液體移置範皂器凝冷，即可切條成塊。加印後裝箱出售，此製洗濯皂之大概也。藥水皂之製法，乃將凝結成餅之皂，扯成條帶，及薄片，經水工揀去雜質加入藥品，經過碾皂機研碾，然後復溶結成塊方一切整包裝，肥皂之製成程序，約略如此。

製藥方面，注重於配合原料，製造則手續至為簡易。各種藥

品有丸狀，流質，結品各體。廠有製片機製丸機與空濾清機等，又鍋爐攪拌器等以製藥。多數濾清工作用濾清紙，而魚肝油過濾則用機。包裝方面用女工頗多，製藥則工人三數以管理一部分之機器而已。

管理 廠方管理有廠長，然總公司日派董事一人至廠巡視，以資監察。工人多自附近招來，有一部分住居廠中，工人宿舍。工作時間由每日上午七時至十二時，下午一時至五時。假期每星期一天，但工作忙時，作星期日工或夜工者一次，職員加月薪三十分之一，工人加月薪六十分之一。除零件散工外，工人多為常年雇用者。廠中有工會之組織，惟會中重要職員多為廠中職員及與廠方有相當關係者，故管理並不困難。工潮亦無發生。職員辦公時間與工人同，惟遲到早到無工人被限制之設 工人薪金每月支付最低者每月十二元，高者至五十元。廠內運輸方法，用鐵輪小車通行於室內外，以資輸送。所有出品概送營業所發售。

附註 固本肥皂政府特准免稅，近造條皂以謀推廣至各地銷售。

廠中有研究部之組織，常有技師化驗本國外國肥皂藥品之成分用途優劣之比較，以資改進。又設特別訓練班，招收高中畢業學生，授以專門智識，期滿後派至本廠或有關係各廠實習。

（七）參觀美亞織綢廠報告

民國二十三年一月二十日下午至美亞織綢廠參觀。共至經緯廠染練廠及第七廠三處。經緯廠位於上海馬浪路，染練廠在魯班路七廠則在瞿真人路。

美亞織綢廠為兼織各種絲綢之廠家，即織天然絲織品亦織人造絲織品者，故規模宏大。分工亦細。有總管理處，經緯廠，染練廠，採辦處，鐵工廠，發行所，職員訓練所及織綢廠十所。創辦於民國九年九月資本一百五十萬，工人共二千八百四十七人，惟因時間關係故祇至經緯，染練第七等三廠參觀。

原料 蠶產江，浙兩省，由繅絲廠收集，繅成絲線後出售。美亞廠之絲，多從繅絲廠買來。紗於交織品者需用亦多，近此種細紗多用國貨，不足時間買外貨。

製造 織絲織物手續繁多，其全部程序另附表列明。經緯，染練及第七廠之手續，簡述如此。

生絲由採辦處買進，賣於經緯廠（此種買賣雖非市場上之交易，然為該廠一種手續，以計算成本及每廠贏餘，將來對於分派紅利有關也。）經緯廠得生絲後，從事製成經緯線，廠有一百五十四馬力及五十四馬力柴油引擎各一座，及發電機一，以供全廠之機力及電燈。又有製經製緯之各種機械，如絡絲機，上漿機，翻絲機，烘絲機，整絲機，併絲機等，逐步製成經絲或緯絲。然後用搖紓機搖絲至筒管上，經緯廠之工作已畢。乃將此筒管上之絲賣與發行所，由發行所及總管理處視市面之需要時尚，交織綢廠紡織成各種綢緞。織綢廠有各種織機，多用美國式，織成後復賣與發行所，由發行所交染練廠染印整練成各種絲綢以成完美之商品，染練廠有踏花機，五筒乾燥機，揉柔機，軋光機，出幅機，捲筒洗綢機，去毛機，倒線機，脫水機，縫紉機，壓榨機等以資染練，又設小規模之製皂廠及烘房以供廠用之肥皂及蒸糢狀之印花顏料，兼有剪花及畫花設記等，延聘美術專家主持。故出品至為精美，染練廠工作完後，復賣交發行所出賣。

管理　其管理之系統約如下述：董事會操至高職權，其下為總管理處，其下則為採辦處，經緯廠職員訓練所等十八廠。每廠設廠長職員若干人，技正一人，技副及技術員若干人，以管理工人。法規由總管理處訂定，頒行各廠，由總管理處計劃一切，至於出品改良方面，由職員訓練所負責研究，工人幾盡屬女工，苟需新招工人，先由舊工人介紹雇用　職員則由訓練所招收訓練生，期滿後派往各廠實習。作工時間日工由上午六時半至十二時，下午一時至六時，夜工由下午六時至四時半。經緯廠兩星期休息一天。有專任醫生一人，輪流至各廠診治病人，或每日一次，或兩天一次，對於安全之設備除火警外甚少。

織綢機折舊之計算作十年分攤。

附錄

各廠之管理完全獨立即會計方面，亦分別計算，每廠以買進及支出等費連應得之利息及廠利以計算該廠之成本。即工資之支付，亦由各廠自理。年終總公司結賬，紅利即照各廠之餘利均分。

各廠既分工後，每廠之工人不多，工人全體亦無聯絡，故無工會。

各廠廠長每月聚會一次，報告各廠近況及討論一切與廠事宜。

美亞綢廠製造程序

生絲
絡絲
上漿
烘絲
翻絲
整經
絡絲
併線
撚絲
倒線
搖紓
背樣
意匠
踏花
穿花
花織物
素織物
精煉
整理
背樣
配色
印花
整理
染色
整理
成品

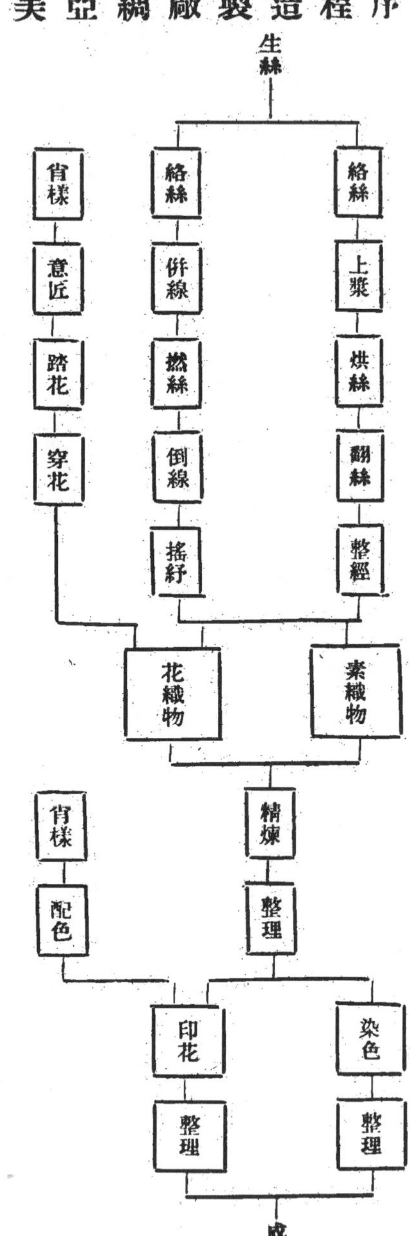

甘末爾的貨幣新著（書報介紹）

編者

要是中國人是不健忘的話，甘末爾這名字，總該還在腦海裏。那正是民國十八年，國民政府正開始厲行訓政建設的時候，爲了整理中國混亂的幣制起見，特地聘請了甘末爾這位先生，同了十來個外國貨幣專家，組織甘末爾設計委員會；專事研究中國貨幣的情形與其改革的計劃。結果草擬了一冊「中國逐漸採行金本位幣制法草案」。他的建議是主張中國應追蹤工業化國家，先用虛金本位，來把銀本位逐漸渡到金本位。當時聘請該會所化經費幾達百萬，可是直到現在，世界各國的經濟戰爭。一天天的激烈，貨幣的政策更是日新月異；在幣制不一的中國，雖然幣制改革還是在高唱入雲，但甘末爾的報告，已經同這社會告別很久了。

甘末爾的名字是Edwin Walter Kemmerer，是美國濮林斯頓大學的國際金融教授（Professor of gnternational Finance Princeton.）。他不但曾任中國的顧問，波蘭，祕魯，哥倫比亞，智利，保維利亞，依考度等國都曾請教過他。他是貨幣學的博士，可是人却稱他「貨幣的醫生。」

像這樣的一位貨幣專家，處在近一二年國際貨幣大肆波動的局面下，當然他是該有所發表的。從一九三三年十二月到一九三四年一月，這離現在不久的時候，他在紐約太陽報（New York Sun）上發表了十一篇關於貨幣的論著。後來已把它印成專書出版，這就是我現在所要介紹的「甘末爾貨幣論」“Kemmerer On Money”。

這不個一百九十二頁的小冊子，字體很大，是一本討論美國當前貨幣事實及其內含理論的書。作者在序文裏大意說，貨幣對人類是最關切的。因爲人們於貨幣接觸多，所以人人都是個貨幣學的權威者。同時歷來學者對貨幣學理的研究，使斯學極爲發達。但是學說的是非，根本還視其能否與事實相稱。所以雖然大家都承認貨幣的基本原則，可是這流動的領域，實在還待一個較大與較深切的研究。在這民主制度之下，揭發問題的真義，也許就是人們的政治責任。

全書是十一篇所構成，所以便是十一章，多加索引。第一章說明何謂金本位，其弊害，其世界性，及其應加改進而不應他代。第二章論美國現下之紙本位，其與金本位之辨異；美國八種貨幣之歷史及用途，及與現下聯邦制度之作用。第三章論黃金收買計劃，除對該計劃加以分析外，兼論黃金在紙本位國之地位，及增加貨幣對物價之影響。第四章論通貨膨脹收縮及反應，除解釋字義外，並論美國安定物價及一九二六年之標準，及其未達成功之原因。第五章論綠背紙幣，以過去紙幣本位之經驗爲現下之Contioversy。第六章論德國之通貨膨脹。第七章論銀問題之政治性，並及金銀複本位制。第八章銀購買計劃，論銀價低落之原因，世界經濟會議及銀購買策等。第九章補償貨幣，幣價之決定，及其劣點之批評。第十章債務人與債權人，論在不景氣中或在施行通貨政策後，債務債權之利害。第十一章恢復金本位，以經濟復興爲前提，促貨幣之穩定。

此書上海商務印書館經售。價格依金價匯率計算。約在四元半左右。

編後

當本刊第一期出版後，學術界出版界的前輩，給我們很多的指教，似乎這膚淺龐雜的一本書，還不至於不屑教誨的地步。經這番精神上的援助，使編者更鼓起勇氣來幹第二期，幸而能在這大考白熱化的當兒，又是一本膚淺龐雜的書和讀者相見了。

可是精神上的援助，祇不過給編者一種興奮，而實際的收功，還是依賴着物質上的援助，那就是諸位專家與同學的踴躍賜稿。

這期的內容，比上期似乎充實一點。呂岳泉胡詠騏二位先生是中國人壽保險業的手造者，呂先生是華安合羣保壽險公司總理，並受了美國壽險學院禮聘，當他們的諮議。胡先生是美國哥倫比亞大學壽險博士，現任甯紹人壽保險公司總理。學識都是當今所推崇。徐佩琨先生，我們的前院長，安紹芸先生，我們現任的教授，是二位純粹的學者，麥佐衡先生，一位有儒者風的金融家，上列諸位都有文章在這期發刊，這是編者忻幸之餘，而不可不爲讀者介紹的。

鄧邦傑先生的文章，定期截完了。並爲了上期發表的太少，所以一起再印在這期，使讀者得一窺全豹。這次我們有譯稿三篇，都是關於貨幣方面的，正因爲中國學術的發明太少，所以翻譯介紹實在是很重要的。王炳南熊大惠曹麗順三位先生是交通濟經專家，本校的重要教授，三位的論文。無待編者贅述。此外茅於文徐昭二同學，前者是長於計算，所以寫了篇庫務計算的文章；後者是博於讀書，所以便有篇關於的發表，這都是得意傑作，在外面很少見的。

關於我們的四種附刊，經濟史實，經濟調查，參攷資料及書報介紹，我們認爲是最有意義而最應努力的。經濟史實，是一案件的系統敍述，因此宗旨，所以不願拉雜的另碎的新聞，來充篇幅，如果沒有重要的題材，甯可留着不幹，這次聯運一文，那確是交通上很重要的史料。經濟調查經作者們的努力，內容很豐滿。參攷資料也求它是確可參攷。書報介紹更要求做到忠實的一步。篇幅呢，那當然可自由伸縮的。

上期的封面，接到很多位指敎，說是太花了些。其實學術的雜誌，不必一定要道貌岸然的不花，惟其是學術，所以要花些才免單調。不過阮承指敎，我們決計更換，本期已來不及，待下期吧。

這期校對的時候，剛逢上海市高中以上學校廿二年度軍訓總檢閱，編者們都得去參加，校對的工作，大部承章景瑜女士担任，本期能得如期出版，還全仗章女士的大力。

最後的話是：「歡迎賜稿」

蔣桂•廿三，六，一，交大。

編後

廣告價目表

地位	全面8½"×8½"	半面	四分之一
封底	七十元		
封面裏幅	五十元	卅五元	
正文後	四十元	廿五元	十五元

附註

一 封面裏幅包括面封面內封面內面之對面封底內面封底內面之對面等地位
二 廣告印刷均以黑字白紙
三 如須另行製版及加印色彩者價目另議
四 繪圖刻圖價目另議

交大經濟（第二期）

定價大洋二角

編輯者 國立交通大學經濟學會出版部
出版者 國立交通大學經濟學會出版部
發行者 國立交通大學經濟學會出版部
印刷者 朱錦堂印書館 地址——南市王家嘴角廿九號
經售處 全國各大書坊

「交大經濟」期刊徵稿啟事

(一)本刊為研究經濟交通財政金融會計統計工業管理社會事業等問題之專門刊物，如荷教職員校友同學及外界專家惠賜宏文，不論撰著譯述，一概歡迎。

(二)本刊內容暫分下列六欄：(一)論著譯述，(二)講詞，(三)經濟調查，(四)參考資材，(五)書報介紹，(六)經濟史實。

(三)來稿文言白話均可，每篇以四千字為度，但萬言之長稿，數百字之小品，均極歡迎。

(四)賜稿務望繕寫清楚，並加新式標點，如有插圖請用墨色，以備製版，來稿如係翻譯，請將原文附寄，否則請知示原著人姓名，原文名稱，及刊載何處。

(五)稿末請署姓名住址，揭載時之署名可聽投稿者自定。

(六)投寄之稿無論登載與否，概不退還，但如投稿人預先聲明及附有退還應需費用者亦可照辦。

(七)稿件經本刊選登者，略備薄酬。(一)本刊 (二)交大經濟學會出版品 (三)其他名貴經濟著作

(八)本刊以推廣學理為宗旨，來稿版權仍歸作者所有，但本刊編輯彙編時得選入刊載。

(九)來稿於必要時，本刊得加增刪修改，但不願接受，可預先聲明。

(十)來稿請寄上海交通大學經濟學會出版部。

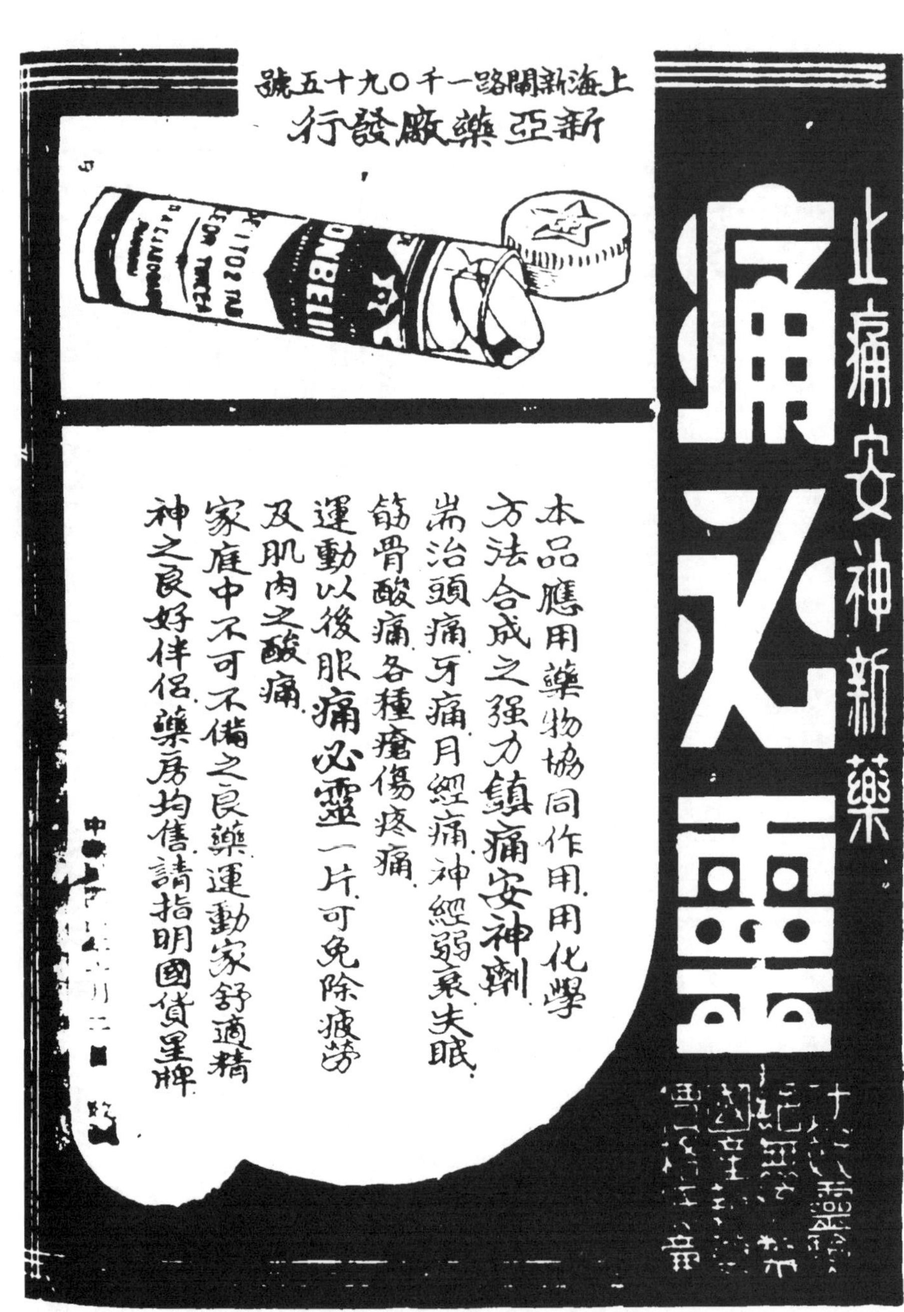
上海新閘路一千〇九十五號
新亞藥廠發行
止痛安神新藥
痛必靈
本品應用藥物協同作用用化學方法合成之強力鎮痛安神劑
耑治頭痛牙痛月經痛神經弱衰失眠筋骨酸痛各種瘡傷疼痛
運動以後服痛必靈一片可免除疲勞及肌肉之酸痛
家庭中不可不備之良藥運動家舒適精神之良好伴侶藥房均售請指明國貨星牌

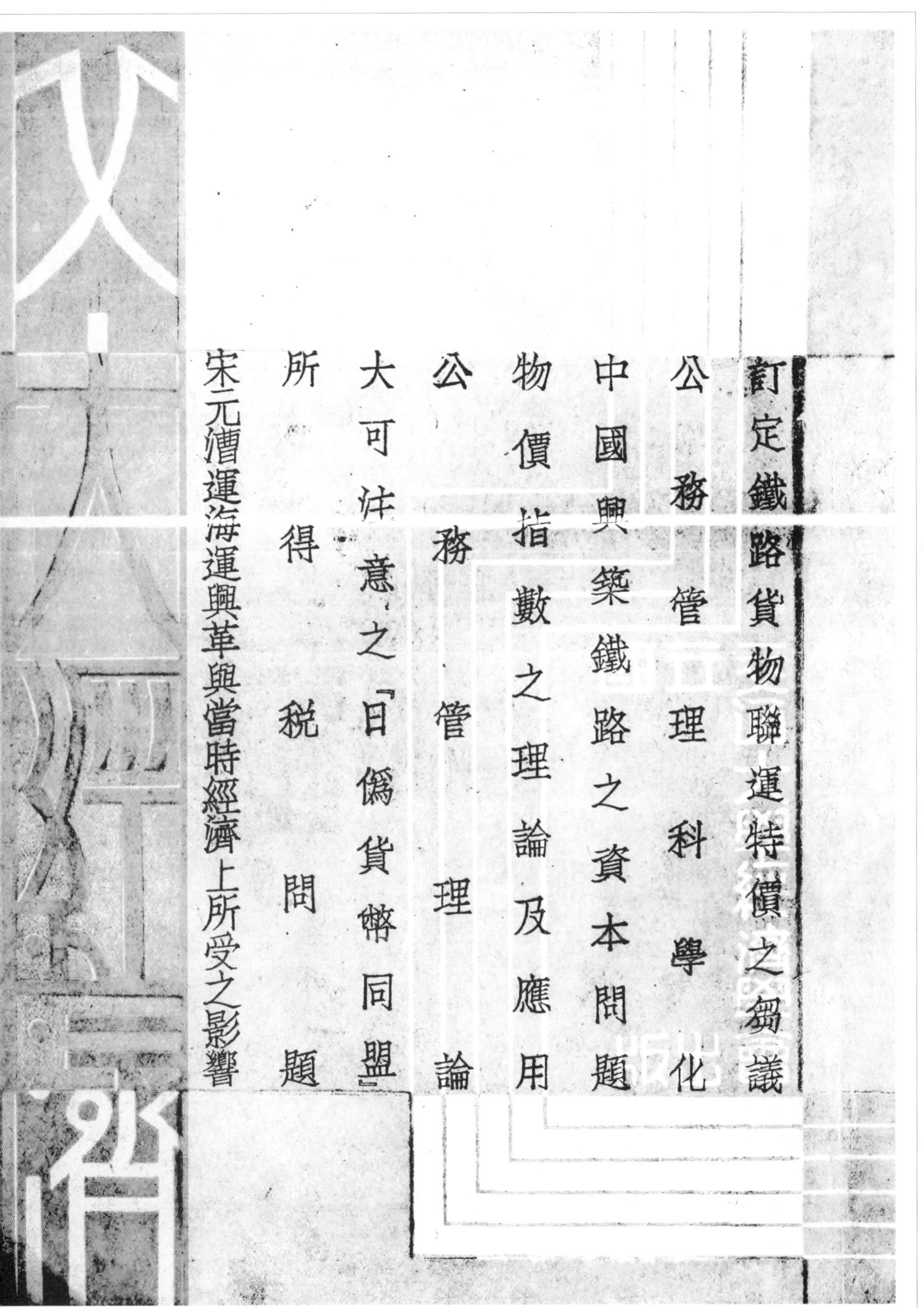

交大經濟

訂定鐵路貨物聯運特價之芻議

公務管理科學化

中國興築鐵路之資本問題

物價指數之理論及應用

公務管理論

大可注意之「日偽貨幣同盟」

所得稅問題

宋元漕運海運興革與當時經濟上所受之影響

上海泰康罐頭食品有限公司

食品界之生力軍

餅乾業之總領袖

廠址滬南楓林橋

三大出品

金雞餅乾
經濟食品
以此餉客
客無不歡

福字餅乾
名貴食品
食之津津
人人歡迎

獅牌餅乾
送禮妙品
貨既上乘
價亦相稱

交大經濟第三期

大可注意之『日偽貨幣同盟』

一青

日本帝國主義，自以暴力攫取東北後，傾其全力，進行政治上與經濟上之侵略。關於經濟方面，如金融，財政，交通，農林，工商，礦產等等，無不製成縝密之計劃，以日偽共存共榮爲名，行宰制併吞之實。最近由哈爾濱商工會議在長春開所謂第十八次全滿商業聯合會時提出之『日偽貨幣同盟』計劃，一旦由準備而見諸實施，對於我國國民經濟，影響至巨！茲將此種計劃之內容及其主要目的，簡述如下，以備關心國是者之參考。

據上海日文報『每日新聞』之記載，『日偽貨幣同盟』之要點，大致爲改偽幣制爲日金元本位制。使偽中央銀行將現有約值六千萬元之白銀準備，全數售與日本中央銀行，由日本銀行以此項白銀爲正貨準備，發行日本銀行券，付與偽中央銀行，然後令偽中央銀行以此種銀行券爲準備而發行其自己銀行券，由此以固定偽幣與日金元間之價值關係，使偽幣祇有名義之上存在，實際上則成爲非銀本位又非金本位之日金元本位制，以便切實操縱偽組織之金融。

綜合日方所散見之消息，所謂『日偽貨幣同盟』之目的，不外(一)安定偽組織之國際匯兌，增加其出口貿易量。(二)救濟偽組織凋敝之農業經濟。(三)彌補入超，改進偽組織財政上之困難。(四)保障日本資本家因銀價漲落在偽方投資上之損失。(五)順應日本金票在偽方所佔之優勢。此種表面文章，不問可知爲日人所投之煙幕彈。蓋東北已淪爲日本帝國主義之殖民地，乃不可掩飾之事實。日人一面致力於原料之榨取與產業之掠奪，一面從事於製造品之傾銷與資本之伸入。對於鐵蹄下之東北農民，剝削不暇，遑論救濟？吾人試一考東北之對外貿易，其經濟之困難已達極點，然此大部出自日人之厚賜，與日人謀救濟，實無異於與虎謀皮也。

在『九一八』事變以前，東北爲我國僅有之出超口岸。歷年對外直接貿易，其進出口總值，渂在六七萬萬兩之間，出超則常在一萬萬兩左右。對日貿易，約佔貿易總值三分之一，與對中國本部貿易，無甚軒輊。自被日本佔據後，情勢丕變。至民國二十二年，進口突飛猛晉，出口則一落千丈，遂由出超一變而爲罕有之入超（表一）。對日貿易，則以互惠（？）稅則之優越，與大量傾銷之結果，突增至百分之五一・九（表二），成為市場獨佔之局面。出口方面，以受世界經濟不景氣之影響，農產品之銷路，大受打擊，出口數量與價值，同趨減少。糧食之價格既低，日僞之剝削又繁，農村經濟，因之日就衰竭，農民之痛苦，因之日益加深。而日人在經濟上統治東北之地位，因之日趨鞏固。所謂救濟農業，彌補入超，乃欺人之談耳。

表一

東北對外直接貿易總值表（單位千關平兩）

年份	進口	出口	總值	指數	入超	出超
民國十五年	二七〇・五〇八	三四九・四一五	六一九・九二三	一〇〇・〇		七八・九〇七
十六年	二六二・三三七	三八四・六〇四	六四六・九四一	一〇四・四		一二二・二六七
十七年	二九四・八三八	四一四・二四六	七〇九・〇八四	一一四・四		一一九・四〇九
十八年	三二二・四〇二	四〇八・三八九	七三〇・七九一	一一七・九		八九・九八七
十九年	二九六・六四九	三七七・四九〇	六七四・一三九	一〇八・八		八〇・八四一
二十年	二一八・九四九	四六一・八三四	六八〇・七八三	一〇九・八		二四二・八八五
二十二年	三二八・一二六	二七〇・八四四	五九九・一八〇	九六・七	五七・四九二	

「註」本表材料，民國二十年以前，根據中國海關貿易册。民國廿一年以東北海關被奪，僅有上半年之資料可用，故

二

未計入。民國廿二年材料，則取給於僞組織財政部編輯之僞組織對外貿易統計月報，原書以銀元為單位，依一・五六折成關平兩，以便比較。

表二

東北對外貿易國別分配表（單位千關平兩）

國名	進口		出口		進出口		對總值百分數	
	民國二十年	民國廿二年	民國二十年	民國廿二年	民國二十年	民國廿二年	民國二十年	民國廿二年
日本	八七・二六九	二〇〇・〇五九	一五九・一九三	一一〇・六八五	二四六・四六二	三一〇・七十四	三五・六	五一・九
朝鮮	六・七九七	一六・六二一	二三・五一九	一九・四五八	三〇・三一六	三六・〇六九	四・四	六・〇
中國本部	六六・二九六	四九・六七九	一四七・七八一	三四・八七二	二一四・〇七七	八四・五五一	三〇・九	一四・一
德國	四・八八四	六・七〇二	五・五八八	四二・五三七	一〇・四七二	四九・二三九	一・五	八・二
美國	一二・六二四	一八・五七六	六・一二〇	四・七五二	一八・七四四	二三・三二八	二・七	三・九
蘇俄	一四・四七一	四・八五二	四五・四七七	八・二八一	五九・九四八	一三・一三三	八・六	二・二
英國	四・三七六	四・五七八	一六・四四四	五・六三六	二〇・八二〇	一〇・二一四	四・〇	一・七
印度	六・〇〇二	九・四二五	二六四	六九二	六・二六六	一〇・一一八	〇・九	一・七
香港	八・五四二	五・一三一	七・五八八	三・九八三	一六・一三〇	九・一一四	二・三	一・五
其他	七・六八八	一一・六二三	六一・八九六	三九・九四七	六九・五八三	五二・六七〇	一〇・二	八・八
總計	二一八・九四九	三二八・三三六	四七三・八六九	二七〇・八四四	六九二・八一八	五九九・一八〇	一〇〇・〇	三〇〇・〇

「註」表中出口數值，包括再輸出數，故較表一所示者，增加甚多。

其次，據日人統計，日本朝鮮銀行金票，在僞組織中佔全部

通貨之數約爲四成，金存款佔全部存款百分之七十二，金放款佔全部放款百分之七十九。於此可見日本金融在東北之勢力！實行『日僞貨幣同盟』，固可以囊括東北全部之金融，但此乃次要目的，並非日人訂立貨幣同盟之眞意。

然則『日僞貨幣同盟』之主要目的何在？以意度之，除保障資本家在僞方投資之安全，使日本資本，得以伸入僞組織，及避免僞方（亦即日方）受美國銀政策之打擊外，當爲統馭日僞之幣制，以便日僞雙方同時並行之通貨貶價政策，一方阻止日本以外之外貨輸入僞組織，同時可使僞方經濟，完全脫離中國之聯繫，以在日方資本勢力下之僞方工業產品及農產品，依銀價高漲及日金元貶價關係在我國及其他各國加速度傾銷，此種計劃實行後對於我國國民經濟人影響之巨大自毋待言。國人對於研究應付美國白銀政策之餘，其亦知未雨綢繆，預謀防止『日僞貨幣同盟』之對策乎！？

英國鐵路貨物負責運輸規則之檢討

沈奏廷

鐵路運貨之應負損失賠償之責，固已爲各國公認之原則。惟鐵路承運之貨物，除以鐵路負責爲原則外，是否得由託運人之自便，有時仍可由貨主負責？易言之，即鐵路運貨，是否應有鐵路負責及貨主負責兩種；如有貨主負責之貨，則此項貨物是否由鐵路指定，抑或隨託運人之自擇？此種問題之答案，當視國情而異。美國鐵路對於一切貨物，均規定鐵路負責，幾無貨主負責之名稱，故貨主亦無由選擇。吾國國有鐵路曩時辦理貨運，曾將負責種類區分爲二，一爲鐵路負責，一爲貨主負責，一任貨主之自擇，前者運價較後者加收一成，結果則請求鐵路負責者寥若晨星，負責運輸名存而實亡。民國二十一年九月鐵道部毅然創辦負責運輸，乃將普通一般之貨物一律規定由鐵路負責，不得隨貨主之自便，仍由貨主負責，惟尚有若干特種貨物，如爆炸及危險品，牲畜，靈柩等，則仍由貨主負責，而不得由鐵路負責，蓋負責之誰屬分別指定，托運人無選擇之權也。英國鐵路對於承運之貨物，則又略異其趣。即對於一般貨物，鐵路固均實行負責運輸，而指定之貨物規定須由貨主負責者，鐵路均不負責，此與我同者。但托運人對於任何貨物，均得請求貨主負責，而非一律必須鐵路負責，此則與我異者。故英國鐵路之貨物運輸，可分鐵路負責與貨主負責兩種。茲謹就此兩種運輸之規定，作一簡要之探討，以爲吾之借鏡焉。

甲、鐵路負責運輸

英國鐵路之貨運負責條款均在貨運通則（Standard Terms and Conditions of Carrage of merchandise and Live Stock by merchardise Train)內規定。對於鐵路負責之貨物，除負普通保險責任外，若能證明損失之發生係由下列情事之一者，得一切不負損失賠償之責：

一、天災

二、戰爭

三、政府之扣留

四、政府之法令或限制

五、貨主之過失

六、貨物自身之缺陷

七、意外情事（火災及爆炸屬之）

但鐵路如不能證明確曾加以相當之提防者，仍應負賠償之責也。

除上列不負責之原因外，鐵路對於下列之損失，亦不負責：

一、市場之失誤（即貨物不能趕及指定之市場，因價跌而起之損失）

二、間接之損失（例如醫生遺失醫藥用具，以致診費亦告損失）

三、損失之由於左列情事之一者

（一）包裝不固或不合

（二）群衆暴動，罷工，工業，怠工等

（三）收貨人不在相當期間內提取或收領到達之貨物

鐵路對於損壞或遺失，除上列原因外，無論是否由於鐵路方面之過失，均負賠償之責。至於貨物躭誤時刻（Delay）一節，鐵路亦負責任；但路方如能證明此項延誤非由於鐵路之過失者，得免負責，蓋較諸遺失或損壞之負責，略遜一籌也。

鐵路負責之期限，隨貨物之運送條件而不同，蓋在英國，貨物有由鐵路代客送達者，有待收貨人自來提取者，又有在私有岔道交貨者，故不能有一律之規定，茲將此三種貨物之負責期限分別述之：

一、送達之貨物　除路商兩方有特約之時間外，若在通常接送時間以內送達通常收貨之地點時，負責運輸之期限即告終結。

二、待領之貨物　自到達通知書送出之時起，經過一日，即告終了。倘通知書無從寄遞，則此一日之期限自貨到之時起算。

三、私有岔道交卸之貨物　貨物一經在指定之岔道交付，負責期限即告中止。但如因岔道擁擠不克交貨，而路方並無造成此項擁擠之過失者，則得通知貨主以代交貨，貨主收到此項通知時，負責期限即告結束。若擁擠由於路方之過失者，則負責期限非至交貨後不能認爲終結。

負責期限終了之後，鐵路之保險責任即告停止，即使貨物仍由路方保管，其責任僅如普通之堆棧。設有損失而非由於路方之過失者，得不負賠償之責也。

倘貨主方面確有詐欺情事，則縱有損失，路方亦不負責。例如托運人故意揑報貨等，希圖減輕運費，設遇揑報之貨物發生損失，而此項損失原應鐵路負責者，此時以揑報之故，亦得免負責任，蓋所以示儆戒之意也。

以上所述，乃指一般普通貨物而言。至若牲畜，則鐵路負責之範圍，較為縮小。即英國鐵路對於承運之牲畜（按負責運價輸送者）不負保險人之責也。然則其所負之責究屬若何，請申敍之：

一、一部或全部之損傷，經貨主證明確係由於路方之過失或失誤者，鐵路始負責賠償；

二、一部或全部之遺失，經貨主證明確在中途發生，而路方不能證明並無過失者，鐵路負責賠償；

三、延誤時間，路方不能證明並無過失者，鐵路負責賠償。

由是以觀，英國鐵路對於牲畜之負責，僅以有過失時為限，不若對於普通貨物之負保險人之責（即不論有無過失均須賠償之責任）也。且損傷之過失，須由貨主提出證明，始能賠償。遺失或延誤，則須路方證明無過失時，始得免除負任，寬嚴亦各不同。蓋以損傷之原因甚多，故須由貨主負證明之責也。

除上述限制外，牲畜之賠償金額，亦規定有限度如次

馬	每頭一百鎊
牛	每頭五十鎊
羊，驢，騾，猪，	每頭五鎊
狗，鹿，山羊	每頭二鎊
兎及其他小獸	每頭七先令六便士
禽類	同上

但貨主如在托運時聲明較高之價值，並照章繳納逾額負責費者，亦得照值賠償。此項逾額負責費，係按超過限度之金額，值百抽一計收。

鐵路對於牲畜負責之範圍，尚有其他之限制。此項限制有為普通貨物之所無者，請為列舉如次

一、不能趕及指定之時刻或市場之損失；

二、間接之損失；

三、損失或延誤由於下列情事之一者；

(一)標誌錯誤或不合；

(二)羣衆暴動，罷工，罷業，怠工等；

(三)收貨人不在相當時間內提貨或收貨；

(四)托運人未將牲畜，縶繫周到；

(五)托運人供給縶繫牲畜之物料不合或不足；

(六)貨主裝卸時牲畜種類混合之錯誤。

關於第三項第三至第六款之損失，如有鐵路之過失為之促成，則路方仍應負責。

對為貨物之包裝不合易致損壞者(Damageable goods not properly protected by packing)鐵路雖亦負責運輸，但負責之範圍，尤為狹小，其規定如左：

(一)損失之原因確能證明係鐵路之故意失誤(Wilful misconduct者，始負責賠償。

(二)即使貨物包裝完備，而損失亦仍須發生者，鐵路亦負賠償之責。

由此可知英國鐵路對於包裝不合之貨物，並非絕對由貨主負責輸送。其損失由於包裝不合所致者，除鐵路故意失誤外，固須歸貨主負責；若損失之起因與包裝絕對無關者，鐵路仍負賠償之責也。

乙、貨主負責運輸

在英國鐵路之貨運規則中，貨主負責運輸與鉄路負責運輸間之差別，極爲巨大。蓋鐵路負責之意義，乃一種保險之責任，除指定之各種例外外，對於一切損失，無論是否由於路方之過失，鐵路均須負責賠償，上既言之詳矣。反之若係貨主負責，則鐵路非特不負保險之責任，即使損失或延誤由於鉄路之尋常過失者，鐵路亦不負責。必也確能證明損失或延誤之發生係由於路方之故意失誤(Wilful misconduct)路方始負賠償之責。此則貨主負責之要義也。然亦有若干規定之例外，仍須由路方負責者，舉述如次

一、除行車出險或火災外，貨物包裝合格標誌合法而發生全部遺失或件數缺少者；

二、貨件內部發生偷竊，經收貨人於提貨時指出，包面貨物包皮並非易於拆破者；

三、運送或交付發生錯誤，以致尋常貨物在托運後二十八日以內，鮮貨在七十二小時以內尚未運到者。

對於上列各種損失或延誤，鐵路苟能證明並非由於路方之過失或故意失誤者，路方仍得免負責任，惟證明之責在鐵路而不在貨主耳。要而言之，在貨主負責條件之下，鐵路對於上述三種之損失，僅在有過失時負其責任，對於其他之損失，則除證明路方故意失誤外，絕對不負責任，此其要旨也。

對於承運之牲畜，亦如普通貨物，須證明路方有故意失誤時，始得賠償。且各種牲畜之賠償限度，暨逾額負責費等之規定，均與負責運輸之牲畜無殊也。

★　★　★　★　★

由上文探討之結果，吾人可得若干原則以爲吾國之借鏡，茲請提出討論之：

一、吾國鐵路負責運輸通則第五章第三十四條原有如次之規定：「凡託由鐵路負責運輸之貨物除本通則特有規定者外，完全由鐵路負責，但其所發生之損失如不能證明確係鐵路之過失，則鐵路不負賠償之責。」是吾國鐵路尚未能負保險人之責任，所謂負責運輸之責任，尚不過如

英國鐵路對於牲畜損傷所負者而已；且證明責任，似須由貨主負擔，尤爲厚於此而薄於彼，殊非負責運輸題中應有之義。欲求貫澈，應將該條條文修改如次

「凡託由鐵路負責運輸之貨物，除本通則特有規定者外，完全由鐵路負責。設有損失，除由於本通則指定不負責之原因外，無論路方有無過失，均由鐵路負責賠償。」

二、吾國鐵路對於牲畜運輸尚不負責，殊爲負責運輸中之缺陷。吾知美國鐵路對於牲畜有與普通貨物負同樣之責者。吾國設備未周不妨先彷英國之例，實行有限制之負責。限制維何，即凡遇損失之發生由於鐵路之過失者，均應負責賠償是也。

三、現時吾國鐵路遇有貨物包裝不合易致損壞者，往往在貨運收據上註明「貨主負責」字樣，以免除責任。查包裝不合之貨設有損失，由於包裝不合所致者，路方固不應負其責；然若損失與包裝無關，則鐵路仍不能卸除責任。今在貨運單據上註明貨主負責字樣，究將作何解釋？即鐵路將不負一切責任乎，抑仍負與包裝無關之損失責任乎？此則有待明文規定，而英國之例，似足資採取者也。

四、吾國鐵路之負責期限，現在規定如左：

（一）普通貨物　自承運之時起至將貨物交到收貨人之時止

（二）專用岔道貨物　自貨車引入鐵路貨場界內，經鐵路負責人員驗收完畢，塡發負責貨運收據或提貨單之時起，至在到達站將貨車送入專用岔道內之相當地點，經收貨人簽字接收後爲止。

是吾國之負責期限，均以實際交貨後始告終結，未免失之過寬。設或貨主延不提貨，或專用岔道因車多不能送入時，豈鐵路之負責期限亦將隨以延長乎？此則鐵路負不應負之責矣。爲妥善計，似應規定一種明確之期限，逾限即僅負堆棧之責，以免含混而淸界限，亦要圖也。

指數之理論及其應用

孟杲

此篇三年前舊稿。茲應主編先生之徵擬假本刊園地陸續發表，以就正於師長及諸同學。

孟杲附誌

上編

第一章　何謂指數

近年來中國研究指數的人很多，發表的著作也不少；但是什麼叫做指數？指數究竟是什麼東西？他們還沒有給我們一個美意的答覆。現在先來看看他們對於指數的意義究竟怎樣解釋。

金國寶先生的物價指數淺說第二節物價指數之定義：「科學方法之根本原理，在以簡馭繁，兩大間之現象，整千累萬，爲巧歷所不能計者，自然科學只有根本定律數十條，已足囊括一切而有餘，物價之指數之功用亦然，整千物價之上落消長，物價指數可以一數表之……」以下就接着一個計算物價指數的例子，又說「基價」「基期」之類，這樣就算完成了他的「物價指數之定義」。這種定義實在太含混了。

唐啓賢先生的統計學，比較的算是略可人意，但是其中關於指數之意義，開端也是和金書一樣地含混；不過下文接上來的解釋比金書明白了一點，他說：「惟何以名指數者，以其能將萬有不齊之事物，一一指示，使人易於明瞭，且以其變各種不同之數爲簡單之百分數，使人乃如此所謂屈指可數之也」但是仍沒有道着指數的眞意義。

還有一派人說指數是一種單位，也是不對的。王仲武先生在他的統計學原理及應用把指數看作斛、斗、升、石、寸、丈、等一樣的東西。因此他得到了指數是測量「經濟界之變動，人民生活程度之趨勢，百物價格之高低，金錢購買力之漲縮」的單位的結論。中國經濟學社經濟學季刊第一卷第一期芮寶公底物價指數論，也說指數不過是一種單位。指數並不是一種單位。時人誤以指數爲單位者，揆度其故，大概他們以爲指數之用在比較；必係以一爲標準。此實昧於單位之意義的意見。第一，就本質上講，所謂單位，非數字之本身。數字乃用以形容單位者。吾人可以說一斤兩斤，一旅客收入，二旅客收入，但不能說，一百，二百所謂百分之幾者，乃謂某絕對數與一種標準絕對數之比爲如此，而非謂此百分之若干爲彼百分之幾倍也。第二，就用途上講，指數表示事物之變動情況，而非如單位之代表事物變動之本身，以便吾人之計算也。指數根本是一種計算，而非便於計算之工具。

陳其鹿先生底統計學對於指數之意義爲：「蓋指數者，一種相對的數目以某年(或某時期)之數或其平均數爲基本數基本數常爲一百分而以他年(或他時期)之數目，折算當於基數百分之幾。」這基本數指數方法之縮影，不是指數的定義，而且所謂是一個常爲一百分」也不全然。(詳見第七章)

現在我們來看看外國統計學家的意見如何。

米爾(F.C.Mills)指數是一種統計上的平均數，這種數目，在牠們的構成和應用，是受平均數的各種法則和限制的節制的」(見Statistical methods R.174) 這個定義，祗有看到指數性質之一面。——即平均數。

卻達克(R.E. Chaddock)：「指數是一種統計的方法，用以度量一羣變數的相對的變動或其大小的差別」(Principles and Methods of Statistics P.175) 這個定義祗有看到指數是表示一羣變數的相對變動，這一點也是不完全的。

塞克利士脫(H. Secrist)：「指數是一組數字的列項，一種現象變動的大小，可以從這列項縱的或橫的去測度。」(見An Introduction to Sratis tical Methods P.469)。這個定義是缺漏更多，但謂「指數是一組數字的列項」是對的。

台(Ed mund E. Day)：「指數是一個數字，用以表示相對的變動或一組相關的變數之差別」(見Sfatistical Analysis P.398)這個定義與卻達克的差不多

費許(Irying Fisher)的定義很長，茲譯其大意如下：「指數所以測量生活程度之高底，物價之漲落。如果物價之漲落，皆相一致，則固不待利用指數而可見其漲落之程度矣。無如物價之變動，千差萬殊，故吾人只有別用某種方法以察其平均的變動而已。試以一羣物價於其一個時間在同一地點出發彼必將互相分散，然於分散的行動之中，必可得一平均的行動，此平均數者卽為指數。指數所以表示從此時至彼時物價的平均百分率的運動。一種貨品價格的百分率變動乃以第一時期的價格除第二時期的價格而得，這個貨品的兩種價格，在此兩時期間之比率，卽名為這個貨品的相對價格。一羣貨品價格的指數就是牠們的相對價格的平均數。同樣，工資，物量及其他一羣事物的變動，都可以算出指數來。指數不但是可以表示時間性的變動，地域性的或情形性的比較，也可以同樣利用指數。」(見Zhe ma-kuif oF mdet num-fers 1.3)這個定義自然是很詳備。可是太不緊抽。

現在我們一方面根據他們的意義，一方面憑自己研求之心得，寫出一條新的定義來：

指數是一組相對平均數的列項，用以表示時間性的空間性的或情狀性的一羣變數的相對的平均變動。

現在再把這條定義分析開來解釋：

(1)指數必為一列項而非單獨或孤立的相對平均數，換言之，指數至少須有二個以上的相對平均數，同時存在，譬如說本月的物價指數是125，這125不是一個孤立的數字，乃是與某特定時期的基數(100)互相比較，同時並立的。

(2)指數是由相對的平均構成的。

(a)指數的形式為相對數　雖然也有以實價的總數當作指數的。但其意義仍是相對的。就是綜合法的物價指數雖然用實價來計算，但指數的形式還是以百分數來表示的　。指數的形式為什麼要用百分數來表示呢？則誠如金國寶先生所云指數也無非是想以簡馭繁，無論若何冗長之數字，一經化作百分數後便覺簡單而整齊，這不但是看起來便利，就是說起來，也方便多了。可是最重要的還不在此，各種單位不同的物量，既不能互相比較，又不能互相加減乘除，因此如果要找出牠們的指數來

，就非把牠們化作百分數不可。

（b）指數的性質是平均數 雖然也有一種貨品的數量指數或一種貨品的價格指數，例如

美國某地麥價

（每年平均價）之變動

1913之平均價＝100

年份	每年平均價	相對價格
1913	0.8735	100
1919	2.5660	294
1920	2.5581	29
1921	1.4660	168
1922	1.3450	154
1923	1.1810	135

但其性質並非是指數，不過是一種百分數而已。凡是所謂指數，必須包含多量事物的平均變化。

（3）指數不僅爲時間性的列項，牠也可以構成空間性的列項，例如以上海的物價當作標準去和天津漢口比較。茲設一例如下

貨品	上海		天津		漢口	
	實價	百分數	實價	百分數	實價	百分數
米（担）	10.00	100	9.00	90	8.00	80
布（尺）	.08	100	.10	125	.12	150
指數	100		107.5		115	

（4）指數是表示一羣變數之平均變動 Level chnages)譬如海水的波浪，或高或低，或大或小，各不相同，如果要度量一波的大小高低，則必須預先尋出其水平線爲比量之標準，然後方才能夠知道牠們的比例，指數也是如此。例如欲求一般物價之高下，則必以一般物價之平均數爲標準。這個標準，乃諸物價平均之結果；並非各個物價的本來面目。各個物價和這個標準比較起來，高低不盡一致，不過大多數的物價和這個標準數，大概都差不多，因此以平均數來代表一般的變動，又很合理的。

第二章 指數之功用及其特質

第一節 指數之功用

一羣數量的變動，必定有牠們底共通原因和個別原因。牠們變動的一般趨勢總是決定於牠們底共通原因；但這種共通原因的推動，有時往往被個別的原因所蒙蔽。不過從共通原因和個別原因互相衝突的結果所形成的一羣數量變動的淨趨勢，約略可以窺見牠們底共通原因的變動。指數惟一的功用就是在表示這種淨趨勢。英國統計學家鮑來(Bowley A.L.)對於這點，說時很透澈。他說：

「指數是用來測量一種我們所不能直接察出的數量的變動，這

種變動，使別的許多數量同增或同減，而這種影響是我們能直接察出，但牠爲那以不同方式作用於這些個別的數量的許多原因的活動所掩蔽的，該取三種可以施用指數之數量以明之。貴金屬與其所成之工作關係的變更，能使一切。物品的價格起變化，但尚有許多別的原因作用於各組物品的價格。一般工人的星期工資之提高，有一些普遍原因，但這種普遍的增高，每爲作用於每級工人中的各等勞動的無數小原因所掩蓋。工人階級或其他階級所消費的物品數量是一個充足的確實的數量，但我們只能間接地觀察個別物品的消費量的變動上來測量牠。

指數之用不僅限於上例。幾可及於統計全部；因爲我們已經限定「統計」一詞係指測度複雜的羣量及其變動而言；統計的目的是去測度普遍規律的行動，這種行動控制着一種紛異的羣量而從普遍勢力所產生的變動，通常祇能從牠們在個別的例子上所加的影響去測量；這樣，指數的方法就是把全組的共通點從特殊的個別項目的變異中解放出來。(見BowleyA.L.Eloments oF Statistics)他的大意就是說指數的功用，乃在從許多個別數量的變動中，顯示出牠們的共通點。俾閱者可從以把握着事實的核心。

第二節　指數之特質

指數的本質是平均數，所以平均數的特質，也就是指數的特質。平均數是以一個數字來代表一羣量的。但並非說無論什麼羣量。都可以拿一個平均數來代表。平均數能否做一羣量的代表，完全要看這一羣量的次數有沒有集中的傾向（Central tendency(而定。如果一羣量的次數散開(dispersion)的程度太大，則從這一羣量所求得的平均數，離開事實必遠。換言之，這個平均數，就沒有代表這一羣量的資格。指數能否表示一羣量的平均變動，也是要看這一羣量變動的次數，有無集中的傾向而定。

我們可取米爾書上的例子，來解釋這一點。

1914年346種商品的相對價格

次數分配表

以1913年之平均價爲100

相對價格	中點數	次數	與總共次數百分比
62.5—67.4	65	1	.3
67.5—72.4	70	1	.3
72.5—77.4	75	5	1.5
77.5—82.4	80	7	2.0
82.5—87.4	85	20	5.6
87.5—92.4	90	35	10.0
92.5—97.4	95	51	14.5
97.5—102.4	100	134	39.0
102.5—107.4	105	50	14.5
107.5—112.4	110	21	6.0
112.5—117.4	115	12	3.5
117.5—122.4	120	3	1.0
122.5—127.4	125	2	.6
127.5—132.4	130	2	.6
132.5—137.4	135	0	
137.5—142.4	140	1	.3
142.5—147.4	145	0	
147.5—152.4	150	1	.5
	總共次數	346	100.0

再將這個次數分配表畫成下面的次數多邊形圖（Frequency Polygon)

從上圖看起來，此例次數集中程度很高；換言之，卽各種貨品的價格，很有穩定的趨向，按其中有39%的　，未曾超過2.5%且集中區域兩邊次數的分配，頗相對稱。以平均數來代表這種列項，是很合理的。

米爾以爲物價的變動，如果經過的時間很短，是有很明顯的惰性的。所以如果要知道物價變動的性質，應當取一較長時期中的物價變動來觀察，他又舉了二個例子。一爲十年內的物價變動，一爲五年內的物價變動。其十年內（以一八九〇的平均物價爲一〇〇比較一九〇〇的物價）物價的變動雖然不大，但其次數散開之程度比上例大(按上例僅爲二年物價變動的比較。)第二，其次數的集中趨勢，雖仍明顯，但在模範組（ModelogrouP）次數所佔之百分數比較上例爲小。(按前者爲13%後者爲39%)第三，在上例中，次數集中趨勢，最爲顯著而各項相對價格離開算學平均數之程度極小。而這十年內物價變動次數之分配，在同組之次數旣較少而各相對價格與平均數相差之程度則較大。因此我們知道比較兩個時期的物價，如果所取之時期愈長，則其次數之分配，愈形散漫。在次數分配圖上最高直線的數值(The value of Maximum ordinate)低落而次數散開之程度提高；曲線則漸漸地平直而伸張開去；凡是有這種情形的羣量，平均數是不能代表的。

至於選取比較時間，究以何者爲最適宜，現在尚無定論，不過

要保持指數的眞確性，則選取時期，自然越短越好。如果我們編製指數的目的，僅爲表示一般的趨勢，則選取時期，不妨較長。

指數的上升，是沒有止境的(No uPper limlt)，從一〇〇，五〇〇，以至超過一〇〇〇以上，極屬可能，美國軍用工業局The war Industrial Board）。在戰時發表物價指數，其中有Acetiphenelidin 的比價竟達4981%之高。但是指數的下降，至多到零爲止，決不會有負數的。所以當物價上漲的時候，採集許多種物價比例數於一表，並以算術尺度（Arithmetic scale)繪一相當的次數曲線圖，則此曲線的偏斜度（Skewness），一定是很顯著的。米爾所舉五年間（以一八九〇年之平均物價爲一〇〇比較一八九六年之物價）物價變動之例，卽是如此。按該五年內的物價，適當騰貴之際，物價的變動自三六（卽從水平線一〇〇跌落64%）起至三〇〇九(卽超出水平線2909%)其次數分配圖之偏斜度，至爲顯著。百分之十一至十五次數在一六〇至二〇〇之間，此卽爲次數之集中區域。可知集中區域兩邊次數之分配，大不相對稱矣。(見Mills: Statistical Methodpage 179—189)

第三章　編製指數之程序

（一）決定目的　指數不過是一種統計的工具。我們利用這種工具，無非是要想達到某種特定的目的。所以我們必定先要決定利

用指數的目的，然後可以決定怎樣去利用指數。我們已經從定義中知道指數是用以測度一羣變數的平均變動；所以現在應用指數的範圍很廣，尤其是在經濟界：測量物價的漲落，則有物價指數；測量工資的升降，則有工資指數；測量生活費的高低，則有生活費指數；測量匯兌率之起伏，則有匯兌指數；測量生產量貿易量及消費量的大小，則有各種物量指數，而物價指數中又有批發零售之分，工資指數中又有有技無技之別。指數的原理，雖然是一律；可是編製指數的方法，往往跟着目的而不同。例如編製物價指數之目的，若在測量貨幣的購買力，那末選取物品，越普遍越好；(按此點凱因斯(Keynes)在他的貨幣論(A Treatise of Money) 中有很透闢的理論。將來擬另文介紹) 如果目的是在預測商情的變化，則只須選取感應力最強的物品若干種卽可，物品多了，反而有感應不靈之弊。所以在着手編製指數以前，一定先要認清編製指數的目的，方不致於誤用方法。

(二)徵集材料　如何徵集材料 (Collection of data) 這個問題是統計學中的一部分。在這裏用不着詳細的討論，大概徵集指數的材料，都是用選樣法 (Sampling methyd) 的。因爲指數數不過是表示一羣量變動的趨勢 (trend) ，用不着絕對的準確；何況指數的材料，往往紛繁錯雜，要想完全採入指數，爲事實上所不許？所以祇能依照指數的目的酌量情形採取若干種樣品來做代表，如果選擇得當，其所得的果，依然可以代表全體的。

(三)選擇公式　計算指數的公式，也就是計算平均數的公式，查平均數的計算公式共有六種(1)算術平均公式(2)幾何平均公式(3)倒數平均公式(4)中數公式(5)衆數公式。此外用以計算物價指數的尚有實價綜合比例公式。這六種不同的方法，各有牠的長處，也各有牠的短處。當着手編製指數時，我們不能隨便拿一種方法來計算；我們必定先要認清編製指數的目的並研究材料的狀況而定取舍。選擇的原則就是要利用方法的長處而避免牠的缺點然後計算出來的指數方不致於令人誤會。

(四)選擇基期　基期便是指數的標準時期。我們不能隨便選取一個時期來做比較一羣量變動的標準。必須要合乎常態的時期才夠得上被選作基期，基期有二種；一種是固定基期；一種是連環基期。固定基期者卽第一年爲自第二年至第九年之基期；連環基期者卽第一年爲第二年之基期，第二年爲第三年之基期，以此類推。當編製指數的時候，我們究竟採用固定基期，抑連環基期，仍須視目的而定；如果目的是在表示長時期趨勢，則應採用固定基期；如果目的是在比較今年與去年的變動，則應採用連環基期。再基期的遠近(卽離開現在的時期)的長短(一月一年或幾年)都應該酌量情形去審定。

(五)加權問題　加權就是分別一個平均數所包括的各個數量的

輕重的方法。指數可以分做二種，一種加權指數，一種是不加權指數(亦稱簡單指數)。我們應當採用加權指數，抑不加權指數，則須視各種情形而定。第一，如果指數的材料，事實上確有輕重軒輕之分，那末當然應該用加權指數，第二，如果有實際的權數材料，則自然應該用實際的，否則沒有實際的材料，或有而不易找到，則可以採用估計的權數。

以上自第二項至第五項，都有詳細討論的必要，所以下以各章，再把牠們分別討論。

第四章 選樣之方法及其理論

統計敍述 (statistical description) 與統計歸納 (statistical induction)頗有分別。前者為運用統計尺度(statistical measure) 敍述一列項之性質或列項間之關係，而後者則為統計結果的普遍化，意即以由研究一羣事實之一部分所得之結果去代表全部之事實，此舉甚為重要，因在事實上，欲取一經濟現象之全部而來研究，乃一不可能之事。不論為物價指數，工資指數，生活費指數，敍述一商品之價格及其生產之關係的方程式，或五穀之收成與溫度之關係的相關係數 (Coefficient of Correlation) 皆必須根據樣本之研究；此蓋由於全部事實之難於獲得，即能獲得，計算起來，亦頗煩費也。

統計歸納法為可能乎？設自一羣事實中，取若干連續的樣本(successive samples) 來研究，所得的結果，是否與再多取若干樣本所得之結果之値相同。如不相同，其間變動的近似限(Approximate limits) 是否可以決定，這是一個很重要的問題，皮爾遜(Karl pearson)曾稱之為「實用統計之基本問題」，因為在這種情形之下，我們若不能確定統計結果之穩定的程度，則自有限的事實的結果去得一普遍的結論是不可能的。

欲知自連續樣本得來的尺度是否穩定，須視其前提是否有成立的可能。第一個前提是性質的齊一性，意即就事物的性質看，事物的類別是有限的。在研究事物的量的材料時，性質齊一性以大量穩定的形態而出現，例如出生率與死亡率，是很有規律的。自然界不是混亂的，在一切的自然變化中，整齊，秩序和穩定的原則是普遍地存在着的，當在作數量的研究時，這種原則的存在，更為顯明。所以當我們把批發物價指數這一統計尺度普遍化時，我們是根據這一個假定的：在這一大族中 (population此字之意為在想像上具有公共性質的一羣事物或現象。它是我們運用這統計結果的對象) 存在着對於我們所量度的性質或關係的齊一性。這一假定是合理的。因為有了齊一性，我們才能預說自此族中所取出的連續的樣本而得的統計尺度，是在一個確實的可指定的範圍中上下變動，這個範圍，我們能預先相當地測定的。

但須注意，上文「合理的假設」這一詞表示統計方法是依賴於別的假定的，統計結論是不能自立的。所以在每一統計歸納中，有一前提存在。若欲此歸納成爲可信，必須以理由與判爲强證。例如我們從香蕉的進口數量與自殺率的樣本中，求得了很高的相關係數，不能證明二者之間有果關係或偶然關係。我們是毫無理由去說在樣本所自出的大量現象中這種關係是有齊一性的。

第二個假定是這些統計結果所自出的樣本須能完全代表全族。這個代表樣本的獲得是有效的統計歸納的第一個條件。倣代表樣本的分子應該是全族中的任意分子(Random Members)換言之，選擇樣本應用任意選擇法（Random selection method)意即於選擇樣本時，不能有偏見羼入，因爲偏見足使排斥或容納全族中的某些分子。族中每一分子皆應有被選爲樣本的同等機會。在使用此法時須特別留心，因爲選擇若稍不經意，則入選者皆屬易於選及的，這不但違反任意選擇法，且對於結論極關重要之事物的性質亦將有所遺漏。

英國統計學家攸耳(G.U.Yule)曾舉出幾個簡單選樣的條件。茲引述如次：

（1）組成樣本的事實，彼此間須是完全獨立的。例如此一物價之變動若爲彼物價之變動的結果，則此二物價之變動，不是互相獨立的，因之牠們若組成一個樣本，則有背於「簡單選樣」(simple Sampling) 的條件。

（2）諸樣本的來源地須無主要的不同，在觀察時間內，諸樣本本身所處的情形須無重大的變遷。

（3）規制所觀察的性質之形態的情況，不僅對於每樣本是一樣，卽在對於每樣本中的各個分子都是一樣的。

觀察了這種選樣的條件之後，我們就可以預先指定範圍，而可以預期從同族的不同樣本中所得的統計尺度不出這個範圍以內。這就是說，從研究樣本所得的統計尺度，適應於全族時不能就信爲是十分穩定的；不過我們所推得的結果，其所包含着的錯誤的限界，是可以很清楚地知道的。

以上所講爲選樣一般的原理。在指數的選樣中還有一個很費思考的問題，就是樣本應該多取抑少取。對於這一問題，有四種解答：

（1）從選樣法的立場上說，項數越多，則代表全體的性質越富，而離開事實的眞相亦越近。根據於用較多樣本所畫成之次數分配圖，必能較爲接近一理想的曲線（Ideal curve）。所以指數所包含的樣本自然越多越好。

（2）從指數的靈動方面着想，則項數以少爲妙。凡爲預測將來變動的趨勢，其所欲知之指數，必貴乎靈動。例如從前紐約聯邦準備銀行編製之物價指數，僅取基本商品十二種，今已改爲二十種，又如皮爾遜所編製的批發物價指數，僅取物價十種。這種物價指數其目的即在測驗商情的變化。如果項數太多，則其中有若干項數的變動對於指數影響就少，換言之指數不會因若干項數的更動而起變化。

（3）從實際方面講，項數之多少，全視編製指數之機關而定，如果該機關的人才經濟都很充裕，則指數所包含的項數不妨多一點，因為項數一多，對於調查計算，都很費事；經濟不足，人才缺乏的機關是辦不到的。

（4）有人以為要樣本選擇得當，項數多少是不成問題的。美國統計學家密切爾教授曾把一八九〇至一九一三年美國物價做成六種指數，這六種指數，所包含的品數和種類各不相同。第一行的指數，乃用一九一三年勞動統計局所調查二百四十種以上的物品價格編成，其中一物而列有二三種不同之價目者很多，如燕麥粉有二種，如衣類有六種，鋼具有十一種等是。第二行之指數，則此種同類物品，僅以一平均數代表之，故價目之數，減至一百四十五；第三行之指數，僅有物品五十項，而其材料則取之於奇勃孫指數。第四行之指數，則有物價四十項，代表物品二十種。因每物各有兩種價格，一為原料，一為製品，例如牛與牛肉，銅塊與銅絲，大麥與麥麯等是。第五及六行之指數各依選樣法任取重要物品二十五種編成，但二者物品，仍不相同，茲錄其表如次

1890—1913年美國六種物價格比較表(1890—1899平均價格 100)

年份 \ 物品數	242—261	145	50	40	25	25
1890	113	114	114	113	115	113
1891	112	113	114	114	112	118
1892	106	106	105	105	103	112
1893	106	105	101	105	103	107
1894	96	96	94	93	92	96
1895	94	93	94	95	95	93
1896	90	89	87	88	88	85
1897	90	89	89	89	90	84
1898	93	93	95	95	96	90
1899	102	103	103	108	107	103
1900	111	111	112	115	113	109
1901	109	110	109	116	111	107
1902	113	114	116	122	116	117
1903	114	114	115	118	118	117
1904	113	114	116	118	122	110
1905	116	116	118	122	123	115
1906	123	122	123	128	130	122
1907	130	130	132	138	132	132
1908	122	121	125	129	124	122
1909	125	124	132	135	133	128
1910	130	131	135	141	133	134
1911	126	120	129	135	129	131
1912	131	134	138	142	140	138
1913	130	131	138	139	142	133
1890—1899之平均	100	100	100	100	100	100
1900—1909之平均	118	118	120	134	122	118
1910—1913之平均	129	132	135	139	136	134
物價增加(十)或減少(一)數						
1890—1896	—23	—25	—27	—25	—27	—28
1896—1907	＋40	＋41	＋45	＋50	＋44	＋47
1907—1908	—8	—8	—7	—9	—8	—10
1908—1912	＋8	—13	＋13	＋13	＋16	＋16
比價最高最低之差數	40	45	51	54	54	54
逐年之平均變化	4.0	4.1	4.9	5.5	5.6	6.2

從這六行的指數看起來，其趨勢大致相同。所以指數的目的。如僅爲表示一般的趨勢，則項數多少，沒有什麼關係，既然這樣，我們又何必化費許多功夫和經費去找很多的材料呢？不過照選樣的原理，項數愈多，可靠的程度亦愈高。則爲取信於人起見，指數的項數，如在可能範圍之內，固不妨取得多些。因此我們以爲照第三個解答去酌量情形而選樣之多少，是很切實際的。

第五章　指數方法之研究

指數的方法，除一二種特殊情形外，就是平均數的應用。所以本節就把平均數的大概拿來討論一下！

『以簡單之數字馭繁複之事實，』這就是統計學的最要的功用我們要想以極經濟的辦法，去認識一羣量的大概情形，最好能用一個數字來代表全量。譬如我問你；『我們這一班的學業成績如何？』我並不希望你把每人的分數告訴我。於是你說『約在八十分左右。』實際上這一班學生每人的成績，不一定是八十分。或許六十分的也有，七十分的也有，九十分的也有。不過大多數人的分數總在八十分上下。因之就以八十分來代表這一班學生的成績。我們聽到或看到這八十分的一個數字，也就可以認識這一班學生的成績分數的大概情形。這一個代表一羣量的數字，就是統計學中的平均數。然而並不是平均數一定可以代表全量的；平均數能否代表全量，還是要看全量中的各個數量，有無集中的傾向而定。例如那一班學生的分數，其次數的分配情形爲：

分數	人數
100	1
70	2
50	2
30	1
20	3
8	2
共計 2785	11人

這就不能用一個數字來代表全班的分數。所以用以代表全量的平均數。所必具的條件，就是次數的分配要有集中的傾向。怎樣叫做次數的集中傾向呢？我們可以很簡單地說；在同量的次數及其近似量的次數占極總次數極大部分的情形之下，我們才叫牠們的次數有集中的傾向。（這不過是一種粗淺的說法，欲知如何分析次數分配的詳細情形，讀者可以參考其他統計學名著）

現在所有求平均數的方法祗有五種，我們就把這五種平均數分別討論如下：

（1）衆數（Mode）　在一羣數量中，次數最多的一個數量，就叫做衆數。衆數表現於次數分配的圖上就成爲次數曲線上最高的一點衆數表現於時間列項的圖上，却不是在曲線最高的一點而是在水平線最長的地方了。

(d)乘數不受兩極端數最大和最小的影響

(b)除非在項數很多及有顯著的集中趨勢外，乘數是沒有意義的。

(c)如果項數很多而有顯著的集中趨勢，乘數却是一個最可以做代表的數目。

(a)乘數不能與他數加減乘除。

(2)中數。 將若干數量，依照大小的次序排列起來，取其中間的一個數量來代表全體。這個數量就叫做中數。

(a)中數不受兩極端數之影響。只要中間部分的項數和次數沒有變動。其他個別項數的變動中數是不受影響的。

(b)如果中點數在一羣數量中，不是一個普通的數量，就不能用以代表全體。

(c)中數不能與他數加減乘除。

(d)中數易於決定但不易爲普通人所了解。

(e)中數亦須在項數衆多時可以適用。

(f)只要列項有集中的趨勢，中數也是一個很好的代表數量。

乘數與中點數的共通缺點就是感應不靈，而在項數不多時，此二種平均數，頗不穩定；時而遲鈍，時而急跳。因此而起的差誤

甚大，並且其差誤的方向是沒有一定的。故費暗謂之任性(Freahis b)。這二種平均數，用以計算指數的機會很少，尤其是乘數。

(3)算術平均數 算術平均數就是『各項數相加而以次數除之』的結果。算術平均數是最通俗的一種平均數。

(a)算術平均數，因把所有項數，同等看待，所以常受兩極端數之影響。同時亦受次數多少的影響。

(b)算術平均數，是最靈動的一種平均數。無論那一個項數或次數的變動，算術平均數就立刻可以表現出來不像中點數和乘數，有若干項數或次數僅管變動而牠們可以一無異態的。

(c)算術平均數可以與他數加減乘除。

(4)幾何平均數 幾何平均數就是n個量數相乘之積的n次根之結果。以公式表示之：

$$Mg = \sqrt[N]{a_1 \cdot a_2 \cdot a_3 \cdots a_n}$$

幾何平均數也就是各項的對數算術平均數，實際上幾何平均數，是用對數來計算的。其式如此：

$$LogMg = \frac{lega_1 \times lega_2 + lega_3 \times \cdots\cdots lega_4}{N}$$

幾何平均數的功用就是表示某種事實平均的比例變動。所以凡遇到統計的材料，其個別間的差異是成爲幾何級數或比例數的時候，幾何平均數就是一個最適用的平均數。其缺點卽在計算麻煩且不通俗。

（5）調和平均數　調和平均數就是：

（a）把各項數量如 $a_1\ a_2\ a_3 \cdots a_4$ 顛倒轉來。成爲

$$\frac{1}{a_1} \cdot \frac{1}{a_2} \cdot \frac{1}{a_3} \cdots\cdots \frac{1}{a_4}$$

（b）把上面各項倒數相加　除以 n 成爲：

$$\frac{\frac{1}{a_1} \times \frac{1}{a_2} \times \frac{1}{a_3} \cdots\cdots \frac{1}{a_4}}{N}$$

（c）再把上式顛倒轉來成爲

$$\frac{N}{\frac{1}{a_1} \times \frac{1}{a_2} \times \frac{1}{a_3} \cdots\cdots \frac{1}{a_4}}$$

從此式所求得之結果卽爲調和平均數，凡屬於時間單位及工作單位的數量，若欲計算其平均數，則必須用此法。

現在我們來研究各種平均數的關係：

（1）算術平均數大於幾何平均數，以代數式證明如次：

$$A.M. = \tfrac{1}{2}(x_1 \times x_2) \qquad Mg = \sqrt[2]{x_1 \cdot x_2}$$

$$(x_1 - x_2)^2 > 0 \qquad x_1^2 - 2x_1x_2 + {}_2^2 > 0$$

$$x_1^2 + {}_2^2 > 2x_1x_2.$$

$$x_2^1 \times 2x_1x_2 \times x_2^2 \rightarrow 2x_1x^2 \times 2x_1x^2$$

$$(x_1 \times x_2)^2 > \sqrt{4x_1x_2}$$

$$x_1 \times z^2 > 2\sqrt{x1x2}$$

$$\tfrac{1}{2}(x_1x_2) > \sqrt[2]{x_1x_2}$$

（2）幾何平均數大於調和平均數，以代數式證明如次：

$$H = \frac{2}{\frac{1}{x_1} \times \frac{1}{x_2}} = \frac{2}{\frac{x_1 \times x_2}{x_1 \times x_2}} = \frac{2x_1x_2}{x_1 \times u_2}$$

$$Ng = \sqrt{x_1x_2}$$

$$x_1^2 + x_2^2 > 0$$

$$x_1^2 + 2x_1x_2 + x_2^2 > 2x_1x_2$$

$$(x_1 \times x_2)^2 \rightarrow 2x_1x_2$$

$$x_1x_2(x_1+x_2)^2 > 2x_1^2x_2^2$$

$$x_1x_2 > \frac{2x_1^2x_2^2}{(x_1+x_2)}$$

$$\sqrt{x_1x_2} \leftarrow \frac{2x_1x_2}{x_1+x_2}$$

（3）兩數之幾何平均數等於此兩數之算術平均數及調和平均數的幾何平均數。所代數式證明之：

假定有 x_1 x_2 二數，則，

$$A.M. = \frac{x_1+x_2}{2}$$

$$M.g. = \sqrt{x_1x_2}$$

$$H = \frac{1}{\frac{1}{x_1} \times \frac{1}{x_1}} = \frac{2x_1x_2}{x_1+x_2}$$

$$因 \sqrt{x_1x_2} = \sqrt{\frac{x_1+x_2}{2} = \frac{2xx_2}{x_1+x_2}}$$

$$故 \quad Mg = \sqrt{MA, XH}$$

（4）當一羣量的變動接近於算術律，而用算術尺度晝起次數曲線圖來，次數集中區兩邊頗爲均稱的時候，則算術平均數與衆數及中數必較幾何平均數爲接近。反之當一羣量的變動跟着幾何律(Geonetric law)而用算術尺度晝起次數曲線圖來，就會變成一個很偏斜的曲綫圖如果用對數尺度劃起來這個偏斜的曲線圖就會變成一個均稱的曲線圖。在這種狀態之下，幾何平均數與衆數及中數必較算術平均數爲接近。

在計算指數的方法中，與平均數的性質完全不同的，尚有綜合比例公式一種。『此式即以各期的實數相加，而後以基期的總數去除各期的總數，所得的比例數就是各期的指數。此數祇能用於單位相同的統計材料，因爲單位不同的實數，是不能相加的。所以此數大概祇適用於以貨幣爲單位的統計材料，例如實價綜合比例公式 $\frac{\Sigma P_oq_o}{\Sigma P_oq_o}$ 外匯指數的總合公式 $\frac{\Sigma R_2T_o}{\Sigma R_1T_o}$ 公式資指的數總合 $\frac{\Sigma W_1}{\Sigma W_o}$ 等是也。爲便利解釋起見，我們把此法移到各種指數中去討論，

以上六種方法，就是指數的基本方法費暄的指數編製法(Vhe Mahl F qnbernubers)中的種種配合公式都是以這六種方

法爲基礎的。所以我們特別把牠們提出來討論。

這六種公式，都是免不了缺點的。選擇公式的方針，可以分二方面來講，一方面就是依照編製指數的目的及統計材料的狀況來選擇。因爲各種公式的性質不同，我們要擇其性質適合于編製指數的目的和統計材料的狀況的公式來計算指數，例如我們編製的指數是爲預則商情的變化，則可用算術平均公式。因爲這個公式的感應最爲靈敏。如果統計材料兩極端的數字，變動太大則可採用中數公式以避免之。如果統計材料是幾何級數的變動，則自應採用幾何平均公式。舉一反三，讀者可依此以例其餘其他還有一個選擇的方針就是所用的公式最好能以簡法移轉基期。關於這個問題，就牽連到時間顚倒測驗。凡是合於時間顚倒測驗的公式，都可以簡法移轉基期。

第六章　加權問題之研究

平均數的目的就是想以一個數字來代表一羣事實。在一羣事實中，每一個別事所佔的地位，不會完全平等的。我們要指出一羣事實的特質，故非把其中個別的事實，按照其地位的輕重，加以區別不可。平均數對於一羣事實是平等看待的。然而各個事實在全體中，生成功不是平等的。如果不加以區別，而把牠們一律看待，那就不合事實。不合事實的平均數，就失去了平均數的目

的。那權的意義，就是分別個別事實的輕重，而用以修正平均數的代表性的。其方法就是在一羣事實中的各個別事實，依照其所佔地位的大小，給以一個權數。每個權數與其相對的代表個別事實的數量，相乘而求其總數，再以總權數除之，所得的結果就是加權平均數，玆舉一簡例如下：

今有某機關職員十三人其薪金的分配有如下：

薪金	人數	薪金・人數
260	1	260
50	3	150
45	5	225
30	3	90
8	1	8
393	13	733

如果我們不管職員的人數與薪金的分配關係。光是計算他們的平均薪金。則其平均數爲78.6。我們一看知道此數是非驢非馬決不能代表這十三人所得的薪金。再這個平均教是從算術平均公式計算出來的所以此數很受260 一數的影響。如果我們把人數來充權數，則求得其平均數爲56.38.此數雖仍不免受極端數(260) 的影響，但以加權的結果，已消滅了不少的影響。而漸近於衆數（5)。因此我們可以知道用加權的方法還可以調濟算術平均的缺陷

——受極端數的影響。

從上列看來，不免有『次數就是權數』的誤會誠然，次數的計算法和權數的計算法是全無二致。但是從意義上說起來，次數和權數完全是兩件事。次數表示事實的項數，正當地說，次數構成事實的本身，而權數則僅表示事實在一羣的重要性，因之次數是客觀的事實而權數就是有主觀性。次數不能任意的增減或約小而權數是可以略加增減或約小。例如201,75二數如爲次數，則不能有權損。如用作權數則爲便利計算起見可以改爲200及60 亦可約簡爲67與19. 我們可以利用次數來作權數，却不能以權數充當次數。

鮑來(Bowley)以爲權數之於平均數，影響極小。他曾以189年英國統計雜誌中所載的工資統計爲例。證明加權與不加權沒有什麼分別。此例以二種加權與一種不加權的平均數相比較。其結果如下：

(1)所收到調查報告中的人數爲權數　94s7d

(2)已知各種事實所僱用的人數爲權數　25s3d

(3)假定的權數　94s5½d

(4)不加權　94s2d

所以他說『眞正的權數是不能計算的或是無定的，在某種情形之下，實不需要去計算權數。且在許多的事例中，不能確實地知道權數的，所以我們在計算平均數時只要注意使各項不要有偏誤而不必斤斤於權數的正確與否。』鮑來這種說法實在是相對的。有許多統計材料其各個事實間輕重的比例固然不十分大，同時因爲項數很多，所以加權與不加權對於平均數的影響。似乎不甚顯著。但是在學理上我們總承認加權是比不加權更合邏輯的。

有人主張用樣本分配的比例來代替加權，例如編製物價指數對於重要的貨品，則於其同類中，可以多選幾種。比較不重要的則可以少選幾種。這就無疑於對于重要的貨品多加權數，不重要的少加權數，平均的結果爲還是和另加權數的指數相似，這實不失爲代替加權的辦法，尤其是在各種統計不備的國家要尋權數的材料很困難。

至於拿什麼東西來做指數的權數呢？這不是一句話可以回答的。我們一方面要依照指數的目的同時要根據客觀的事實來定選擇權數的標準，例如編製工資指數，我們可以拿人數來做權數。在權數最多的一組工資，我們認爲是代表勞工所得的典型。關係最大。因此權數亦最高。又如編製物價指數，我們往往以貿易量或交易價值來做權數。因爲我們認爲貿易量的大小就是代表物品需要的大小。也就是在市場上所佔勢力的大小』。所以我們採它作權數是很合客觀的事實的。

其他關於加權的方法，權數的來源等問題為謀解釋便利起見分別在各種指數中討論。

第七章　指數的基期問題

1.基期的意義，　我們已經知道指數是一種統計方法，用以表示各項事物相對的平均變化。所以一定要有一個比較的標準。基期就是一個標準的時期，拿牠來做比較各時期事物的平均變化的基礎的。普通提及基期，即連想到100 的基數。一若凡為基期，則此期中事物的量，必皆作為(100即以100為基數Basenumber)。這實在是一個差誤的觀念。所謂基數就是，在某一時期中，給與各以數量的同一數字。把基期中的各種數量，皆作100 ，固然是可以的；　150，200，36來當作基數。亦未嘗不可。不過通常皆以100為基數，取其便利，簡單與明晰而已，並非除却100，其他數字就不能用作基數。

現在我們拿費暄所舉之例，來解釋基期和基數的意義。設有一相對價格的算術平均指數，以1913年為基期，以100 為基數，則其他各年的平均相對價格如下：

1913	100.00
1914	96.38
1915	98.03
1916	123.68
1917	175.79
1918	186.70

如果我們以100來代替1918年的186.70 ，則各年的平均相對價格為53.56;51.59;52.51;60.25;94.16;100.這樣替代的結果，使1913年的100，比例地減為53.56並非真正把基期移到1918年。1913年仍為此次指數的基期，不過把基數100改為53.56而已。反之，使1918年的186.70改為100，並未使1918 年的各種相對價格，皆作為100.所不同者，以前各種相對價格的平均為186.70; 現在則為100.同時，1913年的各種相對價格，以前皆為100.現在則皆份為5356.所以，1913 年仍為此項指數的基年，由是可知真正的基期與以指數為100的時期，完全是兩件事。

至於不以100為基數的指數，則有奧國的 G.H.krinbls，他以000作為基數，英倫經濟雜誌 (Rordon Eeononisls) 所編之指數，以2200為基數，因其開始編製之時，祗用二十二種商品故也。

2.基期的選擇　基期好像水平線一樣，一定要合乎常態，方才能做一個比較的標準時期。如果基期的數量偏高，則其他各時期的相對數量，便是偏低；基期的數量偏低，則其他各時期的相對數量便是偏高。所以選擇基期實為編製指數中的一個很重要的問題。選擇基期的方法約有下列三種：

（1）觀察法。 我們如果常選擇一合乎常態的基期，可以檢查過去的歷史，只要沒有政治軍事上，經濟，社會制度以及其他的特殊變動的時期就可以選作基期。這完全是憑目光和經驗去決定的。

（2）平均法。 此法就是拿若干年的數量的平均數作爲基數，俾其間各種變動，得以互相抵銷而得一較爲合乎常態的基期。但是各年的情形不同，所求得之平均數是否可以代表，亦屬疑問。同時亦有人主張不論一日，一週，一月，只要其間的社會現象合乎常態，皆可選作基期。他們的意見以爲基期必須爲一個特定的時期（A definite Plried）。才可以做一個確實的標準。不過單靠目光和經驗去選擇一個很短的時期，來做基期，也不是一個妥當的方法。

（3）計算變量及偏斜度法 要確定一種現象是否合乎常態，可以把這現象的數量排列成次數分配表。用計算變量（Variation）及偏斜度（Sbewness）的方法，以測定其次數散開的程度。近來統計學家已定出若干標準，以明次數散開的程度，是否合乎常態。

（a）凡在一個均稱的或略微偏斜的次數兵分配狀況，平均差（Meern deviation）約等於標準差（Steendaldlration）的五分之四∴M±17½M.D.應包括全體次數的99％

（b）凡在常態的或略微偏斜的次數分配狀況，M±b算學平均數±標準差 應包含全體次數的68.26％∴M±26應包含全體次數的95.46％∴M±36應包含全體次數的99.73％

（c）凡在正常的次數分配狀況，機誤（Probable errov）等於0.67456∴M±2P.E應包含全體次數的 50％M±8P E.應包含全體次數的99％

以上各條是對於計算絕對的或單獨的一種統計材料而言。如果要比較兩種以上統計材料的變量，則必須求出各個變量系數（Td eCoefficient oF Veriction）來，才可以互相比較。雖然狗的重量的變量和馬的重量的變量都可以從同一單位（磅）計算出來，但是我們不能夠說，馬的重量的標準差大於狗的重量的標準差，即是前者變量的程度大於後者。因爲離開了平均數而光是觀察變量，是沒有意義的。所以一定要把變量成爲平均數的百分比，那末才可以互相比較。

以V代表變量係數則 $V = \frac{9}{M} \times 100$

今求得倫敦巴黎匯兌率之標準差爲.0622，算學平均數爲25.2206，則其變量係數爲 $V = \frac{.0622}{25.2206} \times 100 = .25$ 同樣求得倫敦紐約間匯兌率的變量係數爲.33%由是可知倫敦紐約間匯兌率的變動實較倫敦巴黎間的匯兌率爲大。

凡是正常曲線(即代表合乎常態的現象)的形態像鐘的平面圖一樣，是很均稱的，如果一有偏斜，那就不合理想的正常曲線了。偏斜度愈大則離開常態亦愈遠，所以用測計偏斜度的方法，也可以幫助我們決定某種現象是在某時間內是否合乎常態。

3.固定基期與連鎖基期　選定某一時期爲基期後，在某一長時期內，不再改變，謂之固定基期。如以第一期的材料做第二期的基數，則謂之連鎖基期。以固定基期所作之指數，係以各時期之材料與其選定之基期材料相比較。連鎖基期則爲任何二時期之連續比較。就普通而言，固定基期，因能選擇常態程度較高的時期爲基期，故其表示事物的變化，較易給我們一個清楚的印象。因此，如果爲測量長期變化的指數，則自以採用固定基期爲宜。不過固定基期的指數，有一最大的缺點，即離基期愈遠，則指數材料的集中程度愈小，而其結果亦無不可靠。

連鎖基期，因爲是各期連續的比較。指數材料的變動較爲集中。測定事物的變化，也比較容易準確，並且有許多貨品，在基期內未經選入，但到後來在市場上已佔有很重要的地位，則不得不設法加入，如果採用固定基期時，就非把那基期移動不可。若本來採用連鎖基期的，那就隨時可以把新的貨品加入進去。茲設一例如下：

商品	1913		1926		1930	
	實價	百分數	實價	百分數	實價	百分數
A	4	100	5	125	6	150
B	3	100	6	200	6	200
C	5	100	6	120	7	140
指數		100		148		163

在1926年有新商品D應該採入此項指數。如本爲固定基期，則須將基期移至1926年而後新商品D方能加入。

商品	1913		1926		1930	
	實價	百分數	實價	百分數	實價	百分數
A	4	80	5	100	6	120
B	3	50	6	100	6	100
C	5	83	6	100	7	117
D	5	68	8	100	9	112
指數		73		100		112

上表係將固定基期由1913移至1926，在1913，商品D之實價是由88/148=5.4推算而得。

如本爲連鎖基期則逕行將商品D加入指數可也

商品	1913		,926		,930	
	實價	百分數	實價	百分數	實價	百分數
A	4	100	5	125	6	120
B	3	100	6	200	6	100
C	5	100	6	120	7	117
D	5.4	100	8	148	9	112
指數		100		148		112

從價鎖基期指數可以推算出各期的固定基期指數。茲爲明晰起見，連一簡例如次：

年份	實價	百分數	連鎖百分	數從連鎖基期的百分比推算到固定基期的百分比
元	1	100	100	100×100=100
二	2	200	200	100×200=200
三	3	300	150	200×150=300
四	4	400	133	300×133=399
五	5	500	125	399×125=490
六	6	600	120	496×120=599
七	7	700	116	600×116=695
八	8	800	114	995×114=792

從連鎖基期的百分比，推算到固定基期的百分比，因小數有取舍之故，不免稍有出入。但其相差之數，總不會超過了3-5%的。此例無非是表示連鎖指數的計算法。第三項百分數並非是平均的結果。所以第五項與第三項的差數，完全是小數所捨上的累積差誤。如果把小數統統計算進去，第三項與第五項不會有差數的，至於從連鎖指數推算出來的固定基期指數與原來的固定基期指數，是否相符，那就要看所用的公式和權數而定，假使我們所用的權數是固定的 (Constant)，那末凡是適合時間顛倒測驗，都可以適合循環測驗(詳下節)。所以權數不變，而公式能適合時間顛倒測驗的連鎖基期指數，可以用累乘的方法，求出固定基期指數而無錯誤。如果所用的權數是逐期變更，或所用的公式不合時間顛倒測驗，則累乘之連鎖基期指數，不能與原來的固定基期指數相符。且其相差，也愈積愈大。米切爾證明連鎖基期指數累乘的結果與原來固定基期指數的差數，愈積愈大。也就是因爲他所證明的連鎖基期指數是用簡單算術平均法計算的。此式本身有向上的偏性，所以便有累積的錯誤。

4. 基期的移轉。

固定基期指數，爲欲更換基期，祇須以新定基期的指數除其他各期的指數卽得。惟此法不能適用於算術平均指數及倒數平均指數。亦不適用於遞變加權公式，用於中數指數及理想公式指數則有些微之差誤。幾何平均指數及實價綜合指數，完全適用。此

項實例，普通統計學科本言之甚詳，故不繁言，

爲什麼幾何平均指數及實價綜合指數能以決項簡法轉移基期而其他不能？這是完全由各種指數的計算方法不同之故。茲以算式證明如下：（以物價指數爲例）

假設$P_{\circ}$＝第一年之物價，（作爲基價）

P_1＝第二年之物價，

P_2＝第三年之物價，

（1）則第一，第二，第三各年的實價綜合公式如下：

$$(1)\ \frac{\Sigma P_{\circ}}{\Sigma P_{\circ}} \quad (2)\ \frac{\Sigma P_1}{\Sigma P_{\circ}} \quad (3)\ \frac{\Sigma P_2}{\Sigma P_{\circ}}$$

如欲以第二年爲基期，可依簡法轉移如下：

$$\frac{\Sigma P_{\circ}}{\Sigma P_{\circ}} \div \frac{\Sigma P_1}{\Sigma P_{\circ}} = \frac{\Sigma P_{\circ}}{\Sigma P_{\circ}} \times \frac{\Sigma P_{\circ}}{\Sigma P_1} = \frac{\Sigma P_{\circ}}{\Sigma P_1}$$

$$\frac{\Sigma P_1}{\Sigma P_{\circ}} \div \frac{\Sigma P_1}{\Sigma P_{\circ}} = \frac{\Sigma P_1}{\Sigma P_{\circ}} \times \frac{\Sigma P_{\circ}}{\Sigma P_1} = \frac{\Sigma P_1}{\Sigma P_1}$$

$$\frac{\Sigma P_2}{\Sigma P_{\circ}} \div \frac{\Sigma P_1}{\Sigma P_{\circ}} = \frac{\Sigma P_2}{\Sigma P_{\circ}} \times \frac{\Sigma P_{\circ}}{\Sigma P_1} = \frac{\Sigma P_2}{\Sigma P_1}$$

（2）以簡單幾何平均公式移轉基期，

$$\sqrt[n]{\frac{P_{\circ}'}{P_{\circ}'} \times \frac{P_{\circ}''}{P_{\circ}''}} \cdots\cdots \div \sqrt[n]{\frac{P_1'}{P_{\circ}'} \times \frac{P_1''}{P_{\circ}''}}$$

$$= \sqrt[n]{\frac{P_{\circ}'P_{\circ}''}{P_{\circ}'P_{\circ}''} \times \frac{P_{\circ}'P_{\circ}''}{P_1'P_1''}} = \sqrt[n]{\frac{P_{\circ}'}{P_1'} \times \frac{P_{\circ}''}{P_1''}}$$

$$\sqrt[n]{\frac{P_1'}{P_{\circ}'} \times \frac{P_1''}{P_{\circ}''}} \cdots\cdots \div \sqrt[n]{\frac{P_1'}{P_{\circ}'} \times \frac{P_1''}{P_{\circ}''}}$$

$$= \sqrt[n]{\frac{P_1'P_1''}{P_{\circ}'P_{\circ}''} \times \frac{P_{\circ}'P_{\circ}''}{P_1'P_1''}} = \sqrt[n]{\frac{P_1'}{P_1'} \times \frac{P_1''}{P_1''}}$$

$$\sqrt[n]{\frac{P_2'}{P_{\circ}'} \times \frac{P_2''}{P_{\circ}''}} \cdots\cdots \div \sqrt[n]{\frac{P_1'}{P_{\circ}'} \times \frac{P_1''}{P_{\circ}''}}$$

$$= \sqrt[n]{\frac{P_2'P_2''}{P_1'P_{\circ}''} \times \frac{P_{\circ}'P_{\circ}''}{P_1'P_1''}} = \sqrt[n]{\frac{P_2'}{P_1'} \times \frac{P_2''}{P_1''} \cdots}$$

（3）簡單算術平均公式不能以簡法移轉基期。

$$\frac{\Sigma \frac{P_{\circ}}{P_{\circ}}}{N} \div \frac{\Sigma \frac{P_1}{P_{\circ}}}{N} = \frac{\Sigma \frac{P_{\circ}}{P_{\circ}}}{N} \times \frac{N}{\Sigma \frac{P_1}{P_{\circ}}} = \frac{\Sigma \frac{P_{\circ}}{P_{\circ}}}{P \frac{P_1}{P_{\circ}}} \cdots (1)$$

$$\frac{\Sigma\frac{P_1}{P_0}}{N}\div\frac{\Sigma\frac{P_1}{P_0}}{N}=\frac{\Sigma\frac{P_1}{P_0}}{N}\times\frac{N}{\Sigma\frac{P_1}{P_0}}=1\cdots\cdots(2)$$

$$\frac{\Sigma\frac{P_2}{P_0}}{N}\div\frac{\Sigma\frac{P_1}{P_0}}{N}=\frac{\Sigma\frac{P_2}{P_0}}{N}\times\frac{N}{\Sigma\frac{P_1}{P_0}}=\frac{\Sigma\frac{P_2}{P_0}}{\Sigma\frac{P_1}{P_0}}\cdots(3)$$

結果除(2)項外皆與重算者不合，因重算之結果(1)(3)兩項當為 $\frac{\Sigma\frac{P_0}{P_1}}{N}$ 及 $\frac{\Sigma\frac{P_2}{P_1}}{N}$ 而非 $\frac{\Sigma\frac{P_0}{P_1}}{\Sigma\frac{P_1}{P_0}}$ 及 $\frac{\Sigma\frac{P_2}{P_0}}{\Sigma\frac{P_1}{P_0}}$ 故也。

至於第二項的結果所以等於一者，因為本指數除本指數當然等於100閱者當可察知。簡單倒數平均法不能以簡法移轉基期的證明可仿此。

合於時間顛倒測驗的固定加權公式亦可以簡法移轉基期，茲以加權實價綜合公式為例證明如下：

假設以q_0為權數的記號則第一第二第三各期的加權實價綜合公式指數如下：

(1) $\frac{\Sigma P_0q_0}{\Sigma P_0q_0}$ (2) $\frac{\Sigma P_1q_0}{\Sigma P_0q_0}$ (3) $\frac{\Sigma P_2q_0}{\Sigma P_0q_0}$

如欲以第二期為基期，可依簡法轉移如下：

$$\frac{\Sigma P_0q_0}{\Sigma P_0q_0}\div\frac{\Sigma P_1q_0}{\Sigma P_0q_0}=\frac{\Sigma P_0q_0}{\Sigma P_0q_0}\times\frac{\Sigma P_0q_0}{\Sigma P_0q_0}=\frac{\Sigma P_0q_0}{\Sigma P_1q_0}$$

$$\frac{\Sigma P_1q_0}{\Sigma P_0q_0}\div\frac{\Sigma P_1q_0}{\Sigma P_0q_0}=\frac{\Sigma P_1q_0}{\Sigma P_0q_0}\times\frac{\Sigma P_0q_0}{\Sigma P_1q_0}=\frac{\Sigma P_1q_0}{\Sigma P_1q_0}$$

$$\frac{\Sigma P_2q_0}{\Sigma P_0q_0}\div\frac{\Sigma P_1q_0}{\Sigma P_0q_0}=\frac{\Sigma P_2q_0}{\Sigma P_0q_0}\times\frac{\Sigma P_0q_0}{\Sigma P_1q_0}=\frac{\Sigma P_2q_0}{\Sigma P_1q_0}$$

結果與重算的公式完全相符。其他合於時間顛倒測驗的固定加權公式皆可照此證明。『可以簡法移轉基期』（上面q_0是代表基期的物量，作為固定權數）價是遞變的權數就不能以簡法移轉基期。

第八章 指數公式的偏性及其糾正法

費賠教授，常以兩大測驗測定指數公式的良否。一種是時間顛倒測驗；一種是因數顛倒測驗為解釋的便利起見，把因數顛倒測驗留在加權物價指數中討論。

若以民國26年為基期，計算27年的指數，所得結果比26年大二倍，則以27年為基期，計算26年的指數，結果當為27年的一半，這是數學上一定的原則，時間顛倒測驗即根據這個原則而成立的。其意即以二時期互為某期求他時期的指數，二指數應互為倒數，換言之，二指數相乘之積應等於一。但是有許多公式所求的指數，不能合此條件。這就是公式本身有偏性的證據。

現在先來試驗簡單的指數公式

(1)簡單幾何平均法

$$向前指數=\sqrt[n]{\frac{P_1'}{P_0'}\times\frac{P_1''}{P_0}}$$

$$向後指數=\sqrt[n]{\frac{P_0'}{P_1'}\times\vdots\frac{P_0''}{P_1''}}$$

$$\sqrt[n]{\frac{P_1'}{P_0'}\times\frac{P_0'}{P_1'}\times\frac{P_1''}{P_0''}\times\frac{P_0''}{P_1''}\cdots}=\sqrt[n]{1\times!\cdots}=1$$

(2)簡單算術平均

$$向前指數=\frac{M\frac{P_1}{P_0}}{N}$$

$$向後指數=\frac{M\frac{P_0}{P_1}}{N}$$

$$\frac{M\frac{P_1}{P_0}}{N}\times\frac{M\frac{P_0}{P_1}}{N}\neq 1$$

(3)簡單調和平均法

$$向前指數=\frac{N}{M\frac{P_0}{P_1}}$$

$$向後指數=\frac{N}{M\frac{P_1}{P_0}}$$

$$\frac{N}{M\frac{P_0}{P_1}}\times\frac{N}{M\frac{P_1}{P_0}}\neq 1$$

(4)簡單中數法

$$向前指數=\frac{P_1}{P_0}$$

$$向後指數=\frac{P_0}{P_1}$$

$$\frac{P_1}{P_o} \times \frac{P_o}{P_1} = 1$$

簡單乘數與此同。

(5)簡單總合法

$$\text{向前指數} = \frac{M P_1}{M P_o}$$

$$\text{向後指數} = \frac{M P_o}{M P_1}$$

$$\frac{M P_1}{M P_o} \times \frac{M P_o}{M P_1} \quad 1$$

以上各式只有簡單算術平均法和簡單調和平均法。與時間顛倒測驗不符。其餘各式，都與此測驗相符。

我們知道算術平均法的結果大於幾何平均法，調和平均法的結果，則小於幾何平均法。現在幾何平均法的向前指數乘向後指數既然等於一，則算術平均法的向前指數乘向後指數應大於一，調和平均法的向前指數乘向後指數應小於一。茲以算式證明如下：

$$\frac{M\frac{P_1}{P_o}}{N} > \sqrt[n]{\frac{P_1'}{P_o'} \times \frac{P_1''}{P_o''}}$$

$$\frac{M\frac{P_o}{P_1}}{N} > \sqrt[n]{\frac{P_o'}{P_1'} \times \frac{P_o''}{P_1''}}$$

$$\frac{M\frac{P_1}{P_o}}{N} \times \frac{M\frac{P_o}{P_o}}{N} > \sqrt[n]{\frac{P_1'}{P_o'} \times \frac{P_1''}{P_o''} \cdots} \times \sqrt[n]{\frac{P_o'}{P_1''} \times \frac{P_o''}{P_1''} \cdots}$$

因 $\sqrt[n]{\frac{P_1'}{P_o'} \times \frac{P_1''}{P_o''} \cdots} \times \sqrt[n]{\frac{P_o'}{P_1'} \times \frac{P_o''}{P_1''} \cdots} =$

故 $\frac{M\frac{P_1}{P_o}}{N} \times \frac{M\frac{P_o}{P_1}}{N}$

調和平均法的向前指數乘向後指數小於一之證明可仿此。

凡合於時間顛倒測驗的公式，就是沒有偏性的公式。否則，公式的本身就含有偏性。偏性的方向有高有低。從上面的種種證明，便知算術平均的指數有向上的偏性，調和平均的指數有向下的偏性。因前者大於一而後者小於一故也。惟中數與衆數，雖合於此測驗，但是仍有免不了偏性的。而且牠們的偏性，沒有一定的方向，這就是費暄所謂『任性』。

簡單算術平均的指數與簡單調和平均的指數。因各有方向反的偏性。如果把這兩種指數，以幾何法平均之，則二者的偏性可以互相抵銷，費暄教授的許多配合公式，也就是從偏性向反的各種公式配合而得的。

我國興築鉄道之資本問題

王炳南

目前我國經濟落後，民生凋敝，欲實現總理宏大之計劃，則興築鐵道之資本問題，亟須充有辦法，其理至爲明顯者也。

引言

交通事業，不獨爲一國經濟之命脈，且關係國防之鞏固，政治之統一，與夫文化之發揚，而於交通事業中，鐵道爲其主幹。故世界富强之國，莫不亟亟謀建設之道，使鐵軌網佈，輪軸馳揚，而工商業得以繁榮。我國從事於鐵道之建設，已五十年於茲矣。言其成績，國有鐵路僅完成路線六千餘英里而已，以視美國之有鐵道二十五萬餘英里，加拿大之有鐵道四萬英里，印度之有鐵道三萬八千餘英里，及英法之各有鐵道三萬餘英里，不啻天壤之別。且我國平均每二百七十六英方里土地，或五萬四千人有鐵道一英里；而日本每二十英方里土地，八千人口有鐵道一英里；高麗每七十英方里，或一萬三千人口有鐵道一英里；印度每四十英方里土地，八千六百人口有鐵道一英里；宜乎貨棄於地，無從開發，國民生產力降至極度之低落。此後富强之道，胥賴於鐵道及其他運輸工具之建設。雖然，國人非不知鐵道建築之重要也，徒以困於缺乏資本，心有餘而力不足耳。孫總理有十萬英里鐵路之計劃，鐵道部成立以後，亦以完成主要幹綫爲其最重大使命。以

我國以往興築鐵道之資本

我國鐵路大抵係借債建築，其中外債約居總數五分之四，政府資金居第二位置，至於商股爲數極少，左列之資本負債表，可以見其大概：

年別	股份	政府長期資金	抵押債券	其他有担保之債款	共計
民國四年	三·九一五·六四四	一〇八·六四九·七二〇	二七四·〇四〇·三〇三	一四·七九六·九二五	四〇一·四〇三·五九四
民國五年	三·九一五·六四四	一一六·六七六·九四七	一六五·七五八·一三四	一三、五一四·七一九	三九八·八六五·四二七
民國六年	三·九一五·六四四	一一三·八八〇·〇九二	二六六·七〇七·七七〇	一三·八一四·九五三	三九八·三一六·四六〇
民國七年	三·九〇六·七八七	一一五·九五九·二八二	二六四·一五六·九三八	一四·一八三·〇五一	三九八·二〇六·〇六〇
民國八年	三·八九一·〇七三	一一七·九八〇·四一〇	三一六·四五八·九八一	一六·一五五·四三九	四五四·四八九·九〇三
民國九年	三·八八九·五〇一	一二三·六一二·八九四	三〇八·五四一·七三八	二一·六九四·九四四	四五七·七四九·〇七九
民國十年	二·五四七·〇一五	一三六·〇九二·二一九	二九九·五四二·一四八	二六·八四一·九六八	四六五·〇二三·三五二
民國十一年	二·五四七·〇一五	一二五·五四五·〇九四	三〇一·六七九·四九一	二九·〇二一·七七七	四五八·七八三·三七八
民國十二年	八一三·一〇〇	一三八·二九七·〇四五	三〇四·六二一·九三一	六四·九四二·六九三	四九八·六七四·七七〇
民國十三年	八一三·一〇〇	一三一·一二五·〇五八	二九三·三八〇·〇四八	六四·七一八·四六四	四九〇·〇四六·六七一

按時代區分，則自一八九〇（光緒十六年）至一八九八年為庫款提撥修路時期，現定名為政府長期資金；一八九八年至一九〇三年為大借外債時期，此後所訂借款合同，率皆政府借名舉債，其用於路者極微；自一九〇三年至一九一一年為商股極盛時代；迨至歐戰開幕，世界金融驟形緊迫，歐洲財力不能兼顧，外債來源頓告斷絕，所以各路應付借款本息，以及擴充維持營業等費，不得不藉內債以為週轉。茲分述之於左：

（一）政府資金——政府資金投入國有各路者，以平漢為最多，北甯次之，平綏滬杭甬又次之。最初係純粹直接由國庫或省庫提出，此後稱國庫款者，多屬各路餘利及補助外債之部款性質。借款合同往往規定：如借款不敷時，由中國政府自行設法另籌款項，如滬甯之購地費，正太之接濟工程費，以及其他國有各路之付息，多由政府臨時籌撥，為數不少。政府投資之出諸各路餘利者，如平綏之仰給關內外是。據民國十六年鐵路會計統計報結至是年十二月三十一日止，政府歷年投資於國有各路之遞加數如左：

平漢鐵路	四〇、三六九、三八一元
北甯鉄路	二三、九〇三、三九三元
平綏鐵路	二二、六六二、七三七元
滬杭甬鐵路	一七、六五七、五一〇元
正太鐵路	六、三三一、七〇六元
京滬鐵路	五、六八九、九〇〇元
津浦鐵路	四、四二四、八二四元
道清鐵路	四、三一六、四五二元
廣九鐵路	四二一、八六三元
湘鄂鐵路	二、六四九、七八八元
吉長鐵路	三、〇九六、一五八元
四洮鉄路	四二六、一八七元
共計	一三一、九四六、八九九元

（二）商股——我國人民入股觀念，頗為薄弱，故鐵路資金中，商股為數極微，與各國興辦鐵道，以商股為中堅者，適得其反，而此區區之數，尚須挾公家之力，取諸地方公款，其名目不一而足，有以捐稱者，如米捐，穀捐，茶捐，房捐，鹽捐口捐等；有以股稱者，如租股，薪股，及穀票股等。股之三類，復有優先普通股，整股，零股，及紀念股之不同。

(三)內債——各國築路，大概先舉內債，不足時再向國外募集；我國舉行內債後於外債，而實業公債之募集，其歷史不過二十年，考其原因，一起於收回商辦各路，一起籌付外債本息及各路擴充維持等費，暨支墊政府挪移各款。當初各省紳商，恐借款築路，有損利權，力倡招股自辦，時川，湘，鄂，皖，蘇，浙等省，均設立商辦公司，從事建設，是爲我國收回利權熱烈時代。嗣以集款維艱除蘇浙兩路外，皆半途停輟，至民國二三年間，陸續收回國有，所有商股四千餘萬元，均由政府担任，分期借款償還，乃以歐戰之故，計劃未行，至今延欠尚未清償。

國有各路所借外債，在民國三年以前，大部份尚未至還行之期，故鐵路財政雖非充裕，每年應付之債務本息，爲數不鉅，或由借款項下支給，或由餘利之內撥付，尚能應付。迨歐戰發生，世界金融異常緊迫，外資來源乃告斷絕，應付外債本息及擴充維持營業等費，不得不藉內債以爲周轉，而平綏鐵路在展築路線之際，亦非舉內債不可，迄今內債本息共計一三一、七五五、八六一元，僅及鐵路債務總額十分之二弱。

我國所發內債成績不佳，應募之數，往往不及原定之額，結果乃仰給於外資之輔助；推其原因，不外人民財力薄弱，不能負担鉅量之債劵，與政府之屢失信用；蓋內債之担保，僅指明的款爲按期付息還本之準備，無分紅干政之權利，不若外債之有相當抵押品，再加稽賬權，及管理權，故債款隨意濫用，或移作他用，使人民對於投資內債，咸有戒心，是則當局者不能辭其咎焉。

(四)外債——外債爲我國鐵路資本之主體，約居總數五分之四有奇。自前清光緒二十四年至宣統二三年所借外債，爲額最鉅，如北寧，京滬，滬杭甬，廣九，津浦，汴洛，正大，吉長，道清，湖廣等借款，皆於此際成立，其時適爲各國對華競爭權利時代，羣以攫得鐵路建設權爲勢力範圍之根據。其投資於我國鐵路也，實含有濃厚之政治及經濟侵略色彩，而當時我國執政者，昧於國際大勢，罔知鐵路關係與國計民生之重要，因之所訂條約及借款合同諸多偏苛，故鐵路經濟自始即受借債條件之束縛，不能充分發展。

民國成立，歐戰爆發，世界金融，驟形緊迫，歐洲財力，本不克兼顧，惟以願得我國路權，乃不惜與我訂立借款合同，免貽將來坐失良機之悔；或以一部份墊款搪塞，或發行債票，一二期即不繼續，以致在建築中及計劃建築各線均告停頓，費用等於虛擲，而墊借各款，徒然空償利息，以致外債日增，週轉爲難。茲將此時所訂各路借款列之於左：

路名	訂約年月	借款公司	借款總額	先交墊款
隴海	民國元年九月二十四日	比國鉄路電車公司	一〇、〇〇〇、〇〇〇鎊	四、〇〇〇、〇〇〇鎊
浦信	二年十一月十四日	英國華中公司	三、〇〇〇、〇〇〇鎊	一九八、七九二鎊
同成	二年七月二十二日	法比鐵路公司	一〇、〇〇〇、〇〇〇鎊	九九九、八六二鎊
甯湘	三年三月三十一日	英國華中公司	八、〇〇〇、〇〇〇鎊	二、五六八、〇〇〇鎊
欽渝	三年一月二十一日	中法實業銀行	六〇〇、〇〇〇、〇〇〇佛	三二、一一五、五〇〇佛
沙興	三年七月二十五日	英寶林公司	一〇、〇〇〇、〇〇〇鎊	五〇、〇〇〇鎊
濱黑	五年三月二十一日	俄國俄亞銀行	俄幣五千萬羅布	五〇〇、〇〇〇兩
株欽	五年五月十七日	美國裕中公司	無定數	一、一五〇、〇〇〇美金

由上表觀之合同路線共長一萬八千里，借款逾八萬萬元，而所墊款僅六千元。迨後歐戰綿長，我國參戰，又與日本銀行成立滿蒙路借款合同，先交墊款二千萬元，又訂吉會借款，亦墊款交一千萬元，類皆供西北邊防軍之用。路未修而款已罄，我國鐵道受害最烈；即爲此類藉路借款，而亦爲今日整理中之最感困難部份也。且民國以來，水旱兵災之連年迭出，政府逐年提用路款，軍運記賬，則有時無錢，鐵路沿線時可戰爲作區域，維持營業，已屬不易，外債本息，更難應付，債台日高，虧累愈甚。茲將鐵道部發表關於國有鐵路之負債列表於後，以供參考。

國有鐵路債款分類總表

民國二十一年十二月卅一日

路名及款別	外債	內債	料價	合計
平漢鐵路	四五•五二八•四九七、一七	二七、三四七•五五二•五二	四四、九三六•六五四•八七	一一七、八一二•七〇四•五六
津浦鐵路	一八三•一五〇•八二六、〇〇	二三、四六〇•七〇四•二五	三〇、二〇七•二六五•八六	二三六、八一八•七九六•一一
平綏鐵路	一八、一八一•八四八、八九	一七、〇五五•三四四•三八	六〇、四二六•八九七•八一	九五、六六四•〇九一•〇八
北寧鐵路	一三、〇七七•五七三•六六		八、四〇四•六三二•三九	二一、四八二•二〇六•〇五
京滬鐵路	五二、八二七•一一四•二四			五二、八二七•一一四•二八
滬杭甬鐵路	八、九二五•〇〇〇•〇〇	二四〇、八八二•八〇		九、一六五•八八二•八〇
膠濟鐵路	四〇、〇〇〇•〇〇〇•〇〇		三三五、一三六•二八	四四、三三五•一三五•二八
正太鐵路	三一六、一二一•四五	八六六、九〇三•七六		一、一八三、〇二五•二一

道清鐵路	一三、二六一、七二六•六三			一三、二六一、七二六•六三
隴海鐵路	二五二、八〇八、〇五七•一九	二、五一一、六三四•八二	一六六、七〇四•七〇	二五五、四八六、五七六•七一
汴洛鐵路	五、九九五、七三一•二五			五、九九五、七三一•二五
湘鄂鐵路	一九、七〇〇、五八七•〇〇	四〇三、五六九•七六	四、三九四、〇三六•三三	二四、四九八、一九三•〇三
廣九鐵路	二六、三二七、二六〇•一四	一六、〇〇〇•〇〇	五九九、四五四•二七	二六、九四二、七一四•四一
廣韶鐵路	一四、四四一•七三	二八、六五〇、二五一•五〇	一一六、四七〇•一三	二八、七八一、一六三•三六
吉長鐵路	二、七五四、八〇〇•一三			二二、七六二、四八六•三七
四洮鐵路	五八、一七二、四〇〇•〇〇			五八、一七二、四〇〇•〇〇
吉敦鐵路	三五、八九六、八二〇•一三			三五、八九六、八二〇•一三
寧湘鐵路	六、三八三、三九〇•六八			六、三八三、三九〇•六八
浦信鐵路	五、九六六、五二一•八九			五、九六六、五二一•八九
同成鐵路	二〇、九三四、三三五•一一			二〇、九三四、三三五•一一
株欽鐵路	一一、一四三、六五三•二〇			一一、一四三、六五三•二〇
清孟鐵路	三〇、〇六二、一八一•二四			三〇、〇六二、一九八•二四
包寧鐵路	三三、七六〇、〇〇〇•〇〇			三三、七六〇、〇〇〇•〇〇
漳廈鐵路		五〇〇、〇〇〇•〇〇	五八、四七六•一五	五五八、四七六•一五
煙維汽車路		六九九、一四〇•六〇		六九九、一四〇•六〇
平漢等四路		二、六七八、九七三•五三		二、六七八、九三三•五五
收贖各商路		三六、三一七、二一七•一四		三六三、一七二、一一七•一四
財政担負之路債	六四•七六三•三五一•五一			六四、七六三、五五一•五一
共計	一•〇二四•九三七•二二九•三三	一三一、七五八、八六一•三三	一四九、六三三、七二八•七六	一、三〇六、三三五、七一九•四三

今後築路之資本

我國鐵路財政，日趨枯竭，各路對於維持現狀，及擴充設備，已感力不勝任，而政府財力，亦非充裕，今後築路資金之籌劃，不外下列數法：(一)清理舊債；(二)利用外資；(三)利用國內遊資；(四)庚關兩款築路。

清理舊債

往昔築路，大抵依賴外債及內債二種，今後鐵道資金之來源，當亦不外舉債之途徑，惟今日鐵路之債務極為紊亂，各路付息還本，時至拖欠，本利相加，乃使債款超出路產，信用掃地，債票價格極度低落，故舉新債之先，必將舊債加以整理，確定償還計劃，庶幾作用恢復，新發債票，不至市場低滯。

1.整調查債額及其內容——各路債款為數甚鉅，且內容極為複雜，整理之初步，應將各債款詳細數目及其性質，分表登記，並編製各路收支實數，藉知各路償債之能力，以為整理之根據。

(甲)編製負債表
(乙)編訂借款記要
(丙)增訂借款合同
(丁)編造拖欠利息表
(戊)債票市價表

(己)各路收支表

2.修改借款合同——我國鐵路借外債合同條件苛刻，不惟主權之削奪，且經濟之喪失，為數甚大，如高重利息「參加餘利」，折扣過多，皆超出投資者應享之正當利益。我國鐵路財政之不能整理，各國亦應負相當責任，故我國急應與借款國磋商，改訂借款合同，使清理計劃得及早實現，於借款各國亦不無利焉。改訂合同之各點：

甲減輕利息——各路因連年天災人禍，營業銳減，收入已不足付息還本，致使利息重疊，往往所欠利息有高於本金者，若不減輕利率，及將所欠利息停止複利加算，則債務將無整理之日，然減輕利息，各國權利所關，未必肯輕易贊同，如欲達到此目的，尚視鐵道部之努力如何耳。

乙、鐵路借款中有僅付少數墊款者，以致工程無以進行，鐵道無由興辦，今則款已用罄，而我國尚負付息還本之責任，整理中計劃，應將此類債款另行提出，向借款國交涉，在可能範圍內停止付息，或繼續借款，完成原定之工程。

3.化零為整——凡屬同一性質之數次借款并為一數，如此則借五之種類減少，性質自易明瞭，整理手續不無簡便。

4.將全國國有鐵路每年盈餘提出若干成，設立減債基金，然後分別性質及其緩急，逐漸清還。如含政治性質之借款，當由財部另行設法整理；其墊款部份，路既未築，債何由清，不若商之借款國續發債票，完成工程，延長還本時期，迨路成之後，生產能力日益增加，於若干年之後，按期還本。如此則整理範圍縮小。目前亟需整理者，僅限用於已成各路之借款。嘗考東西各國鐵路之負債，往往超出鐵路公司之股本，舊債到期，換以新債，蓋債票之利率低於股息，，運用得當，可使股東之酬報豐厚，負債已成不變之政策，非必無力償還也。我國借款中如條件不苛刻者，到期之後可發新債票以變換之，其條件近於剝削者，則核照減債基金之計劃，逐年還清之，由此觀之，各路盈餘雖無多，若分別性質及緩急整理，未始不可能也。

(二)庚關兩款築路之計劃

自鐵道部成立以後，爲實現總理手定十萬英里路線之計劃，曾向中央政治會議提出庚關兩款築路計劃一案，業已通過公布。設此項計劃能見之實行，六年以內，以庚關兩款發行公債，可理四〇八、五〇〇、〇〇〇元，大約能築二千五百三十七英里鐵路，如此六年之內，國有鐵路將增至八千九百三十一英里矣。

1.擬定路線如左

組別	線名	性質	經過地域	延長英里數	建築預算費
第一組	粵漢線株韶段	已定線	湖南廣東	二七〇	六五、〇〇〇、〇〇〇元
	隴海線潼關段	已定線	陝西甘肅	六五七	八七、五六〇、〇〇〇
	滄石線	已定線	河北	一三八	二、九二八、八三〇
第二組	京湘線	已定線	江蘇安徽浙江江西湖南	六，一四五	九〇、九〇二、三四〇
	京粵線	新擬線	江蘇安徽浙江福建廣東	一，二一二	一六五、五三五、〇〇〇
	韶昌線	新擬線	廣東江西	五〇三	六八、〇六〇、〇〇〇
	福昌線	新擬線	福建江西	五二三	七五、二三〇、〇〇〇
	粵滇線	新擬線	廣東廣西貴州雲南	三，一二五	一六七、六四〇、〇〇〇
	湘滇線	新擬線	湖南貴州雲南	一，一〇〇	一五三、二二三、〇〇〇
第三組	包寧線	已定線	綏遠甘肅	三四四	四三、四二四、六四〇
	成都重慶線	已定線	四川	三二四	三三、七三三、九〇〇
	同蒲線	已定線	山西	五一〇	八三、五四四、六七四
	道濟線	已定線	山東河南河北	一八二	一三、四二八、二四三
第四組	寶線欽	新擬線	湖南廣西廣東	七五一	一〇四、〇〇〇、〇〇〇

上述計劃路線之選定，以中國政治經濟之需要爲標準，自經濟立場而論，則中國之路線大半皆在北部，南部之需要，實較北

部爲大；自政治立場而論，則南京既爲首都，不可不有鐵道通達部全國，此爲四組選定之理由。

2.化基金投資築路辦法

英俄意三國之庚子賠款，算至民國三十八年爲止，全部共計二六七、一四二、八〇二元，指定爲文化事業之用，且須按年撥付，至民國三十八年方能撥足。現在鐵道急待建築，需款孔殷，鐵道部提案，擬以此項庚款爲担保，按鐵道工程進行程序，以九四折，年息七厘，期限十八年，分期發行公債。第一年發行二千五百萬元，第二年發行五千萬元，第三年發行六千萬元，共發出公債一萬三千五百萬元，以此項公債實收之數，連同截至民國十八年止之庚款餘額，計可撥充建設鐵道之款，約一萬三千八百五十萬元，每公里建築費平均按十萬元計算，約可修築鐵道一千三百八十五公里。茲將英俄意三國庚款逐年餘額表列之於左：

年別	義款	英款	俄款	共計
民國十一年	—	三四〇，〇〇〇	—	三四〇，〇〇〇
十二年	—	四，一三一，二七〇	—	四，一三一，二七〇
十三年	—	四，一三一，二七〇	—	四，一三一，二七〇
十四年	—	四，一三一，二七〇	—	四，一三一，二七〇
十五年	—	四，一三一，二七〇	—	四，一三一，二七〇
十六年	—	四，一三一，二七〇	—	四，一三一，二七〇
十七年	—	四，一三一，二七〇	—	四，一三一，二七〇
十八年	—	四，一三一，二七〇	虧數二〇〇，二八〇	三，九三〇，九九〇
十八年止共計				二九，〇五八，六一〇
民國十九年	二，〇八〇，〇〇〇	四，一三一，二七〇	二，六七二，〇一〇	八，八八三，二八〇
二十年	二，〇八〇，〇〇〇	四，一三一，二七〇	五，〇〇四，〇一六	一一，二一五，二八〇
廿一年	三，〇二〇，〇〇〇	五，九六四，八一〇	四，四二一，七七八	一八，四〇六，五八八
廿二年	三，〇二〇，〇〇〇	五，九六四，八一〇	九，四二一，七七八	一八，四〇六，五八八
廿三年	三，〇二〇，〇〇〇	五，九六四，八一〇	九，四二一，七七八	一八，四〇六，五八八

廿四年	三○，二○，○○○	五，九六四，八一○	九，四二一，七七八	一八，四○六，五八八
廿五年	三，○二○，○○○	五，九六四，八一○	九，四二一，七七八	一八，四○六，五八八
廿六年	三，○二○，○○○	五，九六四，八一○	九，四二一，七七八	一八，四○六，五八八
廿七年	三，○二○，○○○	五，九六四，八一○	一四，三七一，七七八	二三，三五六，五八八
廿八年	三，○二○，○○○	五，九六四，八一○	一四，三七一，七七八	二三，三五六，五八八
廿九年	三，○二○，○○○	五，九六四，八一○	一四，三七一，七七八	二三，三五六，五八八
卅年	二，二六○，○○○	四，一三一，二七○	—	六，三九一，二七○
卅一年	二，○八○，○○○	四，一三一，二七○	—	六，二一一，二七○
卅二年	二，○八○，○○○	四，一三一，二七○	—	六，二一一，二七○
卅三年	二，○八○，○○○	四，一三一，二七○	—	六，二一一，二七○
卅四年	二，○八○，○○○	四，一三一，二七○	—	六，二一一，二七○
卅五年	二，○八○，○○○	—	—	二，○八○，○○○
卅六年	二，○八○，○○○	—	—	二，○八○，○○○
卅七年	二，○八○，○○○	—	—	二，○八○，八一二
共計	四八，一六○，○○○	一一一，八六一，○七○	一○七，一二一，七四二	二六七，一四二，八一二

3. 關稅築路公債計劃

關稅自主訂稅則頒行後，每年收入總額比較民國十七年可增加四千餘萬元。鐵道部計劃，擬以此項增加關稅之半數，撥充鐵道建設經費，發行築路公債，總額定爲三萬萬元，按七厘，九扣，分十二批發行，每半年發行一批，計二千五百萬元，分六年發行完畢。償還期間，定爲二十五年，第一年至第十年祇付利息，自十一年起開始還本，第二十五年還淸。

以上爲庚關兩款築路之計劃。至庚款已撥用於建築鐵道者已有比英款一部份。中比退還庚款協定，係在民國十四年九月四日簽訂，全數共美金五百萬元。所有用途支配規定以百分之四十交隴海鐵路，百分之三十五交其他國有鐵路，均作在比購買材料之用，其餘百分之二十五爲中比教育慈善之用。鐵道部承受是項庚款發行之美金公債，即依照協定，以二百萬元撥歸隴海自行動用，使全線得以早日完成，其餘一百七十五萬元，撥充盡瀆，株留工料款項，及購買車輛之用。庚子賠款英國部份，經中央決議，以其三分之二借充鐵路建築經費。因粵漢鐵路之重要，決定用作該路建築資金。後以換文規定，此項退還庚款一九三一年二月以前儲存部份，及以後到期部份之半數，均須在英購料，超過粵漢需要，而用於國內之款爲數無多，不敷粵漢工程用費。爰爲變通辦法，將倫敦購料之款，撥借一部份。分替現有已成各路墊購材料，藉謀整理，並規定各路所有墊款，分期歸還，將來卽以各路歸還之款，撥補粵漢國內工程不敷之用，一舉兩得。此爲英庚款支配之大概情形。

（二）利用外資築路

我國鐵路自有歷史以來，卽與外債爲緣，衍至今日，債務日深，幾至無法自救。借款合同各條件，頗極剝削，無怪國人之痛心疾首，而談虎色變也。然則外資尙可利用乎！嘗考各國築路往事，皆因利用外資而興强，要在運用得當耳。外資本身未足爲病，吾人應注意者，在於主權之無喪害，利益之無損失日則各國之過剩資本，未斯不可利用之，以開發我國富源。茲略述美洲强國利用外資築路事例，以資借鏡焉。

美國——美國鐵路建設時，中處內部尙未開發，地廣人稀，頗感人工及資本之缺乏，不得不仰給於歐洲工商業先進國家之餘資，其中尤以英國資金流入最多。自一八四九年加洲金鑛發現，歐洲之投資更形踴躍，如意利諸中央鐵路股票百分之八十六操於外人之手，而芝加哥及西北鐵路之理事會中有歐洲理事二人，可見國外投資者之勢力。自一八七三年以後，國外資金之輸入，因金融之變遷，互見消長，當時各大鐵路公司之國外股股本之情形有如左表：

	國外股本之百分比率	
	一八九〇—一八九六	一九〇五
ILL'inois Central	六五	二一
Pennsylvania	五二	一九
Louisville and Nashville	七五	七
New York Ontario and Western	五八	二
New York central & HudsonRivev	三七	九
Reading	五二	三
Great Northern	三三	二
Baltimore and ohio	二一	一七
Chicago, Milwankee and St, paul	二一	六

以上表觀之，美國五大鐵路公司股票之大半，皆在國外，其債票之推銷國外者，爲數更鉅。茲更依投資國別列表於左：

歐戰以後，歐洲資金之流出略爲減少，惟據最近調查，其總

（一八九九年正月）

美國	二，五〇〇，〇〇〇，〇〇〇元
荷蘭	二四〇，〇〇〇，〇〇〇元
德國	二〇〇，〇〇〇，〇〇〇元
瑞士	七五，〇〇〇，〇〇〇元
法國	五〇，〇〇〇，〇〇〇元
其他	三五，〇〇〇，〇〇〇元

數尚在二十萬萬元左右。由是以觀，美國鐵路事業之建設，皆賴利用外資，方有今日之成績。

南美各國利用外資築路事例——南美各國，以阿根廷，智利，及巴西爲富強。阿根廷人民每人平均之富力，在世界上爲最高，而其致富原因，即在輸入外資，以事生產建設。其鐵路線之長，在世界位居第九，然其全國鐵路除三路不計外，盡在英國管理之下，巴西鐵路以英國經營之路線爲最發達，亦爲全國中數目最多之路線。智利全國鐵路之里數，在一九一三年爲三千八百英里，內中智利政府所有者爲一九四〇英里，英國所有及管理者爲一八六〇英里，英人投資之總數爲一，〇〇二，三一〇，〇〇〇元。

上述三國鐵路外資輸入之方法，可分二類：

甲國有鐵路——國有鐵路利用外資之方法，復可分爲三種：

(1)政府建造，政府所有，及政府經營之鐵路，大率皆由政府舉募外債而成，其舉債方式，或由中央政府直接負責，或由鐵路借款而國家對鐵路債票加以保證；

(2)政府特許私人公司承築鐵路，給以長期之營業權，期滿之後，政府無償收回；

(3)私人公司代政府建築及經營，政府對於借款利息及本金，按期償付，然公司必以其純利償還政府。

乙、私有鐵路亦分二類：

(1)商辦公司建造，公司所有，公司經營之鐵路；

(2)政府建造，而售賣於公司之鐵路。

利用外資築路之理由——以上所舉美洲各國利用外資築路事例，可以證明外資未嘗不可利用。而我國興築鐵路利用外資，尚有特殊之理由在焉。何則？世界各國，正受事業不景氣之影響，生產過剩，急欲覓投資之出路，倘在此時與之商借鉅款，作爲建設事業之用，彼必願助我以過剩之現金及材料，且因各國資本之過

利，在其本國投資，利息甚薄，往往不出三四厘，而我國利率有高至一分者，兩者相較，每年節省利息，其數頗為可觀。

利用外資築路應有之政策——我國以往鐵路借款合同，大半由於外國之威迫所簽訂，且政府亦無確定方針，借權到手，當流入他種用途，結果債台日高，路政無法整理。將來再借外資，必須力矯以前失策，確立合理政策；否則，徒增鐵路負担耳。其應注意各點，分述於次：

1. 簽訂借款合同，應受主權上之損失，以前外人種種無理之要求，如用人權，購料權，存款銀行權，稽查賬目權，及行車管理權，應一概拒絕；

2. 訂立借款合同，不應受經濟上之損失，如過高之折扣，及分餘利之要求，皆應避免；

3. 借款之先，須有精密之研究，如借款之數目，過多則濫用，不足則工程停滯，担保品究以何種為最妥當，利率如何為最合宜，何年開始還本，凡此二事先應慎重考慮，方使借款不致虛糜；

4. 實行特別會計，尤為緊要；不然款項流入他途，一切還債計劃，隨時可以破壞，鐵路必至陷於破產狀態；

5. 借款時須有付息還本之儲積會計，以守信用；

6. 新借外資之性質及用途，絕對公開，以免國人之誤會猜疑；

7. 償債金價損失，應設法避免，我國為用銀之國家，償還外債勢必以銀元折合金洋。而金銀率常有變動，我之償債預算，勢不能有把握，如近年來之鐵路負債數目驟增，即受匯金變動之影響也。有人提議借銀還銀，則金融之變動與我無關，惟借款國必不肯接受，蓋人同此心，放債者豈願受意外之損失耶？鄙意以為在借款時，議定一公允之兌換率，雙方共同担負金融變動之責任，較為可行耳。

利用國內遊資

年來國內烽火遍地，人心不安，擁資產者皆趨通都大邑，以求安全，是以現金集中都市，銀行投資之機會愈感缺乏。目今政府急極推進鐵道建設事業，所在需要鉅量資本，銀行與政府正好通力合作，以都市遊資，投於生產事業，政府得早日實現建設計劃，銀行亦解決囤積之現金，實為一舉兩便。在昔政府所舉內債，不守信用，使人民望而生畏，不敢應募。此後應力矯此弊，確定借款用途，絕對不許挪用，同時指定的款，作為付息還本之担保，信用既立，資金不難吸收也。

凡南美各國利用外資之方式，吾人不妨採取以利用內資。其法即由政府指定全國路線與國防無關者若干，特許人民集資興造，歸政府担保每年利息，（其利息之高低，視國內金融市場之情形而定）若鐵路淨利超出此數，則政府分取其半，政府於該路開辦若干年後，每年付還資本若干，迨民款皆已退還，則該鐵路自然由政府所有。如採用此法，既可引起人民建設生產事業之觀念，又可免國家財政之窮困，願當局者有以圖之。

公務管理科學化

林疊

一、意義及特質

「公務管理」可以數方面解釋之，大略言之，公務管理者，不問政府之性質如何，直接行使政府之事務也，嚴格言之，公務管理爲節制一切政府事務之技術也，苟就廣義之範圍以公共事業觀察之，則公務管理者，行使及監督一切公共事業也。綜上所說，我人可言公務管理者，爲有系統之公共事業實施，尤以政府之事務爲主體。

時至今日，社會之環境愈複，人事之變幻日繁，政府與人民之關係，亦趨於密切，寖假而公共行政，漸見複雜，漸呈困難，公務員之責任，亦漸增進，以是公共行政管理之學說，成爲必要之技術。公務管理之目的，爲增進行政效率，對於公務員尤應有良好之訓練，對於行政組織尤應使之趨於完善，對於行政領袖尤應有精確之選擇。職是之故，公務管理之研究，實爲刻不容待，而其研究之目的，亦唯求夫減少行政之紊亂與耗費，而求得其最具效能之辦法。

二、研究之法則

研究公務管理時，我人當視任何行政事務爲一體，無國家與省市之別。研究之性質或有不同，其爲使行政機關之趨於完美，原料之善於利用則一，所謂原料之善於利用者，非僅指經費及物料已也，而人事之管理與夫一良好之行政，至求耗費之樽節，材料與精力之培養與夫最具效果之目的得達，故公務管理之原則，不外求其效率與經濟，此果不易得之也

公務管理應研求之問題可分（一）組織（二）人員（三）物料（四）財務四者，欲求其目的之得達，當首先以科學之管理爲依據。公務管理不僅研求其行政已也，亦應兼及立法與司法，蓋立法與司法之影響行政者，比比皆是，我人不可藐然忽之也。

結言之，公務管理已成近代研究政治之中心問題，各國大學皆應設立此科，以供學子之探討，而應國家社會之需要

三、起源與滋長

二十世紀工業革命以還，工商實業之擴展，科學方法之紹介，國與國之關係，因運輸交通之發達而趨於密切，國內外之政事

亦因之而擴張其範圍。以是政府漸成保持國家治安，培養國家實力之主體，無論何種業務，政府之責任已見增加，公務管理之技術亦因之而益見需要。人材之培育。以應付繁複之政事，至於今日，已成不可避免之事實。公務管理之科學及技術遂成二十世紀之一大產品

公務管理之需要，有其自然之原因在，行政費用之劇增，實爲最明顯者也，二十年來政府歲出之增加，較之昔日當在百分之二十以上，國之預算之確定成一複雜問題，且國家經費之增進，簡接的增加人民之負担，經費之樽節，實爲不可少緩之事，蓋以國際工商業劇烈之競爭，造成企求行政效率之熱望

今日世界各國企求行政效率最切者，莫過於美國，其故不外由於歐戰以前政府之腐敗與夫市政府之不良組織，二十年來政府亟加改進，預算制度之確定，中央購買代理之介紹，市行政制度之改良，造成任何行政權力之集中，至於今日，美國政府仍以集中行政權力爲目標，向前邁進，以求其目的之達到

四、科學與研究

欲求行政之修明，自以科學之管理爲尚，故有效率之公務管理亦可謂之科學管理。欲求科學之易於應用，則尤在研究之得法。公務管理而能實行無阻，端賴科學之運用精確，研究之不失根

據。是以一良好之行政家其思想本能亦必爲一有科學思想之學者與夫具有研究精神之科學家。近代行政能不利用科學技術，而勝任愉，實不多覯。即以管理牢獄，教養貧病而言，其獄吏教養人員亦非具有專門之能力或豐富之經驗不可。故執政者之資格，一言蔽之，須具有專門之才識科學之智能而已

然則科學與管理之關係如何，最要者當向組織研究所始，所以集合科學家之精力與才識，作有益於公務管理之探討，實綜合科學與管理之良法也。美國有鑒於斯，三十年來極力提倡及創設研究會社，至於今日，美之研究所設立遍全國，要亦各與其統一研究之性質及範圍。

美國研究所之創設，一九〇六年紐約市政研究所（New York Bureau of Municipal Research）啓其端，繼起者風起雲湧，遍及全國，一九〇八年費徥達而斐亞(Philadelphia)，一九〇九年新新納底（Cincinnati）一九一〇年西特西(Seattle)與芝加哥（Chicago）等處先後成立研究所，省研究所始自一九一三年渥哈渥省(Ohio)，亞立叢那（Arizona）與紐約(New York)於一九一四年一九一五年繼起創設。至一九一五年而有國家研究會社（Governmental Research Association）創立，所以交換各省各地研究探求之所得，於每年與國家市政聯合會（National Municipal League)同時舉行會議於紐約。迨一九三一

年國家公務管理研究所 (National Institute of Public Administration) 成立，由哥崙比亞大學 (Columbia University) 聯絡助成之。其後又有罪犯統計，社會事業，及衛生等研究組織之組成，而造成今日研究所制度全盛之美國。

美國各大學及專門學校亦漸有採取公務管理研究所之組織。經一八八七年威爾遜 (Woodrow Wilson) 之鼓勵，哥崙比亞大學首先注意公務管理之一科，一九一〇年美國各大學對於公務管理之注意少衰，漸轉移於市政管理之研究，而政治學之理論亦漸起而代公務管理之技術，其後一九〇三年至一九一八年間，威斯康新大學 (Wisconsin) 由教授梵恩海絲 (Van Hise) 領導又注意及公務管理之研究，其他如約翰浩布金思大學 (John Hopkins) 之教授衛羅倍昆仲 (W,F. and W.W.Willoughby) 及伊立諾大學 (Illinois) 之教授范阿爾(J.A.Fair lie) 等亦主注重公務管理。然歐戰興，美民皆於征戎，無心研究。至一九二〇年芝加哥大學正式成立公務管理學院，而確定對於此項科學之重要，一九二八年加利福尼亞 (Universitg of California) 及其他各大學更有經務行政之設，於是公務管理正式成爲美國優良學術之一。

一九二四年美國政治學研究會 (American political Scrincie)Assection) 舉行公務管理圓桌討論會，後遂成爲每年之例會，一九二八年社會科學研究院(Social Science Research Council)創立公務管理研究委員會。

根據上述，我人可知近十年來，公務管理被學者所推重如何，雖然有效能之管理，確爲我人所應探討尋求者，何況處此世界經濟政治制度不景氣之時代，公務管理之成治學之大宗，蓋非無因焉。

五、組織諸問題

政府之組織，有如機械，不獨須使機輪便於滑動，抑且有求其出品之快速精良，政府亦然，一有效能之政府必須有行政管理上之特點，且不獨一意孤行已也。所謂政府之效能者節省浪費管理得當也，欲求行政之有效能，首在科學之管理，俾得節省時間金錢與精力，換言之能使組織趨於單純而有效，人材之易於運用，財政力量之加增也，故科學管理實爲工商業制度發達國家秉政之要務，而科學管理之獲得首自公務管理學術與技能有深切之研究始。我人欲求行政效率之實現，當先求人員之能有專門學識，易於發揮其本能，專門人材如何造就，亦曰自公務管理之能發達始。爲官員有專門之智識，而忠於所事，勤於所事，則效率不待求而自得，行政不待興而自興。

歐戰方興，軍事政府宣告成立，首要者爲組織使之簡單，經費使之緊縮，人才與財政之運用使之集中，故其組織應就其目的或職能而決定，組成完全 (Jntegrated) 之分部或分局，而不以實在工作活動性質爲根據。每部之性質爲一般的職能 (unifunctional) 換言之每部應務者爲普通之事務，而以專門職能，分工之事務，隸屬於其下。故完全分部之制度，實爲集性質相之同事務於同一部或局之組織下，各項事務，分隸其下，工作時相互發生利害之關係而非絕對獨立者。請證例明之，陸軍海軍兩部之職能，均以國防爲目的，所異者其工作耳，我人自應將此兩部，歸入一部下，而名之國防部，方合完全分部之原理，又如交通與鐵道兩部，其目的及職能亦相同，所異者亦僅就其工作情形而言，故亦應併成一部，而總名之交通部。近代行政組織之原理，爲經濟及效能計，部或局之組織應減至至少限度，而每部可由一行政長官總攬其樞紐，以免各部之工作之趨於分散。

行政之組織，或爲部與局之制度，或爲議事會(Board)或委員會之制度。前者任集中于一人，以分部或分局爲佳，如責任分散，則以議事會或委員會爲得當。兩種制度皆經採用，普通部與局最適合於單純行政性質之事務，而議事會與委員會則合於半立法，半司法之情形，或政策方針之決定與實行，此兩種制度之不同。亦有事務須合於兩種制度者如教育衞生警務慈善事業，則應訂定法規，俾二制可以見諸並行，而無抵觸。所謂法規之訂定者乃指議事會或委員會與行政長官（如教育機關長官，衞生機關長官及警務委員會委員長等）之織任而言，務使二者相與爲謀，互，其法或爲將所有各種權力歸入議事會或委員會，而以行政長官生關係處理一切事務，或以此二種性質之制度，完全分立，而生互助互惠之關係。無論採取何法，總以責任與權力之分配明瞭爲首要，然則議事會或委員會無論如何無行政行施之職權。

議事會或委員會組成之人員，有爲專任而支薪如一般官員者，有爲其他機關官吏兼任，二者以何者爲佳，殊無定論，總以委員會之性質工作之繁簡而定。一工作極爲沉重之議事會或委員會，當然不能以兼任之委員組成，否則成事不足，僨事有餘，然遇工作簡易且不必常到會辦公之議事會或委員會，自以聘請不支薪而兼職之官員較佳。

我國組織紊亂，委員會之成立，不計其數，遂致一般官員常須費許多之時間，出席會議，結果非特無成績可言，抑且有瀆於本職，良非上策。故我國政府應設法減少無用之委員會，停止召集無謂之會議，俾官吏能專心任事，而使行政之實效。

且也，我國官吏大半才識簡淺，對於行政事項，皆不能勝任愉快，公務人員之養成，行政能力之訓練，實不容稍緩，是以欲圖修明我國吏治，當自提倡公務管理始，公務管理之學興，而人員之能力增進，健全之組織可以實行，昭著之行政可以發始，中國之復興，實利賴之。

參攷書籍介紹

W.F. Willoughby: Pvinciples of Public Administration
The Brookings Institution, Washington, 1927.
L.D. White: Introduction to the Study of Public Administration
The Macmillan Company, New York, 1933.
L.D. White: Trends in Public Administration.
The Cnicago Press, 1933.

訂定鐵路貨物聯運特價之芻議

吳紹曾

一 現行聯運運價遞遠遞減制度概觀
二 改進現行聯運運價之辦法
三 另訂聯運特價之舉例及步驟
四 美國施行聯運特價之成例
五 我國施行聯運特價意想中之效益
六 結論

一 現行聯運運價遞遠遞減制度概觀

我國鐵路辦理貨物聯運有年，顧對於聯運貨物之運費，向依各路普通運價合併計算，無所謂聯運運價。至民二十二年第十六次國內聯運會議，始議決聯運運價遞遠遞減百分率，即運輸滿五百零一公里至六百公里，照定額減收百分之一，自此每進一百公里，再減收百分之一，至全程超過二千五百公里減收百分之二十爲止。經鐵道部通令於同年十一月一日起試辦一年；本年十月三十一日期滿，復經部令繼續施行一年。此種辦法，係本愈遠愈廉之旨，於維持鐵路運輸成本之中，兼寓獎勵貨物長途運輸之意，不可謂非一大進步。然在地大物博之中國，則尚不足爲貨物產運銷之充分助力，試言其故：

所謂遞遠遞減，不過減其超越某距離後每公噸每公里之運價率，按其運費本身之總數，仍爲加而非減。例如列入四等之生梨蜜橘，由上海站運至蚌埠，經行四百八十七公里，其不滿整車之運費，每五十公斤約爲銀六角五分，合每公斤一分三釐。倘由杭州運至天津，經行一千五百零九公里，則就每五十公斤爲銀一元八角一分，減除百分之十一，爲銀一元六角一分，合每公斤三分二釐強，比較增加運費一倍有餘。又如列入五等之豆，由徐州運至常州，經行四百八十五公里，其整車運費每公噸約爲銀九元七角七分，倘由包頭至常州，經行二千零八十七公里，則就每公噸約爲銀四十九元二角，減除百分之十五，爲銀四十一元八角二分，比較增加四倍有餘。故事實上貨物運輸愈遠，其擔負之運費愈昂，而所增運費有多至數倍者。此於產運銷三方面，實均有巨大之影響：

(甲)生產方面　貨物之在消費市場，其售價大率受普遍性之市價所束縛，非品質特別優異者，莫能外此。故其預定售價，必與市價相近，方能參加競賣；否則非被排拆，即致虧損。運費一項，所以加重其成本，提高其售價者也。運費既愈遠愈昂，則貨物之運輸，勢必達於運費恰當其負擔能力而止；過此，則因成本過重，售價過高，無以立足於消費市場，勢必裹足不前。例如河南之棉，歲產約一千六百萬公斤，(根據二十二年份統計)而見於上海等市場者，寥寥無幾。又如四川之米，歲產約一萬二千萬石，川境自給餘，然距離較遠之南京上海等市場，鮮有川米可得。凡此皆爲交通與運費(當然不止鐵路運費一端)所限，致其運銷局於一短距離之範圍，形成供過於求之狀態。結果，自惟有降低其價值，因而縮減其產量。陝西之棉，號稱名種，顧所產祇五十萬公斤，(二十二年份統計)其爲未盡地力，彰彰明甚。又如二十年份陝西產米二千一百餘萬石，二十二年份竟縮至一千三百九十餘萬石，雖年歲有豐歉之不同，要亦由於人力之未盡，無可爲諱。

(乙)運輸方面　鐵路對於貨運，不徒爲其本身有利之營業，抑且貨運愈多，愈足顯示社會經濟發展之徵象。故於推廣貨運一端，必須以全力赴之。今以運費關係，使貨商非至不得已時，不願遠道運入運出，否則，或改趨水道公路，或竟停運，是鐵路本欲顧全其貨運之成本者，轉致無貨可運。例如江蘇省雖以產米著稱，而京滬路，依據近時統計，只有本路各站間少量之運轉；其由京滬路過江北上者，爲數尤尠，可就知下表之。

京滬路各站運米概况表(本路運輸)

——自二十二年九月一日至十二月三十一日——

重量(公噸)　到達站／起運站	丹陽	鎮江	棲霞山	南京	南京江邊海	計
蘇州		○・七五七		三一三・二七九		三一四・○三六
無錫		四・一九五		二、七四三・一六七	一、三九九・○八○	四、一四六・四四二
常州	一・七七三	○・一九九		五・八八九		七・八六一

丹陽		〇・〇九五				〇・〇九五
鎮江			二・二七六	〇・一五八		二・四三四
共計	一・七七三	五・二四六	二・二七六	三、〇六二・四九三	一、三九九・〇八〇	四、四七・〇八六八

▲京滬路各站運米概況表「聯運運輸」

—自二十二年九月一日至十二月三十一日—

重量（公噸） 卸貨站 起運站	徐州	濟南	南宿州	兗州	德州	開封	福履集	滕縣	棗莊	天津	桑園	合計
蘇州										〇、〇九一		〇、〇九一
無錫	五四八、五四〇	八九九、〇二五	三〇、〇〇〇	三〇、〇〇〇	六九、八二五	四〇、〇〇〇					四〇、〇〇〇	一、六五七、三九〇
常州							二、四九〇	〇、一六三	〇、三三五			二、九七八
丹陽												
鎮江												
共計	五四八、五四〇	八九九、〇二五	三〇、〇〇〇	三〇、〇〇〇	六九、八二五	四〇、〇〇〇	二、四九〇	〇、一六三	〇、三三五	〇、〇九一	四〇、〇〇〇	一、六六〇、四五九

在去年收成期內，京滬全線上行運米，總數不過六千餘公噸，占全部產量之極少數。而此六千餘公噸，又大多數僅在本路範圍內運轉：其運往大江以北者，祇一千六百六十餘公噸，不足全數百分之二十八，亦足證長途運輸之不旺也。

（丙）銷售方面　任何貨物之銷售，以供求平衡爲良好之景象。如供過於求，則其價低落，將使生產者辛苦所得，不償所失，生產必至縮減。反之，如求過於供，則其價高昂，消費者必有生活艱難之感，而銷售亦受阻滯。如貨物在主要生產地既不能儘量生產，在主要消費地復不能儘量銷售，其結果必致各地均不能有無相通，適爲外貨造機會。故以農業著稱之我國，乃有向國外仰給農產品之怪象。據民十九年份米麵棉三項輸入統計如下：

米	一九·九三一·九一八擔	一二一·二四四·七六八（海關兩）
麵	五·一五〇·三〇七擔	三一·五五六·三八八（海關兩）
棉	三·四七四·八六九擔	一三三·一三五·五六七（海關兩）

三項輸入總值二萬八千六百萬關海兩弱，約合國幣五萬萬圓。此外如外國進口之百果，據二十二年十二月份統計，價值達三十三萬海關金；以全年計之，又在四百萬海關金統，即國幣八百萬元以上。此其影響我農村經濟爲何如！溯其原因，無暢非由於主要生產地與主要消費地供求不能相應，以至本國貨物不能暢銷；而就其所以致此供求失調之故，一則交通之梗阻，一則費之高昂；否則即或有時仰求於外，數量亦決無如此之巨，可斷言矣

二 改進現行聯運運價之辦法

抑就現行聯運遞遠遞減運價本身論，似亦尙有未盡妥適之處：如規定五百公里以內不減，則在此距離以內，屬於某種競爭情勢下之貨物，其運輸里程較近者，必操勝算，未免有失公允，一也。聯運運價既組合各路運價，益以遞遠遞減之減除，各路加價

之加算，手續繁複，不特客商計算爲難，平時無從明悉運費之數額；而在路員方面，亦感計算不易，致塡發貨運收據或提貨單，輒多遲誤，二也。二千五百公里以上概照百分之二十核減，是使運輸二千五百公里以上之貨物，不能更享減價之優待，有違愈遠愈減之本旨，三也。凡此對於貨物聯運，均不免爲一種阻力，尤以大宗之長途貨運爲然。爲發展鐵路貨運，並爲疏運貨物，以助長國民經濟之繁榮計，現行聯運運價遞遠遞減辦法實有進一步改訂之必要。茲依蠡測所及，貢獻五點如左：

(甲)原定不減運價之五百公里里程宜酌量縮短，使各方貨物多得參加競賣之機會。（按第十七次國內聯運會議，已議決將五百公里縮短爲三百公里，其聯運運價亦自三百公里起至二千五百公里，遞減至百分之二十二爲止。）

「乙」打破各路普通基本運價之限制，另訂各級里程距離各路共同適用之聯運基本運價，使路商雙方免除核算上之麻煩。

「丙」將二千五百公里定爲運輸最高里程，過此以上，一律按照最高里程運費計算。

「丁」依據上述原則，酌改訂現行聯運遞遠遞減運價，施諸一般的聯運貨物。

(戊)各路分配聯運運費，現僅按各本路應得之普通運費比例攤派；(所謂Proportional Rate)今後似宜補充兩項辦法：卽(一)按貨物經行各聯運路之里程比例攤派；(所謂Milage Rate)(二)按各聯運路互相認可之固定百分率攤派，(所謂Arbitrary Rate此法在貨物經行起運路或到達路里程過短或其他特殊情形之下，可適用之)隨時斟酌選用，期更公允。

三　另訂聯運特價之舉例及步驟

至在特殊情勢下之貨物，有不可以常理論者，則當斟酌下列三種情形，另訂聯運特價，不復受上述普通聯運運價之拘束。茲舉例如左：

(甲)例如有某路由甲至乙，長三五〇公里，又有一連接之路，由乙至丙，長一五〇公里，兩路總長五〇〇公里。由某種貨物由甲直運至丙，應繳聯運運費二百元。假定若甲點另有一路至丁點，長三〇〇公里，復有一路由丁至戊，長亦三〇〇公里，更有一路由戊至丙，長二〇〇公里。(詳圖一)若此三路因建築成本較輕，或行車費用較省，對於該項貨物運輸全程，依普通運價計算，亦只共收運費二百元；則該項貨物，倘不直捷由甲地運往丙地，而繞道經由甲丁路，丁戊路，再由戊至丙，則照現行聯運遞遠遞減運價算計、應減繳運費一百九十四元。(全程八百公里照現章運收百分之三)如此，商人爲輕負擔計，必樂於繞道，不願直運，而甲乙與乙丙兩路之運輸必致受其影響。在此情形之下。其甲乙與乙丙兩路聯運必須與甲丁，丁戊，戊丙三路聯運收取相同之運費，以保持其平衡。(卽所謂Epualized Rates)

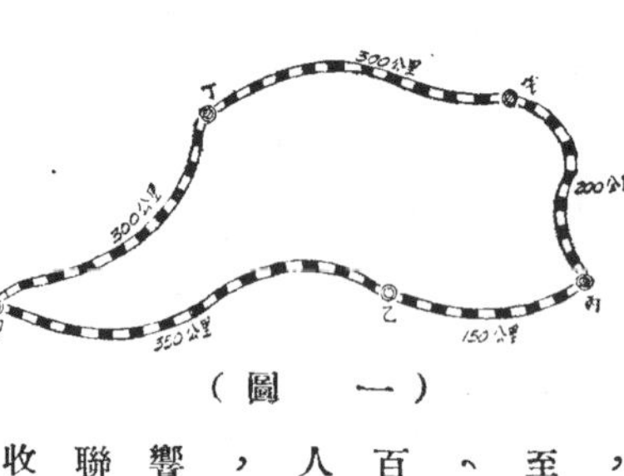

(圖　一)

(乙)例如有某路由甲至乙，長三五〇公里，又有一連接之路，由乙至丙，長一五〇公里，兩路總長五〇〇公里。若同時另有甲丁，丁戊，戊丙三路，由甲地起繞道至丙，總長七〇〇公里。更有水路一條，亦由甲地起繞道至丙，長八〇〇公里。(詳圖二)如是，甲地卽爲三路同起之點，丙地卽爲三路同訖之。點(所謂Competitive Points)倘某種貨物由水路自甲地運丙至地，因水運成本較輕，或因與鐵路競爭關係，繳納較廉之運費(譬如二〇〇元)；則繞道之甲丁，丁戊，戊丙三路及甲乙與乙丙

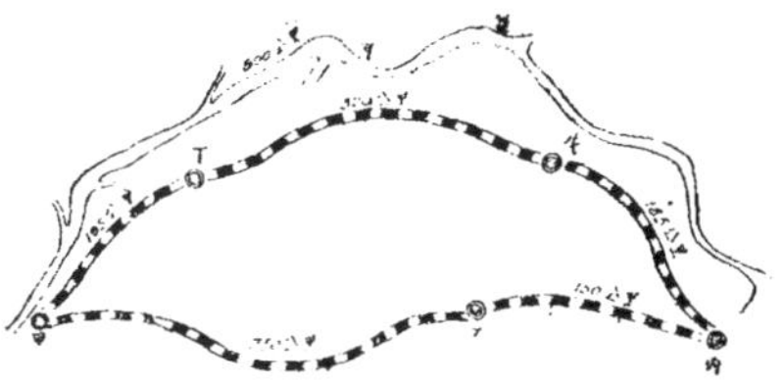

兩路對於具有競爭關係之聯運貨物，均不能不與水運收取相同之運費，以事招徠。但在鐵路中途之乙點及戊點非水運競爭勢力所趨，（所謂Non-comPetitYepoints或Intermediate Points）其由甲至乙，或由甲經過丁至戊之貨物，則不妨收取與由甲至丙之相同運費，以資調劑。

（圖二）

（丙）例如某路由甲至乙，長三五〇公里，又有一連接之路，由乙至丙，長一五〇公里，兩路總長五〇〇公里。（詳圖三）但丙點爲海口市場，各國貨物麕集於此，競賣甚烈。而其沿線之地點，爲內地市場，不屬外貨競賣範圍。在此情

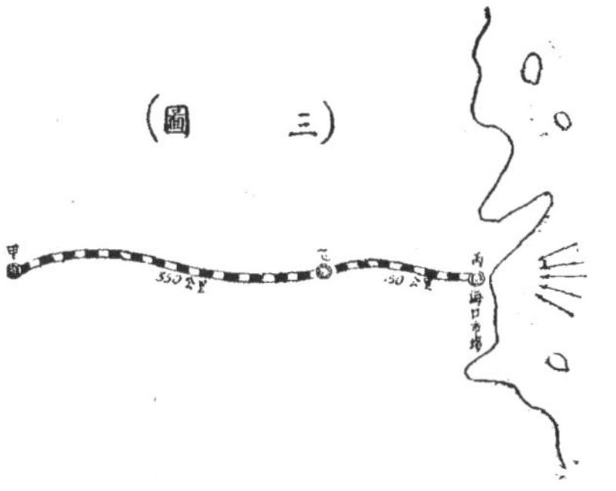

（圖三）

形之下，如有某種國產貨物由甲點運至丙點，爲增加其競賣力量計，必須施以特別低廉聯運運費；（譬如二〇〇元）而該項貨物由甲點運至乙點，雖運輸里程較甲丙兩點爲近，但無競爭關係，亦不妨收取相同之運費，以補償鐵路之損失。

蓋在鐵路與鐵路競爭，鐵路與水路或公路競爭，貨物與貨物競爭，或市場與市場競爭等特殊情形之下，對於貨物運輸，誠非施以聯運特價，不足以資應付也。

（甲）考查鐵路運輸上之各種競爭情形；

（乙）考查貨物之本身生產成本；

（丙）考查本國貨物之普通市價；

（丁）考查國外輸入相等貨物之售價；

（戊）酌訂每公噸「整車」或每五十公斤（不滿整車）運輸自某地至某地之，最低運費，總以使貨物於生產成本及運費相加後，尙不超過各市場之普通市價，並能與國外輸入相等貨物競賣爲標準。

此外，猶有可分別考量者二端：

「甲」貨運之方向　貨物運輸方向不同，競爭情勢亦異；而鐵路行駛之車輛又有回空與非回空之別。故在訂定聯運特價時，雖屬同一貨物，同一里程，亦可攷查其運輸之方

向及有無同空車輛之情形，施以不同之運價。

「乙」貨運之季節　鐵路貨有運淡季旺季之分，若論與水路競爭，復有水漲水涸之別；大抵水漲時競爭較烈，水涸則反是。故對於貨物聯運特價，亦不妨規定在貨淡季時適用，在旺季時取消，在夏季水漲時適用在冬季水涸時取消。

總之，一方須能吸引貨物報運，使鐵路運輸效能；可因此充分發揮；一方又須參酌運輸價值，使鐵路營業，不因此而受無謂損失。（例如運輸價值本爲百元，若特予減收五十元，則在貨商爲非分之利益，而在鐵路爲無謂之損失）。

四　美國施行聯運特價之成例

上述聯運特價打破里程遠近，及各路普通基本運價等種種限制。論者或將認爲難以實現，實則此種運價，即類似在美國通行已久之「單一運價」(Blanket Rates)或「郵票式運價」(Postage Stamp Rates)也。

考美國鐵路於一八九八年六月，施行特種單一運價，（即不問貨運所經之途程，收取同一之運費。）無論分等與不分等之貨物，均予適用。例如自米蘇里河(Missouri River)起以迄大西洋海岸止，由此境內運往太平洋沿岸之貨品，其訖點無論近米蘇里河或運近大西洋岸之地，其運費皆按單一制規定之。又如新英蘭區內西向運輸之貨品，亦按特種單一運價計算，意在使新英蘭之製造家得將貨品西運，以與鄰近原料產地之工廠爲優勢之競爭，不致新英蘭失其繁榮也。至適用此種單一運價之貨品，則凡易爲水運吸收之貨，均包括在內。如東部波士頓市所產之革履，運至西舊金山，本有兩途可循；一爲經由橫亘大陸之鐵道，一爲經由水路穿巴拿馬運河而達舊金山。鐵路方面爲恐此類運輸營業，爲水路奪去，故施以特種單一運價。又如西部加利佛尼亞省之橘，若運至紐約售賣，必與東南部佛羅利達之橘起競爭作用。倘按平常運價收費，則加利佛尼亞之橘商，將因虧折裹足不前，而鐵道路運輸及人民消費均將受其影響，故對於此類貨品，亦施以特種單一運價。

五　我國施行聯運特價意想中之效益

我國產業落後，所僅有之產品其與民生關係之深切，及與外貨競爭之尖銳，殆十百倍於波士頓之革履與加利佛尼之橘，豈不應採用類似之聯運特價。綜其效益，可舉顯而易見者數端如次：

（甲）貨商對於聯運特價，確切明瞭，運若干貨，納若干費，屈指可算，必樂於鐵路接近；而路員因計算便利，塡發貨物收據或提貨單等手續敏捷，愈增貨商之信仰。

（乙）此項聯運特價實行後，各種產品倘在近地不能得善價而沽者，必不憚運往遠方，以求較厚之利益。例如四川之米運至河南鄭州後，近則運往漢口，遠則可運往江浙各都市，於成本毫無影響。於是以有濟無，以羨補不足。乃收供求平衡之效；而價格亦不致過分高漲或過分跌落，農村暨一般平民實同受其惠。

(丙)本國產品有無得以相濟，各地除必不得已外，自不致傾向於販售外貨，故可於無形中減少國外輸入數量而本國產品之地位，不致被其侵奪。

(丁)我國各項生產事業所以未能充分發展者，大率以所產之品未能獲利所致。果能遠運以求善價，勢必趨鶩不暇，不致怠於經營。例如陝西長安渭南諸縣之棉，四川之橘，上海龍華及太倉之桃，均可遠屆千里之外。物旣盡其用，地亦盡其利，於是生產總動員之理想，可期於實現。

(戊)聯運特價比較劃一，將使各項貨物無論遠近，咸有平等競爭之機會，則孰勝孰敗，不在於所耗運費之多少，而在於本身成本之輕重，與夫品質之優劣。欲求成本輕，品質優，勢不能不謀生產與管理方法之改善，以冀戰勝市場。此亦不失爲制定聯運特價之一種附帶作用也。

六 結論

綜括本文所述，大致如左：

(一)現行聯運遞遠遞減運價對於貨物之產運銷三方，尙未能與以充分之助力，亟宜斟酌改訂。

(二)鐵路對於含有競爭關係之貨物，爲使有平等參加競銷之機會，不能不施以一種比較劃一而低廉之聯運特價。

(三)訂定此項聯運特價時，應同時考慮下列四端：

(甲)各路運輸上之競爭情形；

(乙)貨物銷售上之競爭情形；

(丙)貨運之方向；

(丁)貨運之季節。

(四)施行此項聯運特價，不惟減省手續，調劑供求，且足以防止外貨之傾銷，發揮地理與人工之效用，而促成生產之之總動員。

顧所謂聯運特價，在我國猶爲一種理論，如何措之事實，推行盡利，非集多數鉄道專家縝蜜研究不爲功。誠以運價問題，極精微複雜之致，本文僅能引起端緒，將來如何因地制宜，因時制宜，因勢制宜，乃至因貨物而制宜，爲適當之規定，固有賴於各專家高瞻遠矚，爲神妙之運用也。

公務管理論

任家誠

一 緒言

世變因循，政制沿革，封建而專政，專政而民主，今更有新制之紹介，而諸說紛紜，莫衷一是，意德因墨索里尼希特拉之變政，而有法西斯政治之採取，英美因襲舊制，努力革新，從事復興。溯美自恩傑羅傑克森(Andrew Jackson)執政以還，百餘年間，民生之改進，國基之鞏固，政策之確定，建設實施，曾未變更其初旨，而有豪强富國之今日，然其行政方策之改進，政府人民之繫聯，因時而異，固未嘗遲滯於中途也。今更有懷特(L. D. White)衛羅培(W. F. Willoughby)二氏本促進行政效能之旨，爲政府求利益，創公務管理之學說，英儒應之，寖假而成世界治學秉政之一大宗派，開實際政治學之先河。數年來各國致力於斯學者，風起雲湧，盛極一時，各國先後採取其精華，擷摘其綱要，而引之爲治國之大本，英美德法先後有公共行政研究會社之創設，而尤以美之布魯金斯行政研究社(The Brookings Institution)英之公務管理研究社(Institute of Public Adminisration)及德之國內經濟研究社(Deutsches Institute fur Wirtschaftliehe Arbeit)爲世界著名研究之團體，將來貢其所得於政府，以爲執政之先導南針，其益良非淺鮮也。

溯自工業革命而後，機器工業起而代手工業，資本主義之勃興，貴族政治之顛覆，造成政府與人民合作之趨向，人民因政府而生存，政府因人民而維繫，民無國不存，國無民不立，人民與政府之關係漸因工業之發達而較古代爲密切，政府凡百設施，無不爲民，餉糈浩繁，亦無不求於民，所謂役於民求於民者也。政府既因民而立，則國家之責任當單純的爲人民謀福利，爲人民撙費用，以半數之金錢求加倍之效率及設施，俾人民以最低之代價，得最佳之權利，是近代政府治政之本，要亦政府應求之事也，根據此原則，近今各國莫不求所以獲省費用善治人增效率之法，而公務管理尚矣。

我國內有紛擾，外有淩逼，經濟之窘迫，政治之日蹙，至於已極，政府效能之增進，國家費用之撙節，人材之培育，實爲不可不爲之要務，而公務管理之理論與實施之紹介，在我國實刻不容緩。然我國人民泥守舊法，不事革新，有以新政創者，則搖其手以爲不然，公務管理之學術法則，殆又將受同一之歧視，紹介之以爲救國之良圖，恐不可得，余草斯篇，蓋亦深有所感。雖然，所幸者，行政當局，已有行政效率研究會之創，一旦而倖或能得國人之同情，羣起研求探討，則中國之復興，有厚望矣。

二 理論

方今各國，互爭世界之霸主，不惜以重資增加其軍力武備，努力設施經濟之建設，竭其所能以求政治地位之鞏固，美國羅斯福總統之復興運動，白銀政策，其明例也。然政治之制度不良，吏治之法則不明，雖盡耗其財力於物質之建設，將無以竟其全功，益以政治不穩定，人民對於政府之印象淡薄，不願竭其智能，盡其財力以輔助之，則空言軍備，空言建設，實無補於實質，倘然，政治制度不良，政府無建設實施之能，不能取信於人民，更無法馭制其境地，又安能求軍備經濟之改進，故救國之本首尚改進政治。

改進政治何自始，曰始自求政府效能之促進，效能既能促進，官吏可統馭有方，而才者智者得以盡其所能以貢獻其國家，財政狀況可以改進，樽節浮費，而人民之負担可以改輕，減輕人民

負担，間接以增加人民之財富，經濟之發度雖不改革亦將自趨於善境，且行政效率而促進，則分工之制可以見諸實行，懷材者得以展其鴻猷，財政人事之問題將趨於完善，則國不待治而自治，政不待革而自革，公務管理之有重於國家，亦已甚矣。

且也近世之執政，無通盤之籌劃，俾有益於人民國家，尸位素餐，得過且過，雖高唱改革，固不知應革之所在，然後爲其所不當爲，務其所不當務，事之有以富民益民者，棄之而不知，事之有損於富民益民者，任之而茫然，將何以求乎治政之平，將何以求乎革新之策。苟執政者能於公務管理之理論深有研究，公務管理之實施，深有經驗，則一政興足以富民，一政興足以益民，求國之鞏，求民之安，指顧間事耳，復何患政之不治者哉。

是以公務管理，實爲近今治政者不可多得亦不可少之學術，爲改革政制，建設經濟軍備之要導，有其不可消失之重要性在，謹詳述以證明之。

三 原則

公務管理者，乃行政之實施，出之以有系統之組織，完備之計劃，有以達效率之增加，費用之樽節，而以立法司法二者，爲依據者也。在我國可謂並考試監察而包括之。世人多以爲公務管理僅爲行政，則似非盡然，蓋司法立法等等，足以影響行政者，

比比皆是，欲求行政之易於實施，功效之易於獲得，非顧及司法立法攷試監察四者不可，然就其狹義定理言之，則視公務管理爲行政，亦無不可。

國家之興否，人民之安攘，世界政治經濟之變遷，固有以造成之，而內政之革新，經濟政治制度之確立，未始不可補救於萬一，昔荀子嘗者「主能治近，則遠者理，主能治明，則幽者化，主能當一，則百事正」，蓋指國家之興否，人民之安攘，胥有待夫政之脩，治之明也。人民以政事幸福生命安危付之政府，而善惡興化，能治與否，安謐與否，應視執政者之然否，欲求政治之明，自必先有完善之計劃，處理政務，進退有序，無重複脫節之弊，一政之興，不離乎人民之要求，一政之興，不脫乎司法立法之規定，以强有力之全權政府，出之以有秩序之手續，以處理政務，一方不脫人民之需求，一方不弛司法立法之原則，此所謂公務管理也。

公務管理之原則亦必依據其定義，而規定之如下：

甲　無論中央或地方之管理，務須依憲法之規定，行使其應務之行政事務。

乙　每種行政事務，應分派成爲各明顯之組織而有一定之國家機關，依法執行之。

丙　行政之事務之分工，大別之可分九類如下

一、政治　二、法律

三、財政　四、國防

五、教育　六、社會

七、經濟　八、外交

九、地方

丁　公務管理之原則，大別之可分四大類如下

A　組織

B　人員

C　財務

D　物料

四　行政事務分工之說明

國政府取給於其民，而培養保安其民，政務繁複，無論社會民情，經濟保安，端賴政府善爲計劃，俾人民能獲其實利，此政府應盡之職責，亦人民有求於政府者也。政府之責任亦惟盡於保民衞民而已，故政治，立法，財政，教育，國防，社會，經濟，外交，地方之分工，實爲不可忽視之步驟，要亦爲研求公務管理者，所應加注意者也。

一　政治　此處政治，蓋指一般之行政設施而言，如政策之決定，何者當興，何者當廢，何者應出之以完美之策略，何者可

以稍忽，總之，就其國情民俗，立法司法之不同而異耳。如行政計劃設施之大綱，確定每年度或每時期各分組應務之事項，應取之步驟及手續。又如政治之組織，因國情及其歷史上之背景而異。文官服務之範圍，參將職責之所在，要其有關於行政計劃之確定，方針之採取，俾一般行政之機關可以奉之爲行使職權之依據，皆屬於此。

二　法律　或曰法律非屬於行政者也，何亦歸之公務管理行政事務中，立法之進退，對於行政之事務之關係，前已明言之，是立法之一部份，亦不容不爲研究公務管理者，深加研討，何以故官吏之職權，皆有賴乎法律之規定，一事之細，一金之微，莫不根據立法，且如條約之簽訂，仲裁之決奪，會議之召集，條例之頒佈，行政官吏固亦有其職權，要必以法律爲依據者也。抑有進者，政治之設施，有關於半立法 (Quasi Legislaai e) 半司法者(Quasi Judicial)，如多數行政機關可自動通過法令，或決奪案件，通過法令，立法之職權也，決奪案件，司法之範圍也，而取決於行政機關，此半立法半司法之謂也。

總之，行政不能離法律而獨立，而法律亦不能脫行政實施之可能與否而貿然決定，是行政與法律有極密切之關係在，是法律之事務，不容不爲公務管理所研究也。

三　財政　凡百設施，莫不有賴乎財，人無財不能自存乎世，國無財不能孤峙於世，此無論亞當斯密司 (Adam Smith) 以至梅喬陶格拉斯 (Major Douglae) 莫不以金融財富爲行政之要素，蓋金錢非特有其購買能力，且爲一切力量之主體，否則餉糈浩繁，政務紛陳，非財將何之應付，故財政問題，不容不視爲行政要務之一也。所謂財政者，蓋指徵稅及支出之數量，及原則之決立，金融幣制之統馭，銀行信用之限制，審計估值之確定，要以少求於民，而獲較好之成績爲目的。是審察弊誤，撙節費用，應爲財政之要素，弊誤可以消弭，費用可以撙節，人民之賦稅，旣以減輕，而國家之財富，可以增厚也。昔荀子嘗云「聚歛者，召寇肥敵，亡國危國之道也，明君不蹈也」，聚歛可以困民危國，此財務行政之大戒，亦治國者。應加注意者也。

四　教育　孟子曰「以善養人，然後能服天下，不心服而王者，未之有也」，故民智之倡，文化之興，治國秉政之要道也。丹麥蘇俄之有今日，亦端賴教育之提倡，文藝之復興，故教育制度方針之確立，亦爲行政職務之一大要素，其應注意者，不外普及教育之設施，文化程度的提高，智育研究社之組織等等。

五　國防　國防之有重於國家，無待論矣，我國兵多甲天下，而不能抵抗異族之侵陵，有喪師失地之恥，國防之注意，無時可以稍弛，軍隊組織之完善，紀律之整飭，軍備之擴充，政策之確定，此國防之要素也。

六　社會　民聚族而成團體，團體進而至國家，是國家者，社會也，故社會事業，國家應加提倡改善，財政制度及教育制度之改良，於人民爲間接之利益，而社會事業之倡，則直接應乎人民之要求，如衞生健康事業之興，慈善救難機關之創，失業保險贍養獎金之積聚，分貧富分配婦女問題之解決，皆屬之於社會事業者也。

七　經濟　在今日工業發達之時代，無論爲資本主義，或其他各種學說，政治經濟制度，必爲政府操心勞慮，所欲求其改善之事務。蓋政府而無通盤之籌劃，人民經商失其方向，易於失敗，馴至將生禍國貧國之錯誤。我國之所以如今日之窮困者，經濟制度之未經確定，外人傾銷之拙於應付有以致之也。工商業之如何發展，公用事業之如何倡辦，對於國家之財富，有莫大之影響，交通運輸之利便，生產消費之統制，尤與國家貧富有切實之關係，其他如勞資之協調，實業之振興，皆與國家有極大之利益，而不容瘦稍忽者，是經濟政策之决定與實施，更爲行政職務之要素，而國家強弱存亡之所繫，不應不爲公務管理所顧及者也。

八　外交　世變因循，地方與地方之關係，進而至國與國之關係，今日之言政治者，外交政策尚矣。國際間之關係，羣雄並立，無不思有以利其家國，澤其人民，剝削他國之利益，非所計也，是無論强弱之國家，外交政策之决定實行，莫不視爲與國之不二法門，强者圖勢力之擴張，弱者謀消極之抵制，國聯席上，選雄爭辯，公使館中，積極籌劃，外交之應付，爲政治之最大要素，而舉足重輕，有關國家存亡之機者也。

九　地方　國家由地方集合而成，行政之領袖，亦產生於各地方團體之選舉，是地方行政，實爲凡百行政之起源，地方行政而完善，則中央行政亦必趨於完善，地方行政而窳敗，則中央行政治不能求其美滿，故地方行政之設施，亦爲研究公務管理者所不能稍忽也，地方之行政，可簡分爲財政，經濟，教育，社會，公安（在中央則爲國防）等事項。

上述九點，雖表面上各具特質，然亦非絕然分野，不相爲謀者，譬如欲求教育之振興，端賴財政之充裕，社會之安定，政制之健全，欲求經濟政策之利於行使，則國防之鞏，財政之與，社會之定，更爲首要，是以各種政務，相互爲因，相互爲果，然會計審計之制度，則應超然獨立，處於各機關行使職權之外，使之能易於監督統制，俾各種行政不致呈紛擾窳腐之局面，以增進行政之效能，樽節國家之費用，此皆公務管理所因加注意者，要亦公務管理治學者應研究之範圍也。

五　公務管理之法則

公務管理應研究之範圍，既如上述，今可進而探討，其法則，換言之今日新公務管理科學所應論之本論也，其法則可分四類如前述，請分論如下。

A組織

天下事首貴乎組織，組織者猶人之有四肢心臟也，有四肢心臟，庶能行動任事而成一人，政府亦猶人也，有完善之組織，庶能上下一致，理政事而不紊，益民利國，興法則而有序，否則萬緒千頭，龐然雜陳，雖執政者具十分之學術才智，將無以興其端，亦猶人之生而具異狀，雖名醫亦不能使之為常人，故組織之完善，實為公務管理最應注意之要務。

美學者衛羅倍嘗有組織之原則如下：

甲　無論何種組織，應先確定其組織之方法，為分部的，或相互聯絡的。

乙　各種組織，應認清其性質，為行政組織，抑為半司法或半立法的，或具其他特種性質者，而其分組之辦法，亦應視其性質而異。

丙　各種行政事務之分部，應按其任務或目的而決定。

丁　每種組織，應各具獨立緊接之性質，然各組必須相互繫聯，俾達到同一為國為民之目的。

衛羅比之原則，僅就分組之性質而言，對於其他，如應否採用部長制或委員制等等，均未經言及，蓋其原則，僅表明分組而已也。

組織之部分，近今之趨向有兩方面，一為集中之辦法(Cautralization)各事務各政權，莫不取決於一人，雖有分部，僅為名義上之存在，此法可以行施於較有系統政事，然未免失之武斷，有主分組後，相互發生關係，一組之政事務，必顧及他組，使雖名義上各組分立，而無形中發生利害之繫聯，此法謂之 Integration(尚無適當華譯)。

分組織之領袖，應為部長，或取委員制，亦為組織之重要問題，昔者大都取部長制，往往生舞弊，霸佔，獨斷之劣點，於是而有委員制之產生，集數人之意，作為行政之根據，俾有顧及各方面之優點，無獨佔攏斷之弊，其法良佳，然委員制往往因異見紛糾，主張不能一致，黨同伐異，爭執時起，政事之興，反不若部長制之直絕了當，且人數過多，支薪亦增，效率未見顯着，而經費已見劇增，此又為近委員制之缺點，而造成恢復部長之趨勢。雖然，委員制在今日情況之下，固非絕對無存在之可能，以余言之，凡事之易於實行，且絕對為行政上事務，則以部長為適宜，凡行政事務之兼及立法者，如法規之草擬，編訂或政策之確定，則集眾智以成立之，取委員制較佳。總之，就其政事性質之不同，而決定之，二者祇求其運用之得當，均有其存在之價值也。

舍分組領袖應為組織要素之外，我人更當討論者，為顧問之立問題，蓋各部欲求其政務之興，更欲求其趨於實際，則聘請經驗容富才識卓越之顧問，實爲至要。我國對於顧問聘請問題，頗不一致，有以個人名義聘請顧問者，卽機關聘請顧問，亦往往爲揮霍巨額之薪金，而不能得良善之人員，此又亟待公務管理者之研究，而爲組織問題中之一重大問題。

對於分部，我人應注意部之性質，此往往可分兩方面，一般行事務之部，如祕書處內政部外交部等。曰公共事業之部，如交通鐵道等部，公共事業各組，應有其自由處理之權，因不特爲行政之機關，有時更爲贏利之機關，爲政府歲入之一部也，故預算也，會計也，政策也，均宜有自由決定之權，而主此部者，更應以人民利益經濟爲前提，努力於經濟效率之設施，俾政府人民兩獲其利。

總之，組織爲健全行政事務之基礎，當出優良之法則，對於有系統之隸屬分析，更應籌之得當。我國昔日政制不良，組織紊亂，故時生杌揑，國府抵定，行政組織漸見改良，而具眉目，雖然亦有應加改良處者，如何部宜添，何部宜減，種種計劃，一言蔽之，當設法求優良健全之組織耳。

B人員

政治之澄清，行政之修明，組織建全，固爲首要，而效率之增加，端賴官吏之努力，此猶工廠有良好之機械，而其出品之精良，仍未可必，胥有賴乎工程師及勞工之努力，官吏者，猶工廠人員也，官吏皆才識卓越，能力宏富，且勤於從事，則政事之興

，無得蓍龜，以故人事管理已佔公務管理之重要部份，英美各國，皆有文官服務委員會之組織，所以考選人材任命職員，不致生人浮於事，濫用私人之弊，我國則以考試院主其事，且設銓敍部以考查官員之資格，限制私用之弊害，革除陳腐之陋習，法良得也。

子 人員管理可分五方面言之：

一曰人員之造就也。事在人爲，政策因人材而進展，方針因管理而益精，人員之於政府，亦重要矣。稽之史籍，朝代之興，莫不藉乎人材，我國向主造成領袖，教育之目的亦唯造，野心之英雄，因未嘗注意及下層工作人員之造就，固不知一政之興，領袖之幹練，固爲主要，而低級職員之能勝任愉快，不苟且，不越職，分工愈細，則制度愈佳，故言人材者，首當注意訓練人員，如工程，航空，計政，警察等事，均非有專門之學校，以造就一般專門人材不可，故人員之造成，實爲首要。

二曰人員之考選也。我國執政之大病，爲濫用私人，委員之前，未聞有精密之考慮者，於是無點墨之庸者，高處榮位，卓越之賢士，雌伏草野，人才不善利用，至於已極，學工程名，置身仕途，尤不可勝數，何以故，考選制度之未見實行也，今考試院有文官及普通考試之設，蓋亦有鑒乎斯也。雖然，無論市政，省政，縣政或其他特設機關之人員，皆應出之考選，非獨中央之文官然也。

三曰銓敍之有方也。簡員既經考試，對於升遷進級，更應有

精密之制度。職位之分類，應就需要而決定，俾任職者，無僥倖級之弊，而升遷可以有常格，其他如俸給之釐訂，尤應一方面合乎撙節國家經費之主旨，他方顧及官吏生活之程度，如是則營私貪婪之弊可泯，而宦途澄明之目的以達。

四曰勞績之考查也。 考績獎懲，所以增加公務員對於工作之努力，減少尸位素餐之惡習，法良得也。考勤之法極多，如工作成績之考查，辦公時間之循遵與否。至於懲戒，我國有官吏懲戒委員之設施，以懲戒貪贓瀆職之事項，組織不可爲不善，所應考慮者，懲戒之是否公允而已。

五曰工作效能之增進也。今日駕馭官吏之法，與古殊異，一方面消極的揭發及獎勵勤惰，而一方面則在積極的促進工作之效能。清樊增祥先生有言，年少者用其氣，中年者用其才識，而老年者標其望而已，然則年老者力衰而精疲，非惟不足任之以事，而求其工作之精良，抑且有敗壞工作之弊，故年老者，當與以贍養，而遺之去。其他如衛生之設施，合作組織之籌劃，工作興趣設法加增，繁複環境使之簡單，俾公務員可以安身服務，而減少其分心，此又增加之工作効能之要法也。

我國對於人員之訓練，考試，考績之調查，分散於各組織之下，有屬於行政院者，有屬於考試院者，實行之方策，反見困難，能如歐美之設立統一人事管理機關，則其效果必有優於今日者。茲附薛伯康先生人事行政研究機關組織圖，以資參考，雖無統制人事管理之意，而將人事之行政，設一統之機關研究之，以供政府之參證，亦良法也

人事行政研究機關

- 圖書：掌關於各國人事行政書籍雜誌報告文件之搜集及管理。
- 職位分類與俸給釐訂科 掌職位分類及俸給釐訂之研究及指導。
- 考選銓敘科：掌招考試門類試題，候補人員分發試用遷調晉級考績休退及科學管理等等之研究。
- 試驗科 掌一切研究所得分別試驗及統計等事宜。
- 宣傳科：掌雜誌叢書之出版演講廣播消息成績展覽及其他宣傳事宜。

丑 人員之參考資料

對於人員參考資料之准備及研究，往往不爲執政者所注意，固不知有參考資料方可有改進之機會，而服務人員亦可藉此爲行使職權之準則，何以言之，行政設施，雖各有定則，然時代演進，學術日新，已之所務者，安能自斷優於他人，集長補短，採擷良好之資料，以供自已改進之依據，良好結果之獲得，自不待言。又如一機關新創，主其政者既無前例可資查考，又乏經驗以斷決事項，欲求進行之順利，自惟以其他已經成功機關爲模範，則

參考資料實屬必要。抑有進者，集過去之成績記述於公事卡(Service Monograph) 以供異日之參證，對於工作之前後，可以作一比較，而屬者應加改良，屬者應維原狀，可以易於察出，此又參考資料之大利也。

參考資料，大略言之，可分下列數種

(甲)文書　過去之文書，爲今後任事之根據，應善加保藏，故對於檔案制度，尤須加以研究，俾文書之收藏，可以有條而不紊，且可易於翻閱，今日之言檔案者，自以卡片編目爲最佳。

(乙)公事卡　公事卡之置備，所以列陳機關成立之經過情狀，草創時之規模，工作之範圍，組織之根據，機關之性質，法規及條例之參考，及財政之狀況等等，舍公事卡外，更應置藏其他合用材料，以便參考，而利行政之進行。

(丙)統計　統計爲近代最佳之應用技術，實爲記載及比較之最好法則，統計當注意其格式，最好全國定一同一之格式，俾性質相同之機關，易於比較。今我國已由主計處設統計局，調查各種實況，編成統計，以供各機關之參證，法良得也。

(丁)圖書及報紙　對於與機關性質相同之圖書，應設法置辦，以供職員研究，而有改良之機會，其他如應用之法規，亦應彙編專册，以供參考。報紙可以記載流動之事項，故亦應剪存有用之文字，出之以有秩序之手續，貼於貼報簿上，以誌參證。

此數類僅舉其犖犖大者耳，其他有益之資料，正不知凡幾，諸待乎搜集整理，以供不時之需。

C財務

財政爲國家政事之總樞，英美各國，因財政制度的優越，而得有效能之政府，財務事項，就衞羅倍之理論，可分五點，分述之如下：

一　預算之確定也。政費之支出及收入，應先有預算之估計，以爲執政者之規範，而事前即可推測今後之費用，一以限制多量之耗費，一以預計財政之計劃，俾政費之收支，可以有條而不紊，而各級機關均可因襲預算，不致有不足之弊。預算之估計，可分爲歲入與歲出兩方，就各級機關需要之至少限度爲準則。我國向由國府主計處决定之，而經中央政治會議及立法院之通過而施行。

二　歲出歲入之經濟也。政府以特捐及稅收徵之人民，而作各部各級之費用，對於各項收入，自應以最少限度，取之於民爲標準，而支出方面，尤應經濟從事，一款之收入與支出，應經一人以上之手續，以作相互之牽制，而得樽節費用，避免舞弊之效。

三　會計制度之優良也。政費收入與支出之最大根據爲預算，其當時之記載，則屬之會計，故會計制度愈見完善，則收入支出愈見經濟。我國會計事務，往往爲其組織所牽制，且亦非獨立的，此法易生弊害，故最好爲利用超然會計制度，會計主任，在無論何種機關，均應超然獨立，於特種之機關，如公用事業交通鉄道等等，尤須有單獨會計制度，甚且可以自設預算，蓋此種機關一部份爲收益的，而與一般之政務機關有所不同也。

四 審計制度之完美也。 會計制度既須超然獨立，審計制度更有獨立之必要，政府對於各級機關，每年必須經過一次以上之審查，或竟繼續審核，對於較大之政務機關應由政府特設獨立之審計機關，我國近年，亦漸注意及此，監察院審計部亦已有此種計劃之實行。

五 財務報告之編製也。 各級機關，每於會計年度將結束時，應編製各種財政報告及決算書，以供政府之參考，及審核，蓋此種報告之編製，不特可以消極的指出其經過一年之財政狀況，抑且可以數機關相較，而察出何種機關費用過大，應加改良，何種機關費用甚省，足資參考，於是而得達經濟之原則。

D物料

近之言行政者，往往注重財務，而輕物料，固不知物料之靡費，實爲國家之一大支出。何謂物料，曰設備，文具，及原料是，以文具言之，似極瑣屑，固不知苟每機關能稍加節制，每年可撙節不少費用也。

物料方面，我人應注意者有四：

一 需要之決定也。 物料應因不可避免之需要而購置，俾不致有徒耗金錢，添置無用物件之弊。

二 物料之購置也。 對於物料之購置，應有完善之研究，及良好之內部牽制組織，庶幾購料者無舞弊中飽之陋習。今者合署辦公之法實行，物料之購置，出之於購料委員會，集物料及其他專家於一堂，當可避免分處辦公時庶務方面之弊害。

三 物件之保管及應用也。 物料既經購置，我人尤應注意保管及決定各處領用之方法，務求物料不致因保管不良而遺失或損壞，而各處濫取之弊，亦可稍靡。

四 物料購置與保管機關之組織及物料領用手續之確定也。 對於購置與保管機關之組織，就今日之趨勢，往往採用購料委員會制，由各處推派代表，與材料及考工專員，組成之，至於領用手續，當然就情況而決定。

六 結論

公務管理之需要，範圍與特質，既如上述，我人可知公務管理在今日之重要性，蓋政事日複。人事漸繁，無有效率之行政方策，不足言國家政治之改進，我國昔日，政綱不脩，官吏貪贓枉法，仕途黯淡，遂至民不聊生，苟公務管理而一日得實行於中國，則中國一日有轉機之望。孜自國府奠定以還，行政之設施，漸見完備，以言人事，則有精密之考銓，以言財政，則有預算之確定、以言物料，則有購料委員會之提倡，以言參考資料，則有統計局之設立，苟能持過去之精神，根據公務管理之原則，磨礪以須，則一年或十年，我國之積弊可去，仕途之迷惘可除，政府與人民之關係，可趨於密切，而國家之復興，有厚望矣。

——二十三年十二月三日於執信西齋——

鐵路員工考勤統計之研究

熊大惠

一、功用

查辦事考勤，最難統制，卽偶有計算其缺席次數以比較各部份工作之效能者，亦不多見。卽有之亦非公允之道，良以各部分人數，既有多寡不同，工作時間，又復略有出入，非有良好之統計單位，不足以言管理也。

苟欲測驗各部分辦事員之勤惰狀況，而謀工作效能之增進，按西國通例，參酌國情，以採用「延人時」爲最適用。我國鉄路，如欲辦理人事統計，不妨試引，以觀後效。

但應注意及者，如欲儘量發揮此統計之功用，必賴各部分主管人員之竭誠合作，員司缺席，無論書面或口頭准許，必當按期呈報，則統計結果，方可準確，而比較時，亦庶免不切事實之弊。

總之，延人時統計之功用凡二：

(一)按月比較各部分人員勤惰程度，以謀增進。

(二)各部分本身，逐月比較其員司勤惰之趨勢，以定將來人事管理上之方針。

又有經常聲明者，該項統計，除因外站人員，如有缺席，必替班不能適用者外，局內各辦公室，均可施行，此不可不注意也。

二、統計單程

延人時(man-hour)，爲人事管理最重要統計算位之一種，歐西各國鐵路，早已先後採用，頗著成效，我國尚未見有舉辦者，此則不明瞭其意義之故也。茲特爲之解釋如後：

所謂，「延人時」者，爲某部分工作人數與工作時相乘之積也。例如某股有十七人，每人工作七小時，則其延人時爲一一九($17\times7=119$)。

上例一一九延人時，亦可稱爲該股應有延人時數。譬如某日，有一人上午缺席半天，又有一人缺席全天，則該日出席延人時數如下：

$$119-(1\times3.5+1\times7)=119-10.5=108.5$$

如將「出席延人時」與「應有延人時」作一比較，則其百分之率如下：

$$\frac{108.5}{119}=91.18\%$$

三、材料來原

按現在鐵路人事部份，必有兩種記錄，可資輯製延人時出席統計之根據，一爲員工人數記，(Staff Registe r)，由此可知各課股之工作人數；一爲員工職務記錄(Service Record)，藉以編造缺席(包括利益假，病假，事假，三項)次數。不過此種手續，徵嫌過繁，且因轉載費時，恐不能及早發表，有失時間性，不如另行計劃一種簡明表格，分發各課股，按期呈送人事部，彙集編製，較爲迅速。玆將該項表式，(各課股缺席次數月根格式一)錄列於后，並加說明。

爲便利編造缺席次數月根起見，每課股得設「員司請假登記簿」一種，內分請假人名日數理由等項。

四、編製方法及發表形式

人事股收到上項各課股缺席次數月報後，即着手計算「應有延人時」與「出席延人時」，其方法如下：

譬如計核課工作人數六十五，每人工作七小時，則每日應有65×7=455延人時，再乘以30，則該月應有延人時爲 13650

至於出席延人時之計算法，當如下列：

35.5(全月缺席次數)×7=248.5缺席延人時

13650—248.5=13401.5出席延人時

於是將應有延人時與出席延人時作一比較，其百分率如下：

$$\frac{5.10471}{13650}=98.18\%$$

其次將此百分率，分課按月錄入登記簿，以備存查，然後從事編造二種表報，即出席延人時與應有延人時比較月報及年報（格式二與三）呈送主管處長核閱。

缺席次數月報

計核課　　人數56

日期	缺席次數	備考
1	1	
2	2	
3	1	
3	3	
4	.5	
5	.4	
6	2	
7	0	
8	1	
9	2.5	
10		
11		
12		
13		
14		
15		
16		
17		
18		
19		
20		
21		
22		
23		
24		
25		
26		
27		
28		
29		
30		
31		

附說明

(1)人數爲該課應有工作人數

(2)缺席一天作爲次數半天作爲半次以記錄0.5之

(3)備考欄內記載缺席理由准許公函等項

(4)每月終了將缺席次數作一合計

(5)於每月號送交人事部編製統計

出席延人時與應有延人時比月報(格式二)

課名	上年同月	上月	本月	備註
計核	%			
運輸				
營業				

說明：
(1)根據延人時登記簿編製
(2)每月十號編竣後送呈處長核閱
(3)如增減太大其理由可載於備註欄內
(4)橫的比較表示各課本身逐月增減情形縱的比較表示各課每末增減趨勢

出席延人與應有延人時比較年報

月份＼課名	文牘	調度	商務
1			
2			
3			
4			
5			
6			
7			
8			
9			
10			
11			
12			
平均			
上年平均			
備註			

說明：
(1)根據登記簿編製
(2)每年月十五號發表
(3)平均數係將十二月百分率相加除以十二即得
(4)如有增減理由等列入附註欄內
(5)將本年平均與上年平均相較即可知每年增減趨勢

交大經濟 第三期 七〇

所得稅問題

曹進生

（一）引言

在古代原始社會中，土地率爲公田，個人經濟狀況，無甚差別，經濟能力，亦大致相等，故古代之賦稅以人頭稅推行最廣，占國家收入之重要地位。良以人頭稅甚爲簡單，殊易通行，且昔時社會貧富階級甚狹，故合於公平之原則。暨乎近代，社會經濟漸趨發達，自私有制度發生以後，貧富懸殊，各人納稅之能力亦隨之而異，人頭稅遂失其爲納稅能力之標準。近世經濟組織發達之國家，乃羣起而廢止人頭稅，而合於被課者納稅能力之所得稅，遂應運而生矣。

所得稅者，乃根據納稅能力計算生產所得之純收入，而賦課之租稅也。凡動產所得，不動產所得，以及一般財產所得，皆按所得稅法以繳納所得稅，而供國家之費用，其與產業稅之僅課於產業所有，及人頭稅僅課於納稅人之個體者不同。然所得稅乃由社會經濟之發展，從人頭稅產業稅蛻化而成者也。

近代賦稅制度最要之原則，一爲均平之原則，一爲普徧之原則。此二原則爲一般租稅所不能兼有，普通租稅非失之於不普。如各種間接稅，貧者之負担常重於富者，此即違背賦稅均平之原則；對於特定之物或特定之人課稅時，若不能使全體人民各盡納稅之義務，即不合於普徧之原則。而欲求兼有此二原則之租稅，以免不普不均之弊害，則非採所得稅不爲功。尤有進者，賦稅之良否更須以彈性之强弱爲斷。國民之納所得稅者，咸係中流社會以上之民，衣食既足，禮義自知，承平爲時，則輕減稅率，以養其富力；一旦有事，則增加稅率，亦易舉辦。故所得稅率能隨國家之情形以增減，伸縮自如，適合於租稅彈性之原則。所得稅既能合於此三種原則，課稅又不重，無妨於國家經濟之發達，且可藉此彌補國家財政之支絀。既非如間接稅之不顧國民經濟，一味苛徵，濫取於民；亦非若普通一般稅收之偏廢不公，限於特殊階級。所得稅爲直接稅，不易轉嫁與人，有補偏救正之功能，足使全國人民負擔達於均衡之域，且其收入又頗確實，乃成爲現代賦稅制度中之良好租稅，此所以所得稅制之能盛行於近世也。我國所得稅法，頒行於民國三年，惟國事多故，欲行又止。今東南底定，百度維新，允宜採各邦之成規修正例，切實施行。當此政府已有徵收遺產稅及所得稅動議之際，特草斯篇以備閱者之參考焉。

(二)所得稅之意義

所得稅者，以各種生產源泉所生之純收入總額爲標準，對於收入所有者徵課之賦稅也。其課稅之目的物爲所得。至於所得稅之意義，可分下列數點：

(甲)所得爲純所得：純所得者卽從總收入中減除下列三種：第一對於企業生產時之一切費用；第二凡企業因生產而舉債，其所有之利息，亦須減除；第三對於銷損所有之補償，亦應由所得中扣除。所謂銷損者亦可分爲三類：一爲因時間上之關係，而自行跌價；一爲因生產之消耗而喪失之價值；一爲消耗，如煤鑛之開探，逐漸消耗，因之所得稅減少。故所得乃爲由總所得中扣除總生產費，利息，銷損，等以後之純所得是也。

(乙)所得爲貨幣所得，實際所得不能作爲租稅所得；在理論上祗以貨幣所得爲所得，蓋實際所得，難以計算，如對於個人之快樂享受，其明人快樂之大小，殊難斷定，其所得之多少，不能以貨幣之形式示之，故租稅上之所得，乃指貨幣所得而言。

(丙)所得爲每年所得：所得與資本不同，所得爲財富之流，必有定期，而徵於每年所得之部份。換言之，所得乃表示每年中財富流動之數量。所得者雖以消費爲目的，而並不損失資本，是所得無不損失資本，又非暫時之所得。其關於不期而得之贈品，則非爲所得之性質，而僅爲暫時所得之性質而已。

要之，所得爲納稅所得，非總所得，實際之所得，以及不規則之所得，而爲純所得，貨幣所得，及每年之所得也。

(三)所得稅之沿革

所得稅制始創於英美，推行於法意，及後東鄰日本諸國相率仿行，潮流所及，幾徧全球。我國所得稅則創議於前清季年，當時掌度支者鑒於財政奇絀，頗主創辦所得稅，以資挹注。然終以財政制度，未能根本刷新，而民生憔悴，畏稅如虎，此議遂歸寢息。民國以後，財部籌辦所得稅，屢議屢輟。民國三年一月始頒布所得稅條例，翌年又將第一期施行細則訂妥，通令施行。民國七年七月將此項稅法提交國會修改稅率。九年四月始呈准仍照原條例辦理。民國十年一月財政部復將施行細則及所得稅法廢止，通令各省財政廳按稅目清單徵收。民十六國民政府隸都南京，財部鑒於各項財政之亟待整理，乃於民國十七年七月召集全國經濟會議，經委員之提出實所得稅計劃案，及政府諸公與國內赫赫專家之研討，於是徵收所得稅之呼聲，高入雲霄。然迄乎今日，猶未見施行

(四)所得稅採行之理由及其先決條件

夫所得稅乃量取財產，營業，及勞力，所得而徵稅，其所得之多寡，以各人納稅力之强弱爲標準，在若干所得額以上爲徵稅之起點，所得愈多，則稅率愈高。換言之，所得稅乃爲純收入中所課之租稅。國家果能多徵資本家之所得稅，以發達全國之交通事業及良工人之生活，則可調和社會上大多數人民之經濟利益。故所得稅之徵收，非特無害於民，抑且有利於社會國家。抑有進者，吾國賦稅系統，素不普及，其原因在於間接稅之過多，而直接稅之過少。當局者於財政收入，應注意一切問題之公平與否及直接稅之能否普遍，對於苛捐雜稅，自應裁廢，而新稅之添設，則當直接加諸富人之負擔，使富人直接負擔，不能轉嫁，如是則貧富互有損失，方稱公允也。且各稅僅局於一部而不能普及，如田賦僅課地主，房租僅課住戶。至所得稅除不及納稅能力之標準者外，凡一般國民均隨所得金額之大小，而有納稅之義務，是爲合於賦稅普及之原則。我人欲補救間接稅之流弊，使賦稅合乎普及之原則，均平之原則，及伸縮之原則，則非採行所得稅不爲功。至於推行所得稅之利益，約有下列數端：

(甲)所得稅爲納稅能力之標準，故于所得之課稅，其稅額負之負擔，殊爲公平。蓋所得稅既根據各人之所得多寡爲標準，則課稅率與所得自能維持均衡；稅率既均，負擔豈有不公平之理乎？

(乙)所得稅能矯正一般賦稅制度之公平。所得稅不特稅制之本身，殊稱公允，即於其他稅制所生不公平之負擔，亦可因之而矯正。蓋政府規定在若干所得以上爲徵稅之起點，對於所得較少者，在一定限度以內得予免稅；不若其他賦稅對於社會各階級，無論貧富，咸受其稅賦課之不公平。此則所得稅之優良，非他種賦稅制度所可媲美者也。

(丙)所得稅富於彈性，足以維持歲計之均平。近世國際關係之複雜，遠非昔比，其歲計之變遷，亦難預測。夫當歲計不均之際，則政府當局亟須使稅率伸縮，以維賦稅之收入。然一般稅制之性質，以固定者爲多，政府若即時增加其稅率，殊足以擾亂國民經濟，故其最良之辦法，莫若課徵所得稅。蓋優良之賦稅，尤以富有伸縮力爲要，國民之納所得稅者，咸爲中流社會以上之人民。當承平之時，輕其稅率，以養其富力；一遇有事之時，則提高稅率，以增加收入！亦必爲人民所樂從，踴躍輸將，自意中事。況稅率之變動，其影響於產業之發達殊鮮，故所得稅能維持歲計之均平。

(丁)所得稅爲收入確實之稅制。所得稅既普及於各界，復用累進法以賦課之，則課稅之範圍既廣，而稅源又極確實。且所得稅之收入，殊少劇烈之變動，故其稅收數額，自不至有銳增銳減之弊。是所得稅收入之確切，詢爲一般稅制所不及者也。

至於我國所得稅推行之先決條件甚多，茲擇其要者，縷述於次；

(甲)須按累進稅之標準。所得稅須累進稅制，蓋若採比例稅法，則納稅標準與貧富階級之關係，不能公平。國民納稅之能力隨貧富而異，若國家賦稅，俱採比例法徵收，結果貧者負擔反重，而富者負擔較輕，且時有逃稅之可能，容易促成階級懸殊之社會。故故所得稅應採累進稅制，以重富者之義務，而補諸稅之缺點，庶能合於賦稅均平之原則。

(乙)須直接徵之富者之身；實際上所得稅之課徵，以社會中比較富有者爲限，至於勞動級階所得之工資，則概予豁免，此亦即國家徵課所得稅之條件，須加諸富者之身，或爲純收入較多之人民。

(丙)須求民主政治之實現及工商業之發達；所得稅之推行，須注意二大條件，民主政治之實現與工業之發達是也。國家果能推行民主政治，則國民之公德心必强；國家之工業發達，則人民之收入亦多。否則國民智識缺乏，易致虛僞隱匿，而生不均平之結果；民力不充，則勢至近於苛徵民脂，其爲害之大，又何異於苛捐雜稅。是民主政治之實現及工商業之發達，實爲推行所得稅重要之先決條件，吾國所得稅條例頒行數次，而迄今未見實行者，概由此也。

(丁)勤勞所得與財產所得之區別：政府對於財產所得之課稅當重於勤勞之所得。蓋前者較爲確實而永久；而勤勞所得之獲得有一定之期限，較爲難確。財產所得類係坐取勞動者之剩餘者；而勤勞所得則常爲勞動之結果。財產所得之收入，常儲蓄一部，以備後日之應用；勤勞能得則以生活費之關係，不能有若干之儲蓄。故對於勤勞所得之課稅率，應與以優容；而於財產所得不妨較爲加重。然財產所得尤應區別其爲土地之所得，資本之所得及獨占利益之所得，以制定其稅率之輕重也。

(戊)按照國民之生活程度，以制定其標準：國家制定所得稅稅率時，如不依國民生活程度爲標準，則貧富階級之負擔，仍不公平。故國家對於社會最下級之人民生活所得，免其課稅，庶幾貧富負擔之輕重，得以平允。

(己)須注意所得稅與現行消費稅之關係：若消費稅專課奢侈之消費品時，則生計費最少額之規定，不妨稍低。如消費稅并生活必需品而課者，則人民之負擔已重，所得稅最少之必要額，必須較高，俾全體租稅之負擔率得以均衡。

(五)所得稅課稅問題

(甲)所得稅之分類：租稅須合乎均平之原則，即個人對於租稅之負擔，須求相對之平等，亦即納稅能力之平均。各種所得之性質不同，如以能力爲標準，所得有勤勞所得及非勤勞所得之區別。所謂以能力爲標準者，乃指生產能力與消費能力而言。以生產能力言，窮人之生產犧牲，大於富人之生產犧牲。以消費能力言，窮人對於貨幣一圓之邊際效用，大於富人之邊際效用，即窮人之消費犧牲，亦大於富人之消費犧牲。且勤勞所得賴個人之效力，不甚穩固。乃爲暫時所得；非勤勞所得乃依財產或投資，較爲穩當，故爲永久所得。即使勤勞所得與非勤勞所得之數額相同，然其納稅力能仍不相等，各國對於非勤勞所得常課以重稅，蓋所以示租稅比例之均等也。

(乙)所得稅之差等：所謂差等稅者，即對於不同量之所得，而課以異樣之稅率。納稅能力之不同，常隨所得之增加，以幾何級數而加增其能力，與比例所得稅不計所得之數量，而徵課齊一之稅率者不同。差等稅之種類，可分爲三：

(一)累進所得稅：此即稅率之增高，隨所得數量之增加，而爲幾何比例之稅率。如民國十七年全國經濟會議通過之所得稅條例爲累進制度。依其規定，如第一種法人所得之稅率，

(1)全年贏利不及資本總額百分之十者免稅；

(2)全年贏利合資本總額百分之十至百分之十五者，納千分之十所稅得；

(3)百分之十五至百分之二十，課稅千分之十五；

(4)百分之二十五至百分之三十五，須納千分之二十所得稅；

(5)百分之三十五以上者，每增百分之五，則課稅遞增千分之五。

(二)累退所得稅　累退所得稅者，隨所得數量之增加，而爲較低之稅率，與累進稅相反，事實上此種差等稅不爲各國所採用。如德國歐戰以前之規定、凡所得在二〇〇至一〇五〇馬克者，納六馬克所得稅；自一〇五〇至一二〇〇馬克納九馬克所得稅、觀其表面上雖有累進，而實際則爲累退。此種稅率非特不甚合理，抑且殊爲不便，故早爲各國所廢止矣。

(三)逆進所得稅　此即收入較少而稅率亦遞減也。累進所得稅高於比例稅，而逆進所得稅低於比例稅。如英國在普通稅設收入數量在一百三十磅者免稅；在二百二十五磅者每鎊抽二先令所得稅；在二百二十五鎊以上者，每鎊抽四先令。英國規定最高稅率爲百分之二十，分成七階級，由最高稅率逆進。然當階級過少時，如收入不足一百三十鎊者，政府須退還租稅，故殊爲不便，今則不爲各國所採用矣。

(丙)所得稅之減免：　各國所得稅法有最低生計費之規定，凡收入在此範圍以內者，予以免稅。關於個人之環境，如已否結婚，子女之多少，亦得酌量減輕所得稅。國家租稅首貴公允，貧

人已負較重之消費稅，若對於一般人民皆課以所得稅，則貧人之負担過重，有欠公正。倘對勞動階級之生計費而課稅，則無異驅之餓鄉而制其死命。蓋貧民階級在消費或其他直接稅之負担，較之中流以上之人民爲重，設更課以所得稅，則其負担愈不能勝。其結果易失獨立之自營能力，於是國家救貧費用，勢必隨之而增。如是一方課徵其稅，一方又須救濟，此豈智者之策乎？且所得稅並非國家唯一之稅源，此外尚有其他不能免稅之間接稅，故勞動階級之免除所得稅，僅爲其納稅中之一部份耳。

至於吾國所得稅之免納事項，依照民國十七年全國經濟會議所定之條例，凡具有下列各項情形之一者，則免納所得稅：

（一）軍官在從軍中之俸給；

（二）美術或著作之所得；

（三）教育之俸給；

（四）旅費學費及法定贍養費；

（五）不以營利爲目的之法人所得；

（六）不屬於營利事業之一種所得；

（七）警官遇地方宣布戒嚴時所之俸給。

我國所得稅免納之條件，不爲不寬。惜乎年來災荒迭乘，外患頻仍，致國民經濟財力，日趨凋敝，除大都市之工商社會及各公共政府機關，尚能徵課所得稅外，其他內地窮鄉僻壤，農村經濟，僅能自足。加以年來受帝國主義經濟侵略之影響，農村經濟，瀕於破產，而遑論向之徵收所得稅乎？

（六）所得稅之課稅範圍

所得稅之課稅範圍，殊難確定，各國所規定之範圍，亦各互異，今就英美法德四國現行所得稅制，以視吾國所得稅之課稅範圍，是否適當。

（甲）英國　英國所得稅之實施，始於一七九八年，其後曾一度廢除，至一八〇年三年行徵源法，分所得爲五種：

（一）土地及房屋所得；

（二）土地使用所得；

（三）公債利息所得；

（四）營業所得；

（五）薪俸工資所得。

迨至一八一六年又告廢止。一八四二年英國實行自由貿易政策，彌補關稅少收之數額計，乃重採所得稅。一九〇七年又分所得爲勤勞所得與非勤勞所得。其現行所得稅之範圍，可分下列各種：

（一）在英國居住滿六月以上者；

（二）非居民而所得由英國獲得者；

（三）設立於英國之公司營業謀利者。

英國對於普通稅率之規定，其收入在一三〇鎊者免稅；在二二五鎊者每鎊納二先令，超過二二五鎊時，每鎊納四先令。凡納稅者收超過二千鎊時，則加徵附加稅。

(乙)美國　美國所得稅始於南北戰爭時，一八六四年將規章修訂，並設立超稅率，嗣後每年均有修改，迨至一八七二年因故取消。一八九四年民主黨選舉勝利，一方為獎勵自由貿易，一方制止托拉斯之盛行，遂恢復所得稅制。其現行之所得稅規定，美國國民及居留美國之外人，皆須納所得稅，但於不住在本國而由外國得收入者，則可免稅。非居留美國之外人而由美國得收入者，亦須納稅。此外公司亦分別納稅，其納稅率高於普通人所納之正常稅率，但不負附加稅，且為純所得，對於負債利息，銷損，呆帳，及其他慈善機關，亦有折減及免稅之規定。美國對於免稅之規定，各地不同，普通未婚者之免稅限度為一千五百元，結婚後增至三千五百元。對於五千元以下之收入，無勤勞及非勤勞之分，全依勤勞所得計算；五千元至二萬元之勤勞所得，可減輕百分之二十五；二萬元以上之收入，亦無勤勞與非勤勞之分別，均按非勤勞所得計算。

(丙)法國　法國所得稅運動，肇始於十九世紀中葉。法國自普法戰爭失敗賠款後，為整理財政計，乃有所得稅之運動，惟當時法國政權操於中產階級，且其時國內之經濟學者，多為正宗派，反對所得稅甚力，故當一九〇九年時雖經下院通過所得稅案，終以上院之拒絕，未獲設立。歐戰以後通過所得稅，並增加分類所得稅，一九二〇年又增加普通所得稅率，一九二五年增至百分之五十，為稅率最高之時，其後又有增減。今將法國現行所得稅之分之分類及稅率列述於次：

(一)工商所得稅——百分之十五；
(二)農業之利潤——百分之十二；
(三)土地之收入——百分之十八；
(四)職業之收入——百分之十二；
(五)薪俸及工資所得——百分之十二；

至免稅限度，法國對於勤勞工資之免稅額較高，而工商地租之免稅額較低。普通每年收入在七千佛郎以下者免稅。凡已結婚而其妻無收入者，再加三千佛郎；當生一小孩時，加免二千佛郎；生有三小孩者，則免稅限度為一萬六千法郎。平均對於未結婚者徵收百分之三七·五稅率，結婚後年過三十而無子嗣者，徵百分之三三稅率，其於人口獎勵，於此可見一般矣。

(丁)德國　德國在十九世紀以前，在鄉村有產業稅，在城市有消費稅。一八一一年減輕統捐，開始辦理公司所得稅，次年又開徵個人所得稅。一八九一年普魯士政治刷新，舉辦所得稅，影響殊大。普魯士以公司所得及個人所得，合成為一整個之所得稅，此外又將產業歸於地方徵收，於是中央與地方之稅源，完全劃分。德國行所得稅法，對於少數收入者亦有相當之免稅。

薪俸工資除家庭費用減免外，仍須納百分之十所得稅，收入在六千馬克以上者，加徵附加，以示加重非勤勞所得。其規定之稅率如左：

(一)收在四千馬克至八千馬克者課百分之十二至十五所得稅；

(二)收入在八千馬克者課百分之十至二十五；

(三)收入在一萬八千馬克者課百分之三十；

(四)收入在三萬四千馬克者課百分之三十五；

(五)超過三萬四千馬克者課百分之四十所得稅。

(戊)中國　觀察各國所得稅之結果：英美每年所得稅收入爲數頗巨，對於大宗收入則不惜課以重稅是注重於大資本家；法德則注重於中等階級，故其收入較少至。於各國所得稅之限度，則視人民生計費之大小而定。吾人可推測所則得稅在各國財政上之地位，實較任何直接稅或間接稅爲重要。今觀我國在民十七全國經濟會議通過之所得稅法，其於課稅之範圍並未違背，頗稱允適。按其規定：第一，凡在國內有住所或一年以上居所者，則負完全所得稅之義務；第二，在民國內地雖無住所或一年以上之居住，而有其產，營業，或公債，社債之利息，等所得者，則就其所得，負納稅之義務。至所得稅之分率，可分爲二種：

第一種：(一)法人所得(指富商，銀錢商，鹽商，及由官廳註冊或特許之公司及行棧而言)—

(1)全年純利不及資本總額百分之十者免稅，

(2)全年純利合資本總額百分之十至百分之十五者，課千分之十所得稅；

(3)百分之十五至百分之二十課千分之十五；

(4)百分之二十五至百分之三十五課千分之二十；

(5)百分之三十五以上者，每增百分之五，課稅遞增千分之五。

(二)除國債外，公債及社債之利息所得課千分之十五。

第二種：不屬於第一種之各項所得(指議員歲費，官吏俸給，年金，給予金，及從事各業者，如醫師，律師，及工程師，等之所得而言)。

(1)全年所得總額在二千元以下者免稅；

(2)自二千元至一萬元，課稅千分之五；

(3)自一萬元至二萬元，課稅千分之十；

(4)自二萬元至三萬元，課稅千分之十五；

(5)自三萬元至五萬元，課稅千分之二十；

(6)自五萬元至十萬元之額課稅千分之二十五；

(7)超過十萬元者，每增加五萬元，對於其增加額，遞增千分之五。

(七)我國所得稅實施之經過

我國財政部自民三頒布所得稅例後，旋以範圍過廣，手續太繁，全國同時舉行，頗多窒礙。迨民四八月呈准所得稅行細則，乃略具規模。其細則之內容，大意先從行政人員及資產階級開始着手，以示提倡。良以官吏議員身爲國家之代表，自應以身作則，藉資推行，而富商法人則因收益較多，盈利數額，亦易調查故也。然當細則頒佈之時，正值洪憲政變之候，人心浮動，五日京兆，致不能舉辦。民國九年九月，雖經大總統命令督促實行所得稅法，並聲明將稅項撥作倡提教育及振興實業之用，然仍未見實行。民國十年一月財政部通令各省財政廳廢止民四呈准之所得細則，另附徵收稅目清單，令各省照徵。其徵收稅目清單之內容有三：

(甲)先行課稅者：

(一)官吏之俸給，年金，及其他受公家給予金之所得；

(二)依律註册之公司，銀行，及工廠；

(三)官制特許之商號行棧；

(四)普通商店資本在萬元以上者。

(乙)暫緩課稅者：

(一)公債之利息；

(二)從事各業者之薪金；

(三)存款放款之利息；

(四)凡由不課所得稅之法人分配之利益，免於重徵。

(丙)從緩課稅者：

(一)由地池沼之所得；

(二)個人一般之所得。

自此規定發表以後，各處官俸所得，雖着手徵課，然法人所得以各省商會之力爭，未獲施行。民國十一年二月財政部又呈請設立所得稅委員會，由教育部，財政部，農商部，商會，及教育界，各推委員組織之，督促進行，以資推廣，並聲明將所得之稅款，分撥於教育實業之用。民國十七年全國經濟會議時，此問題雖曾一度爲國人所注意，然迄今仍未獲實行。

要之，所得稅在我國雖爲新稅，而在外國，已早成舊稅。自英國創行此稅以來，各國之相行做效者，不下五十餘國，然各國人民並無非難之聲，則其爲良善之租稅，實無疑義也。各國租稅之政策，非徒求國計之裕，亦且期民生之豐。其在積極方面，可用以振興實業，提倡教育；消極方面，則小之平均財用，大之節制資本。較之增加關稅鹽稅等，一味剝削平民，爲財政上一時之目的而不合經濟者不同。考吾國稅制，間接稅多於直接稅，致貧民負担重於富者，不合賦稅公平之原則，凡此積弊，均應修正，以清稅源。當此財政窘困之中國，所得稅更宜採行，以收賦稅公允之效。顧吾國向無所請所得稅，中央籌議舉辦，事屬創始，事前固宜妥擬辦法，以免窒礙橫生。推行之始，宜先從較小之範圍入手，且稅率亦不可太重，俟辦有成效後，再行次第推廣。政府可先由特別所得稅而漸進爲普通所得稅，逐步進行，斯能盡利。如是不特病國厲民之惡稅可以廢止，且可增加中央之收入，而爲國家建設上之助力也。

美國劃一成本會計制度對於共同生產品副產品及廢耗剩餘品之記帳法

關錫麟

I 劃一成本制度之目的

劃一成本會計制度，起源之早，幾自始有成本會計即有之。蓋成本會計原理雖非繁，而學說紛異，辦工業者，不知所從；故各種同業欲得一最妥之法，公同用之，其目的簡而言之，有三：

(一)計算成本方法既大致相同則一工廠製出之售價不致較成本爲低而競爭方面亦以其成本最低之工廠爲標準，故競爭不致以一工廠售價常在成本以下，不但某廠賠虧，且帶累同業。

(二)計算成本方法相同，則凡成本不能在普通市面售價以下者，宜加以改革或停業。

(三) 計算成本方法備載制度內，則每一工廠需用成本會計時，即可以此爲基礎，稍加改削，即可適用，有數種工業，且備有特聘成本會計師，爲工廠設備成本會計之用。此種辦法，較一工廠在外另聘成本會計師，省費甚多。

欲達到以上之目的，故劃一成本制度之內容，最重要之部份，應如下列：

(一)科目之分類

(二)直接工資之種類及處置法

(三)原料之種類及處置法

(四)工廠消耗之種類及處置法

(五)本業之特別問題

(六)表格

II 共同生產品副產品及廢耗剩餘在成本會計之地位

上列各種產品，在普通成本會計書籍，大都談及，然皆大概言之，以此種問題，在各種工業內不同樣之故。此項學說紛異，此文之目的，即從各成本制度，一覘其源流也。

共同生產品，大率爲一種工業內之問題，凡一在工業內相附而價値相等某廠之得利在其各種出品所得約同者謂之共同生產品。副產品者，價値相差較大，而該工廠得利之處，胥賴主產品者，可謂之副產品。凡由工廠製造程序自然而出，或由毀壞而出者，可謂之剩餘品，故由成本會計觀之，剩餘品可分爲二種：

(一)有價値者

(二)無價値者

其成本計算方法，大率因其有無價值而定，而制度之繁簡，大率因其價值之高下而定也。

III 共同生產品之處置

此種主產品之處置法，在製一制度內約有二種：第一法見屠業Meat Packers 油漆業Vanishing Industries 採煉煤油業Petroleum Refineries 制度內此種工業，大率兼有副產品，故須先定共同生產品及制度之界限。凡所謂共同產品，一切直接工資原料及間接消耗，皆由售出價分攤之。如某種共同產品分出後，需用製造手續特多者，則直接歸入該項之成本內。此類工業，大都所謂程續工業，Process cost Industry 故其成本皆以一月出產之數分攤。如各項出產，非一時能售出，即按市面者售價攤分。故共同出產品之成本，可按下列步驟搜集：

（一）一切成本搜集按部份搜集

（二）凡有特別手續者另記

（三）每種產品按下列程式計出

$$該產品售價\times\frac{總成本}{總售價}$$

其第二種辦法見硫酸業Sulfuric acid及燐酸業Acid phosphate 二制度，此二種制度內之辦法惟將出品之原料成本以其所含之成份計算之，工資亦設法直接計算入成本內惟不能計算者則作爲工廠消耗，以標準比率攤派之。

IV 副產品之處置

副產品之計入成本，有二法：第一法見屠業硫酸業及煤油業制度，此法非價值低賤之產品，皆從主產品之成本減去之。故副產品之售價愈低，則生產品之成本愈低。惟以上之工業，其副產品大率價值極低，其售出價格，不論高低，此方法爲至便利之辦法。第二法見製革業制度，此法凡一切副產品，由主產品分出時，其原料由市價估計之，工資則大略估計以後，各副產品之工資，則直接記錄之。故另成一批。其分配工廠消耗法，均按工資或工作時間攤派，如用此法則，該副產品之能得利益。均可計算。惟在此工業內之所謂副產品，有時亦可謂之共同產品，蓋價值較高；但該種工業之目的，不在此種出產得利耳。

V 有價值剩餘品之處置

凡廢耗剩餘品之有價格者大率備有記帳法，金屬製造品工業因剩餘品之價值甚大，或重行製造或售出故特詳。電氣用品及機器業制度有全套帳目總帳簿內有一統馭帳其記帳法之繁末與全部成本制度相等此帳目之分類有五種，每種各有詳細帳戶輔助之。

（一）製造程序自然廢耗之剩餘品

（二）製造程序內毀壞半成之零件

（三）集合時毀壞已成之零件

（四）已成零件之廢棄，因一種製造太多　或式樣不合之故。

（五）不合標準之原料

此種工業內應有一部份專處置剩餘品與普通存料按相同。惟剩餘品之式樣各異，如一鐵輪製造毀壞後，其價僅爲鐵之重量。

存舊辦事，處時則照其重量記錄。而剩餘品之式樣，亦須記錄。其取出時有時較原料收用單爲多，故記載手續較之普通原料手續尤繁。凡剩餘之售出者，則按剩餘品之估價成本，而計損益。鑄鐵業 DropForgingg 制度亦提及同樣之原理推群細辦法不詳。鐵管業PrpeRolling業，則凡毀壞品亦按其剩餘品之價值，從未了品之成本扣去。惟對於已毀壞物品之工資及原料本位，則任其在成本內不扣，所毀之品，則重作原料計，因該工業常購置舊管爲製造之用也。有二制度則對於毀壞亦不記賬內。鐵鑄業內則另作一表誌之以備忘。羊毛業則對於此項原金不記。鑄鐵原料記誌後，待其他批需用此項廢鐵原料時，再由此批之成本轉過之，其價格大都按普通購買廢鐵原料之價格作標準，毛織品毀壞後，大都不能再用故以低價出售。其售價則從未了品或該批之已成品減去之。煤氣業之制度，對於是項，又有另一辦法，其『餘品Residual products爲一進益賬，另一賬目剩餘品之費用Residual Expense，則包括一切售出剩餘品之費用。餘品一賬，減去費用，作爲一種進益。其餘制度，其毀壞或剩餘，各大都作爲一種進益，其費用不可記，與普通工廠同樣處置。

無價值毀壞亦或剩餘品之處置

無價值之毀壞以及剩餘品，大都無記錄。參考四十二種制度，僅有十五提及此種廢耗。其中約可分爲三法。第一法，見石專辦制度。此法先每期將一估計數目記入一工廠內消耗之費用賬內，其貸方則記入一賬，名製磚廢耗備抵Reseyef or Ru'nand BrickTosses 其實在之廢耗，則按所用去之原料工資及工廠消耗估計記入借方，其貸方則從製造成本扣去之。磚法成本大都按月計算故尙有不公允之處，照相製版業，則凡有毀壞廢耗，須記錄至一部份，而作爲該部份之消耗（按照相製版業注重部份，其工資多由與其他消耗平均而分派，至每批者。惟此點制度內不詳），凡不能計至該部份者，則與其他普通工廠消耗同。其他制度，大率皆指出或每批或部份之廢耗應由製造物之原料及已成品所含之原料，比較而估計之。其結果則不過爲將來預計工廠消耗比例，及估算需用原料之用。與本期之成本無關。此種估計，大率由重量處尋出之。肥料業並將過去經驗，定一標準，以備比較其比率及百分之二十。磨輪業制度，則以每期製出而不及標準退回之輪，及完好之輪，作爲比例。而作估計廢耗之標準。然標準亦爲計算原料工廠及廢耗之用而非本期成本之一部份也。

結論

上論之問題，因各工業之情形不同，故其對於上列問題之處置，亦不同。此爲事實上不可。免者。惟如同一工業，如同用一處置，雖其法非最妥之法，其競爭根據相同，亦一優點，中國成本會計，在工業內尙在萌芽時代，如能效法美國同業中能議決用一劃之會計制度，既可省去費用，又可免去無意義之競爭。本文言及之問題，不過一面，其他方面可劃一者甚多也。

宋元漕運海運之興革與當時經濟上所受之影響

鄭師許

一、序論

余不敏，未嘗習經濟之學，近數年來雖頗留心上世各時代中外交通往還之史跡，與夫文化交流之所由，然實不敢有涉於經濟上之一切問題也。交通大學經濟學會向有交大經濟之刊，一日忽以書抵余，囑爲文以實篇幅。辭不獲已，乃翻檢宋史宋會要，文獻通考，續資治通鑑長編，元史，大元海運記諸書，略究其當時漕運海運之興革，命爲是編，聊以塞責。非敢云文也。邦人君子，尚其教之！

二、漕運之意義及其發生

漕運者爲國家所統制，集各地方官用之財物，尤主要者如租稅收入之米粟錢絹，從水道以輸送於京師者也。考其事始于秦。文獻通考國用考三云：

秦欲攻匈奴，運糧，使天下飛芻輓粟，起於黃腄，瑯琊負海之郡，轉輸北河。

是爲漕運之始。漢魏晉南北朝，代有改進，至隋尤肆力經營。隋文帝開皇二年（公元五八三）以京師倉廩尚虛，議爲水旱之備。四年（公元五八五）詔宇文愷率水又鑿渠引渭水自大興城東至潼關三百餘里，名曰廣通渠。關內便之。煬帝大業元年（公元六〇五）發河南諸郡男女百餘萬，開通濟渠，自西苑引穀洛水達于河，又引河通於淮海，自是天下利於轉輸。四年（公元六〇八）又發河北諸郡百餘萬衆，開永濟渠，引沚水，達於北河通涿郡，運輸益便。李唐統一，坐享其成，往往以京師不足自給，轉漕東南之粟，以備水旱。然而人船不多，間歇無定，未足臻於極盛之境也。

三、宋代漕運之盛況及其衰落

宋初定鼎汴京，居天下之中心，漕運往還分黃河，廣濟河，惠民河，汴河四路，即所謂四河者是也，文獻通考國用考三云：

凡水運自淮南江南，荊湖南北路所運粟，於揚、眞、楚、泗州處置倉，以受其輸。旣而分調舟船，泝流而入京師，發運使領之。荊、湘、江、淮、兩浙以及嶺表金銀香藥犀象百貨亦同之。惟嶺表陸運至虔州而後水運。陝西諸卅菽粟，自黃河二門沿流，由汴河而至，亦置發運使領之。陳、穎、許、蔡、光、壽等六州之粟帛，由石塘惠民河而至。京東十粟帛，由廣濟河而至，皆有京朝官廷臣督之。凡之水皆通漕運，而歲計所賴者惟汴流焉。河北衞川東北有御河達乾寧軍，其運物亦有廷臣主之。川陝諸金帛，自劍門列傳置，分輦負担以至。租布及官所市布，由水運逕江陵，自江寧道綱吏運逕京師。

換言之，黃河所運，為今河北、山西、陝西、諸省，廣濟河則為今山東及河南開封以東，惠民河為今河南封以西，汴河則為今江蘇、安徽兩省之長江以北及湖北四川兩省及長江以南。其中黃河、縣濟河、惠民河，三路北方物產居多，汴河一路則屬南方，地域廣大，物產豐饒，控制愈多，規模益大，而中央之財政，實利賴之。此其大較也。

七州之今茲所論實以汴河為主。以其居漕運上主要之地位，史料豐富，而其控制之南方，所出米粟尤多。其主要生產地為當時淮南、兩浙、江南東西，荊湖南北六路，而四川、廣東、廣西、福建等地，則以程途及產額關係而以錢絹代之。

卽以漕米額而論，在太宗太平興國六年(公元九八一)祇不過四百萬石，眞宗景德四年(公元一〇〇七)增定為六百萬石，仁宗除會於天聖五年至八年(公元一〇二七至一〇三〇)改為五百五十萬石外，卽照景德四年所規定，以六百萬石為定額，其實際漕米額，卽與比相差不遠。終北宋之世，可稱為漕運極盛時代。茲為便於明瞭起見，鈎稽諸書，列表如下：

年期	品目	漕米額	所載文獻卷第	備考
開寶五年(公元九七二)	稻米	數十萬石	會要食貨志四亦水運	
開寶九年(九七六)	米	百餘萬石	長編卷一七、開寶九年九月	
太平興國二年(九七七)	米	數百萬石	長編卷一八、太平興國二年七月	
太平興國六年(九八一)	米 菽	三百萬石 百萬石	宋史卷一七五、食貨上三漕運	文獻通考同
太平興國八年(九八三)	熟米	四百萬碩	會要食貨四二宋漕運	
瑞拱二年(九八九)		五百萬斛	長編卷三〇、端拱二年四月	文獻通攷同
淳化四年(九九三)		六百萬(石)	長編卷三四、淳化四年十二月	
至道元年(九九五)	米	五百八十萬石	長編卷三八、至道元年九月	文獻通考同
咸平二年(九九九)		五百六十萬碩	長編卷四六、咸平二年三月	
景德中(一〇〇四—〇〇七)		四百五十萬(石)	會要食貨四二宋漕運	文獻通考同
大中祥符二年(一〇〇九)		七百萬(石)	長編卷七一、大中祥符二年四月	文獻通攷同
大中祥符三年(一〇一〇)	米	六百七十九萬石	長編卷七四、大中祥符三年九月	

天禧二年（一〇一八）		六・七百萬石	會要食貨四二宋漕運
天禧中（一〇一七—一〇二一）		八百萬石	歐陽文忠公文集卷二六、簡肅薛（奎）墓誌銘
天禧五年（一〇二一）	米	六百餘萬石	長編卷九七天禧五年十月
天聖元年（一〇二三）	米	七百七十萬石	長編卷一〇一、天聖元年閏九月
天聖中（一〇二三—一〇三一）		六百五十萬石	宋史卷一七五、食貨三漕運
天聖五年（一〇二七）		六百餘萬石	會要食貨四二宋漕運
天聖六頃年（一〇二八?）		五百五十萬石內外	會要食貨四六水運
明道中（一〇三二—三三）	米	六百萬石	長編卷一一二、明道二年七月
寶元中（一〇三八—九）		六百餘萬石	宋史卷一七九、食貨下一會計
治平二年（一〇六五）	粟	五百七十五萬五千石	宋史卷一七五、食貨上三漕運
熙寧三年（一〇七〇）	米	六百二十萬石	長編卷二一一、熙寧三年五月
熙寧四・五年頃（一〇七一—二）	米	四百萬石內外	長編卷二一四、熙寧五年八月
元豐六年（一〇八三）	穀	六百二十萬石	長編卷三三六、元豐六年閏六月
元祐六年（一〇九一）		四百五十餘萬石	長編卷四七五、元祐七年七月

自元祐以後則漕運漸衰，直至徽欽之亡，不能復振。

現欲攷明其盛洛所由，當先明白當時運輸方法。据現代運輸學原理，直接載運爲最良，間接轉般爲最劣。昔聞海上有科學公司，設廠自製科學上玻璃用具，其初在山東產玻璃砲之地，購賓原料，成本較重，繼而往廣東北海購買雖比山東爲廉然仍不甚合算，終乃遙向葡萄牙購買，用船運載，成本乃得最輕。彼何以故？蓋山東出產之地，離運貨鐵路較遠，不能直接載運，須經人工般運，多一次肩駁，即多一次費用，故也。孰知在一千前，其事乃大異於今所云。考宋初漕運，乃用轉般之法，徽宗大觀（一一〇七）以後，始改爲直達法，或行或否，政令不一，而漕運乃大壞敗。

文獻通考國用考三云：

轉般之法，東南六路斛斗，自江浙起綱，至于淮甸以及眞、揚、楚、泗，爲倉七，以聚蓄軍儲，復自楚、泗置汴綱，般運上京，以發運使董之。故常有六百萬石，以供京師；而諸倉常有數年之積。郡州告歉，則折納上等價錢，謂之額斛。

計本州歲額，以倉儲代輸京師，謂之代發。復於豐熟以中價收糴，穀賤則官糴不至傷農；歉則納錢，民以爲便。本錢歲增，兵食有餘，國家建都大梁、足食足兵之法，無以加於此矣。

是當時漕運所會，則有轉般倉；各路所運，皆就近程卸納；其多積之處，亦別遣官專掌。水核之處，官爲具舟，不得調發居民，以妨農作。太宗時又恐倉吏給受不平，遣皇城卒變服偵邏，廉得永豐倉持量者八輩，受賕爲姦，悉漸之，留倉免官治罪。令所法立，運政日隆。同書又云：

江湖上供米，舊轉運使以本路綱輸眞、楚、泗州轉般倉，載鹽以歸，舟還其郡卒還其家，而汴舟詣轉般倉漕米輸京。載歲擢公者四，河冬涸，舟卒還營；至春復集，名曰放凍卒。得番休，逃亡者少。而汴船不涉江路，無風波溺之患。所以當時立法嚴密，民無不便，而官府坐享其利；此漕運之所以日盛也。

厥後吏卒舞弊，汴綱日壞。加以沿檢點稅務，豪奪無厭。文獻通考國用攷三云：

其後發運使權益重六路上供米，團綱發船，不復委本路。獨發運使專其任，文移分士併，事目繁夥。有不能橫察，則吏胥可以用意於其間。操舟者賕諸吏，輒得詣富饒郡市賤貿貴，以趨京師。自是江汴之舟，合雜混轉無辨督。挾舟卒有終身不還其家，而老死河路者，籍多空名，漕事大敝。嘉祐三年，復下詔責，汴綱不得復出江……江外船亦不得至京師。失商販之利，而汴綱工卒訖冬坐食，苦不足，皆盜毀船材，易錢以自給。船愈坏，漕歲額又愈不及。

又云：

漕運吏卒，上下共爲侵盡貿易，甚則託風水沉沒以滅跡，而官物陷折者歲不減二萬斛

蘇軾知楊州上書云：

運法之壞，一至於此。臣到任以來，所斷糧綱欠折等，不可勝數，衣糧罄於折會，船車盡折賣，質妻鬻子，聚爲乞丐，散爲盜賊。……數年以來，官用窘逼，轉運司督迫諸處稅務，日急一日，謹案一綱三十隻船，……一船檢點，即二十九隻船皆須住岸伺假。……緣此爲姦，邀難乞取，十倍於官。遂致綱稍皆窮困骨立，亦無復富商大賈，肯以物貨委令搭載，以此專仰攘取官米，無有限量，折賣船板，動使淨盡。事敗入獄，以命償官。

又因鹽法已壞，迴舟無所得，舟人逃散，船亦隨壞。而轉般之法，遂以不行。惟直達之法，不特不能挾此頹風，且有百弊而無一利。文獻通攷引吳氏能改齋漫錄曰：

漕法漸壞，惟發綱發運未能。及蔡京爲相，不學無術，不能明攷祖宗立法之意，遂廢。改鹽法，置直達江無水處不如此。是時姦吏多，雖有漕運之官，不過催督起發；其官亦有名無實。大抵用官船逐處漕運時，便都無姦計；若用直達，江經涉歲月長遠，故得爲姦。所費甚多，東南入京之粟亦少。此召亂之道也

南渡以後，疆土益狹，軍用益繁，仰食益多，督運益急。高宗建炎初（一一二七）。民間有自毀其舟楫，不願藏舟，自廢其由，而不願有田。王事鞅掌，人胥病之。至有議以陸運彌縫其缺憾者。噫！漕運之不得不革，蓋事勢之有所必至者。

四　宋元之興替實由於經濟勢力之消長

然而南宋國用上損失如此，而猶不至於滅亡者，蓋以其時東南海甚貿易大興，足以償抵也。宋史卷一百六十七職官志云：

紹興二十九年（一一五九），臣僚言：福建、廣南，各置務於一州；兩浙市舶，乃分建於五所。

据文獻通考所載，乾道時（孝宗年號，一一六五——一一七三七）依臣僚之言，在臨安、明州、秀州、溫州、江陰軍等地置市舶務五所。是南京時國家財用，全恃此兩浙福建、廣南等處海港所入也。

考市舶司之創建。自北宋太祖開宗四年（九七一）已始置於廣州。（案此事詳見宋史食貨老，文獻通考卷二十及卷六十二，以非本題範圍，不節引）。其後又於杭、明置司。据玉海所載『海舶至者，視所載十算一，市其三四』。惟是時貿易不盛，故連年用兵遼夏悉恃汴河所輸東南之粟而已。及偏安江左，頓失財源，籌備餉練兵，均虞不足。於是對於市，舶事業，始竭力經營。宋史八卷十八地理志云：

餘杭，四明，通蕃互市，珠貝外國之物，頗充於中藏。

吳自牧夢粱錄卷十二江海船艦條云：

若欲船泛外國買賣，則是泉州便可出洋。

又云：

若商買止到台、溫、泉、福買賣，未嘗過七州崐崙等大洋。若有出洋，卽從泉州港口，至岱嶼門，便可放洋過海，泛往外國也。

大抵南宋之世，與日本高麗貿易最盛，故云從泉州出洋。岱嶼在泉州港內，七州洋，崐崙洋環於其間。此等海上諸國之產物所謂珠貝香藥一類，一旦入於泉州；卽從杭州運輸各地。今祇以杭州一港而論，其規制亦頗不少。淳祐臨安志卷七云：

市舶務舊在保安門外，淳祐八年（一二四八）撥歸戶部，於浙江清水閘河岸新建，曰行在市舶務。

同書卷十又說明其河運云：

南自浙江浦橋，北自渾水閘蕭公橋，清水閘衆惠橋，櫂木橋，朱家橋，轉西，由保靜閘至安水門入城，曰運河。

蓋當時所謂運河，卽今所謂錢塘江也。咸淳臨安志卷九云：

市舶務在保安門，海商之自外舶至杭者，受其劵而考驗之。又有新務，在梅家橋之北，以受舶綱。

然則汴河漕運失敗，南宋之經濟，全以此等市舶爲中心矣。及金人入中國後，上下荒淫，不足爲患。南宋亦得以苟安。及元人滅金，對東南用兵。惟蒙古短於水戰，舟師實不敵宋人。趙翼二十二史箚記卷三十稱：太宗、憲宗時，與宋戰於蜀州，屢用皮船革舟甚不嫻水戰，無待煩言。而當時市舶既興，操持南宋經濟者實爲一般之外籍提舉市舶。其中尤以爲提舉市舶三十載之阿拉伯人蒲壽庚為舉足輕重。其後蒲壽庚棄宋降元，最足為南宋之致命傷。日人桑原隲藏蒲壽庚考第四章云：

元世祖至元十三年（一二七六）春，元伯顏陷臨安，恭宗出降，於是宋遺臣等奉恭宗之兄端宗入閩，圖恢復，知非依賴壽庚不可，進壽庚福建廣東招撫使，兼統此方海舶。旋端宗以避元軍，於是年十二月，自福州航海移泉州，冀得壽庚兄弟之助，壽庚應之殊不力。元軍之向東南也，知括降壽庚為第一要着。至元十三年二月，臨安猶未下，伯顏即遣使勸壽庚兄弟降。壽庚如何應付，今無可考，恐已略有二心。後宋軍以船舶軍資，兩皆不足，在泉州強徵壽庚之海舶資產，壽庚大怒，遂以其年之十二月降元，與宋取對敵運動。壽庚棄宋降元之舉，有關於宋元勢力消長實大。蓋壽庚老於海事，擁海舶甚多，一旦降元，足為元南征之助。於元為莫大之利，於宋直致命之傷。

桑原氏所言，至為可信。蓋至是宋之市舶海港幾全歸元人掌握，經濟基礎，已全動搖；此趙比一塊肉，終於葬於江魚腹中也。

五　元代海運制度之興起

海運之制，倡於北宋神宗之時。文獻通考國用考三神宗熙寧八年（一〇七四）條云：

京東察訪鄧潤甫等言，山東沿海州郡，地廣豐歲，則穀賤，可募人為海運。山東之粟，可轉之河朔，以助軍食。詔京東河北路轉運相度。訖無施行。

然終宋之世，似迄未實行。蓋救弊之政，應興應革，而卒不能興革者，可以覘國運之興替也。及元人長驅中原後，以河運不便，始創通運。大元海運記卷上云：

惟我世祖皇帝至元十二年（一二七五）既平宋，始運江南糧，以河運弗便，至元十九年（一二八二）用丞相伯顏言，初通海道漕運，抵直沽，以達京城。

又云：

世祖皇帝至元十九年，初命上海總管羅璧、張瑄、朱清造海船六十艘，募水工同官軍，自海道漕運江南糧四萬六千餘石。明年（一二八三）三月至直沽，從丞相伯顏言也。

其後五十年間，而海運大盛。同書又云：

初，歲運四萬餘石，後累增及二百萬石，今增至三百餘萬石。然春夏分二運，至舟行風信，有時自浙西不旬日而達京師，內外官府，大小吏士，至於細民，無不仰給於此。於戲！世祖之德，淮安王之功，逮今五十餘年，裕之民澤，曷窮極焉！

又元史卷九十三食貨志海運條云：

元都於燕，去江南極遠，而百司庶府之繁，衛士編民之衆，無不仰給於江南。自丞相伯顏獻海運之言，而江南之糧，分為春夏二運，蓋至於京師者一歲多至三百餘萬石，民無輓輸之勞，國有儲蓄之富，豈非一代之良法歟！

是以元雖偏都薊北而控制東南，國庫裕如者，其能適應事勢之要求，改造地理環境之功，實予以最大之助力。而其最初之動機之伯緣於河運不便。大元海運記卷上云：

伯顏丞相奉旨取宋，既得江南而淮東之地，猶爲宋守，乃令張瑄、朱清等自崇明州募船裝載亡宋庫藏圖籍貨物，經涉海道，運入京師。又命造鼓兒船運浙西糧，涉江入淮，由黃河逆水，至中灤旱站，般至淇門，入御河，接運赴都。次後拼開濟州泗河，自淮至新開河，由大清河至利津河，入運接運。因海口沙壅，又從東阿旱站，運至臨清入御河。及拼開膠萊河道，通海平運。至元十九年太傅丞相伯顏見裏河之造運糧斛，前後勞費不貲，而未見成效，追思至元十二年海中般運亡宋庫藏圖籍貨物之道，奏命江淮行省限六十日造平底海船六十隻，聽候調用。於是行省委上海總管羅璧、張海、朱清等，依限打造。當年八月有旨。今海道運糧至揚州羅璧第就用官船軍人，仍令有司召顧梢碇水手，裝載官糧四萬六千餘至二十年(一二八三)三月經由登州放萊州洋，方到直沽。因內河淺澀，就於直沽交卸。

元史卷九十三食貨志海運條所記，與此相同，而較爲簡略。

則其動機當出於河運不便無疑也。余嘗推測其意，所謂不便者，尤以江淮一帶漕運舟卒，散亡爲匪，積聚橫行，自南宋以來，已苦此患。及宋亡以後，人人抱亡國之痛，嚴夷夏之分，有志者方糾合此輩逃亡，出爲元患。規於後日，『汝款倡亂，湖廣，江右，相繼陷沒』用元史卷九十七食貨志中語江、浙、皖、鄂一帶，遂成反元之中心，則其百年之間，聚嘯之衆，自可知矣。此爲創通海運之內因也。至若自唐以來，西亞，南亞，諸國，與吾國沿海貿易已久。元人西征以來，南歐諸國，亦有至者，羅盤之用，雖創自東方，而應用於航海術中者，實以歐人爲嚆矢。此時疑已有流入吾國沿海航行家之手。而其海運之水工官軍，亦唯保無歐洲航海之人。故漕運水程，記標指淺，已見成規，而測候潮汛，預告風信，皆有歌訣。此則又爲元代創通海運之外緣也。加以世祖以後疊飭運官押綱官用心約束軍人船戶不得擾民；鼠耗折合，定爲則例；沒水免償，制爲憲章。保護之周，視前代爲厚。此元代海運之盛之所由也。茲將元史食貨志及大元海運記所載，彙列(甲)歲運糧數表(乙)艘數裝泊表(丙)排年海運水脚價目表三表於下，以見一斑焉。

甲、歲運糧數表

年期	該運額	運到數目	事故糧	備考
至元二十年(一二八三)	四萬六千五十石	四萬二千一百七十二石二斗二升五合	八百七十七石七斗五合	
至元二十一年(一二八四)	二十九萬五百石	二十七萬五千六百一十石	一萬四千八百九十石	

至元二十二年（一二八五）	一十萬石	九萬七百七十一石五斗五升	九千二百二十八石四斗五升
至元二十三年（一二八六）	五十七萬八千五百三十石	四十三萬三千八百五石四斗	一十四萬四千六百一十四石六斗
至元二十四年（一二八七）	三十萬石	二十九萬七千五百四十二石七斗	二千四百五十三石三斗
至元二十五年（一二八八）	四十萬石	三十九萬七千六百五十五石八斗六升	二千三百四十四石一斗四升
至元二十六年（一二八九）	九十三萬五千石	九十一萬九千九百四十三石	一萬五千五十七石
至元二十七年（一二九〇）	一百五十九萬五千石	一百五十一萬三千八百五十六石八斗	八萬一千一百四十三石二斗
至元二十八年（一二九一）	一百五十二萬七千二百五十石	一百二十八萬一千六百一十五石	二十四萬五千六百三十五石
至元二十九年（一二九二）	一百四十萬七千四百石	一百三十六萬一千五百一十三石六斗八升	四萬五千八百八十六石三斗二升
至元三十年（一二九三）	九十萬八千石	八十八萬七千五百九十一石五斗	二萬四百八石五斗
至元三十一年（一二八四）	五十一萬四千五百三十三石	五十萬三千五百三十四石	一萬九百九十九石
元貞元年（一二九五）	三十四萬五百石	俱到	
元貞二年（一二九六）	三十四萬五百石	三十三萬七千二十六石六斗	三千四百七十三石四斗
大德元年（一二九七）	六十五萬八千三百石	六十四萬八千一百三十六石九斗五升	一萬一百六十三石五斗
大德二年（一二九八）	七十四萬二千七百五十一石	七十萬五千九百五十四石五斗	三萬六千七百九十六石五斗

大德三年（一二九九）	七十九萬四千五百石			俱	戰
大德四年（一三〇〇）	七十九萬五千五百石	七十八萬八千九百十八石二斗七升	六千五百八十一石七斗三升		
大德五年（一三〇一）	七十九萬六千五百二十八石	七十六萬九千六百五十石	二萬六千八百七十八石		
大德六年（一三〇二）	一百三十八萬三千八百八十三石六斗三升	一百三十二萬九千一百四十八石一斗	五萬四千七百三十五石五斗三升		
大德七年（一三〇三）	一百六十五萬九千四百九十一石三斗二升	一百六十二萬八千五百八石八斗七升	二萬九百八十二石四斗五升		
大德八年（一三〇四）	一百六十七萬二千九百九石八斗六升四合	一百六十六萬三千三百一十三石五斗九合	九千五百九八六石三斗五升六合		
大德九年（一三〇五）	一百八十四萬三千三石九斗	一百七十九萬五千三百四十七石一斗一升六合二勺	四萬七千六百五十六石七斗八升三合八勺		
大德十年（一三〇六）	一百八十萬八千一百九十九石五斗	一百七十九萬七千七十八石三斗七升五合二勺	一萬一千一百二十一石一斗二升二合八勺		
大德十一年（一三〇七）	一百六十六萬五千四百二十二石八斗五升五合三勺	一百六十四萬四千六百七十九石一斗七升八勺	二萬七百四十三石六斗七升七合五勺		
至大元年（一三〇八）	一百二十四一萬百四十八石四斗八升八合七勺	一百二十萬二千五百三石四斗七升三合九勺	三萬七千六百四十五石一升四合八勺		
至大二年（一三〇九）	二百四十六萬四千三百四石八斗	二百三十八萬六千三百石四斗八升一合	七萬七千九百四石三斗一升九合		
至大三年（一三一〇）	二百九十二萬六千五百三十三石六斗四升九合	二百七十一萬六千九百一十三石九斗九升五合	二十萬九千六百一十九石六斗五升三合四勺		
至大四年（一三一一）	二百八十七萬三千二百十二石一斗	二百七十七萬三千一百六十六石一斗九升六合	九萬九千九百四十五石九斗四合		
皇慶元年（一三一二）	二百八十萬三千五百五石四斗七合	二百六十七萬七千六百七十二石八斗六升七合	一萬五千八百三十二石五斗五升		

皇慶二年（一三一三）	二百三十一萬七千二百二十八石八升四合	六十五萬四千三十六石一升五合	一十五萬八千五百四十三石一斗一合	食貨志云至者二百一十五萬八千六百八十五石
延祐元年（一三一四）	二百四十萬三千二百六十四石四斗三升四合	二百三十五萬六千六百六石一斗二升二合	四萬六千六百五十八石三斗一升二合	
延祐二年（一三一五）	二百四十三萬五千六百八十五石九斗九升八合	二百四十二萬二千五百五石一斗九升二合	一萬三千一百八十石八斗六合	
延祐三年（一三一六）	二百四十五萬八千五百十四石一斗八升五合	二百五十三萬七千七百四十一石一斗八升五合	一萬七百七十三石	
延祐四年（一三一七）	二百三十七萬五千三百四十五石四斗三合	二百三十六萬八千一百一十九石六斗四升二合	七千二百二十五石七斗六升一合	
延祐五年（一三一八）	二百五十五萬三千七百一十四石三斗一合	二百五十四萬三千六百一十一石五斗四升一合	一萬一百二石七斗六升	
延祐六年（一三一九）	三百二萬一千五百八十五石八斗九升九合	二百九十八萬六千七百一十七石九斗七升八合	三萬四千八百九十一石九斗一升一合	
延祐七年（一三二〇）	三百二十六萬四千六石五斗六升七合	三百二十四萬七千九百二十八石一斗六升二合	一萬六千七十八石四斗四升八勺	
至治元年（一三二一）	三百二十六萬九千四百五十一石五斗六升四合	三百二十三萬八千七百六十五石九斗一升九合六秒五撮	三萬六百八十五石六斗四升四合九勺一秒五撮	帶起附餘香白糯米一萬八千九百四十二石六斗一升二合
至治二年（一三二二）	三百二十五萬一千一百四十石	三百二十四萬六千四百八十三石一斗五升七合	二萬三千五百九十九石四斗五升五合	
至治三年（一三二三）	二百八十一萬一千七百八十六石九斗三升七合	二百七十九萬八千六百一十三石九斗六升三合	一萬三千一百七十二石九斗七升四合	
泰定元年（一三二四）	二百八萬七千二百三十一石七斗八升九合	二百七萬七千二百七十八石三斗六升九合	九千九百五十三石四斗二升	
泰定二年（一三二五）	二百六十七萬一千一百八十四石六升	二百六十三萬七千七百五十一石八斗九升四合	三萬三千四百三十二石七斗五升	
泰定三年（一三二六）	三百三十七萬五千七百八十四石二斗八升	三百三十五萬一千三百六十二石二斗六升	二萬四千四百二十一石九斗二升	

泰定四年（一三二七）	三百一十五萬二千八百二十石六斗六升	三百一十三萬七千五百三十二石七斗七升	一萬五千二百八十七石八斗九升
天曆元年（一三二八）	三百二十五萬五千二百二十四石四斗四升	三百二十一萬五千四百二十四石三斗	三萬九千七百九十六石四斗四升
天曆二年（一三二九）	三百五十二萬二千一百六十三石一斗	三百三十四萬三百六石二斗	一十八萬一千八百五十六石九斗

（乙）艘數裝泊表

年期	艘數總計	泊所	分泊艘數	開洋雙數	備考
至順元年（一三三〇）	一千八百隻	崐山州太倉劉家港一帶	六百一十三隻		
		崇明州東西三沙	一百八十六隻		
		海鹽澉浦	一十二隻		
		杭州江岸一帶	五十一隻		
		嘉定州沙頭浦官橋等處	一百七十三隻		
		上海浦第處	一十九隻		
		常熟白茅港一帶	一百七十二隻		
		江陰通州蔡港等處	七隻		
		平陽瑞安州雲飛渡等港	七十四隻		
		永嘉縣外沙港	一十四隻		
		樂清白溪沙嶼等處	二百四十二隻		
		黃岩州石塘等處	一十一隻		
		烈港一帶	三十四隻		
		紹致三江陡門	三十九隻		
		慈溪定海象山鄞縣桃花等渡大高山堰頭慈嶴等處	一十四隻		

延祐元年（一三一四）？	臨海寧海嚴奧鐵場等港	二十三隻
	奉化揭崎昌國秀山等路一帶	二十三隻
	浙西平江路劉家港	一千六百五十三隻
	浙東業元路烈港	一百四十七隻

（丙）排年海運水脚價目表

年期	海程里數	運艘數	品類	每石脚錢	備考
至元二十一年（一二八四）	一萬三千三百五十里			中統鈔八兩五錢	依驗千斤百里自開洋上海等處起運
至元二十九年（一二九二）				七兩五錢	
元貞元年（一二九五）			頭糙白粳米	中統鈔六兩五錢	（就直沽交卸）
			香糯	七兩	（直赴大都醴源倉交納）
大德七年（一三〇三）		二十萬石	稻穀	中總鈔五兩	
至大元年（一三〇八）				七兩	（因物貴量添）
至大三年（一三一〇）			糙白粳	至元鈔一兩六錢	
			香糯	至元鈔一兩七錢	
至大四年（一三一一）			糙白糧	至元鈔二兩	
			香糯	至元鈔二兩八錢	
			稻穀	一兩四錢	
皇慶二年（一三一三）			糙粳	一十三兩	斟酌道里遠近此爲福建遠船溫台慶元船
			糙粳	一十一兩五錢	

天曆二年(一三二九)	正糧三百萬石 增運附餘正糧三千四百七石三斗六升九合	紹興浙西船	香糯	一十一兩五錢	共中統鈔六十四萬九分七三二十八定二十八兩五錢七十
			白糧黑豆	一十一兩	
			稻穀	八兩	七百三十八定三十四兩局厚四分三厘
			白糯香	腳價不等	
					共支腳價鈔六十五萬五百分一十二定十三兩二錢四分三厘

六、結論

大學曰：『生財有大道，生之者衆，食之者寡，為之者疾，用之者舒，則財恆足矣。仁者以財發身，不仁者以身發財者。……孟獻子曰：「畜馬乘，不察於雞豚；伐冰之家，不畜牛羊；百乘之家，不畜聚斂之臣。與其有聚斂之臣寧有盜臣。」此謂國不以利，以義為利也。』宋代漕運之毀，毀於吏卒共為侵盜，已如上文所述。而元代海運事業又如何者？元史卷九十七食貨志海運條曰：

元自世祖用伯顏之言歲漕東南粟由海道以給京師。始自至元二十年，至於天歷至順(一三二八——一三三二)，由四萬石以上，增而為三百萬以上，其所以為國計者大矣！歷歲既久，弊日以生，水旱相仍，各私俱困，疲三省之民力，以充歲運之恆數，而押運監臨之官，與夫司出納之吏，恣為貪黷，腳價不以時給，收支不得其平，船戶貧乏，耗損益甚。兼以風濤不測，盜賊出沒，剽劫覆亡之患自仍，改至元(案即順宗年號)之後，有不可勝言者矣。由是歲運之數，漸不如舊。

是元代海運事業亦毀於貪黷也。自東南之粟，不給京師，而方國珍張士誠等鼠竊，遂足以為元人之患而有餘，其關係不可謂不大。然而海運創通以後，明清因之，至今日而運輸益盛則其利又豈僅及於元代也哉。

民國二十三年十二月五日初稿成於滬上四部書齋

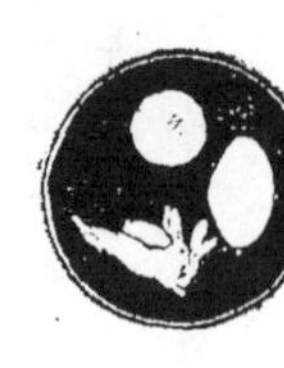

蠶絲業之更生策

下條男英著
張學鼎譯

我國蠶絲，質甲天下，爲我國主要出口物之一，比年來受人造絲之影響，以至一落千丈，近且有價無市，奄奄待斃，政府與當業者正籌所以救濟之策。今閱昭和製絲調查課下條英男氏所發表之「蠶絲更生い」，頗堪取法，特譯之以備參考。

譯者附識

一

一九二九年以還，美國生絲消費量漸見低落，考其主要原因爲美國之不景氣與購買力之不足。然去年美國之不景氣較爲緩和，美國之織物業且有蒸蒸日上之概，不論人造絲，棉花，羊毛之消費量均有增加，而生絲之消費量則銳減，僅爲六千二百四十萬磅，若與一九二九年之生絲消費量八千二百四十萬磅相較，僅得百分之七十六而已。人造絲之消費量於一九三二年竟達二億六百八十萬磅之新紀錄，較一九二九年，激增百分之五十八。茲先將過去七年中美國之四大纖維消費數列後，以示生絲在去年美國織物市情上昇年度仍爲不景氣之明證。

（一）美國四大纖維消費數量

（單位百萬磅）

	棉花	羊毛	生絲	人造絲
一九二七年	三，五八四	三四四	七三	一〇〇
一九二八年	三，一八七	三三七	七五	一〇〇
一九二九年	三，四二六	三六五	八二	一三一
一九三〇年	二，六〇八	二六八	七七	一一七
一九三一年	二，六五七	三二一	七九	一五七
一九三二年	二，四五八	二四一	七四	一五二

一九三三年	三，〇三一	三三四	六二	二〇七

人造絲之消費數量如此激增而生絲反大減，其原因除不景氣外無疑為美國人造絲之品質日佳，與生產品遞減及價格低落所致。筆者可以下表證明之

生絲市場與人造絲市場關係圖

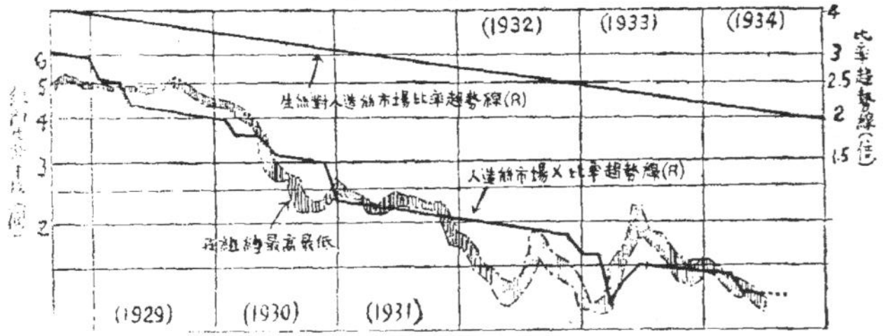

右圖明白顯示生絲對人造絲之趨勢比率，在約較低二倍之今日，而美國每月生絲之消費量較諸約四萬五千俵(包)之常態消費數量相差尚遠。且衆意有『現在人造絲之品質改善尚未能登峯造極，故將來人造絲之品質日佳，價格日低則生絲實有不能不受人造絲侵略之苦況。』(註)見Annalist. March 9.

然吾等不必因此而生悲觀。蓋生絲為農產品，價格全依繭價而定，今與大量生產之工業生產品人造絲相比，其地位當然較弱。但考生絲受人造絲侵略之由，其原因不僅在此。他如生絲市場之不安定及需要者對於生絲之不滿意，生絲自身實有未盡改善之缺陷存在，是足為生絲需要加增之阻礙。且生絲與人造絲之性質不盡相同。生絲本亦確有其消費範圍之存在，如魚網國旗等等之製造，其大量的消費之可能性，對於所發見之新用途，即不費多大之勞力。但能發揮其生絲品質上之特徵，則生絲之生命，決不致告

終。在美國可有事實上之證明，即在不景氣之中而編物之需要絲額年見增加。據一九三三年十二月二十五日 Silk and Rayon Digest所載生絲與人造絲之用途百分率如下

(二)人造絲與天然絲之用途百分率

	人造絲			天然絲	
	織物	編物	其他	織物	編物
一九二七年	三九	五三	八	七五	二五
一九二八年	三八	五四	八	七五	二五
一九二九年	三五	五五	一〇	七六	二四
一九三〇年	二八	六二	一〇	七六	二四
一九三一年	五〇	四五	五	七三	二七
一九三二年	五八	三八	四	五〇	五〇
一九三三年	六〇	三六	四	四〇	六〇

右表中生絲編物之消費比率如與第一表所刊之生絲消費數量相乘，則得：

(三)編物用天然絲之數(量單位百萬磅)

一九二七年	一八·三
一九二八年	一八·九
一九二九年	一九·八
一九三〇年	一八·五
一九三一年	二一·四
一九三二年	三六·八
一九三三年	三七·四

由右表之指示，生絲有必需之用途存在，故前途富可不必悲觀。不論人造絲之如何高度化之改善，限於植物纖維之原料，對於保溫性彈力性較動物纖維之生絲終感弗如。如絲襪須具有彈力性婦

女內衣須有保溫性，故生絲確較人造絲爲優。卽在織物言之，現在量重物流行時代生絲與人造絲競爭，固有不利，若在量輕物流行時，則生絲不難以現在之絲價相對抗。現在美國人造絲營業者對於生絲織物競爭力之一般，可於木一尺言論中充分窺見：

『……但在一九三二年上半期極有希望之人造絲Flat Crepe。受有不可收拾之打擊，生絲市場遂繼續下落至一元一角（美金生絲金(生絲一磅)之最低紀錄，生絲市價暴跌後，人造絲於五月爲六角分五六月卽跌至五角五分。……』

『……但人造絲製造之技師急於打開困難，繼續研究足以繼續前記Flat Crepe之新規織物，結果於一九三三夏始製Rough crepe並計劃於短期內行銷於市。……』

『……其後先發明極巧妙之Sand crepe纖有以天然絲爲經，人造絲爲緯之織物Canton weaves Ribbed weaves等之考案……』

上爲表示美國織物流行漸傾向於厚而且重之經過，其主動力實出於人造絲製造者努力之所賜。如此織物之範圍，其以生絲爲材料者造製費較高，雖生絲價格低至一元左右(美金)，猶不能與人造絲爭抗，但此只限於有利於織物尙在流行之間，一到有利於生絲之物流行時未必可以樂觀，祇視蠶絲業者自身之努力如何。則蠶絲業之復興可操左劵。然此事之前提條件爲安定正常之絲價，生絲之價格既安定，生絲消費當可增加。並於絲價安定之基礎上，蠶絲業始有合理的經營之可能性。記者今春曾見習於各絲廠乘起物機業地，機業家對於生絲之最大不滿爲生絲價格漲落太甚，品質參差不齊，使彼等不能作合理之採購與計算。美國之需要生絲者亦莫不引此爲憾。絲價之不安定，生絲需要者固覺不便，卽生絲生產者亦有同樣之感。在市場極度不安定之下，養蠶製絲之合理經營爲絕不可能之事，因而生產技能之增進與生產費之遞減受有極大之阻礙。故記者以爲蠶絲業復興之最要點爲安定絲價。

二

安定絲價之方案，學者，絲商所發表散見於報章雜誌者甚衆。絲擇其一二重要者而討論之：

絲價安定之策，可分爲兩大步驟，第一統制生產以謀安定，第二統制販賣，以達其目的。關於第一案當以鐘淵紡織株式會社蠶業課及東洋經濟新報所發表之政府蠶繭管理案爲最卓越，兩者所言雖微有不同，主旨則一也。此案之主題，須以官民之有力者組織繭評議員會，於每年蠶期前數月公定一最高與最低之繭價，政府組織合作社於規定之價格範圍內收買繭子，一面將繭在一定時期依已定之販賣價格，售於製絲商，並每月限有一定數量。如是則絲價可望安定。且養蠶家可免虧本，製絲家可得購買資金之固定，均足爲本案之優點，而其最大之意義在養蠶家製絲家投機之危險可轉嫁與國家。

此案公定之繭價依對於人造絲•競爭之見地，不無高位之虞•蓋繭評議委員會雖能依生絲之求供人造絲之市場爲基準而公定繭價。然在政府參與之下勢不能漠視大多數養蠶家之繭生產用費即定繭之出售價格。且因政府之參加或將加高養蠶家之繭生產費，亦未可知。如東洋經濟新報所提，如將今年繭之價格定爲四元，然後察其結果如何即平均絲量十二匁爲三十掛三分釜共三十五掛。工費約一百五十圓，則生絲成本爲七百十元，仍爲不能與人造絲相競爭之價格。如前圖表所示生絲對人造絲之趨勢比率年年低落，近且將及二倍。若國家欲減少繭賣買之損失，則售價必將增高，結果生絲價格昂騰，以是生絲消費將益減，是則反促蠶絲業於淪亡。如繭爲適應絲況而賣出，卽春繭亦將受莫大之損失。如絲價以五百元爲出售基礎，平均繭一貫匁（三，七五〇，〇〇〇公斤）不到二圓半，每一貫匁有二圓半之損失，春繭總產額約五千萬貫，將有七千五百萬元之損失。此案恐將成國家高價取買低價賣出之慣習，則結果不但財政感受困難，我國蠶絲業且失自力更生之道。蠶絲業與養蠶者雖犧牲國家之財政負担冀得一時之安定，然而蠶絲業本身亦决不能因此而復甦。是故國家管理案雖較其他辦法爲安定，然記者實未敢贊同。

統制販賣以期安定絲價之議甚衆，如農林省（部）幹事試案，共同金庫案，倉澤運平氏之生絲販賣統制法律案等等均主由販賣統制機關決定生絲輸出之最高最低價格及標準價格。本位田教授佐藤教授貽中代議士等提倡設立生絲輸出販賣公司，委托販賣生絲出口，由該公司一手包辦，則維持絲價之目的，庶可達矣。

統制販賣案之共同缺陷在與蠶絲業之生產統制分離。雖亦曾考慮部份之生產調節，但非成立於合理的生產統制組織上，徒空言生產統制而已。在販賣單方之統制，雖有需要以上之生絲供給，因無抑制之手段故仍有生產過剩潛伏之可能性，其結果亦將不能達絲價安定之目的。最近蠶絲業者之間發生莫大衝動，因有今井五介氏之相互共營蠶絲合作社案，曾於第四次日本中央蠶絲會臨時總會中提出，現正在特別調查委員之審查中。該社之組織法雖尙未決定，其主旨不外爲全蠶絲業之共營合作社，亦卽爲組織一獨佔之蠶絲經營合作社。若此案能見諸實行，則不特絲價安定，卽其他一切統制亦可確切實行矣。然此案之實行，有關大多數蠶絲業者之存亡，其利害極不一致，故實現勢所不能，卽單就各蠶絲業者之財產評價問題已有極大之困難。絲價安定案如上述者甚多，惜均有缺陷，不易實行。茲記者擬一生絲供給統制合作社，似較以上諸案爲易行，並深信對於絲價之安定，生產費之減低，生產技術之改善，生絲消費之增進，均可有相當之奏効。

三、

生絲供給統制合作社之如何進行，玆擬其組織法概括如下：

(一)全國製絲業由國家强迫加入生絲供給統制合作社。

(二)社員分輸出生絲社員與國用生絲社員二種，由各社員互選代表委員組織輸出生絲統制委員會及國用絲統制委員會。

(三)于新絲上市前數月，由統制委員之協議會決定本年度之生產數量。但輸出生絲須以上年度在美國之消費數目及其他各國消費數目爲基準，更考慮生絲存貨數目，美國絲織品之市況，織物之景氣與否，人造絲之競爭情形，均須作詳細研究，然後决定生絲輸出之生產數量。本國用絲以上年度絲織物機業地之消費數目爲基準，內地絲織物之市況，絲織品輸出之狀勢均須攷研，而後决定之。

(四)生絲標準價格由協議會於生絲上市前數月决定之。决定之標準，當以美國人造絲之常態漲落與競爭價格爲基礎。但標準價格須特定一約一成內外之最高最低價，以備於必要時伸縮之。

(五)生產數量標準價格既經决定，協議會有直接報告政府之義務。

(六)兩委員會對於統制下之社員，有決定其生產數量之分配權。輸出生絲分配數量之標準，以過去三年中各製絲業者經過生絲檢查所檢査之平均絲量爲標準。國用絲之數量，就過去一年中平均運轉釜數與生產能力以决定之。

(七)本合作社爲適應生絲生產，須從事努力於統制原料生產。繭生產調節方法以現行之特約交易法爲基礎，决定爲各社員關之原料地分配。

(八)社員所供給之全部生絲由本合作社總理之。

(九)應付絲價以買入生絲爲擔保，並依買入價値支百分之八十，餘額俟指定販賣人於販賣後除去應有之損失準備金與合作社經費手續費後支付。損失準備金每一俵(包)五圓（國用絲每捆二圓八十錢。）

(十)販賣須原則上有三個月之猶豫，但不得爲規定最高格價以上或最低價格以下之販賣。

(十一)社員須繳納特別費以作宣傳增進生絲消費之用。

右組織以製絲者爲統制之主體。

我國蠶絲業過去之發展，謂爲實受美國之景氣與國家援助之賜，並非過言。然自一九二九年以來，美國之不景氣，一九二七年人造絲之飛突猛晉，以是狀勢大變，國家雖如何犧牲，以期恢復，然除一時的效果外，終歸徒勞。是故蠶絲業之更生，不在全恃國家之援助與希望美國之重入景氣時代，實有待於蠶絲業者自身强固之團結與統制。惟欲導我國農民之養蠶者於此，恐非易事。至於與產分離之輸出商人與商舖，更屬無望。故欲樹立對於人造絲之自主、强固、適切、對策之重任非製絲業者出荷不可。記者提倡之絲價安定策，以製絲者爲主體之理由，即基於此。

本案之特徵在以當業者之自主統制而使絲價安定，且可以避免生產過剩或不足之弊。換言之，卽生絲市價與人造絲價格正常比率之獲得，以決定生絲之標準價格，並根基去年生絲消費量以限制生產數量，使生產與消費得適度之調節。生絲市價之不安定，雖有礙於生絲之消費，但此爲內外市場之通病，萬一生產達於極度不足之時，則現存合作社滯銷之貨，可以轉盤販賣，不亦一舉兩得乎。

第二絲價安定之結果，各製絲家可棄投機心而專心於正常合理之經營，使生產技術進步，品質改善，生產費低落，是則增加與人造絲競爭之力量。

第三本案當在可能範圍內，作有效之生絲消費宣傳，現行報章雜誌上登載廣告，固爲必要之事，然較對於生絲直接需要者之機屋若無相當之連絡則宣傳之効果甚薄。蓋製絲業與機屋若有連絡，則機屋所需之生絲，由製絲者生產之，此外更當謀機屋之種種便利。但現在我國製絲者個個分散，實無此餘力。本合作社代表全絲業之利益，由生絲品質上之特質研究有利之新織物編物，分配說明書於內外生絲需要者，務使達到支配流行之樣式，以發揮生絲之固有本能而復興。

第四本案之實行能使國家不負財政上之損失。合作社之生絲買入價格與販賣價格之差，以百分之二十爲限，且販賣價格之低落數應根據買入價格之低落情形而定，因此合作社所受之損失額，極

爲有限，且可以每包五元之損失準備公積金償之而有餘。例如合作社常備五萬俵(包)每俵跌五十圓，亦不過損失二百五十萬圓而已。

以上數點，均爲本案所長之摘記。本案之實行雖不免有微細之犧牲，如生絲買賣所之失其機能及商舖之閉歇，且一部份之製絲家以不能改進生產技術與減低生產費用，而趨於自然淘汰。然爲整個蠶絲業之更生計，當所不惜。但有一問題堪虞，卽養蠶家恐易受製絲家之不當壓迫。預防之道，非國家極力保護養蠶家之利益不可。

現政府對於強制檢定賣買，指導特納賣買之計劃，實行取締固爲正法，但爲維持公正之賣買計，不可不有萬全之策。或卽調查代表的製絲家之加工費，不當繭價之取締，與不堪繭生產費下低之養蠶地方，則獎勵其轉業。若不能覓到最適當之轉業則興築土木工程。最好由國家給予轉業之補助金，或獎勵飼羊等等之副業，以期間接減低繭生產費用等之種種救濟保護政策。

然此自主而且強力之統制政策，雖不能視爲養蠶業之永久的對策，但在短期內生絲爲日本最重要產業之一，至少程度可因本案之實行而得以避免蠶絲業之最大弱點技術之基礎非化學化工業化。是故蠶絲業更生之對策，誠有待於國家的之研究，調查，與生產革命。

二十三年十月

任慶記洗衣公司啓

本公司開設，在上海徐家匯，海格路虹橋路口，創始于民國三年，迄已有念年之歷史，對于學校幫學生之洗衣，特請名師，幷且洗燙一門，有其格外精益求精，所洗衣服，是非常清潔美觀。幷且限時發送，從來未有誤期，故承多各校幫學生之贊許，現本公司且願爲答謝起見，始終抱有清潔薄利主義，以酬雅意，特此聲名

君之四季衣着不論絲毛棉麻……等織物因

汚舊
褪色
破蛀

而須待洗染修理者請交

歷史悠久
信譽素隆
價格低廉

之大中華洗染公司

庶可高枕無憂非常滿意

收送部 電話 七〇二〇六

總公司霞飛路一九二二號
分公司台司德朗路二四一號

MACY
DRYCLEANING& DYEING
TEL.NO.74830

麥琪洗染商店

本店專門服務一切中西衣件等

「漂洗」「染色」 「燙刷」「織補」

電話通知 接送便利

專員收發 不誤時期

總廠法租界麥琪路一八七號

弟二門市部徐家匯海格路K一一六九號

電話七四八三〇

同森祥

洋服公司

本號自運歐美時新花呢精美嗶嘰特請專門技師精製高等禮服時新西裝學士制服以及西裝附屬用品價廉物美如承光顧不勝歡迎

地址 湖北路大新街安東旅館隔壁
電話 九四六六七號

茂孚洋行謹啓

行址四川路三百三十號

本行專營各國名廠各種紙張運銷中國各大埠歷十餘載信譽卓著遐邇咸知並在輿國自設大規模造紙廠有數十年歷史所出各種紙張品質精良世界聞名推銷各大埠皆由本行獨家經理代客定貨價廉物美運輸準確近代中國造紙廠香煙廠勃興所需原料極夥如粗細紙漿銅絲布純潔毛毯捲煙錫紙白版紙等應有盡有大多數皆由本行供給備受各廠商歡迎際茲商戰劇烈力求推進出品更加精良定價格外克己如蒙光顧竭誠歡迎

電話一一七六五四六

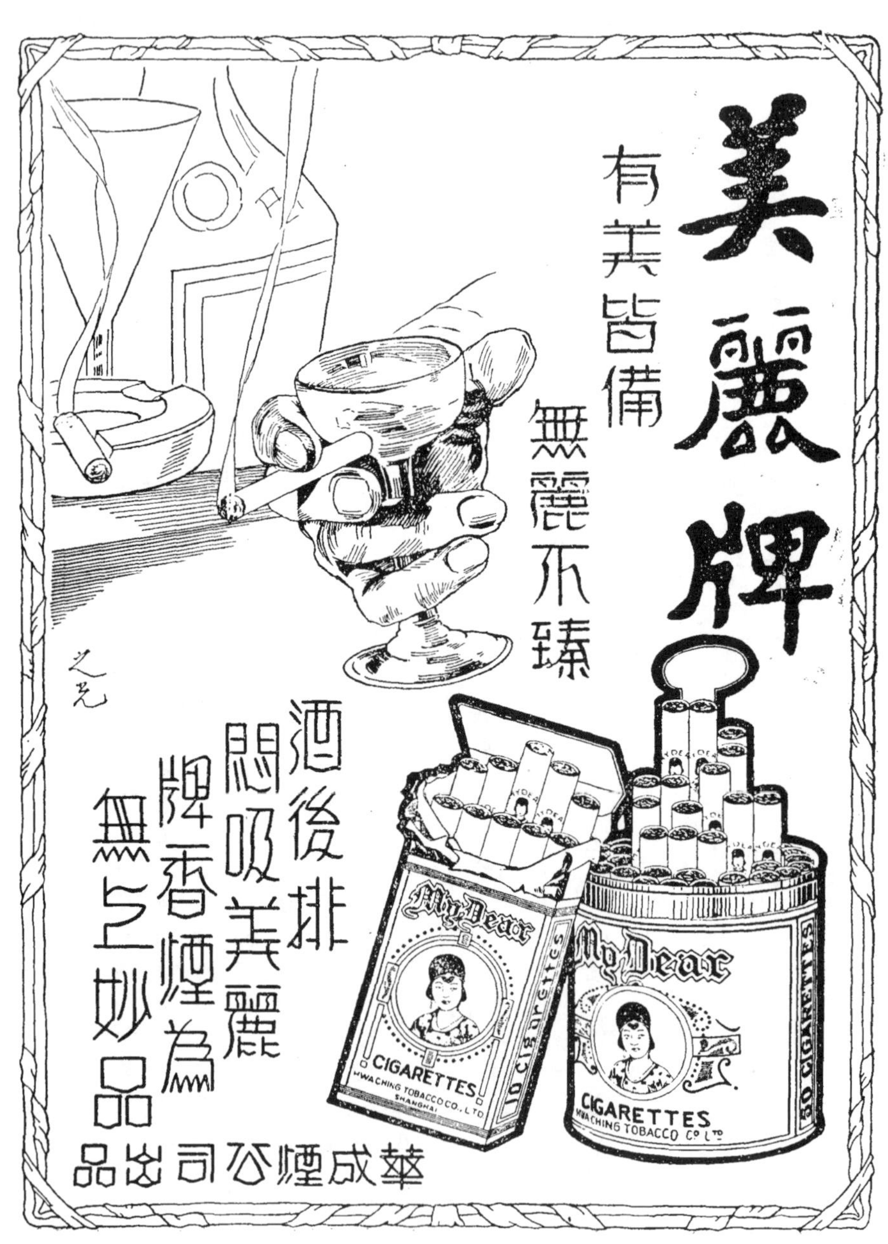
美麗牌
有美皆備
無麗不臻
酒後排悶吸美麗牌香煙為無上妙品
My Dear
CIGARETTES
HWA CHING TOBACCO CO., LTD.
SHANGHAI
10 CIGARETTES
My Dear
CIGARETTES
HWA CHING TOBACCO CO. LTD
50 CIGARETTES
華成煙公司出品

*D67(1)-23:10

經濟史實

全國海陸空聯運（續）

薛觀澄

民營航業參加水陸聯運

自招商局與隴海鐵路訂立水陸聯運特許專營以後，上海轉運同業公會，三北輪埠公司等均以招商局特許專營，勢成壟斷，與平等待遇原則，大相違背，要求參加與國營航業同時承辦水陸聯運。嗣經交通鐵道兩部詳細計議，以民營航業公司請求承辦水陸聯運，在政策與原則上，均可贊同，惟水陸聯運，範圍甚廣，規模亦大，一經聯運，關於對外手續，如接運客商貨物，必須沿途妥慎保護，其種種設備，亦非咄咄可辦；至對內手續，尤感困難，如鐵路與航業公司，彼此互撥運款，墊付關稅，授受貨物，以及訓練員工，均須籌備周詳，信用鞏固；方可進行順利。故先行與國營招商局訂立水陸聯運合同，試辦一年。且鐵路與招商局商洽水陸聯運，發軔遠在廢清宣統年間(見交通史航政編)，歷年籌劃，迄民國廿年第十五次國內聯運會議，招商局派員出席，議定聯運大綱，迨前年舉辦鐵路負責貨物運輸，益感舉辦水陸負責貨物聯運之切要，去年十六次年內聯運會議，以水陸聯運，事屬創舉，手續繁重，乃賡續前議，並綜合各路意見，訂定水陸聯運辦法二十一條(見前)並由聯運處代表國有鐵路，按照該辦法與國營招商局訂立聯運合同，以資遵守。所訂條款(見前)或參照東西各國水陸聯運之成規，或根據本國各路與航線已成之習慣，按事實之需要而決定之。惟民營航業公司參加水陸聯運，亦須先具有完備之組織方能允許，礙難准其漫無限制，一律加入，但為維持已訂之辦法，及國營民營航業公司同等待遇之原則，議決民營公司參加辦法六條如下：

(一)中國民營國營航業公司，均得參加水陸聯運，但以十二年十一月已在各航線常川營業及自置有碼頭棧房者爲限。

(二)各民營航業公司擬參加水陸聯運者，須先行呈請交通鐵道兩部核准。

(三)參加水陸聯運各輪船公司，設水陸聯運聯合辦事處，其經費按照各該公司裝載聯運貨物，噸位，比例分担之。

(四)聯運貨物分配，按各該公司現在常川營業之輪船比例攤運，但如因設備不週，客商不願報運者，不在此限。

(五)參加聯運各輪船公司，須遵守鐵道部聯運處及各路局分別與國營招商局訂立之合同及辦事細則

(六)在民營國營航業公司聯合辦事處未成立以前，鐵道部聯運處及各路局與招商局分別訂立之合同及辦事細則，如期實行，故此辦法，已定之聯運合同，既可如期實行，而民營航業公司，亦可隨時呈准參加。

此辦法公佈後，上海市航業公會以辦法第一條對於各埠碼頭棧房之互相使用，各航線常川營業之規定，規律綦嚴，電陳交部，請求予以變更。當經交通部擬定第一條辦法之解釋，咨商鐵道部查復，旋交部准鐵道部咨，表示贊同，其辦法解釋抄錄如下：

『關於民營航業公司參加水陸聯運辦法第一條碼頭棧房一節，除青島港政局及各路局所有之碼頭棧房，國營民營航業公司均可利用者外，民營航業公司，如擬參加水陸聯運，必須在一港埠先行自建碼頭棧房，核與民營航業公司參加水陸聯運之辦法及其他各合格者，准予參加該港埠之水陸負責聯運，至常川營業之限制，試辦期內，不應修改。』云云。於此民營航業公司之參加水陸聯運於原則上已與國營航業爭得平等待遇，嗣後上海航業同業公會即將各會員公司根據交鐵兩部會商決定之辦法第二，六兩條規定呈遞參加水陸聯運呈請書，呈交交鐵兩部審核。本年五月間經兩部會批，以三北輪埠公司，改記輪船公司，鴻安商輪公司，甯紹商輪公司，大振航業公司，達興商輪公司，滬興商輪公司，中國合衆航業公司，大達輪船公司等九公司呈請書所稱，核民營航業公司參加水陸聯運辦法第一項之規定尚屬相符。惟各該公司向駛綫內各埠碼頭或躉船及貨棧，究竟何處係自置，何處係租用，須詳細分別逐一開單聲復，以憑核辦。至與何路辦理聯運，應俟該項清單呈送到部，再行核定。又以三北輪埠公司與鴻安商輪公司，既非一家，應分別敍明。所有其餘公司，或向無一定航綫，或無自置碼頭貨棧，核與前頒辦法不合，應請緩議云云，此所謂九公司參加聯運是也。嗣交通部迭據上海市航業同業公會轉呈三北等二十一家航業公司呈請書，開具各公司船舶，碼頭，棧房，設備等項清單請求核准參加到部，即會同鐵道部詳加審核，以各民

營航業公司參加水陸聯運，自應以合於前兩部所規定之第一項爲準。當經會同核定：三北輪船公司之長江線，上海甯波線；甯紹商輪公司之長江線，上海甯波線；政記輪船公司之天津青島上海間航線；中國合衆航業公司之上海海州間航線，大振航業公司之上海海州間航線，大達輪船公司之上海南通間航線；達興商輪公司之上海甯波間航線，滬興商輪公司之上海瑞安平陽間航線；平安輪船局之甯波溫州間航線；公茂輪船局之溫州甯波間航線，均應准參加水陸聯運。又凡在上海租用碼頭之各公司辦理水陸聯運，應租用吳淞京滬鐵路碼頭及貨棧，並應從速組織水陸聯運聯合辦事處，以便進行。至於發興輪船公司，大通仁記航業公司均應俟自置碼頭棧房設備完成後，再行呈候核辦，所有其餘未經核准參加水陸聯運之各公司，或已准參加而受限制之各航線，應俟水陸聯運實行後，試辦一年期滿，再行酌核情形，核定辦法。至此各民營航業公司之參加水陸聯運運動可爲告一段落矣。

按吾國航業——指輪船業務——與英商太古怡和等公司相繼發軔於亡清同光之間，其初資財非不雄厚也，如招商局，歷史非不悠久也，已有六七十年之經過，而以經營之不得法，管理之不完善，國家之多事，外人之壓迫，時至今日，僅有二百五十噸以上之船隻一百五十餘艘，二十五萬七千之總噸，如與各外商在華航業比較甯不令人氣短！根據上海市航業同業公會調查，全國航商公司共有六十三家，資本能及百萬者僅六家，而十萬以下者，竟有二十八家之多，占全數百分之四十四，則大多數資力如何，可想而知。民營參加水陸聯運，吾人極端贊成，惟各民營公司於爭得與國營航業平等地位之外，須由本身方面着想。目然最感切要者，爲全國航業統制，唯茲事體大，贊成反對者各有其立場，一時不易進行，最妥當而最經濟之辦法，厥爲各小公司之設法合併(Consolidation)。蓋合併後可以減省重複之開支，營業成本之減輕，如大量購煤可以減低價格等，人才之得以利用，以前專門人才小公司不能聘請者，合併後則有資力可以聘請，其他如管理上之方便，營業上之推進，財務(Finance)上之易得贊助，如銀行每不願向資力薄弱之公司投資等等，要皆爲合併後始能發生之種種利便也。各公司於權利平等則力爭，固爲正當之態度，而於本身前途，乃缺乏目光遠大之籌劃，殊頗可惋惜也。乃者交鐵兩部早有鑒於此，故訂定辦法六條——此項辦法實等於限制——以資遵守。說者或以此項限制太嚴，未免對國營民營有軒輕之分，唯考之實際，各公司間力能堪任負責水陸聯運者能有幾家，碼頭貨棧供無，姑不具論，甚至有幾人合組其租一破舊商輪以資營業而號稱一公司者亦不知凡幾，尚何水陸聯運之可言。考各國海商法對航業公司之制定，須具下列三大要素：

(一)船隻

（二）航線

（三）碼頭

三者缺一不可，而吾國民營航業公司能具備此三大要素者恐亦爲數不多，尤其爲無碼頭者爲甚，故吾人於編纂聯運史料之便，頗望各航業公司應急起振作，消除成見，以國家民族爲前提，在可能範圍之內，應彼此設法合併，以抵抗外輪之侵略與競爭，其最低限度，亦須改良業務，努力整頓，庶幾航業前途，或可有望。於政府方面，吾人頗望其於未採取航業統制政策之前，應宜先行頒發航業獎勵金，及郵政海軍補助金條例以資救濟也。

國營招商局與其他各路之聯運

國營招商局自與隴海鐵路辦理聯運後，又於本年四月一日與膠濟鐵路辦理水陸負責聯運，辦法大致與隴海鐵路相同。此後繼之者計有平漢，津浦，北甯，京滬滬杭甬兩路及南潯各路。平漢路本可早日實行，因有民營三北公司加入，須與招商局同時舉行，而漢口長江碼頭之普益躉船未得裝置完竣，是以稍延時日，唯時至今日已實行多日矣。

招商局參加平漢線聯運之船隻爲江華，江新，江裕，江安，江順，江天，江大，江靖，建國等船，而三北公司則爲伏龍，鳳浦，新甯興，松浦，青浦，長興等船。依照其辦事細則規定：

（甲）聯運車站爲平漢路幹支線各站；

（乙）聯運口岸爲上海，九江，蕪湖，南京，廣州，廈門，如其他各口岸有聯運之必要者，須經雙方同意，依次舉辦；

（丙）接運地點爲漢口江邊站，江邊碼頭。

至於民營三北公司則依據招商局與鐵路所訂合同，並不另訂，蓋遵照交鐵兩部前所訂定之六項辦法也。

招商與隴海平漢膠濟三路之辦事細則雖大致相同，而於款項之徵收，則辦法互殊。隴海路係派人駐招商局，就地按日清算，膠濟則分別徵收，無清算之必要，而平漢則與隴海採取同等方法，但并無派人駐滬招商局，即就地在漢口按旬清算，此三路完全不同之處也。至招商局與津浦，北甯兩路聯運，合同早經訂定，且已簽字，想不日當可實現。南潯鐵路亦擬與九江招商分局舉辦車船聯運，經鐵部派員與招商局接洽，大致就緒，如票價時間商妥，亦即日可實現。招商局決定在本年內將全國水陸聯運辦理完竣之偉大計劃，依事實觀察，已實現十之七八矣。

最近招商與隴海兩局爲改進將來裝卸貨物，以求便利迅速安全計，曾訂正辦法如左：

（一）招商局指定專輪，定期航行孫家山（連雲港左近之臨時碼頭）與上海間，遇貨運擁擠時，並放空船隻，到孫家山接運，以免積滯，並實行時間負責；

甲、徐州以東各站，運到上海，至遲不得逾九日。

乙、徐州以西鄭州以東各站，運到上海，至遲不得逾十一日。洛陽以西，潼關以東各站，運到上海至遲不得逾十二日。

(二)進口貨物交接點驗過有破包情事，雙方加派員工，積極整理；

(三)由上海運隴海路貨物，在上海金利源三號棧房收買，俾分批裝船，便為授受，可免延誤。

(四)遇有損失，一經貨商請求，立即予以整理，不得延過二十日以上。

由以上各條訂正辦法，可知聯運事業實有突飛猛晉之勢，而隴海貨運之擁擠，亦可於寥寥數字內道其詳盡。而此項辦法之規定，實不啻為百尺竿頭又進一步之表示也

京滬滬杭甬兩路所舉辦之沿線及江北水陸聯運

京滬路為沿運河流域客貨之總樞紐，唯以沿線水路通達，故水陸之間競爭頗烈。年來聯運事業，進步頗速，故京滬滬杭甬沿線水陸兩方，皆感有切實聯絡之必要，此兩路與內河各航業小公司之訂立聯運合同，實亦事勢使然也。

京滬路於去年十月一日與通達元記輪船局訂立青陽港至常熟滸浦旅客行李包件聯運合同，內容如下：

(一)票價，自上海北站至青陽港，二等一元三角，三等六角五分，四等三角五分，青陽港至滸浦則一律三角五分。

(二)行李運費，如逾規定免費重量，每重二十公斤或不滿二十公斤，一律收費一角五分。

(三)包件運費，自北站至青陽港，每公斤收銀元七釐，每件至少收二角，青陽港至滸浦每重六十公斤或不滿六十公斤，收銀二角。

(四)回佣路局此項聯運款，每月不滿五千元者，給予回佣百分之一•五，在五千元以上者，給百分之三，但由路局售出之聯運票進款，不給回佣。

(五)結算，聯運業務，每月由雙方列表互相報告，並結算一次。

除通達元記輪船局之外，尚有滬杭甬路之王清記輪船公司，其航線為自吳江縣屬周莊至嘉善縣，經過黎里蘆墟胥塘等處。其他如江浦鎮江及崑山蘇州無錫等地行駛各鄉鎮之內河輪船，皆已全部辦理水陸聯運。是則兩路管理局除與招商局辦理聯運之外，為全國各路中辦理水陸聯運之最具成效者也。

鐵路與汽車聯運

吾國汽車業務因公路建築成績之優越而呈雨後春筍之勢，唯汽車業務與鐵路業務各有其優異之處。如以運載貨物言，汽車則利於運載(一)易於腐敗之貨品，如魚鮮果菜等；(二)急待需用之物品；(三)鐵路業務不能伸達地方之貨物。而鐵路則宜於運載(一)價格較低之貨物；(二)重量較大之貨物；(三)託運人與其目的地有鐵路與其接近交運之處的貨物。如以運載里程言，汽車則適宜於短途運輸，而鐵路則可供長途運輸。攷其實際，鐵路以偉大財政上之魄力頗可以利用新興之汽車事業爲其輔助業務。所謂輔助業務有下列三種：

(一)以汽車爲解決終點站(Terminal)問題之工具，此項問題在僅有一萬數千公里鐵路之中國尚無關重要，而在歐美各國之終點站與連接站(Junction)之車輛擁擠問題，實頗嚴重也。蓋一切轉轍，調車及其他種種終點站之費用消耗，如以無軌道束縛之汽車運轉其間，其便利與經濟爲何如耶！

(二)以公路爲培養線　如廠家，內地託運人與其目的地與鐵路車站有相當距離而無私用軌道者，鐵路卻可利用汽車爲「自門及門」(Door-to-Door)之業務。

(三)以代替短途運輸　美之本薛文尼(Pennsylvania)鐵路業務處長(General Jraffic Manager)萊德氏(R.C. Wriqht)曾有言曰：

『四十英里以內之鐵路貨運，實爲無利可圖之業務。』

由此吾人可知汽車業務於短程運輸中佔絕對有利之地位也。此處所謂以汽車代替鐵路短途運輸可分爲二方面而言；一指由各城市運送至各鐵路會集之處，唯在此種情形之下，貨運每多由城市裝運至鐵路，則其回程裝載，頗有問題，蓋恐回空之發生也；一係指兩城市間之往回短途運輸。鐵路之短途運輸所得每不能抵銷其中轉之例外成本，例外之行車及特殊之打包成本等等，設用汽車運轉，則此種之費用皆可省免矣。

以上所云不過略述汽車與鐵路之異同與其密切之關係，我國公路鐵路均日在發展之中，將來發展至何種程度，自不能逆料，唯以已成路線及已勘定之路線而言，其與鐵路平行競爭者，可謂絕無僅有，則鐵路以利用汽車之特具優點而爲其輔助業務實爲最合經濟及安善之辦法，此鐵路與公路聯運之所由發生也。鐵部業務司長俞棪氏於去歲年底曾發表一文，名曰「鐵路聯運之來年計劃」，其中關於籌辦鐵路汽車聯運者云：

『晚近汽車運輸，突飛猛晉，大有一日千里之勢。外邦情形，姑不具論，即就吾國言之，各省及私人之興築公路籌辦汽車者，雖在國難倉皇之中，仍有蓬蓬勃勃之勢，且吾國公路鮮與鐵路平行，類皆自鐵路之某站伸入內地之某鎮，此種小鎮僻壤，多為鐵路所不及到達，其一切交易轉徙，均惟汽車是賴。若能與鐵路聯運，使汽車路所經內地之農礦林產品得藉汽車以輸出，鐵路所達城市之製造品得藉鐵路以輸入，同時因往來便利，城鄉間旅客人數及每人旅行次數，得漸增加，則鐵路將為汽車之吐納場，汽車將為鐵路之營養線，彼此利用，相得益彰。鐵路汽車之兩受其賜，固不待言，而於便利商旅，開拓產業，發展國民經濟，溝通社會文化，所裨尤多。是以鐵路汽車聯運之籌辦，實亦為目前急切之要圖。』

第十六次國內聯運會議即議決鐵路汽車聯運大綱，嗣後各路局即相繼根據大綱與長途汽車公司或各省公路管理局商訂合同，辦理聯運。辦理最早者為湘鄂路與湖南公路局之聯運，膠濟路雖亦在舉辦之中，尚未聞有若何成績，而辦理最多者，據吾人所知，厥為京滬滬杭兩路管理局。茲將其與各公司及公局路訂立合同者分別列之如下。與京滬路方面聯運者有：

（一）蘇州至嘉興之蘇嘉公路

（二）無錫至江陰之錫澄公路

（三）鎮江至揚州之鎮揚長途汽車

（四）南京至蕪湖之京蕪公路

（五）鎮江經丹陽至金壇而溧陽之長途汽車綫

與滬杭路方面聯運者有：

（六）蕭山至紹興之蕭紹公路

（七）杭州至安徽杭徽公路

（八）紹興至曹娥江之紹娥公路

此外尚有今年完成之錫滬公路及淞滬支綫與滬太長途汽車公司之聯運。唯所訂立合同，率多關於客運範圍，至於鐵路主要業務之貨運，則未有聞也。茲就錫澄等公路擇其主要特殊者按訂定合同日期之先後分別將合同內容抄錄如下：

（甲）錫澄公路聯運於去年十月一日實行，合同要點如左：

（一）京滬路以上海，崑山，蘇州，常州，丹陽，鎮江，南京七站為聯運站，錫澄綫則以塘頭橋，堰橋，青陽，南閘，江陰五站為聯運站，而以無錫為鐵路及公司之銜接站。

（二）聯運客票，京滬分一二三四等，汽車概不分等，各照原價合併計算各站聯運票價，但乘鐵路特別快車，須另補特別快車附加費。

(三)行李運費，行李總重在二十公斤以上，十公斤收費一角，不滿十公斤亦以十公斤計算，如逾六十公斤或四件者，即拒絕代運。

(四)包件運費　每十公斤收費二角，不滿十公斤者亦以十公斤計，其最高限度，規定重量爲四十公斤，體積爲一立方公尺。

(五)行李包件之裝卸　無論由汽車到火車，或由火車到汽車，均由鐵路指定脚夫辦理，每件規定收費三分，由鐵路在無錫站劃地一方，借與公司，作爲堆放行李之用。

(六)結算　每日雙方將發出之聯票，造表送閱，以便互相核對，結算聯運票價。

(七)廢約　本合同以一年爲期，期滿時如一方無意繼續，須於一個月前通知。如不滿一年，一方認爲有中途停辦之必要，於事前兩月正式通知，以便協議。

(乙)鎮丹金溧長途汽車公司與京滬路簽訂聯運合同後，於本年三月一日起實行。路局以南京，鎮江，常州，無錫，蘇州，上海等六站爲聯運站，公司在全路未成前，暫以金壇先售聯運票，其他各站，在需要時再逐漸推廣，雙方以丹陽爲聯接站。路局按票面規定等級乘車，公司則不分等級。公司除載客汽車外，須另

備行車拖車，接送聯運行李及包件。

(丙)本年四月一日，京滬滬杭甬鐵路上海第一營業所與鎮揚長途汽車公司訂立代客送達聯運行李包件暫行辦法，計共七條如左：

(一)凡由營業所或公司代辦之行李包件而顧客欲於運到後送至指定地點者，由營業所或公司將行李收據或包裹收據，連同通知書掛號寄至對方，對方於收到後，應隨至代爲提取，按址派人送去。

(二)上海南京兩地之送達，歸營業所辦理，揚州之送達，則歸公司辦理。

(三)營業所於上海所收之行李包裹送達費規定如左：

行李每件銀二角五角

包裹每六十公斤(即華斤一百斤)銀一角正

南京所收之行李包裹送達費規定如左：

第一區(即新街口以南)每件銀二角五分

第二區(即新街口以北)每件銀二角正

每次起碼銀六角正

(四)公司於揚州所收之送達費規定如左：

行李每十公斤收送力銀八分　包裹每十公斤收送力銀一角正

(五)所有各地之送達費，統於送件時向客收取，上海南京之送費歸營業所收取，揚州之送費則歸公司收取。

(六)上項送達費，雙方如有更改，應立即互相通知。

(七)此項辦法暫以一年爲試辦期，如有未盡事宜，一經雙方同意，得隨時增刪或修改之。

(丁)京滬滬杭甬兩路管理局與江蘇省建設廳公路管理處京蕪線及安徽省京蕪西段長途汽車公司辦理聯運於本年五月一日起實行，合同內容撮錄如左：

(一)兩路以上海，蘇州，無錫，常州，鎮江各站爲聯運站。管理處暫不設站。汽車公司以蕪湖，當塗，采石三站爲聯運站，其他各站，如需要時，經三方同意，得逐漸加之。

(二)聯運單程客票，以二日爲有效期，聯運來回客票，去程適用二日，回程十日。

(三)如遇路局與公司或管理處汽車銜接之聯運列車遲到時，公司或管理處汽車，應在下關站守候，唯守候時間，最多不得過十五鐘。

(四)聯運單程客票價目，按照三方面單程價目，併合訂定之。聯運回客票價目，路局方面，按照規定等級折扣計算。管理處及公司方面，均以八五折計算。

(五)每一張客票得免費攜帶行李二十公斤，但其體積不得超過一立方公尺(此爲管理處及公司方面)

(六)路局裝運行李之規定：

三等客八一人免費行李四十公斤，二等客陸十公斤，頭等客捌拾公斤。

(七)行李逾限費屬於路局者，歸路局所有，屬於管理處或公司者歸管理處或公司所有。

(八)所有三方票價及逾限費，規定每月二十日，由公司及管理處，派員至鐵路會計處結算付清。

(九)規定合同實行之期爲自實行日起一年爲期，如三方同意，得可續訂。

附：聯運行李遺失，其責任屬於管理處或公司者，應按照管理處或公司運送行李章程辦理，屬於路局者，按照路局定章辦理。

(戊)此外尚有淞滬路與滬太長途汽車公司辦理聯運。滬太爲經營自上海閘北大統路至太倉縣瀏河鎮一線之長途汽車公司。近鑒於各長途汽車公司與鐵路辦理聯運，獲利殊多，於去年春間請求兩路管理局與京滬路淞滬支線辦理聯運，於五月十二日簽訂合同，而於六月一日起實行。兩路管理局以淞滬線之寶山路及天通

庭兩路為聯運站，而滬太公司則以寶淞瀏線之寶山，楊行，三官堂三站為聯運站，而以吳淞鎮為總站焉

以上各汽車公司與公路局之聯運雖皆為客運業務，而其內容則各有不同，鎮揚與營業所則兼辦接送包裹行李業務，而京蕪公路方面則規定單程與雙程客票之有效期間及雙程票價之折扣。滬太則為公司請求舉辦，而鎮揚則因鎮江江灘封鎖，船隻上下不便，致貨運銳減，於是由路局派員前赴江浦與鎮江各小輪公司及鎮揚長途汽車公司商洽江北聯運，此動機之不同也，總觀我國鐵路與公路聯運，前途正未可限量，願負責當局，努力以赴之。

各鐵路間之聯運

各鐵路自辦理聯運以來，積極進行，已實行者有津浦京滬北寧之滬平通車，平漢湘鄂津浦隴海之糧食負責聯運，津浦隴海平漢湘鄂之[illegible]負責聯運，湘鄂平漢之蒙茶聯運，京滬滬杭浙贛之旅客貨物聯運，津浦隴海平漢京滬之直達包裹聯運等。而最足以發人深醒者厥為非驢非馬式之平瀋通車與廣九鐵路之聯運是也。瀋陽自九一八失陷後，北甯鐵路車輛即不能直達，嗣後日人威脅利誘，必欲平瀋開行直達通車以溝通「關內外之感情」，政府為「長期抵抗計」即予允准。廣九鐵路為廣州至九龍之鐵路，九龍本我國土，自由英租借後，即強佔不還。其鐵路因在租借地之內故謂英段，此外則謂華段，華英兩段，車輛設備，養路管理，各自不同。以前訂約聯運，損權喪利之處頗多。今年九月十五日由中英雙方代表在香港重新訂立廣九鐵路聯運合約，經雙方政府簽字，已於十月一日起實行。

平瀋通車與廣九聯運名之曰國際聯運，則實非國際聯運，蓋皆在本國國土之內也，謂之曰國內聯運，則顯然主其事者為英日政府，無以名之，名之曰非驢非馬式之聯運，國人乎，有非驢非馬之國家，始有非驢非馬之一切現象，吾曹盍醒乎。

廣九鐵路聯運合約，自民國二十三年十月一日發生效力，以五年為限期，該合約全文甚長共訂有四十八條，附件有甲乙丙丁四種，茲將全文最重要之點撮錄如下：

(一)利益分配，華段佔百分之七十二，英段佔二十六。

(二)軍事時期所有全部之損失，不能由任何一方負責。十年前某次，我國發生內戰，路務停頓，英方曾向我國政府要求補賠損失。故免以後之意外糾紛計，故有此條之規定。

(三)旅客直通列車，以華方負責供給十八輛，英方負責供給七輛之比例分配之。

(四)分段列車之供給，則由中英兩方路局互相訂定。雙方供給車輛若干，則以各段運輸費收入為比例。但中英比例

額，則在由四對一至十八對七不等，每次規定比例額後，最少須經六閱月始得更改。更改時，且不得追溯以前某方所蒙之損失。

(五)貨車分配，凡開行終點聯運貨物列車所需之貨車，華英兩段，應共同供給。按華段則爲負責供給十八輛，英段負責供給七輛，每卅噸車二輛，等於五十噸貨車一輛

(六)車利分配　由九龍往廣州之直通快車，華段應收港幣百分之七十二，由英方之某一段往華方之某一段者，其票假亦照港幣價格相同之價目收入。由廣州往九龍之直通快車，英方應收港幣百分之二十八，由廣州某一段往英方任何一段，英方照港幣價目表徵收。其伸算辦法，先以五月至十一月，十一月至四月間之半年平均匯率伸算爲省銀後，以該日之平匯率伸回港幣徵收之。半年平均匯率之採取，則以該月爲何月而定。

(七)意外損失之規定：

甲　倘有意外事件發生(如軍事)，發生之一方，須即通知對方，由對方通知之翌日起，所有雙方數目，暫行停止核計，直至恢復常態時，其利益始照常分配。

乙　如有發生意外失事等等事宜(指由某方面路上失責應由該發生之一方面負責賠償。

(八)修路責任之規定：

甲　凡於今路線在某一方之橋梁或路件損壞，應由該方負責修理。

乙　如有其他不能決定在何方負責者，須由雙方再詳爲商討。

丙　凡英段華段接軌處，應指定月台給與停棧，並於該月台上給與某一段設所需辦事之地點，但對於上述各項設備，必須付給該段相當之租金，其辦法另行商定。

聯運成績

招商與隴海之聯運，因隴海沿綫出產豐富，如棉麥布匹油豆等爲該線主要物品。總計自去年十一月至今年七月間運滬貨物約達十萬餘噸，上海運往隴海之商品，亦有八九萬噸，而非在聯運碼頭之大埔，尚不計在內。由此可知我國貨棄於地，並非虛語，但運輸稍覺便利，即有異常之發展，隴海即其一明顯之例也。最近隴海路局又向招商局請其開闢海州至青島，天津，廣州三處直達航線，實亦因貨商之要求也。

鐵路客貨聯運進款尤具異常突進之現象，茲將其去年十一月

份至今年六月份統計列後：

年份	月份	客運進款	貨運進款	共計	貨票張數
二二	一一	七三八•八三二•四三	六六六•五九三•一六	一•四〇五•四二五•五九	四六五一
二二	一二	六六七•〇二〇•九八	八三〇•五四一•六二	一•四九七•五六二•六〇	五四六二
二三	一	七四二•六八四•四五	九八九•三六三•六九	一•七三二•〇四八•一四	七二四七
二三	二	五六〇•四二七•〇六	七三四•四三六•二六	一•二九四•八六三•三二	五四七一
二三	三	八七二•二九三•二二	九二九•二六一•四〇	一•八〇一•五五四•六二	一二二九二
二三	四	七六六•五八〇•三五	九九〇•二四三•一八	一•七五六•八二三•五三	一五五九八
二三	五	七五七•九二〇•二〇	一•一〇八•一九六•二七	一•八六六•一一六•四七	一八一一六
二三	六	六五二•三八九•〇三	一•〇四八•〇九四•七二	一•八〇〇•四八三•七五	一五一八九
共計		五•七五八•一四七•四〇	七•三九六•七二九•六二	一三•一五四•八七七•〇二	八三〇二六

以上統計係轉錄平漢月刊，唯是否全國客貨聯運在內，抑是平漢本路與各路聯運，編者並未註明。唯以以上之數目，吾人可知聯運與運輸機關有何等密切之關係。五六月本爲淡月，因以天氣酷熱，客貨運當皆受影響，考之貨運之進款，仍在極度增加之中，則知聯運事業實爲運輸機關之唯一生命來源也。

編後

編者學識淺陋，謬蒙本刊總編輯方君之託，以目今聯運事業

日在突飛孟晉之中，如能蒐集資料，作有系統之編纂，未始非極有興味之交通史料也。卽命編者負此重任，編者當時不揣愚昧，遽予允承，迨至着手編纂，乃知事竟大謬不然者。蓋校中課程之繁緊，材料蒐集之困難，輯者見聞之寡狹，往往使人無所施其剪貼之技。於是內容之混亂，資料之殘缺，勢所難免，尙希明達讀者，有以諒之！再者此篇旣名爲「全國海陸空聯運」，範圍之廣大，自非區區篇幅，所能包羅詳盡，而海陸空方面竟無一字述及，豈非笑話？唯此二方面，如招商與京滬路亦有與歐亞及中國航空公司訂立合同之議，顧以成效未著，且吾國航空運輸尙在幼稚時期，故遂從略，此尤須向讀者諸君與方君道歉者。

廿三，十二，廿日於南洋執信西齋。

附錄　國內鐵路與國營招商局聯運辦法廿一條前因遺漏，未得編入，用特附錄於左：

國內鐵路與招商局聯運辦法

（一）辦理水陸聯運之鐵路如左：

京滬滬杭甬路　津浦路　隴海路　膠濟路　北甯路

平綏路　平漢路　正太路　製淸路　湘鄂路

辦理水陸聯運之招商局輪船航線如左：

（甲）津滬粵間各航線

(乙)用漢滬粵間各航線，但經浦口上海間之聯運客貨，應由京滬鐵路聯運。

(二)辦理水陸聯運車站及口岸，由鐵路及招商局雙方商定。

(三)每批貨物之重量，以無限制為原則。其有特殊情形者，可與招商局暫行規定每批貨物之起碼重量，於最短期內，取消此項限制。

(四)如招商局輪船因故缺乏，不能或不敷辦理聯運時，其已由鐵路運至接運地點，及已起運之貨物，應由招商局負責設法，接運至到達地。如鐵路運輸因故發生阻礙時，其已由輪船運至接運地點及已起運之貨物，應由鐵路接收負責處理。

(五)水陸聯運票價及運費，以車船兩項結總計算為原則。其有特殊情形者，另行商訂核減辦法，呈部核定。

鐵路貨物運價，如有特價者，照特價核收。輪船運價，應照實在運價，再予特別核減。

輪船運價，應包括輪船部分保險費。

車船運價，概按公斤，公噸，公尺計算。

(六)水陸聯運及運費，應一次收足，聯運貨物運費，暫以先付及到付兩種為限。先付者，統由起運站或口岸核收現款。此外裝卸及其他雜費，屬於起運者，由起運站或口岸核收；屬於到達及中轉者，由到達站或口岸核收。

(七)聯運貨物，由運路運輸及保管時，發生損失者，應由鐵路按照鉄路定章負責賠償。其由輪船運輸及保管時，發生損失者，應由輪船定章負責賠償。賠償損失之貨物，如有運費關稅，及其他雜費，應一併由負責方面照數賠償。

損失責任不明時，按照起運機關定章賠償。所有賠償各款，統由承運各機關，按照該批貨物所得運價，比例推認。鉄路與輪船責任之轉移，以授受憑證簽字時為準。

(八)聯運貨物遇有損失時，客商應憑貨物收據或提貨單向到達車站，或口岸請求賠償。如向起運車站或口岸請求賠償時，該起運車站或口岸，應立時通知到達車站或口岸，以便處理。

(九)聯運貨物遇有損失，須請求賠償者，應自託運之日起，三個月內，提出請求賠償書，過時無效。鐵路或輪船接到客商請求賠償書時，經調查確實，應立即賠償，至遲不得過兩個月。(自接到請求賠償書之日起算。)

(十)聯運貨物，客商得委託鉄路或船局代為報關，並墊付關稅。其詳細辦法，由招商局與各關係路分別商酌辦理。

(十一)凡墊付之關稅，或其他墊款，由鐵路墊付者，應由鐵通知招商局，由招商局負責在到達口岸，向客商收取，歸還鐵路。由招商局墊付者，應由招商局通知到達路，由到達路負責在到達車站，向客商收取，歸還招商局。

（十二）聯運單據格式，應歸一律。由招商局派員與聯運處商訂。

（十三）聯運帳目。應由聯運處清算股，按照國內聯運會計規則清算。

（十四）聯運進款，應由聯運各路及招商局，各自指定經有關各方面同意之殷實銀行，負責代收代付。

（十五）國有鐵路與招商局辦理聯運，應由聯運處代表聯運各路，與招商局簽定合各，定名國有鐵路與國營招商局客運聯運合同。有效期間，自實行之日起，暫定一年。

（十六）凡水陸聯運貨物，除鐵路自辦輪運外，聯運各路，須照本辦法之規定，儘先與招商局辦理聯運。

（十七）凡在接運地點，鉄路與輪船接受聯運貨物，并車船銜接日期暨次數等，及其他事項，或具有特殊情形，有訂細則之必要者，應由當事之路與招商局分別商訂聯運細則，但不得與本辦法抵觸。

（十八）鐵路與船局兩方面，如有一方面不能履行合同，或細則之規定時，其他一方面得斟酌情形，隨時取消一部分，或全部分之聯運。

（十九）俟簽訂正式合同，並訂定各種單據格式，由部通令各路後，再由招商局派員與各路商訂聯運細則，呈部核辦。

（二十）招商局對於聯運處經費，應照各路成例，比例担負。

（廿一）聯運價目表，由招商局與銜接各路會商。以貨物為標準，編訂該路與招商局之聯運價目表，送聯運處彙總編製各聯運車站與各聯運口岸間之聯運價目表。

美國之白銀案及白銀國有

編者

美總統羅斯福之在位，實困於白銀派。緣羅係民主黨之黨員，而該黨之維持者，則爲銀礦礦主。方羅氏登台之初，說者卽謂銀派當獲巨利，羅之得以立足，尚須仰國會中銀派之鼻息，縱羅無提高銀價之心，而銀派諸子必挾其促成之，卽羅亦難抗拒也。故銀案入手之初，羅與銀派，有密切之磋商。迨商議既定，羅乃以咨文向國會提出。其白銀立法計劃之要點，不外(一)以命令或宣布白銀爲通貨，並規定準備金中銀佔百分之二十五，金佔百分之七十五，(二)授權並指導財部購買銀貨，直至白銀每盎斯比價達一元二角九分或總準備金中銀佔百分之廿五時爲止，(三)授權總統以白銀爲國有。至以銀貨爲準備，並使爲通貨，則卽發行銀劵之謂，每盎斯以値美金一元二角九分爲度，其不足之差數，認作財部之利益。但美政府現時之銀準備，僅達百分之十二，欲擴充至百分之廿五，是非購銀一，八〇〇，〇〇〇，〇〇〇盎斯莫辦。此項銀貨若以銀劵抵買，則紙幣之澎脹，依每美金一盎斯之比率計，亦必達一，八〇〇，〇〇〇，〇〇〇之數 。此銀案之內容也。

五月廿二日，羅斯福正式致文國會，提出其對白銀之主張。

美國之白銀案及白銀國有

渠之主張，爲美國貨幣準備金應使其擴充，而使白銀包括在內，俾完成目下之貨幣改革政策。目下美國之政策，將繼續增加用銀爲通貨，俟準備金達於黃金七成半，白銀二成半。故特於提出此案，願購買白銀以促成之。凡此已臻美國貨幣遠大計劃之一部矣。羅氏爲此，所以完全與銀派妥協，以圖減少其政治上之阻力也。

六月一日，美國衆院以二百六十三票對七十七票通過參院白銀派之白銀案。當討論時，雖有論辯，結果則於原提案，竟無修改。此案內容，略述如左：

(一)規定增多美國存銀，並許總統接收民間銀質貨幣。

(二)准財政部長在國內外市場依照其所認爲適宜而最有益於公共之價格時期與條件收購白銀。購諸國內者，以五月一日所有之銀每盎斯價五角爲限，財政部並可於白銀市價超過金七五銀二五之比率時，出售白銀

(三)財長可發行銀劵。而其值不得低於所購白銀之成本，此外財長將調節調查及禁止白銀之收買輸入與運輸，並對於凡違章者加以一萬元罰金，或十年監禁之處分，財長

有權可頒布其所認爲適當之條例，以實施此案之旨趣

自此案在衆院通過後，即提出參院付討。六月十一日，參院亦通過之。後送衆院徵求同意，於十五日最後通過。二十日美總統正式簽署，參議員畢特門及道爾頓，衆議員金氏與戴氏，均至白宮參加批准案。白銀案至是，乃告完成，其縱橫一世之勢力，即於此時發萌矣

在白銀法案正在討論時，美國人民及政界，預料其即可通過。在斯期內，白銀之被購買者，數不在小。其由紐約聯邦準備銀行居間而購進者，約在四千萬至六千萬盎斯之譜。自五月一日以後至六月初，其購銀三千五百萬盎斯之譜，即以備充平衡基金購置者，亦有二千五百萬元。

在美國此種政策之下，白銀之流向美國，固意中事，但美國現時之銀準備，僅佔金準備百分之十二，欲其達百分之二十五比率，其收購白銀之數，恐非全世界力之所能供給。我國爲工業落後之國，向係國際資本主義之尾閭，而其向我國過取大量白銀，其抵禦實有難矣！

美國自銀案通過後，其通貨膨脹之範圍，至少可達九萬四千〇五十萬元。蓋現下美國所購白銀，既無確數，自不能知其詳。但美國計畫收購白銀，以達準備金百分之廿五爲標準，則即須購銀十八萬萬盎斯，故若以每盎斯銀值金元七角五分計，購買十八萬萬元，須美金九萬四千〇五十萬元。自銀案通過後，趕印銀券，以備購置。此項銀券，據財部計劃，以每月發行一千萬元爲標準。其折合比率，則爲每二七一又四分之一格倫，折合一元。其流動數量，則須視白銀進價爲根據，例如購進白銀一百萬盎斯，付六十五萬元則發行之銀券亦將爲六十五萬元。此法目前勢在必行，其將來之是否利用白銀案之有伸縮性條文，照每盎斯一元二角九分之高估價而發行銀券，尚待懸決。銀券之發行，僅爲代替白銀之流通於市面，藉此減少市上之現貨，並以收回同數之聯邦準備券，故其膨脹程度，尚不激烈，如此則較可維對人民之信用也云。

當此時也，吾國商人，知政府有白銀收歸國有之企圖。以爲此令一出，總之可恃爲利者，今均將失其利源。故一方即在紐約市場拋出，一方復在倫敦收進，實行其逃避之技巧。職是之故，倫敦銀價，乃復趨漲，致高於紐約市價。美國一般投機家以爲有利可圖，準備運輸大批白銀出境，希望在國際市場，得較高之利益。一方面，若國外銀價低落，復可自國外售向國內，轉可免百分之五十之利益稅。於是當七月廿八日左近，有白銀三百萬盎斯，準備出口。美財政部，有鑒於此，以爲國內方圖吸收現金，今

乃轉而流出，爲保障存銀計，亟須加以禁止，以免後患。乃於七月廿八日正式發命，無論何人不得將白銀輸出或運輸至美國大陸以外。但有以下列情形者，仍得領照特別准許出口：

(一)白銀所有人在本命令頒佈日期之前，業已訂有約束，須將白銀運輸出口者

(二)在本命令頒布以後，美國境內之白銀，改歸美國所承認之外國政府，或外國中央銀行，或國際清償銀行者。

(三)進口白銀，於進口時原定卽須重行出口者，又如白銀礦砂，運入美國提煉然後出口者。

(四)鈍銀成色在九成或八成以下者。

(五)經大總統准行出口，而此項准許，並不與一九三四年購買白銀法案相抵觸者。

以上各項均得由財政部特許出口。又該命令規定各種銀器專供平常用途者，准其出口，但附帶一條件，卽此項銀器不得以其所含白銀價値而運輸出口。又金屬每噸所含銀成分在五十盎斯以下者，可不經特許，准其出口，又銀幣之經鑄成者，亦可不經特許而出口。

白銀禁止出口以後，繼之之步驟，爲總統之宣布白銀收歸國有。此亦根據銀案之舉動。八月九日，行政命令規定依照一九四三年購銀案條例，以每盎斯五角。一之價格，收白銀爲國有。銀市場自接此命令後，立卽停止交易，財部復規定凡輸入美國白銀，其價値在百元以上者，均須『領事證』，該令與最近頒布之進行律相似，但現在半途中之白銀銀塊及進口後復出口之銀貨，則不受其束縛。其所以斷然出之者，良以入秋以後，倫敦銀價，漲勢甚猛，此對東方購買力乃至世界經濟，影響至鉅。美國一再以高價大購白銀，倫敦方面，供量甚微，美若繼續購入，則銀價必繼續上升。故銀國有令有言，謂美國因須設法增高並穩定國內物價，及保護美國對外貿易以抵制外幣跌價所發生之不利影響，故頒此令云。同時財長摩卄索，亦謂新銀價漲，不能仍以每盎斯五角以上之價購銀，故非卽實行國有不可。至實行國有後，有四點應可注意者。

(一)銀法所定之白銀交易利益稅百分之五十，玆以白銀收歸國有，在繳解造幣廠時，可免征收。

(二)生銀價格仍爲每盎斯六角四分五厘。

(三)新幣價格，將根據收歸國有後購進之價可定，惟財部則將規定銀價爲每盎斯値美金一•二九二九〇。

(四)短期買賣及遠期交易之規程，將於數日內發表。

白銀國有之計劃，完成頗早，經濟市場，早有準備。故一俟令下。白銀市場稍有期貨成交，旋卽停止交易。其影響於其他市場者，則有雜糧與橡皮之堅俏，他無劇變。市場之觀察者，輒有揣測，或云白銀派以此舉可增進遠東之購買力，但其他方面則謂增加銀幣之購買力，將在東方諸國發生緊縮之影響。總統之爲此，實積極推行白銀法案。至美國之白銀市場，勢必暫停。有云美財部暫將多購白銀，而世界白銀之價格，亦必將高起，蓋外國市場將起活動之買風也。有云政府此舉，不過行使其公用物收用權耳。有云政府欲積極進行購銀方案，藉以答覆通貨澎脹者之呼號。有云世界用金可因此傾覆，而世界新幣制與新繁榮時代，亦將從此開始，美國既決計多用銀幣，將使他國亦採此同樣政策，美政府現尚須收買白銀十萬萬盎斯，以符合國會所定之比率。此次命令，在宣告世界未有充分黃金以滿足通貨之需要，故不得不轉求於白銀云云。

此次收白銀爲國有之主旨，始終與銀案一貫。現銀價値定爲每盎斯一元二角九分，財政部按此價收買，但須扣除百分之六十一，以爲鼓鑄之費，故賣銀人實得之價，每盎斯不過五角另一毫。至於美國銀礦中，自十二月來，所出之銀，則繼續以六角四分〇一毫收買一盎斯。故此次命令，意卽一九三三年十二月收買白銀辦法，截至目下止，僅適用于新由銀礦產出之銀，現則對於國內存銀，悉適用同樣辦法，而尤以自由市場上交易之白銀爲要，因此產銀公司之地位，不因此而受任何變動也。

白銀國有之令一出，不獨紐約市場，世界市場亦受影響。銀市方面，則中國大批拋出。孟買方面，買氣甚旺，銀價飛漲不止。至於紐約白銀遠期交易，當然停市。國外匯兌，尚無上落，遠東銀價狂漲，歐洲殊無起色。證券市場因羅斯福在格林灣之演說，曾起跌風，白銀消息傳來，乃稍回漲。

白銀國有後，美國通貨是否澎脹之問題。美國人士，有認爲美總統之斷然出此，泰半欲在心理上收效果，因實際白銀準備，卽使因此增加，亦不致立時達至百分之二十五。但羅斯福及農業區議員，圖通貨澎脹以減農民債務，悉主通貨膨脹之策，僉以美元尚未充分貶價，意欲將美元價格，按照湯姆修所提修改案，在法律上定爲五角，乃決意行使白銀案上所畀之權力，俾取悅於該派。亦有謂總統此舉並非通貨膨脹者，爲謂白銀收歸國有後，通貨將稍爲膨脹，均是各人自私之理由。至於銀礦業則猶以此爲未足。以爲所定價格較之去年爲低。彼等希望銀價每盎斯八角，或在八角以上，蓋必有此價格，而後低等銀礦之開採，始有利可圖云。紐約時報之論此事。以爲白銀收歸國有，在本身並無甚關重要之事，今謂此舉可表示美國將來之通貨政策，仍嫌過早，直言之，有此一舉，美政府將來如購白銀，必在外國市場購之，此當然將抬高世界之銀價。白銀除出產家與投機家外無有受其裨益者。蓋當一九三一年，美國產銀之總値，僅得小麥收成下百分之一。其所地位佔之不重要，蓋可想見矣！

經濟調查

江南鐵路公司創立經過現下組織及未來計劃

徐宗蔚

(一)緣起

我國內部，以皖浙兩省，最稱繁盛，而兩省內部，尤以皖南浙西兩區爲兩省富饒之首邑，皖南蕪湖宣城至浙西湖州嘉興一帶，物阜民殷，商賈輻輳，惟交通往返，所恃以爲輸送之路者，除長江航運折由京杭鉄道一綫外，并無其他直接較近之途，可以便利行旅，且廣德泗安一帶，雖地屬毗鄰，而交通工具，僅恃手車；因之商貨流通，未臻發達，以此兩省人煙之稠密，土地之肥腴，若欲求實業之發達，實非建築鐵道以貫通之不爲功，於是遂有蕪乍鐵路之創設。

江南鐵路公司發起人李石曾張靜江二先生有鑒於斯，因本夙負之經緯，果毅之精神，糾合同志，籌集商股，收羅專才，同策進行，一以啓皖浙兩省之門戶，復以開民營鐵路之先聲，組設商辦輕便鐵道公司，擬建鐵路自安徽蕪湖縣境，中經宣城廣德直入浙之長興吳興，過嘉興平湖以迄乍浦，蕪湖爲長江中流，商務繁盛，舟舶紛集，爲皖南商貨匯萃區，而浙之嘉湖等處，復均物產豐饒，乍浦爲總理實業計劃中之東方大港海口，異日開發成功，更足爲海外貿易之中心，是故此路一成，非特商賈得其便，即於振興貿易，挽回利權，亦殊有莫大之關係者也。

(二)發起人會

李張二公，既有籌設蕪乍輕便鐵道之議，振臂一呼，風起響應，因於二十一年六月十七日呈請鐵道部核准，並於六月二十二日約張嘯林杜月笙二先生糾集同志加入發起，歷經縝密討論，爰於六月二十四日在上海福開森路三九三號，舉行第一次發起人談話會，議定公司名稱爲商辦中國鐵路股份有限公司，先行籌集股款，建築蕪湖至宣城一段，七月四日，鐵道部批准，允予建築，因一面派工程師赴蕪湖測勘路綫，一面於七月卅及卅一兩日在莫干山桒根香旅館舉行發起人會，推定張靜江，張嘯林，杜月笙，張公權，錢新之，葉琢堂，許俊人，魏伯聰，吳蘊齋，金潤泉，齊雲青，沈田莘，尤菊蓀，秦待時，俞葉封，宋如山，傅筱庵，奚萼銜，張慰如，陳筆霖，陳夙之，李石曾，周作民，談丹崖，倪幼丹，龔伯舟，楊郎川，冷展其，等為籌備委員，由張先生靜江集之，即以上海福開森路三九三號為公司籌備處，開始工作。

(三)籌備會

籌備工作人員，既經推定，因即派工程師陳夙之漢書行二先生赴蕪湖成立辦事處，開始測量工作，並於八月二十一日舉行第一次籌備委員會議，推定李石曾張靜江張嘯林杜月笙張公權錢新之葉琢堂齊雲青尤菊蓀秦待時陳筆霖諸先生為常務委員，張靜江先生為主任委員，并推錢新之秦待時二先生起草公司章程，九月二十日舉行第三次發起人大會及第二次籌備委員會決定由蕪湖至宣城一段採用鐵道部寧湖鐵路舊綫，即行徵集股本，十月三十一日呈鐵道部請求立案，並請讓渡甯湖鐵路舊基財產，以資興築，幸蒙批准，即由李張二先生代表簽訂合同正式接受，二十二年二月十六日舉行第四次發起人大會，議决准鐵道部批對公司名稱改為商辦江南鐵路股份有限公司，並將路軌改為重軌，按標準制築造

，俾異日便於聯運，自後即從事籌備認股交股款，一面計劃進行收用土地，購讓北甯鐵路機車貨車，俾公司正式成立，籌備處至四月十九日結束，舉行創立會。

(四)創立會

自公司發起以來，經李張二先生之苦心毅力，卒抵於成，創立會之舉行，公司基礎，得以確立矣，是日出席股東約六十餘人，公推張嘯林先生為臨時主席，選舉張嘯林，許俊人，葉琢堂，杜月笙，張澹如，錢新之，齊雲青，葉楚傖，周作民，尤菊蓀，張公權，張慰如，宋如山，傅筱庵，陳筆霖，俞葉封，徐懋棠，李石曾，張靜江，等十九人為董事，秦待時，周文瑞，楊志雄，徐冠南，魏伯聰，褚民誼，方耀庭等七人為監察人，張靜江先生當選為公司總經理，即於籌備處原址，成立總事務所，從此公司正式成立，負責有人，行見日漸發展，抵於無量也。

(五)董事會

公司董事會於二十二年四月二十一日舉行第一次董事會議，互選張靜江，李石曾，張嘯林，杜月笙，張公權，錢新之，葉琢堂等七人為常務董事，其後董事會屢次開會，決定公司大計，俾便實行，十一月八日舉行臨時股東會議，將董事人數增加至二十一人，常務董事人數增至九人，當即票選宋子文，陳光甫兩先生為

董事，並由董事會互選爲常務董事，自此則公司金融基礎，更見鞏固。

(六)路綫之選定

蕪乍鉄路全線經過地方，係自蕪湖至宣城爲第一段，宣城至泗安至第二段，泗安至嘉興爲第三段，嘉興至乍浦爲第四段，預計分段進行，三年可以竣事，惟因經費籌集費時，故不得不分段先後進行，第一步先築蕪湖至宣城一段，該段測量工作，於廿一年八月二十一日開始，十月六日完竣，費時共二月有餘，路線擇定寧湘鉄路舊線之一部份，計長六七·七公里·爲一勞永逸計，即與鉄道部商議讓渡寧湘鉄路舊基蕪湖灣心段財產，俾工事易於進行。

按公司原定計劃，第一期建築至宣城爲止，預算須一百六十九萬元(鉄道部甯湘財產在外)。經詳細實地估計，如用最經濟建築方法，則路線展長至宣城東南孫家埠鎮，或不致超出原定預算數日。查孫家埠爲皖南產米重鎮，人口商業，均較灣沚爲繁重，且爲水東煤礦鉄路經過之地，對於米糖煤木之運輸，定形發達，故即將路綫延長，以蕪湖至孫家埠爲第一大段。

(七)公司組織大綱

鉄路事業。規模既大，用人尤多，且係分處各地，欲便人各其盡責，而又能彼此合作，共謀進展，實非組織健全不爲功，是故鉄路組織，每視爲專門學問，不惜貲力研究，以求盡善者也，考組織之意義，約有二端，一曰分工，一曰合作，前者所以將各種職務，分配清楚，後者所以使整個組織，得以聯合，兩者缺一，即感辦事不便，事業進展，必遭阻礙，更或因而失敗，亦屬意中，中國鉄路之組織，在局的方面，多採集權制，即所以將各部主要官長，集中在總局一處，各部事務，均易有相互關係，便於辦事，該公司開辦伊始，事務較簡，路線不長，自亦以集權制爲宜，故爲調劑金融方便計，設總事務所於上海，而設辦事處於蕪湖，以便指揮。

依鐵道部規定工程局組織規程，局之下分設總務，工務，會計，地畝四課，此種組織雖有其長處，然以過去各路之經驗言之，往往工程人員，忽視運輸需要，待異日鐵路築成，開始營業時，再從而加以改正，如此則不特耗時費事，抑且與將來營業多所不便，且分課既多，組織必繁，職員既多，開支又大，甚不經濟。故該公司組織一面將運輸與工務兩處，同時成立，一面並將會計地畝改隸於總務處。如此則工程進行，既可處處與營業相符，且組織範圍殊小，開支可省，且將機務事務同屬運輸處，俾於行車，多多便利。

(八)組織系統

該公司係屬商辦，上層組織，自必與公司法相符，故最高機關，屬之股東會，由股東會產生監察人及董事會，主持公司大計，董事會再產生常務董事，總經理一人，綜理公司一切事務，由股東事會選舉，協理襄理各一人，輔助總經理處理公司事務，另設總工程師一人，商承總經理協理襄理辦理全路工程事務，下分設三處，總務處掌理文書人事會計材料及其他不屬於各處事項，工務處掌理關於工程設計建築考核等事項，運輸處掌理關於車務機務營業運輸事項，至整個組織系統，見附表：

(九)現下狀況

蕪乍鐵路之經營，自去年四月中起，迄今一載有餘，經公司同人共同之努力，一切進行，已見相當之結果，蕪灣段既已通車營業，灣孫段亦不日可以竣工且復進而測量計劃南京至蕪湖一段工程矣，茲特將現下狀況，分條敍述之如左：

甲、路綫

幹綫自蕪湖至乍浦全長約三百五十公里，現修築爲蕪湖至孫家埠一段，長八十一公里，側綫十一公里，其間經過車站爲卡子口，竹絲港灣沚，橋頭汪家，宣城，孫家埠。蕪湖卡子口間，距離

爲十公里，卡子口至竹絲港間距離爲七公里，竹絲港灣沚間距離爲十八公里四百六十公尺，灣沚至橋頭汪家爲十五公里八百五十公尺，橋頭汪家至宣城爲十五公里二百六十公尺，宣城至孫家埠爲十二公里九百公尺。路基寬度十六呎，斜坡爲一比一•五，最小彎經一千九百呎，軌道採用五十六磅鋼軌，6"×6"8'—0" 美松軌枕，蕪灣段計大橋五座，俱爲混凝土墩座鋼樑，共長一千二百二十呎，小橋十五座，爲混凝土拱橋，共長二百二十四呎，涵洞三十一處，共長六十八呎半。灣孫段大橋八座，俱爲木橋，共長一千五百八十六呎。小橋十六座，共長四百二十六呎，四呎混凝土水管二十七處，共長二千七百一十五呎。二呎混凝土水管二十四處，共長一千七百二十二呎。

乙、建築物

總公司辦公房屋，尚未建築，現在蕪湖江邊總站內，建有材料辦公室，計五百七十六平方呎。材料倉庫，面積計八百平方呎。機務倉庫面積計九百六十平方呎。貨物倉庫面積計五千平方呎。機車房一所，面積八千三百十六平方呎。附屬機器廠面積三千一百四十六平方呎。關於車站房屋，則蕪湖總站係兩層，面積各爲二千二百十平方呎，上層作運輸處辦公之用，月台長六百呎，雨棚長四百呎，因車站係新填之土，故此兩次工程，暫用木製。蕪

湖站內，復挖明井，用鋼筋混凝土圈徑十吋深，四十呎，水塔用木製，容量為一萬二千加倫，沿線各站房屋，計灣沚宣城孫家埠三站，辦公室面積為一千六百四十八平方呎，竹絲港及橋頭汪家二站為九百平方呎。

丙、電務港務

本路電話電報，已通孫家埠。計電線四條，二條運輸用，二條工務用，均為八號鉛線，電報線一條係十二號銅線，蕪湖車站建於江邊路線內，與長江垂直。與路線平行者，有陶溝長一千五百呎，寬約一百五十呎，為一天然船塢，刻已用塊石修築汇堤，並有停船碼頭一處。淘溝正在貨物棧旁，將來亦擬修築，並挖深，以通船隻。

丁、機務

該路機車，目前已有六輛，均購自北寧鐵路，年齡雖老，而一般狀態甚佳，計2—6—2式者一輛，2—6—0式者三輛，4—4—0者二輛，現正進行另購新機車，貨車計有六十輛，亦均購自北寧鐵路，計十噸高棚車五十五輛，二十噸高棚車二輛，二十噸低棚車二輛，二十噸鐵棚車一輛，客車方面，俱係向德國訂購平架，自行裝置，計頭二等客車一輛，三等客車五輛，並為便利旅客計，將貨車四輛，改造四等客車，並附設機廠於機車庫，作為修理之用。

戊、事務

自本年一月三日起，即行開始行駛工程列車，其後復於二月十日起開始於工程列車，附掛客車營業，發售臨時三等客票，現下蕪灣段亦已通車，開始營業。

(十)未來計劃

公司之過去與目前種種狀況，既如上述，茲再進而言公司未來之計劃。

該公司既致力於蕪乍鐵路全線之經營，本年三月間，復呈准鐵道部建築京粵鐵路，以發展東南五省交通，預計全線共長一千餘公里，經過蘇贛皖閩粵五省，以最經濟辦法建築，經費亦至少需三千萬元，因此路經過山脈甚多，工事較蕪乍路為浩大，且亦艱難數倍，而其在運輸地位上，因工事艱難，益見需要也，京粵線鐵路之第一目標，為由南京起經蕪湖孫家埠徽州而達江西之貴谿，俾與玉萍鐵路以聯運，查按預定計劃，玉萍鐵路及粵漢鐵路俱定於民國二十五年通車，因之本公司之計劃，定於今年年終築通南京至孫家埠一段，廿四年年底，築至徽州，而在廿五年中得達貴谿，果如此則三年以後，粵人之欲至上海南京者，於四十八小時內，即可到達，其對中國社會與經濟上之變化，為何如也。

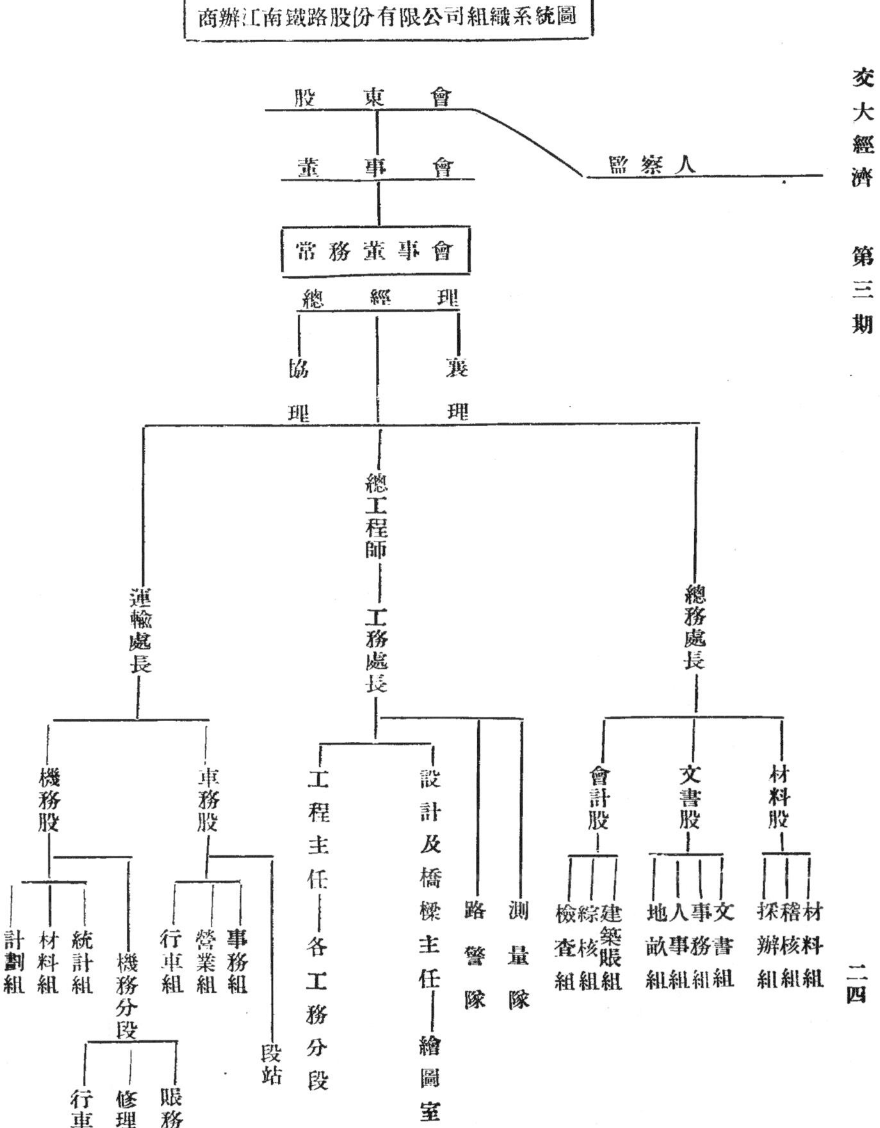
商辦江南鐵路股份有限公司組織系統圖
股東會
董事會
監察人
常務董事會
總經理
協理
襄理
總工程師
運輸處長
工務處長
總務處長
機務股
車務股
工程主任
設計及橋樑主任
路警隊
測量隊
會計股
文書股
材料股
計劃組
材料組
統計組
機務分段
行車組
營業組
事務組
段站
各工務分段
繪圖室
檢查組
綜核組
建築賬組
地畝組
人事組
事務組
文書組
採辦組
稽核組
材料組
行車系
修理系
賬務系

上海票據交換所

何紹賢

緒言

票據交換所者，卽各銀行以在業務上所受之票據及遠期到期等之票據互相交換之地點也，實爲金融之樞紐。中國之有此組織，以上海票據交換所爲嚆矢，於是本校經濟學會參觀部於暇日往參觀焉。考最初籌議設立此所，遠在十年前，然終難實現，良以上海一地，雖爲吾國最大商埠，而華商銀行尚屬幼稚，外商銀行勢力雄厚，錢業之積習瀰深，若由華商銀行單獨創行，則力有未逮，欲三方面會同組設，則意見難以接近，故組設之建議屢輟。

前歲滬變驟作，百業皆呈不景氣之現象，金融恐慌，滬上銀行業深知具體團結之不容再緩，共同創設一聯合準備會，以調劑金融爲宗旨，後經銀行公會決議，委託辦理票據交換事宜，籌備創設，歷時約五月，吾國最早之票據交換所始於民二十二年一月十日正式成立。

組織及管理

交換所爲聯合準備會所辦之一部份，凡準備會委員銀行及同業公會會員銀行，均得加入爲交換銀行，其他銀行公司等經相當手續，亦可加入，然須塡具聲請書，以備存查，且須繳納相當入會費及保證金。

準備會之組織，以委員銀行代表大會爲最高機關，由大會產生執行委員會，掌理會務之全權，且兼辦交換事宜。另設票據交換所委員會，專司交換事務之設計及各項規則之厘訂。交換所委員共有十人，其中九人，由大會就交換銀行重要職員中選任，準備會經理，則爲當然委員。交換所日常事務，由經理負指揮監督之權責，並由交換所委員會值場委員三人，隨時協助辦理。

交換手續

上海票據交換所之交換制度，與美日交換制度相同，卽定期交換是也。除星期日及例假外，每日交換兩次，第一次在午後一時，第二次在午後三時半，每次交換時，由各交換銀行遣派行員四人至若干人到所，稱交換員，在交換所辦理各該行交換事宜。

（一）交換前之預備　各交換銀行將當日在業務上所受之票據，在行內按照付款銀行及貨幣種類，整理清楚，於交換時間前

、分別付款行，造就「提出票據通知單」（見左圖）

提出票據通知單

中華民國　年　月　日

張數	金額									
	千	百	十	萬	千	百	十	單		

台照　　　　交換員

分別清理，同時並將票據張數及金額載入「交換差額計算表」之貸方（見左圖）

交換差額計算表

中華民國　年　月　日

號數	借方 金額	借方 張數	行名	貸方 張數	貸方 金額	號數
1			中國銀行			
2			交通銀行			
			合計			
			第　次交換應差額			
			第一次交換總額 第二次交換總額 本日總結應差額			

交換員

結一總數，另製「第一報告單」（見左圖）

第一報告單

中華民國　年　月　日

貸方總張數	貸方總金額									
	萬	千	百	十	萬	千	百	十	單	

上海聯合準備委員會　台照

交換員

在交換開始前數分鐘，連同提出票據，由交換員攜赴交換所，以備交換。

（二）在場工作　各行所派交換員，其在交換所內所任工作，有計算與傳送之別，計算員在所中各有一定之座位，專司應收應付票據之計算，傳送員則專司傳送本行提出之票據，交換時間一到，傳送員即將第一報告單交與所中之總結算員，在交換室中環行一週，票據即已分別遞訖，計算員收到他行之提出票據，計算其張數及金額，是否與其提出票據通知單相符，按照提出行別，分別填載於交換差額計算表之借方，各行通知單，備有複寫副本，由計算員簽名後即爲收據，送還其提出行，俟各行票據收齊後，將計算表之借方，亦結一總數，然後依貸方借方總數，計算其差額，如貸方總數（提出票據數）多於借方總數（收入票據數）則差額為應收，反之則為應付，計算員結出差額後，即將貸方總數借方總數及交換差額，填入「第二報告單」（見左圖）。

第二報告單　中

中華民國　年　月　日

借方	總張數		總金額	萬	千	百	十	萬	千	百	十	單
貸方	總張數		總金額									

應付差額								應收差額						
千	百	十	萬	千	百	十	單	應收差額	千	百	十	單		

上海聯合準備委員會　台照　　交換員

遞交交換所總結算員，當計算員開始計算時，其收入各行提出票據，已由傳送員攜回銀行，分交關係部份，查對印鑑及餘額，應付款者即行付帳，不能付款者，即填具退票理由單，派老司務送

上海票據交換所

還原提出銀行。

交換所總結算員，在收到各項第一報告單時，即填製「甲種交換差額總結算表」（見右圖）

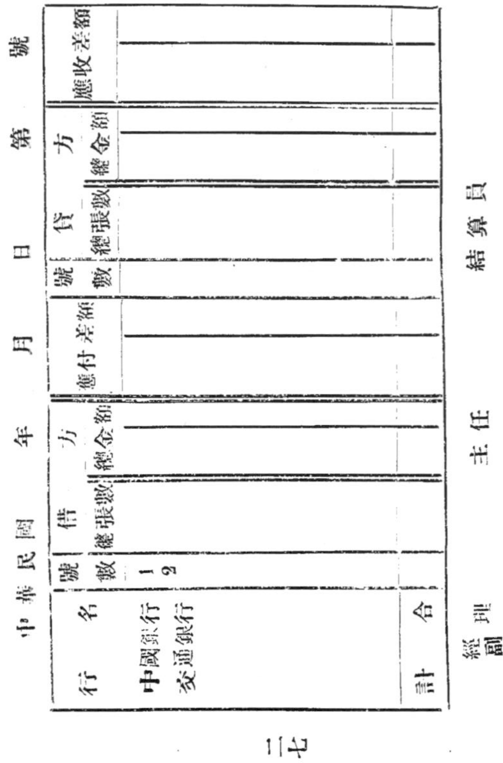

交換差額總結算表

中華民國　年　月　日　第　號

行名	號數	借方 總張數	借方 總金額	應付差額	號數	貸方 總張數	貸方 總金額	應收差額
中國銀行	1							
交通銀行	2							
合計								

經理　副理　　主任　　結算員

之貸方，結出總數，俟收到第二報告單，乃再填載各行應付總數於借方，及各行應收應付差額，如兩方差額相符，即證明該項交換計算確係無誤，交換即告終了。在每日第二次交換完畢後，各行交換員，將當日兩次交換總結應收或應付之差額，另填「差額轉帳聲明書」(見左)圖

總字第　　號

交換差額轉帳聲請書

中華民國　　年　　月　　日

本日總結	應收差額
	千 百 十 萬 百 千 十 單

上列應收差額請轉收敝行往來戶帳此致
上海聯合準備委員會　台照　交換員

經理
副　　主任　　記帳員

送準備會轉帳，總結算員則於第二次交換終了後，另再造一乙種種交換差額總結算表」(見左圖)

交換差額總結算表

中華民國　　年　　月　　日

行名	號數	第一次交換		第二次交換		交換總結	
		應付差額	應收差額	應付差額	應收差額	應付差額	應收差額
中國銀行	1						
交通銀行	2						
上海聯合準備委員會							

經理
副　　主任　　結算員

爲當日兩次交換之合併計算，至該表內應載之第一次交換數目，實已於第一次交換後，預爲填截矣。

會計方法

外國票據交換所之會計，均極簡單，惟吾國以幣制之不統一，復以準備會自身爲轉帳機關，故較之複雜，上海票據交換所因本身無若何帳務，故會計不獨立一處，其處理交換款項之方法，列述之如后：

（一）交換存款之處理　交換所將各銀行依照貨幣種類開立往來存款戶，由準備會轉開存放戶於中交兩行，款項存入時，以專用之三聯送銀簿，送交中交兩行，以第三聯作爲收款憑證，回單打於第二聯上，準備會則根據第二聯上中交兩行回單，以第一聯作爲送銀回單，而以第二聯作爲收款憑證，劃用存款時，則須開具「劃款證」，此種劃款證，限於交換銀行中間互相劃用，如須劃出交換銀行以外，則須由準備會交給中交兩行付款之。

（二）差額之轉帳　開立往來存款戶之主要目的，卽以備交換差額之轉帳，當交換銀行於每日交換終了後，塡具交換差額轉帳聲明書，報告準備會，由會中與乙種交換差額總結算表核對無誤，卽照轉帳，差額應收，作爲存入款項，差額應付，作爲支出款項，同時簽發「轉帳證明書」通知各該行。遇退票時，原提出行之付還款項，得開具劃款證，由退票行以送銀簿送交準備會轉帳

（三）存款帳之核對及利息之計算　準備會本身只爲一轉帳機關，一切收解均直接由中交兩行辦理，收付頻繁，數量鉅大，爲求準確周密起見，由會將各行之往來存款戶收付數，每星期發清單核對一次，而會中之存放中交兩行戶，每日核對之。

準備會收入交換銀行存款，一面如數存放中交兩行，凡存放中交所得之利息，每月結算，銀元戶則半年結算一次，利率由準備會與中交兩行同酌定之。

（四）交換各帳之增設　準備會爲統轄交換上各項帳務起見，增設下列科目

負債類

「交換銀行存款」　說明已如前述

「交換保證金」　凡交換銀行以現金或保證金繳存準信會者，歸此科目。

「交換所入會費」　凡交換銀行加入交換所之入會費，歸此科目。

（附註）交換所之入會費，於準備會有公債金性質，故列入負債類。

資產類

「存放中交款項」　說明已如前述

「保管保證品」　凡交換銀行存交準備會之交換保證金，其中之保證品，由準備會保管組保管者，歸此科目。

「交換所開辦費」　交換所開辦時之一切費用，均歸此科目。

損益類

「交換款項」　交換銀行存入各款及存放中交兩行款項之利息，歸此科目。

「交換罰金」　準備依據兼辦票據交換章程或規則，向交換銀行徵收之罰金，歸此科目。

「交換經費」　準備會兼辦票據交換所之一切開支，歸此科目

「交換所開辦費攤銷」　決算時對會交換所開辦費之攤銷，歸此科目。

以上各帳均以收付補助帳記載之。

（五）經費之計算及分擔　交換所非管理機關而爲服務機關，故一切費用均由各交換銀行分攤負擔。上海交換所經費分擔辦法，與外國大致相同，即每年交換經費，由各行依本年交換總數比例計算之，例如本年度上期交換經費爲二〇，七三八元，全體交換收付總數爲一，四六六，六七四，五八九元，每千元交換費用，約合一分四厘一毫半，各行交換經費之分擔，即以各該行本屆提出票據及應付票據金額之總數，按此數比例計算，每年經費，須先行造具精密預算，由執行委員會通過。

統計紀錄

外國學者言交換所之統計猶當地經濟狀況之寒暑表也，因其交換數字爲表現當地金融業務之狀況，而就自身言之，即表示自身事務之進展變化及成績也。

上海交換所，在每日交換完畢後，將當日兩次交換各行貸借兩方之票據張數及金額，分貨幣種類，各作合併表，且更將兩種貨幣合併作成總括合併表，其全體之交換張數及金額，於翌日在各報公佈，又有交換週報，紀錄每日全體交換票據張數及金額，每週結一總數，送載於銀行週報，至於各交換銀行之每日交換票據張數金額及差額，則錄入分戶交換額記錄簿，並作全體總括交換額紀錄，逐月滾結，以製各種比較記錄。其中有「統計月報」一種，最屬重要，由會按月分送各界。

交換後之退票，由退票行隨時報告交換所，記入退票記錄簿，各行之退票金額，準備會亦依據各行所開出之劃款證明額，併爲記錄。

結論

總上所述，交換所內部之事務，實際均甚簡單，惟各項手續，無不與各交換銀行有連鎖關係。上海交換所籌辦之際，問題叢生，困難時見，後經各行同人，協力籌劃，互相諒解，由複雜紛亂之習慣，創立統一簡便之制度。實行以來，便利日顯，近來本市同業中，續有聲請加入者，此後加入者愈多則同業之便利愈大，近聞南京天津杭州漢口各地，俱有設立交換所之倡議，此則於吾國銀行業之前途，深堪慶幸者也。

書報介紹

介紹一個有系統的運輸學參考書目

曹麗順

在美國資格最老的大學，要算是哈佛大學。該校於一九〇八年，設立一個商業管理研究院，(Graduate School of Business Administration)亦要算在研究院中教授此種科目的第一個。(本薛文義亞大學的 Wharton School ，創辦更早，不過起初祇限於四年的 College 而已。)聽說哈佛大學的經濟學系，原有許多鼎鼎大名的老教授，專以研究理論為高，對於這個新產生的專講實用的支派，頗存鄙夷之心，凡是經濟學系裏面不要的圖書，方纔送給這個商業管理院作參考，大約他開辦時候的經濟困難情形，亦與本校的創辦鐵路管理科相彷彿。但是後來經過該學院辦理人的努力，大得實業家商業家的信任，所以有一位紐約的大銀行家，叫做George F. Baker(他已於三年前故世)的，捐了五百萬美金，在哈佛大學的足球場旁邊，另建院舍，是另捐一百萬元作為基金。現在新造院舍，與哈佛大學本部，隔河相望，兩旁為宿舍，中間一座，便是教室和圖書館。因為紀念捐款人，所以題名叫做 Baker Library。

這個研究院的運輸學講座，亦是有人捐助，來紀念一位美國的大鐵路家叫做 J.J. Hill 的。又請到一位在鐵路上曾任要職，富有經驗的一位，叫做 William L. Cunningham 來擔任這個講座。聽說他所教的課程，大都是很切合於實用的，祇要看他每年暑假，與Yale University的一位運輸學教授叫 Winthrod M. Daniels，合辦鐵道運輸的講習科目，專為鐵路職員而設，美國各鐵路，常輪流派遣各部分的上中級職員前往聽講，外國鐵路的職員，亦時有加入的，便可知道他的聲望了。

Baker Library曾經編印各種商業科目的參考書目，其中運輸一科，當然由 Cunningham 教授編定。現在節錄於后，以供國人參考。惟有幾點，要加說明，就是(一)書目中以鐵路爲主，兼有公路與水運，但是沒有航空。(二)所根據的書目，係一九二八年所編，以後所出版的有價值書籍，當然沒有列入。(三)書名之中，專講美國情形，或美國及他國的歷史方面，而出版年份又比較舊一些的，因爲對於我國讀運輸學的人，關係較少，或者不易感覺興趣，所以略有删節的地方。現在將書目轉錄在面下：

I. Construction and Maintenance

1. Raymond, W.G. Elements of railroad engineering. N.Y., John Wiley & Sons, 1917.
2. Webb, W.L. Economics of railroad construction. N.Y., John Wiley & Sons, 1912.
3. Wellington, A.M. Economic theory of the location of railway. 2d ed. rev. and enl. N.Y., John Wiley & Sons, 1887.
4. Willard, W.C. Maintenance of way and structures. N.Y., Mc Graw-Hill Book Co., 1915.

II. Motive Power and Rolling Stock

1. Henderson, G.R. Cost of locomotive operat-

ion. N.Y., The Railroad Gazette, 1906.
2. Wood, A.J. Principles of locomotive operation and traincontrol. N.Y., Mc Graw-Hill Book Co., 1915.
3. American Railway Association: Section 3: Mechanical, Chicago (431 South Dearborn St.). Proceedings.

III. Signaling

1. King, E.E. Railway signaling. N.Y., Mc Graw-Hill Co., 1921.
2. American Railway Association: Signal Section. N.Y., (75 Church St.) Proeeedings.

IV Traffic

1. Johnson, E.R. & Huebner, G. C. Railroad Traffic and rates. 2 V N.Y., D. Appleton & Co., 1911.
2. McPherson, L.G. Railroad freight rates in relation to industry and commerce of the U.S. N.Y., H. Holt & Co., 1909.
3. Ripley, W.Z. Railroads - rates & regulation.

N.Y., Longmans, Green& Co., 1912.

4. Strombeck, J.F. Freight classification. Boston, Houghton Mifflin, 1912.

5. Vanderblue, H.B. & Burgess, K.F. Railroads; rates-service management. N.Y., Machillan, 1923.

6. Wilson, G.L. Traffic management. N.Y.; Appleton, 1926.

V. Motor Trucks

1. Grupp, G.W. Economics of motor trasportaion. N.Y., Appleton, 1924.

2. Norton, S.V. The motor truck as an aid to business profits Chicago, A.W.Shaw Co., 1918.

VI. Accounting

1. Adams, H.C. American railway accounting. N.Y., H.Holt & Co., 1918.

2. Ecton, J.S. Handbook of railroad expenses. M.Y., McGraw-Hill Book Co., 1913.

3. Hooper, W.E. Railroad accounting. N.Y., D.Appleton & Co., 1915.

4. Sikes, C.S. Railway accounting. Chicago, LaSalle Extension, University, 1917.

5. White, J.L. Analysis of railroad operation. N.Y., Simmons-Boardman Co., 1925.

6. Woodson, E.R., ed. Railway accounting Procedure. Washington, D.C., 1921.

VII. Financing

1. Bonbright, J.C. Railroad capitalization. N.Y, Columbia Univ., 1928.

2. Cleveland, F.A. & Powell, F.W. Railway finance. N.Y., Appleton. 1912.

3. Daggett, Stuart. Railroad reorganization Boston, Houghton Mifflin Co., 1908.

4. Meade, E.S. Corporation finance. N.Y., D-Appleton & Co., 1915.

5. Moody, John. How to analyze railroad reports. Moody's Inv. Service, 1919.

6. Ripley, W.Z. Railroads - finance and organization. N.Y., Longmans, Green & Co.

1915.

VIII. Valuation

1. Vanderblue, H.B. Railroad valuation. Boston, Houghton Mifflin, 1917.
2. Whitten, R.H. Valuation of public service corporations. N.Y., Banks Law Publishing Co., 1912.
3. Wymond, Mark. Railroad valuation and rates. Chicago, Wymond and Clarn, 1916.

X. Inland Waterway

1. Moulton, H.G. Waterways vs. railways. Boston, Houghton Mifflin Co., 1912.

Economics, Administration, Organization

1. Acworth, W.M. Elements of railway economics. Oxford, England, The Clarendon Press, 1924.
2. Byers, M.L. Economics of railway operation. N.Y., The Engineering News Publishing Co., 1908.

3. Dixon, F.H. Railroads and government. N.Y., Scribners, 1922.
4. Droege, J.A. Freight terminals and trains. N.Y., McGraw- Hill Book Co., 1912.
5. Droege, J.A. Passenger terminals and trains. N.Y., McGraw-Hill Book Co., 1916.
6. Dunn, S.O. American transportation question. N.Y., D.Appleton & Co., 1912.
7. Dunn, S.O. Govenment ownership of railways. N.Y., B.Appleton & Co., 1913.
8. Hadley, A.T. Railroad transportation, its history and its Laws. N.Y., G.P.Putnams Sons, 1903.
9. Hanley, L.H. Business of railway transportsation. N.Y., Ronald Press, 1924.
10. Huebner, G.G.& Johnson, E.R. Railroad fro ight service. N.Y., Appleton, 1926.
11. Johnson, E.R.& Van Metre, T.W. Principle of railroad transportation. N.Y., D.Addleton & Co., 1916.

Economics, Administration, Organization (continued)

12. Jones, Eliot. Principles of railway transportation. N.Y., MacMillan, 1924.

13. Jones, Eliot, & Vanderblue, H.B. Railroads: cases and selections. N.Y., MacMillan, 1925.

14. Lorec, L.F. Railroad freight transportation. N.Y., Appleton, 1922.

15. Miller, S.L. Railway transportation. Chicago, A.W. Shaw Co., 1924.

16. Morris, R. Railrcad administration. N.Y., D. Appleton & Co., 1920.

17. Ripley, W.Z. Railway problems, rev ed.s Boston, Ginn & Co., 1913.

18. Robbins, H. Human relations in railroading N.Y., General Publishing Co., 1927.

19. Sakolski, A.M. American railroad economics N.Y., MacMillan, 1913.

20. Sharfman, I.L, American railroad problem. N.Y., Century Co., 1921.

21. Splawn, W.M. Consolidation of railroads. N.Y., MacMillan, 1925.

22. American Railway Association, 431 South Dearborn Street, Chicago. Proceedings.

23. American Railwry Association, Rule book of the American Railway Association.

XI Historical and Ceneral Topics

1. Adams, C.F. Railroads, their origin and Problems, rev. ep. N.Y., C.P, Putnam's Sns, 1887.

2. Carter, C.F. When railroads were new. N.Y., H. Holt & Co., 1909.

3. Dunbar, S. History of travel in America. Indianapolis, Ind., Bobbs-Merrill Co., 1915.

4. Hill, J.J. Highways of progress. N.Y., Doubleday Page & Co., 1910.

5. Hungerford, E. The modern railroad. Chicago, Ill., A.C. McClurg & Co., 1911.

6. Spearman, F.H. Strategy of great railroads. N.Y., Charles Scribner's Sons, 1904.

7. Talbot, F.A. Railway conquest of the world. Philadelphia, J.B. Lippincott Co., 1911

編輯者言

韶光易逝，自筆者膺命編輯本刊以來，倏已一年矣！在此一年中，本刊之與世相見，先後凡三次。其於本年上學期出版者二，于本年下學期出版者一期。考本會前出版之經濟學報，年刊二次，本刊擬始之初，即以無定期刊物自命，蓋不以時間爲拘束，而得于暇晷，再盡其有餘之能力。故當上半年經費較充人手有閒時，得一鼓出版二册，本學期來，則半因經費支絀，半由功課較重，僅在之一期，亦遲至年終方獲殺青，此筆者深所愧汗者也。綜觀三期中，舉凡編排校對等編輯工作，一無足觀。至內容方面，則文稿悉承諸校同學及前輩先生寵賜，本刊以提倡學術爲宗旨，凡性質相合者，有稿悉載。諸君子俱學有素養，發爲文章，彌足珍貴，實不容筆者於此代爲謙遜也。本期所有論文，都十餘篇。其屬鉄道運輸者，有吳紹曾先生之「訂定鉄路貨物聯運特價芻議」，王炳南先生之「中國興築鉄道之資本問題」，沈奏廷先生之「英國鉄路負責運輸之檢討」，熊大惠先生之「鉄路員工考勤統計之研究」。徐宗蔚先生，本校舊同學也。頃服務於江南鉄路公司，本期以該公司之概況見遺，實研究鉄道組織者之良好參考，曹麗順先生，以研究之心得，介紹鉄道書籍爲餘篇；足供學者之採用。吾國國防文化經濟統一之問題，由於交通阻塞者至夥。而開發交通之選擇，以迅速，安全，容量廣大爲其要素，則鉄道之敷設，實居首要。吾國往昔路政，至爲顢頇。近數年來政局稍定，人才輩出，鉄道業務，亦呈蒸蒸日上之象。竊以爲我國鉄道之問題，係資本與人才之問題，脫能於此得所解決，則鉄道事業之發達，可計日而待也。

澄清吏治，吾國鼎革來夙有之口號也。欲吏治之潔廉，首須有科學化管理之政府。歐美各國，其政府之經營，與一般工商無異，注意效率。故能精神卓發，有所作爲。即在最近國際經濟戰爭劇烈之秋，統制經濟，風行一時。必有合理化之政府，始克收統制之效。吾國處各帝國主義者巧取豪奪之下，際此非常時期，勢須集全國力，以求自全，則不有強固有爲之政府，何可統率全民以應國難，此行政效率之重要也。第國人之習政治學理者衆，講求政府管理者少。吾校所設公務管理一科，猶屬碩果。林疊博士，該科之教授也。本期有「公務管理科學化」一文，任家誠君，該科同學也，本期有「公務管理概論」一文，皆闡論此項學識之作，誠爲研究之進階，與實行之借鏡者也。

普及政治之科學化，尤不可不注重計政。夫政府之最要，莫如財務。近世科學發達，統計會計之學，俱足供稽覈之助。吾國國府已有期主計處之設，所以統一全國計政者也。王烈望先生，本期有「指數之理論及應用」一文。顧錫麟先生，本期有「美國劃一成本會計制度對於其同生產品副產品及廢料餘品之記帳法」一文，俱爲研究計政者不可不讀之作品。

自一九二九年世界經濟恐慌襲來，各帝國主義者，爲欲維其生命之存續，與解決國內之矛盾，一方加緊其經濟國防，一方則努力於爭取殖民地，以作尾閭。俾有原料於人工方面之聯絡，以增展其在國際間之勢力。於是世界各國，各持其殖民地分組經濟集團，即所謂有[illegible]經濟是也。日本亦類是，自奪我東四省後，即實行「對滿經濟控制」，本期一青先生之「大可注意之日僞貨幣同盟」一文，於此闡述甚詳。此外則曹進生君之「所得稅問題」，一言財政學者所應言，選材極見精當，可爲財政學及賦稅論之參考作品。今所得稅爲不能轉嫁之直稅，在理論上最科學化，各國實行，之有已有先例，卓著成效，吾國賦稅混亂已極，他日整理，自必以所得稅爲依歸。今則除政府機關服務人員已有所得稅之徵課外，工商事業，則由營業條稅印花稅，亦鮮奏功，欲實行所得稅，殊非激底改造社會習尚不爲功。

綜觀所刊各篇，或偏於學術，或重在時論，其間亦多反映我國文化經濟之現狀，讀者當掩卷之際，亦將有感於我們提倡科學之重要，與經濟危機之迫切，而圖有以奮起力行乎？是則[illegible]合本刊之旨矣！

筆者尸位，爲期一年，以時間言，不可謂不長，然以在素稱功課繁重之交大，則斯三百六十五日，轉覺其短。其間於編輯此刊，固嘗有若干計劃，但當履行之際，爲時間所格而不克實行者，亦有數端，茲特誌之，脫來者不以爲鄙，舒而行之，誠筆者之幸也。

一、舉行教授座談會　大學教授爲一國智識份子中之最優越者，其一言一動，誠足資國人之楷模，方今世界紛爭日亟，國家之政策，複雜萬端，是端非一二老吏所堪勝事，必集全國之智力，以爲圖謀，始克有濟。美國羅斯福總統當實行其新事業「New Deals)時，網羅全國大學教授數人，以資贊助，號智囊焉。吾國於現代文化，素稱落後，習於政治經濟之技術，而堪爲大學教授者，爲數不及萬一。當是國如危巢之際，正待採納名言，則大學教授之意見，豈非政府與人民最好之參考。嚮使不此之圖，而令僅有之數百智者，埋沒書本間，猶嘆才難智短，不已病乎。

故竊謂教授座談會之舉行，以及記錄之發表，足以正國家之視聽也。吾校巍峙江南，集全國菁萃，教授講師，非惟循循善誘，抑且智廣識遠。脫能於暇晷由本刊邀請，擇定當前問題，舉行談話，而由本刊記錄之，即將記錄彙載發表，以饗當世。如斯貢獻，方見偉大。

二、刊行專門問題特輯　本刊所選論文，以廣博為重，向不專注於某一問題，故讀者每淺嘗即止，不能窮其理也，筆者於初期行世後，即有專門刊行某一問題特輯之意，詢諸同學，厥謀僉同。惟因格於時間，且不易搜集著作，遲遲未果。日後倘獲機會，仍以繼續努力為是，雖或因讀者脾胃不同，有以影響本刊之銷路，然偶一為之，亦殊不妨事耳。

三、改良印刷之必要。　本刊當籌備之初，事出倉猝，凡版樣排釘，頗多因陋就簡之處。後以經費所限，且為統一起見，未予改正，此外如字樣目錄等處，待改進之處多。亦有望於來者矣！

四、編著評論附刊及索引　本刊有附刊四：(一)經濟史實，(二)經濟調查，(三)，參考資料，(四)書報介紹，當籌備之時，原擬于此四類，特別注意。蓋外國雜誌，靡不為此，而環顧我國刊物，猶無創見，有之，亦多支離破碎。本刊三期來，於此雖見充實，難云成績，此中原因，厥有多端，尤以同學之無充分時間，並少專志此道之興趣為甚。經濟史實方面則「提高銀價問題」與「美國之白銀案及白銀國有」稍有聯絡。經濟調查則「上海七大工

廠參觀記」由民五級實業門同學七八，乘寒假之便，歷三星期始成。亦不無名貴之處。書報介紹方面，則屢承曹麗順先生介紹書目，盛情最為可感。此項工作，以教授任之，較屬相宜，猶望曹先生後此於開列書目外，再於內容加以論評，則將更見精當矣。雜誌索引，為研究學術之最要工具，吾人既志事於經濟之學，亦當酌有雜誌論文之線索。本校圖書館前曾試編，後即停止。偶與杜主任談及，則其停止原因，不外經費問題，筆者以為吾儕課餘常讀雜誌，倘能隨手將其題目扎出，事屬輕而易舉，如能集若干人而事之，則分工合作，更易成事。故竊謂後此本刊可從事於編製索引，每次發表於書後，不獨自蒙其利，且可為國內從事學術者之助。至於論評，乃簡短之文字，以表示對某問題之論斷，其性質與論文不同，蓋論文重研究，而評論重斷語。國內刊物冠以評論者至夥，本刊亦可仿行也。

綜上所述，乃平昔思慮所常及者，信筆書來，不自覺其冗繁，甚望讀者有以教之。吾人既讀書於最高學府，於中國教育不普及之今日，在文化上所負之使命，至為重大。故當隨處利用最經濟之方法，求得最大之學問。當知聽講溫課以外，尚有吾人更重要之工作。校中圖書設備，既周且博，教授學識，更多深邃，實一最良善之求知環境。脫研究有得，著為文章，送載本刊，以資流傳，於本身學識上之補益，將不可衡量。而本刊之編行，事實上亦將便利多多，此則筆者所深望於吾同學者也。

十二月廿日善桂於上院編輯室

交大經濟論文分類索引

（文下數字係刊登期別）

一般經濟

經濟政策

勞動及工資

地租

金銀問題

銀行信託

交大經濟 第三期

中華民國廿三年十二月卅一日出版

交大經濟（第三期）

定價大洋二角

編輯者 國立交通大學經濟學會出版部
出版者 國立交通大學經濟學會出版部
發行者 國立交通大學經濟學會出版部
印刷者 谿社文具印刷圖書公司
總務處小西門內凝和路顧家弄六十號
經售處 全國各大書局

『交大經濟』期刊徵稿啓事

（一）本刊爲研究經濟交通財政金融會計統計工業管理會事業等問題之專門刊物，如荷教職員校友同學及外專家惠賜宏文，不論撰著譯述，一概歡迎。

（二）本刊內容暫分下列六欄：（一）論著譯述，（二）講詞，（三）經濟調查，（四）參考資料，（五）書報介紹，（六）經濟史實。

（三）來稿文言白話均可，不限字數。

（四）賜稿務望繕寫清楚，並加新式標點，如有插圖請用墨色，以備製版，來稿如係翻譯，請將原文附寄，否則請示原著人姓名，原文名稱，及刊載何處。

（五）稿末請署姓名住址，揭載之署名可聽投稿者自定。

（六）投寄之稿無論登載與否，概不退還，但如投稿人預先聲明及附有退還應需費用者亦可照辦。

（七）稿件經本刊選登者，略備薄酬。

（一）本刊

（二）交大經濟學會出版品

（三）其他名貴經濟著作

（八）本刊以推廣學理爲宗旨，來稿版權仍歸作者所有，但本刊編輯彙編時，得選入刊載。

（九）來稿於必要時，本刊得加增刪修改，但不願接受，可預先聲明。

（十）來稿請寄上海交通大學經濟學會出版部。

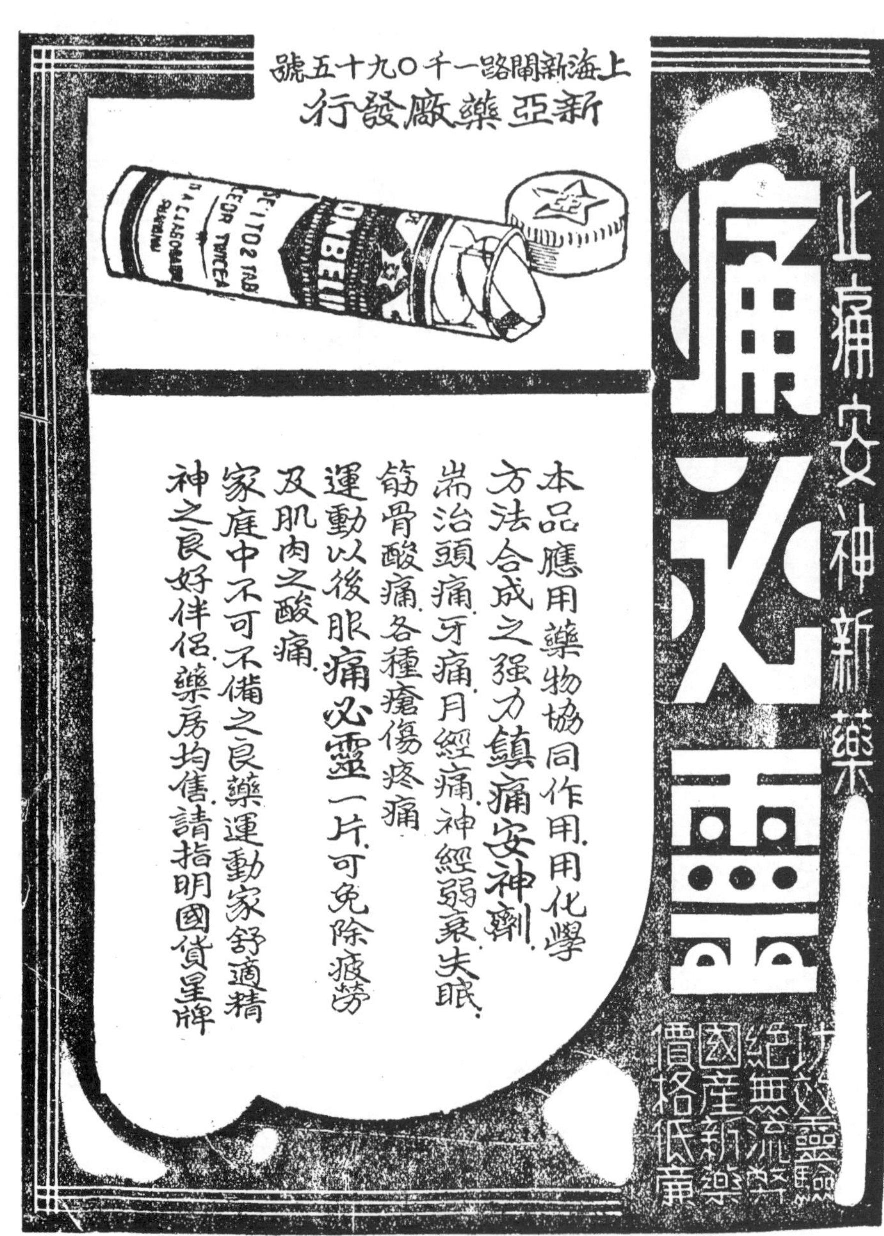
上海新閘路一千〇九十五號
新亞藥廠發行
止痛安神新藥
痛必靈
本品應用藥物協同作用.用化學方法合成之强力鎮痛安神劑.耑治頭痛.牙痛.月經痛.神經弱衰.失眠.筋骨酸痛.各種瘡傷疼痛.運動以後服痛必靈一片.可免除疲勞及肌肉之酸痛.
家庭中不可不備之良藥.運動家舒適精神之良好伴侶.藥房均售.請指明國貨星牌
功效靈驗
絕無流弊
國産新藥
價格低廉

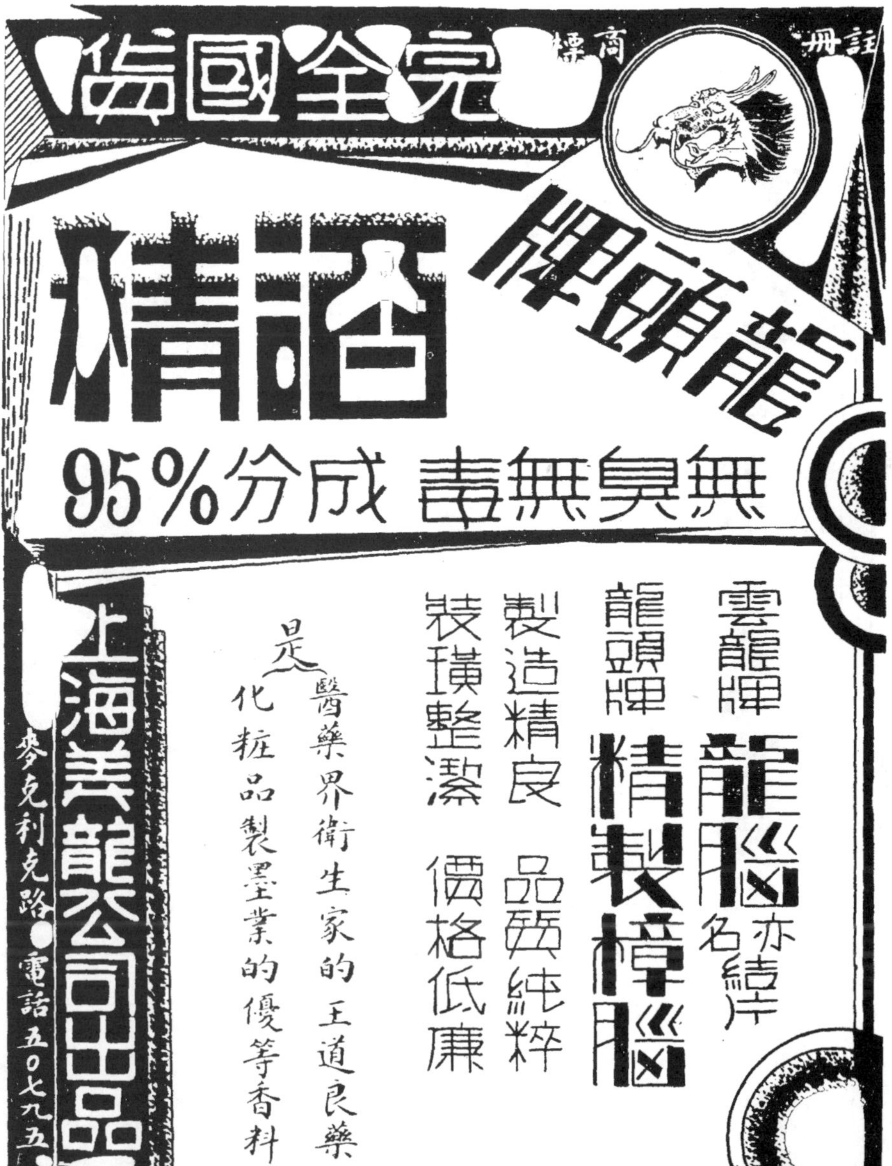
完全國貨
註冊商標
龍頭牌
酒精
無臭無毒 成分95%
雲龍牌龍腦亦名結片
龍頭牌精製樟腦
製造精良 品質純粹
裝璜整潔 價格低廉
是醫藥界衛生家的王道良藥
化粧品製墨業的優等香料
上海美龍公司出品
麥克利克路·電話五〇七九五

大東書局出版經濟名著

各省各大埠
上海四馬路

社會經濟概論……馬哲民著……………………一元二角

上編社會經濟的構成，及其變革，下篇社會經濟之史的發展，在體系方面，注意社會經濟之剖解和分析，將整個社會經濟之史的發展及轉變，作扼要之論斷，使讀者得具體之認識。

經濟學說史 陶克賓譯 著 Othmar Spann（現代文化叢書）……一元七角

本書作者斯班，為奧國維也納大學之名教授。斯氏此書，在經濟學界中，已穩穩握着極大的權威。是書最大之特點，即在不僅將近代經濟學的內容與過去經濟學的內容，聯在一起，因而指出兩個時代思想的異同，並且給予讀者對於此種事物的根本性質，以一種深切的理解，使之認識經濟學與社會學之真實關係。因之，本書所採之方法，係注意歷史方法，而為帶有鮮明的國家主義色彩者。全書三大部，共分十二章，除抽示其研究之重要方法外，關於各種經濟學派及各種經濟思想，靡不有整個之鳥瞰，現今各大學均多採作教本，此書之有相當價值，自不待言。

中國近代經濟發展史……侯厚培著……………………一元

本書根據學理和事實的結構敍述精詳，為近代經濟書中所僅見。全書分八章：第一章人口之變遷，凡土地之面積，人口統計，人口之密度人口之移動等，逐層有詳細的描寫。第二章農業之情形，關於農田之面積，農家之戶數，農佃制度之變遷，主要農產之情形，和經濟史上有關係的無不收羅在內。第三章所述係機械工業之進步，如工業發展之起點，棉織、毛織、麵粉、鋼鐵、水泥、以及其他各種化學工業之遞演情形，更是經濟史上一個大關鍵。第四章是貨幣制度之改良，第五章是近代銀行之制度，第六章國際貿易之發展，第七章近代交通之進步，第八章中國近代之勞動運動，把經濟的隔組和一切發展力之變化改良，分別敍述，並附有許多精確的統計表、調查錄，更是研究經濟學所不可少的參證資料，細目四十節，厚一百八十餘頁。

中國農業經濟研究……汪馥譯…田中忠夫著…………一元

作者依據我國農民問題歷來的成果，並努力調查各地農村組織、狀況，搜集統計資料，以推論到我國農民問題的全部。書中除明白指出「政治」「社會」二層反映下農村經濟的一般動向外，並提出一般人所不甚注意的問題，如：農民離村，押租，苛例，農具經濟，農業勞動者，勞動家畜等，均有精當之敍述，而中國農業上資本主義發展之形式與農業電氣化之趨勢，亦有充分論及。我國對於農村經濟的研究，向少實際之專籍，此書之迻譯，實為學術上不可多得之貢獻。

中國農村經濟資料……汪馥泉譯…田中忠夫著…………一元

書分七篇。首論中國農民的負擔，如稅目、稅率徵收弊害等，均詳加分析，目次以每一省區為農村集團的單位，逐一說明各地的農村經濟、農民生活、農民運動、及農民問題等，尤注重山東、江西、湖北、江蘇各部，最後則列舉中國農民運動與紅槍會的成因、意義、起源、分派、組織內容及趨勢等，澈底剖述，使讀者了解政治社會的波動與農村陷隙狀態之深切關係。書後附錄，尤為研究者之重要參考。

交大经济

交大經濟第四期

發展交通與復興中國

李炳華

中國交通與運輸制度之完備與否，純係中國興衰之關鍵，倘此項問題不能妥善能决，則其他政治社會經濟諸現象，自亦難臻圓滿。邇來中國雖有二萬四千餘里鐵道，有堪資航行之江河，有十二餘萬里已完成之粗製公路，然中外通商，日益發達，在此龐大之中國，仍難應付新興之要求。觀夫中國通商口岸販麥之情况，即可知其概略；如山西省雖近在咫尺，而其農民之麥產，竟不足以與遠距數千重外之泰哥大農民相競爭；即以江蘇為證，若干鄉市之穀米，每担僅值三元餘，而同處一省之上海，米價常在十三元左右，洋米洋麥因得源源進口，同在一省，盈虛失調若是，遑論全國矣，此無牠，實緣於交通之梗阻。運輸設備之簡陋，與運費之昂貴故也。

中國運輸設備之簡陋既若是，交通之梗阻又如彼，故中國人口之分配，異常不均，東南諸地，人口過剩，而邊疆諸省，則人煙稀微。氓之麻痺之習俗，陳舊之觀念，強蠻之風尚，蠢愚之思想，各別之方言，恐怖之災荒，蔓延之疫癘，相互構成中國之貧之懦弱，近則外侮日迫，國人雖欲振作自拔，豈可得乎？

救中國之貧弱，當首謀致富之技術，人咸知之，富國之道多端，說者紛歧，然作者之意以為設法講求如何增進生產能力，實為當務之急，而運輸交通之改進，實為促進生產能力之惟一工具也。今請略述之。

昔經濟先哲李士德氏（Frederich List）曾謂『生產財富之能力，比諸財富之本身尤為重要，此項能力，既可增加所得，又可補償損失，不但個人如是，國家亦然。』所謂『遺子千金，不如教子一藝者』亦此意也。

然如何可增進與鞏固生產能力，說者殊不一致：有主提倡教育者，有主復興農業者，有主發展工業者，其實教育農業工業間相互之關聯，異常密切，足以相互影響，相互推進，固不可偏廢端。

吾人倘細心考察中西文化，知各國種種不同之制度，文物，科學，藝術，影響於生產能力頗巨，故提高文化，亦即增進生產能力之一道。然欲提高文化，教育之力居多，似毋足置疑者也。

據最近主計處統計局所刊載（按以下數字皆係一九三二年之記錄）全國教育近況約如下述，大學計四一所，學生共二七，〇九六人。獨立學院三二所，學生一二，三〇六人。專門學校三〇所，學生四，七六五人。中等學校，二九九二所，學生五一四，六〇九人。初等學校二五〇，八四〇所，一〇九四八，九七九人。特殊教育學校三六，五一〇所，學生一，一〇四，一八七人。觀上述數字，彷彿甚大，然在四萬萬五千萬人口之大國中，殊覺細微，受大學教育者，一萬餘人中只佔一人，即受初第教育者，四十一人中亦只一人耳。受教育者既若是其少，遑論所授教育多不切實際，只尚空論，生產能力安得發展：宜乎目前有識之教育家，多主提倡普遍的職業生產教育。

目前國人多以入超遞增，白銀外流為憂皆主復興農村增加生產，確為要圖。中國本以農立國，農民人口佔百分之八十以上，而今國人衣食住行。多仰賴外人，尤以糧食為甚，讀下表可以概見（錄自 (Economic Handbook of The Pacifte Area 1934 Chapter 3 Food Production And Consumptin P. 99. 該書係節自Chang C. C. China Food Problem Shanghiai 1931)

中國各部糧食由國外或國內進口淨數或出口淨數

（以百萬 Catties 為單位）

二

	米	麥	麵粉	高粱	黍	穀
西北	—27	+81	—262	+476	+551	+180
北部	—238	—51	—802	—247	—16	—104
中部	—337	—267	+647	—62	—7	—11
廣東	—940	—1	—131	0	0	—1

讀上表可知中國各部糧食出口無幾，而進口甚夥，宜呼國外糧食，源源進口勢如潮湧，故今設法振興農業，固急不容緩者也。

雖然農業固甚重要，工業實亦未可忽視李士特曾謂：『單有農業之國家，其物質之生產，譬如只遺一臂之個人，商業只當農業與工業間之媒介，農業品與外國工業品相交換是猶獨臂之人借助外人之手也。』我國所得天賦獨厚，地廣物博，寶藏甚豐，因工業幼稚！致未能充份享受，言之可慨：自古國人多輕視工商，故自好者所不屑為；近來國內屢遭內亂外患，對時局將來，咸抱疑慮，不願放胆從事，故對未來缺乏信心，亦為阻止工商事業之一大原因。國內知識份子，今已日漸認識從事工商之重要與有利，唯慾念雖經掀動，而國人缺少生產之訓練與技術，則與昔日殊鮮差異。

査我國工業近況，據主計處統計局所記載上海（一九三一）有工廠一，六六〇資本一三九，四四七，七一四元工人二一二，七二三人。漢口(一九二九)有工廠一四七資本一三，一〇〇，九〇〇元，工人九，九三九人。無錫(一九三二)工廠一七一，資本一四，三一二，七五〇元，工人五九，四六二人。天津(1928—29)工廠二，一八六，資本三一，二二六，九四五元，工人四七，五一九八。上述數地爲全國工業最發達之處，其他各地實不足道。觀其資本總額不及二萬萬元，工人叁拾餘萬人，與英美工業先進國比較，不啻霄壤。

工業發達與國民之知識，思想之自由與美術，科學商業航海政治，莫不息息相關，故吾人當先認識工業之重要性也。

雖然教育之提倡，農業之發展，工業之振興，推一之先決條件，須注意交通與運輸，否則生產雖增，而盈虛不劑，一方貨棄於地，他方餓轉載道又何俾於國計民生？

抑尤有進者，交通運輸與農工業之進步，實有互相推進之可能，工業農業發達，交通與運輸自然日益進步；反之交通與運輸便捷工業農業自亦繁榮，歐美史實至夥足資佐證。

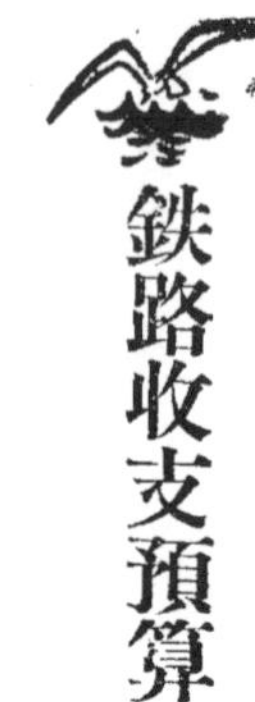

鉄路收支預算

王炳南

鉄路事業，規模宏大，組織複雜，欲求管理得法，營業發達，勢非一二人精力所能勝任，必須有嚴密之制度，定各部屬工作之標準，然後成績可以考驗，惰勤可以比較，若此則事半功倍矣。鉄路之製訂收支預算也，在積極方面，則促進工作之努力，使全路營業收入達到預定之數字，在消極方面，則制止各處之浪費，且預算之編造與實行，有待於各處各科之通力合作，方能成功，門戶觀念自打消於無形矣。

1歷史

我國鉄路預算之實行，開始於宣統二年度支部奏請試辦預算，郵傳部乃札飭各路局照式填報，當時因係初次試辦性質，且各路情形複雜，所辦預算多不符合。民國成立，交通部乃通飭各路局改編臨時預算表册，送部備核此項預算分資本預算，營業預算兩册；以添置車輛，房屋，改良，擴充，建築等費列入資本預算；營業上一切收支及維持修理等費，並借款利息，列入營業預算。民國二年，交通部制定劃一會計辦法，乃飭各路按照法規編製正式預算，各路格式應歸一律，每項分目，每目更分爲節，愈詳愈佳，某款項爲某路所無者從闕，某路如有特別之款，可分別性質，列入各雜項下，酌增加項目。當時各路，多係前清時借款與辦，凡行車，工程及會計等事，由借款公司派外人經理，辦理預算，必須由外籍總工程師總會計核造轉送，窒礙殊多，且各路用款多以金鎊，法郎爲本位，展轉折合，金價既有漲落，銀價亦有變遷，實支之數與預算頗難盡合，故成績未能滿意。自民三以迄民十四年，路政預算均依法辦理。鉄道部成立以後，預算編造制度，稍有修改，較以前進步矣。

2編製預算之程序

鉄路預算在未經國民政府主計處編製總預算，經立法院通過公佈以前，稱爲概算，各路所編之概算，稱爲一級概算，鉄道部彙編各路之概算，稱爲二級概算。

鉄路預算先由各處之最低單位，分別估計一切費用，籌製概算草案，各處長將其彙集後，提出處務會議核定，再加該處本身之各項費用及進款，編成一處之概算草案，然後分送總稽核，局長，或委員長及會計處。

各處之概算草案，用款估計難免有過多之處，故總稽核審核後，即與各處分別洽商增減，務求收入平衡合理，然後由會計處按式彙編全路之概算，由局長或委員長提出局務會議議決通過，呈部核轉，是爲一級概算。

各路概算書呈送到部後，由會計長辦公處詳細審核其營業用款與營業進款是否超過部定比率，及所列數目是否依照計算方法編製，如認爲有應行修改者，呈部長令飭重編，修改妥當，由會計長辦公處分類彙編二級概算書三份，經部長會計長簽字蓋章後，附具原呈一級概算書二份，轉送主計處，經國民政府公布，是爲執行預算。

3 預算之追加

預算之性質，不過將鐵路未來之收支，依以往之經驗，加以推測而以數字表現之，作爲日後經營之標準，惟將來之營業狀況，變化無窮，豈能料事如神，而無絲毫之出入！故預算制度中，若無追加之辦法，則工程或因款項不能接濟而停頓，擴充改良之計劃或因事變而不能如期進行，其爲害於路政更有不堪設想者。反之，鐵路預算如任意追加，則各路視爲具文，必不肯嚴厲奉行，有失預算之本意，故預算之追加，不能不有相當限制，凡各路因天災，時變發生，爲事前不能預料者，而又在原定預算數內無可縮減流用時，得呈請追加：否則不得輕事更張原定數目，率請追加。

4 預算時期

預算時期，在普通企業，頗不一律，視其營業之特性，及其財政之需要，而定其時期之長短，要以能準確爲原則。蓋時期太長，則商情變化愈烈，而一切難以預測矣。我國鐵路預算，按照會計年度自每年七月一日起至次年六月三十日止，編造全年度預算，以前分爲上半年，及下半年二期，今則改爲全年矣。

5 編製預算之原則

預算之編製有推算遞算二法；推算法以三五年間出入平均之數爲基礎，而推算其按年增加之度，因之以定預算之數，惟逐年比較，費時太久，工作繁重，遞算法就上年之出入，定次年之預算其法頗爲簡單。我國鐵路以前皆用此法，以期編訂而竣，不致逾限，如本年度資本預算及營業之數目與上年度之預算比較增減，然後說明其增減之理由。此法之缺點。在一年中之狀態不足指示鐵路營業之趨勢，必須逐年比較，方能確定盛衰之程度也。據二十三年鐵道部修正國有鐵路編製預算制度，已將二法參用，頗爲適當。各路編製概算應以下列各點爲原則：

（一）資本支出一項應有資產建築擴充改良之整個計劃；

（二）總務費性質比較固定除有特別重要之原因外不能逐年增加；

（三）運務費用車務費用均應以營業進款為相當之比例；

（四）設備品維持費應以業務之繁簡而定相當之比例；

（五）工務維持費比較為固定性質如因特別情形必須增加時亦應預先籌劃詳細說明；

（六）營業進款概算數目之計算方法如下：

（1）參照常態狀況之最近三年度營業進款決算報告之平均數；

（2）參照貨噸運價之變更及其他關營業進款事項。

（3）參照最近沿路物產及人口之統計；

（4）參照最近車輛設備狀況及將來之實行計劃；

（七）營業用款與營業進款之比例應由部斟酌各路情形核定之。

6 鐵路預算之內容

鐵路概算書分資本支出，營業進款，營業用款，歲計帳，盈虧帳及盈虧撥補帳等，並須編製下列四種分概算：

（一）資本支出分概算；

（二）員工新工分概算；

（三）材料分概算；

（四）零小新工作分概算。

此外各路為執行預算便利計，編造下列各種預算：

（一）月份預算——根據年度預算範圍，由各處將營業進款，資本營業支出，及歲計帳預算等按月支配，編造草案，送會計處彙編，每月編造次月預算；

（二）每月現金收支預算——根據各處所送每月需款清單，分類彙編，先行列編草案，俟會議決後，繕發各處，及送總稽核室察核報部，為編造現金實施預算逐日報造表之應用

7 編製鐵路預算之困難

各路編造預算之最感困難者，即為材料用款，我國工程購料，或因工業幼稚，或因合同限制，分別購自歐美日本各國，各稱轉譯，尚未劃一，而材料來自重洋，運送需時，各路所用材料，大都皆係整批購買，存儲待用，免臨時遺誤工程，在數月前先行撥款定購，迨運到後，陸續撥付，故款目祇能預計大概，不能詳細開列，此其一；鐵路收入之多寡，與秩序之安危，年歲之豐歉，市面商業之衰盛，息息相關，收入預算之數與實際之數不太懸

殊，良非易易，此其二；各站客貨票有軍運及各機關之記帳，所欠之款，列入預算，頗費籌酌。

8 結論

我國鉄路預算制度已漸形縝密，在原則方面，亦有改進，然各路門戶界限仍未能掃除，雖同爲國有鉄路，豐裕之路，往往有餘款營造，路局花園，而貧乏之路，每因車輛破舊，機力不足，業務無法發達，是則鉄路財政，尚未收統制之効，此後預算制度，宜廢除量入爲出之習慣，以此之盈餘，劑補彼路之虛乏，則全國鐵路皆得平衡之發達焉。

英國倫敦東北鐵路廣告處之工作

曹麗順

節譯鄧屈力奇氏原著

或問廣告之資料爲何。蓋本路除經行倫敦與北蘇格蘭間之大不列顛東方全部外，所經英格蘭與蘇格蘭之中西部面積亦甚廣。路產統計如下：

路綫軌道之哩程	六，四〇一
路員人數	一九〇，五七八
客貨車站	二，五〇〇
碼頭（一）數目	三八
（二）水面畝數	八〇〇
（三）沿岸碼頭哩程	三八
裝煤船位	二一〇
機車	七，三九三
客車	二〇，七二三
貨車	二七三，〇二八
運河	一〇
輪船	四五

一　廣告處之執掌

廣告處代表其他各處，負責辦理下列事項：

（甲）編輯及發行廣告

（乙）支配廣告經費

（丙）處理路產外觀之有關廣告性質者

（丁）利用路產地位之不作他用而宜於廣告者

（戊）辦理路產上非本路之商業廣告及其收入

甲乙丙丁四種工作，由處及三總區辦理之（總區之區域，與段總管所轄者相同）。

戊種工作，由處及各分區辦理之，各分區專辦商業廣告之招徠。

附錄之表，所以示廣告經理與其他各處之關係，及本處工作之分配。

二　倫敦東北鐵路系統

英國倫敦東北鐵路廣告處之工作

旅館	二三

一九二九年之營業數字，有如下列：

旅客乘車次數	三二七，一五三，三四八
貨品噸數	五六，六〇三，七四六
煤炭，燃料噸數	九四，三七九，〇一七
牲畜頭數	七，七二五，〇五六
客運進款總數	一九，〇九七，〇九三鎊
貨品進款總數	二一，二三四，八六四鎊
煤炭燃料進款總數	一四，一三二，三二八鎊
牲畜進款總數	六一七，八二四鎊

倫敦東北鐵路經行區域內之各種實業中，以煤，鐵，鋼，造船，航業，農業爲主要。其港口所載運之魚，亦佔大不列顛所捕魚數百分之七十。

三 廣告之要點

（甲）列車業務 列車業務之全部，雖包括予單張及小册之正式行車時刻表中，但某種重要之業務，則用別種方法宣傳之。即如有競爭性之倫敦與蘇格蘭各部間「東岸路線」之日夜列車業務是，其有節季性之假期列車業務，亦有特別之宣傳。

（乙）遊覽列車 是項列車之減價辦法，推行甚廣，其收入佔客運進款百分之四十。此項減價遊覽票之發售，在正式時刻表中，並無詳載，故必須另作特別詳細之宣傳。在報紙方面，尤其行銷於各省區者，每星期登載廣告一次，布告是項日期，時刻，目的地，及票價，俾讀者可以決定此種遊覽辦法，是否與其本人合宜。

（丙）道路業務 自一九二八年，國會給予鐵路以經營道路業務之權，倫敦東北鐵路遂加入許多道路營業公司，故現在對於道路之客貨營業，皆極關切。此種發展，足使廣告處增添新鮮之活動。

（丁）休假地點及區域 倫敦東北鐵路經行英格蘭及蘇格蘭沿綫多數之海濱遊息地點；在內地亦有不少地點，與高山深谷，平原湖沼爲鄰足以誘致休假人士之來遊，又有城堡寺院之遺跡，及歷史久遠之大禮堂，可以引起愛好歷史及美景者之興趣。是以倫敦東北鐵路之假期宣傳，規模殊大。廣告經理與游區主管人員，常維持其密切之個人關係，每年有聯合廣告之計畫。此項計畫之執行，大都由倫敦東北鐵路任之，尤以招貼爲然，因其在車站張貼，故須有一定之標準也。此種方法，自然爲遊區主管人所樂於接受，因其本身無廣告組織，故歡迎鐵路公司之合作，且如訂立財政方面之契約，則其經費可因路方補助，而益形充足也。

（戊）歐陸業務 倫敦東北鐵路與歐洲大陸有重要之聯絡，

自備並行駛下列各輪船業務：

Harwich—Hook-Of-Holland 每夜開行 }
Harwich—Antwerp 除星期日外每夜開行 } 皇家郵船路線

Harwich—Zeebrugge 夏季每夜開行

Harwich—Rotterdam 每星期開行五次（專用載貨）

上項船班，與自倫敦往來開行之特快車相銜接，在歐洲亦與長途特快車銜接，自 Hook-Of-Holland 課往 Berlin, Budapest, Bale 等地，其他每日開行之皇家郵船業務，則往來於荷蘭之 Flushing 及丹麥之 Esbjerg。

近年貨物運送，因 Harwich與 Zebrugge 兩點間，每日開行一列車輪渡，故已大爲便捷。此輪渡爲大東列車輪渡有限公司所有，英國方面由倫敦東北鉄路公司行駛，大陸方面由 Socie'te' Belgo—Anglaise des Ferry—boats行駛。職是之故，在大不列顛境內所有車站，與歐陸方面不下十國之間，有原車聯運之業務，可以免去港口之裝卸手續，減少損失危險，節省時間。

前述 Harwich 爲倫敦東北鉄路與歐陸聯運之主要港口，然此外本路尚有輪船，往來於 Grimsby 及 Hamburg（皇家郵船路線），Antwerp Rotterdam'並於 Hull 及荷比與 Scandinavia各國間數路線，亦有關係。不特此也，其他輪船公司開往歐陸之船班，亦往來於以上及本路其他之港口，如 Newcastte 及挪威Bergen間之一線，即其重要者也。

敦倫東北鉄路，對於英國及歐陸間各種營業，均極有關係，故在英國及歐陸必須長期宣傳，方能使人注意。

但在歐陸之宣傳工作，不僅限於輪船路線，並含有引致休假旅客，遊覽英蘇兩島之作用。

是項宣傳工作，並推及美國，因每年常有許多旅客，自美來歐遊歷也。本路在紐約中心，設有辦事處，已歷多年，現在西四十二街十一號。

倫敦東北鉄路在澳洲及新西蘭，亦久已活躍，傳布本路沿線之名勝，以及港口之貨運設備。本路有代理人在報紙登載廣告，並分發書册招貼。在澳洲鉄路上，張貼廣告甚多。

在世界其他各地，如加拿大，南美，南菲，埃及，印度等地之鉄路上，遊歷經理處，及其他各處，均張貼圖畫招貼，更助以書册之分發。

（巳）碼頭　倫敦東北鉄路，除直接服務東西兩岸各港口外，並有碼頭三十八處，其最著者在 Hull 與 Grimsby 之 Humber 河，及在 Immingham。至於 Hull 之 King George Dock 及 Immingham 之 Kings' Dock 又爲東北岸碼頭中之最大最佳者。

（庚）貨運處　貨運方面之最近發展，如速運業務，運貨箱等，均需要更多之宣傳，由本處代貨運處辦理之。

（辛）關於本鉄路自有之二十三旅館，所之注意及工作甚多。

（壬）他處　秘書，法律顧問，材料主管，及測量人員等宣傳，本處亦不加以忽視。

四　主要方法

本公司宣傳業務設備之方法如下：

（甲）倫敦與沿綫主要城市內之報紙，其地位自二三英寸之小欄起依需要而定。

（乙）車站及附近之廣告牌，全線有等於廿五英寸寬四十英寸長之招貼七萬五千張。

（丙）招貼傳單手摺等等招貼之大小分為；

站上用　二十五英寸高四十五英寸寬

街上廣告牌　五十英寸高四十英寸寬

標準傳單之大小　六又四分之一英寸高十英寸寬

十二英寸半高十英寸寬

手摺之大小，視需要而定。

招貼有印字與印畫兩種，印字者由外面印刷公司承辦，以若干年為期。印畫招貼，依其題材，選請路外美術家設計，並不惜高價，請著名藝術家為之，以保持商業藝術之地位。設計完成，則招印刷商招標，得標者以能力最佳，而又價格相當為標準。

（丁）書册　除正式時刻表外，每年刊行宣傳文字之書册甚多，由相當之機關散布之，其最重要者，即為本路各站及重要城市之問訊處。此種書册，多有由路外人著述，而給以相當報酬者。並請著名之作家及記者任之，俾足以引起未來旅行者之興趣。

本路發行之主要假期文字，為「假期手册」，售出達十五萬册，定價每册六便士。此册中有遊覽地點之旅館，公寓，及其他招待設備一覽表，主要地點之街道計畫，以及各種遊覽中心之寫眞版圖片。每册有八百六十頁，封面設計別緻，實為有志旅行者之寶筏。其他關於假期文字之描寫休假地點及各種遊玩者，免費發行。

（戊）幻燈演講　倘有一種廣告方式為幻燈片。凡講演家向公衆講演倫敦東北鉄路沿綫風景者，得以幻燈片免費借予，並供給適當之文字材料。

（己）城市問訊處　在倫敦及各省重要市區之通衢，皆設有本路問訊處，有特別布置之玻窗，可以陳列招貼及文字書册之類。因此目的，對於書册封面之式樣，特加注意，俾可在窗內作藝術之布置，以引起路過者之注目，誘致其入內詢問關於旅行運輸之設備業務，休假地點及其他種種。此處職員，俱有供給休假區域各種資料之訓練。除發售客票，預定車位外，並有大量之書册，分給面索或函索者。

五　廣告經費

廣告經理，每年預先編製預算，由路核定。預算分成若干科目，在廣告處會計文書一科，備有精審之記錄，凡無本處或各總區辦事處之核准者，不得通過。

其他各處，並須供給本處統計，從各種業務或設備之收入估計中，可使廣告經理注意其支出，俾某一種之廣告費，不致越出其收入之一定比例。

六　商業廣告（參觀一（丙）項）

本路車站或其他路產之廣告地位，可以租給商家，其所得之進欵頗多。此項目的之廣告，包括插磁片，招貼牌，漆牌，招貼，樣箱，燈號，及客車守車上之地位。

除客車守車上之廣告，由廣告公司包辦外，其餘之廣告合同，皆由鐵路直接辦理。

倫敦東北鐵路廣告處組織圖

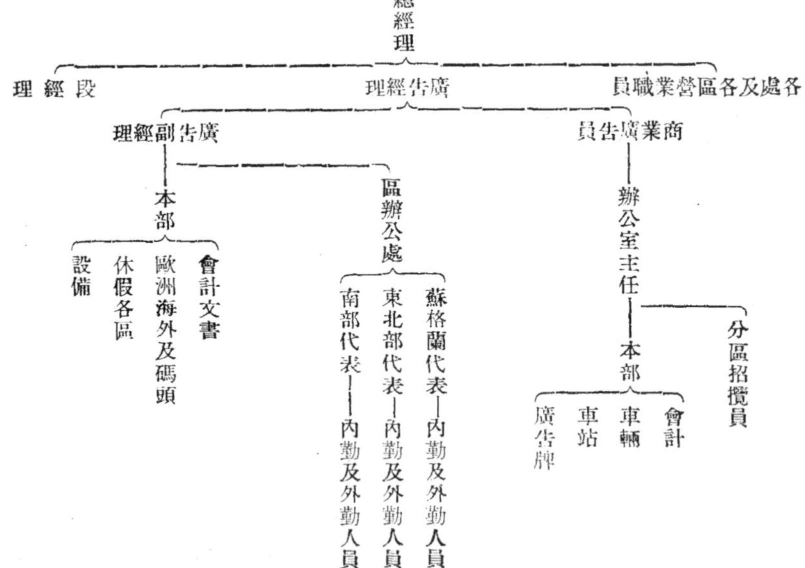

指數之理論及其應用（續）

孟杲

下編

第一章　物價指數

引言

指數應用於測度物價的變動遠在十七世紀末年，那時英人伏享(Rice Youghan)著硬幣及其鼓鑄論（B Dis cous of Coin And Coinage, 1675)，以1352年爲基期與1650年的物價來比較。至1738年法人提窩拿路易十二及路易十四兩時代的物價總數互相比較，這就是總合法的濫觴。1849年以後英人奇馮氏用幾何平均數來編製英國的物價指數。1869年倫敦經濟週報始有二十二物品指數之作。一直到現在，從未間斷，歐戰前後，世界物價，變動至烈，物價指數的應用更廣，如美國的勃拉特斯脫里指數始於1897年，滕氏指數，始於1910年，勞動統計局的指數始于1902年，聯合準備銀行管理局的指數始于1918年，皆爲今日最著名的指數。

物價指數既然有這樣深遠的歷史，所以研究指數的人，也無不集中於物價指數，費暄的名著指數偏製法(The Make of Mdex numbus) 以及最近 (Pesrons) 的指數編製法 (The Constiuctior of Mdex Numbus)。都是以測定物價爲其研究的對象，我們已經把指數一般的原理特別提出討論過，本章所述雖以物價指數方面爲對象，但仍有若干部分可作一般指數的原理看待。

第一節　簡單物價指數

費暄教授於其指數編製法中分別六種基本方法

1. 實價綜合比例數
2. 算學平均數
3. 幾何平均數
4. 調和平均數
5. 中數
6. 衆數（從略）

玆以米爾所舉之例，來說明這幾種方法。

農產品	1910	1911	1912	1913	1914	1915	1916	1917	1918	1919	1920	1921	1922	1923
穀 (籮)	$ ·480	·618	·487	·691	·644	·575	·889	1·229	1·365	1·347	·677	·423	·657	·727
棉 (磅)	·141	·088	·119	·122	·068	·113	·196	·277	·276	·356	·140	·162	·268	·310
乾草 (噸)	12·140	14·290	11·790	12·430	11·120	10·630	11·220	17·090	20·130	19·550	19·720	12·110	12·590	14·070
麥 (籮)	·883	·874	·760	·799	·986	·919	1·603	2·008	2·042	2·151	1·443	·926	1·009	·923
燕麥 (籮)	·344	·450	·319	·392	·438	·361	·524	·666	·709	·715	·472	·302	·394	·415
蕎麥 (籮)	·557	·799	·505	·687	·487	·617	1·461	1·228	1·193	1·606	1·164	1·101	·582	·323
糖 (磅)	·0393	·0494	·0405	·0354	·0392	·0520	·0569	·0672	·0728	·0728	·0577	·0370	·0570	·0747
大麥 (籮)	·578	·869	·505	·537	·543	·516	·881	1·137	·917	1·210	·707	·419	·525	·540
煙草 (磅)	·093	·094	·108	·128	·098	·091	·147	·240	·280	·390	·211	·199	·231	·203
亞麻子 (籮)	2·317	1·821	1·147	1·199	1·260	1·740	2·486	2·966	3·401	4·383	1·766	1·451	2·114	2·108
小麥 (籮)	·715	·832	·663	·634	·865	·834	1·221	1·660	1·516	1·345	1·278	·697	·692	·647
米 (籮)	·678	·797	·935	·858	·924	·906	·889	1·896	1·918	2·668	1·189	·952	·934	1·103

上表爲十二種農產品從1910年至1923，每年12月1日之平均價。根據此項材料，用上列五種方法來計算其價格指數，藉以察知各種方法的結果，究竟怎樣不同。

茲先將計算物價指數所用的各種記號說明如次：——

P_0' 基期第一種貨品之價格

G_0' 基期第一種貨品之數量

P_1' 第二期一種貨品之價格

G_1' 第二期一種貨品之數量

P_0'' 基期第二種貨品之價格

G_0'' 基期第二種貨品之數量

P_1'' 第二期二種貨品之價格

G_1'' 第二期二種貨品之數量

$\frac{P_1'}{P_0'}$ 比價(第二期第一種物價與基期第一種物價之關係)

$\frac{G_1'}{G_0'}$ 比量

P_0 基期之物價平準(Price Level)

P_1 第一期之物價平準

1. 實價綜合比例數

$$\frac{P_0}{P_1}=\frac{\Sigma P_0}{\Sigma P_1}$$

此法先將各期物價相加，復以基期的物價總數除其他各期的物價總數，使成爲百分數。茲根據上列分式計算十二種農產品價格如次：——

年份	實價總數	指數
1910	$ 18·9653	100
1911	21·5814	144
1912	17·3785	92

1914	17•4722	92
1915	17•3540	91
1916	21•5739	113
1917	30•5142	161
1918	33•8198	178
1919	35•7938	189
1920	25•8247	136
1921	18•7790	99
1922	20•0230	106
1923	21•9437	116

這個方法有一個很大的缺點：所謂簡單指數，就是對於各種貨品，不分輕重，平等看待之意。現在且不管簡單指數是否合理，單就此法是否合於簡單指數之目的而論之，表上所列各種貨品，單位不同，有以磅計者，有以籮計者，乃至有以噸計者，磅與噸相差數千倍，這樣無形之中，以噸為單位的貨品對於指數影響，自然比以磅為單位的貨品大。這種影響的大小，並非表示貨品地位的輕重，實在是一種無形中不可避免的不合邏輯的加權而已。

或有主張把各種不同的單位，先化作同一的單位。例如以磅來做標準，然後再來計算指數，以圖避免上述的缺點。但是按其實際，不合理的加權，依然存在。如果某種貨品其單位小於一磅者（例各格蘭姆，盎斯等），化為一磅以後，其單位價格，必將隨之而擴大。反之其單位大於一磅者（例如噸），化作一磅以後，其單位價格，必將隨之而縮小。是無形之中，把單位小於一磅的貨品，加重牠的權量而把單位大於一磅的貨品減輕其權量。這種不合邏輯的增減權量，依然是不能避免的。

2，算術平均物價比例數

$$\frac{\Sigma\left(\frac{P_1}{P_0}\right)}{N}$$

此法先把各期各項物價，化作百分數，再把各期的物價比例數相加，而以物品的項數除之。茲以上列公式計算十二種農產品價格如次：——

農產品	1910		1911	
	實價	百分數	實價	百分數
穀 (籮)	$ •480	100	$ •618	128•8
棉 (磅)	•141	100	•088	62•4
乾草 (噸)	12•140	100	14•290	117•7
麥 (籮)	•883	100	•874	99•0
燕麥 (籮)	•344	100	•450	130•9
蕃薯 (籮)	•557	100	•799	143•5
糖 (磅)	•0393	100	•0494	125•6
大麥 (籮)	•578	100	•869	150•2
煙草 (磅)	•093	100	•094	101•1
亞麻子 (籮)	2•317	100	1•821	78•7
小麥 (籮)	•715	100	•832	116•2
米 (籮)	•678	100	•797	117•5
總數		1200		1371•6

$$\text{指數}\begin{cases}1910 & \dfrac{1200}{12}=100\\ 1911 & \dfrac{1371\cdot6}{12}=114\cdot3\end{cases}$$

3. 幾何平均物價比例數

$$MG=\sqrt[N]{\frac{P_1'}{P_0'}\times\frac{P_1''}{P_0''}\times\frac{P_1'''}{P_0''}\times\cdots}$$

此法即以n項物價比例數的乘積，開n次方，幾何平均數通常都是用對數來計算的。

$$\text{Lag Mg}=\frac{\text{Lag}\left(\frac{P_1'}{P_0'}\right)+\text{Lag}\left(\frac{P_1''}{P_1''}\right)+\text{Lag}\left(\frac{P_1'''}{P_0'''}\right)+\cdots}{N}$$

茲以此式計算二十種農產品價極指數如次：

農產品	1910		1911	
	百分數	對數	百分數	對數
穀	100	2·0	128·8	2·10992
棉	100	2·0	62·4	1·79518
乾草	100	2·0	117·7	2·07078
麥	100	2·0	99·0	1·99564
燕麥	100	2·0	130·9	2·11644
蕃署	100	2·0	143·5	2·15685
糖	100	2·0	125·6	2·09899
大麥	100	2·0	150·2	2·17667
煙草	100	2·0	101·1	2·00475
亞麻子	100	2·0	78·7	1·89597
小麥	100	2·0	116·2	2·06521
米	100	2·0	117·5	2·07004
		24·0		24·55694

$$\text{指數}\begin{cases}\text{Lag Mg (1910)}=\dfrac{24}{12}=2\\ \text{Mg}=100\end{cases}$$

$$\text{Lga Mg (1911)}=\frac{24.55694}{12}=2.04641$$

$$\text{Mg}=111.3$$

4. 調和平均物價比例數

調和平均數就是各組所有數目倒數的算術平均數的倒數，此處各組所有數目為 $\frac{P_1'}{P_0'}$，$\frac{P_1''}{P_0''}$，$\frac{P_1'''}{P_0'''}$……其倒數即為 $\frac{P_0'}{P_1'}$，$\frac{P_0''}{d_1''}$，$\frac{P_0'''}{P_1'''}$……故

$$\frac{I}{H}=\frac{\frac{P_0'}{P_1'}+\frac{P_0''}{P_1''}+\frac{P_0'''}{P_1'''}+\cdots}{N}$$

或

$$H=\frac{N}{\Sigma\left(\frac{P_0}{P_1}\right)}$$

茲以此式計算十二種農產品價格如次

農產品	1910		1911	
	百分數	倒數	百分數	倒數
穀	100	·01	128·8	·007763975
棉	100	·01	62·4	·01602564
乾草	100	·01	117·7	·008496177
麥	100	·01	99·0	·010101010
燕麥	100	·01	130·9	·007639419
蕃署	100	·01	143·5	·006968641
糖	100	·01	125·6	·007961783
大麥	100	·01	150·2	·006657790
煙草	100	·01	101·1	·009891197
亞麻子	100	·01	78·7	·01270648
小麥	100	·01	116·2	·008605852
米	100	·01	117·5	·00851063[illegible]
		·12		·111328602

$$指數\begin{cases} H(1910)=\frac{12}{12}=100 \\ H(1911)=\frac{12}{\cdot 11132S602}=107.8 \end{cases}$$

5. 中點物價比例數

此法只須將各項比例數按照數字的大小排列的其中間一數卽爲中點物價比例數，例如求1911年十二種農產品價格指數。

62.4	117.7
78.7	125.6
99.0	128.8
101.1	130.9
116.2	143.5
117.5	150.2

中點物價比例數卽爲117.6 $\left(\frac{117.5+117.7}{2}=117.6\right)$

自算術平均數以至中數，都是先把實價化成相對數以後，再來計算，這樣固然可以把因單位不一致所引起不合理加權的弊病免除；但從另一方面去看，不合理的加權，依然存在其所包含的權數卽爲100元(基數)所能購買的物量，下列各物品的數量便是無形中不合理的權數。

穀	208.3	籮
棉	710.0	磅
乾草	8.24	噸
麥	113.3	籮
燕麥	291.0	籮
蕃薯	180.0	籮
糖	2650.0	磅
大麥	173.2	籮
煙草	1076.0	磅
亞麻子	43.2	籮
小麥	140.0	籮
米	147.7	籮

穀每籮的價格在1910年爲$.48，則100元可購208.3籮。

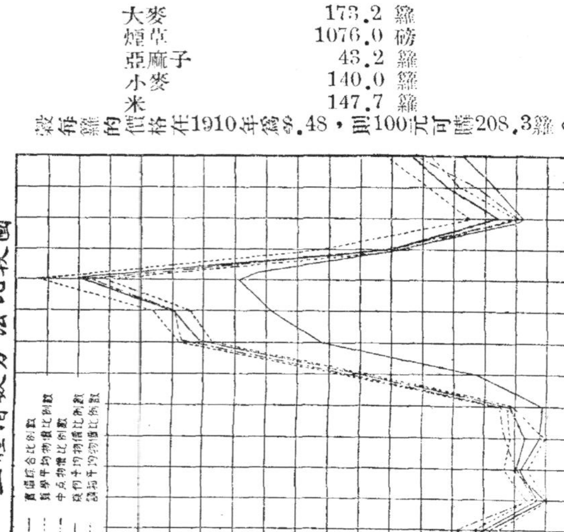

五種指數方法比較圖

這種計算就是表示這十二種貨品，以有列的數量，每年的總值爲若干，例如在1910年，每種貨品以合列的數量，可賣100元，其總值卽爲$1200，至1911年，以同樣的數量，其總值已達$1371.60，如以算術平均數來計算，則以12去除$1200卽得1910年的指數100同樣得1911年的指數114.3.因此可知簡單平均物價比例數，實際仍是含有不合的加權，其所含的權量卽爲100元，所能購買每種貨品的數量。

這五種簡單物價指數的方法，第一種與其他四種的性質迥然不同，所以計算的結果，也有很大的分野。茲將以此五種方法所計算的指數，以圖表比較如次：——

年份	綜合法	算術平均法	中點法	幾何平均法	調和平均法
1910	100	100	100	100	100
1911	114	114	118	111	108
1912	92	95	93	92	90
1913	98	104	98	100	97
1914	92	101	102	97	91
1915	91	104	104	102	101
1916	113	156	152	151	147
1917	161	208	208	201	198
1918	178	215	209	210	205
1919	189	252	226	241	231
1920	136	151	143	145	139
1921	99	115	99	107	101
1922	106	129	114	124	119
1923	116	142	134	135	129

從上圖看起來，四種平均物價比例數，互相依隨，變動一致。只有簡價綜合比例數目1914年起至1919年，突然低落一段，再從圖上可以看出算術平均數在幾何平均數之上，幾何平均數則又在調和平均數之上中數，因此處項數太少，殊不穩定，故與算術幾何，調和三種和平均，或上或下，很不一致。

至於編製簡單物價指數，這種方法，究竟採用那一種呢？這個問題，可以有兩種解答。一種是基於主觀方面的。這就是依照編製指數的目的，去選擇方法；一種是基於客觀方面的，這就是以費暄教授的時間顛倒測驗去定這五種方法的優劣。但是這並不是一個試驗公式優劣的惟一標準。因爲合於這個測驗的，未必一定是優良的公式，中數及衆數的簡單公式雖與此測驗相符，但以其含有『任性』之故，仍不能視爲佳公式也。簡單總合式雖亦合於時間顛倒測驗，但以其缺點太深，也是不適宜於簡單指數的。比較起來，在簡單指數公式中，幾何平均數最稱優良。以其本身既然是一種比例數的平均數，而又合於時間顛倒測驗也。

第二節 加權物價指數

指數加權的問題，在第六章第 節已經討論過，物價指數應否加權，還有一說的必要。從理論上講，簡單指數既然含有不合理的權數，而且市場上的物品，眞是千差萬殊所以物價指數的應該加權，誰也不能否認的。但是從實際上說與我們以加權所需的成本，是否能得到相當的價值，此實爲編製指數者所應注意之問題。據愛奇渥斯說，權數之重要，遠不如物價，權數之誤影響於指數者不過二十分之一，而物價之誤，影響於指數者，有四分之一或五分之一之多，據米乞爾教授之報告，簡單指數與加權指數之差往往不及十分之一。如果化許多成本去獲得一種權數，而所得結果，還是與不加權者差不多，則編製物價指數者自然覺得加權不上算了。不過這不是一個永久的問題，因爲在目前各種統計尙未完備，要想去獲得一種適當的權數，自然是很困難的。如果各種統計都已完備，那就不成問題了。

（Ⅰ）加權的方法 普通物價指數所用的權數有二種；一種是貨品的數量；一種是貨品的價值（每種貨品的數量乘其單位價

格)，前者是用于實價綜合比例數而後者則用于平均物價比例數。

(A)以貨品的價值爲權量

(1)固定加權　這就是以基期的貨品價值爲各期的權數。用固定權數所求得的加權指數，決不正確，因爲貨品的價值，不是一成不變的。第一當物價起劇烈變動時貨品的數量也必定跟着變動，如果用固定權數則離開事實太遠，所以從計算而得之加權指數，必無價值可言。第二，貨物對於社會經濟的關係，隨時代之變遷而異其地位。例如臘燭相對的地位，在電燈發明以前和在發明以後，當然不可同日而語。若以從前臘燭的價值，爲今日臘燭的權數，那就太笑話了。但是從實際上着權，固定基期，也自有其特具的優點：——

(a)本年(Given year)的權數，往往無從取得，因爲本年的貨物數量的調查紀錄，須至年終方能完成。如在本年內就要發表本年的指數，就只好用基期的權數來代替。

(b)好在凡是大宗的貨物，除有特殊情形外，在不十分過長之時期內，每年數量的變動相差總屬有限。則固定加權，亦未嘗不合情理。因爲權數稍有出入，對於平均數的影響是很微弱的。

(c)再用固定加權，可以節省計算的手續。

(d)最重要的一點卽，要表示物價的變化，應該在物價指數內摒去其他的變化。換言之卽單就物價變動的原因，求出物價變化的程度。指數中的權數如常常變更，指數的變動便含有兩種變化的原因，一是物價本身的變更，一是權數的變化，這兩種變化混在一起，就分不出物價變化的原因了。

因此有許多統計學家主張用固定加權的，美國勞工統計局所編物價指數及哈佛經濟研究委員會所編的生產指數皆用固定加權法。

(2)以本期的貨品價值爲權數，　此法優劣却與固定加權相反。因爲此法所用的權數年年不同的。

(3)以基期與本期的合價值爲權數

(a)以基期貨品的單位價格乘本期的數量

(b)以本期貨品的單位價格乘基期的數量

茲爲簡明起見寫成下列四式：——

I　每權＝基期價格×基期數量(P_0Q_0, $P_0'Q_0'$)

II　每權＝基期價格×本期數量(P_0Q_1, P'_0Q_1')

III　每權＝本期價格×基期數量(P_1Q_0, $P_1'Q_0'$)

IV　每權＝本期價格×本期數量(P_1Q_1, $P_1'Q_1'$)

(B)以貨品的數量爲權量。　上述四種加權法，皆關於平均物價比例數的，其所用的權數，係一種公共的單位，即貨幣價值。為什麼不能用數量做平均物價比例數的權量呢？因為用物價比例數乘數量，所得結果為數量而非價值。所以數量只能做實價綜合比例數的權數，因為以實價乘數量即為貨物的總值也。這種加權實價綜合比例數，有二種方法：——

（1）以基期的數量為權數(P_1G_0)

（2）以本期的數量為權數(P_1Q_1)

（II）加權的公式

（A）加權算術平均物價比例數。

算術 I

$$\frac{\frac{P_1'}{P_0'}\times P_0'\ Q_0'+\frac{P_1''}{P_0''}\times P_0''\ Q_0''+\frac{P_1'''}{P_0'''}\times P_0'''\ Q_0'''+\frac{P_1''''}{P_0''''}\times P_0''''\ Q_0''''+\cdots}{P_0'Q_0'+P_0''Q_0''+P_0'''Q_0'''+P_0''''Q_0''''+\cdots\cdots}$$

$$=\frac{P_1'Q_0'+P_1''Q_0''+P_1'''Q_0'''+P_1''''Q_0''''+\cdots\cdots}{P_0'Q_0'+P_0''Q_0''+P_0'''Q_0'''+P_0''''Q_0''''+\cdots\cdots}=\frac{\Sigma P_1Q_0}{\Sigma P_0Q_0}$$

算術 II

$$\frac{\frac{P_1'}{P_0'}\times P_0'\ Q_1'+\frac{P_1''}{P_0''}\times p_0''q_1''+\frac{p_1'''}{p_0'''}\times p_0'''q_1'''+\frac{p_1''''}{p_0''''}\times p_0''''q_1''''+\cdots\cdots}{p_0'q_1'+p_0''q_1''+p_0'''q_1'''+p_0''''q_1''''+\cdots\cdots}$$

$$=\frac{p_1'q_1'+p_1''q_1''+p_1'''q_1'''+p_1''''q_1''''+\cdots\cdots}{p_0'q_1'+p_0''q_1''+p_1'''q_1'''+p_1''''q_1''''+\cdots\cdots}=\frac{\Sigma p_1q_1}{\Sigma p_0q_1}$$

算術 III

$$\frac{\frac{p_1'}{p_0'}\times p_1'\ q_0'+\frac{p_1''}{p_0''}\times p_1''\ p_0''+\frac{p_1'''}{q_0'''}\times p_1'''q_0'''+\frac{p_1''''}{q_0''''}\times p_1''''q_0''''+\cdots\cdots}{p_1'q_0'+p_1''q_0''+p_1'''q_0'''+p_1''''q_0''''+\cdots\cdots}=\frac{\Sigma\frac{p_1}{p_0}\times p_1q_0}{\Sigma p_1'q_0}$$

算術 IV

$$\frac{\frac{p_1'}{p_0'}\times p_1'\ q_1'+\frac{p_1''}{p_0''}\times p_1''\ q_1''+\frac{p_1'''}{p_0'''}\times p_1'''q_1'''+\frac{p_1'''}{q_0'''}+\cdots\cdots}{p_1'q_1''+p_1''q_1''+p_1'''q_1'''+p_1''''q_1''''+\cdots\cdots}=\frac{\Sigma\frac{p_1}{p_0}\times p_1q_1}{\Sigma p_1q_1}$$

（B）加權幾何平均物價比例數

幾何 I

$$\sqrt[\Sigma p_0q_0]{\left(\frac{p_1'}{p_0'}\right)^{p_0'q_0'}\left(\frac{p_1''}{p_0''}\right)^{p_0''q_0''}\left(\frac{p_1'''}{p_0'''}\right)^{p_0'''q_0'''}\left(\frac{p_1''''}{p_0''''}\right)^{p_0''''q_0''''}\cdots\cdots}$$

幾何II $\sqrt[\Sigma p_0 q_1]{\left(\frac{p_1'}{p_0'}\right)^{p_0' q_1'}\left(\frac{p_1''}{p_0''}\right)^{p_0'' q_1''}\left(\frac{p_1'''}{p_0'''}\right)^{p_0''' q_1'''}\left(\frac{p_1''''}{p_0''''}\right)^{p_0'''' q_1''''}\cdots\cdots}$

幾何III $\sqrt[\Sigma p_1 p_0]{\left(\frac{p_1'}{p_0'}\right)^{p_1' p_0'}\left(\frac{p_1''}{p_0''}\right)^{p_1'' p_0''}\left(\frac{p_1'''}{p_0'''}\right)^{p_1''' p_0'''}\left(\frac{p_1''''}{p_0''''}\right)^{p_1'''' q_0''''}\cdots\cdots}$

幾何IV $\sqrt[\Sigma p_1 q_1]{\left(\frac{p_1'}{p_0'}\right)^{p_1' q_1'}\left(\frac{p_1''}{p_0''}\right)^{p_1'' q_1''}\left(\frac{p_1'''}{p_0'''}\right)^{p_1''' q_1'''}\left(\frac{p_1''''}{p_0''''}\right)^{p_1'''' q_1''''}\cdots\cdots}$

（C）加權調和平均物價比例數

調和I
$$\frac{p_0'q_0'+p_0''q_0''+p_0'''q_0'''+p_0''''q_0''''+\cdots\cdots}{\frac{p_0'}{p_1'}\times p_0'q_0'+\frac{p_0''}{p_1''}\times p_0''q_0''+\frac{p_0'''}{p_1'''}\times p_0'''q_0'''+\frac{p_0''''}{p_1''''}\times p_0''''q_0''''+\cdots\cdots}=\frac{\Sigma p_0 q_0}{\Sigma\frac{p_0}{p_1}\times p_0 q_0}$$

調和II
$$\frac{p_0'q_1'+p_0''q_1''+p_0'''q_1'''+p_0''''q_1''''+\cdots\cdots}{\frac{p_0'}{q_1'}\times p_0'q_1'+\frac{p_0''}{p_1''}\times p_0''q_1''+\frac{p_0'''}{p_1'''}\times p_0'''q_1'''+\frac{p_0''''}{p_1''''}\times p_0''''q_1''''+\cdots\cdots}=\frac{\Sigma p_0 p_0}{\Sigma\frac{p_0}{p_1}\times p_0 q_1}$$

調和III
$$\frac{p_1'q_0'+p_1''q_0''+p_1'''q_0'''+p_1''''q_0''''+\cdots\cdots}{\frac{p_0'}{p_1'}\times p_0'q_1'+\frac{p_0''}{p_1''}\times p_0''q_1''+\frac{p_0'''}{p_1'''}\times p_0'''q_1'''+\frac{p_0''''}{p_1''''}\times p_1''''q_0''''+\cdots\cdots}=\frac{\Sigma p_1 q_0}{\Sigma p_0 q_0}$$

調和IV
$$\frac{p_1'q_1'+p_1''q_1''+p_1'''q_1'''+p_1''''q_1''''+\cdots\cdots}{\frac{p_0'}{p_1'}\times p_1'q_1'+\frac{p_0''}{p_1''}\times p_1''q_1''+\frac{p_0'''}{p_1'''}\times p_1'''q_1'''+\frac{p_0''''}{p_1''''}\times p_1''''q_1''''+\cdots\cdots}=\frac{\Sigma p_1 q_1}{\Sigma p_0 q_1}$$

（D）加權中點物價比例數　無論用何種加權，取其價比之中權項卽得加權中點物價比例數。

（E）加權實價綜合比例數。

綜合I $\frac{\Sigma p_1 q_0}{\Sigma p_0 q_0}$

綜合IV $\frac{\Sigma p_1 q_1}{\Sigma p_0 q_1}$

以上有六種公式相似，特爲表列於下：——

算術I、調和III、綜合I $\Big\}\ \frac{\Sigma p_1 q_0}{\Sigma p_0 q_0}$

算術II、調和IV、綜合IV $\Big\}\ \frac{\Sigma p_1 q_1}{\Sigma p_0 q_1}$

（III）加權指數的舉例

爲求便利起見，我們自行設一簡例如次，以說明上列各種公式之應用？——

商品	20年		21年			
	價(p_0)	量(q_0)	價(p_1)	量(q_1)	價比 $\frac{p_1}{p_0}$	價比例數 $\left(\frac{p_0}{p_1}\right)$
米(石)	\$10.00	10.000石	\$12.00	8.000石	120	83.3
布(丈)	\$ 1.00	50.000丈	.90	60.000丈	90	111.1

米之權數 $=p.q$ （以20年爲基期）

布之權數 $=p'.q'$

		約數
加權法 I	$p_0\ q_0 = 10\times10.000 = 100.000$	2
	$p_0'q_0' = 1\times50.000 = 50.000$	1
加權法 II	$p_0\ q_1 = 10\times\ 8000 = 80.000$	4
	$p_0'q_1' = 1\times60.000 = 60.000$	3
加權法 III	$p_1\ q_0 = 12\times10.000 = 120.000$	8
	$p_1'q_0' = .9\times50.0000 = 45.000$	3
加權法 IIV	$p_1\ q_1 = 12\times\ 8000 = 96.000$	16
	$p_1'q_1' = .9\times60.000 = 54.000$	9

(A)算術類

算術 I $\frac{\Sigma p_1q_0}{\Sigma p_0q_0}=\frac{120\times2+90\times1}{2+1}=\frac{330}{3}=110$

算術 II $\frac{\Sigma p_1q_1}{\Sigma p_0q_1}=\frac{120\times4+90\times3}{4\times3}=\frac{750}{7}=107.14$

算術 III $\frac{\Sigma\frac{p_1}{p_0}\times p_1q_1}{\Sigma p_1'q_0}=\frac{120\times8+90\times3}{8+3}=\frac{1230}{11}=111.8$

算術 IIV $\frac{\Sigma\frac{p_1}{p_0}\times p_1q_1}{\Sigma p_1q_1}=\frac{120\times16+90\times9}{16\times9}=\frac{2730}{25}=109.2$

(B)幾何類

幾何 I $\sqrt[\Sigma p_0q_0]{\left(\frac{p_1}{p_0}\right)^{p_0q_0}\left(\frac{p_1'}{p_0'}\right)^{p_0'q_0'}\cdots\cdots}$

$=\sqrt[150.000]{(120)^{100.0000}\times(90)^{10.000}}$

100.000 log 120 = 100.000 × 2.07918 = 207918

50.000 log 90 = 50.000 × 1.95424 = 97712

207918 + 97712 = 305.630

305630 ÷ 150.000 = 2.03753

Mg = 109.02

幾何 II $\sqrt[\Sigma p_0q_1]{\left(\frac{p_1}{p_0}\right)^{p_0q_1}\left(\frac{p_1'}{p_{01}}\right)^{p_0'q_1'}\cdots\cdots}$

$=\sqrt[140.000]{(120)^{80.000}(90)^{60.000}}$

$=106.08$

幾何III $\sqrt[\Sigma p_1q_0]{\left(\frac{p_1}{p_0}\right)^{p_1q_0}\left(\frac{p_1'}{p_0'}\right)^{p_1'q_0'}\cdots\cdots}$

$=\sqrt[165000]{(120)^{120,000}(90)^{45000}}$

$=110.7$

幾何IV $\sqrt[\Sigma p_1q_1]{\left(\frac{p_1}{p_0}\right)^{p_0q_1}\left(\frac{p_1'}{p_0'}\right)^{p_0'q_1'}\cdots\cdots}$

$=\sqrt[150,000]{(120)^{86000}(90)^{54000}}$

$=108.02$

(C)調和類

調和I $\dfrac{\Sigma p_0q_0}{\Sigma\frac{p_0}{p_1}\times p_0q_1}=\dfrac{2+1}{83.3\times2+111.1\times1}=\dfrac{3}{077.7}$

$=108.03$

調和II $\dfrac{\Sigma p_0q_1}{\Sigma\frac{p_0}{p_0}\times p_0q_1}=\dfrac{4+3}{83.3\times4+111.1\times3}=\dfrac{7}{666.5}$

$=100.5$

調和III ＝算術I $=110.0$

調和IV ＝算術II $=107.1$

(D)中數類　計算中數，以項數較多之例為佳。茲將楊西孟指數公式總論摘錄於下：——

物品	（十六年基期）價(p_0)	量(q_0)	十七年 價(p_1)	量(q_1)	（本期）價比$\frac{p_1}{p_0}$
白米(斗)	元 1.00	10,000	元 1.12	20,000	112
白麵(斤)	.05	50,000	.06	90,000	120
猪肉(斤)	.50	1,000	.22	1,500	110
香油(斤)	.30	2,000	.30	2,500	100

中數I以p_0q_0為權數

白米之權數為　1.00×10,000＝10,000

白麵之權數為　.05×50,000＝　2500

猪肉之權數為　.20×　1,000＝　200

香油之權數為　.30×　2,000＝　600

將價比$\left(\frac{p_1}{p_0}\right)$分為組數如下：——

價比之分組	權數
95—104.9	600
105—114.9	10,200
115—124.9	2500
總計	13,300

今求中數如下：—— $\dfrac{13,300}{2}=6,650$

$$6650-600=4150$$

$$10200-6050=4150$$

$$\frac{4150}{10200}=.41 \qquad .41\times 10=4.1$$

$$\text{故中數}=105+4.1=109.1$$

其餘三種加權法之計算幾類推。加權法即變時，價比仍不變，僅將權數 p_0q_1, p_1q_0, p_1q_1 改變而已。今將其餘三種加權法所得之指數例下：——

中數II 為 108.1

中數III 為 108.9

中數IV 為 109.0

(E)總合類 仍以米布二種物品為例：

總合I $\frac{\Sigma p_1q_0}{\Sigma p_0q_0}=\frac{10,000\times 12+50,000\times .9}{10000\times 10+50,000\times 1}$

$=\frac{165000}{150000}=110$

總合II $\frac{\Sigma p_1q_1}{\Sigma p_0q_1}=\frac{8000\times 12+60000\times .9}{10\times 8000\times 1\times 60,000}$

$=\frac{150,000}{140,000}=107.14$

(IV) 加權的偏性

據設暄及其他統計學家研究的結果，我們知道加權法I

與II，有向下的偏性，加權法III與IV則有向上的偏性。這兩個結論，一部分是靠數學的方式證明的，一部分則由種種試驗而得，茲以數學的方式說明這兩種結論如次：——

(1)加權法III的權量比加權法I重。

按加權法III的數學方式為：——

$$\frac{p_1}{p_0}\times p_1q_0\left(=\frac{p_1^2q_0}{p_0}\right)$$

而加權法I的數學方式為

$$\frac{p_1}{p_0}\times p_0q_0(=p_1q_0)$$

如 p_1 大於 p_0（即如價比在100以上），則加權第三法之權量必大於第一法，如 p_1 小於 p_0，則加權第三法之權量，必小於加權第一法，這是很明顯的，但是平均的結果，加權第三法的指數必比第一法的指數高舉一個簡單的例子來說明。

設有二種商品，其比價及權數各如下表：——

商品	基期			本期	
	價 p_0	價比 $\frac{p_0}{p_0}$	量 (q_0)	價 (p_1)	價比 $\left(\frac{p_1}{p_0}\right)$
A	4	100	20	8	200
B	8	100	20	4	50

以加權第1法 $\left(\frac{p_1}{p_0}\times p_0q_0\right)$ 計算A之權量則為

$$\frac{8}{4}\times(20\times4)=160$$

以加權第三法$(\frac{p_1}{p_0}\times p_1p_0)$計算B之權數則爲

$$\frac{8}{4}\times(20\times8)=320$$

以加權第一法計算B之權量則爲

$$\frac{4}{8}\times(8\times20)=80$$

以加權第三法計算B之權量則爲

$$\frac{4}{8}\times(4\times20)=40$$

於此我們知道A的權量，從加權第三法計算的結果大於第一法的二倍。(因$2p_0'=p_1'$)；B的權量，從加權第三法計算的結果，小於第一法的二倍(因$p_0''=2p_1''$)。但是平均的結果，加權第三法的平均數却大於加權第一法的平均數。玆以幾何平均法計算之。（因幾何平均公式本身無偏性，用以測驗加權的偏性最好）：——

幾何 I $\sqrt[240]{(200)^{80}(50)^{160}}=79.37$

幾何 III $\sqrt[240]{(200)^{160}(50)^{80}}=125.90$

(2)加權第二法與第四法關係也是和第一法與第三法一樣。至於加權第1法與第四法，雖無一定的關係，但是通常以後者所

計算的均數總是大於前者。這是因爲價量雙方的長期趨勢，是與社會的進步而俱增。故本期的權數常常大於基期的權數這是事實告訴我們的。

(3)我們知道指數的偏性有二種，一種是公式的偏性，一種是加權的偏性。算術類加權法III與IV之公式有『二重上偏』而調和類加權法I,II之公式有『二重下偏』因爲前者公式和加權都有向上的偏性而後者公式與加權都有向下的偏性故也。算術類加權法III于公式爲上偏。於加權爲下偏，調和加權法III與IV，於公式爲下偏，於加權爲上偏，這二種方向相反的偏性，可以互相抵銷，其結果所存的偏性必小。至於兩相抵銷以後所遺留下來的少量偏性其方向是屬於高或屬於低，那就完全看機會而定了。

(V)因數顛倒測驗 費教暄授常以二大顛倒測驗去測驗指數公式的良否。

第一個測驗，就是時間顛倒測驗，這在前面已經討論過了。第二個測驗就是現在要討論的因數顛倒測驗。這個測驗的前提就是『價格指數與數量指數之乘積應等於價值（pq）之指數』如果不等，則其兩者相差之量即爲價格指數與數量指數的『連合差誤』(Jout Enor)這種差誤是由加權的偏性構成的。

一種貨品的總值就是牠的數量與其單位價格相乘的結果。牠的本期的總值與基期的總值相比就是$\frac{p'q'}{p_0'q_0'}$假使從基期到本期

，牠的價格與數量同時增加一倍，則其價比爲200，其量比亦爲200，其價比即爲400，故計算一種商品的加權比例數，其相對的總價就是牠的價比與量比相乘的結果 $\frac{p_1'}{p_0'}\times\frac{q_1'}{q_0'}=\frac{p_1'q_1'}{p_0'q_0'}$ 這是因爲用一種貨品的價與量，以計算牠的比例數，不發生平均法的問題，所以能夠適合上述的前提。若用多數的物品來計算指數，則價格指數即爲多數價比的平均數，數量指數即爲多數量比的平均數，經平均之手續，其結果是否仍能適合這個前提却是問題。如果能適合這個前提的，則這種平均法就是優良的平均法。

現在以加權實價總合公式爲例。先以此式求得加權物價指數；再求以同式求得物量指數。根據上述的前提則應爲：——

$$\frac{\Sigma p_1q_0}{\Sigma p_0q_0}\times\frac{\Sigma p_1q_0}{\Sigma p_0q_0}=\frac{\Sigma p_1q_1}{\Sigma p_0q_0}$$

以上例代入 $\frac{\Sigma p_1q_1}{\Sigma p_0q_0}=\frac{12\times8000+.90\times64000}{10.000\times10+50.000\times1}$

$$=\frac{96000+54000}{150.000}$$

$$=\frac{150.000}{150.000}=100$$

但 $\frac{\Sigma p_1q_1}{\Sigma p_0q_0}\times\frac{\Sigma q_1p_0}{\Sigma q_0p_0}=\frac{165000}{150000}\times\frac{140.000}{150.000}=102.63$

二者相差2.63%，可知此式不合於因數顚倒測驗。據費暄教授試驗之結果，所有上述各種計算指數的方法，無一合於這個測驗。

(IV) 費暄的理想指數公式　費暄教授曾用種種配合的方法(Crossing Process)，以糾正(Rectifying)各種偏誤。他用幾何平均法去糾正各種公式之有方向相反的偏誤者，共得新公式十三，而皆可以與上述兩大測驗相符合。換言之，這十三種公式，既無公式的偏性，亦無加權的偏性。於此十三種公式中，他選取了一個計算最簡便而結果最準確者，叫做理想公式，其式如下：——

$$\sqrt{\frac{\Sigma p_1q_0}{\Sigma p_0q_0}\times\frac{\Sigma p_1q_1}{\Sigma p_0q_1}}$$

茲以此式計算上例之向前指數及向後指數如下：——

(1)向前指數(21)年 $\sqrt{110\times107.14}=108.68$

(2)向後指數(20)年 $\sqrt{90.91\times93.33}=92.11$

$108.68\times92.11=100.10$

可知這個公式是能合於時間顚倒測驗。但稍有少入此處，再以上例證明此式合於因數顚倒測驗。

(1)價格指數 $=\sqrt{\frac{\Sigma p_1q_0}{\Sigma p_0q_0}\times\frac{\Sigma p_1q_1}{\Sigma p_0q_1}}=\sqrt{110\times107.14}$

$=108.68$

(2)數量指數 $=\sqrt{\frac{q_1p_0}{\Sigma q_0p_0}\times\frac{\Sigma q_0p_0}{\Sigma q_0p_1}}=\sqrt{93.33=90.91}$

$=92.11$

(3)價值指數 $=\frac{\Sigma p_1q_1}{\Sigma p_0q_0}=\frac{150.000}{150.000}=100$

$$108.68 \times 92.11 = 100.10$$

理想公式雖能銷除偏性，但是仍有爲人所不滿者：——

(1)理想公式，是以兩個實價綜合公式相乘而揚開方之，其計算手續，在費暗所試驗而得的十三公式中，雖稱最簡，但是比較普通所用的公式，已嫌繁複多了。

(2)理想公式同時採用q_0和q_1，而使所算得的指數同時表示物量的變遷。因爲物價指數的目的，只在表示物價的變遷，其他影響，不能羼入在內，今將物量之變遷亦計算在內，則所得指數，究屬表物價的變遷，抑物量的變遷？便分不清楚了。

(3)本期的物量，大概尚在調查中，所以要明q_1的實數，很不易得。

(4)計算物價指數的方法最好能以簡法移動基期而不致有計算上的差誤，理想公式則未免稍有差誤。

第三節　最切實用的八種公式

費暗教授，把各種公式，就計算手續的繁簡，了解的難易，和結果的正否三個標準，研究的結果，得到八種最優的公式。

(1)拉斯貝爾(Laspagre)總合法

$$P = \frac{\Sigma p_1 q_0}{\Sigma p_0 q_0}$$

此式卽加權綜合法I，也就是算術I，調和III，因爲拉氏所倡導，故以其名之。美國勞動統計局之指數，卽用此法。

(2)派許(Paaschi)總合法。

$$P = \frac{\Sigma p_1 q_1}{\Sigma p_0 q_0}$$

此式卽加權綜合法IV，算術II，調和IV因爲派氏所倡導，故以其名名之。

(3)理想指數公式，這就是上二式的幾何平均數，上節已經討論過了。

(4)愛奇華士，馬莎總合法 (Edgewath of Marshall A g Gugatine Method)

$$P = \frac{\Sigma \frac{q_0+q_1}{2} p_1}{\Sigma \frac{q_0+q_1}{2} p_0} = \frac{\Sigma (q_0+q_0) p_1}{\Sigma (q_0+q_1) p_0}$$

此式與第一二兩式的原理相同，惟其權數是用基期和本期二者的算術平均數。

(5)基期擴張(Broadendd Base)總合法，此式與第一式同，所異者，此式基期，不用一年的基價爲基價而用若干年的平均數爲基價；不用一年的數量爲權數，而用若干年的平均數量爲權數，所此式是用固定加權法的。

(6)概權總合法

$$P=\frac{\Sigma W p_1}{\Sigma W p_0}$$

此式與第一式同，惟權數不用實數而用概數如一十，一百之類故以W別q。

(7)簡單幾何平均法 }前已討論，茲不復述。
(8)簡單中數法 }

第四節 徵集物價指數材料問題

徵集材料最重要的問題就是選樣問題。這在第四章已經討論過了，以前所討論的是一般的原理。現在所要討論的，就是徵集物價指數材料的幾個特殊問題。

1.選取物品的數目及其種類問題

編製指數對採取物品的多寡是要指數的目的及編製指數機關的情形而定。假使所編的指數是在測量一般物價的變動，則採取物品，自屬多多益善，只要每一種物品，都有做牠一族的代表的同等機會。假使指數的目的是在預測商情的變化，則應採取價格變動最烈的商品一二十種即是，因為這種指數，貴在變動靈敏如果物品一多不免失之遲鈍也。據費暗教授的試驗一般物價指數所需的物品至少須五十種最多至二百種，採用二百種以上，有無用處，已屬疑問。密切的試驗更足以證明多取樣本的無用。所以我們在前面說，選取物品的多寡，祇要不失指數的目的，編製者可以酌量實際的情形而定。

同時物品的數目問題和物品的性質有密切的關係的。當我們選擇物價時，我們應注意，物價的變動狀況往往視物品的性質而異。我們所取的樣本應該是每一個樣本能夠代表每一種價格變動的性質。例如絲織物的價格和鋼鐵的價格，皮革的價格和化學品的價格，各不相同，而彼此也沒有相互的影響。所以如果是一般的物價指數，所選的樣本。必須概括一切重要的產業組 (Industial Groups)，每產業組所出的樣本，應有平均的分配，不能夠多於此而少於彼。

依照密切爾的分類，所有的物品可以分為原料品，製造品兩大類。製造品則又可分為消費品與生產品。這各類物品價格的變動，各各不同，但常互相影響，茲將其相互之關係略述於下：——

(a)原料品與製造品 普通原料品的價格的變動總比製造品快而且劇烈。這是有兩個原因，第一原料品的交易是為加工製造及販賣。當商情趨向旺的時候，生產家都爭購原料，以圖利潤，所以在其他物品的價格尙未變動，而原料的價格已經飛漲起來了。反之當商情不佳的時候，則各廠家因存貨不能脫手！對于原料的需要便首先減縮，所以原料品的價格也就先各貨而跌落。第二，製造品的價格，所以比較的穩定者就是因為固定成本的百分比較原料品的成本大，例如固定費用及勞工成本等等，工資，利息，租金的變動，比商品的價格來得緩慢，而且穩定，如果商品包含着這種原素的時候，則這種商品的價格也就趨於穩定了。所以商品經過生產的過程愈高，則包含的固定成本亦愈多。而其價格亦愈趨于穩定，各級製造品的重要區別即在於此。

(b)在原料品中我們又可以分出農產，畜產，林產及礦產來，這四種產品價格的性質，很有顯著的不同。農產品同爲受氣候的影響其價格常視其收獲，狀況而定，反映於一般的商情較礦產品爲差。畜產與林產則似處於二者之間，其價格的起伏，尙大致於一般的商情相一致，所以。選取各級原料品的樣本，必須要採取公允的權數。

(c)製造品的等級比之原料品，更爲繁複。所以其價格的變動亦各不一致，大概和原料品愈接近的製造品。(換言之即低級的製造品則其價格的變動亦愈甚這剛才已經講過了。所以選物價的樣本應包括生產品，消費品以及二者間各級的製造品，而每級的樣本，都應給以適當的權數。

芮實公的物價指數論，對於採取物品的種類有下列四個原則，足資參考。

(a)採入指數的物品，其本身性質，彼此愈遠愈好。

(b)採入指數的物品與未採入指數的物品彼此性質愈近愈好。

(c)採入指數的物品，其價格的變動，彼此愈無關聯愈好。

(d)採入指數的物品，其價格的變動與未採入指數的物品，愈有關聯愈好。

此外在選擇物品時還有一點應該注意的，就是物品的等級問題，有許多物品我們看起來以爲是同類的，而其實則否。有許多物品我們看起來以爲是不同而其實則同。這個困難在選擇零售貨品時比選擇批發貨物更大。同是一種貨品，特別是原料品，如麥，棉等，往往有許多的等級。也就有許多的價格。我們應該選取其最富於代表性的一種或一級中貨品來做樣本才對。

2.選取物品的價格問題　物價大致可以分爲二種一種是批發價一種是零售價，然同是批發價而價目亦多有不同，零售價目更屬千差萬別，茲分述如下：——

(a)批發價的種類

(1)合同價格　合同價格爲買賣雙方在貨物未上市或製成時所訂定的價格，其優點有二：——

(1)這種價格，因在合同上所訂定，在短時期內不致有變動。

(2)這種價格不是隨便估定的，很是可靠。

但其缺點更多，故各國指數採用這種價格的很少。

(3)難於調查，因這種價格，不公開的居多。

(1)物價的別類和範圍不廣

(2)定價時期與物價上市時期相隔，遠近不等若時期稍長，則市價已變，合同價格即失其時間性。

(2)社團價格　公共機關如學校醫院，兵站等買買物品時，數量極鉅，其所定價格自較零售價格為低，可以說是一種半批發的價格。其缺點即在貨物的種類不能普遍，品質亦不能一律。

(3)輸出入價格　這種價格是做國際的商人向海關所報告價格，或為政府所規定的價格其目的有二：——

(1)輸出入價格可以表示人民實際所付價格的變化與市場價格僅表示特種物品級的物價不同。

(2)輸出入價格的變動不若市場價格之劇烈。

但輸出入貨物，多屬期貨其價格當不能與市價相符。

(4)市場價格　市場價格為做批發物價指數最適宜之價格。

(1)市場價格為各業商人所議定，他們對于貨物的鑑別力很強不若零售市場上同一價格而品質往往不同。

(2)市場價格祇須向大廠家或大商店去調查，甚為易得。

(3)市場價格為最新鮮的價格，是時價最佳的代表。

(4)市場價格的範圍較任何價格的範圍都廣。

3.選擇物價的權數問題。

所謂權數就是貨品在市場上所占地位的量的表示，地位重要的貨品，則其權數必大，不重要的則小，觀察貨品地位重要的方法很多。最自然的，就是每種貨品的貿易量。

(a)主要的貨品如米布等其貿易量，或消耗量與生產量，每年大致相同，所以對於這種主要物品，用無論那一年的數量作權數，不會有什麼差誤的。

(b)凡帶有投機性的貨品其貿易量年年不同而且可以差得很大，所以採用這種貨品的權數，是一個很困難的問題。

以前我說過指數所用權數不能年年改變。要是年年改變則數量的變動也混在物價指數中了。但以生產技術的進步，推銷法的巧妙，貿易量年年在增加。故權數不能不有變動，我們既願權數的穩定，但有為事實所不許，所以最好用數年的貿易量求一平均數作為權數，或用移動基期的方法，以改變權數是比較妥當的辦法。

在中國因為各種統計，未臻完備，所以現在本國所編的物價指數，用加權的很少，就是祇有若干輸出入物價指數是以海關報告册所載的貿易來做權數的。

白銀與中國經濟問題

方善桂譯

本文係李惠士（A. B. Lewis: Silver And Chinese Economic Problems）所著載 Pacific Affairs 第八卷第一期。李氏爲金陵大學農業統計教授，亦實部物價問題研究會委員之一。本文結論，主張中國應拋棄現有銀本位，其說頗有不爲當代學者所然者爰譯之，以供關心此道者，一覘其究竟焉——譯者

一

一八七〇年之前，世界各國，皆以銀爲價值衡量之標準，間亦有金銀兼用者。一八一七年，德國首將貨幣本位改易爲金。自後數年間，各國競效德國之先例，相繼改採金本位。際此摒棄銀貨之時期內，各國對銀需要減低，金庫及中央銀行，不僅無增大存銀之要求，且競將大量銀貨，拋售于市。至一九三〇年，世界仍採銀作貨幣本位者，僅中國香港暨阿比西尼亞等處。而握有大量剩餘銀幣者，惟印度及西班牙。

舉世摒棄銀貨，使銀對物之比價，減降甚烈。其在中國，銀價之跌落，直接造果於物價之上騰，蓋中國以銀爲貨幣之本位故也。以中國進出口商品平均躉售價格而言，若以一九一〇至一九一四年之價格作一百，則一八八七年之指數，僅四七·八（註一）。物價低下之時，在中國以銀爲貨幣者，相對的即爲幣值之高昂，故如亦以一九一〇至一九一四爲基期，則一八八七年中國之銀購買力指數，當爲二〇九·二。$\frac{100}{47.8}\times100=209.2$

自後四十四年，中國物價，逐有增漲，迄一九三一年，增加達百分之二百四十，指數成爲一六二·四。是年，銀購買力之指數，乃爲$\frac{109}{1624}\times100=61.6$六一·六。此意卽爲一八八七年之銀，較之一九一〇至一九一四之銀，購買力相差，達百分之二〇九·二。一九三一之銀購買力，則僅及一九一〇——一九一四者，百分之六一·六矣！

至英美二國，亦遭受此同樣之經歷。一八八七年，倫敦銀價每盎斯四四·六九辨士，相當于一九一〇至一九一四之價格，百分之一七一·八。而躉售物價平均則相當于一九一〇至一九一四之水準，百分之八二（註二）故一八八七年英國之銀購買力指數爲二〇九·五$\left(\frac{171.8}{82}\times100=209.5\right)$相仿於中國之二〇九·二。美國之銀價，用前述同樣方法計算，得二〇二·〇（註三）。一九三一年倫敦銀價每盎斯一四·四六辨士，相當于一九一〇至一九

一四年價格百分之五五・六，而躉售物價平均則相當于一九一〇至一九一四年之水準百分之一〇一（註四）。故此時英國之銀購買力指數爲五五$\left(\frac{55.6}{101.0}\times 100=55\right)$相彷於中國之六一・六。其在美國則一九三一年之銀購買力指數爲四八（註五）。

中國之銀購買力，與物價成反比例者，殊不能與金元，法郎，金磅，及其他金類所標之銀價相比。各國銀價之變動，若係相對於物價而言，則中國銀購買力，差可云有同樣之變動。銀之價值，其衡量根據其對躉售商品之購買力者，顯與其衡量根據于黃金及通貨者有別，此當明辨者也。

當銀價步跌之二十八年後，時在一九一五年，世界銀生產率，以與其他基本商品之生產率相比，已始行減跌（註六）。每年之銀產量，僅佔可採之銀礦中極小部分，以與十年百載來之積儲相較，亦占極小部分，蓋銀價已不能望其扶搖直上矣！以黃金論，其生產率落於其他基本商品生產率之後者十三年，價值始漸上漲，華倫 Warren 及皮爾生 (Pearson) 曾證明之（註七），迄一九三一年，銀生產率之落于其他基本商品之後者，亦已十六寒暑，而其價值乃復上升。此後銀價或能升高較速，但一九一五至一九三一間，有數國售出大量廢棄之銀通貨。

銀價始行上漲，距英國及其他國家放棄金本位之前數月。是以人乃推論中國及其他國家之銀價，必將上升，迄符合于英國之銀價爲止。

當物價水準變動時，銀價及其他基本商品，俱有循同一方向之激烈變動。由此理而言，則一九二九後各國物價水準之屢見暴動，未始不受銀價之影響。雖然，此亦不過限于物價水準有暴動之國家，尚未嘗普及全世。愚之私見，以爲銀價之上升，實舉世銀之供求關係所造之結果。故余自信，銀價亦同他物，在十載而後，世界年產銀量較之其他基本商品之年產量增速以前，銀價可望逐步上升，甚或有特殊之漲起。目下之銀產量，相對言之，實甚低下。

一九三一年之二月，英美銀價，已達最低。是年五月，華北躉售物價指數，以一九二六年爲基期，曾上達一二五之高度（註八）。是年八月，上海物價，因長江大水之故，亦曾高漲，但六月間已在漲高，此時之物價指數爲一二九・二（註九）。但當一九三四年之九月，上海物價跌落百分之二十五，計指數爲九七・三（註十）。

物價之跌落，不僅限于沿海城市。除廣東廣西貴州雲南四省，農村物價係以降值貨幣計算者外，其他省城農村物價，如麥，米，及棉之價格與上海躉售物價指數中之麥米及棉，跌落程度，幾相同等（註十一）。

舉國之物價慘跌，實爲銀價高漲之結果，農民收入之農產品價格旣落，而其消費品之價格，之資工跌落甚微(註十二)。長工仍舊(註十三)租稅減低不多，(註十四)甚反增加。農民負債，一仍其舊。亦似他國然，物價水準下降，農民之收入立減。循此結果，農田跌價，(註十五)農民乃棄家移居城市，另覓工作。

二

人有假定中國之農民，係寄身于自給自足之經濟生產方式下，亦有假定農民之貨幣本位，非銀而爲銅。據農村研究之結果，云農民售去者占其產品全重量百分之二三·一(註十六)計約合全價値百分之五十四(註十七)。最近之研究結果，則農民當付稅還債及其他交易時，銀幣之需要，甚爲普遍，農民之間，授受常用銀元及以銀元爲準備之紙幣(註十八)。銅元乃爲輔幣，僅充小量交易之用。物價根本以銀爲依據，而銅元之價格則根據銀元及銅幣間之比價。

過去十年間，銅元價格，以銀元爲根據，跌落甚巨。此種現象，無疑造成交易之時，人民欲求得銀幣，蓋銀幣可選以應付租稅及債務。較貴之貨幣，旣有大量之需要，以應隨時之付款，於是貴幣乃反驅逐賤幣。所謂中國主用銅元云者，實爲個人臆察所得，此說已不合時宜矣！

蕎售物價之逐步下跌，最後結果，工商業之衰落不振。當物價下落之際，工資，薪水，地租，租稅，及債務減損甚微。於是利潤卽減，而出產乃力自抑尅，失業問題，於乃發生。消費需求之減省，造成零售物價之下降，零售商店遂亦失敗。股票跌價。最後，則工商業負債所構成之銀行資產，價値亦降，降至某種程度，銀行亦不堪負累，而宣告破產矣(註十九)！

凡此恐慌之徵兆，在中國物價開始下降時，卽行顯著。依據估計所得，中國工業出產總量，自一九三一年至一九三三年間，降下達百分之二十五(註二十)。股票平均價格，自一九三一年七月至一九三四年五月，降下達百分之四十四。由於商業失敗之日甚，商店數量乃日益減少，上海之棉布莊，自一九三一年末，至一九三三年來，減少達三分之一(註廿一)。青島瓷器號則於同時期內減少百分之二十九(註廿二)。上海錢莊公單清算數，則自一九三〇一年之七千五百萬元減至一九三三年之三千九百萬元(註廿三)。

銀價之增高，在中國最重要之結果，卽爲經濟恐慌之促成。中國國內貿易之衰落，轉影響及其對外國之商業。自東北三省被佔後，中國進口實質上減少甚巨，以一九一三年爲基年，則進口貨指數，自一九三一年之一三〇·一減至一九三三年之九九·八。自一九二六——三一五年間，進口貨總量尚無劇變(註廿四)。使銀價繼續上漲，除非中國政府於其貨幣性質中加入保護成分，物價當繼續下跌。物價而繼續下跌，則中國商業將不斷衰落，商業之不斷衰落，則外貨之進口，國貨之消費，自非減縮至減無可減，縮無可縮之境地不止。

中國進口貨之實質數量，隨其國內之繁榮而伸縮，同此理也，中國出口貨之實質數量，自當隨外國之繁榮而增減。自三省被佔後，中國出口貨實質數量之指數，以一九〇一三爲基年，自一九二八——金本位國家恐慌襲來之前年——之一五六·一，減至一九三二年之一〇六·三，後因放棄金本位之國家，已局部恢復，出口貨指數乃回漲至一二二·四(註廿五)。

中國出口貨之大部，屬諸原料及半製品，銀價甫漲此項物價急速下跌。雖因中國幣價之漲高，物價之用外幣標明者，仍未隨漲。職是之故，出口貨價雖因銀價上漲而降跌，但出口之數量，除非外國繁榮程度日減，殊不致于降落。

中國之主要商品，其產于國內者，與進出口數量相較，數超良巨。故中國國內之物價，可由國人之商品供給，國人之商品需求，及中國之銀價——由平均躉售物價計算倒數——三者，預測而得。此項預測，必多準確。但此理殊不合于絲綢，蓋其價值皆視世界市場之供求而定故也。上海之絲綢價格，與紐約之價格，移動循乎同軌，而係由匯率折合中國通貨者也。

中國物價之降跌，似有影響存于現銀之運送出入，中國既以銀爲貨幣本位，而本身產銀數量，又極稀少，故平時推廣商業，融通現金，必須有銀進口，一九三二年之前，際時中國物價方平步青雲，銀元之進口，超于出口之數。同時商品則經常的入超。一九三二，一九三三，及一九三四三年間，中國物價，已在下降，於是流出之銀，乃多於流入。商品的貿易平衡，除却東北三省不計外，入超程度，較前爲少，此殆由於入口之銳減耳。

現銀流動轉向之原因，厥有多端，下列諸點，實居首要。當物價上升，運現投資於中國，利潤穩厚，此蓋因一般商業利潤皆高之故，反之物價步降，擁有遊資者，乃覺投資於外國，較投資於中國爲有利。有時亦因外國銀價，突然上升，一時之間，匯價激落。現銀乃乘時運出，冀獲短期之利潤。

三

國內及國際現銀之流動，實爲中國物價水準易其趨向之結果。一九三二年之前，物價方升，內地所產基本商品之價格，上漲較製自工業區或運自進口口岸者爲速。內地之投資，甚屬有利。上海運現赴內地諸城，實一平常之事實(註廿六)。

自一九三二——三四三年間，物價步跌，內地所產基本商品，其價格跌落較製自工業區或運自進口口岸者更速。故投資內地，風險甚大，結果則內地現銀，照原數量或加量的運向上海，而上海之現銀，乃不復運向內地矣（註廿七）！卒至遊資集中於銀行，而其中一部，且運送於外洋。

上海之現銀集中，有時可推論爲內地匪亂之頻仍，有以促人民運其資金赴滬。此說殊難使人置信，第一，現金流動之轉向，大致爲現銀停止運赴內地之故。次則據內地旅行者之試驗，匪患自一九三一年後，已次第肅清矣。

一九三三年七月廿二日，統制銀貨之國際協定，簽訂于倫敦。此時銀價值之增高，繼長，已歷二年，特不漲于價格上。通貨收縮之惡果，已數呈于中國。此約之訂立者，顯然僅注意於銀價之不安定。過去二十年中，銀價之變動，結果幾與金價本身之變動相排斥，或幾與金價有關之幣值變動相排斥，此義不爲人所記憶，不爲人所明瞭，各國之代表，訂立協定，使此後四年中每年銀消費量增加減少三五，〇〇〇，〇〇〇盎斯。

根據銀協定之精神，及經一般主張相對金價的提高銀價者的有力催促，美國於一九三四年夏，推行廣大的購銀計畫。銀需求之由是而增，頓使世界市場爲之震撼，中國之物價，乃如狂瀾既倒，每況愈下，而中國之存銀，乃源源外流矣！

嚮使中國於前數年，能不被通貨收縮所困踣，則倫敦之銀協定及美國之購銀策，或不致使事態若是之嚴重。今也若前所爲，假以時日，銀價高漲，坐使中國國內債務及生活費感覺銀價過高之毒害。銀本位不復能自存於中國矣。然中國猶圖持其銀本位者，則美政府雖欲中國人減低需求美貨之欲望，勢亦且不可得。

中國政府應付美國銀策之手段，其一爲中國銀出口之征收出口稅及平衡稅。此種征收，實行於一九三四年十月十五日，一時頗使中國銀元在國外價值激落。中國運銀出口者，經是亦減低欲望，不求現銀運出。於是銀價不復上升，物價亦不復下降。此種情形，當白銀出口稅及平衡稅持續之日。胥得維繫。

中國處目前之情景，欲免經濟愈行恐慌之危機計欲免限制現銀流動之不便計，不如摒棄銀本位，而採行他種之價值衡量。此種新行的價值衡量標準務須不與金銀相連，無論金與銀，俱時變其價值，而有以推動通貨之膨脹收縮，如英國之金磅然，隨金屬價格而變移，而自商品言之，差可安定。通貨之若斯者，庶能維護中國國民之利益也。

廿四年四月廿一日

（註一）中國進出口貨指數，係天津南開大學南開經濟研究所所編。

（註二）Priceín of Jrade Index of Wholesale Commodity Prlcein England

（註三）美國購買力爲百分數，美國銀價指數爲 U. S. Bureau of Labor Statistics 之躉售物價指數。

（註四）見註二

（註五）見註三

（註六）Warren, G. F. And Pearson, F. A. Price 133, N Y. John Wile & Sos,

（註七）見註六

（註八）華北躉售物價指數係天津南開經濟研究所編製。

（註九）上海躉售物價指數，係財政部國定稅則委員會編製。

（註十）見註九

（十一）此說係根據實業部農村研究會農業經濟部所收集之材料。該部有調查員六千八，遍于二十五省。

（註十二）此說係根據金陵大學農業經濟部之武進縣農村物價研究。

（註十三）見註十二

（註十四）見註十一

（註十五）見註十一

（註十六）此說係根據金陵大學農業經濟部土地研究之初步資料。此研究包括廿三省，一百五十餘縣。

（註十七）Buck, J. L, Chinese Farm Economy

（註十八）見杜十一及註十一

（註十九）見註六

（註二十）中國銀行民國廿二年業務報告

（註廿一）根據實業部就地採得資料。

（註廿二）見註廿一

（註廿三）南開經濟研究所 Economic China 一九三四年一月號

（註廿四）南開經濟研究所所編統計至一九三二年止。一九三二——三三係由著者估計，庶可包括東北三省，因海關報告自一九三二年六月後即付厥如。

（註廿五）見註廿四

（註廿六）國民政府主計處「上海現銀流動」，一九三四年十一月，統期訊後第四期。

（註廿七）計見註廿六

江蘇農民銀行之現狀及其改良方案

王樹德

（一）緒論

吾國農村自一九三一年大水之後，卽呈崩潰之勢，次歲雖慶大有，亦無救於凋敝之加深，究其原因，由來積漸。自海禁大開，西歐產業先進國之資本勢力侵入後，我國農村經濟，卽陷于腐朽沒落之過程，幾成外國工業經濟之附庸，更以內政失修，內戰連綿，盜匪蠭起，災禍洊至，苛捐雜稅，敲骨及髓，致使農村遂無甦息之機，簡言之，農村因受帝國主義之侵略，與地主官吏之壓迫，苛捐雜稅之剝削，天災人禍之接踵，以及水利失修、耕地減少，匪患猖獗，生活無常等惡因之結果，使大部分農民，失其經營耕農與維持生計所必需之能力，不得不離其田舍，或當兵，或成匪，或流爲失業遊民，或集中城市求爲苦力而不得，農村社會，隨之瓦解。

雖然農村破產，而都市之金融事業，猶方興未艾，舊有著名之銀行，姑置不論，專就上海一埠，於客歲新設之金融機關，有四明儲蓄會，華安商業儲蓄銀行，大滬與中至中民孚國泰江海等銀行，擴充資本者有上海市銀行，寧波實業銀行及中匯銀行等，由此可知鄉村雖荒，都市仍富，上海誠爲全國金融之中心也。

此種畸形現象，實爲最危險之狀態，蓋社會之資金，猶人身之血液也，務使其流動全體，不稍停遲，以保社會之繁榮，若一方農村患血枯症，一方都市資金堆積，無從投資，則不啻集全身之血液於頭部，不將有腦充血之虞乎？故調劑農村金融，發展農業生產，實爲銀行當前惟一要務，而尤以農民銀行爲首當其衝也。茲以江蘇農民銀行爲研究之對象，並討論改善之。

（二）江蘇農民銀行之現狀

民國十六年，江蘇省政府成立後，財政廳長張壽鏞於省政府第十四次政務會議時，提議將孫傳芳時代經徵未完之二角畝捐作爲本省農民銀行基金，擬具辦法五項，經會議通過，並經中政會議核准，分令財建兩廳，將農行營業區域，組織方案，會同籌議擬，一俟基金收足四分之一，即行正式成立；兩廳奉令後，擬訂籌備辦法十一條，提經第卅次省政府政務會議通過，並聘薛仙舟先生爲籌備主任，成立籌備委員會，聘任監理委員七人，組織監理委員會，由監理委員會推選總副經理，呈請省政府任命，江蘇農民銀行，遂於民十七年七月十六日正式開業。歷任總副經理爲過探先王志莘劉新銳楊馮署先生等，現任總經理爲趙棣華先生。

（甲）行務現狀　江蘇農民銀行之宗旨：爲調劑農村金融，與發展農業生產。實收資本現爲三百六十萬元。總行設鎭江中山路，總行原設總務稽核兩部，儲蓄，處及設計委員會，而無業務科，全部業務之設計審核推行及總行營業，向無專責。設計委員會原屬重要，惟委員多數散處各地，不能時常集會。現于總行添設業務科，暫不設設計委員會，茲表列其組織如后：

1. 總務科……文書，人事，庶務，調查。
2. 業務科……貸款，存款，匯兌，信託，出納。
3. 稽核科……核算，會計。
4. 儲蓄處……文書，會計，營業。

營業區域，前分全省爲十六區，合若干縣爲一區，每區設分行一所，管理區內業務，自改組後取消區管轄行制，實行總行集權制，凡全省分支行，一律歸總行直接監督指揮，至營業處則由總行指定就近分行管轄之。分支行現設上海南京丹陽高淳常州無錫江陰蘇州吳江常熟崐山青浦嘉定松江如皋鹽城徐州金壇宜興等十九處，營業處有溧陽太倉寶山金山沐陽震澤等六所，此其行務之大概也。

（乙）行務缺點　就行務之現狀觀之，至少有左列缺點

1. 資本不足——江蘇面積甚大，所包縣份，六十有四，以三百六十萬有限之資本，流通六十餘縣枯竭之農村，殊有杯水車薪之感。考東西各國之農村金融機關，莫不有鉅額之資金，如德之中央農業銀行，資本爲一萬萬八千萬馬克，放與土地抵押信用合作社，尙有普魯士中央合作銀行，其資本爲七千五百萬馬克；法之農業信用銀行，資本五萬九千二百萬法郎，放與地方信用銀行，再轉放與農民及合作社；即日本之之中央合作銀行，資本亦有一千九百六十萬日金，專事補助農業信用合作社，又勸業銀行，資本爲七千萬元，亦放欵於合作社。總之東西各國之農業金融機關，其放欵之範圍，自然大於吾江蘇一省，然其資本充足之一般，亦可想見。

2. 缺少合作指導股——農行放欵，以合作社爲媒介，故合作

社之健全與否，與農業行，務頗有關係；例如據過去之經驗，農行放款於合作社者，常不能如期歸還，間或亦有給不良分子以借貸之機會，此皆由於合作社組織之不健全，故今後各分行殊有添設合作指導股之必要，指導農民合作社之組織，以利放款工作。按添設合作指導股，當江蘇省農民銀行第八次業務會議時，早由第五區分行等提出，但議決保留，未予通過。

3．江北分行太少——觀農行之分佈，最足引人注意者，厥為分佈不均；分行之設立，大部均在江南各縣，實則就縣數而論，江北多於江南；復就農村金融之枯竭程度而言，則又過之而無不及；更也江南諸縣，離資金堆積之都市甚近，如蘇州無錫等縣，早有各大銀行分支行之設立，則近水樓臺，農村取得資金之機會，自亦較易；且自儲蓄銀行法公布施行後，規定「所召儲蓄銀行或銀行之辦理儲蓄者，至少應以其存款總額五分之一，移作農村合作社之貸放押款，及以農產物為質之放款」。則儲蓄銀行法之重農性，苟能雷厲風行，見諸實施，則接近都市之江南各縣，當更可吸收儲蓄銀行之放款矣。愚非謂江南諸縣，無設立農行之需要，特江北各縣，有急待救助之必要耳。

4．不應取消設計委員會——總行原有設計委員會，惟委員大多散處各地，不能時常集會，故改組時取消之。惟設計事務，原屬重要，尤以正在發展中之農行設計工作，殊不可少。此後應修訂該委員會之章程，力求委員之集中討論，增進効能。

（丙）業務現狀

（1.）放款——放款分六種：定期信用放款，活期信用放款，定期抵押放款，活期抵押放款，倉庫儲押放款，合作運銷放款。利率各處高低不等，放款均為短期性質。

（2.）存款——存款名目繁多，但分兩大類：一曰普通存款，其中又分活期定期往來及通知存款四種，二曰儲蓄存款，其中又分活期儲蓄存款，禮券儲金，定期儲蓄存款，存本取息儲蓄存款，整存零取儲蓄存款，零存整取儲蓄存款等數種，存款利息，有視當地情形臨時議定者，有章程明定者；總之放款利率不得過高，存款利率，自亦不能增高。

（3.）匯兌——分信匯，票匯，電匯，活支匯款四種。此種業務，因目前農村經濟情形關係，故暫無發達之可能。

（4.）貼現——凡以未到期本外埠票據，向農行貼補利息，請求付現者，歸入此類。

（5.）押匯——凡以運送中貨物之提單保險等，由押匯人開列票據，向農行貼補利息及匯水，請求付現，再由農行將票據寄至他埠，向買貨人收取款者，歸入此類。

(6.)信託——信託業務，摘要如下：代理農產品之包裝運銷，代理農產品之儲藏保險，代理購買農具肥料種子等，代理買賣及抵押房地產，代理碾軋農產物，出租新式農具，代理收付款項，代理保管貴重物品，代理管理財產，及其他信託業務。以上摘要。乃根據章程而言，事實上恐有名無實者居多耳。故信託業務，除農產品運銷及代購種子肥料等潮在發展外，其他信託業務，尚未發展也。

(7.)倉庫——與儲蓄臧抵押及代理農產品儲藏之信託業務，有連帶關係，故倉庫業務之發展，一方可代人民儲藏農產品，一方可作儲押放款。

(8.)金庫——代理本省政府機關之出納事項。

(丁)業務缺點

(1.)放款利率太高——農行放款，以低利為原則，然各地放款，利率上下，頗不一致，平均總在一分以上，大與錢莊相仿，殊背原則，而嫌太高。按美之農業金融機關，如聯邦土地銀行(Federa Land Bank)，其放款之利率最高為百分之六，旋又減至百分之五；股份土地銀行(The Joint Stock Land Bank)，則依一九二五年聯邦農地放款局之報告，一般股份土地銀行之放款和率，不過五厘半至六厘；聯邦中期信用銀行(The Federal Intermediate Credit Bank)之放款利率，對牲畜放款為二厘半，根據農業票據放款之利率為二厘。又據一九三〇年統計，聯邦農地局放款利率減至由一厘又八分之五，到三厘又八分之五，平均每年為二厘九。自羅斯福之復興計劃後，更予農民以低利資金之便利。故各國對於農業放款利率，莫不皆有規定，如法為三厘，日為五厘，德規定最高不得超過五厘，波蘭國家農業銀行放款利率，近亦減至百分之四二。由此可見農行放款利率，既不劃一，而尤過高。蓋農行目的，不在贏利，祇不虧本可矣。

(2.)放款期限太短——農民銀行之所以異於商業銀行者有二曰低利資金，長期放款、與零星借額。顧江蘇農民銀行放款利率既高，而期限又短，所謂農產抵押放款，青苗放款，合作運銷放款等，放款期限，不過數月或一年，故農民所受利益，仍為有限，雖其祇從事於短期放款，恐以資本不足之故，然此種問題，應從增加資本本身解決，殊不應縮短放款期限，而背農行之原則也。

(3.)放款未普遍——農行放款，大都恃農民之抵押品爲擔保，對於自耕農等，自無不便，但於赤貧之農民，所耕之田，非爲己有，茅屋三椽，祇避風雨，青黃不接之際，囊無隔宿之糧，點金乏術，借無抵押，此等貧農，最需救濟，然事實上農行信用放款，不敢隨便嘗試，惟有有田有產之農民，方有被救濟之資格，赤貧者豈得問津，此固於農民無組織之故，要亦農行少作信用放款之缺陷也。

(4.)倉庫太少——倉庫儲押，爲農產物價格低賤時最有効之救方法，亦爲農行主要業務之一；江蘇農民銀行，辦理是項倉庫儲押，已有五年之歷史，成績甚佳，現該行自辦之倉庫計有三十九處，委託當地機關代辦者，計有三十四處，由合作社或農民教育館代辦者二十四處；分佈常州無錫蘇州崐山丹陽江陰常熟吳江嘉定松江等二十餘縣。依據二十三年上期六月底止統計，儲押各種農產品之數量，計達三十萬石，儲押總值，六月底止餘額爲一百四十萬七千一百六十九元。由此可見儲押放款，十分發達，惟倉庫分佈二十餘縣，殊嫌太少，姑不論其設備如何，就數量言，殊有增設之必要。

(5.)運銷業務未能充分發展——合作社與農民所受之困難問題，當爲金融之不能流通，而金融之不能流通，其原因又多在於產品之不能運銷。農民亦或有採用合作社運輸方式者，然通都大邑無集中代表機關，專門技術人才之設備，其所受困難更甚；就各方面實際情形而言，實非有一集中運輸銷之機關不可。此種機關應具有行商之効能，而絕非行商之性質。故農行爲代辦合作社及農民產品運銷計，及設立農產運銷辦事處於上海南市，中國合作學社合作批發部亦同設一地，並在無錫鹽城水臯徐州等分行內，酌設分處。自辦理運鎖以來，業務頗爲發達，惟運銷分處，猶嫌太少，運銷利益，更宜廣爲宣傳，使農民樂於托銷之。

（三）改良方案

（甲）行務改進

(1)充實資本——江蘇農行資本之不足，早爲事實所明顯，例如資金常周轉不靈，而長期放款，增設分行等等，均待實施，故增加資本，實爲發展農行之先決條件。然則增加資本，將田賦帶徵歟？抑政府撥款歟？非也，愚以謂可用後列方法增加之：

(A)催收田賦積欠撥充——江蘇各縣，田賦積欠，爲數頗鉅，可呈請財政廳批准催收劃撥之。

(B)官荒土地撥作資本——各縣官荒地，可呈請財政廳省政府指定一部份，估價撥充資本，一方招佃戶開墾，每五年重行估價一次。

(C)政府發行農行公債——農村愈破產，都市愈繁榮，資本愈集中，銀行愈發展，此種畸形，試以上海銀行界之資金證明之：

中央銀行已越六千四百餘萬元。

上海銀行約三千六百萬元。

交通銀行增至二千五百多萬元。

四明銀行約二千萬元。

金城銀行約八百餘萬元。

中南銀行約一千四百餘萬元。

大陸銀行約千萬元左右。

國華，浙江興業，中國實業，聚興誠，國貨，墾業等銀行均在四五百萬元以上。

總計上海二十七家銀行之庫存及兌換券準備金，合計已佔全國資金三分之二以上；故都市資金，積如糞土，苦無投資方法，除上海中國兩銀行，已鑑於都市之無可投資，稍稍從事農業放款外，餘者或醉心於投機事業，或迷戀於證券買賣，不肯向農村放款，即或有

投資之決心，亦終以手續麻煩，農村崩潰，不敢嘗試。愚以為農行可呈請政府發行農行公債，商請滬銀行團包銷，再分售於各家銀行。蓋此種方法，政府苟有擴充農行資本之決心，則輕而易舉，一方農行即可得大量之資本，一方滬上商業銀行本視農業放款為畏途者，既有政府保證，自必樂於投資，如是則都市農村，均蒙其利，一舉兩得之方法也。

(2)分支行之設立，應視農村需要——農行性質，既為流通農村金融，發流農村生產，故原則上各縣均應有分支行之設立，惟以基金有限，不能普設，但必須視地方需要之急切程度而設，決不能以該縣基金收足成數而定，凡缺少金融流通機關之縣份，如江北各縣，更有儘先設立之必要。

(3)推廣鄉村代理處——農行目的，務求深入民間，多與農民接近，苟有便利之者，應極力促成之；故必須在鄉村間，多設代理機關，使農民收付感便利。

(4)訓練合作人才——農行為特殊性質之銀行，行員應有專門訓練，非但對於顧主宜有謙和禮貌，誠懇態度，且於合作業務，調查工作等認識，更應豐富。

(5)實行預算統制——農業金融機關，因其長期低利之特質

，宜由政府辦理，故農業金融機關，含有行政機關之性質，管理或監督行政機關最有效之方法，厥爲預算統制。農行之業務，隨市場之消長而變化，確切預算，當然難編，但若無預算，則過去工作，如何檢點？今後方針，不易決定！過去浙江各縣農行，雖有預算，性限於歲出部份，未及歲入之多寡，任意增列歲出預算數，自本年度起，由建設廳訂定歲入歲出式樣，頒發各縣塡造，於是不顧收入之任意增列歲出預算之弊，未見發生，此即實行預算統制初步所得之効力也。

（乙）業務改進

（1）推行實物放款——農行今後放款，應以實物放款爲主，蓋實物放款，具有左列利益：

（A）減少中間人之剝削——農行若放現欵於農民，則農人雖得現金，然向商人購買肥料種子或農具等，仍不免受中間人之剝削，倘實行實物放欵，則不僅可以免除階級之剝削，更可使農民得貨眞價實之良善物品。

（B）易於監督用途——農行放款，本以用於農業生產者爲限，若現金放款，用途不易監督，倘以實物貸之，監督自易。

（C）其改良農業之可能——農行以良好之肥料種子及農具等貸放農民，實有改良農業之用意。

（2）推廣儲押放款——儲押放款，爲農產品價格低賤時最有効之放款，其利甚多，列舉如左：

（A）放款普及——保證放款與不動產抵押放款，實非一班眞正農民所能受惠；信用放款，在現在農民無組織之社會中，頗難實行；惟農產抵押放欵，較爲普及，蓋凡爲農民，必有相當農產品，可供抵押。惟辦理時更應注意：交通便利，農產品爲自己生產所得，及抵押最高額應有限制等事項，以絕行商之抵押。

（B）調節價格——當收穫時期，農產品之價格常低，其故由於供需關係，與商人之操縱，若農行實行儲押放欵，則農民可得低利資金，農產物可無廉價出售之必要，俟物價上漲時，再謀脫售。

（C）安全問題——自農行本身言之儲押放欵，爲期較短，短期之中，市價之押動甚小；且以事實言之，收成時季，農產品價格恆賤，再依當時市價，折扣抵押，則担保品之安全問題，較任何放款爲可靠。

（D）便利糧食統制——農產物抵押，以米麥爲最普遍，米麥集中倉庫之中，則實行糧食統制，必較便利。

按江蘇農民銀行，推行是項放款，祇二十餘縣，其故由於倉庫不敷，然則增設倉庫，爲推廣儲押放款之先決條件，增設方法，或就各縣水陸交通便利之處，收買民地建之，或就各縣義倉積穀倉等改良之，或委託合作社與農民教育館代辦之。

(3)發展運銷業務——農行既供給農民之生產費，然若其生產之農產品，若無可靠優良之市場，則雖有豐年，亦必賤賣，飽受行商之剝削而後已：故此不特農民本身痛苦，亦足使農行放款，不易收回，故發展運銷業務，乃完成對農民整個生產過程中之協助，而農行放款，亦可多一保障。然目前江蘇農民銀行之運銷業務，未見充分發達，今後亟宜詳細調查生產市場與消費或製造市場之情形，各城市添設運銷辦事處，雇用專門技術之推銷員，作爲發展運銷業務之初步工作，一方從事宣傳，使農民信託之。

(4)減低放欵利率——農行放款，各處頗不一律，通常均在一分以上，若到期不還，則更加重五厘計之，如此放款與高利貸相差無幾，應即速減低利率，規定今後放款利率，不得超過若干。惟據各分支行放款經驗，謂放款利率，非特不應減低，且有增高之必要，其理由卽農民借款，到期不還，農行加利計算，以促其清償，但以當地

利率有高至二分三分者，雖加重利息，農民猶覺便宜，遷延時日。愚謂此非利率高低問題，乃爲放款之用途問題，若農民因農行利息較本地高利貸便宜而拖欠，我可斷定其借款必非用於生產，或以之消費，或以之償債，蓋用於生產者則農產收成後，儘可清償借款，他日再借，則反對降低放款利率者，殊理由無也。更也，或曰放款利率過低，易使土豪劣紳，利用合作社，得低利資金，再轉放於農民，而坐收漁利。此種說詞，更爲無理，蓋此爲合作社本身之組織問題，而非低利放款所致也。

(5)展長放款時期——現在農行放款，大都爲短期放款，至於長期土地購入放款，則尚未之見，故農民所受利益，甚爲有限，此種土地購入放款，有創立自耕農之功效，關係農村經濟至鉅且大；故農行自資本充足後，應積極舉辦此項長期放款，農民則須組織耕種合作社，以團體力量，購買土地，分配於社員，同時亦可進行農業技術改良工作。

(6)修正合作社放款規則——農行放款之媒介爲合作社，故合作社之組織問題，於銀行有唇齒關係，農行對於合作社之放款，應取嚴格態度，放款之前，必先細察其組織是否鞏固？社員是否有合作誠意？借款之用途，是否正當

?蓋據過去經驗，農行放款於合作社，常有不能收回之患，所謂合作社，亦僅爲借款目的而組織之合借社，更亦有爲土豪劣紳所盤踞者，利用合作社名義，取得低利資金，眞實貧苦之農民，反無問津之機緣，此種現象，均由於放款放任，與合作社之組織不健全。故今後在消極方面，對於合作社放款章程，應嚴格規定，在積極方面，尤設立合作指導股，指導農民組織，以絕不良分子之操縱，然後增加信用放款，俾赤貧農夫，得普受資金之協助。

(7)舉辦衣飾押款——農民日常所需之資金，其額甚小，故每以衣飾等物，向典當押款，然典當利息既重，估價又更苛刻，故愚謂農行可設立衣飾押款，代典當之業，供給農民低利短期小額之日常資金。

（四）結論

食爲民天，農爲國本，農業不振，工商凋疲，故在德奥人所著之經濟學中，均推農業爲根本業，德經濟學泰斗宋伯德氏忠告德人之言曰：『我國自立之道，惟有趨「再農業化」之路，「再農業化」在經濟建設中，實負極重之使命……』宋氏爲當代經濟學名儒，此種結論，確代表最近資本主義國家之趨勢，以宋氏尙鼓吹德國重農，何況素號以農立國之我國哉？上考史籍，下察民情，農業爲吾國之基礎，農民佔人口之大部，國脈所寄，民生所托；今也，農村破產，農業衰敗，哀我農民，如同釜魚，洋米洋麥，仰爲民食，海關入超，有增無已，然則欲救中國，舍救農村而何乎?!吾人皆知吾國銀行事業之基礎，建於工商，而工商之基礎，則建於農於農村，故工廠停業，商號倒閉，到處空屋召租，終年廉價賤賣，均爲農村崩潰之當然結果，然則工商凋疲，彼金融事業，將何以維持其繁榮？投資於地產乎？則空屋益多，交易日滯，其危險不啻虎尾春冰；投資於公債乎？漲落不定，收益不能饜銀行界之狂慾；投資於新興事業乎？則新興事業，已達總崩潰之前夜；若是者銀行界焉得優游自在，尙不願投資農村乎？故竊謂救濟農村，端賴金融之調劑，銀行出路，亦惟有投資農村，而尤以農民銀行爲首當其衝也；蓋農行居商業銀行與農村之間，除其本身以調劑農村金融爲目的外，更可領導銀行界到農村去，則其所負之使命爲何如耶？其本身之改進影響於農村者又何如耶?!

十月二十日於執信西齋

中國鐵路人事效率問題

周一士

一 緒論

遡以各業衰頹而引起之「提高工作效率」呼聲，甚囂塵上，蓋以凡百事業，無論政治，司法，實業，交通，教育，以及工商各界，均負有二大責任，一爲推進本身之事業，一係助長整個國家之繁榮，但其能否完成此二大重任，必須視其服務人員之工作效率而定，苟工作效率低，則難期盡第一責任，更遑論乎。第二責任，結果不惟本身事業，有退無進，卽整個國家亦受巨大之影響也。由此言之，在今日而不求工作效率之機關，名存實亡，不求工作效率之個人，有不如無！

「整理鉄道」，殆爲吾人膾炙于口者也，但鉄道事業？規模閎遠，欲圖其業務之發達，幾全恃良善之人事管理，蓋有完善之設備，精美之行車制度，而人事問題，不先妥善解決，則一計切劃，悉成空譚，是故運務業務效率之增加與否，全視人事效率之程度如何，此無待蓍蔡者也，方今鉄路盛倡商業化，其目的無非謀運輸業務之整理，對外係「爲民衆服務」，對鉄路本身，則使管理之合于科學原則，良以近代工業方面，有所謂科學管理法，旨在利用最小限度之勞動，獲得最大限度之生產，此實理想中之工作效率也，各業又何獨不然，于此不景氣年頭，尤當以增加工作效率，懸爲目標，盡力以赴，夫鉄路員工，人數衆多，工作繁頤，管理之道，亦卽引用科學方法，管理一切關乎人的事務，目的不惟使事無廢擧，增加效率，且使人盡其才，樂其職，而忠其業也，玆就我國鉄路人事現狀，略論其管理之失當，附以整理方案，以爲增加人事效率之張本，請申論之。

二 人事甄別之改善

鉄路而欲求眞正之商業化，對于所有員工，宜有極公允之甄別，良以我國各種事業，一切用人行政，多失常軌，卽就數十年來鉄路用人而論，初不問其體力如何也，智力如何也，能力如何也，道德如何也，升沉取捨，悉惟勢力與感情是判，待遇既失公平，地位復無保障，懦者懷五日京兆之心，黠者爲乘機奪之取謀，泄沓貪污，由此而起，實則用人而無一定標準，駢枝機關，冗餘人員，其結果不惟路局人員之糜費，而在員工亦往往因不平而懈職，致鉄路受無形之重大損失，蓋在職人員，往往服務纍年，成績卓著，竟不獲一升薪級，而新到者毫無經驗學識，反位高薪厚。反之，亦有新進之士，才學過人，抱負宏偉，而使之屈居下位，莫展驥足，而所謂老資格者，則月領豐祿，尸位素餐，凡此皆足以使人萌不平之念，終致怠職無疑，因此鉄路對于用人一層，必須有一定標準，此項標準，又應分因事設缺，因缺擇人兩種。易言之，即某一機關，應按照事實需要，規定用人多少，及每人之能力資格應如何，前者所以杜人浮于事，或事浮于人之弊，後者所以收各用其長克盡厥職之功能，果能依事務之繁簡，而定工名額，復依各缺職務，而定取才標準，頒諸法令，載之路章，則當局少濫用私人之機會，各缺均得適當之人才，外減貪緣之風，內泯不平之氣，庶幾各安其職，各忠其職也。

蓋以人事管理中之選擇人才，有如生產中之選擇原料，然所選原料，若不精美，則無論製造方法如何完善，其出品必不能優越，故鉄路選擇員工，應以其人之學識經驗爲標準，他若機警與練達，以及工作時勇邁前進之精神，遇困難有處置迅速之能力，均爲選擇者所應注意，故選用人員，須應用科學鑒別方法任用之，初一律須經嚴格之攷試，而選擇優良之份子，迨入路服務以後，加以訓練視其個性相近，予以適宜之工作，務使才不虛糜學能致用，不適宜者，隨時甄別分別更調，如是則人盡其才，職得其人，路務乃能發展。

甄別員工，既目爲重要問題，但鉄路員工爲數頗多，欲使全體程度不齊職司不同者，爲同様之訓練，反多窒礙難行，不如就工作性質及種類分爲若干級，切實訓練，必使學問與經驗互相攷證，融貫一氣，而後可以造成多數之實用人才，于每級訓練終了後，嚴予甄別，俾員司有公開競爭機會與正當出路，自可減少鑽營倖進之風，消弭其自棄妄爲之念，分級訓練完畢後，擇其成績及格者留用，其不堪造就者黜免，終之，用人問題，惟以二大原則爲依歸，一曰以適當之人才，置于適當之位置，二曰用人數額，以適達最高效率之需要爲度，如是鉄路之開支可減，而工作效能反可增加，此蓋觀于意法諸國之先例，而益信不誣也。

三 釐定員工之保障及福利設施

鉄路員工，既施以嚴格之甄別矣，是則欲使員工有忠職之觀念，非厘訂相當之保障不可，我國鉄路員工，幾無所謂保障之可言，狡桀者得占居要津，忠良者每受擯斥，或投閒置散，甚至門戶之見，畛域之分，任用罷免，悉用私見爲標準，形形色色，怪象百出，難以枚舉，夫處此情形，欲求工作效率之增進，無異緣木以求魚，今後亟宜厘訂員工確實之保障辦法，使各安心服務，則工作效率自增。不寧唯是，鉄路對于員工，如定有保障辦法，則員工無地位得失之患，可以致其全力于所事，以冀積功纍勞。

按級升遷，而任職愈久，愈克熟練專精增益辦事效能，且將視服務鐵路，為其終身事業，以鐵路之利害為利害，殫忠竭智，以圖報効，前大部曾頒佈「鐵道技術員登記敘用及保障規則」，惟以保障所及，僅限于工機電三項員工，此外如總務業務會計材料人員，則並未有保障之規定，實則卽就業務而論，客貨之如何招徠，運價之如何規定，車輛之如何儘量利用，行車之如何安全迅速，在在皆須根據高深之學理，暨多年之經驗，方克措施得宜，其影響所及，非惟鐵路本身營業，而整個社會經濟，俱與有密切重大之關係，是以業務人員，鐵路先進國家均視為非常重要，豈可以為非一種技術人才，而不使與工機電三項員工，同享保障之權利哉？因此鐵路為謀所屬員工之公平待遇起見，似應速卽釐訂業務人員保障辦法，以示公允，而維人心，果能妥為規定，切實奉行，員工忠職之念，信必油然而生也。

又查歐美鐵路員工，不論薪資厚薄，地位高下，莫不兢兢，勉盡厥職，而不聞有弊端之發生，其所以致此之故，原因雖多，但實則養老儲金，及死傷保險制度，藉以維繫人心，要亦為其主因之一，我國大部前曾頒佈「鐵路員工儲蓄通則」十七條通飭各路遵照辦理，但迄今除京滬滬杭甬津浦諸路外，其他各路仍未奉行，至于死傷保險，則在由大部規劃中，至望此二大保障辦法，能于最短期間，切實頒行，務使鐵路員工，奮發有為潔身自好，努力所事，則其前途，既有相當確實之保障，自可安心任務，不生他念，可以增進工作效率，抑有進者，此種儲金制度，員工因疾病或其他不得已之原因而退職，今以有大量之儲金可領，則不致因失業而感衣食匱乏之虞，並不致因飢寒所迫挺而走險，為作奸犯科之舉，又如員工因有失業儲金之希望，亦不致見異思遷，于去就肯尤違章舞弊，為細微之錢財，而放棄鉅厚之利益，此則于社會之風紀，鐵路之令譽，均有莫大之裨益焉。又員工于公餘之暇，應有相當消遣，以蘇身心之疲乏，然消遣之法，必須正當，否則不惟無益，抑且害之，最善之策，卽分別于各大站組織員工俱樂部，凡食堂，報章，運動，音樂，電影，戲劇等，均廣為設備，俾員工于工作之餘，能獲有益之休養，且彼此常聚晤于一堂，並可聯絡感情，交換知識，公務前途，實多利賴。又鐵路為員工就近診療及經濟起見，亦應于各大站設一診療所，以謀員工之方便云。

四　提高下級員工之待遇

語云：「富而後教」其意卽指衣食無缺，始能責以廉潔自持也，往者月得廿餘元之人，贍家有餘，現在則自奉或且不足，年來生活程度日高，而鐵路下級員工之薪金，仍屬甚微，日勤劬，不能供妻孥之一飽，按之人情，殊有未安，一般營私舞弊，其始亦不過補救飢寒而嘗試，日久遂成痼疾，此與社會之風化，尤有影響，是故歐美鉄路對于員工待遇，莫不深加研究，務使適合其生活狀況，反觀我國鉄路對于下級員工之待遇，極爲吝嗇，甚至有薪餉積欠數月不發者，以此種待遇，丁此種時艱，而欲其安分守已，勤奮將事，其可得乎！實則路政當局，應知爲路眞正工作者，均爲此等下級員工，苟薄之以待遇，鉄路工作，其將誰爲之？更遑論工作之效率耶？故爲人道計，爲增加工作，效率計，亟應提高下級員工之待遇，規定最低薪級標準，務使五口之家，均得過最低限度之生活，然後繩之以法，動之以情，則自能畏法守法，忠勤其職務矣。

五 嚴訂員工功績

鉄路員工既多，難免良莠不齊，有忠職而不能盡職者，有可以盡職而不忠職者，有忠職而又能盡職者，有既不能盡職又不忠職者，有特殊功績者，有營私舞弊者，其功過既各不同，而賞罰自須各別，故應嚴訂功績辦法，務使有功者稱其賞，有過者當其罰，各得其平，人無怨心，正氣所播，邪劣袪除，現杳各路雖均訂有升遷任免及奬懲各項規章，但或以事實困難，根本上卽辦不到，或因人的關係，不肯照章辦理，以致一切規章，幾等于具文，威信既失，則不足以爲勸善規過之資，此狡譎者之所以肆虐而善良者之所以灰心也，今後各路爲整飭路政計，自應根据現狀，將一切升遷任免奬懲規章，重事審核，改進，務以公平可行爲原則，一俟訂定通行之後，卽須切實奉行，毫無假借及苟且，則不肖之徒有所畏，而自好者益思勉矣。

六 增加路員專門知識能力

我國各路中下級員工，具有鉄路專門常識者，匪不乏人，而少見寡聞者，亦屢見不鮮，故爲增加路員之專門智識能力起見，應施行鉄路職工教育，或設夜校，或增闢圖書館，或用演講法，或用談話會方式，務期全體員工，對于一般鉄路常識及技術並其他經濟等學識，略識門徑，或深爲探討，再進而謀個人道德之修養，誠能如斯，鉄路員工智識思想，日見增進，而品格方面，亦能潛移默化，究其極，對于鉄路事業，必大有稗益，收效于無形之中矣，且員工學識提高，對于鉄路專門智識，增加研究興趣，久而久之，必能有所發揚闡明，直接造福于路界，亦非淺鮮矣，美國鉄路學家士(Henuy S. Haines 之言曰：夫智識爲效率之基礎，(Knowledge is The Basis of Effiency)蓋言無專門智力者，不足以應專門之工作，鉄路爲專門事業之一，其無專門鉄路學識者，卽不得爲鉄路之工作，不然將不知所以自處，遑論效率？顧視我國各路員工，每于公餘之暇，作種種無益或有害之消遣，無怪鐵路工作及業務效率之日見減退也。故爲挽救此弊，惟有改變員工之趨向，使其智識能力有增加之機會，結果不但可免喪心失節之舉動，且使經驗學識同時並進，任事效率，業務改進，所裨尤多焉！

七　注重工作時間

鐵道事業爲人類奮鬥競存主要經濟組織之一，而其供給運輸業務，服務社會民衆，可以力求迅速，爲唯一要素，是凡鐵路員工對于時間之重要，自非僅與一般人作空泛之認識，更當體會所從事工作之特性，再有進一步之深刻認識，蓋以路政體大用廣，工作浩繁，故其組織制度，以及一切行政設施，均採取分工合作爲最高原則，自其分者而觀之，則內有各處課股，外有各總分段，各有職守，以專責成，自其合者而觀之，則上下相聯，縱橫相系，羣策羣力，共底于成，整個事業之成敗，固在于全體員工工作效能之優劣，而各個員工服務成績之勤惰，實皆足以影響整個事業之得失，蓋凡百事業分工合作之運用程度愈廣，則各個份子之相互關係亦愈大，今我鐵道員工，若人人皆知注重工作時間，努力前進，則其工作迅速，收效宏大，自可期待，此鐵路員工對于工作時間，應特別予以注重者一也。現代社會爲一奮鬥競爭優勝劣敗之社會，凡事均須從奮鬥中求出路，凡事均須從競爭中求生存，如鐵路事業，非但自身退化，隨科學文明，繼續未已，從事工作者，必須握住時間，努力以赴，以期適應時代需要，而免落後，且以其他交通事業，如輪船，公路，航空等之競爭日烈，更須隨時隨地，改革更新，以圖抗衡，加之社會經濟之情勢，與夫人類生活之需要，皆時有變動，若不隨機應變，因時制宜，則非徒不能完成服務社會民衆，輔助經濟發展之天職，且將受天然淘汰之制裁，終歸消滅，或謂此在經濟發展幾已登岸造極，歐美固然也，但在我國鐵道事業，既屬幼稚，經濟生產，亦極落後，似與子所言之情況相差甚遠，殊不知惟其如是吾人苟非安于落任，自甘淪亡，更當急起直追，迎頭趕上，以期舍短取長，後來居上，況現在我國經濟生產，已日漸進步，交通事業已日漸發達，鐵道事業已漸入非奮鬥競爭，不向日上發展之途耶？此鐵路員工對于工作時間．應特別注重者二也，嘗攷歐美各國鐵道路綫之長度，動輒千萬里，卽我國現有各路之路綫，亦大都長約數百公里，或在一千公里以上，所直接服務之區域，往往廣被極大，面積間接者更無限制，常川來往之旅客，不知凡幾何人，陸續輪送之貨物，又不知凡幾何噸，範圍之廣，關係之大，實非一般事業所能及，故鐵路員工工作效能之遲速，直接足以影響運輸業務之優劣，間接卽可影響社會福利之多寡，如客運業務倘以員工處理遲緩，延誤行車，則來往行旅，皆將因時間上之損失，感覺精神上之痛苦，如貨運業務倘以員工應付欠敏，延誤裝運則託運客商皆將因時間上之損失，常受經濟上之不利，至于因不遵守及注意時間，以致發生意外之事變，危及生命財物之安全者，則其情事尤爲重大矣，然則鉄路員工爲社會福利着想，在工作時間內，對于時間問題，實須視爲最重要之問題，而亟加注意，此鉄路員工，對于時間應特別注重者三也，由此數之，無論以組織制度之特性言，或以時代環境之狀況言，或以社會福利之重要言，我鉄路員工對于時間，均應特別注重，視爲生死之關健成敗之樞紐，從而寶貴之，利用之，及時努力，不容其輕輕過去，然後時間充分利用，工作效率之增加，自能游刃有餘矣。

八　編訂行車安全規章

各種行車安全設備雖已完善，但若無一定行車完全規章，以

爲訓練員工之用，則設備將有時不能盡其功能，仍不免遺肇事之憾，故爲力求行車安全起見，應由大部編訂一「行車安全規章」，關于各種設備之運用方法，分別詳爲解釋，並附以圖樣，令各員工手執一編，奉爲圭臬，朝夕熟誦，備庶不致因錯誤疏忽而肇行車事變也。

九　結論

吾國鉄路之待整頓也亟矣，整頓應由工作效率始，工作者之體力與知力，以及工作之分配，皆爲構成工作效率之重要原素『以適當之人才，應適當之工作(Right Man For Right Job)』尤爲造成工作效率之惟一要件，其謀從根本上整理我國鉄路者，舍此更無他術，盍不羣起圖之！

民廿四年五月草于交大執信西齋

經濟恐慌聲中之上海房地產事業

陳志一

(一)引言

吾國自與海外通商以來，入超之數與年俱增，國內經濟原已逐漸拮据；但因尚屬慢性，故無顯明之表示耳。然自前年之標金狂潮爲始，繼之暴日肆虐，水旱之災，[illegible]之亂，閩變之役，及最近之白銀暴漲問題，連續發生，于是吾國內之經濟問題，遂亦日趨于嚴重之境矣。

蓋經濟爲一國之命脈，立國之基礎，與國之強弱，尤有莫大之關係在焉！考美利堅所以如此之富強者，經濟之力也。德意志恢復軍備所以如此之速者，亦經濟之力也。是故苟欲達強國富民之坦途，經濟問題，誠不可不加以研究。然則經濟問題之範圍，殊廣且泛；欲加以全部之研究，洵非易事，而實亦非不才所能爲也。今將房地產之問題，稍加討論，苟有錯誤之處，則請諸師長·同學等，加以糾正爲幸焉。

(二)經濟恐慌與房地產之關係

夫土地者，人類之生產工具也，有之，始能生產我人所需要之原料，滿足我人之慾望；而我人之住行二大問題，亦能有所寄托，土地偉大之價值，即基於斯焉。

我人既知土地爲人類之求生工具矣。然則我人更應詳加研究其用途是否純正，使用之方法是否合理，使用之人是否適宜等等·蓋以上諸問題與國計民生之關係，誠非常之密切也，苟其用途等，甚不合理，則非惟違背「地盡其利」之原則，更且妨害公共之福利與夫邦國之安危，可不懼哉。

考上海經濟恐慌之發生，固不自今日始，然要以邇來爲較深刻。最近若干中小銀行錢莊之倒閉，及多數商店公司之停業，實即經濟恐慌之反映；而一般工商業者之不能履行債務則尤爲經濟恐慌深刻化之鐵證。蓋若干中小銀行錢莊之倒閉，及多數商店公司之停業，尚係普通經濟恐慌期中應有之現象；而一般工商業者之不能履行債務，則非極深刻之經濟恐慌，不足以致此也。

構成其經濟恐慌之原因，雖多如牛毛，而其最要之原因，則爲房地產資本家之過量絞榨，有以致之也。蓋上海爲全球商業之都市，商民之生活費，完全取給於買辦佣金，在商業競爭日趨白熱化之下，佣金額勢必日薄，此已足使上海商民感受莫大之威脅

•然不幸在一般物價低落，佣金微薄之際，房地產資本家反而利用房地之稀少，而高抬其房租地價，工部局且推波助瀾，有高估地價之舉，於是商民所得微薄之佣金，遂不得不悉作房租地稅之用，而因房租地稅高昂而起之商民經濟恐慌，乃與因內地負債而起之恐慌，同時並作矣。最近商家不能如期付出房租者，幾佔半數以上，吾人由此固可見房地產資本家壓榨商家手段之毒辣，亦足覘高昂之房租地價，實爲構成上海經濟恐慌之最大要素。由是觀之，房地產與經濟恐慌之問題，關係殊切也。

(三)房地產事業失敗之原因：

近年以來，經濟界之不景氣，達於極點，雖素來號稱投資穩固之房地產事業，亦不免受重大之影響。就上海一埠而論，以房屋言，則空閑之速率，與日俱增，已投資者皆困於利息，於是一般投資者乃視此道爲畏途，實則投資于房產之途，在目前仍爲有希望之事業，其所以疲敝不堪者良因目前人民之經濟能力過於薄弱，而年來房屋建築又漫無限制，供求不相等，其結果遂致造成目前多數空屋之現象也。以地產言，則今日之市面，亦殊烏煙障氣，此種狀況，固不能不歸咎於白銀價值之狂漲不已，但其主要之原因，實爲一九三二年上海中日戰爭所造成。蓋自該事件發生以來，地產市面即從未回復原狀，而以東北二區爲尤甚，一遇銀根緊縮，衰落之狀，愈益露骨，以前各業主將產業在外抵押所負擔之利息極重，現在一時無力贖回，或另覓籌款途徑，而債權人每每又施以壓迫，遂致發生強制出售等情；同時上海一埠所待售之地產既多而在投資者方面，則因鑒於空屋日多，利息日薄，遂亦裹足不前矣。在「一二八」一役之二月中間，上海房地產交易，完全停頓，而該一年中房地產交易之總值，亦不及民國十九年三分之一，與民國二十年相較差額更鉅，僅爲七分之一，今將該三年之交易數，例表如后：

月別	民國十九年(1930)	民國二十年(1931)	民國廿一年(1932)
一月	——	一五，〇〇〇，〇〇〇兩	——
二月	——	八，五〇〇，〇〇〇兩	——
三月	二，五〇〇，〇〇〇兩	一六，五〇〇，〇〇〇兩	七五〇，〇〇〇兩
四月	七，〇〇〇，〇〇〇兩	一五，二五〇，〇〇〇兩	一，〇〇〇，〇〇〇兩
五月	一〇，〇〇〇，〇〇〇兩	一〇，〇〇〇，〇〇〇兩	四，〇〇〇，〇〇〇兩

六月	一〇，〇〇〇，〇〇〇兩	一四，〇〇〇，〇〇〇兩	三，〇〇〇，〇〇〇兩
七月	三，〇〇〇，〇〇〇兩	一五，〇〇〇，〇〇〇兩	三，〇〇〇，〇〇〇兩
八月	三，九五〇，〇〇〇兩	一八，〇〇〇，〇〇〇兩	一，〇〇〇，〇〇〇兩
九月	一，九二九，〇〇〇兩	一八，二五〇，〇〇〇兩	一，〇〇〇，〇〇〇兩
十月	七，〇〇〇，〇〇〇兩	三，〇〇〇，〇〇〇兩	一，〇〇〇，〇〇〇兩
十一月	一〇，〇〇〇，〇〇〇兩	四，五〇〇，〇〇〇兩	二，〇〇〇，〇〇〇兩
十二月	五，〇〇〇，〇〇〇兩	三，〇〇〇，〇〇〇兩	一，〇〇〇，〇〇〇兩
總計	六〇，三七九，〇〇〇兩	一三一，〇〇〇，〇〇〇兩	一七，七五〇，〇〇〇兩

(四)房地產事業失敗之責任問題

上海房地產商數年來因周轉不靈而遭遇之種種困難；自屬不幸，然造成此不幸者，爲房地產商本人歟抑屬他人歟，此應加以詳細考慮者也。今日各房地產商之一切不如意，實偪促於利息問題之下也。當其置屋之初，必也計算利息，舊屋租金過低，不足維持其預定之利息時，乃爲建造新屋之設計，如何建築，如何出租，胥爲自己之利息打算，勝利在握，卽押款商借亦極合算，彼等固未曾爲租屋者計算，是否需要，是否能負擔，以致新屋建成，少人過問，利息之損失殊屬可觀。如南京路之某大商場，設計之初，估計可得二分之厚利。靜安寺路之偉大公寓，初時估計亦可得月息一分五厘，至今能否如願以償，此共見之事實，已置產者困於利息，于是欲置產者鑒於前車，抱消極之態度，上海之房地產事業遂陷於停頓。然造成此情形者，房地產商本身之過也。

(五)補救之方策

閱日前中西報載，上海各大房地產商集議，有呈請政府設立地契公庫，發行流通劵五萬萬元，以資週轉市面，並擬以六成現金四成地產作爲準備金之消息云云。當茲金融市況緊張之際，各種救濟方策雜陳之時，流通劵之發行，要不可謂非較爲具體之計劃而我人亦應詳加討論者也。

原夫上海之經濟恐慌，爲籌碼不足與夫流通不暢所釀成，而流通籌碼之所以缺乏，則又爲整個籌碼不能分割之故也。蓋地產契據本爲籌碼之一，猶其他籌碼然，旣已流通，勢不能使之呆滯。細察房地產商之計劃，無非爲添加新籌碼以增市上之流通及滿足市上之需要，換言之，亦卽以籌碼易籌碼，使之化整爲零，俾易於流通，固非可與絕對之通貨膨脹所相提並論者也。

考之史實，以地產爲準備而發行流通券以救濟金融恐慌者，德國於歐戰後首先行之，此 Landen Mark 之所由來也。且其數量之鉅，遠在五萬萬元以上，所有準備，除地產外，別無他物或現金爲之擔保，但其結果則殊良好，不數年間，Landen Mark 業已取贖殆盡。今日德國金融隱定，市況繁榮，苟非當日之能隱渡難關，實不克至此。先例具在，安見不能通行于今日之我國乎。

雖然，吾人尚有數疑問在焉！其一，流通券既以地產爲準備，而復以現金六成爲保證，敢問建議諸公，該項現金究從何處而來，蓋既有六成現金卽三萬萬元，國家銀行卽能籌發五萬萬元之紙幣以供流通，更何勞諸公之建議歟，且紙幣之流通問題，較之地產流通券優良多多矣。其二，流通券以地產爲準備，亦猶政府所發之公債以固定收入如關稅鹽稅爲還本付息之基金，公債之信用以稅收之多寡而衡，而流通券之信用自以地產之收入爲斷，故以地產之價値維持流通券之信用則可，欲以流通券之發行而維持房地產之價値則不可，今諸房地產商竟以此爲維持地價之工具，不亦因果倒置耶。

吾人欲打破嚴重之局而及消弭恐慌之狀態，對於救濟方策，自應平心靜氣，予以確切之研究及精密之參考不爲功也。是故發行五萬萬元流通券之是否可行，政府之是否認可，要在方案之如何規定與夫運用之如何適當耳。

以不才之管見言，救濟之道不外乎治標及治本二途，今試略述之如后：

（甲）治標　道契及土地執業證，可加入爲中央銀行證券項下之保證準備一也。蓋將其作爲保證準備之後，其活動之範圍，亦必較廣，于是其價格必因不呆滯而易于維持矣。國家銀行對於以房地產做押款或拆票者，應儘量接受二也。蓋地產之價格與其供求之數，實有密切之關係在。觀乎，前數年交易之盛，其價格亦遂之而飛漲，卽可了然矣。然交易之多寡，本不一律，當清淡之季節中，一般較弱之投資者，爲缺乏資金之故，必向各銀行錢莊押款，以資週轉；倘其應允，固可暫爲維持，苟遭拒絕，而復逢供過於求之時，則其價格必將逐漸低落矣。徵諸目前狀況，一般銀行錢莊之拒絕抵押，實爲釀成其價格低落之一因也。

（乙）治本　揆之地產，有價値而又有生產能力者也。生產能力苟能使之改良進步而並有確切之保障，則其價値自能維持而不墜，以之爲流通券之準備，或竟超越現銀準備價値之上，蓋現銀祇有價値而無生產能力也。再就房屋而言，欲謀其事業之發展，必先避免空租之危險，庶乎能使投資者之踴躍參加，促進之法，厥爲改革房屋投資制度，蓋先必將以前種種之缺點加以補救，如減去各項額外之支出，補救空租之弊害，穩固超越之保障，避免房產移轉之困難，免除贅煩之手續，不限定資力，毋須具備房產投資之智識等等，然後方能引起各投資者之興趣而紛紛加入矣。

抑尤有進者，房地產商處茲環境之中，更應澈底覺悟，再不能保守其固有之成見，以人爲力過分提高其價格，以致減少一般投資者之熱烈參加，而造成供過於求，交易清淡之局面也。

(六)將來之趨勢

甚矣，目前房地產交易之呆滯與夫價格之低落焉。然則其未來之前途如何耶？此吾人又不可不加以思慮者也。舉一般經濟專家言，其前途實並不黑暗。蓋上海一埠，因目前空屋建築過多，而市面又不景氣，遂致空屋隨之而增，但上海人口現已如是之衆，且不能不繼續增加，故目前之嚴重局勢，自是暫時之狀態，現在之空屋，不久自有人遷入也，同時現在房屋之建築數，已不若從前之踴躍，在短期內之需要，當能恢復而與供給適合也。

但進而言之，欲達以前交易旺盛之途，則非先求其產業之鞏固及獨立不爲功。若仍如今日之情形，則外來之勢力與內在之不振，兩相夾攻之下，吾恐欲其產業之進展，難矣哉。

(七)結論

統而言之，數年以前，上海之房地產事業確乎盛極一時，利息優厚，較任何投資爲最，以其抵押現欵，尤爲各銀行錢莊所歡迎，初不料年來之一敗塗地，至於斯極焉。其中損失較鉅者，厥爲華商。蓋上海之貴重地產，往年咸在洋商之手中，地價日高，利息優厚，自然引人羨慕，于是國人見之眼紅，在三年以前，洋商手中之貴重房地產，移轉於國人之手者極多，此等地產，皆爲洋商往年以低價購進而後以高價出售者，因眼光之不同，我國房地產商遂蒙鉅大之損失矣，此其一。洋商之經營上海地產事業，是以外人之資金，用以流轉於上海之市面，迨其將房地產出售後當必滿載歸國，往日流轉於市面之一部資金亦隨之而往，于是市場受其影響矣，此其二。今日上海房地產事業實已成尾大不掉之局，市面金融陷於枯竭，我國房地產商之高價收買，確爲重要之原因。爲今之計，各房地產商唯有自認失敗，負担其損失，勿爲預定之利息支撑，待市面發展，房地產當然亦必活躍，是時再圖桑榆之收，猶不爲遲，如仍不顧目前之狀況，一味蠻幹，則其損失吾恐尚不止于此焉。

適中樓茶館

包辦滿漢全席
小酌零吃俱全
飯券價廉物美
地點優良適中

地址 交通大學門首

森記
金城男女理髮社

技術精良
清潔衛生
坐位舒適
裝璜富麗

地址 交通大學門首

發記
鴻園飯售店

包辦酒席
地位寬敞
清潔衛生
如意飯菜

地址 交通大學北首

祥興
洋服公司

本號自運歐美時新花呢精美嗶嘰特請專門技師精製高等禮服時新西裝以及西裝附屬用品價廉物美如蒙 光顧不勝歡迎

地址 交通大學門首

穩固的地產放款政策

譯自Banker Magazine

李齊長譯

年來地產價值跌落之問題，對於銀行有極大之影響，無論其爲商業銀行儲蓄銀行，或信託公司均感受同樣之影響，在商業銀行方面，已押款之地產，其價值已因市面地產價值之低跌，而漸次減低，在儲蓄銀行及信託公司方面，已將押款之數目，減至最底限度，在過去之五年，我們已經顧慮及銀行，若以爲是穩固之借款，必須于充實地產作押品之外，仍須顧及借者在合理時間還債之能力，及其付息之能力。

許多銀行家之經驗，可以證明我之觀察是對的，他們最少曾經有一次將款借給與成功之實業家，而以同等價值之地產爲抵押品，在世界景氣之時，實業家之承繼人，將投資地產所得之利益，不用于償還銀行之債務，而用于別種事業，至使銀行無形中從債權之地位，轉爲實際地產所有者，因在借款期內，地產之價值因商業不景氣而漸次跌落，在景氣之時，銀行若要求借者償還本息，則借者必藉口地產之價值與借款相當，而延遲還本之期，及至地產跌價，業主相繼減租，住客戶亦以他遷爲要挾故使地產之收入，不及從前之佳，卽地產每年之開銷，一不能應付，其結果將使銀行負一部分之損失。

銀行亦曾經借款于商人，以爲建屋自居之用，在十五或二十年內，借款者祇付相當之利息，及稅捐，而將還本之部分，用于別種消費，及至地產跌價，銀行要求借者償還一部分之欵，使已押款之地產，其價值與借額相等，在此時期借者無力還本，須使銀行無形中成爲該屋之收買者。

銀行亦曾借款與投資于公寓之商人(Apartment House)因借者將每年所得之收入，用作更大之投資，及至地產跌價，借者無力還本，遂使銀行不得不爲其經營所投資之地產，無形中變爲借者之代理人。

以上所列之各種事件，是以往五年地產借款之經過情形，我們現在對於此種價值相等之地產借款(Flat Loan)之結論是極端反對，因此種借款對於債務及債權者，雙方均無利益，因在借者方面，無形中是鼓勵商人對于地產之投機，在銀行方面，無形中使銀行，漸次買入大量之地產，此種地產，其價值必較當時之時市價為低，無論如何此種大量之地產投資，銀行之資金，有周轉不靈之弊。

討論到地產之從新估値，許多銀行祇注意地產之本來價値，而忘却其已貶之價値，蓋在每十年後，房屋之價値，因其式樣之不時，及牆土之塵舊，祇及其原來價値之60%—30%而已，尤其是在住宅及公寓之投資，此種情形，更為明顯，因此種頭等之公寓及住宅，若非大加修理，則在十年中無形中變為二等之公寓與住宅，若此，則其每月租金之收入，必減少，故押款之數目，若不與房屋貶値同時減低，則銀行之資產之信用，必漸次減少，除非地產之價値是繼續高漲猶有進者，借方若不能在經過之時期，將一部分之本息付還，則無形中表示其將永遠不能償還，但銀行仍以為將地產拍賣，以作抵補之用，須知地產拍賣所得之款，能否與借款相抵，是一極大問題，況若至于拍賣之時，借貸兩方之感情必至于決裂矣。

若在以其他財產造押品，其借款則與地產押款不同，因此種貨物之貶値，及其式樣之變更，不及房屋之明顯，但在城市之內，往往因市之商業中心他移，而使往日繁盛之區，頓變為冷落之域，此種變遷，自然影響地產之收入，及其價値，此種情形，借貸兩方，均須考慮，因地產之價値，在押款之觀點來看，是全以

其收入來決定，總之無論何種情形凡使財產之每月收入減少，必影響于其押款之價値。

由以上所提及各種情形，我們覺得關于地產押款有幾點値得注意的，借款之有利與否，在于借款時其觀察，借方之人格，商業上之才能及還款能力是否清楚，在進行放款時，下列各點，頗須注意。

（1）借款之目的

（2）借者對於押款地產之價値

（3）押款地產每月之收入，及每月之維持費用

（4）借者還本付息之來源。

（5）借者是否已經負債。

（6）借者每月收入之來源，

（7）借者之經濟情形。

（8）借者之收入與支出之比較。

在進行借款時，若能將以上之各點，細加分析，同時在可能範圍內，借者必須填寫資產負債表，因為借款之能否依時付還，在夫借者之將來情形如何，苟有此資產負債表，我們可以推測借者之將來經濟情形，若借款之目的，在夫于投資可靠之事業，則款額與押地之價値較大，若借款以作投機之用，則款額萬不能高于地產之價値，若借者之商業能力不佳及有投機之傾向，則銀行

自不應借款以鼓勵其投機，若押地之每月收入是足以還本，或借者之將來之收入，是極可靠而且一定，則借款自無大碍。

若借者之資產負債表已塡妥，則銀行必須小心審察其內容，在此時，審察者無疑是借款之關鍵人物，因其審察所得之報告是決定銀行應否答應此種借款之根據，故身爲察查者，必須明瞭當時之趨勢，彼必須將地產之年齡及其每月之收入，支出，作一詳細報告，同時對于上列之八點，亦必須詳細研究，然後決定此種借款之是否可靠。

借款爲穩固起見。必須經過委員會之討論與審查，因一人審察者之判斷能力，不及聯合數人判斷之可靠，故委員會應將審察者之報告，加以研究，猶其是對于借者之人格及其商業能力之價值，此外，對於押款地產之性質，爲商業，工業，或公寓，亦必須研究，因每每有特別之房屋，如醫院，學校，戲院等，必須加以長期之考慮，方可借款，凡借款其押品爲一公共機關者，是多不可靠，因公共機關之會員，對于該機關經濟關係是極少，同時委員會應注意公寓及房屋之修理及其將來之貶值，因公寓或房屋，其十年內之貶值，約爲50%，故除非借者另有款項，以塡保此50%之貶值，同時亦須查明房屋之隣近情形，因此種環境，對于地產之將來，有極大之影響，若以上之各種情形，均以查明，最後我們必須訂明還款之方法，因還款之方法及日期，若已訂明，則對于借貸兩方，均有利益，同時對于社會之流動資本不沒有障碍。

現在我們討論關于還款之方法，在房屋，最要者爲房屋之新舊與式樣，若新屋易于售賣者，每月還率由2%至1%外加利息，在新屋而式樣特別，不易售賣者，每月還率最底爲1%，外加利息在七年舊之房屋，則每月還本之率，最底爲1%，外加利息，因此種還本率，可使債務于八年內完全還清，至于新的公寓，其率最底亦爲1%，外加利息，因此種還款，能將償款于九年內還清，此九年內，爲新公寓最佳收入之時期，在于七年舊之公寓，其每月還本率應1½%，外加利息，因此種辦法可于該公寓未至完全無用之時，將債付清，至于商業建築物，其率應爲1%外加利息，但亦須觀察該築物之新舊，至于工業之建築物，則最好決定于五年內將債還清，因工業建築在社會上之一般要求並不大，故爲借之押品是不可靠的。

經過委員會審察後，銀行應將還款之計畫與借者商議妥當，此種付款計劃，表面看來，是對於借方毫無利益，但若借者是極有商業才能，使以明白此種方法，是有利益，一則使借者有勇氣將借款于一定時間付清，二則若借者每月付款則利息是按月減少，同時借者可免將債延長，及續借之弊，而使其在一穩固之地位，以免銀行藉口，而行使其任意何時取款之權，或減押品之價值，假如借方不滿意此種還款計畫，則最好請其向別銀行借款，因爲少數穩固之放款，較之多數不穩固之放款爲佳也。

經過以上各種手續後，最要緊一事爲催促借者按月還款銀行。應每月寄給借者付款之通知單，若過期十日二十日，則借方應聲明其延遲之理由，銀行務設法，不使之再發生，若借方因疾病或失業而不能付債，則可延遲三月或六月，若借者仍不能付，則銀行可以要求將租金之權轉讓，或將借方之保險費暫借以還本付息，最後銀行可以要求增加抵押品，總之無論如何，銀行務設法使借方能按月還本付息也。

現在我們討論如何使借者由整批還債，變爲分期還債計畫，凡在整批還債滿期之時，銀行卽應要求將整批更改，不過此種更改，是極困難，因借方之習慣祇于每月付少許之利息而已，今若要求分期還本，則借者非從新改變其以往之預算計劃不可。但此種分期還本付息，是極有益于借方，因可以減少借者將來整批還本之困難，及担負高貴之利息也。

現在我們討論關于土地押款之本問題，凡作於每年收割一次之土地押款，最好要求三月或每月還本一次，若每年收割兩次或四次，或其每月之收入是有一定之土地押款，則必須要求每月還本一次，無論如何，銀行不可應允借方之要求，由債權者之地位，變而爲該土地之所有者。因借者每于不能付款之時，更要求將地讓與銀行。故若在借者收入稍豐之時，卽應催促將一部分之債償還，以免在經濟困難之時，要求延長還款之期限也。

美國在于以往數年，世界經濟恐慌，銀行放款之最大損失者爲產業之放款，估損失百分數最少者爲地產放款，蓋地產之還債爲長期之整批而非短期之分期付款也。

現在美國之情形，其趨勢漸向于凡住屋多爲住者所有，之情形，故將來以屋押款事情必多。若能實行分期還本付息方法，非獨可使銀行放款穩固，同時社會之金融，免至長爲不流動之資金，如此則雖在經濟恐慌之時亦無大碍也。

× × × × ×

近數年來，我國都市之地產生意，因都市土地之漲價，突飛猛進，猶其是在上海，此種情形，更爲明瞭，在往年地產低價經營，地產商人，每多將其地產，押款于銀行，由此而牽連帶銀行之安全問題，有許多銀行，因一時周轉不靈，如近日之美豐銀行等而至停業，影響于社會之整個金融，有極大之關係，譯者見到此點，故將此文由英文，譯爲中文，以供有心研究此問題者之參攷。

自由經濟與統制經濟

謝世長

所謂自由經濟制度，原是隨着人類經濟自然的發展而來的，自古以來，人類不知費了多少心血，經過了多少紛爭與流血，纔換到了今日的資本主義制度的發展，簡單來說，這種制度的特徵，就是在商業組織內並無共同的心理或公意，足以指導人類的經濟行爲。公衆的幸福，經濟界全體的協和，幾乎完全憑個人私利上競爭的結果，在這種制度之下，對於人的經濟行爲，並不是絕對沒有統制的方法，不過統制的方法是由於社會自然的發展的結果多，由於人爲的統制較少；由於私人組成的統制多，由於政府造成的統制較少，因此，我們可以知道，在自由經濟制度之下，人類的經濟行爲是多少受些統制的，不過這種統制是片段的，不是整個的；是例外，不是原則，因爲這種緣故，所以在經濟界內，各人的經濟活動皆以私利爲目標，以自由競爭爲手段。在複雜的經濟社會裏，包括許多獨立的專業的經濟個體，這種經濟組織在自由經濟制度之下，其營業上之主旨不是相扶相助，共存共榮；而是有戰爭相抗的局勢，工業與工業戰，商業與商業戰，資本家與勞工戰，不公平的競爭，陰險譎詐的手腕，層出不窮，祇求個人的利益，不惜犧牲公衆的幸福。

在我們現在的自由經濟制度裏，有許多缺點可以舉出來，今略舉數條於後：

（一）現在的經濟制度裏，全國生產上無統一的計劃，實業的增加及發達不齊，有些實業增加發達得太快，有些實業發達得太慢，有些地方經濟發純過速，有些地方經濟的發達簡直慢得可憐，荒涼滿目，地下富有的鑛產沒有開發，結果在經濟組織裏各方面不能相互調劑，形成了畸形的發展。

（二）全國實業的產量由各企業家各自計劃，彼此消息各不相通，因此市場上的情形關於貨物需要供給的確數目難以預料，以致有生產過剩的弊病發生，恐慌一起，全國人民的經濟福利皆受其害。

（三）在我們現在的經濟制度裏，經濟上的消耗過大，倘使工程上設計不當，生產的方法不適宜，或管理的方法不適當。祇要現在買賣上有利，商人祇顧目前，目光近視，不向遠處看，以改良他們的舊規，此種消耗，日積月累，每年的損失實足驚人；而同時在我們現在的經濟制度內，時有生產過剩的情形發生，其爲害吾人早已知之，一個地方的生產過多，把整噸的咖啡傾入大海裏，整畝的番薯爛在地裏不能挖出銷售；同時在另一地方尚愁荒年，無飯可吃，企業家的彼此競爭，足以生出多少經濟上的耗費，競爭失敗，所喪失的資本固然是社會上的大衆消耗，就令競爭不失敗，彼此繼續競爭所生的損害已多，因爲彼此爭主顧搶買賣的緣故，常用廣告作爲競爭的武器，不管其貨物實質上的好壞如何。廣告工作好的公司買賣常好就全國來計算，每年所費之廣告費用不知幾千萬幾萬萬，我們知道廣告的魔力甚大，能改變一般消費者的嗜好，增高他們的生活標準，日日近於奢靡。從一方面說，廣告的效用可增高經濟文明的程度，然而在另一方面來看，廣告的魔力足以使人民平添許多無益的消耗。

(四)在我們現在這種經濟組織裏，一切生產都不是爲着增進公衆的經濟福利而生產，而是爲着個人的私利而生產，結果不管任何貨物，如能獲利，即可生產，所以嗎啡鴉片淫書毒藥等有害於人類的健康與道德的物品生產不絕，其弊害的大，是我們可以想像的。

(五)在現在自由經濟制度的社會裏，最難解決的問題，也就

是現在的經濟制度的大缺點，是勞資間衝突的難求解決，勞工問題無法解決，勞資兩方各處對立的地位，彼此利害根本衝突，不能調和，現在所用以求解決的方法，不是壓制勞工，使其暫時屈服，就是設法調解，暫維現狀，而沒有根本解決的方法。每次勞資糾紛的發生，即使全國經濟受損一些，而於自由經濟制度裏，勞資的衝突是常有的，經濟受損的利害情形可以想知了。

(六)在現在的經濟制度裏，人與人的經濟上機會不能均等，有許多極有爲的青年，努力工作的結果，不能夠得到其必需的最低的經濟狀況以維持其生活，至於要想高升發達，那更是無異於做夢。同時在另一方面，有有勢力有財富的人，甚麼事都不做，四肢不動，而其生活却是很舒服。所以因爲人與人在經濟上的機會不能均等，貧者愈富，結果全國的財富祇有少數人把持支配。此種傾向的危險，我們很可以看出來，所以現在的經濟制度實有改良的必要，使人民在經濟上都有發展的希望實爲要圖。

(七)在我們現在的經濟制度裏，物價不能穩定，時有漲落，所以人民處處感覺不便，受到損失。普通一般的補救辦法是靠着中央銀行的金融政策，來統制貨幣流通的數量

・來穩定物價的漲落。我們讀經濟原理，知道在交換方程式裏，除了貨幣的量數爲重要的元素外，貨物的量數也是個重要的元素，所以用統制貨幣流通量數而求穩定物價的方法是片面的，其效驗並不大，我們要求物價的穩定，除統制貨幣量數以外，仍須統制貨物的量數，然而在我們現在的經濟制度裏，對於貨物量數的統制，簡直可以說是沒有方法。所以在自由經濟制度裏，要想求物價的穩定是十分困難的。

(八)在國際貿易上，自由經濟制度更是缺乏統制上的作用，現在節制外國貨物入口的辦法是靠關稅政策及國際兌匯的方針，我們的關稅政策能力薄弱得可憐，這種方法可說是極幼稚的，沒有能力的。最理想的辦法須使本國的進口貨按照需要的貨物種屬數量，品質的標準，及需要的時間，次第入口，每年口的量數以達到國內的需要爲止，但是這種理想的辦法，說是很容易的，實際上却極難達到，雖然在可能範圍以內，我們可以設法。在國際貿易上，每年應該有個預算，並由全國共同組織一個總機關，辦理全國一切出入口的事，對外方能全國一致，外國人在本國內設立的工廠，也應設法加以制裁及限制，凡此種種在自由經濟制度之下是不大容易辦到的。

以上所舉自由經濟制度的弊端是很可以看出來的，雖然並不詳盡，但已證明牠的缺點，而且自由經濟制度，據我看起來，是不大合於科學管理的原則的，因爲關於全國的經濟既無整個的計劃，在商業組織內，又沒有共同的心理或公意，足以指導人類的經濟行爲。在組織方面，沒有足以聯合經濟界同策羣力指導一切的中央機關，通常所謂經濟組織也不過是一種散碎的組織，或買賣上的聯絡而已，並不是一種有計劃的整個組織，使各方面連成一氣，集合爲整個的一個機關，所以我個人以爲現在的自由經濟制度應加以改良，而有施行統制經濟的必要。

如果統制經濟能夠實行，自由經濟制度裏的各項弊端，可以有相當的辦法。這固然是統制經濟的優點，但是在另一方面，統制經濟也有許多弊端及困難的地方，這是我們所不能否認的。在實行統制經濟的時候，首先我們所應注意的是統制事業的次序問題，換言之，卽何種事業應該首先統制——重工業，輕工業，抑是農業呢？——中國是以農立國的，而農產品的輸入，年年增加，輸出年年減少，入超很大。這種情形是表示農村的崩潰，雖然是很危急，但是不是絕對的沒有辦法的，唯一的辦法是集中於農村的救濟，實行農村的統制經濟政策，所以我以爲現在的「工業世界」，工業雖然重要，但是農業是中國的命脈，立國的基礎，中國統制經濟政策的進行程序上，應該首先着重農村復興是有充分的理由的，而且事實上也沒有什麼大的困難，祇要大家有決心，政府能夠按照統制的政策做去，必定可以得到良好的成績。這是我關於統制農業及工業的先後問題的一些意見，次之，關於統制重工業與輕工業的問題，我以爲先統制重工業較爲妥當，因爲發展輕工業雖然較重工業容易，但是如果不先把重工業的基礎打牢，輕工業始終沒有基礎，而要想求其發展，確是十分困難的。所以重工業爲輕工業的基礎，很是重要，實行統制經濟時，應該注意到這一些，而且祇要國家有整個的統制經濟政策，有進行統治的最高機關，對於私人企業有相當的保障與幫助，盡可以由國家專門負責來發展重工業，而國民的私人企業，自然的會趨重於輕工業，所以首先應該統制重工業，輕工業的發展是不成問題的。

目前的中國經濟幾瀕於破產的地步，社會因此而不安，人民因此而貧困。我們對着這財枯立竭，動蕩不安的中國社會，誰都感覺到有加以切實整理的必要。所以我們需要統制經濟絕對不是沒有理由的。但是我們不要忘我們國家的地位，我國與他國有不同的地方，我國是半殖民地的國家，我們的經濟若不自加統制，是要有被人統制的危險了，現在我們已經可以看到帝國主義者對於中國經濟的統制作用，簡單的說起來，此種統制表現於兩方面：在經濟上表現的是商品的輸入及對於中國銀行，工廠，鑛山，交通工具，商業機關，等等的控制，在政治上表現的是勢力範圍的奪取，政治借款的控制，以勾結我國的地主軍閥、買辦階級，來奴役我國廣大的羣衆。我們現在談統制經濟爲的是要救濟經濟的衰落，繁榮中國的工商業，但是在帝國主義與封建殘餘互相勾結的壓迫之下，我們的經濟狀況，我們的工商業是永遠沒有發展的可能的，所以我們要謀中國工商業的繁榮，必須要去除帝國主義者對我國的經濟統制，自己設法來實行統制經濟，而要謀統制經濟的目的的達到，必須要推翻帝國主義在華的海陸軍勢力，政治勢力，及一切經濟上之權利；肅清國內與帝國主義相勾結，阻撓國民經濟的發展的封建殘餘。

提高物價之商榷

盧世鑠譯

譯自 Europe To—Day (By G. D. H. Cole & M. I Cole)

近年經濟衰落，失業激增，使全世界造成極度之不景氣夷考其故，物價慘落實為最大原因。因物價慘落，生產陷於停頓，勞工遂無安身之地。故欲挽此頹局，求根本之治療，非提倡物價不可，關於此問題，近二三年來各國經濟學者所發表之建議與計劃，不勝枚舉，然欲得一良好完善之計劃，一方使全世界各國——最低限度各大國——皆願合力奉行，一方又能有迅速效果，無其他困難發生者，則百不得一，茲將各國學者所建議理由較善者，規納論之：

(一)膨脹信用放款

世界經濟學者，有不少主膨脹信用放欵以為提高物價之方法。彼輩以為如各重要國家之中央銀行能盡量膨脹其信用放款，同時各該國之經濟立法能略加更改，以適合於信用放款之膨脹，則此通貨供給之增加，即可以提高物價，無須其他條件矣。然吾人苟能深加思索，即覺實行此種方法，能否有良好成績，殊屬懷疑。在工商業發展入於常態或上進之時，膨脹信用放款，容或可以提高物價，但在此經濟極度衰落商人缺乏自信力之時，欲望其得同樣結果，寧非夢想？且直言之，此種方法必歸失敗。因目前商人（計劃中之債務人）鑒於危機四伏，將清償舊欠之不暇，又如何願意再借新債，以增重其負擔，而注擲於風雨漂搖之企業，目前銀行界（計劃中之債權人）鑒於商人窘狀，極願縮小其信用範圍，又如何能相信新增之借戶能全償所負乎？

倘信用放款膨脹後不能覓得出路，則銀行業因資金供給太多，需要不變，勢必減低利率，因利率減低而使利潤亦減少，結果銀行業必大感辣手，所以僅迫銀行推廣其信用放款，而不顧銀行之歡迎與否，以及殷實商人之願借與否，必無良好現象發生，其唯一之趨勢，為膨脹之貨幣，盡流入投機市場，使證券價格因競買而現高峯，長期借款利息更形降落——如英國過去數年之情形是也。此種趨勢發生三種影響：（甲）經濟情形較好之國家得乘機恢復；（乙）國家公債負担得以減輕，尤以負戰債之國家，受益匪淺；（丙）使一部份商人將低息債務更換高息債務，因之損失減少，利潤增加。但第三種所受影響甚微，同時工商業活動力決不因此而增加，因新增之貨幣，將操縱於投機者及資本家之手．並不分配於公家，而使社會之購買力稍增也。

所以除非有熟籌之良策，可以增加生產者信用借款之需要，則此種辦法，斷難實行，如果有良策，則物價之提高，自無問題．但同時又足引起政府增加其建設及公共事業費用之動機，此種增加支出之政策，與各國政府自世界經濟不景氣以來所取之節約方針，又顯然矛盾矣。

(二)減低稅率

各國政府皆以爲重稅足以妨害實業之進展，今日稅率太高，故都主節省開支，使稅率減低。平心而論，目前之稅率，較之昔日，確已高出數倍，高稅固可以阻礙實業，其最顯者，爲妨害新資本之增加，但在此極度恐慌時期，商人視企業爲畏途，投資金額早已一落千丈，稅率之高低，已無足影響於此矣。且在此衰落之時，不論稅率如何低減，欲社會負担而不感困難，終屬不可能之事。所以減低稅率，固屬必要，但欲藉此以作復興實業，實非得計。更或因求節省而放棄或停頓重要之建設及社會事業，則欲益反損，其結果非但不能復興實業，且反使現存者亦同歸於盡矣。

當政府決意節約開支之時，必注意三事：（甲）節省軍費；（乙）減少償債額，或在社會不需要短期放款時，以低利商借；（丙）節省社會事業及一切建設用費。在今日國際間危機四伏，戰事一觸即發之時，以言節省軍費，當然爲各國政府所必不願聞。至於短期借款，雖可以減輕利息負担，但現在各國政府之借款，以長期爲多，故得益甚微。至於減少債務負担，則唯一方法，爲取消舊約而重訂低息之新條例，此種辦法，雖大部人民認爲合理——因近年物價下落之結果，使實際付與債票之利息感覺過高；但在實行時，必遇到重大阻力，擁有巨額債票者必與小債票人——如非大小債主之辦法不同——一致行動，向政府反抗；同時友聯會社(Frelnd So—Ciety)及其他慈善機關以政府債票作基金者，亦必大起恐慌。所以經濟情形非至山窮水盡之時，資本主義國家之政府決不願出此也。

其他節省方法既都歸失敗，則社會事業及建設費用自爲政府節省開支之鵠的，近數年來，歐洲諸強欲求預算平衡，皆向此路進行，政府官員之薪金皆已減低；預定之衛生及教育事業之計劃，亦皆無限延期；即建設工程如築路等事在從前努力進行者，與夫電力供給等重要事項，亦因財力不足而廢棄或停頓。但無論如何，從此節省者，爲數無幾，尚不足抵逐年增加之失業救濟費。所以在政府對失業無辦法之時，要想節省，決不可能，目前之節省，非但不減少失業，且反使失業激增。故嚴格言之，並非節省，不過以急需項下之經費移作無爲之消耗耳。

債權國與債務國之立場不同。債權國實行此種政策，必要求製造品及機器不能自給之國家——債務國——准許大量輸入，但債務國為挽救破產起見，不得不嚴格限制入超貿易。雖然有人以為債務國目前被其債權人所嚴厲統制，縱無力從事膨脹（Reflation）政策，但如債權國切實實行，則債務國之出口貿易因物價上漲及需要激增之結果，必大見起色，因此其情況必可轉佳，而其償債能力亦可增高。但債務國方面以為此種方策進行之結果，徒使外國之債權人得到利益，對於其本國人民之痛苦，依然未除，故是否能同意，仍屬疑問。雖然利用威力，或減少債額為誘餌，則債務國必可同意矣。

理論如此，再看事實：現在贊成實行此策者，固比比皆是，但仍有不少國家堅決反對，其勢力亦不弱，尤以法國之阻撓，影響更大。反對者之理由，廣泛言之，為仇視提高物價之主張，彼輩認為要恢復經濟衰落，惟有減低成本，使與現在物價相符合；如事實可能，或再減低，使物價再跌。彼輩以為目前工資過高，要改良經濟狀況，非減低工資，使與物價同樣下落不可。雖然有人詢以現在世界上感到生產過剩，解決此難題，惟有增加消費力，增加消費力必須增加工資，又如何能減低工資？但彼輩對此亦有答覆，以為工資盡量減低之後，受雇者必增加，則全部工資必較未減時為多，且工人之購買力因物價下落反可增加。

(三)政府增加其用於扶助工商業及建設之費用

主張此說者，以為現在雖大家公認各國政府已無力再增加其支出，但如費用能復興工商業，則雖無力增加，亦必設法增加。政府苟能向資本家或銀行界借大宗款項，用以從事企業及建設，則大部份失業者將直接間接而得到職業，失業者日漸減少，則失業救濟費亦可減少，以此抵償借款，自然綽有餘裕。且有職業之人的收入必較失業者為多，因此其消費力亦大，社會消費力增加，則工商業更可繁榮，而失業亦更可減少，如此循環不已，復興可期矣。此種方法，似甚適用，但現在棄而不用之生產力甚巨，政府之增加費用，非達於高峯，恐物價不能有顯見之提高。因此，惟有經濟情形較好之國家，方能盡量增費而無所顧慮；惟有一二國家單獨進行，而祇有此國家物價上漲，他國並不上漲時，方易收效果。但一二國家——雖為世界最強之國——實行此策，並不能影響世界之物價，要影響世界物價，非數大國共同努力不可，要數大國共同進行，必有共同默約，此默約不但須包括中央銀行之膨脹信用放款，並須包括增加費用之方法，及更改現在的節縮政策等等。

如此能完全辦到，則物價之提高，必無問題。但目前情形，此種論調殊難置信，因減低工資以便增加工人之方針在實行時，能否無嚴重騷動發生，誰能担保？且更有甚者，工商業性質之易減低工資者，早已減至無可再減；同時減低工資之可能性，隨企業而不同，要想重立平衡(Equilibrium)，其結果必使現有之平衡狀況更形惡化。至於減低成本，非瞬息可以實現，必須經過極長時期，在此期內，各國所受之經濟不景氣必繼續蔓延，或更形惡化，其痛苦可知。且經此摧殘，世界上的文化早被消滅，故事實上減低成本必難實現。

仇視提高物價者，似不限於數國之政府及經濟學者。近代合作主義的信徒以消費者之立場，亦大施攻擊此種政策；同時法國有一定收入之人——社會之有力份子——亦大爲不滿。此輩人早已經過提高物價之時期，而於此期內損失甚重，故現在遇到含有此種意味的政策，乃極力反對。如能担保提高物價之結果，能使法國物價回落（法國物價現由政府提高），則或可望其贊助，否者彼輩必無合作之可能也。

近年法國國內之持票人 (Bondholders) 對於財政政策頗有勢力。在法國經濟狀況小康之時，想勸其實行違反持票人意志的政策，決不可能。雖然最近法國感受世界潮流之影響，似亦不能離世獨立，但其態度仍無大變，即使她能加入，則其努力範圍，亦必限於中歐東歐各小國之與法國有政治關係者，必不能顧及全世界。且法國至今猶堅執金本位，並深信提高物價可以人力限制生產得之也。

然則英美能否舍法國而實施此種計劃？英美兩國或能因其本國之實行而影響及於世界之物價，但不能離法國而聯絡歐洲的一羣債務國，故其效果必不甚大。

勞工福利問題

宋顯傳

在近世工業發達的國家裏，關于工人的安全與健康，已經有法律來保障，但是另一方面因爲各工廠競爭着吸引優秀工人去養成健全的勞働者的緣故，各廠也在努力改善工人的待遇和生活，這種改進是出於資方自動的，同時也是最值得我們注意的。

從歷史的觀點上講，這種福利勞工的運動實起始于十九世紀的前期，這時，一個社會主義者歐文氏(Robert Owen)因爲看到當時工人生活的困苦與放縱，遂首先起來改善新蘭拿克 (New Lanark)地方他自己的棉織工廠的工人的生活，在這一點上，他曾得到相當的成功。

從地理的觀點上講，這種運動雖發源於英國，但發展最速的當推法國，比利時，荷蘭，瑞士和美國，至于德國呢，則在俾士麥(Bismark)執政的時期，曾用政府的力量來強迫施行過，牠在中國的工業界尚在幼稚時期，不過也已有許多工廠注意到這問題，像康元製罐廠就是一個好例子。

關于福利勞工的設施很多，我們可以分做兩方面來看：

（一）物質生活：這方面所包括的如通風，光線，更衣室，溫度，溼度，浴室，食料，飲料，休息室，醫藥設備，工場護士，運動，假日，娛樂等等都是。

（二）精神生活：這方面應包含學校，演講，刊物，工作保障，養老金，撫卹，獎勵等等。

以下我們再分開來討論。

××××××××××××

(1)體格檢查

一個工人在入廠之先，必需經過很嚴格的體格檢查，其目的就是要減少工廠由體格不適宜於工作的工人而受到的損失；同時，爲防止一個有病的新工人將疾病傳染給所有的工人起見，入廠前的體格檢查也是必要的。

(2)醫藥設備

一個大工廠，尤其是那些從事有危險性的製造的工廠，應當有完整的醫藥設備，假如工人的數目衆多，應當用一棟獨立的建築來作爲診室，藥房，和病房之用，在工作的時間內，至少要有一個醫師駐廠。

(3)工場護士

工場護士的責任，一方面是在工場中巡行，防止意外，另一方面是要常去巡視工人的家庭，隨時指導他們注重衞生，除這兩者而外，一個工場護士應對全廠的意外，以及職業病有詳細的記載。

(4)更衣室

在工場裏面，空氣中往往混有種種蒸氣與塵埃，所以工廠應設有兩個更衣室。工人在進工場之前，先在第一個更衣室將自己的衣服脫下，然後經過一間淋浴室而入第二個更衣室，將工作的衣服換上，散工之後，先將工服脫在第二間更衣室內，然後經過淋浴室沖淨身體，進第一間更衣室換上自己的衣服，這樣，工場裏一切不合衞生的東西不致於散工後仍留在工人的身上，工人放置衣服的櫥格約六英寸高一英尺寬和十五英寸深！

(5)坐椅與休息室

工場裏應當備有幾把很舒適柔軟的椅子，以便工人在工作疲勞之後能於最短的休息時間中恢復精神，在用女工的工廠中，這種設備尤不可缺，至於工人的休息室則應當位置在工廠中最安靜的一角，鬧聲與刺激性的臭氣都應避免，以便工人爲較長時間的休息。

(6)食料與飲料

假如工廠離工人的家庭很遠，廠方應當設備一間工人膳廳，以最廉的價格售富於養料的食品給工人，至於工人的飲料，廠方應隨時供給沸過的水或茶，因爲不潔淨的飲料往往使得工人發生疾病，茶杯應用紙做成，用一次後卽棄去。

(7)通風，溫度及溼度之調節

一個對于通風，溫度和溼度的調節不加注意的工廠，其生產的效力往往可小去五分之一，因爲對於這三方面的忽略可以使工場的空氣異常悶濁，工人因此而頭腦昏暈，工作效力固然是減少，卽許多意外亦因此發生，所以在一個大的工廠裏面，工場裏要裝人工的通風器。對於溫度和溼度也要有專員管理，照專家的指導去做。

(8)光線

在L形或U形的工廠建築中，光綫的問題是比較少的，但實際上許多工場是要靠電光的；所以光線的調整也是和工人工作的效能有很密切的關係。過明或過暗的光線可以使工人感到頭痛或眼花而減低工作效能；同時，直射的光綫和搖動着的發光器都與眼部健康有碍，必須設法避免。

假如工場中能受着充分的陽光，乃是最好的事件，這種情形中所要注意的就是窗戶要低而大，使工作着的人感到心地開闊，精神愉快，牆及天花板可刷成白色，以助光綫的反射，窗台以下的牆應刷作暗色或灰青色，使眼部得有休息的機會。

(9)清新的工作環境

人類無論貧富都有愛美的天性，假使能使工廠的建築于嚴肅偉大中參進一點藝術與美感，工人的工作精神必定無形中增加不少，當然，一個工廠不能費許多財力去裝飾牠的建築，但左列幾項都是費用很小的，實不妨試行。

(a)用圖案來裝飾牆壁和建築外部。

(b)少留隙地爲種花木之用。

(c)破舊機件及廢料應放在僻靜之處。

(d)工場和休息處所都應常常保持清潔。

(10)工人住宅

從表面上看起來，要工廠拿出許多金錢來投資建築工人住所似乎是不合理，但只要將工人所處的社會環境和工作效率的關係想一想，我們就可以知道這實在是一件於勞資雙方都有利益的事。從資方的立場上講，工人既離開那不良的環境，許多不良的習慣和對于工廠不利的舉動就可消滅；而同時因生活的優美可藉以吸引優秀的勞工。從勞工一方面講，家庭離廠既近，時間和經濟都節省不少；而且又可以低廉的租金租到好的住屋，眞是一舉兩得。

(11)工人俱樂部

人類生來就是一種富有羣性的靈物，幼年時候沒有玩伴便會哭；長大後倘沒有機會參加社交就要感到孤獨和無聊，對于工作的興趣也必因而減少，所以工人俱樂部實在是含有重大意義的組織。除此之外，工人因爲常有互相接觸的機會，對于自身和工廠的了解必有增進，種種外來的鼓動和誘惑在這種情形之下，必定無技可施。

工人俱樂部可由工人的代表來管理，工人和廠方各擔負一部分的經費。

(12)學校

工人教育的目的是在將工人潛在的聰明才智發展出來，使得他們工作效率能迅速地增加。在舊式手工業中，一個店裏往往有幾個學徒，這也可以說是一種工人教育；不過，在舊制度下，一個學徒的主要任務是擔任各種雜役，並不是整天在學藝，所以在很長的時間內僅僅能學到很小的一點技術。

但在一個新式工廠中就不應這樣，在工人選定以後，就應當于很短時間裏教會他關於職業應有的技能、同時，在夜間不工作的時間裏廠裏可以設立講座，灌輸給工人以普通的知識或是告訴他們以時事和國際情勢。

工人子女學校，在可能範圍內也應設立。

(13)工場意外之防止

在工作時發生意外的原因約由于左列三種：

(a)由于機器而發生的：如被皮帶捲去或汽鍋爆炸等。

(b)由于生理而發生的：如過長的工作時間或不良的溫度與通風所引起的昏厥。

(c)因不注意而發生的：無經驗，大意，取巧都是引起意外的原因。

工廠中如發生意外，對於工人和廠方都是莫大的損失，所以應當有糾察和指導員常常在工場中巡視，隨時警告工人指導工人

(14)撫卹及養老

在美國，工人因意外而殘廢或受傷而死時，法律規定廠方必須給工人家屬以撫卹金，不過，有時意外的發生是全由于工人的忽略，在這種情形之下，可以請人來公斷，還有，工人倘因職業病而致死時，他的家屬也可要求撫卹。

養老金是對於忠實服務的工人在年老失去工作能力以後所應享的報酬，有時候，工廠可以規定工人在服務幾年之後可以得幾個月額外工資，這可以說是一種獎勵的方法。

(15)强迫儲蓄

工人因爲少受教育的緣故，儲蓄的習慣很難養成；同時因爲他們智識淺薄，往往將辛辛苦苦積下的錢儲存在一種騙人的，不穩固的儲蓄機關裏，讓人家騙去。所以最好的辦法是由工廠強迫儲蓄，將款項存在可靠的儲蓄機關，由廠方代表和工人代表共同負責保管；於解雇或退職時發還工人。

(16)信用借款

親屬的死亡和疾病是一件免不掉的事，工人平日收入就很有

限，遇到這種意外事件就非負債不可，他們既少有經濟充裕的親友，借債的來源多半是由高利貸者那裏貸來，高利貸者的條件往往是很苛刻的，于是工人一借債之後立卽陷于悲慘的命運之中，這樣，對於他們工作的精神很有影響，間接地給工廠帶來損失，所以廠方應酌量情形，貸小額的信用借款給工人，利息應當很低或全無利息。

××××××××+×××××

從表面上看起來，一個工廠除了付給工人以相當的工資之外還要分一部經濟力量來爲工人服務，似乎是於工廠不利的，但是我們如以客觀的態度，仔細地分析研究，這種工人福利事業實在於勞資雙方都莫大的利益的，對於資方的利益至少有左列三點：

（一）工人因爲日常生活安定，環境適合衞生，因而身體康健，精神煥發，工作效率大爲增進，同時，因爲工餘有受教育的機會，才智得以發展；積極地可以使出品精良，消極地可以減少災害，

（二）工人既受廠方種種優待和幫助，對於工廠必定自然地發生一種愛護的心理，勞資間一切不良的感情都可消滅，這方面的結果，積極的是工人努力工作，消極的是消除罷工和暴動。

（三）工人因愛護工廠的緣故，便隨時隨地愛惜物力，屏除浪費，贏利因而增多。從前英國某工廠廠主曾對名實業家歐文氏說：「假如我工廠的工人不浪費料力，每年可省下一萬鎊」歐文氏回答他說：「那麼你何不給五千鎊給工人，教他們不要浪費呢」，由此可見善待工人實爲節省浪費的唯一辦法。

在經濟恐慌的空氣瀰漫於全世界時，工商業落後的中國所受到的打擊更大，但在這種風雨飄搖的情形之下，國內僅有的少數工廠還是常常有怠工風潮發生，許多工廠曾因此而停歇，從這點上看來，可見中國勞資感情惡劣的一般。我們不再起來挽救，將見勞資雙方都同歸於盡，讓帝國主義者坐收漁人之利。希望工業界能從此覺醒，努力來改善勞工的待遇；爲了拯救這垂危的民族工業，爲了正義和人道！

一九三五年四月完稿

出生率低落與失業問題有關否？

Is There A Reiation Between Taee Fqll Of The Birtq Rate And Unempyment?

Stefano Smogyi 著
黃海齡譯

譯自 Interational Labor Review, Vol.31, No.2

赫許教授 (Professor Hersch) 曾於一九三三年八月在本刊 (Internation Labor Review) 發表其意見，謂假如其他情形不變，則日益嚴重之失業問題，實爲出生率低落結果之一，此種意見已遭下文作者之駁斥，彼列舉各種統計的及他種理論，斷定欲指明出生率低落與失業問題相互關係之存在乃不可能之事。現在因各方頗注意於已發生之種種問題，想本文讀者在研討以下理論時，必能發生興趣也。

一

社會一般現象，彼此互爲因果，出生率之低落，雖由於各種原因使然，而此各種原因復受其莫大之影響，職是之故，少數研究社會問題之學者，竟以爲出生率之低落與造成現在之經濟衰落，有極大之關係；因純粹消費者（在工作年齡以下之兒童）與生產消費者之比例，已因此而更改，出生率之銳減及因此而增加之成年（能作工者）人口，形成生產與消費雙方之不平衡狀態，遍及各國之失業問題，遂此於時發生，此種論調可由君特(F. Günther)伯多佛(F. Burgdorfer)及赫許(T. Hersch)三氏之著述中見之，作者現正欲揭發此派主張之弱點，故本文之目的，在對於有關之問題，作更進一步之探討，並闡明以失業問題爲出發點之理論，實不足以贊助提高出生率之主張，因提高出生率所根據之理由與此大相逕庭也。

二

上述作者之意見頗得布雷里(A. Brenier)及達里亞加(Tagliacarne)二氏之附和，彼等以爲兒童乃純粹消費者，與勞動力之供給無關，故兒童人數增加，消費量必隨之大增，結果生產量亦增，於是則獲得職業之機會多矣。

此種基於消費量增加足以促進生產之增加，結果勞動市場得以救濟之見解，自無疑義，然祇有多數消費者——或逕稱爲純粹消費者——即能使消費量增加乎？

在上文中，作者曾將此問題作一簡短之討論。今欲明言者，爲生產量雖可因消費量之增加而加增，然此種情形，僅在消費量與資本均增時，方能發生；因欲生產特種之消費物品，而不增加投資於生產事業之資本，其唯一之方法祇有停止生產他種物品耳，然此法實行結果使一部份人民之生活程度降低，故吾人應拒絕任何以失業人數之減少，直接依賴於人口絕對增加之理論（人口增加——消費量增加——生產量增加——職業增加），蓋消費品之需要爲國家收入之直接的使用，而此種需要之增加，僅在相關的國家收入有同一之增加時，方能發生也。

二

今將此問題，作一較詳盡之討論。

雇用勞力之可能性，受自然與社會二種因素之節制，此等因素可分爲以后三類：（一）利用土地，下層土，以及一切天然之富源；（二）可以利用的資本之數量與性質及其生產的用途；（三）生產上之組織與技術之繁複的運用及一般經濟的與社會的生活。

第一類與第三類之生產因素與吾人現在所討論之問題無關，故不置論，吾人所認爲最重要者爲生產的資本之構成（即可以直接用爲輔助生產的流動資本），因生產之穩定與擴張依賴於生產的資本之數量與性質，已成爲公認之事實也。

此種生產的資本既非天生，製成後又屢次耗去，誠不知其何以構成耶？然欲建設其構成之情況，則可以利用的生產工具，必用之以製造生產的財貨，且在現代經濟制度之下，生產工具及其用途之決定，均受企業家之支配，職是之故，生產的資本之增加，須視資本之報酬以爲斷，而所謂資本之報酬，即從利潤中取得之財富是也，至於資本報酬應用方式之最後決定——即支配其變爲生產的資本之策略——皆視銷售已成貨物之可能性，亦即未來市場需要之預測，然生產的資本之構成的可能性，取決於財富之累積，而需要新資本以供應增續人口之慾求及改進生產方法，爲急不容緩之事，設若無剩餘之利潤以救濟之，則現代之經濟制度將立即傾覆也。

構成生產的資本可能性之限度決定可以雇用勞力的限度，如果資本之數量並不與人口之數目，或與消費者之需要，同時增加，則平均消費量之低落爲不可避免之事也。

從生產之立場上，就實在之情形而論，究竟生產的資本之不足，由於缺乏新資本，或者在市面動搖，或不景氣之時，對於資本缺乏投資的信任心，殊難斷定。因爲即使在資本充足時，資本家因爲各種關係，僅願以一部份資本冒險投資於生產事業也。

出生率低落對於商業循環及勞動市場之影響，孟伯（Mombert）在最近曾爲文討論之，並對於君特（F. Günther）伯多佛（F. Burglofer）赫許（L. Hersch）及勞娃斯基（Nawratzki）四氏之論著加以檢討，否認出生率低落及因此而起的人口年齡分組（如老少之別）之變更，可以使勞力之增加、速於人口之消費力，致令勞力市場愈加充斥之說。

據孟伯之意見，此種學說發生於財貨之需要，根據於人口多寡之謬誤觀念，即君特術語稱爲「消費單位」之數目，及伯多佛稱爲「需要單位」是也，此種見解全然忽略事實，蓋所謂消費或需要單位之須加以考慮者，非其數量之多寡，特其購買力之大小耳，諸氏之中，祇赫許一人曾提及此點，然並無合理之推論焉。

孟伯謂商品在國內市場之銷路，全視人民之購買力。然則購買力對於該國人口出生率之大小，究有何關係乎？在事實上，如果在十五歲以下之兒童，不依靠在生產年齡者之進益，以維持生活，則彼等將不知何以自活，此類事實即能决定貨物在國內市場之需要，且就此種需要之數量而論，與年幼不能生產之人口比例，毫無關係。誠然兒童亦爲消費者，且有其特殊之需要，然彼等之需要已由在生產年齡者之進益滿足之，故彼等並不能增加需要之總量也。

人民之購買力——即在其支配下之物質的收入——之增加，方能使消費量增加，蓋每年一萬里拉之收入，僅能夠一萬里拉之開支，固不必計及所有者，須撫養子女十人，或子女二人，甚至子女全無，因兒童之生非與金錢以俱來，故彼等人數之增加，並不能使消費之總量，亦隨之增加也。

四

出生率低落與失業問題有關否

吾人試一回憶過去六十餘年出生率逐漸低落之情形，便可知以往數年出生率之低落，並非爲獨特之現象，不過爲過去情形之一斑耳，蓋出生率之低落，若與失業問題確有關係，則吾人料其必將發生劇烈的經濟反響，以及前曾發生之勞動市場尖銳化的騷動。

此種觀察作者曾於上文述之，已引起各方之非難，其最大之理由爲近數年來，出生率之低落，在數額與速度方面，非不足以與大戰前之減退情形相較也。誠然，某幾國之人口統計，因大戰之結果，所統計之人口，及各時期之差數等，發生變更，故有加以保留及修正之必要；然在第一表內，此種錯誤，已在可能範圍內，盡量糾正。此表指明多數國家，自一八七一——一八八〇至一九〇四——一九一三，及一九〇四——一九一三至一九二三——三二之各時期中，出生率低落之程度，大致相同；至於更著之低落，有關於失業者之數目，則尙無正確之推測，因在某幾國中（如丹麥，芬蘭，瑞典，瑞士），低落率雖甚高，然在目前，勞動力之供給情形，並無特殊理由，足以引起憂慮。

第一期與第二期相隔之時間，誠較長於第二期與第三期相隔之時間；然即使此等因素有相當之關係，亦祇能影響於生長率，而對於失業問題尖銳化之存在，並無若何影響，因失業問題遲早必已在大戰前出現，其嚴重性並不亞於今日之情形也。

第一表　人口之自然的變動

瑞士	瑞典	挪威	荷蘭	意國	英國	德國 渥登堡	德國 撒克遜	德國 巴伐里亞	德國 巴敦	法國	芬蘭	丹麥	比國	奧國	時期
出生率（以每千人計）															
30.7	30.5	31.0	36.3	36.9	35.2	43.6	42.9	41.7	39.9	26.1	37.0	31.2	32.3	34.3	1871—1880
25.6	25.0	26.3	29.5	32.5	26.1	31.8	29.1	33.4	31.5	20.0	30.2	27.7	24.5	27.3	1904—1913
17.8	16.3	18.6	23.6	27.9	17.5	18.6	15.7	21.1	20.1	18.2	21.5	19.8	18.8	18.4	1923—1932
死亡率（以每千人計）															
23.4	18.3	17.0	24.2	29.9	21.3	31.3	29.1	32.2	28.8	22.6	22.2	19.3	22.6	29.9	1871—1880
15.9	14.4	13.8	14.3	20.8	14.8	19.1	16.7	21.1	18.8	18.9	17.2	13.6	15.9	20.2	1904—1913
12.1	12.0	11.1	9.8	16.4	12.2	12.5	11.0	13.6	12.7	16.7	13.8	11.1	13.4	14.5	1923—1932
自然增加率（以每千人計）															
3.7	12.2	14.0	12.1	7.0	13.9	12.3	13.8	9.5	11.1	3.5	14.8	11.9	9.7	4.4	1871—1880
9.7	10.6	12.5	15.2	11.7	11.3	12.7	12.4	12.3	12.7	1.1	13.0	14.1	8.6	7.1	1904—1913
5.7	4.3	7.5	13.5	11.5	5.3	6.1	4.7	7.5	7.4	1.5	7.7	8.7	5.4	3.9	1923—1932
出生率降落之百分率															
83	82	85	81	88	74	73	68	80	79	77	82	89	76	80	1904—1913與1871—1886相較之百分數
70	65	71	80	86	67	58	54	63	64	91	71	71	77	67	1923—1932與1904—1943相較之百分數

關於此點，特引孟伯之文如下：『如欲以勞力單位（ArBritrhnabteinheiten）數目之加增，解釋勞動市場之情況，則必須研究此種增加與勞力需要有關之各種因素變動之關係，方爲合理。此項因素包含必要數量的添補生產工具之存在，及一般商業情形之變遷，而與出生率之低落完全無關，至任何購買力之緊縮，對於勞動市場，當亦有重大之影響，然其發生原因，不外單方面的支付，如賠款與他國，或其他不景氣之原因，如資本逃難，或市面上通貨之減少，是以兒童在人口中之數目及比例，不能影響購買力，亦與失業人數無關，實無絲毫之疑義矣。』

五.

較出生率之低落，尤應加以注意者，爲人口自然增加率顯著低落之特徵，其減退原因乃由於死亡率之減退，較慢於出生率，關於此點，第一表已能詳細表明之。

自然增加係數之普遍地降落，對於各國人口統計之眞實情形，並不得作爲一正確之反映，其中多數國家，特別因移民數量之變更，故並不影響於總人口之增加，第二表即用以表示此種情形者也。

此表之內容，殊能引起關於人口變動構成剩餘勞力之有趣推論，第六行之數字得自一九〇〇年至一九一〇年，經濟迅速發展時期中之人口增加率，及應用此項係數於一九二〇年至一九三〇年時期中之一九二〇年人口報告；若果戰前之人口增加率，在戰後仍未改變，則此項數字所表現者爲一九三〇年應有之人口數，至於一九〇〇年至一九一〇年所以稱爲經濟蓬勃時期者，因此時期中，雖亦有不景氣之現象，然在實業及社會經濟各方面，均有極大之進展，即以一九〇七年不景氣時期中之失業問題而論，其尖銳化之程度，仍未可以與今日之情形相提並論也。

第二表　人口之總變動（以每千人計）

國別	平均每年增加之百分比		總人口			登計人口與估計人口之差數
			登計數		估計數	
	一九〇〇—一九一〇	一九二〇—一九三〇	一九二〇	一九三〇	一九三〇	一九三〇
澳洲	一，六七	一，八一	五四三六	六四七六	六四一五	六一
德國	一，〇三	〇，三九	六四五五	六七一三	七一五二	—四三九

比國	一，○四	，○八一	七四六六	八○九二	八二八○	—一八八
加拿大	二，九八	一，六八	八七八八	一○三七七	一一七八七	—一四一○
智利	一，五二	一，四○	三七三二	四二八七	四三四○	—五三
捷克	○，七一	○，八一	一三六一三	一四七三○	一四六一一	一一九
芬蘭	一，三九	○，八六	三三六五	三六六七	三八六三	—一九六
法國	○，二○	○，六五	三九二一○	四一八三五	四○○○一	一八三四
德國	一，四四	○，三五	六二○七七	六四二九四	七一六一八	—七三二四
英國	○，九九	○，四六	四二六七九	四四七九○	四七一九七	—二四○七
匈牙利	一，○五	○，八四	七七九○	八六八八	八八七○	—一八二
愛爾蘭自由邦	—○，二五	—○，四五	三○九六	二九五七	三○二○	—六三
意國	○，六九	○，八六	三七九七四	四一一七七	四○六七七	五○○
日本	一，三二	○，七五	五八○八七	六二九三八	六六二二六	—三二八八
荷蘭	一，三九	一，四六	六八六五	七九三六	七八八一	五五
紐西蘭	二，六九	二，一七	一二一九	一五一一	一五九○	—七九
諾威	○，六六	○，六○	二六五○	二八一四	二八三○	—一六
葡萄牙	○，八六	一，二四	六○三三	六八二六	六五七二	二五四
西班牙	○，六九	一，○○	二一三三八	二三五六四	二二八五七	七○七，
瑞典	○，七二	○，四三	五八七六	六一三一	六三○八	—一七七
瑞士	一，二五	○，四七	三八八○	四○六六	四三九三	—三二七
美國	一，九六	一，四七	一○五七一一	一二二七七五	一二八三五七	—五五八二

凡任何理由之足以推定戰前之增加率，頗與當時之經濟的需要相調協，因此有效的勞力供給多半得以吸收者；則吾人應望得一較合於此意向之一九三〇年人口數字，然此並不合於實情也。

在曾提及之二十二國中，有十五國之人口登記數小於推算數，僅有澳洲，捷克，法國，意國，荷蘭，葡萄牙，及西班牙七國之人口登記數大於推算數，因此後者乃發生人口過剩，而前者則人口不足，此種結果，若與各國有效之失業數字相較，當能發見其間並無何種關係可尋，因此欲推測一九〇〇年至一九一〇年時期中，人口增加率與經濟活動之需要，有特殊之調整，實欠充分理由，若以一九〇〇年至一九一〇年以外之其他時期，作為研究之根據，亦能獲得同樣之相反的結果。

六

吾人將依次討論，在以上二次戶口調查中，各國人口年齡分組在數目上之變更，因在此變更中，出生率低落之結果，將被其合盤托出也。

若從純粹消費者與生產消費者間相對比例之變更研究之，尤須注重於供給大部份勞力之成年人口（自十五歲至六十五歲）的增加；當能發見此項變更在方向與數量上，起有極大之變化；是以即作為銷屑的理論根據，以便演繹任何一種定律或法則，以之支配人口年齡分布之變更，與失業問題進展之關係，亦不可能也。

第三表　人口在性別上與年齡上百分比之分配

國別	年份	男性			女性		
		十五歲以下	十五歲至六十五歲	六十五歲及以上	十五歲以下	十五歲至六十五歲	六十五歲及以上
澳洲	一九二一	三一，七	六三，九	四，五	三一，八	六三，八	四，四
	一九三一	二八，三	六五，八	五，九	二八，四	六五，五	六，一
奧國	一九二一	二六，一	六八，〇	五，九	二四，〇	六九，三	六，八
	一九三一	二三，八	六九，一	七，一	二一，七	七〇，四	七，九
加拿大	一九二三	三三，七	六一，五	四，七	三五，二	六〇，〇	四，八
	一九三九	三〇，九	六三，六	五，五	三二，五	六一，九	五。六
捷克	一九二一	三〇，六	六四，一	五，三	二八，一	六五，七	六，二
	一九三〇	二七，四	六六，五	六，一	二五，三	六七，六	七，一
丹麥	一九二〇	三二，三	六一，三	六，四	三〇，一	六二，六	七，三
	一九三〇	二八，四	六四，八	六，八	二六，六	六五，七	七，三

芬蘭	一九二〇	三二,七	六二,〇	五,三	三〇,八	六二,四	六,八
	一九三〇	二八,九	六五,五	五,六	二七,二	六五,五	七,三
法國	一九二一	二四,〇	六七,七	八,三	二一,六	六八,六	九,八
	一九二六	二三,六	六八,二	八,二	二一,四	六八,六	〇,〇
德國	一九二五	二七,〇	六七,八	五,二	二四,六	六九,二	六,二
	一九三二	二四,七	六九,一	六,二	二二,六	七〇,三	七,一
英國	一九二一	二九,四	六五,二	五,四	二六,五	六六,九	六,六
	一九三一	二五,五	六七,九	六。六	二三,〇	六八,九	八,一
匈牙利	一九二〇	三一,八	六二,八	五,五	二九,六	六四,八	五,六
	一九三〇	二八,五	六五,三	六,二	二六,七	六六,九	六,四
意國	一九二一	三二,二	六一,一	六,七	三〇,二	六三,〇	六,八
	一九三一	三〇,九	六一,九	七,一	二八六〇	六三,九	七,五
荷蘭	一九二〇	三三,三	六一,一	五,五	三一,九	六一,九	六,二
	一九三〇	三一,四	六二,七	五,九	二九,九	六三,六	六,五
紐西蘭	一九二六	二九,九	六四,九	五,二	三〇,〇	六五,一	四,九
	一九三三	二六,九	六七,三	五,八	二六,七	六七,五	五,七
諾威	一九二〇	三三,六	五九,四	七,〇	三〇,六	六一,一	八,三
	一九三〇	二九,八	六二,七	七,四	二七,二	六三,七	九,一
葡萄牙	一九二〇	三五,二	五九,五	五,三	三〇,六	六二,九	六,五
	一九三〇	三四,一	六〇,五	五,四	三〇,一	六二,九	七,〇
瑞典	一九二〇	三〇,四	六二,〇	七,六	二八,二	六二,六	九,二
	一九三〇	二五,七	六五,九	八,四	二四,〇	六六,〇	一〇,〇
瑞士	一九二〇	二九,一	六五,七	五,二八	二六,	六六,七	六,五
	一九三〇	二五,八	六八,〇	六,一	二三,四	六九,〇	七,六
美國	一九二〇	三一,五	六三,八	四,六	三二,一	六三,一	四,七
	一九三〇	二九,四	六五,二	五,四	二九,四	六五,二	五,五

七

上表之內容，似可充分地認爲上文之肯定的證據，且各種現象，自某一時期至另一時期，在數量上之變遷，全然不同；因此卽使欲根據此種變遷，以求得一不精確之法則，似乎亦不可能。

作者之意見以爲關於人口統計之變更，對於失業問題之影響，其唯一可能之結論爲出生率之低落，總人口之變動及在工作年齡者爲一端，而失業人數之變動又爲一端；皆爲特殊連貫之現象，當此處考察之時期中，彼此並非無關也。

若吾人欲考慮出生率低落之影響，及在經濟方面人口上因之而起結構的變更（如男女性別及年齡大小，）則自此二種現象中，覓一接近之關係，尙屬容易，關於此點或可允許作者引用前此之評論。

「當人口多寡發生變更，足以使生產量與消費量增加或減少時，而必需生產的資本亦隨之同時增加或減少，則人口在結構上之變更，反能影響生產量與消費量，甚至不依賴新資本之構成，玆舉例以明之：設人口性別起變更，結果婦女之人數增加，則將激起實業界製造大半爲供給婦女之用品，又若此等變更繼之以男子人口之減少，則實業界製造大半爲供給男子之用品，將發生困難；而人口年齡分組之改變如成人加多，亦將使消費量變更，且使用以滿足成人需要之物產貿易，得以改進。然在另一方面，供給兒童需要之生產，其發展之可能性，將因此而減少，又當結婚率變更時，亦能影響於供應已婚者或未婚者特殊缺乏物品之相對的需要。最後如人口在地域上散佈之變更，尤以城市居民與鄉村居民之相對的比例爲甚，頗利於供應多數人口特殊需要之生產」

消費者需要上之變更，如僅利於特種物品之生產，則辭退工人之事，可以隨之而生，而式樣之改變又可爲一左證：設市上盛行毛織品，致令絲之生產量減低，而新興之羊毛工業，又往往不足以容納自絲工業辭退之工人，在多數經濟論文中，此點已被指出矣。

雖在人類不絕交替之過程中，人口統計之變化，仍發現於不同之各方面，僅在特殊之情形下，此項變化進展極速，幾妨碍經濟生活上之商業管理。蓋實業界當在消費方面，發見新趨勢後，如脫售其所有之存貨，並備辦新貨以供消費者之需要起見，遂憑藉廣告及宣傳之力量，向消費者推銷其特殊之貨品，此種手段殆常能達到限制新趨勢直接結果之目的，初不僅平時爲然也。

八

欲辯護在人口結構上之變動，如出生率之低落，終能引起失業問題之理論；必須闡明需要之移動，由人口中之純粹消費階級（通稱爲極端年齡羣，自十五歲以下及自六十五歲以上）所消耗之貨物，變而爲成人所需要之貨物及勞務，足以使雇用大批勞動力之生產各部份活動減低，而在另一方面，雖因此等需要之改變而受其惠之生產各部份，皆爲雇用較少之工人者。

關於此點之統計證據，雖然僅作爲證實吾人結論之用，已在本文範圍之外。蓋吾人結論之完善無疵，至爲明顯。此問題祇須加以陳說，卽能表明消費量之變動，在成人的貨物需要大增，且毫不顧及勞動市場之不順利情況時，必使勞工之雇用情形，更爲緊張。

兒童所耗費者，究爲何種貨物乎？若以食品一端而論。除嬰兒及一部份之富有階級外，彼等所耗費者在數量方面，實較成人爲少；而在質的方面又彼此相若。再以服裝而論，兒童所耗費者不一定多於成人，因爲在一般之情況中，爲母者自縫其子女之衣服，且在質量兩方面，均較遜於成人所服者；至於較大之兒童，製就之衣服實爲通常之服用品，此等衣服由機器大量地製成，然亦須雇用工人也。在另一方面，吾人不應遺忘兒童常著其父母或兄姊廢棄衣服之事實。最後，如成人之鞋襪衣帽等等，亦較兒童所用者名目繁多；至於住宿與娛樂方面，兒童之需要復不及成人之需要遠甚矣。

自此項審察中，吾人可以下唯一合理之結論爲兒童之需要，在各項消費上均少於成人，亦如在各種公務及私事上之統轄權不及成人也。

九

以上數節中之結論可以簡短總括如下：

自正面之爭點，吾人先知人口之消費量，及賴於人口之購買力，及欲增加生產必須增加財源；因此僅有人口上數字之變更，而總購買力與總資本並不隨之變更，則不能決定總消費量及雇用人數之變更，更由多數國家重要統計之觀察，指明出生率之低落，並非爲新近之現象，早已發現於大戰之前，其狀況大概與今日之情形相彷彿；然在目前商業凋敝，劇烈而普遍之失業問題，則爲前數年所罕有者，因此一般人遂以爲出生率之低落，眞與失業問題有關矣。然不論在失業問題與人口自然增加率間，或失業問題與人口總數增加間，均無關係可尋；及考察人口年齡分組之變更，亦僅獲得相反的結果，最後研究兒童與成人間相對之需要，始知成人之需要大於兒童；故成人需要僱用較多之工人，方可以滿足彼等之需要。是以成人數目之增加，祇應引起勞工需要之增加，而不致使失業人數增加也。

由是明瞭所考察統計之事實（包括世界上主要之國家，並經過一長時期），及有關問題之考慮，均不能維持出生率低落與失業問題有關之學說。

此種欲尋覓任何證據，以證明所說出生率低落與失業問題間關係之失敗，當然決不致於解作反對主張擴大人口統計者政策之理由。蓋此項政策已有充足之理由爲之辯護，且此項辯護理由已溢出本文範圍之內；然作者僅以爲凡任何倡議達到正當勢力範圍外目的之企圖，均不足以破壞此項政策之眞正目的也。

經濟史實

周寶珖 編者

我國金融恐慌之開展

金融機關爲一國經濟之連鎖，猶人身之經絡，經絡所以溝通人身之氣血，而金融機關所以運轉工商業與調節經濟行爲者也，我國昔時重農，工商業素不發達，其較著者惟茶，絲，桐油，大豆等土產而已，以是僅有舊型之銀號錢莊爲之存放匯兌，及至歐勢東漸，門戶開放後，華洋交通日繁，貿易日甚，始有銀行之設立，民國成立，內戰頻仍，征伐連年，軍閥各據一方，專擅跋扈，橫征暴歛，加以門戶洞開，稅權旁落，洋貨源源而來，充斥市面，於是國貨銷路日狹，工商業益形不振，影響所及，金融機關遂發生動搖，近且頹勢益甚，錢莊銀號之倒閉者，前後已有數起，爰將經過情形，編成斯篇，以實本欄。

（一）起因

目前我國之金融恐慌，其發動非自今始，而其起因非僅一端，要之皆爲帝國主義者經濟侵略之直接的或間接的結果。今將其犖犖大者分別述之於后：

（一）國際貿易之萎縮　自東省失陷後，我國出口貿易一落千丈，蓋東省素以出產大豆著名，而大豆爲我國出口貨物之大宗，故東省之淪亡直接予我國國際貿易以重大之打擊。吾人試一查海關報告，便知在過去一年中，不僅出口貨品減少，即進口貨品，雖經帝國主義者竭力傾銷，亦有減無增，足是吾國國際貿易之日益萎縮也。

（二）存銀巨量流出　自美總統羅斯福於去歲六月二十一日簽署白銀收買法令，及八月九日簽署白銀國有命令後，國外銀價飛漲，我國存銀遂大批流出，根據紐約漢廸哈曼公司發表去年銀市年報，我國白銀出超爲二○○，○○○，○○○盎斯，其數量實不可謂爲不巨也。白銀巨量流出之結果，對於吾國國民經濟打擊之重大，自不待言，而建築於現銀基礎上之銀行業遂重蒙其損

上海交通大学百年报刊集成·第一辑（1896—1949）·学术学科

害，信用收縮也，銀根奇緊也，通貨不敷也，皆爲其直接造成之惡果，雖經九月十五日起徵收白銀出口稅及平衡稅後，白銀之流出，仍未能制止也。

（三）災慌　近數年來，全國十餘省區迭受旱災水災之侵襲，致農作物收穫銳減，其中受災最烈者爲安徽，浙江，江蘇，湖南等省，値此農村經濟破產之秋，農民之苦況，眞不堪設想矣，農村經濟日就衰落，農民購買力愈加薄弱，影響所及工商業益形不振，此殆必然之勢也。

（二）金融恐慌之演變

自去歲以來，金融機關之倒閉者，已有多起，而各地金融風潮先後迭見，爰將報端所載者，分條錄之如后，以窺一斑。

（一）五華實業信託銀行，總行係設在廣州，爲華僑所創設立，專辦儲蓄信託等業務，營業尚堪應付，惟以廣州難於發展，乃於去年十一月間，在滬設立分行，其資本總額爲一百萬元由廣州，上海，兩地集股並由鎭江樊紹良年三十二歲任總經理，於去年十一月十二日正式開幕，當時尚能吸引投資，故營業狀況，較諸總行，反有起色，因又於五月間，在本埠法租界麥高包祿路第一六二號開設分行，由王劍鍔任經理，詎至本年六月間，廣州總行忽發生風潮，一時存儲各戶，均紛往提款，致該總行疲於應付，乃急電滬行告援，當時即由滬行電匯現金七十五萬前往，始得支持危局，但滬行因此即形外強中乾，在金融界信用方面，亦大受打擊，同時又因去年終放出款項，不能如期收回，益覺週轉不靈，乃四出張羅，經營公債，詎竟又虧蝕達四十萬元左右，各錢業得訊，卽停止往來，而各儲戶亦相繼前往提款，該行知勢不佳，乃急電總行告援，不料總行竟無以應，並悉滬行支持爲難，乃於前日先行倒閉，滬行自接斯項消息後，尙圖支持，一面極力調集款項，應付現局，無奈週轉欠靈，乃於前日下午六時許，以一萬九千五百餘元之差，決意宣告停業。（十二月七日申報）

（二）中國興業銀行倒閉，經理秦抱元，預先挾款潛逃，負該行經濟責任之羣益銀號常務董事陸錫侯，及新任經理陸夢薌等，被捕房提起公訴，並以陸錫侯曾於夏間與某西人創辦國際賽馬會，用去巨款，嗣因當局不准登記，致該會無形消滅，所耗採辦馬匹，聘請騎師等款，當係該銀行挪墊，請求派員查賬，業經第一特區地方法院，指派徐永祚等兩會計師查核一切賬目，前日業經由法院將陸等提案研訊之下，裁決關於刑事部份，展期再訊，遂由民推事對陸聲請清理部份，向陸錫侯，陸夢薌審究一過，着卽開具財產及債務等清單，以憑派員清理各情，已詳本報茲悉該銀行與總管理處所有新舊賬簿單據，當徐會計師奉諭查賬時，因尙有一部份賬據，經捕房封存，故僅就未被扣留者：從事稽核，而查核結果，計該銀行商業部欠人之款，共爲四十四萬九千三百〇三元三角四分，人欠者則有五十六萬三千八百六十二元六角，兩抵原有盈餘，惟儲蓄部欠人之款，共計四十九萬八千一百五十一元七角五分，而人欠爲七萬四千六百四十元四角七分兩抵殊嫌不足，而以商業儲蓄兩部合併，統計相差之數，有三十萬八千五百之多，據該會計師之報告，謂此項差額中之二十三萬三千九百六十五元七角三分，係總理處所欠，因總管理處之賬尚被封存，無從勾稽，致短欠性質，作何用途，皆不明瞭，此外有七萬四千九百八十六元二角九分，皆係南京路行址租地造屋及南市天主堂街，福煦路，與蘇州分行，採辦器具，暨各行開辦裝領券印紙等費之用，國際賽馬會前雖開有往來戶，而查賬報告，並無提及，常係如陸錫侯所供，彼此款項已清，現法院爲澈底明瞭該行賬目起見，擬發指揮，令着捕房將扣留之總管理處一切賬册，完全送院，俾轉發指派之清算人詳細審查，則最短之將來，必能水落石出矣。（十二月七日申報）

（三）汕頭通信，潮汕連年工商業衰落，農村凋敝，銀根枯竭，外匯增高，金融市場，日趨紊亂，財政廳乃准許商民，以不動產發行商庫證券一千萬，以資救濟，但發行將近四百萬元時，即發生假庫券風潮，庫券及原有保證紙幣之信用，同時失墜，各銀莊爲自鞏信用起見，多從上海配運現銀來汕，由十月起迄今，進口現銀不下三百萬元，銀業公所轄內各銀莊，乃組互助會，逐日兌換紙幣，預備將紙幣改領商庫券行使，以資劃一，在汕頭市內現時流通之軟幣，計有保證紙幣流通券，輔幣，白票等，照廳令一概須於規定期內，換用商庫券，白票逐漸收回，爲數已約一百二十萬元，其他保證幣，正在登計中，新商庫卷正由香港新華公司承印，分作一百元，五十元，三十元，二十元四種，各二百五十萬元，若新券印成發行後，舊券即須取銷，各紙幣亦不能再在市內行使。在此過渡期間，金融市場紊亂，無標準價格，紙幣換現洋，每百元須貼十一元，紙幣價格有四種，省立銀行大洋券最高，殷實銀莊紙幣次之，不兌現之銀莊紙幣又次之，已倒閉由商會蓋印作流通券，更次之，商庫券與白票，每張額面一百元，價格朝夕數變，在汕行使貨幣之難，一收一找，皆受損失，外埠匯汕之款，以軟幣交收，東區公署承商會請求，佈告不許人民對軟幣拒收或關兌，違者以搗亂金融論罪，然軟幣祇能在汕頭市區內行使，不能在各縣鄉村流行，每屆冬節，土糖上市，糖商向鄉村收買土糖，必需現款，又南洋華僑寄銀回鄉，亦於此時特多，每月在三百萬元以上，僑批局下鄉分發批銀，亦需現款，潮汕向來爲入超之口岸，商家冬季辦貨，數額頗鉅，每月匯往香港還賬者，不下千萬元，匯款又需現款，在現銀缺乏之際，港汕匯價特高，每一千元港紙，須貼水三百八十元，此爲歷來所僅見者，照論價伸算，現銀帶往香港，每一千元，可獲純利一百八十餘元，至二百元，因此偸運現銀出口愈多，市面現銀益加枯竭，奸商運銀出口之手段，頗爲高強，或鎔成銀塊，或鑄爲銀條，或僱幼童帶少數現銀輸流下船藏於僻處，技倆百出，海關及警察搜獲金銀之事，日有所聞，每日平均在一萬元以上，然正當旅行，則受擾不堪矣，財廳佈告，每人祇准隨身帶銀二十元，不得超過額外，然有客商帶十餘元旅費，甚而僅帶數元，亦被搜去，一般旅客，淚眼縱橫，怨聲載道，例如沿海各縣圩市，平時有猪，牛蔬菜，青菓，等土產運汕銷售，然售脫後現銀不得帶出，如用匯款或寄遞方法，在各縣亦無現銀可交，農村物產汨滯，人民叫苦，陸豐縣商縣，特請汕頭官廳，准該縣商民攜現銀回縣，官廳未批准，因陸豐與香港，魚船來往至便，誠恐現銀流出境外也。汕頭陳炳春等銀莊，因感覺市面現銀需要至亟，乃在上海辦現銀一百二十萬元。預備運汕，當被財部制止，不能運行。匯兌公所，僑批公會經電滬請求釋放，聞均無效。財部不許現銀運往汕底原因，據商家言，上月汕頭銀商配運四十萬元來汕，後來和算運港有利可圖，未在汕起岸，財部認定商人惟利是圖，故決然制止運銀南下云。現潮汕官廳對於救濟金融唯一辦法，即執行搜查私運，即使行旅叫苦，農村凋敝，皆不遑顧及，惟財廳頃有佈告到汕，略謂，現處茵秀廷爾解，奸商運銀出口固應嚴禁，但關員警兵乘機發財，藉搜查而盡入私囊，甚至無知婦孺，不明禁例，或路經港粤沿海區域，必盡將所有，隨身帶往，但一入碼頭或落小艇，不問是否私運，即將銀毫沒收，甚至例准攜帶之二十元亦不與，此種無法無天的搶掠，突比奸商運銀，應罪加一等，而被掠取者，日有多起，報紙亦迭有登載，但未聞政府有以取締，故此日來火船碼頭的騷擾，關員警察，猥狽爲奸，明目張胆，商旅不安，輿論沸騰，如長此以往，尙復成何世界，廷日擊耳聞，實忍無可忍，迫得冒瀆上呈，請有以善其後也等情。查禁銀出口令，迭經本廳公佈，每人攜帶不得逾二十元有案，其在二十元以內者，當然准予自由攜帶，現稱近有關員警察，每藉檢爲名，肆意滋擾。甚至在額限內，准予出口之二十元現洋，亦被檢去，如果屬實，殊爲不合，亟應從嚴查禁，以安商旅云云，此佈告業已到汕，但未諳其奏效如何耳。（十二月九日申報）

（四）新聲社云，儉德商業儲蓄銀行，本月八日起，暫停營業五天後，經協商改組未成，由董事會議決停業，依法清算，玆誌詳情如下：儉德銀行暫停營業後，即由新舊東會議改組，並於本月十二日再開董事會，作最後一次之討論。終因新股東朱鶴皋等加入，條件未能談妥，以致無法繼續營業，當經決定停業，並委託潘序倫會計師，蔡六乘，瞿鉞兩律師代表公告停業。其公告云玆據儉德銀行股份有限公司董事會委託聲稱，本行前因內部改組，於本月八日起暫停營業，經本月十二日本董事會議決，仍無維持辦法，祇得繼續暫停營業，除依法呈報外，委請貴會計師貴律師代表公告等因，前來代爲公告如上，中華民國二十三年十二月十三日。儉德銀行公告停業後，新聲社記者探悉，定期存款及本票借款等，總約十八萬元，儲蓄總約三萬元，以上合計欠人約二十一萬元，決係開股東會後，即委會計師將賬查明，辦理淸算事宜。儉德銀行定於本月二十九日下午二時，假上海寧波路一九〇號三樓立信會計師事務所，召集股東臨時會議，商議進行辦法，昨已通告各股東准時出席，至於各債權人，亦已委託律師依法追索。（十二月十四日申報）

（五）濟南通信，濟南市面金融素頗安定，不料烟台方面，忽有空前風波，緣自提高銀價以來，各地現銀出口甚多，烟台與大連僅一衣帶水隔，運輸至爲便利，邇來每現洋千元運至大連，即可獲利八十餘洋，一般奸商，惟利是趨，紛紛偸運現銀前往。財政廳前雖限制現銀出境，多人攜帶最多不得超過二百洋，但奸商人以偸運利大，多僱人代帶現洋出境，每二百洋津貼三元不等，是除去開支，每運千元，仍有四五十元之利益，後財政廳又改定每人攜帶現洋，不得超過五十元，旋又改以二十元爲限，乃奸商依然有大利可圖，依然偸運，出境現銀既多，烟台市面，遂完全空虛，造成金融界空前大恐慌，經濟週轉不靈，自上星期五起，市面一切交易，完全停止，人心惶惶，烟台商會及烟台特區行政專員兼公安局局長張奎文，乃召集烟市中國，交通，民生，各銀行，協商急救辦法，當議決由各銀行盡量發行鈔票，以流通市面，惟感覺現銀太缺，擬採暫不兌現辦法，以維現狀，消息傳至濟南財政所當局，及民生，中國，交通，各銀行，咸以不兌現之辦法不妥，決定一面盡量發鈔票，一面運大批現銀赴烟，照常兌換，以資救濟，二日，財政所長王向榮，召集民生銀行副經理宋福祺，中國行行長陳雋人，交通銀行副理郭味白等，協商救濟烟台金融辦法，當議定一方面由財所下令，絕對不准現洋出境，一方面由各銀行運現洋赴烟維持，並多發鈔票兩日以來，民生，中國，交通各行運烟現洋，已達數萬元，仍視該地需要情形如何。再行續運，財所並於三日午後，召集各銀行行長，各大銀號等，協商辦法。又訊，濟南各銀行，以各地均有現銀缺乏現象。烟台方面尤甚，除由濟南撥現款運烟救濟外，各行在濟多發行紙幣，惟恐有擠兌風潮發生，遂調集現金，以備意外，一方由上海調來現金三四百萬元，一方在濟南緊縮。向各銀號提取現金，於是市面上驟形吃緊，上海票三日每千下十三元，四日下十八元，鉄落五元，上海電匯三日每千元下七元，四日下十三元，鉄落六元，放款則各家均有戒心，不敢多放，利息猛漲，三日，一個半月期者，一分六厘，兩個月期者，一分七厘，四日，漲爲一個半月期者

一分七厘・兩個月期者一分七厘五。（十二月七日申報）

（六）公共租界甯波路一百三十號五華銀行，上海分行・與法租界八仙橋支行，於上年八月二十一日同時倒閉後，卽有分支兩行存款往來債權人諸龍根，陳賢記，羅麗華（女），石鵬飛，杜志記，石必龍，沈鵬，周德林，王福林，潘元記，等十戶，同延律師代理在第二特區地方法刑庭，提起自訴・控告五華銀行分支兩行副經理樊紹良・王劍夢，葉海田，吳有三，襄理謝順之，唐嵩山，參事唐壽民・陳炳謙，等八人背信欺詐・利用五年十年儲蓄計劃之廣告，鼓吹吸收存欵，於開幕之前・未向國民政府註册，請求依法訊辦等情，是案原由章朝佐推事承審第一次開庭，因被告等均未到案，諭飭改期，旋章推事調任高三分院後，改由熊槩萃推事承辦，曾兩度開庭傳訊，各被告均偕辯護律師到案應訊・並據廣州總行派來上海全權清理之代表黃霖生到案，聲述清理情形，約二星期後，可以清理賬册，編造完竣呈案各情・已誌前報，玆章推事囘任特二法院，昨日午後由章事，開庭傳集兩造續審・宣諭更新審理，訊問自訴人等起訴意旨，及被告等供詞，與前報所紀大略相同，不再贅錄，庭上又傳總行所派清理代表黃霖生到案稱年四十一歲廣東人，向在南京任留日學生監督，在五華銀行上海分支行倒閉後二天，總行方面有電報至南京・託我代表清理，我到滬後，因內部發生糾葛，經過許多波折，始接收清理，卽派分行經理與重要職員，會同所延之律師會計師理賬，清理至最近・照賬面上欠人者不過十二萬光景，而人欠者有二十二萬多，照分支行經理樊王兩人，所稱有盈餘十餘萬，大致相符，現在催收人欠，不付的已經起訴，將來預備先還儲金，後再還來往各欵・至於註册一層・總行在廣州，當時革命政府在廣東，組織未全，故向財政所註册・後為便利向外發展，又向香港政府註册等語，自訴人代理律師稱，有幾點須請調查，分支行倒閉後，曾雇祥生汽車兩輛，在支行搬運物件，經捕房當時查過・又總行有二十五萬資本劃與分行，但自訴人方面知道已被提去廿二萬，是則總行等於沒有資本・再有註册一點，將才說已向香港外國政府註册，亦應經過領事館之證明，以上三點，請詳細調查，至此，庭上察閱前後卷宗・各種證據後，認爲證據方面調查完備，遂諭開始辯論，卽由自訴人與被告兩方十一個律師・逐一辯論後，庭諭宣告辯論終結，定期十九日宣判，退庭時已鐘鳴七下矣。

（一月十三日申報）

（七）廈門商業銀行十二日停支後，董會議決，十四晨通告，十四日起停業十五日，俟三十日臨時股東會解決，副經理劉雲松談，存欵欠人二百餘萬・資產足抵，已聘律師・會計師查賬，提會報告，因此影響，十四日晨・中國，交通，中南，通商，實業等五行，鈔票存款，同時擠兌擠支，海後港仔後一帶銀行街，頓呈緊張，通商等行，下午延長營業時間。至傍晚漸息，諸行擠兌支，爲六日至十二日連倒建源，三大錢莊，廈商復停業，人心動搖所致，惟諸行力厚信孚，本日支兌均居民小款，商家尙無支兌，故不甚嚴重，商會午邀縣府，廈公安局，各銀行，各同業公會，開緊急聯合會議，救濟。（申報一月十五日）

（八）廈門商業儲蓄銀行，上海分行，及寧波辦事處，於昨日宣告暫停營業，茲錄丘漢平律師通告如下：茲據廈門商業儲蓄銀行上海分行稱，本行上星期六日，奉廈門總行電開，廈門方面，錢莊倒閉多家，牽動所及，激成滾支，迫不獲已，暫停營業，滬行可觀局辦理。等因奉此。本行乃竭力維持，繼續營業，連日以來，支付浩繁，茲又奉總行令，一致暫行停業，聽候董東會解決，除遵辦外，特託貴律師代表通過等情前來，合行代爲通告如右。（申報一月十六日）

（九）廣州通信，此間嘉華銀行，爲有限公司，資本額一百萬元。十餘年前創立，因購置市內地段與不動產，致獲厚利。旋在香港設立總行，粵分行在廣州市太平南路，滬分行。設在上海之北京路，十餘年來該行，因置業獲利，到現在擁有廣州市之西濠口，及東山房屋，約値三百萬元，存款人以其不動產雄厚，向具信仰，不意年來，廣州地價大跌，加以市面蕭條，不動產之買賣交易，幾盡停止，因而該銀行大受影響，不動產之買賣亦少人過問，更因年關在邇，市面銀根緊絀，存款戶日，紛紛提款，該行現款，早已用諸置產，一時未能應付，遂至發生擠兌，初時該行擬向香港某銀行商借現款五十萬元，以應急需，以該行產業爲担保，然產業按押，須經法律登報等手續，致遲延時日。又因該行董事中有一二人不負責任，於是借款遂無成議，而提款人日益擠兌，該行束手無策，至本月四日遂宣告停業，同時香港德輔道之總行。亦告倒閉，滬行繼之，五日晚，香港總行召集董事會議，討論善後辦法，議決發出正式通告，定本月十六日召開股東及債權人會議，討論投變產業及維持存戶之利益，至廣州方面，該行之債權人，以被搪欠存欵甚鉅，當卽成立債權團登記處，延聘律師辦理一切。（申報一月十七日）

（十）廈門通信，廈市新年後，金融界忽發生大恐慌，一週間連倒黃建源，豫豐，銀江，三大銀莊，建源，豫豐均開設二十餘年，信用素着，資本最豐，爲廈門有名之最大銀莊，詎至十二日，廈門唯一之廈門商業銀行，又宣停業。

一月六日水仙路銀江錢莊宣告歇業。經理李摘避匿，欠人十七八萬元，存款二十餘萬元，又欠銀行二十餘萬元。合計負債約五十萬元。至九日，廈門著名之大錢莊黃建源，又告擱淺，黃建源爲廈門富商黃世金所經營，計黃所經營有建源銀號，建豐雜貨，建盛典鋪，兼營儲蓄抵押，開設均數十年，在廈信用素著，香港分設建源棧·上海設有建記匯兌莊，銀江歇業後，建源忽發生擠支·黃擬以五十萬元產業向中國銀行抵押二十萬元·以資應付，惜未得成，遂宣告停頓，建盛典舖，亦陷於停業，存款負債共一百二十餘萬元·所有業產及人欠·約能相抵，一時人心大震，金融風潮，遂益擴大。十日，本市錢莊領袖廖悅發經營之豫豐錢莊，資本信用，向與建源埒，乃亦以存戶擠支，不能應付，又告停業·負責亦達百餘萬元。綜計三莊於五月中連續倒閉。負債達二百五十萬元以上，人心益爲惶恐。至十二日，廈門唯一之廈門商業銀行，亦以擠支而停業擱淺，廈門商業銀行於民國十一年開設·資本六十萬元，嗣增六萬元，合計六十六萬元，設分行於上海，辦事處於寧波，信用尚佳，十二日星期六庫存僅四萬餘元，九時開業·提存者續至，經理歐陽澤，見建源·豫豐兩日中相繼倒閉，而建源股東黃世金，豫豐股東廖悅發，均廈門銀行董事，已存戒心，一方先向中國銀行行長黃伯權（亦廈行董事），通商銀行行長黃欽書（亦廈行董事），及中興銀行行長葉天選，商借款項維待，黃（欽書）葉初已允，歐乃於十二日晨命行員默記提款數，許以俟支，乃自赴二行催款，詎借款事忽中變，而守廈行待支者，十時半已三萬餘元，十一時驟增至七八萬元，庫存僅餘四萬餘元，不足應付，遂宣告暫行停支，俟十四日星期一解決，十三日爲星期，該行卽召開董事會，到黃弈住（黃弈守代表），廖悅發（吳時漢代表），陳清波，曾上苑·黃伯權，陳頤堂·沈錦亭·張洒平，黃植庭·黃欽書，議決「十四日起暫停營業十五天·候本月三十日召集股東臨時大會。解決一切」。並由董事會聘杜葆祺律師，王蘊玉會計師·辦理關於法律會計事項·十四日晨，該行卽貼出啓事，文云『本行因市面金融緊迫，一時週轉不靈，經董事會議決·暫停營業十五日，俟依本行章程第十六條第二款之規定，召集臨時股東大會，解決一切辦法·二十四年一月十四日』，又具呈公安局。略謂『敝行近因市面銀根吃緊，所有放款，旣未能收回。所有存款，又因受各錢莊滾支影響，紛來提取，一時週轉不靈·經董事會議決，暫停業十五日，召集股東會解決，在此期中，整理賬目，提會報告·請予派警保護』云云。

外傳廈行吸收存款四百餘萬元，據該行副經理劉雲松謂『廈行一時週轉不靈·暫停營業，滬分行及屬滬行之寧波辦事處不停·滬行曾有電來請示，已覆視局面辦理，本行存款，最盛時期達三百餘萬元。年來市面蕭條，銀根吃緊·提取過半，現存定期，活期存款一百五十餘萬元，連同各同業往來共二百餘萬元，本行資產尚足相抵』云云。

查廈門此次金融風潮，最大原因·爲三年來金價飛漲·南洋商業凋敝，華僑在南洋無業可營，匯利復高，遂競匯款回國，而華僑家鄉之閩南，頻年匪患，又不敢投資內地，此大量歸國之資本，乃集房屋一項，其舒紓之道，（一）投資地產，建築市屋，（二）存放銀行錢莊。夏門關馬路建新市場，為數不過數年，而建築一新．樓屋渠渠，幾無隙地，且多四層鋼骨，建築極精，均華僑之資本也。因是夏門地產，兩年前，極度飛漲．如大同路關帝廟舊址，每方丈漲至四千元，房租之高，如中山大同兩路，僅一方丈二尺寬之三四樓．月常二百元以上，投資地產以外，乃存放銀行錢莊．去夏商會調查，各銀行所收存款達四千餘萬元。錢莊收存之數雖不詳，但可知其超過銀行之數，年來市面蕭條，商店競相舉行廉價賤賣，猶鮮人過問，於是倒閉相望．市屋從而空閉．結果地價大跌，銀錢放款，收解不起，如大同路之前售四千元一方丈者，現八百元無人過問．房客競求減租，月租二百元以上者，跌至百餘元，而中山昇平各路一帶．空閉猶多。銀行錢莊吸收存款，亦多投資地產，地產房屋．既無人過問，現金因以呆死，同時銀根奇緊，提存者復衆，揭蹶遂現．又值廢歷年關在卽，需現甚殷，以地產房屋抵押無人承受，放款商家又收解不起，建源，豫遂以倒歇，牽動所致，乃鮮然成為大波．夏門商業銀行，乃不得不捲入矣，夏門商會，十三日通函全市，以本市金融恐慌日趨險惡，定今（十四）日下午二時邀地方當局如公安局，思明縣長，及各銀行行長，各同業公會，暨該會全體執監開聯席會議，討論救濟辦法．現下人心仍極浮動，尚待聯席會議結果如何，以為轉移也。（一月二十二日申報）

（十一）新聲社云。通易銀行股份有限公司．創立於民國十年八月，資本總額為三百萬元，實收資本總額為七十五萬元，總行地址．愛多亞路一四二號，經理為李廉波，副經理薛竹蓀．劉寄隱，曹錫祥，董事長張澹如．董事俞寰澄，李廉波，秦待時，沈仲豪，朱榜生．吳省三，張芹伯，貝一孫，袁崧藩，趙向軒，並非上海銀行業同業公會會員。

該銀行於昨日起，宣告停業．並委託徐永祚會計師清查．茲錄該會計師公告如下『茲據通易銀行股份有限公司董事長聲稱，本銀行受市面不景氣影響．放款不易收回，存款不易應付，以致銀根週轉不靈，營業祇得暫時停止，除積極催收欠款，並召集股東臨時會外．特委託貴會計師代表本銀行，宣告暫行停業，清查賬目，催收欠款等語，本會計師除受委辦外，特為公告如右。

新聲社記者昨晨晤徐永祚會計師，據談，通易銀行開辦迄今，已有十四年之歷史，資本實收七十五萬元，此次暫行停業清查，實係放出之款，一時不易收回，存入之款，存戶提取，以致無法應付，週轉不靈而停業，現該銀行賬目，已送交本會計師事務所，開始清查，存款約一百六七十萬元，放款亦一百六七十萬元，兩抵不虧，存放各款，均以浙省鹽商為大宗，佔四分之三，蘇省鹽商佔四分之一，其餘存款甚少，近年鹽務不振，故致擱淺，董事長張濟如氏，已私人墊出七八十萬元，仍不足應付，勢難繼續再墊故宣告暫停清查云。又據該行高級職員談，股東大會，在下月六七日舉行，能否復業，現尚難預測。（一月二十二日申報）

以上所錄者爲最近數月中金融界所發生之事件。他如去歲九十月中上海之德康金號，天津之宏遠銀號，義聚銀號，義生銀號，裕聚銀號，恩慶永銀號，恩慶厚銀號，誠明銀號，寧波之春榆錢莊等之倒閉消息，因時間倉促，故未錄入也。

（三）政府之措施

中國金融既已漸趨紊亂，一般人皆感於力量不足，坐視而不能救，咸希望中國政府能運用國家權力，對於整個金融問題有所救濟，願望殷切，有如大旱之望雲霓。蓋處於現在世界金融風潮之中，金融之紊亂，非少數銀行家或金融界領袖所能挽救非賴中央政府確定施行方針，按步實施，以整個國家力量赴之不可，中國政府早洞見及此，於金融風潮發動之後，即進行挽救，茲分述於下：

（一）外市平委會之成立及平衡稅之征收

滬市錢業公會，市商會，銀行業公會，及全國商會聯合會等團體，爲海外銀價高漲以來，我國內地生銀紛紛集中上海，後由

上海流出國外，其出口之數，與日俱增，以致內地金融枯寂，百業凋零，上海存銀數額，近以出口逐漸加多，且銀價高漲，國內物價愈益低落，工廠無法維持，工人流離道路，長此以往，誠恐富源日竭，影響金融，國計民生，交受其害，故聯合呈文財政部，請設法制止，以保富源。

財政部亦認爲我國以銀爲金融本位，幣材自應注意保存，設使銀價激漲，與一般物價相差過鉅，必致牽動金融，妨害社會，特制定銀出口稅稅率如下：

一，銀本位幣征出口稅，百分之十減去鑄費百分之二．二五，淨征百分之七．七五

二，大條寶銀及其他銀類，加征出口稅百分之七．七五，合原定百分之二。二五，共爲百分之十。

三，如倫敦銀價折合上海滙兌之比價，與中央銀行當日照市核定之滙價相差之數，除繳納上述出口稅外，仍有不足之時，應按其不足之數，並行加征平衡稅。

自此三項辦法公佈後，即由財部通令關務署，自廿三年十月十五日起實行。

外商銀行對我政府此次加稅手腕之敏捷，頗表示驚詫，其運銀出口之銀行，有已裝輪而未結清關單者，聞政府加征出口稅，

均紛紛提還，以無利可圖，反將虧本也。（廿三年十月十五日申報）

滬市銀行界以財部征收白銀出口稅後，運銀出口已漸減少，但爲穩定銀價起見，亟宜依照歐美各國先例，組織平衡銀價委員會，並備鉅量基金，作爲平衡國外匯兌之用，故正式向財部建議，並願將來成立後，中央中國交通等數行自願任籌備基金之責。

財部亦爲避免匯市激烈變動起見，採納銀行界建議，於十月十九日成立外匯平市委員會，基金先集一萬萬元，由中央交通中國三銀行共同担任。委員亦由三行各派代表一人任之。（十月二十日申報）

此次銀行合組外匯平市委員會，完全係受財部監督與委託，但其營業活動上，則爲獨立性質而其工作方針，亦與一般商業性質者不同，故將來如遇意外情形，蒙受損失，亦所不惜，惟該項損失，財部方面已允予補助。

外匯平市委員會之機能，一方係爲穩定國內市，使有不致有驟然上升或下落之情形，即遇銀元價格下跌時，平匯會即買進銀元，賣出美金或先令，使銀價抬高，反之如銀元暴漲，即放出銀行，而買進美金及先令，以壓低其暴漲程度，以期銀市與匯價常保持適當之程度，此平市會最主要之作用也。（十月廿一日申報）

外匯平市會爲安定市面，充實存銀起見，並委託交通銀行香港分行，購銀運滬，先後運到二百九十三萬元，後因香港銀價漲高，故改向英國倫敦市場購買，預定計劃，須購足二千萬元。（十月廿二日申報）

（二）中央等三行特放巨款維持金融

二月三日適爲廢歷大除夕，商家積習難移，咸於是日總結賬，因此滬市金融愈趨緊急，錢莊業方面。各行提款擁擠，頭寸多感缺乏，形勢極爲困難，中央中國交通三行爲救助計，特於二日午召開緊急聯席會議，決由三行拆放銀欵，預定總放款額爲一千五百萬元，由中央中國交通三行分攤此項三行拆放鉅款，純爲出於自動，故於二日議決後，當日即實行放款，此次放款小銀行方面，尚無需要，故大部份仍爲錢業方面，請放款者，約四十家左右，每家借款額，自十萬元至五十萬元不等，計二日當日放出六百六十五萬元，利息六厘，三日拆放四百萬元左右，約共放出一千萬元可望足夠應付。

此次借款爲臨時性質，廢歷年關後，由借戶分別歸還，在未還期內，除按照當日行市交付若干利息外，另分別以房地產及公債票等作担保品據申時社記者探悉，此次三行拆放現款，以救濟市面恐慌，除預定之一千五百萬元外，如萬一市面繼續需要，曾有實行無限量放款之議決，故三行放款實行後，金融市場空氣，遂大為緩和，而錢業公會之市場三日晚間可告安全結束，於是銀錢兩業乃得平安渡過總結賬期之難關。（廿四年二月四日申報）

（三）財政部設立金融顧問委員會

國民政府財政部鑒於我國金融問題，日益嚴重，實應網羅人才，作精深研究，以期決定方策，因有金融顧問委員會之設立，並聘請滬上銀行界商界領袖多人。如張公權，錢新之，貝淞孫，陳光甫，等皆任委員，於二月九日正式成立，會內計分四組，第一組研究改進通貨現狀，第二組研究安定匯兌行市，第三組研究改善國際收付事項，第四組研究調劑內地金融事項，主席規定由中央銀行總裁担任，副主席及各組主任一人，則照章開會推舉。（二月十七日申報）

（四）財部獎勵外銀輸入

財政部因中華全國商會聯合會呈請，為活潑金融市場，發展工商實業計，獎勵外銀輸入，以調劑市面，特規定辦法三項，於二月十九日起實行，其三項辦法如下：

一，國外輸入生銀或國幣，准將輸入數額日期，向進口海關登記，將來如有復出口必要時，得由原輸入者，持原證呈部，換發原額生銀或國幣出口免稅護照。

二，持有前項免稅護照出口者，除納百分二·二五稅外，二十三年十月十五日加征之銀出口稅及平衡稅概免完納。

三，此項生銀進口，每次至少不得在五十萬盎斯以下，如係國幣應折合計算之。

自財部徵收白銀出口平衡稅後，白銀輸出漸見減少，人心於以稍定，國計民生，反受其益。惟是金融之道，首貴流通，平衡稅之設，意固在乎限制白銀之出口，但亦足束縛外銀之輸入，蓋國外現銀，依目下情形，本有陸續運回之可能，惟因銀稅情形，遂致觀望，故此三項辦法之設，卽為除去此弊，如此國外現銀可期隨時輸入，以應國內之需要，且輸入現銀，亦不在國內存銀之內，於復出口時，予以免稅，於財政部征收平衡稅之宗旨，亦無抵觸也。（二月十九日申報）

（五）財政部發行金融公債一萬萬元

三月二十日財政部為救濟滬市工商業起見，決定發行金融公債一萬萬元，以關餘為担保，經中央政治會議開會通過，是項公債，決定撥三千萬元充中央銀行資金，撥二千五百萬元充中國銀行資金，撥一千萬元充交通銀行資金使三行資金增加，充實本身力量，以便流通金融調劑市面。滬金融界對於財部爲救濟市面而發行公債。充實三行基金，均表示贊成，俟實現後，則市面籌碼，可減少缺乏之恐佈，使工商業可漸恢復原狀。

中央銀行資本總額爲國幣二千萬元，實收資本爲國幣二千萬元，由財部撥付，去年政府決擴充該行資本至一萬萬元，故此次再撥金融公債三千萬元，以補足之，依照條例規定『因業務上之必要，須增加資本時，由理事會議決。監事會同意，呈請國民政府核准，擴充資本總額，並得招商股，但商股不得超過資本總額百分之四十九』。

至於中國交通兩行資本之沿革，亦可略述，中國銀行，（原名國際匯兌銀行）資本總額爲國幣二千五百萬元，實收資本爲國幣二千四百七十一萬二千二百元，股份數目爲二十五萬股，每股一百元。政府認五萬股，即五百萬元，商股二十萬股，即二千萬元，此次撥給金融公債二千五百萬元，增加資本至五千萬元。

交通銀行（本名全國實業銀行）資本總額爲國幣一千萬元，實收資本爲國幣八百七十一萬五千六百元，份股數目十萬股，每股一百元，政府二萬股，即二百萬元，商股八萬股，即八百萬元，此次撥給金融公債一千萬元，增加資本至二千萬元。

中國交通兩銀行條例規定：『因業務上之必要，須增加股本時，得由股東總會議決，呈請財政部核准增加之』。

金融公債條例由財部擬定，呈請立法院通過，共計十一條，茲抄錄於左：

第一條 國民政府爲充實銀行資金，撥還墊款，鞏固金融，便利救濟工商業，發行公債，定名爲民國廿四年金融公債。

第二條 本公債定額爲國幣一萬萬元，於民國二十四年四月一日發行。

第三條 本公債按票面十足發行。

第四條 本公債利率定爲週年六厘，每年三月三十一日九月三十日各付息一次。

第五條 本公債期限定爲十年，前四年每年三月三十一日還本一次，後六年每年三月三十一日，九月三十日各還本一次，自第一年至第四年，每年償還本金總額百分之一，第五第六兩年，每年償還百分之十四，第七第八兩年，每年償還百分之十六第九第十兩年，每年償還百分之十八，至民國三十四年三月十一日，本息全數償清，前項還本以抽籤法定之。

第六條 本公債應還本息，指定新增關稅爲基金，由財政部命令總稅務司，依照還本付息表所列應還本息數目，按月平均提交中央銀行，收入國債基金管理委員會本公債戶帳，專款存儲備付。

第七條　本公債債票分爲五千元，千元，百元三種。

第八條　本公債還本付息事宜，指定中央，中國交通三銀行爲經理機關。

第九條　本公債債票爲無記名式，得自由買賣抵押，如公務上須繳納保證金時，得作爲替代品，並得爲銀行之保證準備金。

第十條　對於本公債如有僞造及損毀信用之行爲者，由司法機關依法懲治。

第十一條本條例自公布之日施行。（三月廿一日申報）

（六）財部與滬市銀錢業合作放款

滬市地方協會爲救濟市面，經特種委員會研究，擬由政府及銀錢兩業，各認二百五十萬元，總共五百萬元，爲辦理工商業信用小借款另組銀團主辦之，俟有關各團體通過後，卽呈請財政部採擇施行，目的純爲救濟市面，以冀復興。滬市各業以現在工商交困，維持艱難，故均望是項信用小借款早日實施。

於是滬市市商會地方協會，爲貢獻工商信用放款辦法，於三月十四日會呈財政部，其文云：

『呈爲呈請事竊敝會等前以上海市面緊迫，亟須救濟，經討

論擬定辦法五項：

一，各業票據，由銀錢業貼現，如有妥保銀錢業應以接受，中央銀行亦應予銀錢業以重貼現。

二，道契及土地執業證，應加入爲中央銀行領券項下之保證準備。

三，道契及土地執業證應加入爲儲蓄保證準備。

四，銀錢業對各商店往來摺，應照常致送，惟對於信用透支數額，得各自酌定，至商店本身組織亦應力求健全。

五，銀錢業如有向中央中交三行，以貨物或地產作押款或折票者，應盡量接受。

以上五項辦法，經分別函請中央銀行，儲蓄保證準備委員會，及銀錢兩公會採納照辦，至關於二三兩次，並經會呈　鈞部，俯准辦理各在案，本月九日，敝會等又據本市中國工商業函送救濟工商業緊急方案二份到案，復經詳細討論，僉以其方案第二種，物產公估抵押借款，實卽敝會等所擬之辦法第五項，業已先函中央中交三行，對於此項押款，盡量接受。其方案第一種工商信用小借款，亦與敝會等所擬辦法第四項，適相脗合，惟救濟工商，如得政府提倡於上，由銀錢業襄助於下，則互相維繫，益收成效，敝會等商討之下，特再擬定工商信用小借款，辦法大綱四項，以爲實行所擬辦法第四項時之補充，謹再會呈，送請鈞部，採

納賓行，工商幸甚，謹呈財政部長」

至於此工商信用小借款辦法大綱四項，可錄示如下：

一，由請求借款者，直接或會同工商業，開具請求小借款者之牌號，資本總額營業狀況，借款金額，保證人名送交商會，地方協會，查核登記後，轉送銀錢與政府合組之銀團，審查核准，再由該團指定之代表銀行照放。

二，放款總額爲國幣五百萬元，請政府與銀錢業公認之。

三，政府担任之數，擬假定爲二百五十萬元，由商會地方協會，呈請財政部核准撥款。

四，關於借款上一切手續由銀團核定之。（三月十五日申報）

至三月十七日錢業公會忽表示不願參加銀團，但願量力擴充放款，於是此信用小放款遂變爲政府與銀行界兩方面合作進行。（三月十八日申報）

銀行業同業公會於三月二十二日分函各會員銀行，迅予將認定工商業信用小放款數月限期報告，以便早日實施，而政府認定之二百五十萬元，已由孔部長飭中央銀行加入合組銀團。至於銀行公會會員銀行，亦已由該小組合與各銀行接洽妥當，已認定二百萬元，內中國一百萬元，交通五十萬元，餘額由各會員銀行認定，如銀業不願加入，即由已認定之銀行，以比例增加至二百五十萬元。（三月二十三日申報）

錢業公會雖不加入銀團，但該會主席秦潤卿仍勸導各錢莊，儘量擴充工商信用放款，以資救濟，且自福源錢莊舉辦工廠放款後，各莊相繼而起，宗旨專以輔助小工業爲主，辦法爲凡屬小工業者，苟有充分信用，可以證明其確爲從事於工業發展之工廠業者，得以商品爲抵押，數目不嫌巨細，并相當之保證人，經該莊認可，向該莊抵用款項，或由該莊認可之保證人，則無須抵押品，向該莊訂立往來透支，利息特別低落。（三月二十四日申報）

（七）財政部取締錢莊藉詞停歇

近年以來滬市時有錢莊倒閉及停業請理情事，雖或因情勢可迫，無力維持，而藉故停歇，巧施詐騙者亦難保其無，財政部以此種現象，不獨擾亂心，且亦影響市面，因於四月廿九日訓令上海市錢業同業公會取締其文云：

『查近年以來每於市面緊急之際，均由本部函令中央中交三銀行拆放巨款，以資調劑，各錢莊得此扶助，營業自店發展，殊知近來國時有錢莊倒閉及停業清理情事，察其內幕，倒閉停業各莊，未必純由放款呆滯，每有不良經理，濫用虧款，或營私舞弊，以倒閉停業爲掩飾打劫之手段，外人不察，每以錢莊倒閉，爲金融緊迫之徵象，以致搖動人心，影響市面，殊堪痛恨，查錢莊組織，概係無限公司或合股，各股東或合夥人自應負無限清償責任，經理及執行業務人員，亦應聯帶負責，倒閉及停業之錢莊，非將全部債務清償完竣，經理及執行常務人員，與股東或合夥人，同屬不能脫離責任，斷非委託一清理員，即可逍遙法外，其經理及業務人員，如有濫用虧款，營私舞弊情事，更應依法嚴懲，不能寬假，爲此令仰該公會，迅將近來倒閉停歇各錢莊，詳細查明，如有上述情事，應即據實報部，以憑依法究辦，並轉知全體同業，務須整頓業務，不得藉詞率爾停業，致滋紛擾是爲至要，切切，此令」（四月三十日申報）

金融恐慌之救濟，端賴政府，亦無濟於事，工商銀錢各業亦必須努力自助助人，一方面循政府之方策，共策進行，而收合作之效，一方面改良積弊，團結內部，整齊步伐，以迎敵此空前未有之金融大恐慌，於是有中國工商救濟協會之成立，市商會地方協會之進行救濟，承兌匯票之施行等等，雖成效尚未顯著，然假以時日，對於金融恐慌之救濟，亦必有一臂之助焉，茲分述於下：

（一）中華農業貸款銀團成立

交通金城，上海，浙江，興業，四省農民等五銀行於二月初旬發起組織中華農業貸款銀團，目的在救濟農村金融，服務農村社會，提倡農業合作，復興農村經濟，於二月九日正式成立，該銀團設理事會總理全團事務，由參加之銀行，每行派一人担任之，並設常務理事，處理日常事務，由理事會組織各地辦事機關，並計劃農業合作社，並劃分區域等，該銀團之宗旨在復興農村，故歡迎各銀行參加，共同辦理，其章程規定，凡贊成本銀團之宗旨，願參加共同辦理貸款者，得於每年度開始前，經參加銀行之通過，即可加入。

至於各銀行之投資於農村，於去年已開始舉辦，惟五行均出於個別行動，在去年一年中，以陝西一省而論，其數約百餘萬，此次各銀行鑒於投資農村之重要，故採取整個計劃，以資統一，決定本年內投資數量，以五百萬元爲限，以三百萬作信用放款，以二百萬作押匯放款，於二月十八日開始放出。（二月十日申報）

（二）銀錢業恢收受地產抵押

從前習慣，銀錢業受抵地產押款，爲唯一穩健之營業，蓋以其產屬不動，價值穩定，中外銀行皆樂於受抵，自去年起，因銀根緊急，地產價格狂跌，於是銀錢業一律拒絕受抵，即萬一有之，則限制甚嚴，以致地產呆滯，自地方協會等團體集議救濟後，

銀錢業對於地產抵押，均已恢復承做，惟視自身之力量而起，故今之地產，較前稍已活動，而其價格亦見起色也。（三月四日申報）

（三）中國工商業救濟協會之組織

中國工商業救濟協會，上海總工會，工商管理協會，及雜糧，銀行，錢業，麵粉，鐘表，木器等一百六十餘同業公會，及各大商號，大工廠，各業職工會，為救濟市面，於三月四日聯名電蔣委員長，汪院長，其文云：

「重慶蔣委員長，南京汪行政院長勛鑒，近數年來我國國民經濟日就枯竭，一以天災人禍之侵襲，致農村經濟，瀕於破產，國民購買力因以薄弱，二以各國減低幣值，加緊對我國之傾銷，以致工商業日趨危殆，（中略）羣情惶急，不可終日，工商業以自身力量，謀自救計，爰有中國工商業救濟協會之組織，於三月二日，在上海成立，除另請上海領袖經濟專家研究對策，另電條陳鈞座外特電奉聞」（三月五日申報）

中國工商業救濟協會成立後，對於救濟工商業方案屢加討論，幷經推定代表，與銀行界領袖張公權氏，作一度商洽，該會所擬方案，計分二種，一為信用小借款，一為物產公估抵押借款，已決定辦法，函送市商會，地方協會，及銀行界領袖張公權氏，俾可切實實行。

工商信用小借款辦法：

一，本借款應由中國銀行，負責組織銀團辦理之。

二，信用小借款總數，為國幣五百萬元。

三，凡在上海區域內之中小工商業華人資本經營之工廠或商店，均得依據下列條件，由本會審查核准請求信用借款：

（甲）資本在一萬元以上者。

（乙）有兩家同樣資本之商店工廠，連環担保者。

四，信用小借款，每戶借款金額，至多不得超過其資本總額十分之三。

五，信用小借款之償還期，自起借日起，六個月後，分期撥還，至多以一年為限。

六，凡欲請求信用小借款者，應於借款銀團組成日起，一個月內，用書面向中國工商業救濟協會請求，幷將請求借款金額，及連環保證人牌號資本額，一併開明，一式兩紙，由中國工商業救濟協會，審查核准後，即以一份通知銀團，後行調查，俟滿一月後，由銀團會同中國工商業救濟協會，統計請求借款，總數如未超出借款五百萬元總數之外，應即實行借款。

七，請求借款滿期後，經調查合格借款條件之借戶，其請求額超出借款總額五百萬元之外時，應符合條件之請求借款，與承借總額五百萬元比例，分攤借給之。

八，此項借款利息，最高不得超出六厘。

九，信用小借款，如有到期不還，借款人倒閉，或連環保證人無力償付等情，其責任由借款銀團，依法追償。

物產公估抵押借款辦法：

一，物產之公估抵押借款，額定一萬萬元，凡左列物產均得抵押。

（甲）廠屋，照原造價七折抵押。

（乙）廠基，由公估委員會公估，八折抵押。

（丙）工廠機器生材及輪運船舶，照原進價折舊抵押。

（丁）已有建築之房地產照房租收入，估值抵押。但房租收入，比照押息不得低過五厘。（上項房屋抵押，以合於救濟工商之用者爲限，但抵押總數，亦不得超過全數三分之一。

（戊）製造貨物照批價折實，八折抵押。

二，右項抵押品估價，應組織物產公估委員會公估之，公估委員會之組織，除由中國工商業救濟協會，市商會，地方協會，及承押銀團所派之代表，爲當然委員外，應另聘各業專家每業五人，共同組織，凡於估價時，就其種類性質，邀請各專門委員加入（以上委員各先推定出席委員，於臨時抽籤定之。）

三，凡欲請求物產估價抵押借款者，應於借款銀團組織成之日起，一個月內，用書面向中國工商業救濟協會請求，並將請求押款金額，及抵押品名稱等，開明一式兩紙，由中國工商業救濟協會審查核准後，即以一份通知銀團，後行調查，滿一個月後，由銀團會同中國工商業救濟協會，統計請求押款總數，如未超過定額一萬萬元總數之外，並無違反第二項所規定之條件時，應即實行借款。

四，請求抵押借款滿期後，經調查合格。借款條件之借戶，其請求額超出借款總額一萬萬元時，應以符合條件之請求借款，與承借總額一萬萬元之比例，分攤借給之。

五，此項借款利率，最高不得超過六厘。

六，放款銀團，應負責促成統制金融，發行以物產準備兌換券，此項借款，俟兌換券發行時移轉之。其辦法另定。

七，爲流通金融起見，應由銀團組織物產公庫，發行公單，以資周轉，由銀團自行擬具辦法，會同公布施行。（三月八日申報）

該會並爲表示立場起見，於三月九日，發佈重要宣言，其文曰：

「自海通以來，我國以受帝國主義之長期侵略，致農村破產，工商業日趨危殆，降至今日，世界各國，莫不競縮幣價，擴張軍備，國稅壁壘日以高，生活水準日以降，經濟則多爲有計劃之統制，政治則趨向無限制之集權，在茲列強勢力環攻之下，益以水旱饑饉，致農村破產，日益尖銳，工商業崩潰，愈趨惡化，最近以銀價高漲，及入超累積，致大量白銀流出，金融恐慌，達於極點，際茲全國產業總崩潰之前夕，正民族經濟生死存亡之一剎那也，敝會合人念經濟爲民族命脈，上海爲工商業中心，丁茲千鈞一髮之秋，不以自身力量，謀精誠之團結，作有效之挽救，則狂瀾莫挽，危禍將不堪設想，爰有中國工商業救濟協會之組織，於三月二日在上海成立，先就迫而動蕩之形勢，謀安定之急就，以發展民族經濟爲鵠的，謀工商之提倡，商業之繁榮，並扶植農業之復興，除聘請專家，詳究改革幣制，調協金融，統制產業管理諸端，籌經濟國策，使物產資本之力量信用，與金融資本謀相互之流通合作，條陳政府，請求採擇施行外，所望全國同胞，聞風興起，相與努力，凜於國難，共圖挽救，延民族一線之生機，保國家僅存之元氣，國家幸甚，敝會幸甚，謹此宣言。」（三月十日申報）

（四）地產商議發流通券

滬市地產商領袖多人，近因鑒於市面衰落，商事不振，擬於地產事業爲運用，以謀救濟，特於三月十七日召集會議，討論辦法，議決組織一商業經濟協會，宗旨係以地產商人爲骨幹，籌擬救濟市面辦法，並推定虞洽卿程霖生等四十五人爲委員，另指定理事若干人，起草會章及大綱，俾與當局登記，取得法律上之根據。

該會議中，除討論組織商業經濟協會外，並曾討論一重要提案，即擬議發行流通券五萬萬元，其辦法係以百分之六十爲現金準備，餘百分之四十以地產爲担保，並請政府設地契保管庫，其發行流通券五萬萬元之理由，係認爲目前上海市存款共計十萬萬元，爲使此種存款流通起見，擬以地產等爲抵押，發行流通庫券，俾使市面稍形活躍，並假擬該項流通券發行期限爲五年，年息五厘。（三月十九日申報）

上項之建設，其中關於百分之四十之地產担保，固無問題，惟關於現金準備一點，在此情形之下，殊爲不易，蓋本市目前之陷於呆滯狀態，實由於缺乏交換之媒介品，現在市上之媒介品，，除現銀鈔票政府公債外，其他補助流通物，其範圍決不能如現銀鈔票之廣泛，但現在現銀存底，一般亦在枯竭狀態之中，對於發行此種鉅額流通券，是否能獲得如此鉅款現金之準備，使一部份呆滯之地產，將能依附而流通於市面，固為最重要之問題也。

而本埠大部份銀行界領袖對此均不贊同，斥乃妄舉，無論如何，決難實現，並伸述其不能實現之最大原因云，一班地產商人，欲籌發地產流通券五萬萬元，經濟市面，其旨可嘉，但究此五萬萬元之流通券，如何能發行，即發行後，如何能流通市上，係一極大問題。依照該會建議，流通券一如紙幣，則五萬萬元流通券之發行，需有百分之六十之現金保證。換言之，發行五萬萬元之地產流通券，必須先具有三萬萬元之現金保證方可，查得本市存銀總數，僅有三萬萬之數，故一班地產商人，欲籌此三萬萬現金保證，雖九牛二虎之力，亦難獲成功，且地產商人持片面主張，籌發流通券，設果如願發行。試問能得各方之諒解，互相兌換否，凡此種種均屬重大疑問，所以對於地產商此舉，除目為妄舉外，別無其他意見，蓋絕對不能見諸事實也。

又據銀行公會方面意見，此項計劃，即能有百分之一成就。而所能救濟者，亦屬少數地產商人，蓋使彼等之不動產，一變而為動產，在彼得固屬如魚得水，得以調劑週轉，然對於整個社會，並無若何善良影響，又謂銀行公會對救濟市面，素主穩健，好高騖遠，實所不取。（三月二十日申報）

該商業經濟協會於三月廿七日開第二次理事會議由程霖生主席，報告開會宗旨，略謂，中國商業，資本薄弱，不能與列邦等量齊觀，全國貨物生產，向賴信用借款，以資挹注，恆於信用借款之多寡，為商界營業之範圍。去年大結束時，銀行雖蓄存現銀二萬七千萬元。祇以抵補鈔票四萬五千萬之六成準備金，苦難移動流通，致市上無現銀週轉，狀態非常緊張，惟有請求政府救濟者，已為一致公認，今年年度開始，工廠商店，大都停歇，失業職工，日益增多，社會秩序，恐遂不寧，已由工商團體，呈准政府，組織五百萬元銀團，維持市面，近又發行金融公債一萬萬元，充實三銀行。揆諸金融前途，自有相當結果，現在現銀告竭，非得增加流通籌碼，無從流轉，歷年除現銀外，厥為鈔票，公債地契三種流通市面，公債地契祇能為籌碼中之代替品，鈔票視金之多少，以定其發行數量，加之公債儲藏，亦比往歲為多，發行與儲藏益廣，即市面上之現銀益少，年來底碼擴大，奚止倍蓰，因此流通籌碼，日見其拙，可以提出地產，設法流通，使各業實力充足，即有餘力可以發展，否則地契擁塞，妨碍業主者少。其受抵地契之害，為數驚人，他日損失，不可限量，影響所及，恐更甚於今日之危險，此本會自救救人之宗旨，現已徵求專門人才起草，呈請政府，組織委員會，請求救濟，俾蘇商業之困，而定金融之安云。

繼即開始討論，對第一次擬發五萬萬元流通債券事，家意現下環境困難，有主改發三萬萬元，有主改四萬萬元，又有主發四萬五千萬元者，旋經多時討論始決定呈請政府，發行四萬五千萬元，對現金準備，因現銀告乏，決改為三成（據會後某地產商稱，三成現金準備，在現時已十分充裕。憶美國羅斯福就任總統後對國內債券，均祇二成半，地產業此舉曾各方面顧到云云）其餘十分之五為地產貨物準備，十分之三道契準備，發行特種有利兌換券，五年為期週息五厘，此種兌換券票面，有人主張以一千元，五千元，一萬元三種，使輕便而易於保管抵押。為使便利進行起見，決將此項意見，呈報政府。

該協會討論中心，乃係發行流通券之數額，及發行辦法，以便呈報政府，早日復興市面，經長時期討論結果，僉以茲事體大，必須鄭重進行，其呈文內容，當確定六項原則：

（一）發行流通券四萬五千萬元。

（二）三成現金，五成地產貨物，二成道契，作準備。

（三）以五年為期，週息五厘。

（四）票面分一千元，五千元，一萬元，三種。

（五）債券性質，為特種有利兌換券。

（六）如政府允許發行，則由政府會同各關係機關，及市商會，銀錢業，地產業，共同組織：

（甲）保管委員會。

（乙）估價委員會。

（丙）設計委員會。

處理發行後一切事宜。（三月廿八日申報）

後該協會，因進行困難，雖經該業中人迭次會商，未曾獲有若具體進展，而本市有關各方對於地產商人此項建議，亦多認為礙難實行，絕少贊同，蓋據一般觀察，該項債券不易籌發之原因固已盡人皆知，即能見諸實行，則各界人士對於該項債券能否承受，亦為疑問，若謂救濟市面衰落，活動金融，政府方面，早已計及。此次民國廿四年金融公債一萬萬元之發行，即為充實中中交三銀行實力，俾能儘量向工商業放款，會同銀行公會，舉辦二千萬元大貸款，以救濟工商各業目前經濟困苦之難關，一面並令主管機關，對轉口稅及出口稅之撤裁減免辦法，妥加研究，期於六月一日見諸實行，可見政府對於救濟金融復興市面，無論在治標治本，莫不籌有適當妥法。是地產流通券之發行，誠屬多此一舉矣。（四月廿五日申報）

（五）商業承兌匯票之推行

上海市綢緞業公會及上海市電機絲織廠業同業公會為改善放賬制度，加增商業上之籌碼，救濟交易之呆滯起見，今春創辦商業承兌匯票，業已有數家實行，中央銀行並已允為重貼現，茲悉國中國貨產銷合作協會，亦在提倡推行，惟一般商界，尙有未能完全瞭解商業承兌匯票之利益者，於是最先實行商業承兌匯票之美亞綢織廠總經理蔡聲白氏，乃發表談話，將推行之動機與經過，舉述極詳，茲記其談話如下：

『商業承兌匯票，在歐美各國市場，已爲極普通之票據，票面之金額，大至數萬元，小至數十元，以承兌人之信用可靠，到期必能如數照兌，故到處銀行，皆可貼現，其貼現地點，固不限於本地者也，惟我國則以商業習慣，率重放賬制度，故從前極少施行此項承兌匯票者，惟美亞綢廠，則創行已將三年，深覺有利無弊，創行之際，因九一八及一二八以後，農村經濟破產，國內各地商市，異常低落，若仍依舊式放賬制度，不特危險堪虞，且交易呆滯加甚，是以毅然首先創行，當時各地綢商間有未明此種票據之利益者，自不免有種種疑慮，種種困難，但經勉力推行，詳細解釋，現已毫無困難，此三年中之本廠用商業承兌匯票交易之數額，已達八十餘萬元之鉅，且每票白銀行兌現後，不特從未有意外事變發生，且亦從未有拒絕承兌等情，惟一般商人向重放賬，積習難返，對於此項承兌匯票，初時或不免有誤解，實則凡能到期承兌者愈益表示此商人信用卓著，無可竊議者也。在篤信放賬制度之舊商人，對於進貨時。有人以商業承兌匯票請其簽字承兌之際，或竟認爲有損信譽，有礙體面，蓋中國商業之習慣。篤重口頭信義，不特何賬款，均須年底結清，甚至平時送貨收貨並回單而無之，在昔商業情形簡單時，自無問題，而近代之商業同臻繁複，尤非個人之交割，而爲公司團體之往來，且融金狀態，異常錯綜繁密，則運用票據之需要亦日益急切，故進貨若干，約期付款，極爲通常之商業信用，如能到期付款，則非特不損體面，仰且信譽卓著，例如在三四十年前，工商業之以自己的貨物向人押款者，每視爲恥辱，有損牌面，故極祕密行之，而目前則以瞭解商業經濟之原理，以自己的貨物，向人押款可，實爲信用可靠，故押款已成爲商業上經濟運用之普通行爲，故余信商業承兌匯票推行後，必可逐漸亦成習慣無疑。

蓋此項商業承兌匯票並可輾轉貼現，例如甲以貨售與乙，出票由乙簽字承兌，甲即可持票向A銀行貼現，A銀行並可向B銀行重貼現，而乙收到甲之貨物，轉售於丙，亦得出票，由丙簽字承兌、乙即即持票白銀行貼現，俾自己可承兌之貨款，到期而照兌無誤，如此而輾轉貼現，則僅一轉手之間，果貨已變爲資金。同時各方工賬而債權，亦僅於一轉手之間，而盡變爲票據債權，在經濟上之運用，活潑孰甚，是以凡與敝廠用商業承兌匯票交易之客戶，以三年之經驗，今已知其便利，樂於推行，而不願再沉用舊式之放賬制度，此爲明證，或謂承兌匯票，似以推行於本地爲宜，而不宜於外埠，但敝廠推行該項匯票，非特本外埠皆已推行，而外埠用留兌匯票交易之客戶，亦從未有所誤事也，現在上海市綢緞業公會暨上海市電機絲織廠業同業公會，正在極力推行．而國貨産銷合作協會，亦在勸告各業産銷者一律推行，且中國，交通，國貨，上海，綢業等銀行，對於此項承兌匯票，可以收受貼現，聲勢益壯，則推行尤易。

鼓尤希望各業一致提倡，先打破一年一結之放賬制度之舊觀念，瞭解推行承兌匯票復，可以使金融籌碼增加，（即同時以呆滯之賬面，即可運用爲流通之資金）以賬面債權變爲票據債權，在票據法上，更有確切之保障，則自皆樂於推行，惟初創之時，不免有種種困難，但以努力邁進之結果，必可全國風行，但事實初創。一業一家之實施，困難自多，尤賴本埠各業之同業公會，一致起而開會議決，共同實行，則更易爲力，現在上海綢業同業公會及電機絲織廠業同業公會，已議決自四月一日起實行，則尤望本外埠之各大公司商店，協力提倡，一致推行，俾承兌不致發生任何問題，則不特上海對各埠可以推行無阻；而他埠對他埠，並可繼起推行，於是全國工商之貨物，隨時可用票據的方式，貼用現金，金融流轉無滯，事業駿進不已，自可穩操左劵者也。」（三月十八日申報）

綢緞業及電機絲織廠兩同業公會於三月廿九日爲實行商業承兌匯票事聯合公告云：

「逕啓者，查敝業等過去，對於客家放賬交易，向賴銀錢業放款週轉，故得以有限之資金，助應客戶之需要，客歲自滬上白銀鉅額外流，市面感受恐慌，以金融業爲保全自身實力計，對於信用放款，無不謹慎將事，對於信用放款，無不謹慎將事，力持緊縮，敝業等處此銀根緊張，通貨窒滯之局面下，乃與其他各業．同感捉襟見肘，週轉不靈之痛苦，長此以往，資源既竭，挹注無從，即欲勉維昔日放賬舊制，在勢力有未能，但若統以現銀交易，則又恐變更太驟，在客家未易一致推行，敝業等幾經商討，爰經議決創行商業承兌匯票，以期買賣雙方得以兼籌並顧，互盡維護之責，故此項匯票施用之結果，在賣方可將往昔原有之賬面，變爲可以流通之資金，得藉票據貼現方式，獲得流動資金之通融，庶於無形中增多籌碼，俾資週轉，在買方則訂期付款，不致毫無準備，實而際上與昔日登賬制度毫無二致，一舉數得，雙方蒙利，自敝業等創議以來，各方法制經濟專家，先後著論贊同，咸認爲此項匯票，與立法院新頒之票據法，盡相符合，若能普遍施行，則不僅有助於目前恐慌局面之弛緩，即於全國工商前途，亦裨益非淺，同時銀行業亦復函贊可，允予收受貼現，敝業等以此項承兌匯票，既荷各方贊助，自有儘力促其實現之必要，爰經提交會員大會通過，決定於四月一日起，正式實行，所望各路客幇，能本同舟共濟之心，勉盡贊掖推行之責，以期撐持危局

・共渡難關，敝業幸甚。工商幸甚。』（四月一日申報）

（編者按：關於金融恐慌之救濟，因外埠新聞材料缺之，無從編輯，故多偏重於全國金融中心之上海方面，雖不免有拘拘一隅之譏亦無可如何也。）

(四)各方之觀感

此次我國金融恐慌之近因，實由於受美國白銀政策之影響所致，此則美方之態度，有加之注意之必要也，特錄一月九日申報所載關於美國白銀政策之消息如次：

(一)美國務卿與財長商討白銀問題

『美聯社自可靠方面得悉國務總理赫爾與財長毛根韜，今日舉行長時間之會議，討論美國之銀政策及其於中國方面之影響，查上海方面近頃來電稱，中國駐美公使施肇基博士曾報告其本國政府，謂美國政府已應變更購銀計劃，以助中國云云。今日之會議適於此項消息傳到後舉行，赫爾及毛根韜對於會議內容，咸守緘默。毛財長對於記者所問，美國是否允許中國避免激增銀價一事，答語慎重，僅稱『此係上海方面之謠言，我則行其素而已』國務總理赫爾後復向美聯社記者稱，中美銀問題並無新發展，不過兩國近曾交換此事之意見耳。惟據有力方面表示，美國和緩其購銀計劃，實爲中美談判必然之結果云。

又七日哈瓦斯電云『據上美國方面消息中國駐美公使施肇基已從國務院方面獲得保證，謂美國政府當設法阻止白銀再行漲價云。』此間聞此消息殊爲詫異，有特殊資格之人士特向哈瓦斯社代表聲稱，謂美國政府並未作此類保證云。

(二)社會局長報告上海市面恐慌因果

中央社云本市市政府前晨舉行擴大紀念週，由吳市長領導行禮，并由社會局局長吳醒亞演說，茲誌原辭如下：

近來上海市面蕭條，百業凋敝，在接二連三的銀行錢莊清理商店倒閉之中，雖然把二十三年度的總結賬期勉強安然渡過，但是工商業的困難與危急的急勢，依然十分嚴重，當此之時，工商各業正在請求中央及地方政府金融界放款救濟市面，忽然發生申新第七廠，因到期抽款不能清償，被其第一債權人匯豐銀行標價拍賣，因爲紗廠業是我國新興的民族工業，而申新又是此中巨擘，被拍賣的第七廠，也有五萬六千紗錠，七千一百餘線錠，和二千三百餘依此爲生的工人，這件事情的發生實業界卽兎死狐悲，一般人士奔走呼號，已經不安的市面，格外加重了不安的程度，現在這件事雖然緩和，而工商業人心依然惶惶，好像大難臨頭，形成『山雨欲來風滿樓』的悲象，我們把這個工商業不安的現象，從本市全國和世界的觀點去仔細思慮一下，就覺得目前這個局面，的確已經非常嚴重，目前少數銀行商店的倒閉，和一家紗廠的被拍賣，不過是這個嚴重局面的開始，如果長此下去，不設法消弭，必定全體實業的總崩潰，這不僅是上海的危機，而是全民族的生死存亡的關頭，我今日趁着這個機會，把這個嚴重局勢的成因和可能的結果，向諸位作一分析的報告。說到這個嚴重局面的成因，有由來已久的，有最近發生的，有外來的，有內生的，而這些遠因，近因，外因。內因，都相互牽連，錯綜繁雜，不容易各個獨立的分別說明。

先說外來的原因，如果說得遠一點，可以把鴉片戰爭以後，南京條約開始，所訂立的一切不平等條約，影響於工商業的地方拿來說明，但因話多，這裏且不談，現在單說近的，就要提到一九二九年世界經濟恐慌的爆發，從那年起恐慌可謂日趨尖銳特別提出與我們關係深切的幾件事來說，就有一九三一年的英日相繼放棄金本位，一九三三年的美國放棄金本位，一九三四年的美國厲行白銀政策，同時各國的關稅壁壘步步森嚴，所謂鎖國經濟（國家主義的經濟，）集團經濟，（布洛克經濟），包括統制貿易，管理貨幣等，無一不是普遍的流行，而且有極具體精細的方法來實施這些政策的門戶洞開一切落後的中國，既沒有資格加入他們集團經濟，好像也竟沒有方法，去和他們講統制貿易限額分配，在這種局面之下，所表現出來的事實，就是我國輸出的貨品，不是因為不勝外國關稅的負担，實際上等於禁止輸入，就是因為外國市場購力低落或是外國人愛用國貨，或是為他們同樣貨品所替代而到處碰壁，除去人家必不得已，要購用我們的貨品以外，恐怕就不輕易吸取人家的金錢，反過來看一看，洋貨到中國來是怎樣的情形呢；固然洋貨在中國暢，當然有他們優厚的憑藉，比如前面所說，英，美，日，都停止了金本位，他們貨幣的價值減低，同時對我國貨的匯價自然低落。這就是我們有便宜洋貨享用，並且他們政府還用盡種種方法，如豁免出口稅，優給獎勵金，來助貨品在中國傾銷，更加中國境內有的外國工廠，利用我們的豐富源料和人工，加上他們雄厚資本和精良技術，又何愁出品沒有銷路，所以我們衣食住行的養命之源，已經是仰賴洋貨，其餘不必要的奢侈品化粧品，甚至有國貨替代的日用品，也都是購買洋貨的，單說自民國十八年以後到現在為止，這六年之中，我們購買洋貨的入超前年最多，達九萬萬元，去年最少亦在五萬萬元以上，平均作六萬萬元計算，總共就是三十六萬萬元，六年之間，流出的金錢如許，諸位閉目一思，這是何等危險的景象。

這個龐大的入超，並不是始於最近數年，不過以前還不覺得有這樣嚴重，因為以前貿易儘管入超，並不要拿出現錢去抵補，仍然有現銀入超，因為有太宗的無形收入，比如華僑的匯款，外人向我投資鐸等。近年情形大變了，華僑的事業遍處衰落，失業者一批一批的返國，增加國內的不安，外人投資當然銳減，所以現在的貿易入超，必得裝運現銀去償付，加之去年美國實施白銀政策以後，海外銀價飛漲，一般洋商銀行和不肖國人，都把現銀運出海外圖利，總計去年一年生銀出入相抵，流出淨數達二萬四千八百餘萬元，其間財政當局，雖於去年十月十五日宣布加增銀出口稅與平衡稅，並組設外匯平市委員會，但是十一，十二兩月，仍有一千一百餘萬元的銀子輸，據去年十二月底調查，本市中外銀行的庫存銀，合計不過三萬三千餘元，若照那樣的流出不已，要不多時就可以出空了。

以上都是外來的原因，現在說內在的原因，首先要說到農村破產，關於這件事，近來報章雜誌記載獨多，在坐諸君也有不可來自用間近來農村破產的眞相，大家都已知道，無庸細述。我僅指出農村破產如何影響都市衰落，本來農工業是互相依賴，不能獨趨繁榮，就是美國那樣大的工業國家，由於農業衰敗，還能引起經濟恐慌，何況我們是以農立國，從前農村的蠶繭，米，麥，棉花，拿來上海換錢，購買工業製造品回去，現是絲業是一敗塗地了。米，麥，棉花也以購用洋貨爲大宗，年在二萬萬元以上，連農民自己也吃起洋米來了，試問都市工業製品，還剩下了多少顧客，加上連年不斷的天災人禍，民國二十年的全國大水災，以及各年各地的蝗、風、旱、匪等災，及「九一八」「一二八」之空前國難，又不知斵喪了多少元氣，其損失實難以數字計算，這種天災人禍加速度的促進了農村破產，並使以農業爲背景的內地許多城市，日見空虛，把所有的財產，逐漸向都市集中以求安全，乃形成都市充血，內地貧血的現象了。

上面我已經把上海市面恐慌的成因和現形，說了許多，現在再談談今後的結局。不過未來的事，變化到甚麼形態，這是任何人不可預料的，茲照現狀推演下去，則其結果所至，可得而言者，有幾點：(一)國外的經濟自衞手段，必定日益高明，我們的貨品要想在國外求出路，格外難能。(二)洋貨源源而來，價額或將減少，價格更求低廉，以期薄利多賣，因爲國人的購買力，將到油乾燈草盡的地步。這一點去年已經顯然的有此趨勢。(三)現銀將繼續流出不止，因有美國的購銀政策，有其一貫的方針，自金條文案判決後，通貨膨脹聲愈大勢，以後將接預定步驟，大購白銀，其價必更抬高。通貨緊縮，物價低落，農村破產，都市凋敝，洋貨輸入，國產滯銷，這幾件事都是互爲因果，循環往復地益趨深刻，實業總崩潰，非不可能。(五)近調查本市失業人數，較一年以前加增一倍，但今後失業者必繼續加增無已。殆無疑義，社會不安，問題嚴重，猶記十幾年以前，總理講民族主義時提到金錢外溢，曾大聲警告我們『中國人再不覺悟，長此以往，就是外國政治家天天在睡覺，不到十年便要亡國，』目前正如總理所昭示的十年之後，何况今日外國政治經濟侵略雙管齊下哩。

諸位，我今天所說的話，都是都事實上看出來的，並不是危言聳聽，諺云『多難興邦』吾人正應趁此危難之時期，遵從蔣委員長苦幹，快幹，實幹之訓示，奮鬥勿懈。我相信復興民族正有極大希望。現在蔣委員長，汪院長，孔部長，宋前部長，陳部長，吳市長對於挽救目前的民族經濟危機，已有辦法，希望工商界和金融界從大局着想，本以往合作精神，來維持現狀，一面協助政府共渡難關。須知惟有上下同心協力，乃可共存共榮，至於我們尤應刻苦耐勞，節衣縮食，一致服用國貨，實行新生活，以個人之聰明才力，盡量爲救國圖存的工作。吾人不要看到目前的情形，而灰心餒氣，更不要舍本逐末，舍正路而弗由，我們相信我國土地若是之大，人民如此之多，只要一心一德，善於運用，無論外國政治經濟各種建設如何優美，自然能夠迎頭趕上去。（三月五日申報）

（三）工商業金融問題研究報告書

經濟學專家楊蔭溥，章乃器，張肖梅三氏發表工商業金融問題研究報告書如下：

（一）緒言　不佞等中華工業總聯合會之委託，研膨脹通貨之利害，及是否可能諸問題。此事關係國民經濟前途至深且切，就工商業之立場而言，對於目下幣值高昂物價慘落之危機，須有一足以穩定幣值，與物價間平衡之方策，以資應付，非特爲堪以同情冀望，實亦爲挽救危局之要圖，而信用緊縮，工商業破產迭出其嚴重情形，决非諱疾忌醫粉飾太平之所能收效，更爲無可否認之事實，第吾國當內憂外侮交逼之際，危機所及遍於整個國民經濟，金融業與工商業誼屬同舟，渠能互相責難，使他人坐收漁人之利金融業在恐慌發展中，爲自身安全計，猝無以應工商業之期望，自屬實情，然謂其若秦越人之坐視不救，或屬過言，不佞等以爲目下切要之圖，實爲雙方開誠互見，相需相助，各盡其言，各竭其力，再以技術上制度上之改善，使有限相助之財力，能以適應迫切相需之期望，然後一德一心，共同對付外來之壓迫，庶足以言圖存，爰本此旨，作究報告書。

（二）通貨膨脹手段之得失　通貨膨脹手段，在東西各國試驗之結果，其功用實僅能一時的刺激物價，無選擇的減輕債務人之負擔，而不能根本的提高購買力，惟其刺激物價限於一時，故爲維持物價起見，通貨須不斷的膨脹，而成積重難返之勢，非國力充裕，運用得宜，結果往往一敗塗地，惟其減輕債務人之負擔，初無間別，故受痛最深者，往往爲賴小數積蓄以存活之人，而一部份富裕者，則反可因資產分配得宜，而取得不應有之暴利，若是則欲求平允而反得甚不平允之結果，此外對於耗費大衆薪工階級之壓迫，尤為無可諱言之事實。

（三）中國採用通貨膨脹手段之顧慮　其在中國，尤有須特別考慮之點，則為經濟政治壁壘之不完整，通貨膨脹為在華外商所不喜，甚為顯明之事實，一旦行事，外商銀行恐必立即採用港洋為本位之外匯行市，外商公用事業如上海電力公司，及上海電話公司等恐亦必改以港洋收費，甚至更進一步，外商銀行得以維持原有本位十足兌現為號召，以推廣其兌換券藉以吸收國人之資金，此在現金缺乏之外商銀行，目下已開厥端，將來進圖發展，實為甚然之因果，若是則外商銀行將恢復其壓倒華商銀行之勢力。而長然下游幣制紊亂，與外幣在市場上所得之優勢，將與過去東北以及目下西之四狀態相若，在外幣取得優勢之後，通貨膨脹手段，將為過去武漢政府集中現金之續，瞬歸失敗，而其成績將為摧毀年來堅苦造成之幣制統一，同時淵歐魚，使外商金融勢力，得以消滅華商金融勢力，而所謂救濟工商業者，則於終成畫餅而已，即以債權債務關係而論，通貨膨脹恐亦不能影響外國在華之債權，而終成偏頗紊亂之局，外商在華之債權，或以外幣為計算，或有充足之擔保，如為前者，則通貨膨脹之結果，適足以增加債務人之負担，若因後者，則因治外法權之存在，外商可以任意處分抵押品，以求備款契約上「銀條文」之履行，而對於借務人，反多一意外之損失。（申新七廠之事件，即為適例）。或謂通貨膨脹幣值跌落之結果，可以刺激土貨之出口，但以過去經驗而論，則在民十八至民廿年間，中國幣值隨銀價而起空前之跌落，但出口貿易，反而衰落，可見刺激出口貿易之方策決非專恃減低幣值之所能為功也。要之中國為一天產豐富之大陸國，國民經濟之基礎，理論的須建設於自足自供原則之上，然欲樹此閎模，則積極的須建設一完整之關稅壁壘，消極的須限制外商在華設廠之特權，在此種條件之下，充分發展工商，以消納本國之原料，則國民經濟之基礎自固，而所賴於國際貿易者甚微，然在不平等條約牽制之下，此種條件之取得，實需絕大之努力，而金融及工商業應合力取得此種條件之實現，勿為其萁豆相煎，以遂兩敗俱傷之慘境。要為當前應有之覺悟。更有須補充者則上述通貨膨脹手段，在中國實行之特殊困難，亦為不平等條約作用之結果。而中國目下產業之凋敝，與其歸罪於金融界之不加援助，更無寧謂為受不平等條約束縛之為愈也。故中國能取得不平等條約廢除，則一切經濟問題均可迎刃而解，否則即採取通貨膨脹之最後手段，其結亦惟有不旋踵而歸慘敗而已。

（四）中國是否需要通貨膨脹　不佞等之意見，以為中國目下濟濟上切需，為信用之擴張，而尚非為通貨之膨脹，在東西各國，平時因票據，及證券等信用工具充分運用之結果，信用擴張已達極度，故一旦恐慌發生，非通貨膨脹，卽陷無以爲繼之苦境。而在中國，則票據證券，均在方始萌芽之時，票據貼現之方法，僅供外人圓滑進出口貿易之用，而未及於本國工商業，產業證券之發行，亦僅成在華外商產業，吸收國人資金之利器，而爲本國工商業所不曉，年來上海電力公司及上海電話公司鉅額債票之發行，其吸收者大部爲國人之資金，而本國產業證券，則卑不足道，詎不可異，倘能急起直追，利用時機，合力以謀信用工具之創造，則以目下情形而論，在上海創造數千萬元之票據，決非不可能之事，金融業就票據予以貼現之通融，卽可使目下緊張之勢，爲之馳緩，產業證券之發行，在目下或一時不能望其發達，然若能先就較大之規模，樹立基礎，則在金融馳緩之後，前途進展，亦未可限量也。

（五）完成一個現代的銀錢市場　「完成一個現代的銀錢市場，創造一個現代的資本市場」此爲不佞等宿昔之主張，現代銀錢市場之骨幹，爲票對貼現，而現代資本市場之內容，則爲產業證券之流通，對人信用與對物信用，均爲陳舊之方式，而決不足以應目下經濟界之需求，不佞等認爲此種主張，當此空前恐慌之際，實有實現之可能與必要。目下工商業最大之困難，爲賬面債權之呆滯，而賬面債權之所以呆滯，則由於信用買賣貨款之支付，不知利用票據之授受，倘能將賬目固定之債權，變爲可以流通之票據，則一轉瞬間，市上數萬萬元之賬面固定債權，卽可依票據現在之方式，而取得資金之通融，目下上海綢緞公會，已率先採用以票據支付貨款之方法矣。倘能推而廣之，以及於工商各業，則其能挽救當前之危機，殆無疑義也。爲使金融自身易於周轉計，銀行承兌票據之創造，以轉貼現方法之實行，均爲必要。而銀行兌承票據之運用，亦可使堆棧貨物，變成流通票據，關於此點因其內容較爲複雜，玆不詳述，以上所述，其義在求其流通。然以目下經濟危機而言，則能流通之外，更須其能迴流，蓋金融之於經濟界，猶之血液之於人身，停血因爲大患，流血亦可喪生，循是以言，則信用擴張之方向，更須加以必要之條件，卽信用擴張之結果，消極的須能減少資金之外流，積極須能刺激資金之內溢。若是，則在目前情形之下，信用擴張之對象，必須爲國貨工業及運銷土產之商人，外貨能減少一分之需求，土產能增加一分之輸出，則現銀卽可減少一分外流之危機。故國貨工廠須求其因信用擴張而能增加生產，土產須求其因信用擴張而不至於停滯，如是，則金融業放出資金，結果仍將迴流於金融業，既不致金融基礎之再現動搖，而反可以增加金融業之營業，金融業與工商業共存共榮之形勢，於是告成，反之，倘信用擴張之對象，而爲運銷外貨之商人，則信用愈擴張，現銀流出之危機亦愈大，資金一度放出之後，卽無迴流之望，其結果亦惟有金融業及工商業同陷破滅而已，雖然倘其輸入之物品，爲生產工具及必需原料，則自當別論也。

（六）創造一個現代的資本市場　一國產業之發展有賴於有限公司組織之勃興，此爲歷史一定不易之因果，但有限公司組織之勃興，仍有賴於股票及公司債票之能依賣買抵押而流通，目下中國產業界之缺點，即爲證券市場，無產業證券（股票及公司債票）之行市，其結果，則交易所以無產業證券可以供買賣爲苦，金融業以產業證券無公定行市無從受押爲苦，而產業界以股票無由流通公司債無由發行爲苦，三方僵持，則局勢將永無開展之望，惟共同研究，以羣策產業證券發行與流通之可能，始可以謀整個經濟界之再生，關於此問題之當前開展，似應先從金融業將所有對於工廠之放款及押款，率先改爲公司債票之發行入手，若是，則金融業可以將自身所有之賬面債權，改爲可以流通之證券，一俟此項證券，因買賣而流入投資者之手，金融即可更進一步，給與產業界，以增加資金之通融，一轉移間，雙方資金，各得流通之道，而各無呆滯之憂矣。此外，若股票及優先股票之發行，均可乘時興起，以樹立資本市場之規模，此外有須申言者，則以產業爲保證發行流通券之辦法，手段甚爲陳舊，而流弊尤難勝言，行諸內地，將成軍人割據之憑依，而行諸國際市場之上海，則得紊亂幣制爲淵毆魚之惡果，爲我國經濟前途計，竊未敢於苟同也。

（七）結論　貨幣制度由紊亂而趨於統一，爲民族進化必經之途徑，信用制度由對人信用以進於對物信用，再進於票據及證券信用，爲國民經濟發展之一定程序，中國金融年來最大之進步，爲廢兩改元以後，長江下游幣制之統一，此種進步，必須加以保持，而中國金融目下之缺點，則爲由對人信用進於對物信用之後，即成停滯不前之局，證券信用之發展，僅爲偏向財政證券（公債庫券）之畸形發展，此爲無可諱言之事實，但此種因果，亦多環境使然，殊不能認金融界應獨負其責也。夫求本身事業之安全，爲金融工商百業之所同然，金融業一面固須負扶助工商業之重任，而一面受存款人付託之重，亦應籌謀其安全，金融貴乎流通，而資金之貸放，則爲金融界自身之利益，金融業祇須安全得所保障，自身資金無復呆滯之虞，固決無不樂於貸放之理，故創造信用工具，使銀行得可以貸放資金之對象，逗留於對物信用之金融制度，迅進於票據及證券信用，則不特一時的足以救濟目前之恐慌，更可永久的樹立國民經濟之閎樑，倘能如上所述，以穩健的擴張信用之手段，代替不健全的。通貨膨脹手段，則增加之籌碼，較之僅憑地產及商品之保證，發行流通券，將有過之而無不及。蓋賬簿上債權之運用，尙非流通券發行之所能包括也，在此次嚴重恐慌之下，中國經濟界已有空前之覺悟，一方產業界關結以圖存，要爲良好之現象，而他方金融界，在現銀不絕流出之際，亦深感非促進國因產業，減少入超，無以安定金融之基礎，倘能於此際通力合作，澈底建樹金融業與工商業輔車相依之關係，一致對付外來之攻襲，則不特經濟界之幸，抑亦民族前途之福也。此外關於技術上之設計，因內容比較複雜，當另作專篇詳述之。（三月十四日申報）

（四）經濟恐慌中的危機與覺悟

章乃器

在一九二九至一九三一年的時期中，中國一部份人可說是睏在鼓裏做夢，也可以說是碰到了冰山，慶祝發現新大陸，別的國家在那裏鬧恐慌，中國那時候却在慶祝牠的繁榮；公債發到空前的記錄，租界地皮漲到空前的高價，外國人說「中國不可思議」，中國上流人士也自詡「購買力無窮」。當蘇俄向國際宣稱生產增益，失業消除的時候，中國一部份人也覺得「可與爭光」。

事態的確是很奇特的，一面貿易入超，空前的增大，而另一面白銀仍然是滾滾的流進來，這又何怪許多人說中國是「得天之佑」呢？那時候我曾經指出，這大量內溢的白銀，只不過是傾銷商品之一，然而許多人覺得這是怪論。甚少遠見的銀行家指出這是「虛偽的繁榮」，也有人覺得「未必」。

「九一八」和「一二八」的烽火，雖然驚醒了這種迷夢；然而一部份人依然覺得太平不能不粉飾一下，外交是「自有辦法」，國家是「決不滅亡」，財政是「收支適合」，金融是「日趨穩定」，建設是「進步迅速」，產業是「恢復可期」。當時從農村繼續外流的白銀，的確在上海日增其數量；虛偽的繁榮於是又得了一個迴光返照」。冰山之上，於是又有許多人在那裏高唱「復興」——私人的事業復興，公共的事業也復興。他們希望在復興的高調中，洗刷了中國人民對於敵人炮火的印象。

然而，自從一九三四年八月美國宣布白銀國有以後，久供傾銷的過剩商品，忽然再變成國際爭奪的幣材，跟着這「天外飛來」的上海白銀，就一批一批的裝運出口；「現金欒滯」上海，忽然發生了「銀根枯竭的恐慌」。在恐慌底過程中，地產證券和商品都大大的跌價，工商業家接二連三的破產，銀行和錢莊倒閉的也有好幾家。到了這個地步，高唱「大可樂觀的一九三五年」和「最有希望的國家」的人們，只好偃旗息鼓了。

實際的教訓，使民族資本中最佔勢力的金融業，起了空前的覺悟。事實告訴他們，在通常的情形之下，多進口一元的洋貨，或者少出口一元的土產，金融業就得多溢出去一元的資金；民力枯竭的結果，金融決不能單獨的繁榮。上海錢業爲自衛起見，決議不再放給經營洋貨商人以款項——尤其是經營外國奢侈品的商人。同時若干華商銀行，也決定除了機械和必需原料之外，洋貨進口押匯和押款，概加拒絕；一面再計劃創造五千萬元的工商業信用，以資進國內工業和土貨出口。這樣，在主觀上，民族金融資本已在企圖退出買辦階級底領域，而採取經濟獨立的宏圖了。

但是，主觀的企圖固然如此，而客觀的事實能否容許，却是一個問題，這就是說；倘使政治不可避免的趨向殖民地化了，經濟的獨立是不可能的。覆巢之下無完卵，那裏還談得到經濟獨立呢？這是我們應該覺悟的。（完）

去年銀市年報

去年銀市年報漢迪哈曼公司，發表銀市年報，迴述一九三四年銀市情形，謂美國如仍收買，則銀市將繼續穩定，而價將再漲起，但其上漲之趨勢，則視財政部收買之價格與數量而定，去年財部共收白銀約三一七，四〇〇，〇〇〇盎斯，而在十二月三十一日尚未歷滿之需要共一，一二〇，〇〇〇，〇〇〇盎斯，有一方法可使收買大減者，如依照減低金元價值之手續，以減低銀元價值耳。然此僅此一種可能性，去年銀價尙無國庫之收買，則將低落一角，估計去年世界白銀度量約一八一，二〇〇，〇〇〇盎斯，其中美國産二五，五〇〇，〇〇〇盎斯，墨西哥七五，〇〇〇，〇〇〇盎斯，加拿大一六，三〇〇，〇〇〇盎斯，南美一六，〇〇〇，〇〇〇盎斯，其他諸國四八，四〇〇，〇〇〇盎斯，其來源爲中國之出超二〇〇，〇〇〇，〇〇〇盎斯，印度政府在倫敦售出三〇，〇〇〇，〇〇〇盎斯，及俄國之售出二五，〇〇〇，〇〇〇盎斯；以上共達四三六，二〇〇，〇〇〇盎斯，去年世界白銀之消費爲四三六，二〇〇，〇〇〇盎斯，其中美國收進三一七，四〇〇，〇〇〇盎斯，墨西哥購入七，二〇〇，〇〇〇盎斯，加拿大一，七〇〇，〇〇〇盎斯，祕魯一，一〇〇，〇〇〇盎斯，澳洲六〇〇，〇〇〇盎斯，香港鑄幣九，〇〇〇，〇〇〇盎斯，古巴七，八〇〇，〇〇〇盎斯，哥倫比亞三，六〇〇〇〇〇盎斯，其他各國鑄幣六〇〇，〇〇〇盎斯，印度消費一五，〇〇〇，〇〇〇盎斯，德國一二，四〇〇，〇〇〇盎斯，而美國與加拿大之工藝用去二五，〇〇〇，〇〇〇盎斯，英國用去一三，〇〇〇，〇〇〇盎斯，餘賸二一，八〇〇，〇〇〇盎斯，則用途不明。該年報檢討中國白銀出口稅之影響，謂中國財政部以爲銀價高起，碍及中國貨物之出口，今統制匯兌，當可勵中國貨物之輸出，此種觀念固屬不錯，但其趨勢之能成爲事實，則繫於世界他國之能否購買中國之出品，此種購買力今猶缺乏，故中國貿易欲求出入相抵，似在輸入之減少耳。如外貨果因中國繼續行其保護匯兌之統制辦法而減少，則提高銀價超過一般物價之結果，將爲中國購買之力削減而已云。

經濟調查

今日列强在華之經濟勢力

譚其飛

——目　錄——

殿言

帝國主義者以國內天源開發之殆盡，機器生產之過剩，人口滋繁之日甚。不得已乃向外發展，以冀有以獲得一地以供推銷產物。攫取原料，輸出資本而移殖人口焉。吾中國生產落後，天源豐富，幅圓廣大，人口衆多，適投所好，于是而乃成爲衆矢之的矣。其初則持其威武之兵力，明目張胆。達到其目的。中英鴉片之役即其明證，及後爲求避免中國人民之反抗與惡感，敷衍國際間之評擊與爭議起見。乃一改其往昔之武力侵略而爲經濟侵略，盡去其向日猙獰凶暴之面目而高唱其和平親善之口號矣。國人不察，墜其殼中，猶以其爲眞親善眞和平也。嗚呼，熟知手段雖異，而其用心者固未嘗稍改也。武力侵略者硬性之侵略，急性之侵略，明顯之侵略，而經濟侵略者實乃軟性之侵略，慢性之侵略，陰暗之侵略也。國人察其硬而不察其軟，察其明而不察其暗，察其急性而不察其慢性者，乃信其爲親善爲和平。誠不知武力之侵略猶爲外瘡，惟經濟之侵略始爲內傷、外部之瘡傷治之易而爲病淺。內部之腐壞治之難而爲害深也。手足殘缺者猶可苟生，五臟腐爛者勢不得久留矣。印度埃及之亡，非亡于武力之侵略，實亡于英國經濟之侵略也。然則吾國人苟長此昏愚不悟，則他日毒入膏肓之時，行見其救之不及，惟有坐以待斃而已。嗚呼國人其猛醒乎。茲分章以論外人在吾國各種經濟事業中之勢力，以暴露列強之醜惡而揭示中國之危機焉。

I 鉄道

論者有以近數十年來之中國政治卽係鐵道之政治者。蓋鐵道一事實與一國之富強與發展有莫大之關係，而列強遠東政策最切要之表徵亦卽鐵道事業史是也。吾人若就每一中國鐵道之建築史以研究之，則其間始末經過，實包含有各種政治外交之問題在也。故鐵道史之研究，亦卽外交史研究最重要之一頁，列強在華鐵道敷設權之獲得。築路借款之簽訂實爲其對華經濟侵略之先鋒前驅，本文以所論重于今日現狀。故于其侵略史實概行從略。

A 列強在華築路條約之一般

我國鐵道之建築本非出于自動。實乃倡自外人，世界各國鐵道之建築——尤以國營者——類皆事先有政府整個之計划綫網，惟獨吾國則今日已成鐵路之中。極少爲根據事前擬定之系統而築者。大多爲關于外人之要求而成者也。故今日全國路綫零亂散漫，根本無聯絡系統之可言。外人一方既竭力要求吾政府造路，而一方又以借款自薦。所爲何來，其豈眞在求中國交通經濟之開發乎。要乃癡人妄想耳，淺而言之，則列強對華鐵路借款之供給。爲其剩餘資本向外投資之一種門徑，進而言之，則借款強我築路之用心。蓋欲藉其債權人之地位與權力，以束縛路政，侵奪利益。或有非僅操縱霸佔鐵路本身，甚且以之作爲經濟政治軍事侵略之先鋒前驅者也。蓋各國每以其路綫所經區域，划爲其獨占之利益範圍。禁止平行綫之建築，礦藏開採權之獨占，沿綫獲路警之駐防，舉凡一切地方設施，社會經濟，彼債權國。能因築路權之獲得，或債權人之資格而任意干涉。利益獨占，非僅不容第二外國染指，卽吾中國亦且無權顧問也。至于中外合辦及外人承辦各路。則更可任其自由運送軍隊及糧草武器。作爲侵華之大本營，如中東南滿安奉等線，則並沿綫附屬地帶之行政大權而屬之。則更無異外人領土之引長矣。玆將列之在華因借款築路而獲得之直接權利列述于後。

a 全路一切工程由債權國包辦

b 總工程師及會計主任由債權國派任之——此則至今雖已逐漸改良，各路洋員多由華人易替。然總未能盡數澈清，如京爐滬路之工務處及會計處長至今猶用外人，蓋債權國欲監督操縱路政。此種會計主任等之派任爲不可免之必要手段也。

c 工程所需材料債權者有優先供給權——根據條約所訂則各路購料可對各國公開招標。實者不然，例如津浦南段，材料皆購自英國。北段則購用德料，本國所出，縱然貨價雙方俱較英德爲勝，亦無加入競爭之機會，間有數路來用之者。則債權國又須于貨價中，抽取千分之五之購買佣金。

d 債權者享有利息佣金及紅利分派之利益——此項借款利率多數爲五厘或六厘，然亦有多至九厘以上者。除此利息一項外，承辦銀行，又例有千分之二五之佣金，又借款所得實數，每每只合額面之百分之九或九五。甚有僅至八五者，如一九一二年之隴海鐵道借款是，鐵路通車以後，債款未淸以前。年提紅利十分之二報酬借款公司。津浦則甚且規定以二十万磅一次支付是項紅利報酬，以免零星支付。

e 以鐵道全部財産及營業收入作爲借款担保——有時更指定政府某項收入如關稅鹽稅以爲第二重之担保者。

f 明定借款還本付息期限——此期限各路所訂合同各有不同，普通爲廿五年至五十年。鐵路設或營業虧蝕，入不敷出，然債權人之利益，仍無絲毫動搖，蓋其利息，在建築時間。則由借款中先行扣去，營業開始以後，則由收入中提付之，如無可提之款，卽由我政府付息。故其保障至爲安全無慮。

B　列強對華鐵道侵略之組織

列強對華經濟侵略之初期，純係各國單獨行動。故相互之間利害之衝突，時所不勉，又因相互間之競爭嫉妬。不免處處受人排制與阻繞。不能任所欲爲。各國既深感于單獨行動之各不得利。乃一變其侵略方針而採取聯合一致之行動。以謀相互間利益之協調，而便于對華借款之壟斷與要挾也。如是而後，使中國不借款則已。苟欲借用外欵則捨此一道外別無他途，處此獨占壟斷之勢力之下。使吾不得不接受任何嚴酷之條件。此種聯合之組織卽銀行團是也，國際銀行團之組織以光緒卅一年英之華中鐵路公司(The Chinése Contrat Roilways Ltd.)及法之東方匯理銀行所合組以經營長江流域礦山鐵道之英法銀團爲始。其後，宣統三年又有英美法德四國所組織之四國銀團。其規模之大遠過于英法銀團。其組成之分子爲英之滙豐銀行，法銀東方匯理銀行，德之德華銀行，及美之摩根公司(Messrs. J. P. Morgan and Co.)昆勒貝公司(Messers Kuhn Lue band Co.)國立市民銀行(The National City Bank of New York)及第一國立銀行(The First Mational Bankof NewYork) 其所經營之借款爲一九一一年之漢粵川鐵路借款。至民國九年十月，英美法日四國又起而組織一新銀團。其中除英美法三國分子仍舊外。日方一分子爲橫濱正金銀行，此新銀團獲有浦信甯湘沙興(英)欽榆(法)株欽周襄(美)等路之興修權(已與吾國訂約者)，及錦明雲南大理南昌廣州(英)湖廣(英法美)洮熱濟順高徐(日)等線之優先權。至于各國單獨之對華侵略機關。其最主要者。有英之中英公司(Brtish and Chinese Corporaiion)福公司(Peking Syndicate Ltd) 寶林公司 (Pauling Co.) 大成公司 (Peason and Son Co.)英國工業技術協會 (British Engineering Association in China) 及匯豐麥加利兩銀行，(尚有華中鐵路公司，則名爲英有。而實權則皆在法比兩國資本家之手)。美國則有裕中公司(Siems Carey Railway And Canal Co. of St. Paul) 花旗銀行等俄國則有道勝銀行，中東路之興修權，卽爲該行所獲得者也。法國則有東方匯理及中法實業兩銀行，其他尙有比之華比銀行及比利時銀公司等

C 列強對華鐵路之間接投資——鐵路外債

吾國國有各路之負債，有外債內債及料價三項。其中外債一項占全數五分之四有奇，其爲數實足驚人，然固能以之全數用于鐵道之建築，則猶有可言，蓋爲國家生產建設計，不得已仰賴外債，自無不可。奈所謂鐵道借款者，類皆冒名假借，名爲築路。實者供作破壞建設危害生產之內戰軍費之用。舉外債以自殺，國亡無日矣。

國有鐵路借債年計及債款利率年限表（鐵道年鑑第一卷）

年份	債款名稱	債額單位	年限	折扣	利率	債權者
一八九二	北甯路國內外鐵路借款	二·三〇〇·〇〇〇 鎊	四五	·九〇	〇·五	英國中英公司
一九〇二	正大鐵路借款	四〇·〇〇〇·〇〇〇法郎	三〇	·九〇	〇·五	俄國道勝銀行
·〇三	汴洛鐵路借款	二五·〇〇〇·〇〇〇法郎	四〇	·九〇	〇·五	比國銀公司
·〇三	京滬路借款	二·九〇〇·〇〇〇 鎊	五〇	·九〇	〇·五	英國中英公司
·〇五	道淸鐵路借款	八〇〇·〇〇〇 鎊	三〇	·九〇	〇·五	英國福公司
·〇七	廣九鐵路借款	一·五〇〇·〇〇〇 鎊	三〇	·九四	〇·五	英國中英公司

，〇七	津浦鐵路原借款	五・〇〇〇・〇〇〇鎊	二五	・九三	〇・五	德國德華銀行　英國華中公司
，〇八	匯豐匯理銀行借款	五・〇〇〇・〇〇〇鎊	三〇	・九四	〇・五　〇・四五	英國　法國
・〇八	滬杭甬鐵路借款	一・五〇〇・〇〇〇鎊	三〇	・九三	〇・五	英國中英公司
，一〇	津浦鐵路續借款	四・八〇〇・〇〇〇鎊	三〇	・九四五	〇・五	德國德華銀行　英國英中公司
，一一	正金銀行借款	一〇・〇〇〇・〇〇〇日金	二五	・九五	〇・五	日本
，一一	漢粵川鐵路借款	二・〇〇〇・〇〇〇鎊	四〇	・九五	〇・五	英法美德四國銀團
，〔一二	南潯鐵路借款（第一次付）	五・〇〇〇・〇〇〇日金	二〇	・九五	〇・六五	
，一二	隴海鐵路借欵	一〇・〇〇〇・〇〇〇元	四〇	・八五	〇・五	比國銀公司
，一三	同成鐵路墊款（第一次付）	一・〇〇〇・〇〇〇元			〇・六	比法兩國鐵道公司
，一四	同成鐵路墊款（第二次付），	七七〇・二一七元			〇・六	同上
，一四	同城鐵路墊款（第三次付）	五・七八九・五一八法郎			〇・六	同上
，一四	南潯鐵路借款（第二次付）	五〇〇・〇〇〇日金	二〇	・九五	〇・六五	
，一四	南潯鐵路借欵（第三次付）	二・〇〇〇・〇〇〇日金	二八	・九五	〇・六五	
，一五	浦信鐵路墊款	二・一〇〇・〇〇〇庫平兩			〇・七	英國華中公司
，一五	鄭四鐵路借款	五・〇〇〇・〇〇〇日金	四〇	・九四五	〇・五	日本正金銀行
・一六	甯湘鐵路墊款	二・〇〇〇・〇〇〇庫平				★按期攤還　英國中英公司
，一六	甯湘鉄路墊款	四八六・〇〇〇規銀			〇・六	★按期攤還
，一六	株欽鐵路裕中公司墊款（第一次付）	五〇〇・〇〇〇美金	五〇	・九五	〇・七	美國
，一六	清孟支路墊款	三五〇・〇〇〇鎊	一九		〇・七五	
・一六	津浦鐵路德華銀行墊欵	九〇〇・四二四鎊			〇・七	德國　★民六起按期攤還

，一七	吉長鐵路改訂借款	六・五〇〇・〇〇〇日金	三〇	九・一五〇	〇・五	日南滿鐵道會社
，一七	株欽鐵路裕中公司墊款（第二次付）	五〇〇・〇〇〇美金	一		〇・七	美國
，一八	平綏路東亞興業株式會社第一次借款	三・〇〇〇・〇〇〇日金	五		〇・九	日本
，一九	隴海鐵路八厘短期借款	二三・〇〇〇・〇〇〇法郎	一〇	・九四	〇・八	比國銀公司
，一九	道清鐵路購車借款	一二六・八三八　鎊	一〇		〇・七五	英國福公司
，二〇	株欽鐵路裕中公司墊款（第三次付）	一五〇・〇〇〇美金	一		〇・七	美國
，二一	平綏鐵路東亞興業株式會社第二次借款	三〇・〇〇〇・〇〇〇日金	四		〇・九	日本
，二一	北甯路唐榆雙軌借款	五〇〇。〇〇〇　鎊			〇・八	✶英國中英公司十一年起按月攤還
，二一	交通部華北銀行短期借款	七〇〇・〇〇〇　元			一・三	✶二十年起按月攤還
，二二	南潯鐵路借款	二・五〇〇・〇〇〇日金	一五	・九六	〇・七五	
，二二	比國營業公司購料借款	三・三〇〇・〇〇〇　鎊	一〇	・八七	・八	
，二三	膠濟鐵路國庫券	四〇・〇〇〇・〇〇〇日金	一五		・〇	
，二三	吉敦鐵路借款	二四・〇〇〇・〇〇〇日金	三〇		・九	
，二四	隴海鐵路八厘借欵	五・〇〇〇・〇〇〇　元			・八	
，二四	廣九鐵路銀元墊款	三二五・一八五　鎊			・九	✶民十九起按月攤還
，二四	隴海鐵路比荷借款	一五〇・〇〇〇・〇〇〇比金	一〇	・九	・八	比國銀公司
，二四	隴海鐵路比荷借欵	五〇・〇〇〇・〇〇〇荷金	一〇	・八七	・八	和蘭銀行
，二五	廣九部中央公司酬欽款	七・〇〇〇英金			・八	
，二五	廣九部中央公司英金墊款	四・五〇五英金			・八	
，二五	四洮鐵路短期借款	三二・〇〇〇・〇〇〇日金			・九	日南滿鐵路株式會社

，二五	交通部北洋保商銀行借款	四〇〇·〇〇〇　元	四	一·三	
·二五	吉長鐵路南株式會社墊款	四〇〇·〇〇〇日金	一	·九	日本
，二八	同　上	一·〇〇〇·〇〇〇日金	一	·九	
，二九	京滬購車墊款	一五六·〇〇〇　鎊		·八	★滿一月後按期攤還

上表乃盡係外債者本文以所論僅限外人在華經濟勢力·故僅錄此表焉，至于債權者一項則採自中華書局出版謝彬所著中國鐵道史。欄中有★號者概須塡入年限一欄內，茲以地位所限故書入此債權者一欄內。茲更抄錄鐵道廿一年度調查所得中國有鐵道現負外債數于後，以明外人今日在華之鐵道勢力。

路名	現負外債數額
平漢	五八·三五五·六八七。七三　元
北寧	一五·五五〇·一三九。六三　元
津浦	一五七·七一三·八五九。七五　元
京滬	四四·一八三·六一九·八七　元
滬杭甬	八·四三七·五〇〇。〇〇　元
膠濟	六〇·七五〇·〇〇〇。〇〇　元
平綏	二一·九〇四·二八七。五二　元
湘鄂	一〇三·五〇四·三四二。五〇　元
廣韶	二二八·二一六。三〇　元
寧湘	六·〇一二·六三〇。六七　元
浦信	四·九二三·九四二。五〇　元
同成	一七·七一六·九四三。六〇　元
隴海	一八二·四九四·九七七。〇五　元
汴洛	四·八九三·八七五·〇〇　元
正太	八三五·四七一·四五　元
廣九	二二·四二一·七四三·九七　元
南潯	一五·〇〇〇·〇〇〇·〇〇　元
道清	一一，二一一·一九四·二〇　元
吉長	一六·〇二九·二七二·八九　元
吉敦	四八·九五〇·二〇九·二六　元
四洮	七九·三二六·〇〇〇·〇〇　元
株欽	七·三九六·二三三·四六　元
淸孟	二·五一〇·一三四·六二　元
包寧	一八·二四〇，〇〇〇·〇〇　元

財部負担之路債　八三・二五九・七二八・九五元

總計　國幣九九一・八五〇・一一〇・九二元

上表中正太外債業已于廿一年度三月還訖

膠濟鐵路，本由德築，戰後為日所佔，華府會議後，于民國十二年一月一日，由我以四千万元日金贖回全路，以國庫券交付日政府，十五年內償清，以本路財產及進款為担保，年息六厘，每年支付一次，中政府得選擇由交付庫券之日起滿五年時或五年後不論何時，經六個月前通知，將庫券全數或一部份償清交部，自接管以來贖路未有辦法，國庫券除逐年付息外未能還本，至今仍為負有外債之國有鉄路。

D中外合辦及外人承辦鉄路

列強對華之鉄路投，有直接間接兩種，前者即如上節所論借外債所築之路，吾國所有國有鉄路中，不借外債悉由自家資本所築之路本僅平綏一線，然入後復因延長路線，終不免仰給外資（前後兩次共借日金六百万元），故吾全國鉄路除晚清四數商辦短綫及最近東省數路外可謂悉有外債牽累者也。至于直接投資者，則于一定年限以內路線即歸該國政府所有。而由該國政府所指定之公司經營，于此中國觀之，即許投資國于一定期間內有建築經營收入管理之權，是故此種鉄路實與外國所有者無異，中國政府對于其政治經濟及運輸根本不容置喙。然者吾人竟可視同外國領土或租借地之延長也，此種鉄路根據契約所定，則乃有一定期限，非永久所有者。茲先以此項鉄道列一簡表于後，然後再分別逐加較詳之說明。

路名	所屬	哩程	資本	獲得年月	投資機關
中東	★俄	一・五四四	六六・二三九・八〇〇　鎊	一八九六	中東鉄路公司
膠濟	★德	二七七	二・七〇〇・〇〇〇　鎊	一八九八	膠濟鉄路公司
滇越	法	二八八	六・二八〇・〇〇〇　鎊	一八九五	滇越鉄路公司
九龍	英	二二		一八九八	
南滿	日	五二二	四四〇・〇〇〇・〇〇〇日金	一九〇五	南滿鉄路公司
安奉	日	一六二	包含于南滿路中	一九〇五	
金福	日・中，	一〇二公里	四・〇〇〇・〇〇〇　元	一九二五	株式會社金福鉄路公司

王圖	日，中，	一一一公里	四·〇〇〇·〇〇〇 元	一九一八	吉林省公司 日太藏省東方拓植會社
溪城	日，中，	二四公里		一九一四	本溪湖煤礦公司 南滿鉄道株式會社
穆陵	中，俄，	六二公里	一·三〇〇·〇〇〇哈洋	一九二四	吉林省政府 俄商謝結斯
龍州	法	一五〇 里	三·〇〇〇·〇〇〇兩	一八九六	費務林公司

a 中東鉄路

緣起及沿革 淸光緒廿二年（一八九六）吾與俄訂喀希尼條約，許俄敷設州滿鉄道，旋命駐俄使臣許景澄與華俄道勝銀行，儀定建造經理東省鉄路合同十二條，光緒廿四年又會訂條約九欵，及在俄續訂專約六欵。

資金 華俄道勝銀行，認五百万盧布，俄政府先後共撥三万万四千五百萬盧布，吾認股五百萬兩，現時全路價值截至民國十九年一月一日止以金盧布計爲四五四，九五〇，九八六·三一

經營期限 自全路通車營業之日起，八十年該路概由俄政府經營管，在此期間，公司如有虧蝕由公司自行彌補，與中國政府無涉，至于所有盈餘收入，則亦悉歸公司所有，期滿後全路及其附屬財產概行無條件歸還中國，但自通車卅六年後，中國政府有贖回自辦之權

交涉現狀 民國九年，俄亂黨擾害路政，交通部乃收回接管，並與道勝銀行續訂合同，雙方各派人員辦理。十八年七月十日吾以蘇俄累次憑藉本路作危害我國之政治行動違反協定宣傳赤化乃毅然接收路權，驅逐俄籍正副局長及路員五十九人。赤俄不服，興師入寇，海陸空三軍並進，實行對吾攻擊，雙方相持至十一月，我方爲和平計接受俄方恢復發生衝突以前狀態之提議。乃于十二月三日于伯力簽訂草約，將督辦呂榮寰撤職，俄方立派新任正副局長就職，至草約所稱中俄正式會議則始終延宕未果，當鉄部成立之始卽派美籍顧問孟德爾氏担保該路查賬之事，于十八年竣事，據其報告，逐年賬目營業日進，而淨利反減，不能謂無弊端，至收回一層以雙方付價還價之間相差十一億之多，不能成其交。後兩國絕交及二十年九一八事變遂使該項問題不復提及者久久，奈至今日東

省淪亡，僞滿由狡日一手製成之後日俄雙方竟擅自進行中東路非法買賣，其間雖迭經吾方提出抗議，而本年終以日俄雙方簽約賣買中東路合同毀矣。

副業 商務事務所——運輸報關堆棧代辦放欵保險等項

旅館——哈爾濱設有大旅館附設旅行部代辦出境護照

海關事務等

洗毛廠——海拉爾洗毛廠

夏季氣候療養所——興安巴林札蘭屯等站

農事事務——改良出口有關之農作種子增高其價值並

增加產額

獸醫衛生——哈爾濱防疫處，哈爾濱獸醫衛生所附皮

廠，滿州里及海拉爾消毒所，馬乳製造

所，

b 南滿鐵路及安奉鐵路

緣起 光緒卅一年八月初七日俄締結博資茅次條約俄以中東路支線（自長春主旅大）及沿路礦山碼頭等悉數撥歸日本，並經中政府正式承認，翌年日設南滿州鐵道株式會社以經營之，安奉路原爲光緒卅年日俄戰爭時日本在我境內擅築之軍用輕便鐵道，日俄戰後，亦歸南滿會社所有。

經營期限 南路之本係中東路之支線，故其期限亦爲八十年但自轉入日人之手後，強日于廿一條中提出展期至民國九十一年滿期，安奉路則展至民國九十六年，而期滿之日則尚須由吾國出價贖回，非如中東滇越之無條件歸交者也。

資本 股本定額爲四四〇〇〇〇〇〇元由官商合辦

副業 海運，大連設港，撫順烟台煤礦，大連瀋陽長春安東撫順各地電廠，大連瓦斯廠，大連旅順、瀋陽各地旅館，及沿路各要站之地方事務所，辦理附屬地內教育，警備勸業衛生公園市場等，鞍山製鐵所。

護路 常備軍約一万三千餘，鉄路守備隊約六千餘人，共約二萬餘人，每于界外自由行動及作戰演習，平時滋擾多端，按中日善後條約，俄早已撤退其護路軍日軍烏得獨存，而日乃根據其中國人民絕不承認之所謂廿一條恃強不撤。

c 滇越鉄路

緣起 光緒十一年中法會定越南條約，載明若中國創造鉄路可向法人商辦，廿二年續訂商約卽有敷設雲南鉄路與安南鉄路聯絡之議，廿四年法强佔廣州灣，同時獲得

本路建築權。

條約　廿四年三月十九日由總理衙門與法使呂班訂立滇越鉄路章程卅四條，載明自東京至昆明之鉄道權利由中國讓諸法國政府或公司，中國惟有供給鉄道用地及附屬物之義務，十八年後中國得給價贖回，八十年後以無價歸還中國，廿九年九月九日由外務部奏准，其一九〇三所定之建築合同則定有如下要點(一)中政府供給土地(二)有築枝路之權(三)鉄路材料進口免稅(四)合同簽訂十八年中政府可出資贖回，所有建築費，及股票債券，由中政府償清，八十年後，中政府無條件收回。

C九龍鉄路　是路乃光緒廿四年英公使要求五路之一之廣九鉄路之九龍租借地內一段爲英人所築者

列強在華對于鉄道建設之直接間接投資，一方固爲經濟之利益，然亦有純爲政治之作用者，如法之滇越鐵路，年有虧折實無利可圖，然彼可藉此而作爲邊疆侵略之利器矣。

II航運

A航權之喪失　近代獨立國家皆保有其內河及沿海航行權蓋此等內河及沿海之航行，猶如一國之血脈，而外

輪之自由航行，卽如有毒病菌之侵入血管然。故國家除沿海以互惠而開放之少數商埠外，絕對不容外人侵占。奈吾中國，則自南京條約締結以來，外人便獲得沿海航行之權，及至天津條約締結之後，則更並內河航行權而喪之外人，其初猶但准其航行于通商口岸，及後竟又許其航行于非通商口岸，一八九八年吾自頒「內地水路船行章程」，而中國之航權乃正式成爲萬國共有，以至于所謂藩籬盡撤之地步，既使本國航業受莫大之傾軋，又使外貨之行銷內地，更行便利。

B列強在華水運勢力之統計

(一)中外在華內河沿海輪船公司及船只噸數表(中華年鑑一九三四)

國別	公司數	船只數	總噸數
英	八	一五七	三二五·九〇三·三二
英	三	一七	一一·八五五·〇〇
日	二	七〇	二九五·一五九·〇〇
荷	一	一七	一三九·五〇〇·〇〇
中	五七	一七五	二七〇·七八五·八二

吾國內河航業，以長江爲最盛。而外商輪船之噸數，竟占有百分之七〇，則外人在吾航業界勢力之雄厚，由此可見矣。至于沿海航業，則本國勢力更遠不及外商，觀于上表，則吾國之公司及船只數雖皆列于首位。然其噸數則不及英日兩國，吾國公司多而資本小，不集中，加以經營不得法，但圖眼前小利。缺乏遠大眼光，益以內戰頻仍不時停航，船只常爲軍隊扣留等等，故絕難與外商競爭也。

（二）一九三二年中外各國船只進出口總噸數比較表（一九三四年中華年鑑）

	比率	噸數
美	3.97	5,376,352
英	43.89	59,430,602
智	.10	130,476
中	25.03	33,888,168
丹	.78	1,063,092
芬	.	7,084
法	1.10	1,488,196
德	1.77	2,393,906
西	.01	9,344
意	.54	733,857
日	14.60	19,775,917
荷	2.24	3,028,842
挪	4.55	6,155,406
巴那馬	.07	97,704
葡	.88	1,196,113
俄	.	16
瑞典	.47	634,421
總計	100.00	135,409,496

（三）一萬噸以上之外商輪船公司

公司	國屬	船只數	總噸數
太古	英	七十九艘	十五萬六千七百九十二噸
怡和	英	卅八大船	十萬一千四百九十八
大連	日	廿八大船	八萬四千六百四十九
日清	日	二十七艘	五萬五千七百七十二
大阪商船	日	十艘	二萬四千二百二十五
粵港澳	英	五艘	一萬一千六百四十三

III 礦業

A 煤礦——吾國重要煤礦國屬資本物額表

公司名稱	性質	資本額	年產噸數
撫順	日	一〇〇·〇〇〇·〇〇〇日元	七·五〇〇·〇〇〇
開灤	中英	二·〇〇〇·〇〇〇鎊	五·〇〇〇·〇〇〇
萍鄉	借日	一三·〇〇〇·〇〇〇元	八〇〇·〇〇〇
淄川坊子	中日	一〇·〇〇〇·〇〇〇元	八〇〇·〇〇〇

焦作	英	一·二四二·八二二　磅	七〇〇·〇〇〇
井陘	中德	四·五〇〇·〇〇〇　元	六〇〇·〇〇〇
本溪湖	中日	五·一五〇·〇〇〇　元	五〇〇·〇〇〇
扎來諾爾	中俄	一二·〇〇〇·〇〇〇盧布	三八〇·〇〇〇
門頭溝	中英	二·九八〇·二五五　兩	二八〇·〇〇〇
穆陵	中俄	六·〇〇〇·〇〇〇　元	二五〇·〇〇〇
中國自辦		三八·四一〇·一四六　元	三·八六五·〇〇〇

觀呼此表，則吾國所有自辦之煤礦其總共產額猶不及日本撫順一家所產者，由此可知日人在華礦業界之雄厚勢力矣，其在東省，則几乎十分之九受日本之支配，至于國內本部則以英國勢力為最大，完全由中國資本與辦之較大者如中興，中原，六河溝等，較之撫順開灤猶相去極遠。

煤礦——之總投資額，在三萬萬元以上，其中有本國資本約一萬一千四百餘萬元，日本之投資數為一萬零七百七十三萬零七百十一元日金，英國之投資數為一百廿四萬二千八百廿二鎊，中日合資有國幣三千七百餘萬元，中英合資有二百萬鎊國幣二百萬元，中法合資者四百五十萬元，中俄合資有一千二百萬盧布國幣七百萬元。

B　鐵礦——現在中國之主要鐵礦，然部分操于日人之手，漢冶萍所經營之大冶鉄礦，原為吾最大鉄礦，但因借款關係，受日人之監督與束縛，年須供鉄砂四十萬噸生鉄廿萬噸與彼，此外如裕繁公司之桃沖山鉄礦，魯大公司之金岑鎮鉄礦，振興公司之鞍山鉄礦，本溪湖煤鉄公司所經營之廟兒溝鉄礦，及弓張岑鉄礦等名為中日合辦，實皆操之于日人之手。

(一)吾國現在新式鉄礦之資本性質儲量及經營狀況表

公司	資本性質	儲量(千噸)	經營概況
振興	中日合辦	四一三，七四〇	(已採)產供鞍山煉廠
本溪湖	中日合辦	七四，二七五	(已採)供本溪湖煉鉄所
漢冶萍	借日款有售砂合同	一七，三〇〇	產品輸往日本
寶興，益華，振冶福，民利民公司	借日類有售砂合同	九一二五	已採　產品輸往日本

裕繁	借日欵有售砂合同	四，二三四	已採輸往日本
魯大	中日	一三，七〇〇	停採
弓長岑	中日合辦	二七〇，〇〇〇	未開採
湖北官礦公司	省辦	八，五三八	（採）輸日及揚子機廠
宏豫	商辦	一，〇一九	（停）產供新鄉煉爐
涇銅	官商合辦	三，一九〇	未採
秣陵		二，〇〇〇	未採
永平	商辦	三二，四二四	未採
龍烟	官商合辦	九一，六四五	未採

（二）鉄工商鋼鉄廠現狀

漢冶萍公司大冶鉄廠借日欵辦有化鉄爐二煉鉄爐六（連漢陽廠）煉鋼爐七（連漢陽廠）年產鉄三二四〇〇〇噸最高產鉄量爲四十五萬噸產鋼量七萬噸自一九二六年起已完全停止冶煉

鞍山振興鉄礦公司係中日合辦有煉爐二年產鉄廿四萬噸

本溪湖煤鉄公司中日合辦有煉爐四年產鉄十三萬噸

以上日廠及與日資有關之漢冶萍公司合計有百萬噸鉄七萬噸鋼之年產額

中國之鉄工業可謂祇操于日本一國之手，他國概無勢力，吾人于此可見日帝國主義對華之爲最大使者略矣。

其他如撫順油礦，其含量達美國火油總儲量之四分之一，所含岩頁油「可供日本每年六百萬桶至三百年而不盡」現在年可產重油六萬噸，故實爲中國唯一有望之油礦也，而奈何亦竟落于日人之手，是故日人在吾礦業之地地位實有喧賓奪主之象矣。

VI 紡織業

列強在吾紡織業中之勢力亦如礦業，以日本爲甚甚，目前吾國紡織業之最大危機，亦即在受日本紗廠之威脅競爭。日人利用吾低廉之工價，廣大之市場，故自中日戰後，竭力在華設立紡織工廠，持其雄厚之資本，及國家之優勢與吾本國紗廠傾軋，致使吾日趨沒落，本年吾國最大之一之申新紗廠又以拍賣于日人聞矣，狠哉矮奴！

全國中外紗廠概況統計表——錄自一九三四年申報年鑑

	廠數	紗錠	線錠	出紗線色	出布匹	布機	資本（萬）
中	八九	二·六三七·四一三	一三五·八六〇	一·六六五·九〇一	九·五四八·〇七五	一九·〇八一	一四·二四九元
英	三	一八三·一九六	——	九二·〇〇〇	一·八五〇·〇〇〇	二·八九一	八二四元

日	四一	一・七九〇・七四八	二七一・七〇〇	五七五・六四〇	八・七二三・八二五	一七・五九二	二七・七二八日金 又二・二三五萬元

英商紗廠雖有三家（怡和，公益，楊樹浦，）皆開設于上海，一地然皆屬之于怡和紡織公司一家

日商紗廠之最大者爲上海紡織株式會社共有五廠，日華紡織株式會社共有八廠其中除第八廠設于吳淞外餘亦皆設于上海一地，內外綿株式會社共有九廠皆在上海一地，同興紡織株式會社，公大紗廠，大康紗廠，豐田紗廠（以上皆爲開設于上海者），隆興紗廠，大康，公大青島分廠（以上在青島），內外綿株式會社金州支店（遼寧金州）等，其資本皆在一萬萬日元以上者。

上表乃廿二年三月華商紗廠聯合會所調查

在華中日紗廠平均規模大小之比較（一九三〇）

	資本元	工人數	原動力啓羅瓦特	紡綞數	消棉量	紗產額	織機	布產匹數
中	一・七一四・九七六	二・二一八	一・二〇六	二九・九四七	七四・九三九担	二一・一三〇包	五〇〇	二三六・六二七
日	三,四六三・二五四	一・七九三	一・四八四	三九・八七七	七〇・八五七担	一九・六五三包	七五八	五四三・五九九

此表采自一九三四年實業部中國經濟年鑑，其中數字皆每廠之算術平均數，由此以較，則吾國之紗廠其規模，資本設備與產布額皆不及日也。

V電氣工業

茲根據一九三四年申報年鑑作表如下

	廠數	%	投資數元	%	發電量瓩	%
國資	四九八	九六	一〇七・一四〇・五四〇	三五・二	二七三・二二四	四八・九
外資	二一	四	一九七・一五〇・〇〇〇	六四・八	二八五・〇四六	五一・一

觀乎此表外資廠數雖僅占百分之四，而其發電量則占有百分之五一・一，尤以資本一項則竟占百分之六四・八，于此可見外人在吾國供電事勢力之大矣，至其設備之完美，觀于容量與投資之比例，即甚瞭然，

此種外人經營之電廠，設於滬漢平津及青島東省等地，而以上海中爲心，上海公共租界之上海電力公司爲全國供電事業之規模最大者，容量一六・〇〇〇瓩，投資數爲一萬萬一千六百萬元，帝國主義者在華設立發電廠，非僅支配中國之電氣業，亦即間接支配中國一般之工業，尤其在上海例如一九二年五卅慘案爆發之時，上海公共租界工部局停止供給電流於華商紗廠

以置之於死地，於此可見列強在華之經濟權威實操有生殺之權者焉。

VI 麵粉業製糖業造船業捲烟業水泥業及火柴業等其他工業界之列强勢力

A 麵粉業——目前全國麵粉廠，計有百卅餘家，自東北淪亡以來，重要麵粉市場，已成日本粉之勢力範圍，加以俄國亦加入競爭，更呈喧賓奪主之勢，政府雖於廿二年增加洋粉進口稅每包一角餘，然終未能阻止外貨之效，此百卅家之中十分之九為本國資本，完全為外人經營者有十二家，中外合辦者五家。此五家皆在東三省，而十二家純外資者又有九家在東三省三家在膠濟路沿線，惟一家在上海，故皆籠罩於日本勢力範圍之下也。

日商麵粉廠之大者為三井製粉工廠資本卅萬元舊為英商增裕廠十日出麵粉二千五百包其出品商標有，三星，金魚，壽星等。青島麵粉公司日出一千二百包，滿州製粉濟南分工廠日出二千八百包，中日合辦者有新鄉之通豐麵粉公司資本五十萬元日出五千袋出品商標為萬象，雙喜，大喜，大吉，漢口豐和之資本六十萬元日出九百袋商標為火車，飛鶴，俄商之規模較大者現皆停業，尚有一中日合辦之亞細亞製粉會社廠設開原，其商標與和豐同亦為火車牌。

B 製糖業——據廿一年五月天津商品檢驗局季刊所載全國新式製糖工廠七家之中純係華商獨資經營者僅一家，且其出產量又為最小，茲列表于後。

廠名	廠址	創辦期	資主	資額	能力噸	種類
怡和	香港	一八七八	英	二千萬美金	二四〇	精糖
太古	香港	一八九四	英	二十萬鎊	四〇〇	精糖
奉天	遼寧	一九一六	日	一千萬元	五〇〇	甜菜
鐵嶺	鐵岑	一九一六	日	一千萬元	五〇〇	甜菜
明華	上海	一九二一	日	未詳	二〇〇	精糖
濟南	濟南	一九二一	中日合辦	五百萬元	五〇〇	甜菜
民國	上海	一九二四	華	一千萬元	二〇〇	精糖

又據近代中國實業誌尚有

廠名	廠址	創辦期	資主	資額	能力	種類
溥益	濟南	一九二〇		廿一萬六千	九〇〇担	
呼蘭	呼蘭	一九〇九	華			
阿什河	哈爾濱	一九〇九	中俄合辦	一百萬盧布	三〇〇噸	
華洋	龍溪	一九一〇		四十五萬元現已停工		蔗糖
南滿	遼甯	一九二九	日	一千萬元	五〇〇噸	甜菜
振記	上海		中	二萬四千元		商標 金鐘
中華	上海		中	二萬元		紅星

C 造船業——據近代中國實業通誌所載吾國外資及中外合資之造船廠有下列數家

廠名	性質	資本	船門全長呎	船門長呎	水深呎	成立年份	廠址
求新	中法					光緒廿九年	上海
東華	中日					宣統元年	上海
瑞蓉	英商	七，〇〇〇千元	四六九	七〇	二一	光緒廿六年	上海
耶松	英商	七，七〇〇千元	五三一 五二八 四五〇	七七 七四 七〇	二四 二三 二一	光緒卅二年	上海

其屬國有者有馬尾，江南，大沽，廈門，黃浦等數家，資本數皆未詳，其他尙有商辦揚子廠一，位于漢口。

D 捲煙業——本國捲煙業實力以與外商在華經營者相較，不逮遠甚，全上海六〇家煙紙廠資本總額爲一五，四六一，〇〇〇元，而英美烟公司一廠資本已爲三六〇〇〇〇〇〇鎊，折合國幣計，約爲四〇〇，〇〇〇，〇〇〇元，相去有二十餘倍之大，不特華商捲煙業中無一廠敢望其項背，卽合全上海六〇家煙廠資力與之比較。亦屬望塵莫及，外人直接投資之數旣如此驚人，而本國自辦煙廠之機器又大半購自外國，捲煙機之應用以美貨爲最多，國貨次之，德貨又次之。

吾國每年捲煙銷數達一百五十萬箱（每箱五萬枝）平均每人每年約銷費二百枝，此一百五十萬箱中，由華商烟廠所供給

者僅佔百分之三，洋商在華烟廠所供給者佔百分之五十，其他百分之廿五，則爲舶來品，此種舶來捲烟多係上等貨品，故尤足增吾漏巵，茲更就運輸方面言，洋商亦頗佔優勢，英美烟公司，于南北各省通商口岸，均有分廠，故運輸便宜，各地可由各該地分廠供給，故雖避偏僻之內地，凡華商烟所不易到達者，莫不有彼外烟之踪蹤，返觀華商烟廠，則多集中于上海一隅，全國各處銷路，皆須有上海一地供給，今姑勿論運輸方面。有賴乎洋商經營之輪船，卽以運輸一項而論，增加成本，已屬不少，自難與人競爭，洋商復利用其雄厚資本，壓迫華商，如英商英美公司，美商大美，花旗，美迪等公司。希商錦華杜阿健身等公司，意商寶大公司等資本總額，僅上海一部份已達四千二百十六萬六千元，此僅就資本額計，若以其全部資產額言之，則在四萬萬元以上，我華商煙廠，如上海號稱規模較大之六十家，法定資本總額，已如上述，僅一千五百四十六萬一千元，全部資產亦僅七千七百卅萬元而已，故洋商因資本巨大，所有烟叶市場，盡受其操縱，使華商不能于價格低落時，多多購備（烟叶愈陳愈進）而在烟叶價高時，又不得不忍痛買進，以備製造之用，種種壓制，遂使我華商煙廠日就之微，捲烟業乃爲洋商所壟斷矣。茲記錄民國廿年中華洋商烟捲業生產額及價值數字于下（

上海一埠者）

華商 產額五一九，一五五，二箱，值六九，九二〇，四四二，五元

洋商 產額三五六，一一〇，五箱價值五〇，五九一，七三七，五

吾國每年所出捲煙量，上海占絕對多數，但以六十家華商烟廠之總產量，猶不敵英美及其他數家洋商烟廠所出總數

E水泥業——外人水泥之廠設在吾國及專銷于吾國者。

(一)小野田水門汀會社大連分行(Onoda Cement Co.)——爲日本最大水泥廠設一，于光緒卅四年來華設此分行，資本日金一百萬元，機用日造，經二度之擴允，最高產量曾達一百五十萬桶，東北三省久爲其一所手獨攬。

(二)山東水泥公司——設于青島滄口，日于戰後奪自德手，改名山東興業會社，資金百萬元，日產三百桶，殆全銷于山東省者。

(三)青州洋灰公司(The Green Island Cement and Co Ltd)——英商于香港政府登記註册，資本三百萬元，日產二千四百桶，商標爲青州牌及黑驢牌，年產額可一百廿萬桶，並產速硬水泥六萬至九萬桶。

(四)海防水泥公司——法人所有，日產二千桶，新舊兩廠年產可九十萬桶。

(五)淺野水泥會社——廠設台灣，在華有其分廠

華商水泥廠因受外商之競爭。已受極大之威脅，而本國政府非但不能加以保獲，且更于廿二年十二月五日改訂出廠稅則，使華商負担較前更鉅，近來淺野之船牌扇子牌及小野田之龍牌水泥，在華絕力傾銷，每桶市價較國貨削減一兩以上，使吾華商大受打連。

F玻璃業——民國廿年，由外國輸入玻璃，值六百六十餘萬元，以比利時英日美四國貨爲最多，至在吾國設廠製造者，則惟日本一國，玆將各在華重要日商玻璃廠列下。

上海—有寶山，資金五十萬元，萬成一萬元，三公，八千元

天津—茂信，永信二家規模較小

大連—有昌光硝子株式會社資金三百萬元，年產玻璃卅萬箱，爲吾國耀華玻璃公司之勁敵，南滿州硝子會社資金卅萬元，玉置玻璃製造所，資本十四萬三千元，此二廠專製各種玻璃器皿，行銷東北及華北各省。

安東—安東玻璃廠製造所有資金十萬元專製日用器物。

漢口—中華玻璃廠及久記硝子廠，規模皆尚不大。

上列各日商玻璃廠，約共資金四百萬元，每年出品，約值六七百萬元，以其地位特殊，營業發達，實爲吾華商之一大勁

敵也。

G皮革業—外商在華設立之製革工廠共有六家，內日商四家，意二商家，皆資本雄厚，生產能力極強，任何華商革廠不能望其項背，爰將各廠概況分述于下。

中華皮革廠　初名龍華，爲上海華商三大製革廠（怡源，啓新，龍華）之一，卒以辦理不善，爲日商頂得，改稱今名，資本八十萬元，月產約五十噸，因滬戰停工。

江南製革廠　本係中日合辦，原定資本十五萬兩，後乃歸併日人，生產量與中華同，資本約五十萬元，亦因滬戰停工。

上海皮革廠　資本十四萬元，設備頗全，廠主爲意人，因經營不善，故無甚發展。

大利皮廠　意商，尚在進行中。

天津裕津製革公司　資本五十萬元，名爲中日合辦，實權皆操于日手，產量年約三千餘担，佔天津各廠出品總額半數以上。

綜上所述，外商皮廠，雖僅此寥寥數家，而其資本則將及三百萬元，出品數量，幾占華廠產量總數之半，華廠資力薄弱，統計數百家中資本滿五十萬元者，不過三兩家，未免相形見拙，尤以滬戰影響，滬上皮廠停業倒閉者無數，製革事業深受日人經濟武力雙重之摧殘。益爲之不振矣！

H造紙業　外人在華之設有造紙廠者，僅二家，而此二家非他國，又爲日本也，一爲鴨綠口，一爲王子，皆在遼甯省內，茲將吾國造紙業中，中外勢力作一比較如下，

資本總額　外資 13.4%，中日合辦 13.4%，改組或停業者 13,9%，擬辦者26%，營業者32,5%。

廠數比較　外資 4,08%，中日合辦 2,04%，改組或停辦者 16,33%，擬辦者6,12%，營業者71,43%。

此所謂外人者，實即日本一國耳！

I火柴業——自民國年十六以來，吾國火柴業中瑞典火柴商極爲活躍，挾其雄厚資本，及國際火柴霸權之勢力，傾軋競爭，國內火柴業，岌岌不可終日，迨東北各省施行火柴專賣，及廿年增高火柴進口稅後，始稍克維持，然外商在華設廠，以其技術之精良，資本之雄厚，又不徵抽關稅，故價廉而物美，國內火柴業欲事維持，殊非易事，瑞典吞併吾國火柴業之法，不外利誘與傾銷，其經營之機關。爲瑞中洋行，民光公司，所出火柴，或稱歐洲製造，或稱中國製造，更或稱德法等國製造，以淆惑視聽，藉避攻擊，次于瑞商之第二外商，又則爲日本，其較大之廠有燧生，華洋等家。

J花生油，蛋，等食用品工業中之外人勢力。

吾國花生油廠共有卅一家，而此卅一家之中外資經營多竟佔十九家之多，蓋已過半數而有餘矣，而此十九家外商花生油廠中則除一家爲美人所辦者，其餘悉爲日人所有（除一廠在天津外，其餘均在青島一地）。

日人于歐戰後，將向時德人在華之蛋業地位代而之有，而至今日造成與英美兩國在華蛋業中鼎足之勢，茲根據申報年鑑及中國經濟年鑑二書材料製表以示在華外資蛋廠之概況

廠名	國別	資本	年產額	性質
上海				
培林	英	二·〇〇〇·〇〇〇元	一〇·〇〇〇	有限公司，冷凍蛋等
班達	美	五〇〇·〇〇〇兩	五·〇〇〇	紐約分來，冷蛋，鮮蛋，
海甯	美	五〇〇·〇〇〇兩	五·〇〇〇	合資，冰蛋，濕凍蛋黃，
怡和	英	五〇〇·〇〇〇兩	五·〇〇〇	鮮蛋冰蛋乾燥製品
青島				
富興	英	九〇·〇〇〇元		凍蛋蛋粉
華北	美	一〇〇·〇〇〇元		凍蛋
怡和	英	見上海	見上海	上海分此冰鮮出品
培林	英	見上海	見上海	倫敦分此冰蛋鮮蛋

漢口——有禮和，培林，永興，美最時，安利英行，福來，加利，美記，和記，瑞興等十家洋行經營蛋商。

南京——有英商經營之和記蛋廠，規模宏大，國內鮮有其匹，生產能力，超過上海六家蛋廠生產力之總額，津漢河南各地皆有該行分廠，故除山東外，黃河長江兩流域之蛋業，幾爲該行所操縱，漢口一地，則亦爲其該地分行所壟斷，故該地吾國蛋廠，幾無發展之餘地。

VI 銀行

最初在吾國境內開辦銀行者，非中國資本，而乃外國資本，是故外國銀行在吾國銀行界中有其根深蒂固之歷史地位。

在華洋商銀行一覽表

銀行	總行	創辦	資（實收）本	在華分行	銀行名稱
大英	英倫	一九二〇	二·五九四·一六〇鎊	香港，上海	P. L. O. Banking Cooperation
大通	紐約	一九二〇	五·〇〇〇·〇〇〇美金	港，滬，津	Chase Bank.
中法工商	巴黎	一九二五	五〇·〇〇〇·〇〇〇法郎	港，平，津，滬	Bangue Franco—Chinodise Pour Le Commerce et, l' Rndustrie
友邦	上海	一九三〇	五〇〇·〇〇〇元		Underwilers Saring Bank,
有利	倫敦	一八九二	一·〇五〇·〇〇〇鎊	港，滬，	Merchantile Bank F India
法亞	巴黎	一九二九	二五·〇〇〇·〇〇〇法郎	哈埠，瀋陽	Bangue Franco—Asiatigue
嗬囒	荷國	一八二四	八〇·〇三〇·〇〇〇弗祿令	港，滬，	Nederlandsche Handel Matschappij
東方匯理	法京	一八七五	一二〇·〇〇〇·〇〇〇法郎	廣，漢，港，平，滬，津，昆明，蒙自	Bangue De l' Indo—China
花旗	紐約	一八一四	一二四·〇〇〇·〇〇〇美金	廣，漢，港，平，滬，津，大連，哈爾濱，瀋陽	Natirnal City Bank …New York.
哈爾濱遠東	哈爾濱	一九二三	六·〇七六·二四〇日元	滬，海拉爾	Far Eastern Bank … Harbin
美國信濟	問	一九二七	六七五·六五九元	海拉爾，滬，青	Thrift and Inuestment, Finance and Trust Corp.
美國運通	紐約	一九一九	六·〇〇〇·〇〇〇美元	港平滬津	American Express Co. Inc.
美豐	上海	一九一八	三·八九五·五〇三元	津	American Oriental Banking Copporation
荷國安達	荷，亞斯特丹姆	一八六二	五五·〇〇〇·〇〇〇荷金	廈，港，滬，汕	Nederlandsch Indische Handle Bank,
麥加利	英京	一八五三	三·〇〇〇·〇〇〇鎊	廣，漢，哈，港，平，津，滬，青	Chartered Bank of India, Awtralia and China.
華比	比，不魯哈爾	一九〇二	一四七·〇四四·一八八比法郎	漢，滬，津	Banque Belge Pour l'Erranger.
華義	上海	一九二〇	一·〇〇〇·〇〇〇美金	津	Italian Bank of China.
達商	上海				Finance Banking Corporation

匯豐	香港	一八六七	二〇•〇〇〇•〇〇〇港洋	廈，廣，煙台，大連，九龍，瀋陽，平，滬，津，青，	Hongkong and Shanghai Banking Corporation
匯源	上海		五〇〇•〇〇〇元		Union Mobiliere
新沙遜	香港	一九三一	五〇•〇〇〇 鎊	上海	E. D. Sassoon Banking Co.
義品放款	比，不魯塞爾		一〇•〇〇〇•〇〇〇比法郎	滬津漢	Credit Foncier d'Extreme Orient
德華	德京	一八八九	四•〇七五•〇〇〇 兩	廣，漢，平，滬，津，青，	Deutsch Asiatische Bank.
橫濱正金	橫濱	一八八〇	一〇〇•〇〇〇•〇〇〇日金	廣，長春，大連，漢，哈，港，平，漢，津，青，瀋，開原，營口，	
正隆	大連	一九〇八	五•六二四•三七五日金	鞍山，安東，長春，撫順，開原，公主嶺，哈爾濱，瀋陽，營口，旅順，鄭家屯，津，青，	
滿州	大連	一九二二	二•九〇六•六六二日金	鞍山，安東，長春，錦州，范家屯，撫順，開原，吉林，公主嶺，瀋陽，本溪湖，普蘭杏，鉄嶺，貔子窩，	
朝鮮	漢城	一九〇九	二五•〇〇〇•〇〇〇日金	安東，長春，大連，傅家甸，哈，開原，遼陽，龍井村，瀋陽，旅順，滬，四平街，鉄嶺，津，青，營口，	
三井	東京	一六八〇	六〇•〇〇〇•〇〇〇日金	大連上海	
三菱	東京	一八五五	六二•五〇•〇〇〇〇日金	上海	
台灣	台北	一八九九	五二。五〇〇。〇〇〇日金	廈門廣州福州漢口香港上海汕頭	
春州興業		一九三三	一〇•〇〇〇•〇〇〇日金		
大連商業	大連	一九一八	二•〇〇〇•〇〇〇日金		
大連興業	大連	一九〇〇	二〇〇。〇〇〇日金		
長春實業	長春	一九一七	五〇〇•〇〇〇日金		
開原	開原	一九一九	五〇〇•〇〇〇日金		
滿州殖產	瀋陽	一九二〇	五〇〇•〇〇〇日金		
南陽	鞍山	一九一九	三七五•〇〇〇日金		
安東實業	安東	一九一八	一二五•〇〇〇日金		

協成	安東	一九二〇	二五〇·〇〇〇日金	
商工	遼陽	一九一三	二七五·〇〇〇	
日本	鉄嶺	一九一八	一〇〇〇·〇〇〇	
振興	營口	一九一八	五〇〇·〇〇〇	
平和	吉林	一九二〇	二〇〇·〇〇〇	大連
哈爾濱	哈埠	一九二一	五〇〇·〇〇〇	
吉林	吉林	一九二〇	三〇〇·〇〇〇	
濟南	濟南	一九二〇	二五〇·〇〇〇	青島
住友	大阪	一九一二	五〇·〇〇〇·〇〇〇	上海
天海	天海		二五一·〇〇〇	北平
上海	上海	一九一八	一〇〇·〇〇〇	
漢口	漢口			
鞍山	鞍山	一九二〇	二八〇·〇〇〇	
華南	台北		七·五〇〇·〇〇〇	廣州
四平街	四平街	一九一八	一五一·二五〇	

表中有中法工商，滿州，南滿等三家，係屬中外合資者。

表中美豐銀行已于上月（廿四年五月）廿五日宣告清理停業

上海外國銀行，共廿九家，交易以滙豐爲最大，勢力亦最強，此類外國銀行，乃操縱吾國進出口收付之機關也。彼等爲謀相互間行動之一致協調起見，有外國銀行公會之組織，以謀國外匯兌之便利。

吾國對外貿易之鉅額入超，爲現銀流入洋商銀行之原動力，外商銀行之庫存實飛猛進，則整個國民經濟之總崩潰可立而俟之矣，言念及此，誠有令人不寒而慄者，最近上海中外各銀行之現銀存底，因美國採用收購白銀，抬高銀價政策以來，連銀銀出國有鉅大利潤可圖，故而現銀鉅量流出國外，而各銀行之現銀庫存亦驟見減少，截至廿四年二月中旬，上海現銀存底，統計祗及三億三千二百萬元，較上年二月底竟減少達二億二千一百萬元以上，與一年間之最高額相較，減少額將及三萬萬元，誠爲上海金融市場之劇變，而此項運銀出口之舉，以外商銀行始，而以外商銀行爲最烈，自廿三年二月至廿四年二月一年之間，華商銀行現銀存底之減跌率爲由三四四・二六六(千)至二八〇三二五(千)——一年間之最高數及最低數——。而外商銀行之現銀存底則自二六八・二九五(千)直跌至三四・二七八(千)，就中尤以英商銀行運銀出品之數爲最鉅，蓋亦以其勢力之最爲雄厚也。

各國在華銀行家之意見，實際上亦卽各帝國主義國家政治家之意見，彼等一方面代表各國金融資產階級執行經濟侵略，甚至政治侵略之政策，另一方面則影響各國政府對華之經濟政策以至外交政策，是故在華外商銀行，乃帝國主義者侵略中國之大本營，其勢力足以支配中國之經濟政治，列強在華之經濟勢力，以銀行勢力爲最大。

外商銀行之資本大半優于華商者，尤以主要數家，更非華商所能敵者，且外商銀行之總行。多半設于其本國，以其總行之雄厚資力爲基礎，又有本國資產階級及政治勢力爲後援。又有少數外商銀行在華發行鈔票，流通中國市面更增厚其資力。而吾國人對于外商銀行之紙幣有一種迷信，總以爲比華商銀行者爲可靠。甚有視之猶貴于現貨者，再就存欵以觀，外商銀行之勢力更足驚人。外商之在華貿易，固存款于外商銀行，卽中國商人。亦有不少存款于外商銀行。而與外商銀行往來，華商銀行與錢莊，亦有存欵于外國銀行。尤以中國之官僚軍閥，以其搜括民脂民膏得來之金錢存之于外國銀行，以免因政治變動而被抄沒。此外，尙有中國政府之主要歲收關鹽二稅之所入，因償付外債與賠款關係，亦存放于外國銀行（主要者爲滙豐銀行）、外國銀行利用此鉅厚之中國存款以操縱中國金融界。

滙豐銀行乃英對華經濟侵略之中心機關，專以侵略中國爲任務，其基礎最穩固，爲英國在華一切經濟侵略機關之領袖，在華外國銀行之勢力，除東三省外，以英爲首，而滙豐乃英國銀行之領袖，故同時亦卽一切在華外國銀行之領袖，華商銀行多存款于該行，儼若中國之中央銀行。

外商銀行在營業上，尙有一種特殊勢力，卽國外匯兌之操縱，中國之國外滙兌，大部分操于外商銀行之手。就中尤以英之滙豐，美之花旗，日之正金三銀行爲外匯之領袖，因三國對華易貿最盛故也。而此三者之中，則尤以滙豐之勢力爲最甚。蓋外國銀行在華設立之一重要目的，在扶助該國商人之對華貿易。因而各國商人常與各該國銀行往來，且吾之進出口貿易幾乎全操于洋行之手，各種國際貿易補助機關如電信，保險，輪船等公司亦皆握于外商之手，是所以國外滙兌，不能脫其範圍也。而外商銀行因此外滙所獲利潤，又不在少數也。

在華外國銀行，除上述任務作用外，尙有一更大之任務在，即對華借款是，此種借款非僅可以取得巨大之回扣（百分之五至百分之十九）與手續費（千分之二·五）獲得高率之利息（最高有至一分五厘者）分得巨額之紅利（如前述鐵路借款）而且可以因此監督管理中國之財政，甚至支配中國之政治。

VIII 世界列强對華之間接投資借款

吾政府之外債，就形式上可分爲政治與經濟（如鐵道電信等借款）兩種，此兩種借款大部分皆有確實可靠之担保品，如經濟借款即以鐵道及電信之財產及收入爲担保品，政治借款則以關鹽兩稅，庚子賠款及厘金等捐稅爲担保品，因此外國銀行借款于中國政府，同時即取得此等担保品之監督及管理權，至于鐵路借款，則除前述種種權利外，尙可因此擴張外國商品之銷路，划定外國勢力範圍，以及取得沿線採礦權等：故就實情以觀，則吾國所有外債，皆含有政治性質在焉，是故在華外國銀行，非僅爲一經濟侵略之機關（更非僅一商業性質之機關），同時又爲一政治侵略之機關，外國銀行之對華投資，與各國在華勢力之增漲有密切之關係，各國無此侵略性之投資，決無今日之勢力。本篇所重在各國在華經濟勢力之現狀，故對於歷史經過一槪從略，茲特將最近（截止廿三年底止）各種對外債款依合同規定，現負債額列後：

（一）關稅擔保

（一）外債	發行額	已償額	現負額	償清年月
英德續借款	一六〇〇〇〇〇〇鎊	九九二八八七五	六〇七一一二五	卌二年三月
善後借款	二五〇〇〇〇〇〇	三四九四七八〇	二一五〇五二二〇	四十九年七月
合計	四一〇〇〇〇〇〇	一三四二三六五五	二七五七六三四五	
折合銀元數	五九四五〇〇〇〇〇元	一九四六四二九九八	三九九八五七〇〇三	

（二）庚子賠款

國別	年份	規定年償本息合計	折合銀元數

俄	廿四—廿九	一五二八六三鎊一三先令四便士	九一七一八〇七鎊三先令	一三二•九九一•二一〇元
	三十—卅四	三六五四四五鎊五先令一〇便士	一八二七二二六鎊一四先令二便士	二六•四九四•七八七
	共計		一〇九九〇三四　六先令二便士	一五九•四八五•九九七
德	廿四—廿九	七•〇七五•五六九•三七海關兩	四二•四六三•四一六•二二海關兩	六六•一五八•〇〇二
法	廿四—廿九	四〇二八七九五•七四美金	二四一七二七七四•四四美金	七一•三〇九•六八四
	卅—卅六	二七九〇三七六•五三美金	一九•五三二•六三五•七一美金	五七•六二一•二七五
	共計		四三•七〇五•四一〇•一五美金	一二八•九三〇•九五九
英	廿四—廿九	五九六四八一鎊五先令九便士	三•五七八八八七鎊一五先令三便士	五一•八九三•八七三
	卅—卅四	四一三一二七　五　四	二〇六五六三八　一六　八	三九•九五一•七六三
	共計		五六四四五二六　二　二	八一•八四五•六三六
日	廿四—廿九	三九三八九七　二	二三六三四八二　一	三四•二七〇•四九〇
	卅—卅四	二七二八一六　五	一三六四〇八一　五	一九•七七九•一八〇
	共計		三七二七五六三　六	五四•〇四九•六七〇
美	廿四—廿九	一•九一九•九六七•一〇美金	一一•五一九•八〇二•六〇美金	三三•九八三•四一八
	卅—卅四	五三九•五八八•七六	二九六七九四三•八〇	八•七五五•四三四
	共計		一四•四八七•七四六•四〇	四二•七三八•八五二
意	廿四—卅七	一•〇四七•八七四•〇二美金	一七五四七九五〇八五	五一•七六六•四五六
	共計			
比	廿四—廿九		三二二七五七二•八五	九•五二一•三四〇
	共計			
奥	廿四—廿九	四七〇七四鎊一九先令四便士	二八二〇四九鎊八先令	〇•〇九五•五一六
荷	廿四—廿九	一一〇•三四三•六五佛洛林	六六二〇六一佛洛林三五	一•三三〇•四一二

西	廿四—廿九	三九·八六一·七一法郎	二三九·一七〇·一六法郎	四五·四四二
荷	廿四—廿九	一〇八七鎊　四便士	六五二二四二先令	九四·五七一
		七五二　一七先令六	三七六四　七　六便士	五四·五八三
瑞典			一〇二八六　九　六	一四九·一五四
挪威	廿四—廿九	七四〇　〇　八	四四四一　二　八	六四·三九六
總計				六〇〇·一八一·八三〇元

(二)鹽稅擔保

	發行額	已償額	現負額	償清年月
英法借款	五·〇〇〇·〇〇〇鎊	四·〇〇〇·〇〇〇	一·〇〇〇·〇〇〇	四十年六月
湖廣借款	六·〇〇〇·〇〇〇	一·五九九·五四〇	四·四〇〇·四六〇	四一年九月
克利浦斯	五·〇〇〇·〇〇〇	一·一九七·八七八	三·八〇二·一二二	
合　計	一六·〇〇〇·〇〇〇	六。七九七·四一八	九·二〇二·五八二	
折合銀元	二三二〇〇〇〇〇〇元	九八·五六二·五六一元	一三三·四三七·四三九	

依上列各表截至廿三年底，財政部現負有確實擔保外債計五三三·二九四·四四二元，庚款計六〇〇一八一八三〇元

A 財政部經營有確實擔保國外債券一覽表

債券名稱	發行年份	年息	發行額	實收折扣	現負本金	還清日期	經理銀行
關稅擔保					廿三年十二月底		
英德續借款	一八九八	四厘五厘	一六〇〇〇〇〇〇鎊	八三	六〇七一一二五鎊	卅六年三月一日	滙豐銀行，中國銀行
善後公債	一九一三	五厘	二五〇〇〇〇〇〇鎊	八四	二一五〇五二二〇鎊	四九·七一	匯豐，東方匯理，正金，中國，
庚子賠款擔保					廿三年一月一日		

中法美金五厘公債	一九二五	五厘	四三八九三九〇〇元	一〇〇	三六九六七三〇元	卅七・一・十五	上海中法工商銀行
中義美金	一九二五	四厘	一七五八六〇六一元		一三四九六〇二六元	卅七・十二・卅一	債票存放華義銀行
中比美金六厘公債	一九二八	六厘	五〇〇〇〇〇〇元	八二	二七六八〇〇〇元	卅・一・一	上海華比銀行
鹽稅擔保					廿三年底		
英法借款	一九〇八	五厘 四五	五〇〇〇〇〇〇鎊	九四	一〇〇〇〇〇〇鎊	廿七・十・五	匯豐，東方匯理銀行
湖廣鉄路	一九一一	五厘	六〇〇〇〇〇〇鎊	九五	四〇〇〇〇六〇鎊	四十・六・十五	匯豐，花旗，東方匯理，中・交，
克利斯浦	一九一二	五厘	五〇〇〇〇〇〇鎊	八九	三八〇二一二二鎊	四一・九・卅	匯豐，麥加利，勞合，中國

註：湖廣借款中交兩銀行經理德發債票

B財政部經管無確實擔保國外債劵暨短期國庫證劵一覽表

名稱	發行年份	年息	發行額	單位	實收折扣	現負本金	單位	到期年月	備考
		厘							
太平洋拓業公司烟酒款（八年六厘二年期國庫證劵）	一九二〇	六	五・五〇〇・〇〇〇・〇〇	元	九一	五五〇〇〇〇〇・〇〇	元	一九二一・一〇	
廣益公司整理運河墊款	一九二二	八	九三八・九八三・五七	元	九九	九三八九八三・五七	元	一九二三・六	
醴陵美教會賠款庫劵	一九二二	六	八三・〇〇〇・〇〇	元		六三〇〇〇・〇〇	元	一九二三・六	
華比銀行遠東通信社庫劵	一九一四	六	八〇・〇〇〇・〇〇	元		八〇〇〇〇・〇〇	元	一九一九・二	
法國郵船公司墊付求新廠股本庫劵	一九一九	九	四〇六二三七五・〇〇	佛郎	九八	四〇六二三七五・〇〇	佛郎	一九二〇・七	
法國施乃德公司墊付求新廠股本庫劵	一九一九	九	四一〇八〇五・〇〇	佛郎	九八	四一〇八〇五・〇〇	佛郎	一九二〇・七	
費克斯公司飛機借欵	一九一九	九	一八〇三三〇〇・〇〇	磅	九一五	原數		一九二六・一〇	利息曾付至一九三二年四月第五期為止，以後均未付

馬可尼公司無綫電話機借款	一九一八	八	六〇〇〇〇〇·〇〇磅	原數	一九二七·八	利息曾付至第四期爲止，以後均未付
馬可尼公司陸軍部合辦中華無綫電公司墊款	一九一九	八	一〇〇〇〇〇·〇〇磅	原數	一九二九·八	利息曾付至第二期爲止，以後均未付
太古輪船公司賠償運貨船只損失庫券	一九二三		六六一一三·六四兩	原數	一九二三·一〇	
怡和輪船公司賠償運貨船只損失庫券	一九二三		六三二二九·七四日元	原敎	一九二三·一〇	
日本興業銀行滿蒙四鐵路借款墊款	一九一八	八	二〇〇〇〇〇〇〇·〇〇	同	原限六個月更換一次	一九二一·四·五止利息現款付清，又一九二五·四·五止各期利息另訂墊款利息合同
日本興業銀行濟順高徐二鐵路借款墊款	一九一八	八	二〇〇〇〇〇〇〇	同	同上	同上
日本興業銀行吉會鐵滿借款墊款	一九一八	七·五	一	同	同上	一九二一·六·十八止利息現款付清一九二五·六·十八止利息另訂墊款利息合同
日本台灣朝鮮興業三銀行參戰借款	一九一八	八	二	同	一九一九·九	
日本泰平公司第一次訂購軍械價款	一九一九	八	一八七一六四二一·一九		一九二〇·九	
日本泰平公司第二次訂購軍械價款	一九一九	八	一三三六五一二一二六·八三		一九二〇·九	泰平多好日金三〇四三五九〇元尚須還息扣除
泰平公司督辦參戰處留用陝西購械欠價庫券	一九二三	八	一〇六·九九八·五·一			
泰平公司督辦防軍訓線處購貨價款庫券	一九二〇	八	五〇〇〇〇·〇〇		一九二〇·十	利息付至十年五月
泰平公司陸軍部軍火借款	一九一五	七	一九六九〇九·一九兩	八三二五三·〇三元	一九一九·九	
日本政府青島公產及鹽田庫券	一九二三	六	一四〇〇〇〇〇〇·〇〇日金	一三五〇〇〇〇〇·〇〇	一九三八·三	首三期利及第一次本已付清第三次本及第四期利共計九十萬五千元曾于一九二五，八月至十一月付日金四十七萬七千三百廿七元六十九錢
三井洋行前南京政府軍需借欵	一九二五	七	二〇〇〇〇〇〇·〇〇日金	一五〇五二二五〇·六一	一九三〇·四	
大倉洋行華甯公司庫券	一九二一	八	一四五九二四一·六〇日金	一四五九三四一·六〇	一九二五·一二	

泰平公司西北軍械運送保險庫券	一九三一	八	九一四四九·三七元	九一四四九·三七	一九三二〇	
三井洋行陸軍部軍裝欠款	一九一五	七	一七三八四一六·七五元	一一八八四一六·七五	一九三〇一	
九六公債（日金部份）	一九二二	八	三九六〇八七〇〇·〇〇日金	三二四七八四〇〇·〇〇	一九二九一	曾還本三次付息七期
前與國借款（即瑞記洋行與史高德敦購貨款項）	一九二五	八	六八六六〇四六鎊一〇先令一〇便士	本息分文未付	一九三四二三	此款現歸移轉于意國原案合同六件于民十四修正成立

C鉄道部經管主要國外債券一覽表（湖廣及英法兩種並未列入）

本表曾于鉄道一張中錄入，此處所列乃重在現負本金（二二年七月一日）及經理銀行

債券名稱	現負本金	單位	經理銀行
北甯鉄路	六〇〇〇〇〇	鎊	滙豐銀行
滬楓	三三八五〇〇		
津浦原借	三五〇六三三〇		滙豐
津浦續借	二五五〇七八〇		滙豐
四鄭			橫濱正金銀行
吉長			同上
廣九	一一一一五〇〇	鎊	滙豐
滬杭甬	四八七五〇〇		滙豐
京滬	二七八四〇〇〇		滙豐
比國營業公司購料借款	八〇〇〇〇〇		比京華比，倫敦英國海外
正金銀行借款	九三四〇〇〇元	日金	橫濱正金
汴洛	二三五〇〇〇〇〇	佛郎	比京巴黎嗬囒銀行
道清	四九五七〇〇	鎊	倫敦魯意銀行
隴海	四〇〇〇〇〇〇		華比
隴海比荷（比）	一三七四四三〇〇〇	佛郎	比京華比
隴海比荷（荷）	三〇七五〇〇〇〇	弗魯令	安第壇荷蘭
隴海鉄路一九二五年借欵	二三〇〇〇〇〇〇	佛郎	比京華比銀行
膠濟鉄國庫庫券	四〇〇〇〇〇〇〇	日元	橫濱正金銀行（青島，濟南）

又據中華年鑑The China Year Book 1934所載，截止廿二年十二月底止，北甯鉄路借款尚負六三二二五〇〇鎊，津浦原借款尚負三三六一二五〇鎊，續借款尚負二四九四五〇〇鎊，滬杭甬尚負三七五〇〇〇鎊，正金銀行借款尚負原發行額一千萬日金全數，滬楓尚負三〇〇〇〇〇鎊，道清尚負一二六八三九鎊外其他各項債券則同數。

D交通部經營主要國外債券一覽表（採自一九三四年中華年鑑。）

年份	借款名稱	發行數額	借款英名
一九〇〇	上海大沽水底電線	二一〇〇〇〇 鎊	Shanghai—Taku New Cable Loan
一九〇〇	大沽芝罘水底電綫	四八〇〇〇	Duplicate Taku—Chefoo Cable Loan
一九一一	電報墊款	五〇〇〇〇〇	Telegraph Charges Advance
一九一八	電報借款	二〇〇〇〇〇〇〇日元	Telegraph Loan
一九一八	馬可尼電報借款	六〇〇〇〇〇 鎊	Marconi Telegraph Luan
一九一八	馬可尼 綫電報	二〇〇〇〇〇	Marconi Wireless Telegraph Loan
一九一八	黎脫蘇無線電報	五三六二六七	Mitsui Wireless Loan
一九一八	電話招展借欵	一〇〇〇〇〇〇〇日元	Telephone Extension Loan
一九一九	中國政府無綫電	一〇〇〇〇〇 鎊	Chinese National Wireless Loan
一九二〇	改進增長電報線墊款	一五〇〇〇〇〇〇日元	Advance for Improving and Extending Telegraph Lines

F各國庚子賠款百分比率表(錄自實業部所編中國經濟年鑑)

國別	關平銀正本數 兩	百分數
俄	一三〇三七一一二〇	二八·九七
德	九〇〇七〇五一五	二〇·〇二
法	七〇八七八二四〇	一五·七五
英（葡附）	五〇七一二七九五	一一·二七
日	三四七九三一〇〇	七·七三
美	三二九三九〇五五	七·三一
意	二六六一七〇〇五	五·九一
比	八四八四三四五	一·八九
奥（匈附）	四〇〇三九二〇	·八九
荷	七八二一〇〇	·一八
西	一三五三一五	·〇三
瑞典，挪威	六二八二〇	·〇二
雜費又稱未列名國	一四九六七〇	·〇三
總計	四五〇〇〇〇〇〇〇	一〇〇·〇〇

F退還賠款與中央財政之關係——庚子賠款按辛丑和約第六款第十三號附件所定，此四百五十兆兩，照海關銀兩市價爲金

款，遂貽後日彌補鎊虧之累，金價逐年增高，吾國每年實付銀兩，較之原定數目，超過甚鉅，此者又一分外之負擔也。現在應受庚款各國，形式上允將該賠款餘額退還吾國者已有美，俄，荷蘭，法，英，比，意，日，八國，其中完全善意之自動退還者，爲美俄荷三國，因吾國政府財政上之利用。而協定退還者，有法比義三國，自行變動用途，經吾國換文協定者，爲英國，自行變更用途，曾與吾國協商，尚未經我換文決定者，爲日本一國，至于約定條件無損吾國權利者，惟美俄兩國，其餘各國之協定條件，多以有利于各該國之事業爲原則，對于用人及購買材料，亦多所要求，吾國與各該國合設之各種委員會及該外國銀行，仍操支配用途及存放款項之實權，尤奇者協定各種中委員會及董事會均未規定消滅期限，恐至民國卅七年以後，仍將以事務尚未終了爲口實，繼續延長會務，使吾國財政用途，永久有外人幫同支配也。

（本節節錄廿四年申報年鑑）

G交通部整理電政舊債情形節錄（中行月刊廿四年三月份）

交通部前在北京政府時代，所負電政債務，爲數極鉅（已見前表），各項合同條件苛刻，權利爲所喪失，利率又高，更有預付利息之規定，歷年來所付息款，其數極微，非惟不足言本，即論付息，尚不足十分之一，利上加利，債務日增，而營業概算，亦因之無從確立，若不妥籌辦法，所有事業勢難維持，業務上亦無從改進。同時債權者催索日急，時有被處分擔保品之虞，如平津青島等處電報電話局及真茹大電台，尤爲岌岌可危近經交部二年餘之努力及數閱月之交涉，聞是項電政債務，日前大致均告解決如下：

（一）擴充及改良有綫電報工程費墊欵——舊交部于九年二月十日，因安放滬烟水綫及購置貨料，由日商東亞興業株式會社，借日銀一千另廿二萬另廿元四十七錢，以有綫電全部財產爲擔保，其中雖經陸續償還，但結至廿三年年底止，積欠本息合計已超過本金一倍有奇，現由交部與該會社交涉結果，改減至本息各爲日金一千另廿二萬元，本金以單息常年六厘起息，先還本，後還息，其餘息金，以後概不起息，每月由部撥還日金七萬元，預計在廿九年可以償清。

（二）擴充電話借款——舊交部與中日實業公司于七年十月廿五日訂借日金一千萬元：十二年六月廿五日又簽訂積欠利息借款日金一百六十七萬餘元。十五年三月十日簽發第二次展期手續費期票日金廿三萬元，以及各話料欠款，日金四百六十六萬萬元，武漢話局工程科款英金九萬三千鎊，結至上年（廿二年）底止，尚欠本息三千九百廿九萬九千五百九十二元五十八錢，係以現有及將來擴充之全部電話財產與應用權作抵，更有購料優先權與聘行技師會計及顧問等種種條件，現經交部與該公司交涉結果，改爲起息本金日金一千四百六十五萬元，不起息本金及不起息利息日金一千四百六十五萬元，本息兩共較原欠數已減日金一千萬元，所有利率由復利九厘減至單利六厘（與前節同）所有利息以後概不起息，每月由部撥發日金八萬元先還本，後還息，預計卅七年後可以償清。

(三)建設西北無綫電台三座——由英商馬可尼無綫電公司墊借英金十七萬另三百七十六鎊八先令一便士，截至廿三年底止，計欠本利英金四十七萬六千二百七十鎊十一先令一便士，現經商定息金卅餘萬鎊，概由公司讓棄，所有本金十七萬鎊分廿年償還，不再起息，每月由部償還七百另九鎊十八先令，公司並願將此數之半作爲交部向該公司購置材料或派遣工程師前往該公司工廠實習經費之用。

(四)舊交部向德商西門子電機廠陸續訂購擴充北京電話西分局機料及其他零星材料，與該公司保證金等，結至最近止，計欠本利美金廿七萬一千一百另九角九分，交涉結

果，僅以美金六萬元清帳，並分十年償清。

(五)舊交部積欠中國電氣公司料款，經再三磋商，除天津電話局所發期票借款須另案解決，舊時已到上海未交之定貨本息美金十餘萬元，由該公司收回外，其餘料欵結至上年底止，計欠本息美金一百五十一萬三千三百七十八元四角，經交部與該公司交涉結果，由部月撥美金之千元，以該公司交部股欵每年應得股息作爲息金，設公司無盈利或虧負時，利息免計，倘股息超過股額百分之三時，超出之數卽以還本，一俟每月付款與超出三厘之股息積至美金九十萬元時，作爲清帳。

(六)其他零星材料欠款及洋員欠薪各種雜項舊欠等，自前年起均已清理就緒，且大部業經償清。

(七)向有零星材料欠款水脚欠款，如須滕，天利，薛和洋行等以及洋員欠薪等十項款，約共洋廿餘萬元，一俟各債權者攜取證明文件來部接洽，卽可解決。

IX 對外貿易

列強侵入中國主要目的之一，卽在輸入商品于中國，洋貨入口之年多一年，中國之農業與手工業亦卽年衰一年，近代中國之各種產業均受帝國主義者嚴重之壓迫，舊式之生產方

法因受洋貨之打擊而崩壞，新式生產方法因受洋貨之壓迫而不能自由發展，吾國之新式產業，所需之機器幾乎完全從外國輸入，原料之一部如棉花，煙葉，小麥，電料及火柴材料等大部皆仰給于外國，甚至燃料亦大半賴外人供給，是以吾國之近代工業完全仰外人之鼻息而不能自立，至于出口貿易，吾亦處于被支配之地位，列強利用其關稅及其他運輸機關左右吾國之出口，任意所欲，可使吾國何物增加出口，何物停止出口，以迎合其需要，吾國之生產事業，所謂以農立國者是也，工業幼稚，遠落人後，故輸出品亦以各種原料居多數，而輸入品中則製造品佔其大部，工業發達之資本主義國家利用中國之原料，加以機器科學之改造，製成後，乃再重復來中國銷售，如是生貨出熟貨進，一出一進之間，外人沾盡其利矣。

民國廿二年上半期對外貿易國別表（單位千元）

國別	出口 價值	出口 百分比	入口 價值	入口 百分比	總計 價值	總計 百分比	入超（一）或出超（十）
美	五四，九〇七	一八，五一	一五八•六二九	二〇，三七	二一三•六四二	一九，八五	（一）一〇三八三〇
日（台灣附）	四四，八四五	一五，一一	七二，五二九	九，三一	一一七•三七四	一〇，九一	（一）二七六八五
英	二〇，四八〇	六，九〇	八三，三九三	一〇，一七	一〇三•八七三	九，六五	（一）六二九一四
香港	六一，五七九	二〇，七六	三〇，三五七	三，八九	九一，九三七	八，五四	（十）三一二二二
德	一〇，七五二	三，六二	五五，八〇二	七，一六	六六，五五四	六，一八	（一）四五〇五〇
印度（緬甸）	一四，四三〇	四，八六	四〇，七二二	五，二二	五五，一五二	五，一三	（一）二六二九三
荷東印度	三，二四五	一，一三	四〇，九四五	五，二五	四四•二八九	四，一二	（一）二七六〇一
澳洲	六七九	，二三	八〇•六〇七	一〇，三四	八一•二八六	七，五五	（一）七九九二九
俄	三，三〇九	一，一二	一四，二四四	一，八三	一七，五五三	一•六三	（一）一〇九三六
安南	一，六六八	，五六	四八，四三〇	六，三二	五〇•〇九八	四，六六	（一）四六七六二
朝鮮	五，六六二	一，九一	五六九	•〇七	六•二三一	•五八	（十）五〇九三
暹羅	三，五〇三	一，一八	三六，九四〇	四，七四	四〇•四四三	三•六七	（一）三三四三八

法	一六，七三一	五，六一	一一，二八〇	一，五二	二八，四五一	二，六四（十）	四八一一
意	二，一四三	，七二	一〇，三二二	一，三二	一二，四六六	一，一六（一）	八一七九
其他	五二，七五三	一七，七八	九四，〇二〇	一二，〇六	一四六，七七二	一三，六四	——
總計	二九六，六八一	一〇〇，〇〇	七七九，三二九	一〇〇，〇〇	一，〇七六，一一七	一〇〇，〇〇	——

廿四年一月份貨物進出口價值國別表

國別	進口國幣	百分	出口國幣	百分	入超國幣數	出超國幣
印度（緬甸）	二一八二八九二	二，四一	二九九五四四九	五，四二		八一二，五五七
安南	五四三七三四二	五，九九	四〇三九二二	，七三	五，〇三三，四二〇	
香港	二三三八五四一	二，五八	一一四二八六八二	二〇，六六		九〇九〇一四一
日本	一二二一〇六四五	一二，三六	七四〇三〇九三	一三，三九	三，八〇七，五五二	
荷東印度	四〇三四九一二	四，四五	五一二三四五	，九三	三，五二二，五六七	
暹羅	四六一六二二二	五，〇八	四一九六六四	，七六	四，一九〇，五五八	
德	八八〇九九七〇	九，七一	二二四二四六五	四，〇五	六，五六七，五〇五	
英	一〇二七六一三七	一一，三三	三八六〇四六八	六，九八	六，四一五，六六九	
美	一八五三六六二七	二〇，四三	一二四六〇一二	二二，五三	六，〇七六，五一六	
澳洲	三九九三四四九	四，四〇	一六〇九九二	，二九	三，八三二，四五七	
其他各地						
總計	九〇七一四九五二	一〇〇，〇〇	五五三四八八〇四	一〇〇，〇〇	三五，四一〇，一四八	

民國廿二年上半年入口商品值量統計表

商品	價值金單位	與入口淨數總值百分
米	四七一七九三六六	一一，九一
小麥	四一〇〇四三五八	一〇，三五

棉花	二八七一二七〇八	七，二五
煤油	二七五四七一〇五	六，九六
五金	二四九六二八六六	六，三〇
棉布	二一二三三三一一	五，三六
紙類	一四一八三一四〇	三，五八
化學產品及製藥	一四一四三四四九	三，五七
麵粉	一〇九七六二五四	二，七七
糖	一〇四四六一三七	二，六四
機器類	一〇一一〇八八〇	二，五五
木材	八二六七六二四	二，〇九
煤	七五四三三一四	一，九〇
魚介海產	六七六四八九八	一，七一
毛織物	六二一三〇一三	一，五七
烟草	六〇四〇八八五	一，五三
汽油	五九三〇五七三	一，四九
柴油	五四八七一六五	一，三八
硫酸〇	四〇八〇九一一	一，〇三
人造絲	三九一三八一二	〇，九九
其他入口商品	一〇六四七七九一一	二三，〇六
總　計	三八六〇七二九七〇	一〇〇•〇〇

民國廿四年一月份入口商品值量統計表

商品	淨值金單位	商品	淨值金單位
米，穀	四七一〇三二九	木材	一•七〇五•七七六
小麥	二五五四四七〇	棉織品	八九三•六三四
棉花棉紗棉綫	三〇五三一四〇	蔴織品	七一一•九三四
機器及工具	二九三五七三八	毛織品	四〇九•三九七
絲織品	二一四一九	魚介海產品	一•一六四•六三五
車輛船艇	一一五八四〇三	糖	一•五七八•三〇七
化學製品及製藥	一四七七二二五	烟草	五六五•七二七
圖書紙類	二七四六九六〇	金屬及礦砂	四•八〇一•六二六
其他入口〇品		總　計	四六(二五〇•五〇五

由上列廿四年一月份貨物進口價值國別表及廿二年上半年對外貿易國別表，吾人知由入超數目以言，美英德法日諸國爲最占優勢，由上列廿二年上半期及廿四年一月份入口商品價值表觀之，則吾人可知以米麥棉花機器等爲主要物品，機器一項猶不必言，以吾國以農爲本而猶以米麥爲輸入大宗，則可見年來農村破產之險象矣。

六十年來，入超成爲吾國對外貿易之一貫傾向，而且逐年增加，至民國廿一年度意達五五六，六〇五，二四〇兩之數，而所以造成此種現象之主要原因，則在關稅之不能自主，故于本文結束以前，最後再論列强在華協定關稅之侵害吾國經濟政府權利，並附及鹽稅焉。

X 關稅及鹽稅

鴉片戰爭之結果，吾國除蒙金錢與土地上之極大損失外，又成立關稅協定，關稅受外人之監督與管理，實陷吾國產業于萬刼不復之境，處此不能自主之關稅制度之下，稅率既低，而進出口稅率又無高低之差，于是而國家事業則不但不能保護本國產業，反而助進洋貨之輸入，于國家財政，則不能增加國庫收入，加以中國商品，到處受厘金之壓迫，而洋貨則但須繳納子口半稅（値百抽二，五）即可通行無阻，以致更加助長洋貨之輸入內地及後稅則修訂前後凡經八次，迨至國民政府成立以來，努力于關稅之自主，增稅率，撤厘金，十七年七月廿五日美國首先與吾國簽訂整理中美兩國關稅關係之條約，是爲廢除協定關稅之先聲，十一月至十二月間先後簽訂中挪中和中英中瑞中法關稅條約，及中比中丹中義中葡中西友好通商條約，十九年五月中日關稅協定亦告成立，于是名義上始樹自主國定稅則之規模，（廿二年五月六日中日關稅協定期滿，日方要求繼續，吾國拒之，並令海關按新稅則徵稅）。

關稅自主之確立，爲近年財政制度之一大改革，亦爲外交史上之一大記錄，而實亦民國國運之一大轉機，此者吾人所深以爲幸者也，然洋員及洋總稅務司之僱用猶爲一大汚點，最近關稅之組織機關，屬于財政部之一部，財政部有三署六司，所謂三署者，卽關務鹽務稅務是也，此三署雖爲財政部組織之一部份但仍得以本署名義發表命令，略具獨立之性質。

民國二年間四月簽訂之善後借款契約，內有中國政府允于北京設鹽務署，署內設稽核總所，由中國總辦一員，外國會辦一員，主管發給引票，鹽務收入，非經詳會辦會合簽字，不能提用之規條，以保障該借款之擔保品，于是開外人干預鹽務之惡例。

民國改建以來，中央財政歲收，以關稅鹽稅爲大宗，而該兩財源皆爲列强對華借款作抵（見前借款章），且主權旁落，行政辦理多用洋人，此者皆受不平等條約之束縛而爲列强對華經濟略侵殘餘遺孽也。

XI 各國在華列强範圍之划定(Sphere of Interest)

所謂利益範圍者，乃甲國於乙國內划定一範圍，在此範圍內甲國有其優先首要之經濟開發權，其他各國不能在此區域之內設立租借地或行施其他統制及權力。而該權利國則得享有範圍內設立租借地或租界之權利，以及其他一切之經濟利權，利益範圍之第二步即成爲勢力範圍，故所謂利益範圍者，實即殖民地之初步耳，又有所謂保證不割讓(Nanaerienation)一詞者，意即甲國要求乙國於每一指定區域之內，乙國聲明保證決不將土地租借，抵押，或其他任何形式轉入第三國之手，此種於表面上觀之似乎無損國家主權，蓋本來豈有一國甘願將其自有領土出讓於外人，甚且有人認以爲無損而有利者，實者物主對於其所有物主權之表示蓋有正反兩方，正面之權力即其對於該所有物之享有權使用權，而其反面之主權則爲對於該所有物之贈送去取之權，今自物不能自主，則尚安得無謂損于主權，故綜其所謂利益範圍，保證不割讓等，實皆爲瓜分之預約，譬仿言之則猶如遊藝場之包廂是也，試展閱吾中國地圖，爲列強預定之包廂塊塊皆是，眞所謂體無完膚，東北四省爲日本之預約也，外蒙新疆爲蘇俄之包廂，西藏西康爲英國之包廂，雲南兩廣爲法國之勢力範圍，華北爲日俄之勢力範圍，長江流域爲英國之禁臠，福建爲日本之勢力範圍，各據一方，國雖未亡，而瓜分之局已成，言念及此，誠令人不寒而慄，其中正式訂有條約者，則爲法之于兩廣雲南（一八九八年四月十日）英于長江流域（一八九八年二月十一日）德之于山東一省（一八九八年三月六日）日之于福建一省（一八九八年四月廿四日），其開斯道之端者，則英國是也，其後各國根據最惠國之待遇，于是使大好山河于一年之中划裂殆盡，更進一步之時，即成波蘭第二矣，尤以邊疆各地，更易由紙上之圈划而變成實際之淪亡，列強每自其接近中國之屬地築鉄路以通達入吾國境內，作爲侵略之大道捷徑，法之滇越鉄路爲侵略雲桂捷徑，日之吉會，安奉鉄路爲侵滿捷徑，俄之中東路爲侵略北滿東蒙之捷徑，其他如西北利亞鉄路之緊貼外蒙，土耳其斯坦鉄路之直逼新疆邊境，印度鉄道之直逼藏邊亞東，皆爲列強對華之注毒針，各國一方既有條約之保障，在其划定之勢力範圍以內，不容其他外國之分肥插足，而一方又積極進取侵蝕，在此獨專性質之下，平時則盡享其經濟上之利益，待至時機成熟之時，則可于數小時之內由利益範圍而變爲領土殖民地也。

列強在華之經濟侵略使中國成爲國際之經濟殖民地，並持其條約之保障，干涉吾國之財政，使犯吾國之主權，使中國之命脈，操之于外人之手，食人餘惠，仰人鼻息，成爲中國今日之經濟情形，爲今之計，欲自拔于此種惡勢力籠罩之下，最後之出路惟有力爭不平等條約之取消而已。雖然言之固易，而行之維艱，其維在吾國人上下之努力耳。

參考書籍：——

鉄道年鑑

外交年鑑

中華外交年鑑

中華年鑑一九三四年

申報年鑑一九三四年

中國鉄道史

全國鉄路概況

中國現代經濟史

英文中國外交史研究

中行月刊一九三四——一九三五年

中國經濟年鑑一九三三——一九三四年

去年世界產棉估計

據最近估計，本年世界棉花產量，二三，二〇〇，〇〇〇包，據一九三三年減少二，九〇〇，〇〇〇包，其中美國產額爲九，六二四，〇〇〇包，較去年減少五，四〇〇，〇〇〇包，其他各國之產額，則及較去年增加五〇〇，〇〇〇包，而至一三，五六六四〇〇〇包云。

去年世界產銀銳增

增加最大者如美國

有大量銀由港運英

據金屬統計局發表去年中之世界銀產額，爲一億八千五百萬盎斯，比前年之一億六千一百二十六萬盎斯，增加千九百萬盎斯，達一九三〇年以後之最高紀錄，增加最大者爲美國，比前年度增產百分之二十六，次墨西哥百分之九，第三爲坎拿大百分之三。

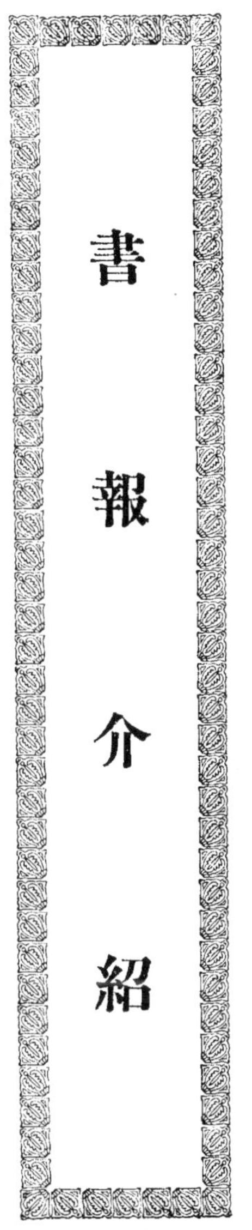

馬寅初的經濟新著

馬寅初先生是我國經濟學界的權威，同時也是本校的特約教授。他發表的經濟論文為數甚多，散見於各報章雜誌，而最精彩的恐怕要算『中國經濟改造』——他最近的著作。這本書知道的人很多，尤其是本校的同學，在表面上這似乎是無庸編者來介紹了，然而書報介紹的最大目的，並不是僅僅介紹書報的名稱，作者的姓名，出版的年月，發行的書店，書中內容的大略，以及書的價目等等，便算達到書報介紹的目的，盡了書報介紹的責任，編者以為書報介紹的最大目的是在指示讀了所介紹的書之後，能夠獲得的益處，因此編者，便不揣學識的淺陋，能力的薄弱，來介紹一本諸位認為已經是舊著，早已知道的書了。

現在中國學校裏所採用的課本，十九是來路貨——洋老頭子的作品，就中來自英美者佔一大部份，當然，裏面所討論到的問題，是他們貴國裏所發生的問題。而所取的對策，也只適用於他們貴國，若是不問事實不明中國特殊的環境硬用到中國來，那就要給你一個「行不通」。馬先生這本「中國經濟改造」却大大不然，完全中國化，對於我國的經濟現狀，及其改革之道，都有很透澈的說明，再加以馬先生淵博的學識，豐富的經驗，故其所發議論，無不「一針見血」「入木三分」編者相信讀了此書之後，至少對於中國目前約經濟狀況，有一個相當的認識與了解，應宜人手一冊。

全書共分十篇都十四萬餘言。第一篇為總論凡四章，講到今日在我國通行之經濟學說，經濟學派，以及中國歷史上之經濟思想。第二篇僅一章為此書之提要。第三篇凡四章論中國經濟上之國際地位，改善中國國際貿易之方策，糧食進口徵稅問題，和由外商操縱時期漸進於華商自辦之國際貿易。第四篇凡二章論吾國之新式金融業及吾國金融業制度之缺點與改革方案。第五篇凡七章論中國與銷傾問題，統制經濟問題，絲米棉之統制問題，吾國金業融之團結及其統制，吾國處理勞資爭議之方法，世界經濟之大勢我國之危機，及抵抗洋貨傾銷及提倡國貨之方策。第六篇凡六章論利用外資之三種方式及其原則，利用外資與鉄路，利用外資與鑛業，利用外資與外人直接投資，利用外資之奇特方式，及如何使上海游資及外國餘資流入內地以爲復興農村之準備。第七篇凡二章，論中國之戰時財政問題及整理財政問題。第八篇凡五章論中國與銀問題，中國之本位問題，九國白銀協定與美國白銀政策，美國之吸收黃金白銀政策與我國之關係，及銀之穩定問題。第九篇凡五章論中國土地制度之沿革，中國共產黨之土地政策，國民黨之土地整理辦法，及吾國土地法中關於耕者有其田之規定。第十篇爲結論。

此書由商務印書館出版布面每册定價大洋四元五角紙面分裝上下二册每部定價大洋三元

編後

慶幸得很，同時也慚愧得很，在這大考臨頭的時候，一個先天不足，營養失調的小弟弟誕生了。這就是第四期的『交大經濟』。

本刊直到現在已數易其名——經濟週刊，管理學院院刊，經濟學報等。大概編輯的人員更換一次，名稱也隨之改變一次；其中當然有不少的改進和革新。但是這一次編輯的人員雖然全體更換，而『交大經濟』四個字仍舊是本刊底名稱，我們不更改本刊底名稱有兩個理由：第一是「整齊劃一」。本校現在已有『交大季刊』，『交大學生』，『交大三日刊』，『交大工程』等刊物；所以『交大經濟』四個字用來做本刊底名稱，實在是再切當也沒有了。第二是「發揚光大」。我們並不要標新立異，以眩耀於大衆之前。我們認爲已往的優點，决不能因爲要「花樣翻新」而不顧一切把牠全部犧牲掉；因爲保存過去的優點是後來者應有的責任，而將這種優點發揚光大，更是後來者應盡的責任。然而要達到這個目的，使我們底理想成爲事實，那就要仰仗諸位同學底力量了。

爲了上述的原因，本刊底編制一仍舊貫，祇希望在可能的範圍之內，加以改進。

本刊底經費，除了同學的會費外，不敷之數全靠廣告的收入，而會費方面能用於本刊的不過數十元，在這種情形之下，本刊的經費自然是支絀的，而在另一方面，編輯的人受着上課和考試的拘束，只能抽出一部份的時間來從事編輯的工作，因此內容的膚淺龐雜，也是難免的事實。

雖然是一本忽忙中的作品，本期的內容也不容編者自謙地說「壞」。李炳華先生是本校的專任教授，本期有論文一篇發表。目下討論中國復興問題的人，不是主張救濟農村，就是主張振興工商業，可以說都祇注意到問題的一方面，而李先生特別注意發展交通，可說是獨具隻眼。王炳南教授本期所著的鐵路收支預算，是一篇很有價值的文章。曹麗順教授本期所譯的英國倫敦東北鐵路廣告處工作一篇，頗有參攷的價值，王烈望先生所著的指數之理論及其應用一文，洋洋數萬言，分上下兩篇，上篇已在本刊第三期發表，本期所載的僅爲下編中之一章，很値得去研究。同學方面有上次研究部論文比賽第一名王樹德君之江蘇農民銀行之現狀及其改良方案，其內容的充實，資料的名貴，無待編者贅述。方善桂君是上屆本刊的總編輯，這次能抽空爲本刊譯一篇有名的貨幣論文「白銀與中國經濟問題」，使本刊放一異彩。而畢業在即的周一士君特爲本刊撰「中國鉄路人事效率問題」一文，尤爲難能可貴。陳鑫南君所著的「經濟恐慌聲中之上海房地產事業」一文，是平時注意時事的晶品，謝世長君所著的「自由經濟與統制經濟」是平日讀書的心得。他如李齊長君，盧世鏐君的譯文都是得意之作。宋顯傳君的「勞工福利問題」也是研究實業管理的好資料。周寶珖君的「我國金融恐慌之開展」，和譚其飛君的「今日列強在內之經濟勢力」兩篇，因爲題目所包括的範圍太廣，故內容不免寬泛一點；然能將各種資料收集在一處，作一簡短的說明，亦不無相當之價値。

本期最使編者滿意的是同學們的踴躍賜稿，總計十六篇論文中，同學的作品佔了四分之三；一，二，三，四各級的同學均有大作惠賜，這足以證明本校的同學已漸已漸有自動研究的精神。編者很希望這種精神能夠永遠保持，那麼「交大經濟」總有發揚光大的一天。

編者底能力有限，時間更是不充分；本刊如有改進之處，尙望讀者諸君不吝指教。

最後的話是「歡迎同學賜稿，使本刊內容得以充實，樹立一個穩固的基礎。請勿放棄賦予的權利——發表經濟論文的機會」。

海齡，廿四，五，廿五。

廣告價目表

地位	全面	半面	四分之一
封底	七十元		
封面裏幅	五十元	卅五元	
正文後	四十元	廿五元	十五元

附註

一 封面裏幅包恬封面內封面內面之對面封底裏面封底裏面之對面等地位

二 廣告印刷均以黑字白紙

三 如須另行製版及加印色彩者價目另議

四 繪圖刻圖價目另議

中華民國二十四年六出版

交大經濟（第四期）

定價大洋二角

編輯者 國立交通大學經濟學會出版部

出版者 國立交通大學經濟學會出版部

發行者 國立交通大學經濟學會出版部

印刷者 益社文具印刷圖書公司 總務處小西門內凝和路顧家弄六十號

經售處 全國各大書局

『交大經濟』期刊徵稿啓事

(一)本刊爲研究經濟交通財政金融會計統計工業管理會事業等問題之專門刊物，如荷教職員校友同學及外專家惠賜宏文，不論撰著譯述，一概歡迎。

(二)本刊內容暫分下列六欄：(一)論著譯述，(二)講詞，(三)經濟調查，(四)參考資料，(五)書報介紹，(六)經濟史實。

(三)來稿文言百話均可，不限字數。

(四)賜稿務望繕寫清楚，並加新式標點，如有插圖請用黑色，以備製版，來稿如係翻譯，請將原文附寄，否則請示原著人姓名，原文名稱，及刊篇何處

(五)稿末署姓名住址，揭載之署名可聽投稿者自定。

(六)投寄文稿無論登者能否，概不退還，但如投稿人預先聲明及附有退還應需費用者當可照辦。

(七)稿件經本刊選登者，略備薄酬。

(一)木刊

(二)交大經濟學會出版品

(三)其他名著經濟著作

(八)本刊以推廣學理爲宗旨，來稿版權仍歸作者所有，但本刊編輯彙編時，得選入刊載。

(九)來稿於必要時，本刊得加增刪修改，但不願接受，可預先聲明。

(十)來稿請寄上海交通大學經濟學會出版部。

經濟學會出版部職員

出版部長 何紹賢

發行主任 吳國定

祕書 張讓武

本刊總編輯 黃海齡

總務 蔣家鏶

本刊編輯 宋顯傳 周寶珖 盧世鏶 譚其飛 謝世長 魯海寰 李明濟

本刊總經理 盛家駿

廣告主任 汪曉瀛

交大經濟

中華民國二十五年二月出版

交大經濟　第五期

定價大洋二角

編輯者　國立交通大學經濟學會出版部

出版者　國立交通大學經濟學會出版部

發行者　國立交通大學經濟學會出版部

印刷者　益新文具印刷圖書公司

經售處　全國各大書局

總務處小西門內凝和路顧家弄六十號

『交大經濟』期刊徵稿啓事

(一)本刊爲研究經濟交通財政金融會計統計工業管理等事業各問題之專門刊物，如何教職員校友同學及外埠專家惠賜宏文，不論撰著譯述，一概歡迎。

(二)本刊內容暫分下列六欄；(一)論著譯述，(二)講詞，(三)經濟調查，(四)參考資料，(五)書報介紹，(六)經濟史實。

(三)來稿文言白話均可，不限字數。

(四)賜稿務望繕寫清楚，並加新式標點，如有插畫請用黑色，以備製版，來稿如係翻譯，請將原文附寄，否則請示原著人姓名，原文名稱，及刊籍何處。

(五)稿末署姓名住址，揭載之署名可聽投稿者自定。

(六)投寄文稿無論登載與否，概不退還，但如投稿人預先聲明及附有退還應需費用者當可照辦。

(七)稿件經本刊選登者，略備薄酬。

　(一)本刊

　(二)交大經濟學會出版品

　(三)其他名著經濟著作

(八)本刊以推廣學理爲宗旨，來稿版權仍歸作者所有，但本刊編輯彙編時，得選入刊載。

(九)來稿於必要時，本刊得加增刪修改，但不願接受，可預先聲明。

(十)來稿請寄上海交通大學經濟學會出版部

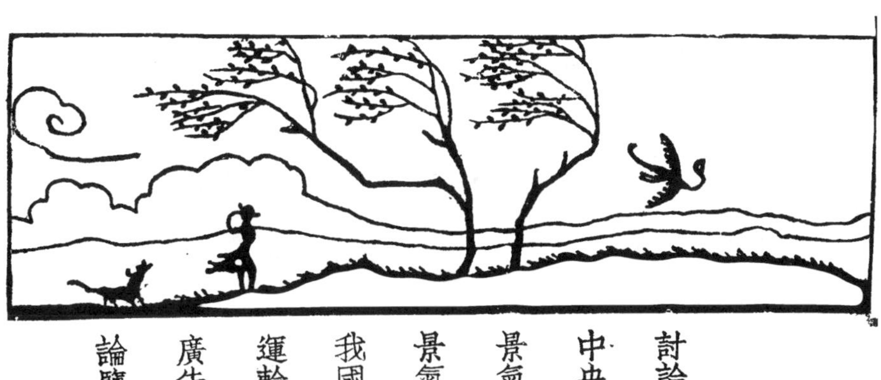

交大經濟第五期

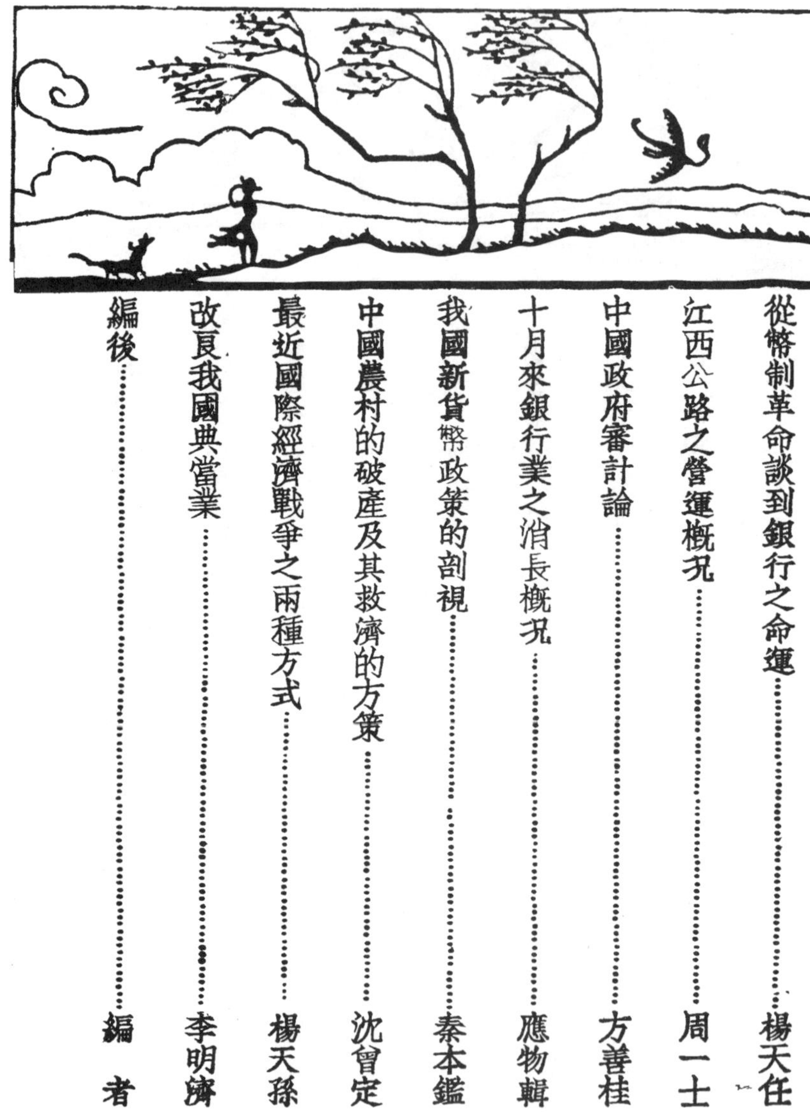

討論閻錫山先生資本公有制度

在現代資本制度極端發達之國家，財富分配之不勻，有似非洲金字塔之奇蹟。其龎大之底邊，代表大多數飢寒交迫待人周濟之羣衆；漸上則代表忍受最低生活之階級！再上爲僅足溫飽之中產階級；再上爲富有階級；其頂端則代表大富之家。以是一國之中貧乏者千萬，富有者什一。其不平等不合理固盡人而知。然而數百年來，此種畸形經濟發展，一脈相陳，幾與金字塔同垂不朽，究竟人力對此能予征服與否？近代之經濟學者，曾論辯再三，尤未見獲得十分肯定之結論也。

問題之核心當然繫於分配制度。現在之分配制度究何所依據？假使將現有制度推翻擬以何種新制度代替？

按現有制度，全國財富分配于個人，係根據（一）個人所服勞作之價值，或（二）個人所擁有產業之價值。以其一個人所隸屬經濟等級社會身份之高下，大都以其所得工資或所收地租利息之多寡而決定。誠如司賓塞博士所云，現代社會財務分配之基礎，乃建立於兩種人羣：（一）資產擁有者，與（二）追求資產者，前者享受資本之生息，後者則依前者之資本以生產。社會上有此兩種不同人羣對立，社會乃永久不能平等，不能相安。根不相安之極，暴烈經濟的革命於是乎實現。

鍾偉成

僾近閻百川先生在其「物產證券與按勞分配講話」書中，認定現代社會之經濟制度「勞動不以產物爲目的」，「分配不以勞動爲標準」，其所以致此之原因；一爲「金代值」，一爲「資私有」，閻氏謂金代值有四弊，資私有有四罪，彼以爲資本主義生產之結果，由勞資對分實屬錯誤。資本主不勞而獲，不應在分配之列，故閻氏主張按勞分配，其辦法即爲廢金代值，與取消私有。廢除金代值是否能以推翻現代經濟組織殊爲疑向，但取消資私有一原則，舉世經濟學者，無不公認爲改革經濟制度之不二關鍵，閻氏主張，可謂洞中肯要。所待討論者有二：（一）實施上之困難，（二）中國現在是否需要此積極之改革？

閻氏謂資私有制度首犯強盜罪。因資本家不勞而獲，非其所有而有取故謂之盜。由社會主義立場言，一國之地與自然產物，當然應歸社會所有。但由資本主義立場言之，非其所有而強制奪歸國有，得非謂之盜耶？政府苟無雷霆萬鈞之力，則此制度之見諸實施捨取革命方式外，恐無他法也，今假定此制竟見諸實施，猶有更困難之問題在焉：即國家之收入將用何種標準以分配與民衆？各種不同行業間之工資將依據何法以規訂其比例？蓋「勞」之含義至廣，有勞心，有勞力，有直接勞動，又有所謂間接勞動。

農夫與兵士固同一勞力也，農夫雖生產，對于社會之價值小；兵士雖不生產對於社會之功績大。由按勞給酬言，兵士不應高于農夫。由對於社會價值而論，農夫不應高于兵士。其他爲科學發明家，高明之醫生，賢能之官吏等等，計其勞力幷不比他人爲多但工作之効力，對于整個社會則至爲偉大。然則對于此種按勞分配不計其社會之價值是果合乎公道順乎人情耶？總而言之，資私有制度誠爲公世所詬病。不過推翻此制以後，分配制度，不論按勞，按需，按社會價值，在實施上均有流弊。閻氏對於資本主義，深惡痛絕　引改革爲已任　其思想與勇氣，殊足令吾人欽佩不已，至謂按勞分配，絕對無弊。就學理立場言，吾人殊不敢謬然附和耳。

近年來世界經濟組織變化之趨向，大別之可分五種：

（甲）工人階級專政。國家與工人打成一片，一切資產悉歸國有。舊有之經濟階級完全打破，但在財富分配上，工人佔大部份，此即蘇俄之共產主義。

（乙）整個社會與政府合而爲一，一切生產工具均歸政府所有，人民之生活程度有相當限制，舊有之經濟階級亦破打破。一國財富分配：標準以勞服爲主體，此即社會主義，與閻氏所主張者頗爲接近。

（丙）有產階級與政府打成一片，現存之經濟階級不變，資本會仍屬私有，但比較上受國家之統制。此即泛擊主義。

（丁）國內貨幣之發行，以實在生產指數爲伸縮，使物價穩定，一國之生產取集體方式　生產之總收入再以工資名義分配與個人。此即所謂國家稅收本位（Naticnal Svideud Scheme）

（戊）現有之資本主義制度仍予維持，但受國家嚴厲限制。其節制之方法如下：（a）改良遺產法與徵稅之方法——看重遺產稅與所得稅；（b）地租與利息予以累進的減低；（c）工資與薪俸予以累進的增加（同時政府維持物價之固定）（d）社會保險予以普遍的推廣。此即中山先生所主張節制資本主義

綜上所舉五端；（一）（二）兩者主張太左，（三）項主張偏右，吾人認爲不合適乎今日之中國人（四）項先決條件過多且太過理想難於仿行。惟第五種所主張，雖具資本私有之名，而盡去資本私有之害。不但合適今日之國情，抑且合乎世界各國所採之趨向　苟政府切實舉行　吾人可以斷言社會經濟，在較長時間中必趨舒裕　全國財富必趨于勻　是故閻先生之主張祇爲高尚之思想則可，若施之於實際殊太過猛烈與急進也。

念四年十二月　上海交大

中央七省公路財政概說

葉家俊

查七省建築路款項之收入，分爲中央，省庫，地方，公債借款，及營業淨利五種。中央方面除中央指撥外，有三省剿匪總司令部之補助，全國經濟委員會之貸借。省庫方面有各項稅款之附加，如田畝及鹽稅等。地方則有各縣政府籌撥工款，地方資助，及徵工徵料等。公債借款則有建設公債，銀行借款，汽車公司借款，抵押借款等。至於營業淨利則七省中祇有湖南一省列入，餘則在七省築路經濟費來源內幷無註明。照七省築路之籌款辦法，倘無整個計劃，大概隨築隨籌，至絕無辦法時，乃請求中央補助或舉債。而其能在省庫把入項下指定專款爲築路之用者，除附加稅外，迨無規定，卽間有每年指撥數目者，爲數甚少，卽就附加稅而言，亦不過杯水車薪無濟於事，苟無中央補助，殊難維持也。現查七省每年築路所需，不下千萬元，若核其收入，則不及支出十之五六，其不敷之數，除中央補助外，卽係舉債，然罅漏補苴，係屬一時權宜之計，殊非永久之圖，若長此以往，苟無確足經費，仍賴舉債維特，縱令公路築成，國家經濟，亦必破產。浙省公路，表面觀之，頗有成績，惟實際舉債太多，負担過重，營業淨餘，除用於業務及還債付息外，已無餘資撥作築路經費，省庫既已奇絀，又遇荒年，苟非另行設法，實影響於築路進行甚大也。江蘇以每年田畝附加收入二百餘萬元，加以經委會之貸借，倘無巨大建築，尚可維持。湘省各路，因無負債之累，而每年營業淨餘，尚有二三十萬元撥作築路經費，加以稅捐附加，地方資助，按照規定之計劃，尚無困難。他如鄂，豫，皖等省，久經匪患，地瘠民貧，籌措不易，雖欲努力，每爲經費所限，而有所不能也。至贛省則因剿匪關係，得諸中央補助，尤較他省爲多，而每年鹽稅附加，亦有百萬之收入，且用徵工徵料辦法，地方資助不少，故雖工作不斷，然尚可以支持。

七省築路款項之收入，既如上述，其支出項下，約別爲建築費之支配，建築費之平均分析，修養費，及歷年築路費之實支額四類，查建築費之支配，除浙江最爲詳密外，江蘇則測量監理同列，而購地費則付缺如，蓋收用之地以未給價也，江西，湖北，列而不詳，他如湖南，河南，安徽三省，則祇有一總數而已。至七省建築經費之平均分析，每公里最多爲二萬零八百六十元，最少爲一千四百元，七省總平均，約每公里五千八百元，大約因地方之形勢，及橋涵路面之設計而異。其修養費，除河南無規定外，其餘六省，有從每公里每年七十六元至二百六十七元者。其歷年築路實支額，各省均有分別。茲將七省公路財政狀況表，及全國經濟委員會撥借七省公路建築經費表，附列於次，以資參考，幷將七省公路財政狀況，分述於後：

七省公路財政狀況

		江蘇	浙江	安徽	江西	湖南	湖北	河南
收入項下	(一)經費來源	(1)全國經委會撥款三十七萬三千元(2)建路公債實得一百萬元(3)全省田畝附加稅年約二百四十萬元	(1)銀行借款一百一十萬元(2)汽車公司借款約三十七萬元(3)中央撥款三百三十萬元	(1)借款共七十八萬元(2)發行築路公債共約一百萬元	(1)鹽稅附加年約百萬元(2)中央補助每月八千元(3)全國經委會借款約百萬元	(1)營業淨利二十四萬元(2)省庫三十八萬四千元(3)各項附加四十萬元	(1)發行公債五十萬元(2)中央資助四十七萬元(3)臨時籌措五十一萬元	(1)抵抽借款二十六萬元(2)經常費七十八萬元(3)中央資助十三萬元
	(二)每月築路費約費	約十二萬元	約六十萬元	無定	約十萬元	約十餘萬元	無定	約六萬元
	(三)歷年築路預算	19年度發行公債七百萬元以五百萬元為預算之築路經費2[illegible]年度大小以後預算額無定	2[illegible]年度約四百萬元 2年度約一千萬元	21年度三百八十八萬元22年度3,516,750元	隨[illegible]匪進展為轉移	一千三百二二二萬元[illegible]十八年起至二十三年一月止平均每年約需三百十一萬元		20年修築省道約九百五十五萬元21年修築豫南公路預計一百[illegible]十七萬元
	(四)本年度預算案	4,568.281元	3,00,0[illegible]元尚未批復	就原案進行	3,3[illegible]0,387元	4,068,[illegible]00元	2,660,[illegible]00元	就原案進行
	(五)商劃議中之貫疑計			除[illegible]全國[illegible]委會商借撥款外無具體辦法	批[illegible] 22,[illegible]3,24,各年度[illegible]附加抵抽三百萬元		由財政所發行金融公債一百[illegible]元	

支出項下								
(六)建築支之費配	路基	484,088元	1,821,776元	共計一百六十萬元	263,089元	共計約九百萬元	1,200,000元	共計二百〇五萬四千二百元
	路面	1,128,639元	1,740,332元					
	橋涵	924,290元	1,916,83)元		300,000元			
	測量	364,379元	56,16元		65,718		40,000元	
	監理		761,983元				130,000	
	購地		404,709元				運輸總支660,000	
(七)建築經費之平均分析	路基	每公里平均約七千萬元	每公里平均最少四千六百元最多二萬〇八百六十元	每公里平均最少二千二百元最多七千三百元	每公里平均最少一千七百元最多八千三百元	每公里平均五千六百九十八元 1,500元	每公里平均一千四百元	每公里平均三千五百元 710元
	路面					1,800元		200元
	橋涵					1,80 元		660元
	測量					80元		3元
	監理					10元		100元
	購地							
(八)修養費		每公里每年126元至265元	每公里年每7元至'5 元	每公里每年約需267元	年共470,664元（'3）起	每公里每年需洋230元	本年規定120,000元	無定
(九)歷年建築實支額		陸縣道外省道總計支出4,235,173元	15年 34,700元 16年 447,400元 17年 840,100元 18年2,955,700元 19年2,526,100元 20年1,95 ,30)元 2 年—22年6月 2,? 0,000元	2 年6月至本年3月止實支一百六十餘萬元	1 年 ?0?,?00元 19年 610,513元 20年 511,940元 21年2,207,080元 22年1,883,8?1元	18年1,734,000元 19年 7?9,404元 20年 5 3,647元 21年2, 57, 41元 22年 ,777,115元	共約一百一十餘萬元	20年 3 ,000元 21年211,000元 22年424, 68元 23年1月至3月149,?30元

全國經濟委員會撥借七省公路建設費

	省別	總數	已付	未付
三省	江蘇	$285,111	$275,000	$ 10,111
	浙江	252,916	180,000	72916
	安徽	446,762	302,000	144,762
	南京市		25,000	
	閔行輪渡		69,613	
			$851,613	
七省第一期	湖南	$479,694	$ 70,000	409,694
	湖北	955,418	60,000	895,418
	安徽	442,456	180,000	262,456
	江西	71,324	40,000	31,324
	江蘇	6,420	80,000	16,420
			$430,000	$1,615,313
七省第二期	江蘇		$ 18,000	
	浙江		180,000	
			$198,000	
	三省		$ 51,613	
	七省第一期		430.000	
	七省第二期		198,000	

共付 $1,479613（二十二年六月止）

200,000（六月至九月約付）

景氣學——其內容及其研究法

張樑任

一 何謂景氣學

「不景氣」三個字，我們常常在報紙雜誌上看到，常常在要人講演中，商人歎息聲中，平民談話中聽到。牠是景氣的反面，景氣就是商業興盛，經濟繁榮，企業家有利可圖，商人行商順手；不景氣則情形相反，商業蕭條，經濟疲弱，企業家早不保夕，商業亟亟有倒閉之勢。那末景氣學是什麽東西呢？讓我們先考牠的來源：「景氣」二字，我們由日文中襲來，日人則由德文之Konjunktur 一字譯出。德人則由拉丁文中取來，其意義與 Kcnsellation (地位)同，係表示天星的位置，所以 Konjunktur 一字，起初用之於星學；到了十七世紀，有人移用於日常生活上，不久即用之於商業，指商業之狀況及其變化。

所以景氣學，就是研究市況(商業)變動的一種學問，市況變動——我們以後看到——是一種循環式的，所以美國叫牠爲商業循環(business cycles)有人覺得商業二字範圍未免太狹，不能代表經濟全部，所以叫牠爲經濟循環 (ecomical cycles)。所以無論人們叫他景氣學，商業循環或經濟循環，然而牠研究的對象，初無異致。

景氣學以研究市況變動爲對象，所以市況之或好或壞，及其表現於金融市場，資本市場，商品市場及勞工市場的事實，當然首當確定的。譬如在經濟興旺時，銀行的利息，證券的行市，商品的價格，勞工的工資等較經濟疲弱時大有不同，其不同的程度如何和彼此間的關係，當然不容漠視的。但是景氣學並不以描寫經濟循環的各階段爲滿足，牠進一步研究，爲什麽經濟興旺之後，繼以疲弱，經長時間疲弱之後，又來了一個興旺，這樣循環不絕的經濟變動，其原因何在？這個問題，答案各有不同，是治景氣學人們的爭執焦點，因這些劇烈的爭執，就產生了不少的景氣學說，將這些景氣學說的分析和批評，又是景氣學的對象了。

然而僅僅描寫經濟循環的各階段所表現的經濟實情和分析及批評各家的景氣學說，未免太不切實際，無補於日常生活；我們研究景氣學不在尚空談，我們研究牠乃是爲補救不景氣的痛苦；但是要補救牠，必先「診斷」經濟一下，猶如醫生於開藥方前，也須診斷病人一樣。所以「診斷」經濟，就是如何去討究景氣，也逃不了景氣學任務之一。待景氣討究完了，病人的病狀確定了，然後須開藥方下藥，就是用方法去補救不景氣，那時候用到「景氣政策」了。所以這補救不景氣的政策，當然也是為景氣學所注意的。

以上所述的，一方解答景氣學是什麼，他方也把牠的範圍敍述了。(註)

二 研究景氣學的前提

這樣一種學問，不是個個人可以研究的。沒有治過經濟學的人，固然不必談，即學過幾年經濟學的人，也不能無條件此確有把握，因為這景氣學一面須要理論頭腦，他方面又須要統計及曾計智識；外如經濟政策方面的學問。最緊要的，當然是一部理論經濟學，不是說讀一部理論經濟學門 Introduction，也不在多多記憶某人說甚麼甚麼話，或某人分經濟進化階段為幾步的斷片碎屑，吾人須要把一部理論經濟學融會貫通起來。國民經濟雖非一個有機體組織，但是我們要當牠為一個有機體(註二)；如變動其中的一部分，即牽也到其他各部分。譬如說，工資因工會能工勝利而增高了則其所影響於經濟甚大，其影響於商品價格，不必定為物價之增高，無彈性(即需要不甚動搖的)商品，如麵包，米，鹽等，固然因工資增高而其物價亦隨之增高，但是有彈性商品的物價，雖受工資增高之不利，然而牠的物價可以並不增高，因為一增高以後，消費者可以節制消費，致這些商品不能出賣了。倘係於世界市場上與其他國家角逐的商品，那也不能任意增高物價，在這種狀況之下，所增高的工資，當然由企業家忍受，倘營業平常順利，那倒還可忍受，假如平日已岌岌不保，再受這個打擊，結果當然是「壽終正寢」。

倘是真不幸而「壽終正寢，」則必形成失業之增加，一般工資的跌落以及人民購買力的減低等等。這僅是一個例子，表示每一經濟的變化，必影響於其他部分，而這些彼此間的關連，我們學經濟的人，自當周密考慮的。理論經濟學中的銀行部分，治景氣學的人尤應特別注意。舉凡中央銀行貼現政策之影響於經濟及幣制和金融市場與資本市場(即證券市場)之密切關係，以及銀根鬆緊之影響於企業興趣等，尤須了解入微，因為在景氣和不景氣的時候，最能在銀行和交易所中發見其顯著之象徵。除一部理論經濟學外，則必熟讀一部經濟思想史(註三)最少要把正宗派以後的經濟大家及其著作的中心思想了解，以便研究「景氣和危機原因」所在的時候，得到了不少的幫助。不過，這些還不夠，研究「如何探討景氣」時，尚須有統計的專門智識，所以統計的方法，最少也得其大概。末了，還要知道財政學和經濟政策，舉凡工業政策，農業政策，商業政策，社會政策等，都不能忽略。有了這些基本智識後，才可研究景氣學。

三 危機與景氣循環

我們常常聽到經濟危機（經濟恐慌）和資本主義將崩潰的「預言，」這到底與從事於市况變動的景氣學有何關係呢？是的，彼此有極密切的關係在，其關係之密切，有如後者係前者之化身：當十八十九兩世紀資本主義尙在發展的時候，電信交通與其他文明事業均未十分發達，彼此消息難通，運輸不便，故時時發生猛烈的經濟騷擾——危機，無怪危機早卽被人注意。危機學說，就是那時的產物。到後來資本主義突飛猛進地發展，危機——猛烈的經濟騷擾——很少發生，人們不如以前那麽注重危機而從事於整個經濟生活之或上或下，探討景氣的變動並其原因。這時候人們才發現景氣變動，有其線索可尋，有幾個階段，彼此啣接，循環不息，周而復始，於是有景氣循環，商業循環或經濟循環等名詞之誕生。由此可知，以劇變的經濟生活爲特徵的危機，乃是經濟生活變動之一種，祇是景氣循環的一個階段罷了；所以景氣循環這個名詞，已包含這危機階段，前者範圍廣，後者範圍狹，前者係近代資本主義發展後而生之一種新科學，後者則在十八十九世紀時發生的一種事實。

危機與景氣循環的關係，已如前述。最後尙須鄭重聲明，卽危機學說與景氣學說根本有許多不同之點：前者以抽象的演繹的研究方法爲基礎，後者則以實際的經驗及數學統計方法爲基礎；就認識目的言，前者限於解釋危機之生成，後者則探究景氣循環之整個；還有舊危機學說，以經濟變動爲非常狀態，歸罪於制度的某種弊病，近代的景氣學說，則以此爲經濟生活的常態。在這根本觀點不同之下，近代景氣學說遂以形成。然而這些觀點之不同，要皆歸因於時代之先後，和資本主義進展程度之不等罷了。

四 景氣循環的各個階段

經濟變動方式的特徵，在於循環性和特有的節奏，這就是說，每一景氣當作一個階段，和其他階段，聯成一個景氣的環圈。每一階段都由於前一階段演變出來的，往後再跟着一個階段，一直到起始的階段的再度降臨；這樣，新的循環期又開始了，由疲弱的階段，發展到興旺的階段，然後遲早又疲弱（不管牠經歷或不經歷一個危險的劇變——卽危機）而導入一個新的循環期。

美國哈佛大學的景氣學院把景氣循環圈截成五個關節：疲弱，復元，興旺，信用緊張和工業的危機。德國景氣學院則選取四個關節方式：疲弱，興旺，緊張及疲機。分法雖有不同，要不外是循環式的景氣變動之根本方式的分析罷了。讓我們往後將興旺，危機和疲弱幾個階段來略略地分析一下，同時證明研究景氣學的人，的確要有精細的理論頭腦。

（一）興旺　我們先就疲弱末期來敍述。那時候經濟比較起來還處在平衡狀態，促成興旺的要素，已經沈靜過了，而危機亦已清理了，但是經濟活動的力量，還沒有發激起來。商品價格，企業盈餘，利息和工資，停留在低度，和生產範圍的縮小，企業精神的衰弱，購買力減低，工作機會的缺少，混雜地成了一整個經濟現象。因利率之低落而有金融市場的鬆動，而有固定利息證券之價格的高漲，半歸因於交易所投機者感於金融市場之鬆動而樂以信用去資助交易所之投機，半歸因於固定利息證券的利息，較一般的市面利息爲高，外加儲蓄資本因經濟之漸趨穩固由銀行及儲蓄銀行之存款方式，一變而爲證券方式。我們可以說，這證券價格的高漲，由於金融市場的資本流入資本市場後的結果。至於工業證券，則因生產之尚未景氣，無人敢去投資，故在興旺初起時，其行市尚未見其高漲。

這個狀態繼續下去，停滯的原子漸漸變爲興旺的原子了。低微的利息，物價，工資和經濟疲弱時裏足不前的大批需求，以及被經濟疲弱促成的整個經濟機關的合理化——凡此一切，給予漸蠢動的企業趣味以助力了。經濟的重心，由疲弱而趨於興旺，經興旺內部的發展，加速度地形成與疲弱相反的徵候：需要增高，存貨輸空，然後有生產品之增加，信用之擴大以及各種有利於工作機會，企業贏利，證券行市，價格，工資等的好現象。

（二）危機　興旺蓬蓬勃勃，繼續下去，經濟繁榮，達到最高點，無怪美國人以爲「永久的繁榮」臨來了。大家各營其業，各謀其利。企業家希望贏利的繼續增加，工人希望工資的增加，地主希望地租的增加……。但是樂極生悲，興旺總有告終的日子，霹靂一聲，危機是在目前了。那一種力量使興旺告一結束，這個問題，是談到「危機與景氣的原因」時答覆，現在我們無置喙之餘地。我們在此僅僅敍述景氣轉變時的象徵罷了：於經濟興旺的末一階段，資本更難繼續供給，於是利率高漲，其原因有二：第一，銀行鑒於清算的困難，所以限制信用；第二，信用的需求，反有加無已。交易所的投機者，因金融市場利率的增高，致難以維持其地位，於是行市層層下降，工商業股票的發行，跌至最低限度，因此供給工商業最大之財源亦塞。但是企業家於興旺時期，曾因擴大建築向銀行所借之款，現在不能以發行新股票去還債，甚且不能整理債務，於是銀行發覺其借出之信用，大部份已經「擱住，」於是不得不由恐懼而限制信用。倘銀行之大部份資金，投之於證券，今因證券行市的下降，自身亦頗不保，倘再加社會之不信任而發生擠兌，遂形成了「信用危機。」

不特此也，金融和資本市場的忽然緊縮，先形成生產擴大的停頓，然後形成生產退化，失業增加，所得減少，企業崩潰物價低落等現象。

(三)疲弱　危機的時期很短，斯比特霍夫(Spiethoff) 說最多不出二星期。經濟由危機階段，而轉入疲弱階段，這正是興旺的反面。興旺期內造成的價格程度，生產和信用體量，慢慢地崩潰了，最後達到靜止的地步。那時難以支持的企業被淘汰了，生產十二分緊縮，股票行市大跌，貨棧實行清理─簡單說來，總清理已告完成，但是新的經濟興旺尚未到來，利率還是下降，甚至降到一釐或一釐以下，一九三〇年後的瑞士，即其良例。就勞工市場說，興旺崩潰後所造的影響，在這個時期才充分表現出來，失業的人數，到登峯造極之點。生產手段的工業，於興旺階段時達到最高點，現在卻落到極低點了。久而久之，國民經濟蠢動的力量又積聚起來了，漸漸導經濟入興旺之境，而另開一個景氣循環圈。

以上所敘的。僅是氣循環極大略的分析。凡治景氣學的人。當然要細微精密地去研究牠。要知道每一景氣階段內的金融市場。資本市場。勞工市場。商品市場的特徵。看這些市場。在景氣變動中，有些什麼變化。但是要十二分了解牠，又非有如上面說過的基礎不可。

五　危機與景氣之原因

景氣循環各階段的特徵，前邊約略地述過了。但是那一種力量將興旺告一段落而使經濟形成危機或疲弱呢？那一種力量使經濟由疲弱而再轉為興旺呢？這二個問題的答覆，是景氣學說的任務。於此，我們碰到許多不同的景氣學說而須一一加以分析和批評的。但是景氣學本是危機學的化身，前者是接着後者而來的，因時代之不同，資本主義進展之有異，所以時代的產物──危機學和景氣學──也有不同了。所以我們談到景氣學說的時候，就連想到危機學說，沒有危機學說的敘述，景氣學也感到殘缺不全。

但是一談到危機學說，就碰到了不少的經濟家的名詞，沒有讀過經濟思想史的人，一定遇到許多新人名，新學說。就是學過經濟思想史的人，已經覺得學說分析之不易，更何違去談及批評！馬爾薩斯的一般生產過剩說，塞氏 (J. B. Say) 的銷場說，詹姆斯穆勒(James Mill) 和約翰穆勒 (John S. Mill) 以及李嘉圖，各有各的學說，這些同屬正統派的學者，已經意見紛岐，而況其他非屬於該派的人們？十九世紀正統派對危機很難自圓其說，所以遭到社會主義者的反對。以空想社會主義者出名的鳥文(Robert Owen) 及西斯蒙提 (Sismonde de Sismondi) 也是反對正統派危機學說最激烈的人，而倡表同情於勞工的過少消費說。他們的主張，由德社會主義者勞貝拖斯(Roabertus) 發揚而光大之。完全科學社會主義的馬克思，他沒有一貫的危機學說，他在資本論內，間或指出工人因工資低微而過少消費，並以此爲造成危機的一個原因，可是他們偏重在不均勻的資本堆積與過度生產爲危機行程的出發點。但是社會主義的信徒，往下却站在過少消費立場上發展危機學說。考茨基(Kautsky)及羅森堡（Luxemburg）的危機學說，卽在這方面行動着。

你看，各人有各人的學說，彼此多少總有些不同，一一研究，非短時期所可能的。我們應當把大同小異的學說歸併起來，而得到一個決斷：就是十九世紀的危機學說，雖然意見紛歧，實則僅有二大派，那個人主義的危機學說和社會主義的危機學說，反映當時兩大潮流的彼此不相容。

這二派的爭執，沒有什麽好結果。到二十世紀初葉，因環境的不同，人們不注意於危機的發生而看重於市況變動的整個，景氣學於玆誕生。於是有拖槓龍拉諾荷斯基(Tugen Baranowsky)密契爾 (Mitchell)斯比特霍夫 (spiethoft)蒲尼扎（Bouniatian）霍布生（Hobson）余格勒（Juglar）萊斯古（Lescure）阿夫達林（Aftalion）甸彼得（Schumpete）雷特勒（Ledgerer）等等的景氣學說，或偏重於景氣階段的分析或倡生產過剩學說，或倡消費過少學說，或倡金錢危機學說，各圓其說，使讀者無所適從。這些學說的精徵分析，凡研究景氣學者不可忽略的。

六　景氣探究方法

經濟生活之盛衰和景氣及危機之原因，前面約略地述過。我們知道危機及疲弱牽動千萬人的利益，使整個世界陷於慘淡之中，那末我們難道就聽天由命，不去謀補救的方法嗎？那末怎樣去補救呢？我們倘沒有知道現狀，沒有知道目前的市况，那裏配得上去談補救？所以我們必先確定目前的景氣狀況。以下讓我們來敍述如何去探究景氣。

景氣探究的目的，在於獲得一個可靠的基礎。起先須偵察現狀，知道經濟處於那一個景氣階段內，然後以此爲根據，推斷經濟的將來及謀補救之方法，這就是景氣政策的基礎。這現狀的診斷和未來的推斷，彼此不可分離的，因爲「診斷」只於認識景氣流動法則基礎上才可能的，所以在「診斷」之中，已含着「預斷」。

景氣的探索，以經濟統計爲基礎。但是統計材料的本身，不能卽可用以解釋景氣。我們如要利用統計，必先於統一的科學的觀點上，有系統地去選擇可代表的事物。譬如有人要製造一個物價指數，可以不必需要一切的商品，却選擇某數種商品，這些商品的價格趨勢，可作一般物價趨勢的代表。除外，還要預先認識經濟理論的因果關係。譬如啤酒稅加高了，而每杯啤酒的價格依然如故，我們不能即斷定啤酒廠擔負新稅或不擔負新稅，因為新稅可由啤酒店東擔負的或可由啤酒廠減少成本（由於合理化）去低補新稅的。

因此之故，統計的材料，常多改造成相對數字或指數。

在這初步工作之上，建築着景氣的分析和景氣的診斷。我們必須認識景氣的特徵及其意義，欲求此，必須有批評及比較的眼光，去觀察勞工市場，金融及資本市場和商品市場。

這樣看來，探索景氣，亦不是一回容易的事情。統計的方法，似乎決不可缺少的；理論的智識，在探索景氣時也絕對需要的。（註四）

七 景氣政策

我們「診斷」了市況以後，繼之以下藥，——實施景氣政策。什麼是景氣政策呢？這是凡能除去或減低危機及景氣的一切方法。危機與景氣政策的無上目的，則為免除或緩和整個景氣循環以及防止形成經濟危機的條件。除此以外，尚有二個範圍較狹的目的，即如何克服疲弱及如何克服疲弱的惡果，這二個意義較小的目的，現在卻有喧賓奪主的趨勢，這是因為認識第一個目的的人太少，怎樣去調劑整個景氣循環的問題，只有少數人去從事牠，因為只有少數人明白危機與疲弱的由來，是出於前一階段的市況興旺中。大多數的人，但願享受興旺的利益而不願遭到疲弱的痛苦，他們忘了疲弱是由興旺而來的。

就景氣政策最重要的目的言——調劑整個景氣循環，那末最重要的手段，厥為信用控制。有人說，美國已經看到這點，並且已經實行了，何以仍舊發生這一九二九年的危機？我們一查美國的控制信用，未免尚嫌其不足且發生信用控制之誤用，並不因為美國太施行信用控制而發生此次經濟的崩潰。於此可知控制信用，不是一件容易的事情，非嚴密的施行不可。（註五）

除控制信用方法外，尚有國家之收支政策，亦可調劑整個景氣循環。常人以為國家及其所屬機關於經濟興旺時應竭力避免訂貨，於疲弱時則反之。這個解釋未免太狹些，不能將整個思想宣達出來。重心不在分配訂貨於何時，而在國家於市況興旺時，施用限制的財政，於疲弱時施用擴大的財政，這就是說，於興旺時節制支出，仍提高收入積聚資金；於疲弱時，儘量消耗積資或竟進一步借債。這樣，使興旺時信用量縮小，疲弱時信用量擴大，這個政策，或可成為景氣政策中最有效之一。

就克服疲弱的方法言，則首推擴大信用，目前危弱的特徵，即在物價的普偏低落，如以相反的信用擴大補救之，當有成效。有人主張以減低某部份或整個的價格，成本及所得去補救危機，這恐無補於事實，因為每一危機總是收益危機，其生成之原因，則爲價格之低落，所以欲拿價格和成本之同一減低的辦法去救補危機，那是決無效果的。

就緩和疲弱的惡果言，最重要的是失業補救，或予以金錢或予以必需之物。有人以爲這個辦法，徒然使失業者倚賴他人，甚且養成懶惰性，所以主張減短一般工作時間，使失業者亦有工可作，除此以外，尚有人主張殖民邊疆，從事開墾，這個辦法，在中國確甚需要。

八　結論

景氣學的內容和研究時所需要的基礎，總算已經約略地介紹了。在結束這篇小文字以前，向讀者致不能詳細介紹的歉意並致忠告：經濟學本是一個萬分複雜的科學景氣學又是經濟學中最難部分之一。但是新成的景氣學，於資本主義和社會主義爭執時，給我們一種指導，其意義之重要，當可想像。目前人們苦悶於不景氣之下，對這「景氣學」更應進一步認識。研究該問題固然不易，然亦不能謂不可能，全賴研究者本身之努力。本文作者於三年前感到國內無「景氣學」的介紹，所以撰了一篇二萬字的長文，刊載於武漢大學社會科學季刊第二卷第一號，那時得到國內經濟界相當的注意。去年夏，應國立編譯館之請，將數年來對此問題之積稿，從事整理，於短促時間內，寫成「景氣學」一書，於本年五月在商務出版，非敢問世，但欲拋磚引玉而已，希望海內學者，予以指教爲幸。

南京一九三四，七，二七。

（註一）拙著「景氣學」一書（商務出版）的構造，即根據於此。

（註二）這是德國知名的經濟泰斗 Sombart 的話，參觀拙譯「資本主義的將來」（商務出版，實價大洋三角）第十五頁。

（註三）「經濟思想史，」最好是讀法人 Gide 和 Rist 二人合著的本子，商務亦有譯本。沒有時間的人或欲讀簡短而扼要的經濟思想史，則請買一本「資本主義的將來，」該書除譯文外，尚冠有譯者所著之「Sombart 在此經濟學上之地位及其學體系，」中間扼要地敍述經濟思想史。

（註四）各國如何探究景氣，請參觀拙著「景氣學。」

（註五）請參觀拙著「景氣學。」

景氣學之新探究——金錢景氣學說

張樑任

貨幣與信用方面的變化，也可影響市況。事實上，牠的意義非常重大，引起一部份的景氣學者——金錢或信用景氣學說(Die mone a eder kr·ditine Knjunktu- theorie) 的代表——認景氣循環期內貨幣和信用方面的變化，是景氣遞變的最後原因，而以景氣及危機，多少作爲一種「貨幣及信用的現象。」

我們觀察市況興旺，以一般的價格高漲爲其特徵，我們卽可知道貨幣是大有影響於景氣的。由此可知市況活躍之特徵要不外乎貨幣（及信用）量或貨幣流通速度的增加，或這二者同時的增加。經驗證實了這個理論的推斷。反之，市況疲弱（不景氣）時當作一個貨幣量或其流通速度減少的時期。緊切地說，以一種貨幣膨脹去了解景氣，以一種貨幣緊縮去了解不景氣。在德國戰後我們對馬克跌價所經歷的事實，我們於景氣時亦經歷之，所不同者，僅程度之減低耳。以下是景氣時的象徵：一般的價格高漲，企業精神與投機的促進，生產設備之不健全的擴大，一般的購買興趣之增加，和失業程度之減低，以貨幣去變換商品，商業決算之不利趨勢等等。反之，現在的經濟危機當作一種貨幣漲價（卽物價的低落）誰都知道了。

有人說：不久以前的美國大景氣，並沒有一般物價高漲的象徵。這話好像和我們前面的推斷相反。其實不然。美國一九二六年至一九二九年間的大景氣，其所以沒有一般物價高漲特徵者乃因同時有工業的及組織的進步，使物價低落之故。美國當時，流動的現錢量，雖限制地增加，可是信用擴張得很大，照例貨幣非跌價不可，（卽物價大漲。）然事實並不如此。此非一九二六至一九二九年的美國景氣，與尋常的景氣性質有何不同，實因工業及組織所形成之物價低落，把物價漲高的趨勢抵消之故。換句話說，當初如沒有大量的補助信用射入美國的國民經濟，那末物價必低落不少。在那時期內，工業及農業的平均生產成本，確有減低，所以信用量擴大後的價格增高，得以阻止。如其因此而謂信用擴大不會引起貨幣跌價，那是大大的錯誤。重要的不是一般價格的高漲而是因射入貨幣與信用量於經濟過程而引起生產組織不建全的移動。依這個表明，金錢危機學說就能夠解釋普通人以爲神祕的美國那時的市況活躍，差不多只有牠，能滿意地解釋這個景氣。

金錢危機學說以增多貨幣作市況興旺的原因。這個貨幣之增多，大部分是信用貨幣之增多，是由中央銀行及經營短期存款之銀行發行。欲明白金錢景氣學說，必先了解怎樣會到信用貨幣的增多——「到信用創造」（Kredits.hopfung）。這裏不能將詳細情形敍述出來，而僅指示經濟的交易，大部分在非現錢路上（票據劃撥交易，Gironerkehr）和清算運轉所，以在現錢的基礎上，建築了一層信用貨幣，信用貨幣的範圍，視現錢基礎的程度及銀行者量資金流動的程度如何而定，所以很可變通。這就是說，我們新式的信用制度是富有彈力的，而在一定的範圍內，可以任意變動其信用貨幣量。這個變動，照金錢景氣學說，是與景氣變動一致的，有連帶關係的：在景氣時期內，信用體量於減低銀行貨幣的流動下增加，在不景氣時期信用體量於增高銀行貨幣的流動下減低。統制權則操在中央銀行之手。

我們如再進一步去了解這金錢景氣學說，則必明白利率問題，因為整個機械，在利率週圍旋轉着。當銀行——頂上站着中央銀行與其貼現政策——把這利率旋上旋下時，信用量也因此縮小或擴大。當然不是以銀行利息的絕對大小為決定，而是牠與「實際利息」相差之大小為決定。所謂實際利息（Real ins,）或均衡利（Gleichgewichts ins）者，即根據國民經濟內真正的儲金額（並不外加補充信用）而造成之利息。倘使國民經濟中之均衡利息——其大小僅是理想的，反映出運用資本之平均盈餘利息——漲高了，而銀行並不變動其利息或不夠提高其利息；那末可生出信用膨脹（Kredit nflatron）。正在市況興旺時，常有這種現象。倘使市況興旺之初，盈餘漸漸增加，但銀行則仍保持其固有的利息或不夠提高利息，那末信用要求的增加，是必然結果，因為現在利息與資本盈餘之相差是大的了。在這種情形下，用不到銀行的積極干涉，即可喚起信用要求的增加，只要銀行不去或不速去跟着平均盈餘（主觀的實際利息）就夠了。這是在每次興旺的初期屢見的現象。

喚起市況活躍的信用擴大，因利率「太低」而實現。太低的利率喚起一般的投資的增加，這投資增加引入前面所述市況活躍。同時信用的補充，成為市況興旺時滿足巨量的資本慾望之主要來源。這樣，我們的解釋完成了！市況興旺時之信用擴大，表現於太低利息中，形成經濟過程的膨脹而因一般的投資過度，國民經濟的均衡就破壞了。因信用擴大，投資數較儲蓄數為多，這所多的數目——補充的信用，並非從儲蓄額內出來，卻從銀行制度中變通出來的。普通的投資的增加，必需直接消費之限制，即需人民之自由儲畜，今則不然：信用濫貸引起物價之高漲，收入不能與物價高漲同比例增加的一般人們，只好縮小其消費。（強迫的節省）由補充的信用，實行這國民經濟之層次變換，即「實行生產原子的新組合」（句彼得）以達生產擴大的目的，而新商品之製造，因犧料消費而得實現了。

因景氣時期之信用擴張，而促成過度投資的事實，正證明這以信用膨脹強迫成的資本建設（kapitalbı1 dung）及因之而喚起的生產擴大必然地形成這表現於危機及疲弱中的反動。這個反動固然可以拿繼續的信用補充拖延下去，但是反動越予以拖延，而其來勢越猛烈。要想求一「永久的景氣」是不可能的。經濟進步的輪子，固然能以信用創造（Kred i sch）pfung）向市况與旺前推，但是牠不久即會退轉到危機及疲弱方面來。危機之爆發，正生於銀行的信用創造力不能更繼續滿足愈趨愈高的資本需求的時候，這好像這二方比賽，最後銀行制度要保持牠貨幣流動，不能適應景氣時期內的現錢需要而告失敗了。中央銀行之增高貼現率，正是這個表徵。

我們總括起來說，週期律式的信用擴大，通常促成經濟過程之變態，表現於過度投資及其惡果中。倘使說牠是引起過度投資的唯一方式，未免太過分了。不過我們的經濟秩序內，國民經濟均衡的破裂照例實現於這信用擴大方式中。這有經驗證實的。在這個意義上說來，金錢景氣學說較其他任何一種學說為優越。

以外，尚有心理的危機學說和企業的危機學說。前者以比果（A, Cpisou）為代表，他以為經濟變動的最後原因，基於羣衆心理的動搖，無怪景氣的特徵在於樂觀的羣衆心理，不景氣的特徵在於悲觀的羣衆心理。你看，這派的信徒怎樣地說，證券交易所輒被羣衆的心理支配而作投機熱。投資事業之變動，亦受心理原子的影響，儲蓄者與消費者亦然。儲蓄者於景氣時把其積款去投資證券及土地債券內，在經濟疲弱時則因對土地證券及其他證券之不信任而將其積蓄存入銀行作短期存款，倘使不信任達到最高度時，或竟至向銀行取款。消費者則於景氣時以貨幣換商品，於經濟疲弱時則裹足不前，以冀商品物價再跌。積蓄者與消費者的態度，影響銀行的資金流動程度及貨幣流通速度變化，而景氣或不景氣，因之更變本加厲了。至於銀行的負責者，亦為心理作用所支配。景氣時，放鬆其信用政策，以極小程度的資金流動為已足，疲弱時，把資金的流動，擴大到很高程度。

雖然如此，以心理的原子，來解釋景氣與危機，以為經濟之興旺與疲弱，全由心理作用所形成，未免太容易太單純解釋這經濟變化現象的複雜性質了。怎樣能夠成樂觀與悲觀的節奏式的交替呢？難道單純的羣衆心理就能喚起貨品及貨幣範圍內發生的變化嗎？倘使這心理的羣衆現象沒有實際的事實為基礎，他能夠如此持久嗎？為什麼心理的節奏，不一月一月的行動着而延長到數年呢？這些問題，心理危機說，尚未加以回答，也決不能給我們一個滿意的回答。

企業的危機說，以煦米特氏（F Schmidt ）爲代表。他從企業的觀點去分析景氣與危機問題。景氣的遞變，大半不在企業的一部而在市場上或在經濟各部的中心點——交易所——上。煦米特謂景氣遞變的原因，係企業的計算錯誤（Rechenfehler），他雖用計算和決算方法（Kalkulation und Bianzmethoden）對整個問題有一部分的幫助。可是還不夠只以企業學的觀點來解釋這個牽動整個國民經濟的危機問題。

此外屬於此派的尚有雷特勒（Emil Lederer）與甸彼得（Schump'er）二氏，要皆以金錢及信用去解釋景氣遞變，故不再節錄，讀者如有興趣，可以翻閱原書。

我國公路發達史

王炳南

一、古代之道路

我國汽車公路之建設，雖肇始於民國，若考其道路制度，則由來已久。周代修治道路之事，已設專官，屬於司徒及司空。周朝之道路，有：國中，環城及野之分。國中之道，即王城之街道，九經九緯，寬約二十尺。王城之外有環城路，約寬四十餘尺。野道即田間之大道，由王城達於國內各地，寬約三十尺，可見當時路政已有規劃。小雅曰：「周道如砥，其直如矢。」所以表揚其時道途之修整優美也。秦始皇統一六國，乃治馳道於天下。東窮燕齊，南極吳越，道廣五十步，三丈而樹，穩以金椎，樹以青松。又使蒙恬修直道，通九原，抵雲陽，塹山堙谷，千八百里，數年不就。唐朝修治驛路，廣設驛站，陸上交通，益形利便。元代征討遠邦，為行軍迅速計，築路凡二千英里。以後商賈行旅，受惠不淺。明清以來，路政漸弛，無成績可言。原有良好之道路，亦任其損壞。前清道路系統，以北平為中心點向四方面，達於各省城稱為官路，其總長約及二千英里。此外各省省城，亦設有官路之支線，以聯絡主要都市之交通，稱為大路。地方各村落間又另築小路，銜接官路及大路。現今築之鐵路，多半沿此道路網而設。官路及路主要者有：

一、官馬北路

甲、遼寧官路　乙、遼甯官路齊齊哈爾延長線

丙、北平海拉爾間　丁、北平恰克圖間

二、官馬西路

甲、蘭州官路　乙、四川官路

三、官馬南路

甲、雲南官路　乙、桂林官路

丙、廣東官路　丁、福州官路

二、近代汽車公路之萌芽

民國二年，湘督譚延闓撥省款修築長沙至湘潭一段軍路，驛程一百里，是為中國築造汽車路之始。民國七年，北京政府倡辦西北汽車，先以張家口至庫倫為開辦之線，於是年十月十一日張庫路開始行駛營業汽車，是為中國行長途汽車之始。自是以後，國人漸知道路交通之重要。民國八年，北京政府計劃築造全國公路，曾頒佈修治道路條例，分全國道路為國道省道，縣道，及里道四種。國道包括：(一)由首都達於各省及特別行政區域之道路，(二)由此省會達彼省會之道路，(三)與要塞港口及其他軍事關

達之重要道路。省道爲：（一）由省會達於各縣治之道路，（二）由此縣治達於彼縣治之道路，（三）與本省區內路礦商埠工廠及軍事相關之道路。縣道爲：（一）由縣治達於鄉要各鎮鄉之道路，（二）各鎮鄉相銜接之道路，（三）由縣治達於港津鐵路及其他相鄰工廠礦區之道路。里道分：（一）由此村達於彼村之道路，（二）由此村達於相鄰學校工廠及其他公共事業之道路。各省軍事當局爲行軍迅速計，對此修路計劃，多積極進行。民國十年五月五日上海有全國道路建設協會之發起，又華洋義賑會，因華北荒災，以工代賑辦法，迭在北方各省，開築道路皆爲促進我國築路之動力也。

三、國道之興築

國民政府奠都南京，即積極注意公路之修築。民國二十年，公佈修治國道條例。規定凡連貫兩省區以上，及有關國防之要塞，港灣，商埠之路，皆爲國道。其道路線由鐵道部規定，並以下列原則爲選擇之標準：（一）路線經過人口稠密，出產繁富之區，（二）經過各省最重要之商業中心，（三）爲鐵路之培養線，（四）求建築費及養路最低之路線，（五）聯接原有省道及計劃中之省道爲國道，（六）計劃中之鐵道線，如最近期內不能興造，亦可定爲國道。民國十八年十二月二十二日所公佈全國道路網，計主要幹路凡十二線：

（一）京桂線——南京，句容，宜興，長興，湖州，杭州，紹興，台州，溫州，興化，泉州，漳州，潮州，陸豐，廣州，肇慶，梧州，鬱林，南甯，龍州。

（二）京滇康線——南京，浦口，廬州，安慶，漢口，漢陽，沙市常德，辰州，銅仁，玉屏，甕安，貴陽，安順，盤縣，曲靖，昆明，又分二線，一經普洱至車里，一經楚雄至大理，自大理又分二線，一西經永昌至騰衝一經麗江至巴塘。

（三）京藏線——南京，浦口，廬州，六安，固始，光州，羅山，信陽，桐柏，樊城，老河口，鄖陽，白河，興安，漢中，潼州，成都，雅州，打箭爐，巴塘，察木多，洛城，拉薩（南京至廬州與滇康線公用）

（四）閩新線——福州，延平，邵武，南城，撫州，南昌，安義，張公渡，白槎，陽新，鄂城，武昌，襄陽，老河口，鄖陽，西安，蘭州，嘉谷關，安西，猩猩峽，哈密，鎮西，奇台，迪化，綏來，烏蘇，[illegible]。

（五）西蒙線——南京，浦口，鳳陽（支線至臨淮關）穎州，周家口，鄭家口，鄭州，清化，澤州，太原，大同，平地泉，滂江，烏得，叨林，庫倫，買賣城。

（六）京黑線——南京，浦口，六合，天長，淮陰，海州，沂州，灘縣，武定，蘭州，天津，北平，承德，赤峯，開魯，洮南，龍江，嫩江，受暉，黑河。

（七）張遠線——赤峯，朝陽，新立屯，新民，奉天，海龍，吉林，王常，方正，依蘭，臨江，綏遠。

（八）甘藏新線——西甯，鹽池，王樹土司，拉薩，扎什倫布，聶拖木，加托克，托和閫。

（九）綏新線——包頭，五原，甯夏，蘭州，西甯，敦煌，婼羌，且末，于闐，疏勒。

（十）黑蒙新線——滿洲里，庫倫，烏重稚蘇台，科布多，承化，塔城，烏蘇。

（二）迪疏線——迪化，土魯番，焉耆，庫車，拜城，溫宿烏什，巴楚，疏勒。

（三）陝桂線——潼關，西安，寶鷄，漢中，漳州，成都，盧州，遵義，貴陽，都匀，慶遠，都州，梧州。

上列各線，計分四期興築。第一第二兩期，完成中國本部路線，第三第四兩期，完成邊防路線，於二十年內實現，玆將興築程序列後。

第一期——京杆線（全線），京滇庫線（南京大理間），京藏線（陷陽成都間），閩新線（武昌蘭州間），綏新線（包頭西甯間）。

第二期——京滇康線（大理騰衝間），京藏線（盧州，襄陽沙市，成都間）閩新線（福州武昌間，蘭州迪化間）京蒙線（全線及滂張支線）京黑線及陝桂線（全線）

第三期——京滇康線（大理巴塘間，崐明車里間）京藏線（成都拉薩間）閩新線（迪化伊犂間）張遠線（全線）

第四期——甘藏新線（全線）綏新綫（西甯疏勒間）黑蒙新綫（全綫）迪疏綫（全綫）

全部建築費，估計爲三萬六千四百萬元。路線長約六萬七千五百餘華里。爲求迅速實現，節省經費，先擬築土路，待路款充裕，再鋪碎石路面。第一期計劃已於民國二十二年年底完成，合計長五千一百餘里。

四、省道聯絡線之興築

全國經濟委員成立後，深感各省興築公路，各自爲政，不能互相聯絡；非有系統之規劃，不能收指臂之効。故於民國念一年，先就蘇浙皖三省，設三省道計專門委員會，督造京杭滬杭，京蕪，蘇嘉，宣長杭徽六線，定名爲「蘇浙皖三省聯絡公路」，並籌妥築路基金，仿照各國中央築路貨款辦法，撥借各省築路，興工後復派國聯顧問及工程人員，隨時前往各路視察指導。遇有特殊工程，目由經委員會直接辦理二十二年十一月，已全部完成其中由經委員會督造完成者，雖僅五百零五公里；然三省前此斷續之公路，得以聯絡貫通焉。

二十一年十一月，蘇浙皖贛鄂湘豫七省公路會議舉行於漢口。所有七省聯絡公路幹線，仍由經委會督造。因範圍擴大，事務增繁，乃將原設道路股擴充為公路處。並在漢口，安慶，南昌，開封四處。分設公路工程督察處，辦理各該區內公路工程督察事宜。二十三年，閩陝甘青四省，亦先後列入經濟委員會督造範圍之內，原設之四個督察區，擴充為七個督察區；原設之三省道路專門委員會，改組為公路委員會，延聘蘇，浙，皖，贛，湘鄂，湘，豫，閩，陝，甘等建設當局，與其他有關公路建設之機關代表，暨路政專家為委員，於二十三年六月二十六日舉行第一次會議。關於公路建設，計劃，築路，材料，汽車，油料之供給，公路交通之發展皆有縝密討論。

經濟委員會，又以西北各省交通阻滯，公路興築，不容稍緩，故於二十三年決定先築西蘭，西漢，二路唯西北各省，地瘠民貧，公路工程，均由該會直接辦理。

(一)蘭西公路——西蘭公路為聯絡陝甘兩省之幹線起自西安經邠縣，平涼，靜寧，定西，以達於蘭州全線長七百四十八公里昔駐軍就原有驛道以兵工修補後經華洋義賑會加以局部整理迄二十二年路基橋涵多被山洪冲毀為求迅速恢復交通起見先將沿途不規則各段加以改善已於民國二十四年五月一日正式通車至今路路而修築尚待籌款賡續進行。

(二)西漢公路——自西安起經寶雞，鳳縣，留壩，褒城以達於漢中自西安至寶雞約長一百六十餘公里已可土路行車寶雞至漢中長二百五十公里亟待興築

茲將各省聯絡幹線及已通車里程列表於後

(一)京陝幹線——經過浦口，江浦，含山，巢縣，店埠，合肥，六安，葉家集，張老人埠，商城，潢川，羅山，信陽，桐柏，平民鎮，新野，鄧縣，淅川，荊紫關，全路長九四八公里

(二)汴粵幹線——經過開封，周家口，潢川，柳樹，麻城，羅田，蔡家河，蘄水，廣濟，武穴，瑞昌，安義南昌，豐城，樟樹，新淦，樟江，吉水，吉安，遂川，贛縣，南康，大庾，南雄，全線長一六八〇公里

(三)京黔幹線——經過南京，當塗，蕪湖，宣城，孫家埠，寧國，績溪，歙縣，休寧，祁門，店埠灘，藏家埠，東鄉進賢，南昌，高安，上高，萬載，瀏陽，長沙，湘潭，湘鄉，寶慶，挑花坪，洪江，晃縣，路長一七九一．五公里

(四)京川幹線——經過合肥，舒城，桐城，高河埠，潛山，太湖，宿松，黃梅，廣濟，蘄水，團風，陽邏，漢口，應城，皂市，沙洋，河溶鎮，宜昌，長陽，恩施，利川，全路長一二三公里

(五)洛韶幹線——經過洛陽，南陽，鄧縣，老河口，襄陽，沙市，常德，長沙，衡陽，柳縣，宜章，韶關全路長一八〇九公里

(六)歸祁幹線——經過商邱，太和，正陽關，六安，舒城，桐城，安慶，祁門全路長五九一公里

(七)京魯幹線——經過南京，浦口，六合，蔣壩，淮陰，宿遷，邳縣，台兒莊全路長三九六公里

(八)京閩幹線——經過南京，杭州，曹娥，新昌，臨海，永嘉，瑞昌，平陽，福鼎全路長八四〇公里

(九)海鄭幹線——經過東海，宿遷，睢寧，銅山蕭縣，永城，商邱，平陽，睢縣開封，鄭州，全路長六五一公里

(十)滬桂幹線——經過上海，杭州，龍游，廣豐，上饒，弋陽，貴溪東鄉，臨川，崇仁，樂安，吉安，永新，茶陵，攸縣，

，衡陽，祁陽，永州，全川，桂林，全路長六〇五公里

（二）京滬幹線——經過南京鎮江，江陰，福山，常熟，太倉，嘉定，南翔，真如，上海三〇公里

上列各省聯絡幹線全部長度，共計一一，八五五公里，此外支線六十三條，長達一〇，三〇〇公里。迄至二十四年六月底止，已完成可通車之里程，總計為一八，九三八公里。

蘇，浙，皖，贛，鄂，湘，豫，閩暨西北各省公絡公路可通

民國二十四年六月

省別	可通車路線長度（公里）														
	督造以前			念一年底			念二年底			念三年底			念四年六月底		
	有路面	土路	合計	有路面	土路	合計	有路面	土路	合計	有路面	土路	合計	有路面	土路	合計
江蘇	361	885	1,246	487	885	1,372	588	867	1,457	853	1,248	2,101	858	1,304	2126
浙江	711	—	711	767	—	767	1,163	—	1,163	2,195	—	2,195	2,198	—	2,198
安徽	—	1,417	1,417	—	1,638	1,688	150	2,251	2,401	768	2,238	3,006	913	2,126	3,039
江西	35	692	727	35	1,016	1,051	1,172	555	1,727	2,277	472	2,749	2,477	465	2,942
湖北	—	1,189	1,189	—	1,276	1,276	—	1,430	1,430	92	2,108	2,200	92	2,223	2,315
湖南	1,247	—	1,247	1,247	—	1,247	1,264	—	1,264	1,442	179	1,621	1,641	127	1,779
河南	—	1,244	1,244	—	1,35	1,352	—	1,642	1,642	12	1,744	1,756	12	1,921	1,933
福建	204	509	713	204	509	713	204	59	713	723	713	1,410	806	664	1,470
西北	—	—	—	—	—	—	—	—	—	5	995	1,000	5	995	1,000
總計	2,558	5,936	8,494	2,740	6,726	9,466	4,541	7,256	11,797	8,379	9,692	8,071	9,003	9,935	18938

全經濟委員會之督造公路，暫以蘇，浙，皖，贛，鄂，湘，豫，閩，暨西北各省聯絡公路爲限，其他各省，對於公路建設，亦有相當成績，茲將民國念四年三月底止，全國各省已通車，及已興工，未興工公路長度，列表於後：

五、各省公路概況

全國公路里程統計表　（民國二十四年三月份）

省名	路線總長度（公里）	可通車路線長度（公里）			已興工路線長度（公里）	未興工路線長度（公里）
		有路面	土路	合計		
江蘇	7,581	1,012	2,757	3,769	3,048	764
浙江	4,724	6,326	——	3,136	305	1,283
安徽	6,326	913	3,295	4,208	1,205	1,933
江西	9,916	3,124	1,540	4,664	952	4,047
湖北	5,815	126	3,229	3,355	410	1,508
湖南	8,102	1.838	238	2,076	120	5,616
四川	3,598	644	2,309	2,953	——	526
西康	903	——	575	575	625	328
福建	7,047	948	2,441	2 389	625	3,033
廣東	17,587	528	10,760	10,288	144	6.155
廣西	5,184	2,649	1,179	3,828	485	871
貴州	5,187	1,154	——	1,154	1,351	2,682
雲南	4 014	516	798	1,314	1819	881

河北	4,364	16	2,886	2,352	——	2,012
山東	6,491	52	5,517	[illegible]	462	460
山西	3,41[illegible]	——	2,[illegible]56	2,056	——	1,354
河南	5,4[illegible]	37	3,027	3,064	819	1,6 8
陝西	3,469	——	1,709	1,509	1,005	955
甘肅	7,230	5	2,389	2,389	951	3,885
青海	4,701	——	1,498	1,498	207	2,996
遼寧	5,06[illegible]	——	3,191	3,191	1,011	856
吉林	3,818	——	2 852	2,852	748	216
黑龍江	3,699	——	2,514	2,514	——	1,185
熱河	2,966	——	2,330	2,330	257	379
察哈爾	3,167	——	2,167	2,167	——	——
綏遠	2,569	——	1,445	1,445	6[illegible]0	54[illegible]
甯夏	2,35[illegible]	——	2,352	2,35[illegible]	——	——
外蒙古	5,03[illegible]	——	3,779	3,779	——	——
新疆	1,7[illegible]8	——	1,528	1,528	230	——
西藏	4,798	——	1,050	1,050	——	3,748
總計	155,359	16,698	70,661	87,359	16,939	51,061

可通車土路包括軍用臨時路在內

從上表以觀，各省公路，以廣東最有成績，已有可通車線一萬一千二百八十八公里。其次爲山東，共有可通車路線五千五百六十九里。然山東公路，皆爲土路；已鋪路面者，僅五十二公里而已。廣西居第三位，若以有路面公路長度而論，則以浙江居首位，江西次之。

江西——江西築路成績，極爲可觀。其築路策略，係先聯絡各處交通，然後再辦改善工程。至二十四年十一月止，所完成公路，已達五千七百餘公里；已興工而未成者，長度有一千餘公里。

安徽——至二十四年三月底止，皖省可通車之公路，已有四千餘公里。惟有路面者，僅九百十三公里。計：（甲）國道幹線，有（一）京陝幹線，自浦口起，至烏江入皖境，經和縣，含山，巢縣，店埠，合肥，六安，葉家集以入豫境；（二）京川幹線，由浦口至合肥 段，與京陝幹線共路，再由合肥經舒城，桐城，高河埠，潛山，太湖至宿松而入鄂境；（三）歸祁幹線，由河南之商邱入境，經亳縣，太和，阜陽，潁上，正陽關，六安，舒城，高河埠，安慶，東流，至德，以至祁門；（四）京黔幹線，自南京起，至銅井入皖境，經蕪湖，宣城，雙橋，大汪村，甯國，績溪灘縣，屯溪，休甯，祁門，至店埠灘而入贛境。（乙）鄰省聯絡線，（一）蘇皖幹線；（二）皖浙幹線，有宣長，徽杭及屯建數線；（丙）省內聯絡幹線及支線，（一）聯絡於津浦路，洪河，及歸祁幹線之間者，有蒙亳，蒙阜，蒙蚌，蒙宿靈固，王泗滁來等路；聯絡於皖西各縣之間者，有六霍路，舒霍路，桃三路，正葉路，及山毛路。

浙江——浙省公路修築之計劃，遠在民國五年。第以困於經費，未能實現。其後省政當局，鑒於省道交之重要，十年春立省道籌備處，並指定捲菸特稅爲築路專款。浙皖幹線，浙皖副線，相繼着手測量，是爲該省築路之濫觴。是後因軍事陡起，原有計劃，因而停頓。十七年改省道局爲公路局，斯時各縣田賦，帶徵一成建設附捐，並發行建設公債，公路公債；築路經費，既有來源，故杭長，杭昌，杭平諸線，相繼完成通車。二十一年，建設當局鑒於以前路線，偏重浙西；對於全省交通，不能平均發展，復設立全省公路工程處。二十二年一月，歸併於公路管理局，專司興築新線，尤注重開發浙東各路。計二十二年冬底完者，有：曹嵊，義長，屯建壽，淳遂，麗雲等路。二十三年六月以前完成者有：富新，桐建，淳 平嘉，奉新，及梵雲，鄞江橋，嵊縣等支線接線，他若奉海，新天，天臨，臨黃，澤淸館，永館，金蘭東永，覯周，周曹，象西，麗靑，靑溫，雲龍，龍浦，遂松等路段；及黃山，天目山，雁蕩，天台，方岩，北山，仙都，釣魚台等名勝支線；亦皆於同年先後工竣通車，是爲浙省公路建設最速時期。是年夏，浙省奇旱，稅入銳減，於建設事業之進行，不無影響。綜上所述，浙省公路大幹線，若通蘇之滬杭，京杭；通皖之杭徽；聯絡舊屬金衢處溫之龍永；與聯絡浙東腹部之嵊永線；暨另一通閩之溫閩線；凡屬東南交通周覽會所定經過之路線，均已貫通。總計已通車之公路，已達三千一百餘公里。

江蘇——江蘇公路已規定修築者，計有幹線八，支線三十九，共長四千一百〇公里；各縣縣道規定興築者，共達九千七百餘里；兩者合計共一萬三千八百餘公里。截至二十四年四月底止，路工完成者，有八百六十四公里；可以通車，並利用舊有路基者，約一千四百餘公里；已局部動工，及正在建築中者，約一千一百餘公里；擬定路線，尚未施工者，約六百五十餘公里。（各縣縣道不在內）

福建——自閩變平定後當局對公路之建設，益形積極。閩南幹線，已全部落成。閩北通浙幹線，已正式通車。閩西各線，一部亦已築竣。最近完成，及前數年築成之公路，長達三千公里以上矣。

廣東——粵省為我國各省中，公路建設成績最佳者，全省計八大幹線，均告完成。

廣西——桂省年來對公路之建築，頗為努力。全省計九大幹線，總長度為三千八百六十公里。桂省公路局，已擬定五年興築計劃。計幹線已落成者，有三千餘公里。縣道已成二千餘公里。鄉道已成四百餘公里。

雲南——滇省數年來關於公路之建築，截至十四年底止，計已修成通車者一、〇五三、七二〇。

四川——川省公路線有六：（一）川鄂線；（二）川陝線；（三）川黔線；（四）川甘線；（五）川滇線；（六）川康線，長度合計二千八百三十公里。支線二十一條，長度合計一千七百餘公里。築成通車者，達二千九百二十六公里。待築者有一千三百九十餘公里。均限於二十五年四月以前，全部完成。

湖南——湘省修築公路，十有餘年。已築成通車者，長約二千餘公里。湘桂，湘黔兩線，正在趕築中。

貴州——（一）已成公路為全省之幹線，均以貴陽為出發點，共有四線：（一）貴甘綫，自貴陽起，經龍里，貴定，平越縣屬之甘粑止，長約二百五十餘里；（二）貴荔線，由貴陽起貴甘線之甘粑，再南下過都勻，麻江，獨山，達荔波，與廣西省邊境線連接，長約三百八十里；（三）貴黃線，由貴陽起，經清鎮，平壩，安順，達鎮甯屬之黃果樹止，長約二百七十餘里；（四）貴桐線，自貴陽三橋起，經修文，息烽，遵義，達桐梓止，長約四百三十餘里。（二）將成公路有三，均為支綫，計（一）清畢綫，長約五百餘里；（二）都三綫，長約二百四十餘里；（三）陸下綫，長約六十餘里。(三)勘定公路，爲完成全省東西南北幹綫之路網計：(一)貴桐綫(東路)，長約七百七十里，(二)貴六綫(南綫)長約六百餘里；(三)貴興線，長約一千二百餘里。

湖北——鄂省公路，由建設廳主持修築。其汴粵，京川，洛韶三大幹線，橫亙境內，係全國經濟委員會所規劃者。其餘或屬支線，或屬次要線，或屬縣道，爲數共計二十有六。全省公路，共長二千六百九十五公里。每日汽車行駛路程，共六千公里。尚有新修贛鄂幹線，自武昌直達南昌，於二十四年底完成。

河南——幹線有汴粵，京陝，開宛，海鄭四線；支線有宛亳，臨太，開曹，商亳，洛潼等線；可通車路線，長度約三千公里。

陝西——陝省現有公路，共計九線：(一)西鳳線，自西安起，至虢鎮止；(二)西潼線，自西安起，至潼關止；(三)西朝線，由西安起，至大荔止；(四)西盩路，自西安起，至盩厔止；(五)咸榆路，由咸陽起，至榆林止；(六)鳳隴路，自鳳翔起，至隴縣之馬鹿鎮止；(七)原渭路，由三原起；至渭南止；(八)潼大路，由大荔起，經過朝邑至潼關止；(九)西荊路，由西安起，經過新街鎮，至龍田止。全部已成及在計劃中之幹線，長度計約四千九百餘公里。已可通車之長度，約一千五百餘公里。

察哈爾——察哈爾地貧民少，建築公路，殊乏財力，故成績殊不顯見。民國廿三年，該省得有各方之賑款，一部合計約六萬餘元，始有修築公路之舉。察省天氣寒冷，入冬之後，土地硬冰。略事平整通行汽車之公路路線，實擬拾皆是也。現察省所謂已成之公路，有下列各線：(一)張庫路，(二)平張路，(三)察綏路，(四)察直路，(五)張貝路，(六)張商路，(七)張柴路，(八)陽化路，(九)宣赤路，(十)沽沙路，(十一)延蔚路，(十二)四百路，(十三)下鹿路，(十四)張沽路，總長度約一千餘公里。

綏遠——綏省公路有：(一)綏張，(二)綏蒙，(三)綏晉，(四)巴甯，(五)包東，五大幹線，長約一千四百餘公里，均已通車。支線四十餘，長約三千八百餘里。未完成者，僅三分之一。

甘肅——甘省擬定全省幹支各路計劃，計幹線六條：一甘陝，甘新，甘青，甘川第一，第二——，爲與鄰省交通之要道。支線四十三條，用以貫通全省腹地各縣。現已完成通車者，計有甘陝幹線，甘川第一幹線，蘭秦段，甘川第二幹線蘭洮段，及天馮支線。就原有舊路，略理修理，已勉可通車者，計有甘新幹線，甘寗幹線，甘青幹線。

甯夏——有幹線三：(一)甯蘭，(二)甯平，(三)甯包，全部長約七百五十公里，均已通車，此外尚有支線二十餘，長約二千五百餘里。已完成者，約一千餘公里。

青海——青海已築成公路有十四線。其中重要者爲：甯玉路，（西甯至玉樹）長約一千公里。甯都路，（西甯至都蘭），長三百二十三公里。

河北——河北省公路，總計有幹支線三十四，長度達六千餘公里。已可通車者，約二千餘公里。該省建設廳，更擬將原有驛道，權其緩急輕重，分爲六期興修，以利民行。現已擬就計劃及預算，依次施行。

山東——魯省公路，興築有年，成績頗可觀。全省可通車路線，長度約五千餘公里。其重要路線，有烟濰線，青烟路，青黃路等。

山西——晉省自民國廿一年，始施行十年建設計劃，規定全省公路爲八大幹線，支線五十六條，共計長度爲八千一百餘公里。現已完成通車者，二千餘公里。

新疆——新疆公路，通國內者有四線，通蘇俄境者有八線，已可通車長度，約一千餘公里。

西康——西康一切建設，均落各省之後。公路之築成者，僅康雅線（康安至雅安），長二七六公里。康昌線（康定至甘孜），長二九八公里。

西藏——已成之路，有中路線，東路線，南路線，北路線等

蒙古——外蒙公路計有六大幹線，已可通車者，約三千餘公里。其中張庫線，尤爲重要。

六、我國公路與英美之比較

我國公路建設，年來經中央之提倡，地方政府之努力，突飛猛進，大有一日千里之勢，是爲我國各項建設事業中之最足自豪者。然與歐美諸國比衡，則尚瞠乎其後，國人亟須急起直追焉。我國公路與英美二國公路現狀，由下列之比較表，可以窺其大概。

	中國	英國	美國
汽車輛數	44,462	1,850,553	4,136,879
公路長度（公里）	70,899	285,38[illegible]	4,844,59[illegible]
面積（千平方公里）	11,132,700	231,000	7,84[illegible],000
每公里公路與面積之比率	158	0,18	1,62
每公里公路與汽車之比率	0,63	5,5	5,0
每公里公路與人口之比率	0,9[illegible]0	163	25
每輛汽車與人口之比率	11,000	29,5	5,0
高級路面之公路長度	080	42,531	181,050
低級路面之公路長度	14,074	25,638	885,459
土路之公路長度	56,145	217,213	3,802,500

運輸事業之將來

譚炳勳

宇宙間自有人類，卽有運輸。然運輸之主要發展，不過一百二三十年間之事耳。觀夫十八世紀末葉，人類所享受之運輸，較上古時代所享受者，果何異乎？陸行者仍以車馬；海行者仍賴舟楫；若夫空間飛行，僅爲詩人之幻想，與無稽之神話而已。迨十九世紀降臨，運輸方法之進展，乃一日千里。載量之巨大；駛行之迅速；設備之舒適；匪特前人夢想所不到，卽吾人亦引以爲驚異者也。

陸地運輸，首稱鐵路。自十九世紀初葉發明以後，發達至速。凡屬大陸國家，莫不視爲長途大宗客貨運輸之主要工具，蓋以其載重多，運輸速，而取費廉也。據近年調查，全世界鐵路約有七十餘萬英里。除極少數之國家及殖民地外，無不有之。路線散佈各大城市之間，如人體之大動脈然。

二十世紀初葉，汽車運輸事業，異軍突起。雖未能取鐵路之地位而代之，然亦足爲其勁敵矣。短途客貨運輸，所受影響尤大。是以近年來，歐美各國鐵路，採用汽車以輔助營業者日漸多。更有廢棄無利支線，而代以汽車者。往者鐵路未能到達之處，今日汽車已能深入之，開拓之。汽車運輸事業之勃興，匪特足以促進公路之發展，而對於農工商業，更引起重大之變遷。

人類利用水力運輸，由來甚古。然輸運之最大革命，乃以水蒸汽代風力，以輪船代帆船。輪船發明於十九世紀初年。其初僅行駛於內河。嗣以機器構造，逐年進步。遂由內河以達於海洋，由無定期而進於定期。世界各大商埠，海輪雲集。昔日英國稱霸海上，無與爭雄，今則德法日美等國，莫不擁有巨量商船，起與抗衡。輪船航行速度，日漸增加。大西之洋，四日可渡。至其構造之宏偉，設備之華麗，比諸陸上，無稍遜色。故又有【浮宮】之名

航空機爲最迅速之運輸工具。發明雖晚，發展最速。過去一二十年間之航空路線，幾等於百餘年之鐵路里數。始則載信，繼則運客運貨；昨日載三四人，今日載百數十人；航線始則由一城至一城，繼則由一國至一國，今則由一大陸至一大陸矣。

運輸事業之發展，旣上如述。然則今後之推進，當爲何如？曰：不外機械與管理兩問題耳。惟機械問題，似較簡單容易。際此科學工程，方興未艾之時。機械方面之改進，爲必然之趨勢。若夫管理問題，則較復雜而不易解決者也。所謂管理者，包括國家與人民對於各種運輸事業之管理。此問題尤政府人員及與運輸事業經營者有密切之關係。蓋運輸事業將來之命運如何，全在彼輩之掌握也。

運輸範圍，現已由一省推廣至一國，更由一國推廣至全世界。惟管理者之眼光，仍甚狹小。不論其為政府或經營者，大都注意地方運輸之發展，而以某利為唯一目的。更有墨守成法者流，仍以馬車時代之手段，管理今日之新式運輸事業。此種態度，在昔貨商旅客利益關係較少之時，或能應付。惟至今日，欲適應時勢之需要，則非有專門學識。遠大眼光不可。對於一國問題及世界問題尤須有深切之認識。否則，將來運輸事業之無組織及不完善，恐一如今日也。

今日各種運輸事業，以無相當限制，及良好規劃，故經營者，每每互相競爭，各自為政。而政府亦竟有強迫競爭，禁止合併之種種謬誤法規。更有鼓勵某种運輸事業之發展，而抑制他種者。此固可謂為運輸事業發達過程中之應有現象。然從另一方面言之，則設備重復，資本浪費，究有背夫經濟原理。是以負有管理之責者。應計劃如何將現有各地各省，以及每全世界之各種運輸事業調整之，聯絡之，使能，相合作，互展所長。此一嚴重之問題也。在政府方面，應有統一主管之關機；確立永久之政策；厘訂公平之法規。務使各種運輸事業，在整個統系之下，平衡發展，無偏無頗。而在經營者方面，則應彼此覺悟，通力合作，剷除競爭猜忌之心理。或更進一步，聯合組織大規模之運輸公司，以經營鐵路，汽車，輪船，飛機各種運輸事業，以求全部之發展，而應社會民衆之需求。如此不但合夫經濟原理，且一躍而為有利可圖企業矣。

管理問題，包羅甚廣。上述者其一例耳。此外應行改良推進之處，不勝枚舉。總之，今日運輸事業之未能盡如人意，及未臻完善之境，正如機械問題之尚未完全解決也。民衆之要求改良，無如此其急切，則凡負有管理之責者，對此問題安可不亟謀解決乎？即退一步言，社會之力量不足重視，但經濟法則亦斷不容吾人再因循坐誤也。

運輸範圍，既由一省一國推廣至全世界，則管理問題，當亦一世界問題也，此問題之解決，必有待於將來之「世界運輸會議」。在過去數年間，國際私人團體，曾經數度交換意見，但成效尚鮮。甚望今後各國政府能共同注意及之，則運輸前途，庶有幾豸

廣告之效用

鄭惠益

（一） 引言

在商業普遍化的現代，『廣告』這兩個字差不多人人都知道，無論你走上馬路，或拏起報紙，到處可以看見各種各色的廣告，因爲廣告的逐漸發達，所以牠的重要性也慢慢地爲人們所注意起來，廣告的研究也成爲商學上必須的學科

（二）廣告的意義和目的

廣告既是這樣的被認爲重要，那末牠的意義是怎樣呢？我們可以用幾句話來說明牠，『廣』是廣佈的意思，『告』是以事告人的意思，廣告卽是告訴大衆使他都知道你的事的意義，牠的目標在商業上是把生產者大量的剩餘貨品，介紹給大衆的消費者去消耗享受。

（三）廣告的進步及現狀

在古時光，人民的居處，大都是散野零落，沒有一定沒有集團的棲居，並且那時候每人的需要，大都是自給的，所以廣告在那時是英雄無用武之地，近世文化暢進，人類集居，商業趨向發達，於是生產者之生產量猛增，其工制亦愈尖銳，生產者必須藉廣告來脫售其生產品，廣告之日益重要，所以廣告的種類花樣亦是愈加新穎別緻，從『仿單』的宣傳漸進用到報章雜誌，到現在宣傳的方法爲大演進，廣告的花樣更是不一而足，除了舊有的『仿單』及普通的報章雜誌外，我們可以看到街頭巷尾的牆壁上，屋頂上，草地上甚至電影院裏的銀幕上公共車輛上，許多各色各樣大小不同的廣告、燦爛奪目，這還不過是普遍的數種，其他如年紅燈，無線電，還有無數奇異的廣告也有人用直接信扎的方法來宣傳他的貨品，總之在現在廣告的種類色樣技術是無可理喻的了。

（四） 廣告的效用

廣告本牠固有的價值，牠的所費决不是一種損失，你放多少的本錢下去總可得多少的效力，用精美的廣告來宣傳結果可以得到貨品的暢銷，營業的發展，倘使一家公司商店沒有廣告的揭示和宣傳雖然在公司方面節省一部分的用費，但是他營業上的損失决不至一部分，

（五） 廣告的要素

廣告之有效用，雖然已是不可諱的事實，不過牠的效用的大小

程度如何，却是很難斷定，我要得到有效用的廣告，不得不注意以下數點要素。

（甲）須有信用　廣告最忌紙面和實事不相，因為廣告的永久效能建設在信用上，名不附實及吹噓的廣告只能欺顧於一遭，不能保持永久。

（乙）須適合人的心理　廣告除應具信用外並須當我們製造各種廣告時其所廣告之目的物宜能引起人興趣和適合人的心理，其工具不外下述兩種。

1,用文字宣傳　世界上除語言宣傳外，當以文字宣傳為最便利，蓋其範圍可擴至極廣，收極非常之效，所以文字是廣告唯一的基本條件，但是廣告文字的性質不在批評的優劣而在能使閱者半信服，並以喚人們的興趣，引起人們的注意，觸動人的需要而使其成交為宗旨。

2,用畫　文字在廣告中固有極重要的地位，但有時須要藉圖畫來幇助，因為往往文字不能引起人之興趣非用圖畫來輔助文字不可同時圖畫可以補助文字之不足，因為他能確切的表示商品的形態使人易於識別並且驚奇的廣告畫能使商品得到觀衆的注意。

廣告的費用所能償補為廣告有這樣的效用，人們便認為牠是發展商業的利器，所以形成了各公司商場風起雲湧採用廣告來宣傳使他們的營業得能發展，無論那種廠家，大至數萬萬元資本的，每年幾乎要化數百萬元在廣告上，去吸引消費者的購買，即範圍小小資本淺短的，每年也至少化些錢在廣告上，再小而言之一副小販的担子掛着『價廉物美』，『幾錢買一件』的招牌也是一種的廣告，廣告這樣的普遍，公司廠家採用的廣告是這樣激烈，其中緣因當然是為了牠的確有相當的效用。

（六）結論

我們知道現代商業的發達，廣告曾建立一部分的功勳，因此廣告事業的發達，而成人們專們研究的一種學識，不過廣告的應用因為適應環境起見，是因事而不同的，這是要觀商人的手腕如何，在我們商業不甚發達的中國，很需要廣告的宣傳，不過我國人民知識幼稚，識字的還少，倘能多用有含蓄意思的廣告，則其所收的效用一定能超人意料之外的廣大，商業也能藉此而發達，但是最後需要貢獻給商人的一句話，就是當你們設計廣告之前應當想一想，你的廣告是不是有担保的信用，倘使沒有担保的信用廣告的效用決不能用之永久。

論鹽稅

張宗謙

鹽爲人生日用必需之物，惡食無鹽則腫，故於菽米布帛之外，鹽爲人生不可或缺，菽米有物可爲替代，鹽獨無之，是人人非食鹽不可，既無人能不食鹽，即無人能不納鹽稅，此鹽稅所以公平普及最合租稅之原則也，而榷鹽之法，起源甚早，周禮太宰以九賦斂財賄，九貢致邦國之用，九貢之中，其九曰物貢，物貢者，即征稅於魚鹽橘柚等雜物也，是有周之世，已有稅鹽之制。

由周而降下逮明清，稅鹽之法，約分三種，一曰專賣制，相傳鹽鐵論輕重篇曰（作太公相管之術總一鹽鐵）總一者，即專賣制度也，管子一書所載可考，（歸君伐菹薪煮鹽）是官製也，（令北海之衆，毋得聚庸而煮鹽）是有民製可知，一曰征稅制度，秦用商鞅之法，開放山澤，任民專利，鹽之產銷，概任民業，官不與凡爭利，專商之制，實始於此，一曰就場征稅制度，唐時所用劉晏之法，行就場專賣制，其實光武中興，廢專賣之法，任民煮鹽，聽其自由販運，即爲此種就場征稅制度，其此制實始於東漢，而盛倡於劉晏者也，至於宋代，鹽法燦然大備，行鹽區域，亦加規定是爲認引承銷之始，元仿宋折中之法，行鹽用引，由官派散民戶曰食鹽，由商買引運領曰引鹽，引則卡在商賣，食則抵制私鹽，後又仿常平鹽法，設局平價，官商競爭，公私交困，有明一代，循用引制，成化以前，重在開中而壞於存積，成化以後，改行折色而壞於餘鹽，清沿明舊，着爲定制，各商認引有定額，引商銷鹽有定岸，商買鹽於灶，官取稅於商，後經陶魯改革，由綱引改爲票引，玄法更臻完密，洎民國二十年政府頒行新鹽法，本年設立鹽政改革會，討論施行細則，茲事體大，所關匪細，應待商榷者正多也。吾國之資國用於鹽稅者，由來已久，且視爲惟一之正供，國有用無不仰賴之以爲挹注，此時而言鹽不課稅，非特爲時會所不許，更無鉅大之收入，以抵補國用所需，蓋鹽稅一項，在現在中央收入中，僅次於關稅，其數額內增稅關係，亦有增加，在二十年預算，約佔總歲入百分之十八，二十一年增爲二十二，二十二年爲三十一，近年實收數額，均超過預算數額，可見其收入之豐厚矣，列表如下。

年度	預算數額	實收數額（單位元）
廿年	一六三，二四七，四一七	一七六，六五一，一五
廿一年	一四一，五一五，二〇四	一五三，一二一，七一七
廿二年	一四六，七四八，一四八	一五六，六五九，四二七
廿三年	一九〇，三五三，八五一	一七五，九五〇，〇〇〇

查鹽稅在十八年度，實收不過六千九百萬元，今年突增爲一萬七

千六百萬元，卄一及卄二兩年，雖東北淪陷，而未見減少，每年仍在一萬五千萬元，以視十八之數增加一倍以上，揆其原因，非增稅之效果而何，緣十九年財部統一附捐征收後，有二次增稅，一爲念一年七月財部整理產區及各省邊區稅率，一爲念二年十月全國改訂稅率，是假借整頓之名，行增高稅率之實，經此數度增加，鹽稅稅率之高，又登峯造極，無可再增，乃於念三年一月復假改稱名義，實行增稅，查舊制鹽斤征稅，按司馬秤百斤計算，而改用市秤，較司馬秤小百分之念七，照理每百斤市秤之稅，應較司馬秤，減收百分之念七，方爲公允，而財部之命令，稅率仍照舊司馬秤百斤計，是無異普遍增加稅率百分之念七，所以念三年預算爲一萬九千萬元，較念二年增列四千餘萬元之數，然照念三年鹽稅收入，實知收一千五百萬元之鉅，增加稅率而收入減少，其故可深思矣，英國財政學家斯魯窩曼（H,A,Silverman：The Incidence & Effects of Taxation）論課稅能力，所謂，「是超越了課稅能力的一個嚴重的表示，」未審我財政當局亦有所感覺否。

新鹽法頒行已四年，而遲遲未見諸實行者，對於國稅暨商民各方面，均在在關係重要，必須通盤籌劃，面面顧到，其中尤以國家惟一之稅源，關係非常重大，烏可不審慎以出之，須知所謂新鹽法若干條，並非財政當局所草擬，乃立法院一手辦成，新鹽法第一條爲「鹽就場征稅，使人民自由買賣，無論何人，不得壟斷」一按此條實行後，一若商民之向不自由者，今可自由矣，向之壟斷者，今可不壟斷矣，但以前是否非自由，是否壟斷，以後是否眞正自由，是否不壟斷，明眼人自知之，姑不具論，就場轉賣制始於東漢而緣倡於唐劉晏，而其目的則不外乎稅，據史書所載云「唐代宗兵事未息，賦稅所入，不足供濟，晏用權鹽法，充軍國之用，初歲收六十萬緡，及大歷末，乃六百萬，天下財賦一千二百萬緡，鹽利乃居其大半，凡宮闈服御，百宮俸祿，全國軍餉，皆倚辦於晏，斂不及民而用途足，」當時晏所領之鹽區，不過一部份地帶竟佔全歲收入二分之一，可見取稅之重，并設十三巡院以緝私鹽，可見私鹽之多，緝私之嚴以鹽稅供給皇宮服御之用，可見所籌之款，不僅軍國之用，所謂「斂不及民而用途足」者，謂其未有十分之聚斂耳，然斂不及民者勢必斂之於商，商無所取償，仍間接取之於民，故後之繼晏者，變本加厲，流弊百出，民受其害，是古之鹽法壞者，官與商之爭也，今則新商與舊商各張旗鼓，各顯神通，商與商之爭也，此爲本身利害計，非爲國家稅源計也，明甚。

大凡一事之興革，每利弊相因，不揣其本者，想利未見而先受其害也，今之改革家曰場外無鹽，場外無稅，場外無官，場外無私，未嘗不言之成理，持之有故，第就場製鹽，必須限制場產，不許場外製鹽，然鹽質乃生於自然，有灘即有鹽，有鹽即可取而製之，不能禁其產生，即不能禁其私製，試以兩淮兩浙而論，場地遼闊，則便於私製，港汊紛歧，則便於私銷，況私製之鹽手續簡單，一灶一鍋，即可熬製，從前遍設緝私，嚴密巡緝，耳目尚難周察，走漏私鹽極多，此後裁場廢灘，私鹽自必加多，此必然之勢，無知灶民，除製鹽外無技能，裁廢之後無以爲生，雖冒萬死亦不暇顧，場外既屬無官，更可放膽私製，非逃稅也，爲活命也，乃官方驅迫其出於私製之一途也。

夫私爲稅之敵，私多則官銷滯，銷滯則稅源細，與彼輩所信爲實行，就場之後，可以無私與旺稅者，正成一反比例，毋遽抱樂觀也，現在新鹽法又復舊事重提，其實已經實行之區，亦已有年，究竟成效若何，成功乎，失敗乎，曷不取之往事實一審察之，今國家如仿照限制，實行無稅主義，使民得其正之自由，則吾人亦食其福感且不遑又何嘵嘵爲也，但國庫既如是空虛，國難又如是深重，更值源無可開流無可節之際，專恃鹽稅收入，以爲大宗之挹注，又烏可輕易改絃更張，令稅收受重大之損失，蓋稅之大敵爲私，非先杜塞其私源，不能充裕其稅入，以若所爲，是毆爵與魚，驅鹽於私而已，非國家之福又豈人民之幸，故新鹽法實行之期，非俟籌有妥善之辦法，未可貿然施行，以增加稅收之損害，危及國本，貽禍無窮也。

從幣制革命談到銀行之命運

楊天任

一

去年吾國貨幣制度發生空前未有之大變動，此變動出乎突然，故稱之爲貨幣制度之革命，亦無不可，其主要原因，乃由於美國白銀政策之厲行，使吾國銀幣外匯價格與海外銀價之差逐漸增大；現銀于是大量流出，國內通貨頓形緊縮，物價大跌，工商實業無不受莫大之威脅，倒閉清理，日有所聞，平日素負調濟金融之責之銀行業，此時非但不能救濟各業，且不暇自救，當時社會人心慌張，謠詠叢起，擠兌提存，源源不絕，一般平日經營欠佳實力較弱之銀行，紛紛倒閉於先，少數較大之銀行，亦受迫停業於後，其餘銀行咸岌岌自危，盡力催收放款，提倡行莊存款，以增厚自身之準備，復何暇顧及待斃之工商實業，金融業與工商實業，原應互爲繁榮，今則反爾相煎自速其亡，倘再不有斷然之救濟方策出而解除此危機，恐慌勢必愈演愈深，終至整個國民經濟淪於破亡，政府有鑒於斯，遂毅然於去年十一月四日頒佈新幣制緊急法令：停止硬幣使用；收集白銀歸之中央銀行作發行準備，以中中交三行紙幣爲法幣，無限使用，復令三行，無限制買賣外幣，以防法幣對外匯價下跌，穩定外匯行市，如此則通貨可不再受美國購銀政策之影響，必要時，中央銀行復得增發法幣，使市面流通籌碼增加，提高慘落之物價，刺激萎頽之工商實業，使之復蘇，而臻於繁榮，照理，與百業共存共榮之銀行業，亦可於斯時復入康莊大道；而事實上竟未能盡然，蓋政府於管理通貨後，復注意金融之整頓，有統制金融之勢，自法幣通行後，除兩廣外，各地幣制劃一，向爲銀行恃爲漁利之兌換業於是一筆鉤消，領券利益早遲亦必取消，外匯穩定，投機絕跡，外幣買賣必大減色，銀行之利源，大爲減少，此外復有中央信託局及中國銀行儲蓄部之設立，不動產抵押銀行之籌設，農民銀行業務之推進，銀行法之將施行等，使向來不受干涉惟利是趨無業不爲之銀行業在在將受政府嚴格之監視與統制，將由散漫混亂之環境邁入有組織有規律之環境，不過嗣後銀行之處境雖較爲艱難，而金融上一切弱點及障礙，則已一掃百光，倘各銀行家能具新思想新智識，振作幹去，則來日之發展，亦非能在今日所一一料見，不然，逆流而行，背道行駛，末日不遠矣。

銀業之轉機已現在眼前，凡關心金融事業者，無不對其過去與將來，有一個回顧與展望，茲將管見所及，分述于後，至祈閱者加以指正。

二

吾國銀行業之興起，尚爲近四十年來的事，在未興之前，握全國金融之權威者，厥惟錢莊業，錢莊都爲個人或合夥設立，東家負無限責任，當時吾國尚在農業經濟時期，新式工商業均未發軔，除遭重大之災荒，使農村頻於破產外，絕少經濟界之變動，故錢莊以個人之智力財力經營金融業，頗能相安無事，基礎既堅，信用遂著。海禁開後，國際貿易日盛，洋商銀行紛在通商大埠設立支行，經營國外匯兌及存放款，凡一切與華金融方面之接洽，捨錢莊莫屬，及後華商銀行興起，實力既薄，勢又孤單，經營亦乏經驗，連收下之存款都須託錢莊代放，一切收付事宜又假手於錢莊，是時之銀行尚不能爲獨立之金融業，實錢莊之附庸。民國成立後，新興工商業勃起，尤以歐洲大戰時期爲最盛。錢莊因墨守舊法，不圖改進，遂漸爲新興事業所不滿，且經濟界之背景亦變，個人之智力財力，已不足以應付，錢業遂漸衰落，銀行乃乘機崛起，增添股本，以昭信著，擴充業務，以適社會之需求，闢國外匯兌部，專司進出口押匯，代收國外票款，外幣買賣等事宜，以應新企業之需求，設儲蓄部信託部，專司收受另星存款，代客買賣保險等事宜，以便利一般民衆，設倉庫部農村貸款部，在內地廣設倉庫，辦理合作社等事宜，以調濟農村金融，承做房地產及大工廠廠基押款，使大都市之地主及企業家無不仰金融家之鼻息，廿餘年來之經營，錢莊漸被銀行壓倒，金融界之權威被銀行取而代之，且更光而大之，銀行之所以能若此邁步進展，固都爲銀行之能應付新環境，而其主要原因，尚在處境之優越：(一)不受競爭，錢業雖爲彼之對敵，然錢業專事保守，不知革新，且專以信用放款及道契押款爲號召，此項業務，於後日不景氣時，反爲促成自身失敗之原因，銀行業尚在創設時間，既少同業競爭，社會之需求又亟，故祇須經營穩妥，不投機，不舞弊，無不漸漸發展者。且銀行復能錢業化，設往來存款部，一切章程辦法悉仿錢莊，專以拉攏舊式商號，反成錢莊之勁敵，(二)不受政府干涉，在他國，有銀行法限制各種性質銀行之經營方法，及規定其準備率等，我國在去年施行儲蓄銀行法之前政府除於募集公債時，與銀行發生關係外，一任各銀行自由發展，商業銀行可營地產廠基農業等長期放款，專業銀行亦得徒挂虛名全營商業銀行業務，準備從不受政府限制與檢查，經營方法既不受干涉，銀行乃見利即爲，在未發生破錠前，盈餘自甚可觀，(三)金貴銀賤，在歐戰告終時，一盎斯銀值九十便士，到九一八時，僅值十二便士，銀價暴跌，造成兩種有利於銀行之狀態：1標金上漲匯率下縮，舶來品價昂，國貨可有銷路，出口品可售善價，工商業遂皆能發展銀行自亦有生意做，白銀進口，在銀價下落時，海外之銀價先落，故低於吾國匯價；適與制幣革命前之情形相反，白銀紛紛流入，市面上流通籌碼激增，物價飛張，投機風氣大盛，尤以地產爲最，銀行係居間人，業務當隨之蒸蒸日上，且通貨增加後，銀行存款亦增，九一八前五六年間，各銀行均大事擴充，紛設分行，卽爲此故，(四)農村衰落，民國後，軍閥當政，連年內戰，災荒頻仍，盜匪遍地，內地富有者，咸搬往都市，農村日益衰落，都市則日益浮華，內地錢莊相繼倒閉，都市銀行則相繼添設，造成吾國金融史中之怪現象，(五)幣制混亂，此點久被認爲吾國工商業發展之阻礙，然銀行尤其錢莊，却依之爲生命線，如前之洋厘，兩元者合時，銀行卽升降其數尾以自利；每年盈餘，甚爲可觀，自廿二年四月廢兩考元後，方全部取消，然各地現洋，仍五花八門，各銀行藉匯兌上所收得之匯水不下數萬至百餘萬，此項『趁火打刧』之收入，於法幣通用全國後，已不復存在，相繼改爲手續費，據最近三行所歸定之徵收率爲匯本省每千元收五角，外省壹元，小額僅收一角至二角，較以前之匯水大爲減少矣，(六)其他若交通梗塞，付賬入原期等，均無關重要，不贅於茲焉。銀行在上述種種優越之環境中，一風順的進展，直待九一八發生後，方始轉舵。九一八後，東北市場不復爲我所有，世界又鬧着不景氣，關稅壁壘高築，吾國工商業漸呈凋敝之象，及後各國放棄金本位，造成紙賤銀貴之局，銀價步步上升，進口貨價跌，國內市場外貨充斥，最近美國肆行其白銀購買政策，白銀汩汩外流，通貨劇減，釀成空前之金融大恐慌，國家命脈奄奄一息，不得不使數千年來用銀之大國，亦步歐美日本各國之後，放棄銀本位，行其新幣制。

三

銀行爲信用受授授機關，亦卽貨幣買賣之機關。凡貨幣上發生任何變動，無不最先影響到銀行，此次貨幣制度大革命，銀行安有不受重大之影響，其犖犖大者，計有下列數種、匯水之取消，(已詳前節)二、領用暗記券盈餘之取消，查現作中央銀行仍准各銀行以六成現洋，四成保證準備，向其領用法幣；然其目的乃在收集現銀，來日內地白銀搜盡後，此利益勢必取消，三、外幣兌換盈餘之減少，以前外匯市之掛牌，乃視倫敦銀價而定，亦適與標金行市反比進退，標金漲則外匯縮，標金跌則外匯長；故一般投機家，無不樂于買賣，或扒進，或吐出，外幣交易至盛，銀行獲利亦多，自三行穩定外匯後，英磅差率已由·〇六二五減至〇·三一二五，漲落極小，投機家無機可乘，投機交易絕跡，銀行之兌換利益自大減矣，卽使有投機家欲興波作浪，三行擁有三萬萬元以上之準備金，足與應付，去年十一月四日後，已發現一次風波，後經三行盡量傾吐後，即告平復。事在去年十月九日後數日，因美國當時突變其銀政策，停止向英購銀，致倫敦銀價狂跌，一般投機家皆揣測，政府所定之一先令二便士半之匯市，難以持久，遂羣起扒吃，尤遠期爲甚，蓋投機家大半缺少現款，不能購買即期，以致鬧成近賤遠貴，波動至大，三行忙出防戰，盡量傾吐，裝銀出口，復與各銀行協商合作，風浪方告平息，此後恐不會再有投機交易。以上均爲直接使銀行不利者，

(四)政府自施新幣制貨度後，鈔票不兌現，中央銀行得視市面之緊寬而放縮其發行額，不再似往昔，在金融恐慌時，銀行與人民愈事收藏現金，準備減少，發行亦愈收縮，使市面更形緊張，此後中央銀行既得自由收縮信用，即能爲銀行之銀行，易言之，金融界之實權已操在政府手中，故政府必進一步整頓銀行業，使銀行之業務整齊化，專門化，商業銀行不得貸長期放款，實業銀行亦不能商業銀行化，一切將受政府之干涉，不能由見利即爲，益利當然較前爲減，此爲間接使銀行不利者，(五)手續費之增加，除從匯款業務上，可獲大筆手續費外，以後銀行推行承兌匯票，其手續費收入，諒亦不少，(六)利息收入之增多，政府下集中發行後，已有籌設中央準備銀行並辦理重貼現之議，故日後銀行之準備，可以大減，放款可以增多，利息收入，自亦增多，惟欲減少準備，必先使放款證券化。押款押匯變成銀行承兌匯票，透支及信用放款改爲商業承兌匯票，承兌匯票對銀行最大之利益，即含有準備之性質，譬如以前，銀行收一百萬存款，放出七十萬，留三十萬作準備，在無事之秋，甚足應付，惟一有風潮，放款一時不能收回，借款又需時日，困難即生，故銀行無時無地不在留心準備，不敢多做生意，銀行改做承兌匯票後，有一百萬存款，儘可放出九十萬，甚至一百萬，因必要時，隨時可以送到中央準備銀行去重貼現。銀行之放款——承兌匯票，遂立變爲銀行之準備，故放款愈多，準備亦愈多，不復若以前之顧此失彼矣(六)國外匯兌每筆交易兌換盈餘之增加，在以前匯市不穩定之時，銀行每做一筆外幣生意，亦必同時補復一筆，其率差甚小，盈餘亦小，在匯市穩定後，即可無須每筆補復，例如某進口商向銀行結價後，銀行可待購入出口票據時補復，手續既較簡便，差率亦較大，盈餘自亦增加，以上二項均係直接有利於銀行者：尚有間接有利於銀行者：(七)市面復活，幣制革命後匯市縮短，進口貨將減，國貨容易輸出，新幣制施行後，接連二月出超，即爲明證，又近來物價上漲，工商業得以復興，國內貿易漸盛，銀行復可發展，惟物價上漲是否能持久，則須視人民購買力是否增加，我國人民百分之八十爲農民，故又必須視農產品上漲是否較速，據最近之物價統計，農產品價格上漲極微，如米則反較去年一二月份爲跌，上漲最速者爲工業品，尤其舶來品之五金及機器等，故

物價之上升，是否能持久，爲頗堪吾人研究之一問題，綜上觀之故，結論曰：「幣制革命後，銀行之命運，仍握在銀行自己手中，幣制革命對銀行之影響，利害參半，惟不利者，均已確實而具體；有利於銀行者，僅係一種可能性，非銀行努力求之不可獲得。」

二五，三，一，夜

江西公路處之營運概況與改進

周一士

（甲）緒言

邇年我國各省公路建設，突飛猛晉，據全國經濟委員會公路處統計，民國二十一年通車公路，僅七〇八九六公里，二十二年計七六四七三公里，二十三年計八四八〇九公里，迄本年三月止，約增至八七三五九公里，以與十年前全國公路不及一萬公里較，奚啻霄壤，尤在茲國運鼎沸，經濟衰落之秋，有此統計上之成績，其非朝野人士之努力建設，曷克臻此！

江西之建築公路也，發軔于遜淸末葉，其時有地方修築之九江至蓮花洞十三公里公路，洎至民國十四年十月間，省道局擬辦，十五年十二月間，公路處正式成立，統轄全省公路事宜，但以經濟支絀，兵燹之中途屢經改組，故進行迂緩，十七年所築公路，約一四·四〇公里，十八年七三·八〇公里，十九年二四·九〇公里，二十年一九九公里，二十一年一〇二二·一二公里。二十二年九三二·七一公里，二十三年二三三二·三九公里，本年一月至八月九五七·八一公里，合計九五二九·九三公里，約合一萬餘華里，此種與年俱增之統計，不可謂非贛省在艱澀之環境下，一最難能之建設事業也！

雖然，公路之建築不過一種手段而已，運輸乃其鵠的也，年來我國各省公路之建築，固有顯著之長進，而利用程度，實微乎其微，尤以江西公路爲甚，溯自赤匪禍贛，生靈塗炭，狡黠者挺而走險，老弱者轉乎溝壑，顛沛流離，困憊殊甚！迺者，匪氛雖告敉平，但農村經濟破產，人民購買力薄弱，本處汽車營業，遂有一落千丈之勢，是則關於經匪患後之本處營運事業概況，與夫今後之改進計劃，諒爲關懷我國各省公路建設者所樂聞歟！

（乙）本處營運現狀

（子）營運組織　本處現行組織，設總務，車務，機務，工務四科，暨會計主任室，總工程師室，購料委員會等，本年七月間復添設營運專員室，專司設計營運業務之發展，以言營運上之組織，則處內車務機務二科之遞嬗甚遲，車務科於十七年擬辦，機務科於本二月始告成立，車務科設營業計核管理三股，機務科亦設設計稽核攷工三股，至於處外營運組織，則有車務段十段，車站二百十四站，代辦站十六站，車場十八

所，機械修理廠一所，內外工作人員，合約有二千八百餘人

（丑）營業里程　本省已成公路，共長九五二九。九三公里，本處管理營業路段，迄本年九月止，計三五四五·九〇公里，約合七千餘華里。

（寅）汽車輛數　迄本年十月止本處有客車三百另三輛，貨車一百十三輛，篷車八輛，轎車九輛，合計四百三十三輛。

（卯）運輸數量　本處最近旅客運輸，平均每月約十餘萬人，貨運平均每月約九百餘噸。

（辰）營運收支　本處營運收支，收入方面，旺月（每年八月至翌年一月）約三十萬元左右，淡月（二月至七月）約二十四五萬元左右，至于支出，則平均每月約二十五六萬元之譜。

（巳）業務概況　關於最近營運業務上一切措施，可該述如左。。

（一）整飭行車秩序　訂定『快車聯運車對號入座辦法』：（一）車票之外加發一種座位證，上載座位號碼，以購票先後爲序，（二）每車所售票數，絕對不准超過車上座位數，（三）車輛起程站，用電話通知前途停車之站，報告空座號數，或無空座，以免臨時發生有客無座之缺憾！且座位確定，旅客對號入座，既不致爭先恐後，而座號全憑購票之先後，則亦無畸重畸輕之弊！此於行車秩序之整飭，裨助匪鮮！

（二）嘉惠行旅客商　修正『汽車載客章程』：（一）行李包裹，改每公五斤爲遞進單位（本定二十五公斤）行李運價，較昔低二成，改訂運價爲每五公斤每一公里銀元二厘，（二）計時包車車費，較昔減低四成，以前小篷車每小時五元，今減爲三元，十六座車每小時本定十元，今改爲六元。

（三）配置行車時間　四月至九月爲日長時期，快車大抵在七時前後啓行，十月至次年三月爲日短時期，快車約在上午八時前後開行，短途區間車，則自上午八時至下午三時之間，陸續行駛。

（四）修訂運貨章程　爲便利貨商及減輕貨商之負担起見，修訂『汽車運貨章程』如下：（A）增加等級，貨品仍分三等（本省降低一等），運價改爲六等（原有運價爲五等），（B）改小超過重量，按五公斤遞進一單位（原定超過重量按二十五公斤遞進），（C）減低寄存費，並變更計費方法，原定按件計算者，均改爲按每五公斤或按每一公噸計算，界限較爲明顯，費用減輕一半，裝卸費計算方法亦同。

（五）增如營業車輛　訂定一種『招商墊款購車辦法』，吸收商資購車，以運費作抵，其於墊款商人之利益，約有二端。。（一）優先運輸，該墊款商託運貨物，得享運輸優先權，（二）優待運費，對該商託運貨物之運價，予以若干折扣，以示優惠，一等品八五折，二等品九折，三等品九五折，但規定

上列權利授予期間，以運費足抵償墊款之銀額爲限。

(六)籌設膳憩處所　此項膳憩所，亦係招商承辦者，設於車站附近，辦理乘車旅客途休憩膳食茶水住宿等主要業務，此外經本處試可，並得兼作販賣旅行食用物品書報雜誌以及當地著名土產兌換錢鈔等營業。

(七)增辦各路聯運　京黔幹綫南昌長沙段聯運業務，與湘南公路啣接，滬杭幹綫之東端，與浙江公路啣接，西端湖南公路啣接，汴粵幹綫之南端，與廣東公路相啣接。

(八)管理過行車輛　改訂『本省管理汽車及司機章程』，凡乘人不收費運貨非營利之汽車，可照章登記檢驗，具領號牌執照，徵納車捐，通行本省各地及本處各公路，至於外省汽車入境辦法，自加入『蘇浙皖京滬五省市交通委員會』後，凡係五省市與贛省之自用汽車，均得互通，但照本省原定捐率，征收百分之十之互通附捐，至營業汽車，則暫緩互通。

(九)修理各牌舊料　本處機械修理廠，對於各牌舊料，均設法予以修理，俾化無用者爲有用，計自本年二月至六月，該廠修理大豪天配件，約值五五五一•八〇元，雪佛蘭配件，值一一〇三二•一六元，福特配件值三〇七七•六九元，工具值〇六七四三元，車身值九二九四•一五元，車胎二一三五•一五元，其他值一一一七七•二五元，合約值五〇三三八•六三元。

(十)自製配件材料　修理廠除修理各牌舊料外，並自製各項配件材料，成績頗佳，計自本年二月份迄六份止，該廠自製大豪天配件，約值二一七四六〇八二元，雪佛蘭配件值九九八二四〇四八元，福特配件值一六五五〇三四元，工具值四九五〇二六元，車身值六三二二〇〇七元，其他值二六九八〇五九元，合約值四二七四二〇五六元。

(十一)增添客車車票　本處于十月起，加開農工車，發售農工減價票，並增設限期來回票，十一月起，復添售溫湯來回遊覽票農工減價票，適用於普通班車，其票價係照普通班車票價核減三分之一發售，孩童乘坐農工班車時，合於價之例者，票價亦減半核收，至於軍警搭乘農工班車時，合於減半價之例者，雖仍照普通班車票價核減但不得援用農工減價例，再行核減，又限期來回票，僅適用於特別快車，其票價仍照特別快車票價二份八折核收，但有一定之有效期限，逾期失效，再此種限期來回，無論軍警孩童，概不發售半價。至於溫湯來回遊覽票，乃便利南昌人士赴臨小縣屬之溫湯泉沐浴而設，分專車與班車二種，其票價按普通客票雙程八折接收。

(十二)獎勵招攬貨運　此係對於努力招攬貨運之站務人員，給與一種獎勵，其辦法，係以本月份與上月份貨運收入總額相較之超出額，按百分之五核給獎金，其算式如次：貨運獎金——

(本月份貨運收入現金總額——上月份貨運收入現金總額)

〇•〇五但此項貨運收入總額，包括運費，業卸費，及其他因貨運發生之雜收等。

(一三)行駛煤氣汽車　本年二月間機務科成立後，即由設計股悉心研究煤氣代替汽油行車辦法，試驗成績頗佳，其短距離行駛效率，足以與汽油相抗，原料（木炭）既可取諸省內，價格又極低廉，故現車開設法行駛此項煤氣車，以節行車消耗。

(一四)訓練營運員工　設「站務訓練班」，及「高級機械訓練班」，造就營運專門人才，復隨時抽調段長，站長，車場管理員，司機，機匠等，實施短期訓練，俾[illegible]營運工作效率之增進。

(丙)　今後改進計劃

本處本年自入春以來，以災祲洊至，致營運事業，極度衰落，八九兩月，本係旺月，但卒以農村凋敝，人民胼手胼足，本處營業，仍鮮起色，益以浙贛鐵路玉南段通車在即，本處營業，將更遭影響，尤在斯困厄之局面下，誠應亟籌亡羊補牢未雨綢繆之計，改進本處營運業務，藉資挽回，而圖發展！

(子)關于組織者　嘗以營運管理之得失，繫於組織之完善與否，苟組織不健全，則管理不便，必難收指臂之效，是故本處今後營運組織，擬予改善如左。

(一)運輸與營業分開　嘗查美國鐵路之組織，運輸營業分開，故其組織完善，責任分明，運輸部份，專司行車修理等工作，營業部份，則司客貨運業務之招攬，運價之釐訂，沿綫經濟營運調查，及辦理廣告宣傳等工作，故本處有鑒於此，擬做鐵路成例，將運輸與營業二部份分開，俾各盡厥職，工作專一。

(二)車機工警務合併為運輸科　良以車務機務工務三方面，極有密切之關係，苟各自獨立，則一旦有事發生，必致互相推諉責任，反言之，倘車機工而能合併為運輸科，則一切糾紛，既可避免，而管理統一，當使車機工三部份關聯緊密，又警務原屬總務方面，但以警務可以維持行車車站秩序，(浙贛鐵路各車站由警察司收驗客票，看護貨物等事宜，頗有成效，)于運輸上大有密切關係，故警務最好亦屬于運輸科，既便管理，且易奏合作之效。

(三)處科與外段成一貫的系統　處內營運組織，設運輸營業二科，處外設若干總段，該段組織，即係根據處科之組織，而縮小其範圍，亦設運輸營業二股，司理該段營運事宜，如此內外一貫，同心協力，營運業務三進展，庶其有焉！

(四)添設統計室　辦理營運部份各項統計，並司研究發展營運業務設施，管理，改進暨著述等工作。

(丑)關于管理者　本處範圍廣大，一切營運上人事材料等管理，頗非周章，今後擬更圖改善，藉增管理效率

(一)統制人事管理　根據「因事設缺因缺擇人」及「提高工作效率（以適當之人才應適當之工作」二大原則，力使營運工作人員，各守職責，而無廢弛，關于統制方法，擬具如下：（一）厘定選擇員工標準（攷試及甄別），（二）訓練員工（採用巡迴訓練制辦法），（三）編製工作效率等人事統計，(四)規訂員工獎懲保障等辦法，(五)提高下級員待遇，(六)增加員工智識能力，(七)添辦員工福利設施，(八)舉行人事效率比賽等。

(二)統制材料管理　材料爲營運上之大宗支出，故其管理得當與否，影響營運開支之經濟殊鉅！故在大規模之事業機關，對于材料管理，實有加以統制之必要，請玆即將本處今後統制材料方法，條舉如下：（一）厘訂材料管理事個統一制度，(二)規訂購買保管攷驗材料等詳細章則，(三)訂定購買材料及消耗之標準，(四)實行材料預算制度，(五)擬訂材料統計制度，(六)厲行按月材料清查辦法，(七)組織材料估價委員會，(八)統一材料名稱號碼單位，(九)增設材材核實委員會，(十)舉行節約比賽等。

(三)實施統計管理　本處原有營運上之統計，不下百餘種，今後擬再事增編，以爲管理及改進業務之參攷：(I)統計表——(1)運務方面：(A)客貨車運行成績統計表，(B)客貨車不均作業時間統計表，(C)車輛延誤原因統計表。(2)業務方面：(A)貨車容積利用程度統計表，(B)各段營業情況分析統計表，C)各號車輛營業狀況統計表，(D)各站快班車上下旅客人數統計表與(F)各站客貨運比較統計表，(F)各等貨物進款統計表，(G)特種統計表如：(a) 瓷運統計表，(b)茶運統計表，(c)鹽運統計表，(d)鎢砂運統計表。(II) 統計圖——(1)各貨物進款比例圖，(2)各站快班車上下旅客比例圖，(3)各段業務成績比較圖等。

(寅)關于業務者　本處今後營運之方針，擬本「業務商業化」政策，努力設法啓發，俾組織管理之改善，兼籌並進，而圖整個營運事業之發展！

(一)招攬客運　招攬客運方案如下：(1)籌辦營業所，(2)添設站台票，定期票，星期來回票，學生假期回籍減價票，各省公路週遊票等，(3)整理沿綫名勝古蹟，(4)提倡探花賞月遊艇登高等旅行事業，(5)用招貼小册子指南地圖明信片等宣傳方法，引起人民之旅行興趣，(6)設立導游局，(7)創設標準客車，(8)增設問事處，(9)設置申訴箱，(10)興辦公路旅館，(11)注意行車准點，(12)維持客車清潔衛生，（

13）興辦南昌九江等地市內公共汽車，暨准許長途中間乘車辦法(14)街巷張貼宣傳品，(15)設小商店及兌換處，(16)添設公共便所，(17)增設行李儲存所，(18)增闢食堂及添售飯盒，(19)利用留聲報告及電影宣傳等。

(二)招攬貨運　其次關于貨運之招攬方案亦可臚列如下：(1)舉行路商運輸會議(2)組織路商聯歡社，(3)組織產運銷合作委員會，(4)舉行沿綫出產品展覽會，(5)參加國內外博覽會，(6)設立貨棧，(7)自設轉運棧，(8)試行代收貨價，(9)厲行負責運輸，(10)舉辦敏捷貨運，(11)改用統一標準磅秤，(12)改良貨運手續，如廢除過尺制等，(13)增辦貨運特殊業務，如中途製木，集合，積穀，整裝另卸，另擔貨物接送等業務，(14)舉辦貨物押匯，(15)舉辦農產品巡迴車，(16)籌設各車站出產品標本列櫥，(17)組織貨運宣傳隊，(18)舉辦貨運講習班，(19)添辦貨運代辦所，(20)設法水陸聯運業務，(21)與銀行合作，(22)與農村合作委員會，農業院，農村服務區等合作，改良沿綫農業等。

(三)修訂運價　良以運價之減否，營運業務之盛衰繫之，故擬修訂現行運價，俾爲發展營運之張本：(1)釐訂運價原理——(A)平衡各地供需，(B)着重負擔能力，(2)釐訂運價方式——(A)基本運價，各段不同，按各該段之運輸成

本，負擔能力，他種運輸工具競爭等爲準則，(B)貨物分等，擴充至六等，(3)實施遞遠遞減辦法，減輕客貨負擔(4)增訂特價與專價，(5)改用非里程運價制等。

(四)舉辦調查　夫營運事業之整理，有賴于調查者頗多，欲冀客業運業之發展，尤非注重調查工作不爲功！關于調查範圍，該要言之：(1)沿綫客貨運業及經濟之調查—編擬「營運狀況調查表」，「貨物產銷狀況調查表」，「地理調查表」，「人口調查表」，「農產調查表」，「畜產調查表」，「林產調查表」，「鑛區及鑛產調查表」，「工藝品調查表」，「農產播種及收穫調查表」，「農民生活狀況調查表」，「工廠調查表」，「家庭工業調查表」，「商業調查表」，「銀行錢莊調查表」，「輸出入貨品調查表」，「貨物捐稅調查表」，「河流調查表」，「輪船公司調查表」，「民船調查表」，「其他陸運工具調查表」，「汽車公司調查表」，「地價調查表」，暨「運輸測量調查表」等，分發各段班，限期縝密調查呈報，俾爲本處輔助沿綫經濟發達及發展營運之張本。(2)外段站場務工作管理之調查——除頒發「工作處理手續報告表」，「車站設備及管理概況調查表」，暨「車站人員生活狀況調查表」等，令各段站場詳細填報外，並時派員赴各段站場親詣視察，俾明外勤詳情，而免隔閡。(3)南昌市各業貨運調查——刊訂「

南昌市業貨運調查表」，分發南昌市各業詳細填報，藉爲繁榮南昌市經濟，及改進本處貨運之準則。（4）本省特產產運鋪三方面詳細概況之調查——派員調查本省特產之產運鋪三方詳細概況，如景德鎮之瓷器，建寧，寧都，河口，貴溪，鉛山，篠田等地之紙張，上高萬載等地之夏布爆竹，樟樹之藥材，吉安，南城，廣昌，臨川等地之土布，米穀，贛縣，瑞金二地之皮包皮箱皮枕，修木，武甯二地之茶葉等，（印就「江西 產運鋪狀況調查表」）藉爲發展本處貨運業務之參攷。（5）他省公路運輸業務之調查——派員赴各省公路實地調查，並用通訊辦法，函請他省公路機關，報告最近運輸業務管理上之新設施，俾作改善本處營運之借鏡。

草于江西公路處營運專員室。 二四、十一、二十

中國政府審計論

方普桂

一，緒言

政府財務，得分立法，行政，司法三方面監督之。財務立法者，卽預算之議定，租稅公債條例之通過等是，財務行政，悉須視此法案爲依歸，不得稍有逾越。財務行政者，行政機關執行預算及征收稅餉，勸募公債等，上級機關，對其下級官吏服務之忠勤與否，亦須時加督促。財務司法者，另一超然之機關，對於財務行政，施以監察及偵查，其有違反法令之財務行爲，悉予檢舉，並加處分。在各國之權並立，財務立法及司法，歸之國會，而行政則責諸內閣，吾國遵行五權憲法財務之司法，乃由一超然機關主持之，則監察院之審計部是也。

審計一詞，有廣狹二義，狹義之審計，乃就會計上之報表，賬簿，及原始原樣，加以稽查，並予以證明之謂，第一應明瞭以上各項事實之發生及其內容爲何，第二每一帳項之發生，及其處置，其間經辦之人員，是否賦有一種合法之權限。第三，設有帳簿之誤記，事實上之誤收誤付等情，其經辦人員之責任若何。廣義之審計當，包括稽察而言，稽察一義，可就行政與審計兩方面言之。就前者言，爲行政主管機關向附爲機關考查際實情形之一種調查。就後者言，由斯項考查所得之口頭或書面報告後可用爲審計上之重要佐證。政府審計，其狹義部分包括實際考查與審核帳薄表原書冊兩種。而稽察又類如後者之手段，後者則爲稽察工作之目標，故實互相爲用，以形成廣義之審計。

審計及稽察之範圍，各以其種類之不同而原異。茲先舉其種類如下：

一、繼續審計—分一合計年度爲若干短期間，于各該短期內分別舉別審查。時期無定，無從防範。

二、期末審計—一年度完了之後開始審查，在年度言中不予過問僅在年度完畢時總檢查一次，手續較簡。

三、全部審計—一時期間中取發生之帳項，完全加以檢閱。

四、一部審計—就同種類之帳冊中，以一部分對照原始原據而考核之，其他部分卽依此已考部分所得之結果，爲之推定。

五、現金審計—審計之範圍，祇限於現金。

六、資產負債表及資力負担表審計—審計該表所列項目之當否

七、精密審計—舉凡有關財政經過情形及現狀之帳冊原據均須

加以稽核確定

八、事前審計—就事實未經成立以前，加以審查，積極方面，經此審查，可試官吏之責任。消極方面則可防官吏之舞弊

九、事後審計—就事實既經成立以後，對於各該機關所造送之報表，重行加以複核之謂。

十、歲入事務審計—審查歲入各項而確定之

十一、歲出事務審計—審查歲出各項而確定之

十二、金庫事務審計—審查出納事項確定之。

十三、本機關審計—審查本機關之決算書表

十四、行政主管機關之審計—審查所屬之決算書表

十五、超然審計機關審計—於綜組織下獨立審計機關對各機關帳册之審計。

十六、民意及立法機關之審計—

十七、一般稽察—超然稽察機關日常之工作

十八、被檢舉稽察—有人檢舉而發生之工作。

十九、設立稽察—機關設立時所施行之稽核，注重其會計制度，簿記組織系統。

二十、平時稽察—通常之稽察

廿一、交代稽察—長官交替時取行之稽察，俗稱歇盤。

廿二、全部稽察—一期間內之帳册全部稽察之

廿三、一部稽察—同種之帳抽出一部加以稽察

廿四、本機關稽察—性質與審計同。

廿五、行政主管機關稽察—同右

廿六、超然稽察機關—同右

廿七、立法民意機關稽察—同右

廿八、歲出事務察稽—同右

廿九、歲入事務稽察—同右

卅、金庫事務稽察—同右

卅一、事前稽察—機關內之牽制組織

卅二、事後稽察—補救事前稽察力量之不足。

政府審計之範圍及種類，已如上述。茲當進而言政府審計之價值及重要。政府爲人民所託付，辦理公共安全利益事務。故須忠貞廉潔，盡力赴國。在憲政之國家，政黨爭取政柄，成敗之機，胥繫于人民之信仰，故執政者恆喜以廉潔標榜，對於審計事務，足以證明其財政非況者，當歡迎之不暇。在人民方面，既以重大之政務託之政府，自必稽考其財政之是否信實可靠。故審計之昌明，足以促財政之公開，詢憲政之第一要素。吾國政府財務，向極混亂，審計工作，廢弛不影，是以不能褒廉懲頑，澄清吏治。近頃蔣委員長倡導新生活運動，以禮義廉恥之古訓作信條，此於

官吏之不廉無恥者，實乃對症良藥，治本要計。然亦必待審計爲之證明。故政府促計，積極的可促進廉潔之風，改良財政制度，提高行政效率；消極的可防範官吏舞弊，減少，行政浪費，懲治貪官汚吏。審計成功則政治修明，審計失敗則政治混亂，一成一敗，所繫甚大。其價值與重要，可以想見。

最後，吾人尚欲一述政府審計與工商企業審計之異同。工商業之審計，其積極之目的在改善會計制度，指示事業發展，政府審計之積極目的，亦不外使會計制度日趨簡捷與健全。但其着服之點，在乎最大效能之發揮，並不如工商機關之慫往慫來，企圖獲利者相同。工商業之審計，所以對社會證明其信用，以博人好感，政府審計，則在證明官吏之行施職務成績。工商業之審計，乃以便利益之分派，企業之改組，災害之賠償，政府會計則殊不注目於此。政府審計着重於法律之遵守。行政官吏有無非法之收付，實爲審計最須偵查之點，而工商業則無此特性，此其大別也。

二、財務行政與聯綜組織

現代各國之政治機構，以制衡爲原則，於財務行政方面，則採超然主計與聯綜組織制度。吾國於民十八年，由財部政聘請美國「貨幣醫生」甘末爾，組織委員會主投設計中國財政金融改進事宜。甘氏於其報告書中，即有採行聯立綜會制度之建議。自主計處成立後，吾國始完成此制，蔚成今世最科學化之組織。玆將聯立綜合制度之原理及概況，詳述如下：

政府行政，最重事權清明，若有混淆，弊實立生，一人而兼握數政，未有不誤事者。尤以財政爲然，若一征收機關，收稅記帳與保管，悉由一人或一派人把持，則舞文之弊，直易如及掌，國帑可爲侵佔，而政治亦萬難有澄清之望，吾國批政，史不絕者，誠所謂「自己去己然，於今爲烈」矣！推源其初，皆因事權混雜，失于牽制所致。聯立綜合制度者，即將財政上某一工作，分別由二個以上超然機關聯合辦理，以免弄權，而防貪汚。此超然之機關，在行政上均有獨立之資格，不受人干涉。與其他超然機關，取互相牽制之能度，存分工合作之實際。在縱的方面，各超然機關均有所屬分佈於各政府機關內，對本系統之上級官吏，絕對服從，對另一超然系統之任何人，關於其本系統之職責上絕對不容置喙。如是則事權完全分立，一機關內任何一系統中之官吏，欲圖舞弊，勢必聯合各系統官吏全體合作不可，此實異常困難之事，舞文弄弊，必當減少，不但舞弊可減，即某一系統作事不勤，積壓案件，亦必被他系統所督促，不能不趕速辦就矣。

吾國既亦將聯立綜合組織，即於政府內，設立四大集團，共同辦理財政及其監督事務。一爲行政系統，爲單純之行政機關，專司政務財政部屬之，一爲主計系統，國民政府主計處屬之，爲編製預算決算，統一會計之機關，一爲出納系統，中央銀行國庫局屬之，爲掌理全國各機關現金出納及保管之機關，一爲審計系統，監察院審計部屬之，爲掌理全國各機關事前事後審計及稽察之機關。之四系統者，皆爲獨立超然之機關。主計處隸屬國民政府，設歲計局，統計局及會計局。歲計局辦理關於籌劃預算所須事實之調查事項；關於各機關概算預算及決算表册等格式之製定頒行事項；關於各機關歲入歲出概算書之核算及總概算書之編造事項；關於依照核定總概算書編造擬定總預算書事項；關於擬定總預算書經核定後之整理事項；關於預算內款項依法流用之登記事項；關於各機關各種計算書之彙編及其報告事項；關於各機關歲入出決算書之核算及總決算之編造事項；關於各機關財務上增進效能與減少不經濟支出之研究及其報告事項；關於各機關間財務上應合辦或絕對事務之建議事項；關於各機關辦理歲計事務人員之指揮監督事項；及其他有關歲計事項。會計局辦理關於各機關會計人員之任免遷調訓練及考績事項；關於各機關會計表册書據等格式之製定頒行事項關於各機關會計事務之指導監督事項；關於各機關會計報告之審核記載及總報告之彙編一項；及其他有關會計事項。統計局辦理各機關統計人員之任免遷調。訓練及考績，各機關統計事務之指導與監督之各機關統計方法與圖表格式之統一；及各機關統計裁閣之劃分與工作之分配等。

財政部隸行政院爲全國財務行政之主要機關，整理全國財務行政事務。下設關務署，鹽務署，統稅署，總務司，賦稅司，公債司，錢幣司，國庫司，及會計司，有附屬機關，分設各地。行政院復爲促進財政改善及實現財政公開計，設立全國財政委員會。專事建議整理財政，審核收支概算審核公債發行，稽核報銷，及公佈收支帳目。

中央銀行及分支行，爲經理國庫之機關，由國民政府經營之。凡行政收支，均由該行辦理。

審計部直屬國民政府監察院，行使審計職權。其職權爲監督政府所屬全國各機關預算之執行，審核政府所屬全國各機關之計算及決算，核定政府所屬全國各機關之收入命令及支付命令，及稽察政府所屬全國各機關財政上之不法或不忠於職務之行爲。

上述之組織，堪稱完備及嚴密。每一行政機關中，除行政系統之人員外，有屬於主計系統之會計員或統計員，管理其帳目。當地中央銀行及審計辦事處等分司金庫及審核。每一收支，由行政人員決定，審計人員核准，金庫執行收付，會計人員記錄。於此而欲弄弊，實非易易。惜乎聯綜組織，因國內各種勢力之肘制，四系統之力量不能平均，仍不克收取宏效耳。

三、審計部之組織與其職權之行使

前述聯綜組織，已將審計部在財政監督上之地位及與各系統之構，約略說明。茲請再將審計部內部組織之一述如次：

審計部度部長一人(特任)秉承監察院長綜理全部事宜(審計部組織法第二條)。政務常務次長各一人(簡任)輔助部長，處理部務，(第三條)。祕書二人至四人內二人簡任餘為任分掌會議及長官交辦事務(第九條)。審計九人至十二人(簡任)須具有協審稽察應有之資格並任簡任官職者或現任最高級協審稽察一年以上成績優良者方為合格(十、十一條)協審十三人至十六人(若任)，須曾在國內外專門以上學校修經濟法律會計之學三年以上畢業並有相當經驗者或曾任會計師或地方審計之職務三年以上成績優良者方為合格(十一、十二條)。稽察八人至十人(若任)，須於稽察事務處需學科曾在國內外專門以上學校修習三年以上畢業，並有相當經驗者，或於稽察事務曾任技師或職官三年以上成績優良者為合格(十、十三條)。總務處科長四人(若任)，各科科員十四人至卅八人(委任)佐理員四十人致六十人(委至)。此外過必要時得聘專門人員，經寫文件及其他事務得的用雇員，(十、十五、十六條)此審計官制之大概也。

審計部設三廳，各設廳長一人，由部長指定審計兼任之。每廳設三科，每科設科長一人內部長分別指定協審稽察兼任，各科設科員(七條)。設總務處，處長一人，由部長指定簡任祕書兼任之，科長四人，各科設科員。第一廳掌理政府所屬全國各機關之事前審計事務。第二廳掌理政府所屬全國各機關之事後審計事務。第三廳掌理政府所屬全國各機關之稽察事務。總務處掌理文書統計會計庶務等事務。(五條)凡在京各機關之審計稽察事務由部內不兼廳長科長之審計協處稽察兼理。重要事務由審計會議，決行之。審計部設駐外審計協審稽察分別執行各審計處及審計事處之職務，此審計職掌之大概也。

審計協審稽察任職期內，不得兼任其他官職，律師會計師或技師及公私企業機關之任何職務；非受刑之宣告或懲戒處分者，不得免職或停職。其調度以審計會決議行之。此審計人員待遇之大概也。

(審計會議由部長政務次長，常務次長及審計組織之。以出席人員過半數之同意行之。可否同數時取決於主席。主席由部長担任，部長有事故時由次長代理。)

審計部於各省政府所在地或直隸行政院之市政府所在地，設審計處，辦理審計稽察事務。內分三組分掌，事後審計及稽察事務，人員由審計部派充。組織與審計部極相近似，特具體而微耳。

審計部於中央及各省公務機關公有營業機關，其組織非由行政區域劃分者，經國民政府之核准，得由審計部設審計辦事處。審計辦事處分甲乙二種，甲種與審計處同，乙種規模略小。

我國審計部對財務行政之監督，有事前事後及稽察三種。

（A）事前審計

審計部辦理審計，分爲三步，（一）初審，科員任之，（二）後審，科長任之，（三），審計任之。茲舉支付書之審計爲例。凡國庫簽發款項，按照核計法之規定，須先經審計部核准，金庫方可支付。當支付命令審計時，先由核算員隨到隨辦，不得延遲。三日之內，須審畢送還財部。核算員查核後，塡准駁之理由書，送請上司覆核批示覆核。覆核後，准予簽發，即仍交由原辦核算員塡具回聯審查支付命令核准通知書，第一聯存根，內開（一）領款機關或人，（二）主管機關（三）金額國幣數（四）支付命令會字號（五）年月份（六）核准日月；由主管科截留備查。第二聯通知財政部。第三聯通知領款機關或人，第四聯爲核准報告書，爲報告該部長官之用。如覆核拒絕會簽，則另用公文敍述核駁理由送還財政部，事前審計應注意（一）有無預算或法案作根據（二）支付款項，是否與預算案或法案存會，（三）每月是否依法定期限及手續編送以預算案爲根據之月份支付預算書，（四）有證明效力之文件是否與支付書內容相符，（五）支付書內之支付金額機關名稱年度月份用途款項等，是否完全幷無錯誤（六）財政部負責諸長官是否在支付書內答字或蓋章，（七）是否塡有代理金庫之銀行，（指直字支令）（八）是否附有抵能書及收據（指生字撥字支付令），（九）支付書係何日收到（十）塡寫核准通知書時四聯字體均須一致金額須用大寫。

（B）事後審計

事後審計之程序爲四（一）由各機關造送報告，（二）審計部據以審查（三）審計部判別及處置（四）編製審計報告。各機關應行編送審查之報告，按照審計法之規定，計有下列諸種：

一、各機關於每月經過後十五日以內，編造上月收入支出計算書，貸借對照表，財產目錄，連同憑證原據，送達審計部審查。

二、國庫或代理國庫應於每月經過十五日以內，編成國庫收支月計表，及歲入金歲出金分類表，連同單據送審計部審查。

三、財政部於年度經過後六個月以內編造國庫全年度出納計算書送審計部審查。

四、各機關於年度經過二個月以內，編成歲入歲出決算報告書，送主管部查核，各部院等機關，於年度經過六個月以內編成所管歲入決算報告書，主管歲出決算報告書，及特別會計決算報告書，送主計處，主計處於年度後經過八個月以內，彙核各機關及財政部之決算報告書，國債計算書等，編成總決算，連同附屬書類，送審計部審查。

五、經管物品官吏，於每月經過後十五日以內，年度經過後二個月以內，編成物品出納計算書，送由主管長官核定後，轉送審計部備查。

六、各機關應將出納人員姓名履歷及保證金額，錄送審計部備查。

七、各機關長官或經管出納人員交代時，應將經管款項及物品，詳列交代清册，移交接管人員幷送審計部備查。

上列書類送到審計部，先由作初歲之審核，擬就審核報告書，送科長復核。如無問題，即由科員繕具審核證明書，由科長送請廳長核閱後，轉審計復核。經審計會議之通過，由主管之審計，簽字決定。如有問題，即由科員擬就審後通知書稿，由科長送請廳長核閱後，轉審計復核，予以修己，提出審計會議通過之。審計進行中，如有疑義，得行文查詢限期答復或派員調查。如有必要，並得向各機關調閱證據或主管長官證明書之審計部並得另行委託他人辦理審計。審核之標準，首重用途是否合法，單樣定否相機，數目是否正確，預算有未超過，及會計格式，合否部定。

凡各機關應送審計部審查之支付預算，收入計算，支出計算及其他書册報告，在未經審計部審核以前，不得核銷。如過審核有不確當時，當然無核銷數、審計部應提出審核通知書，通知其主管長官提出聲辯或執行處分。書內除列原册數目及機關名稱外，如有違法舞弊情事，通知處分額外支溢等情，通知剔除；原據不全情事，通知補送；發生疑義情事，通知答覆；編製不同情事，通知發還，繕寫錯誤情事，通知更正；會計格式不合情事通知注意。如已經審計部審查認爲正當者，則由審計部發給證明書，關明機關名，年度，預算數，計算數，核銷數，及她審查書類等。

年度決算之審核完結後，審計部應發給核准狀以爲證明。

審計部於審計完畢後，應編兩種報告書，其一爲每年度審查之結果，呈報國民政府，幷得就法律上或行政上應行改革之事項，附具意見。其二爲各種書據，審查完竣之後，須編製審計報告書，呈報國民政府。其內容注重

（一）總決算及各主管機關決算報告書之金額與國庫之出納金額是否相同

（二）歲入之征收，歲出之支用官有物之買賣讓與及利用，是否與法令之規定及預算相符

（三）有無超越預算及預算外之支出

（C）稽察

稽察之工作，注重實地調查。任其事者，須有各方面之智識，例如工程，商業，法律等等。其工作之情形，各隨情形而殊，初無一定之程序。惟當其受命之視則有先以就地審查之所得供書面審查之參考者，有受書面審查者之委託，而後爲就地審查者。關於收入方面關稽察，如調查征稅制度，監督征稅，及監查歲入法

案是否實施，征收機關所核准之收入預計數是否以法案細則爲根據。關於支出方面之稽察，如監督開標，監督公債抽籤，報告建築工程之交付情形。此外則調查行政效率，均以維護政府利益，督促官吏盡忠爲主要。

四、結論

以上已將吾國審計制度動靜二方面，詳細述過。就聯綜組織之理論，及現時所定之制度言，已可稱爲完全。所可憾者，我國政治未上規道，審計部之權力甚小，甚且爲他機關所刼持，不克發揮其權力，而執行處分一層，更非勢力之所及，不足以徵貪污。即此一點，已足將全部機能，破壞盡淨。此乃制度以外之問題，若言制度本身，則尚有其不甚嚴密切實之所在，玆試述之：

其一、各機關內之審計人員，尚無設置。審計部之工作，須待各機關將報表送請審計。故在此制下，審計部之工作，乃完全爲被動的。倘行政官吏不將各項報表送請審計，則審計部除不予解除責任外，別無其他方法。雖可迭次催送，其如置之不理何。即已送部審查者，亦以行各查詢，牽延時日，不能按期結束。

其二、送請審計之中央各機關及其所屬之收入計算書類，因未附送收據存根，無從審核。因此審計乃偏於支出方面，此種審計上之偏頗，殊屬非是。馴致各機關自收自支，無法制止之。

其三、吾國聯綜組織雖已創立，而其中國庫未統一預算未完審，致使審計方面，無法推進。

其四、審計機關遇行政收支之不合法令者，拒絕會簽，此乃審計部必須具有之威權。但收支命令一經拒簽，勢必阻止行政之進行。個中然否，甚難懸決，而其爲空洞之處置，不言而喻。世界各國之行事前審計者，恆有例外之設，但例外逾多，距事前審計之原則遠矣。

其五，就地審計之可貴，讀前文可知，欲實行就地審計，必須廣設審計處及審計辦事處。但軍隊軍艦，行動不定，或駐外使領館，不在本國行政區域之內，均難劃歸審計處及審計辦事處辦理，則就地審計，勢必不可能矣。

綜上所述，中國審計制度，尚有未完全或未能盡量推行之處。去年審計部上海市審計處處長林襟宇氏，有設計審計法之擬議，（見會計雜誌四卷六期）大致以增原審計部之權力，推行就地審計，改良送請審計，及提高行政效率爲依歸。林氏主張，詢會時宜。是人固深望中國審計制度日臻完備，以爲澄清吏治之先務也。

最後，扎錄英美日三國審計制度，以供讀者之參考，並作本文之結束：

英國　英國之國會，在國家財務上兼具司法之權。對於財政上有措置不當情事。均由國會之公帳委員會處決。審計官對於違法之人員，並不直接處罰，須由國會間接行之。但內閣旣向國會負責，故處分之效力甚彰。一八六六之檢查審計部法會規定，設審計及副部長各一人。審計官之職務，包括掌管國庫及審計各機關之支出，以其錯誤報告國會。審計部派員駐在全國各機關，就地他。並收入方面是否合法，亦同時審計，有時派員調查各征收局如有疑問，並可直接徵詢納稅人。

英國組織，立法監察不分立，與吾國不同。審計部之組織及其對外關係，因亦互異。其就地審計之周密，爲優點一，而錯誤糾正責任確定之敏捷，亦惟如此方能做到。審計人員發現制度上之弊端，可向國會建議改革，審計有積極目的，爲優點二。

美國　美國之審計事務，向歸財政部執掌。財部設審計官數人，分掌各行政機關之審計，故有外交審計官，陸軍審計官之稱。自一九二一年預算會計法通過後，設審計院，中有審計長及副審計長各一人，綜理一切事務，凡國家之收入借貸權利義務，各機關組織工作實況，國庫收放基金運用，均須由該院審核。審計長及副審計長，由總統得參院同意任命，任期十五年。每當國會，須提報告並建議。國會有特別事務須待審查者，審計院辦理之。

美國制度較簡，亦爲立法司法不分之組織。其視審計，不過議會中之一部分而已。

日本　日本有會計檢查院，隸於天皇，與內閣及議會不相速屬。院長一人，部長三人，審查員十二人，採合議制，決定一切審計事務。對於會計，處客觀地位辦理。成績書，奏於天皇，作報告書，提交議會。各機關須以帳册原據送請檢查，或由院派員檢查。其事務較簡者，則委託私人就近辦理。

日本之審計制度，亦不及吾國繁密。雖審計係有獨立地位，不過視吾國監察院有直接處分之權，不免遜色。事前審計，辦理亦不嚴密。審計之範圍，不逮吾國之廣大。

綜觀此三國，審計組織，國國而殊。吾國則採其精英，反較之爲優。然此種制度，皆隨國情而殊。外國重視民權，顧全名譽，故貪頑者少，其制度自可較簡。未有若我國數十年來，吏治之頽頇者也。政之興衰，端視乎人。專制之政體雖劣，未嘗不可使國富民強；共和之政體雖優，不必定能使人民安居樂業。其在審計，情亦同此。吾人於完密制度之下，實深望國內人事之影響，日趨湮滅，以法除審計上之根本困難而促行政之合理化！

十月來上海銀行業之消長概況

應物輯

輯者初意擬將念四年度全年情形搜集成文，奈本刊付印在卽，事實上未能辦到，祇得將一月至十月十個月內的情形整理發表雖甚簡單或亦可讓參考之用

銀行爲金融主幹，工商業之盛衰，有賴於銀行之發達與否，而銀行之消長，亦可表示工商業之榮枯，上海爲我國金融中心，銀行之範圍與數目，皆非其他各地所能及，數年前滬地銀行業曾一度興盛，新設者如雨後春筍，乃近年農村破產，工商凋疲，加以大部份銀行平日所取方針不良，故倒閉者時有所聞，而未倒者，亦有岌岌不可終日之勢。總計十個月來，新設者僅本行三家，分支行三家，辦事處四家，而停業或清理者，有本行十一家，分支行七家，有重要改組或擴充者三家。縱觀十月內情形，有可注意者四點：（一）有獎儲蓄之取締，使十餘年來積弊盡去，可謂我國銀行業之好現象；（二）中國交通兩行之增加官股，實爲我國銀行史上重要之一頁，此後中央中國交通三家在政府監督下，調濟金融，其力量必較前更大；（三）美豐銀行之倒閉，實足暴露外商銀行之弱點，使國人平日信仰外行之心，爲之一變；（四）十月內新設者雖多爲小銀行，然其方針似皆趨向穩健，倒閉各行，大都受害於地產及投機失敗，前車可鑒，現存各銀行對於將來資金之運用，極宜慎重考慮。茲將新設倒閉及改組之銀行支行或辦事處之情形，分段略述之：

（甲）新設者

（I）本行共三家：

（1）國信銀行　該行爲滬上金融巨子所籌設，組織穩健，實力充足，專營一切銀業務，兼辦儲蓄，於三月十四日開幕。

（2）永大銀行　該行經財政實業兩部註册，於六月三日開幕，經營一切銀行業務。

（3）建華銀行　該行資金五十萬收足，經財政部註册，於九月廿六日開幕，專營商業銀行業務，不兼辦儲蓄。

（II）支行共三家：

（1）甯波實業銀行霞飛路支行　該行於一月十七日開幕。因受本行之累，於六月中與本行同時停業。

（2）四省農民銀行上海分行　該行於二月十八日開幕，業

金由總行撥給，總理朱潤生。

（3）上海煙業銀行虹口分行　該行鑒於虹口一帶人烟稠密工廠林立，乃設分行，以應需要，於五月二十日開幕。

（4）浙江地方銀行上海分行　該總行創於光緒末年，發有鈔票，滬分行於七月十五日成立。

（Ⅲ）辦事處共四家。

（1）興業信託社吳淞辦事處　該社近以業務發達，謀在市內擴張範圍，乃擇要於吳淞先成立辦事處，於一月四日開幕，業務為存款放款押款及代辦事項。

（2）中國銀行同孚路辦事處　於二月八日設立，以便利西區顧客。

（3）中國實業銀行愚園路辦事處　為便利西區人士款項收付起見，於七月三日開幕。

（4）中央信託公司西區辦事處　於七月十日開幕。

（乙）停業或清理者

（Ⅰ）總行共十一家。

（1）明華銀行上海總行　該行青島分行因受中魯銀行影響，發生擠兌，被迫停業，滬總行遂亦因累於五月廿四日宣告停業，同時退出銀行公會。

（2）美豐銀行　該行創於一九一七年，總經理克利佛爾，董事長雷文，資金定額七百卅一萬，實收三百八十九萬五千餘元，公積金二百三十餘萬，經營存款放款買賣證券等，並發行鈔票，近因從事外匯投機失敗，及地產抵押過多（受普益地產公司等影響），致週轉不靈，於五月廿日宣告停業。該行存款總額約一千餘萬元，我國人存款祗八九萬，鈔票流通者已不滿十萬元，其資產以地皮為大宗，約值一千七八百萬元。

（3）江南銀行　創於民十一年二月，於十九年註冊，資本五十萬收足，除商業業務外，兼辦儲蓄，因週轉不靈，於六月四日停業，收受存款約八十萬元，放款約一百萬元，相抵有餘。

（4）甯波實業銀行該行創於民國二十年六月，資金五十萬元收足，因受市面影響，總分行同時宣告停業，存款約九十餘萬元。

（5）萬國儲蓄會　創於一九一二年，為法商經營，資本二百七十九萬餘元，辦理有獎儲蓄，收存款約六千餘萬，本年七月一日新刑法禁止有獎儲蓄，故該總行及各地分行結有束有獎儲蓄之必要。

（6）中法儲蓄會　奉財政部令，將甲乙兩部資產負債，部交中央信托局接辦。該會創於民七，初爲中法合資，後改中國股份有限公司，資本四十五萬元，存款四百萬元。

（7）世界銀行　因週轉不靈，於七月四日起暫停營業，該行人欠欠人兩共五十餘萬，資產約四十餘萬元。

（8）正大銀行　因市面不良，放款不易收回，股東無意續營，乃於九月一日起停業，存款共約七萬餘元，放款約三十餘萬，存款定期一例發還。

（9）信通銀行　創於民國十年，資金五十萬元收足，經營一切商業儲蓄業務，滬戰時曾停頓，後極力設法，始恢復營業，今卒因週轉不靈，於九月廿一日宣告清理，各種存款總約十一二萬，放款十五萬。

（10）大滬銀行　創於一九三三年，資金收五十萬元，因週不靈，於十月十一日停業，存款約九十萬元，定期發還。

（11）信濟銀行　創於一九二七年，資金爲十萬美元，公積金爲二萬七千餘美元，九一八後，即感困難，此次中東路出賣成功，該行乃被迫停業。

（II）分支行共七家：

（1）廈門銀行上海分行　廈門總行因受當地錢莊倒閉影響，被迫停業，滬分行初仍維持原狀，但後接令停業。

（2）嘉華銀行上海分行　因廣州地價大跌，廣州分行停業，香港總行及滬行遂亦宣告清理，該行資本一百萬，創立迄今，已有卅年之歷史。

（3）廣東銀行上海分行　該分因受總行影響而停業，惟資產超過負債，故有復業可能。

（4）甯波實業銀行霞飛路分行□該分行與總行同時倒閉，計營業期間不足半年。

（5）香港國民儲蓄銀行滬分行　該總行因受廣東銀行影響而停業，滬分行遂亦宣告清理。

（6）信濟銀行霞飛路分行　與總行同於十月五日宣告停業。

（7）華業銀行上海分行　因受港滬匯款影響，於十月廿二日停業，未加入銀行公會，存款祇十萬，同業往來甚少。

（丙）改組或擴充者

上海銀行界有重要改組者，或擴充者，爲中國交通中央三家。

（1）中國銀行　該行於三月一日開股東大會時，奉到財政部擬增二千五百萬元官股令，經決議通過，由財部撥給金融公債二千五百萬元，作爲給股。該行原有資金二千五百萬元，計商八成官二成，增股後爲官六商二，官股息金原爲七厘，現減爲五厘，官股董事由三人增至九人，官股監察由一人增至三人，由財政部令派宋子文爲董事長，宋漢章爲總經理，此該行改組之大概情形。致於擴充方面，該行於六月一日增設儲蓄部，由資本中撥五百萬爲基金，會計完全獨立。

（2）交通銀行　該行於四月二十日開股東會，奉到財部增官股一千萬令，議决通過，由財部給與金融公債一千萬元，作爲給股，合原有資金共爲二千萬元，增股後官息亦減少，董事定爲二十一人，官九商十二，監察定爲七人，官三商四，該行總董事長經理均未動，惟由財部加委。

（3）中央銀行　中行資金原爲二千萬元，年來營業發達，漸感不敷，乃决定增加資本爲一萬萬元，於去年呈請行政院核准。今年一月由財部撥給六千萬元，連同原資二千萬公積金二千萬，合爲一萬萬元。該行於七月一日增設信托局，辦信理托儲蓄業務，基金定爲一千萬元，由該行資本內一次撥足，會計完全獨立。

我國新貨幣政策的剖視

秦本鑑

新貨幣政策的背景和動機

一般經濟學者劃分人類經濟社會爲三個時期，卽由物物交換經濟(Barter)進而至貨幣經濟(Money)再進而至信用經濟(Credit)時期。在這貨幣經濟與信用經濟並盛的現社會，貨幣在經濟界不僅爲一般交換之媒介，並且貨幣制度，對於一國產業之盛衰，實有重大關係，他若外匯之穩定，物價之平衡，資金之調劑等等，都須視一國貨幣政策如何而定。在新貨幣政策頒行之前，我國素來沒有固定的政策或計劃，以處理社會間紊雜的幣制，任其自然的消長，所以對於各種公私企業的發展，增多額外的困難。

自從不景氣狂潮席捲大地以來，各國都想超脫恐慌的漩渦，求其自身在經濟上的安全，貨幣政策更有用爲解脫不景氣的工具，像一九三一年九月的英鎊貶值，一九三三年四月的美元貶值，一九三一年十二月日本禁金出口後日元幣值的下落，便是絕好的例證，一方面各資本主義國家的統治者想藉幣值的下落，刺激國內物價的上漲，謀暫時的繁榮，他方面更欲藉匯兌的作用，以爲奪取國外市場的手段，在這列强因本身矛盾互相角逐的局面下，次殖民地地位的中國，便成爲各國爭奪的目標之一，國內的經濟狀況，當然祇有日漸惡化。

一九三三年七月世界經濟會議，經美國白銀派議員的鼓吹，造成了一個維持銀價協定，一九三四六月美國頒布白銀法案，同年八月更宣布白銀國有政策，自一九三四六月以後，美政府即在國外購銀，此後世界銀價就被美國人爲的力量提高，日向上漲。我國爲銀本位國家，所以銀價的漲落，對於國內物價之變動，資金之流通，國外匯兌之升降關係甚大，當時因世界銀價高漲，國外銀價高於國內銀價，所以國內存銀，不斷流出，綜計從一九三四七月至十二月，半年之間，輸出數額達二萬萬元以上。政府爲制止白銀的繼續外流，在當年十月十五日徵收銀出口稅及平衡稅，以扯平國內銀價與國外銀價的差額，使輸出者無利可圖，那知這樣的扯平，還不澈底，海外銀價愈高，征稅愈多，偷運出口的也愈多，又因列強在中國有特殊權益，一方面雖然徵收出口及平衡稅，而白銀的流出，仍然不少，巨量現貨的外流，對於我國的金融和經濟，遂發生極大的影響，物價繼續的下落，工商業更加衰落，資本不斷的逃亡，銀行存底的減少，放款無法收回，收縮放款的範圍等等，形成通貨緊縮的窘象。到了去年十月間，謠議風行，商民更懷疑幣制的將來，投機家拚命買外匯和標金，以致幣價日落，金融市場和國民經濟，形將崩潰，國民政府在去年十一月四日纔布告改革幣制以挽救當前的危機，由此看來；新貨幣政策實是不得已的措施。

新貨幣政策的陣容。

這次財政部宣佈新貨幣政策，條緒頗多，總括說來約有下列數端，(一)『以中央中國交通三行鈔票為法幣，一切公私款項之收付，均以法幣為限，不得行使現金』，本條文最重要的意義，便是我國銀本位的停止，禁止行使現金，我們的幣價便與銀價脫離，使現銀商品價格的變動，幣價不受直接猛烈的影響（當然有時須視政府維持外匯的程度而定），本來嚴格的金屬本位，須具備兩個條件，一為自由鑄造，一為現金自由移動，前年施行平衡稅，實際上已脫離了銀本位，今更停止現金的行使，使此後中國幣價，更與世界銀價分離，今後的物價即不以銀幣的價值來衡量，乃以受有管理的法幣的價值來衡量，避免永遠受有被動的勢力造成國內經濟的不安。(二)『三行以外各銀行紙幣，暫准照舊行使，但以現在流通總額為限，不得增發，並逐漸以法幣收回』，本條的用意，在使紙幣發行的統一，我國自發行紙幣以來，向為多

數發行制而非單一發行制，致發行複雜，散漫無序，在金融鬆弛時，則濫量濫發，一至金融緊張的時候，即無從調整，致一發不可收拾，今將從前分立發行制度，逐漸改為集中統一的發行制度，使法幣的發行，得以適應社會的實際需要，隨時伸縮，以調節金融的張弛，此為貨幣政策上顯著的進步，所以祇留剩三行紙幣通行，一方為適應當前各項困難，一方更促進紙幣發行的統一。(三)『設立發行準備管理委員會，由財部派員與銀錢業公會商會及銀行代表等共同組織，管理紙幣發行之準備金』。本條文的意義，就使發行準備的集中，公開保管，我國以往金融組織的最大缺點為準備散漫，當在金融恐慌的時候，一遇提存擠兌，即感窮於應付，引起倒閉停兌的風潮，使人民負意外之損失，增加社會的不甯，準備一經集中，一方面在平時可以鞏固法幣之信用，使充分發揮資金之効能，在恐慌的時候，更能表現準備充實之功効，無疑地這是社會上進步的表徵。(四)『持有銀幣及生銀者，指定機關兌換法幣，隱匿偷漏者從重治罪』，此舉在保存現銀，不再源源流出。我國自美國購銀政策實施以後，國外銀價高漲，一般牟利之徒，不顧利害，將白銀運出，雖於一九三四年徵收白銀出口稅及平衡稅，但不過救濟於一時，私運之弊仍不能完全防備，今新貨幣制度禁止行使現銀，現銀幣及生銀，應交三行等處掉換法幣，如是不致有自將銀幣鎔化，偷運出口須受重罪。(五)『

舊有銀幣契約，均以法幣收付」，這是取消契約中之「銀條文」的規定，近年來商民對於銀本位制的信仰漸失，常在契約中加一「銀條文」(the silver clause)，規定將來幣制若有變化，結算時仍須根據原來銀幣成色的價值，現在旣停止銀本位，若不取銷「銀條文」，則糾紛必多，債務者的負累必重，取消這項規定，可以避免一切糾紛，且債權者並無具體的重大損失的證明。(六)「三行無限制買賣外匯」，這舉極爲重要，控制外匯，使法幣對外匯價，能趨於穩定之地步，由三行斟酌供求關係，爲外匯賣買，使匯價無倏漲倏落之虞，一方面可以調整國際貿易的崎勢，使進出口商不受匯價變動的風險，他方面更可以避免他國利用匯兌傾銷的壓迫，作自力更生的準備。其餘如改善中央銀行的組織，俾成銀行之銀行，修正不動產抵押法令等等措施，無一非欲把我國散漫的金融組織健全起來，自然的發展施以科學的管理，以應付此金融戰爭劇烈的時代。

新貨幣政策與管理通貨

通常所謂管理通貨，有二意義：(一)安定國內通貨的價值，即安定國內物價。(二)安定外匯，即安定通貨對外的價值。新貨幣政策，政府旣須統制通貨的價值，所以是一種管理通貨制度，對於以上二端，當有討論之價值。

(一)物價問題：當新貨幣法案公布後，一時因人民心理作用，各地物價均見暴漲，至今已漸次恢復原狀。惟物價的漲落，影響民生殊巨，今後物價的穩定，當視政府維持的實力，惟謀物價正常之漲落，尙待有適當之辦法，謀幣值永久之穩定，以發揮新貨幣政策的効能，如何使物價不致反常暴漲，通常須注意以下各點，(1)嚴禁貪圖暴利，商人或製造家，乘機欲貪圖暴利而抬高市價，使一般消費者，困苦呻吟物價騰貴之下，無論就社會上就正義上講，均非嚴行禁止不可，禁止的辦法，一方面政府對於貪圖暴利者，加以相當之限制，或一方由其被害者，出首告發，如果屬實，政府即加制裁，政府亟宜明定條例，及早施行之。(2)伸縮通貨，按照通貨數量學說，物價上漲，斯爲通貨購買力降低之象徵，此時之對策，即在乎約束通貨之數量，及流通速度而獲得調節。反之，物價跌落過甚，則貨幣購買力，同時加增，調節之方，即在增加通貨數量及通貨速度，務使物價與基期水準相近而得安定。普通所謂通貨膨脹，並非指單純的紙幣發行的增加，而是紙幣發行額超過貨幣流通之必需量，因而有抬致紙幣無限貶價物價無限騰貴之危險，故今法幣的發行額，應視社會的需要而變動，使幣價穩定而物價因之安定。(3)再貼現政策，以中央銀行之職責，應用貼現政策，即籍再貼現率之高低，控制市場現金之流動，調劑金融平穩物價，其爲効甚大，蓋貼現率之高低，對於物價方面能發生如下之作用：(A)貼現率提高，能減少貼現之要求，即能減少紙幣之發行，貨幣供給少，物價趨跌。反之，降低貼現率紙幣發出多，物價趨漲，因此貼現率之高低，直接能調劑通貨，間接又可安定物價，(B)遇外匯步漲過劇之時，提高貼現率，市場各項利息因之堅俏，可以吸引外國資金，因而外匯之供給加多，外匯乃降。反之，若遇外匯跌落過甚之時，中央銀行抑低其貼現率，各國貼現票據流入，因而外匯之需要加多，外匯可逐漸上升。物價與匯價有密切關係，外匯率高，利於輸入，可以增加入超，國內物價，勢必趨跌，外匯率降，則利於輸出，可以減少入超，物價趨漲。故貼現政策，直接又可安定外匯，間接又能平穩物價。(4)證券買賣，此所以補貼現政策之不逮，當市場現金過多，利率減低，物價騰貴時，中央銀行之貼現政策，往往失其効用，斯時拋出證券，收集現金以抑低物價，若當市場現金過少，利率高漲，物價趨跌時，則中央銀行又可收買證券，放出現金以抬高物價，使物價能得安定。以上各點，皆爲防止物價的反正暴漲，因物價之變態暴漲，無論對於消費者產業界以至於國際貿易方面，均有損無益，且爲害甚大，不過物價循景氣恢復而徐徐上漲，却是極希望實現的一件事。就工商方面言，以住的萎縮和停頓的病態，物價的跌落確是一個重要原因，所以新貨幣政策的施行，一方面欲使景氣的徐圖恢復，物價可依之上升，使由蕭條的時期進至繁榮時期，一方而更欲防止物價不自然之突然暴漲，危害民生，這便是新貨幣制度對於安定物價應有的職使

（二）外匯問題；外匯價格之過度漲落，非惟對於國際貿易有莫大之損害，且易招致資金之逃避，所以管理通貨必須穩定外匯，以達到其安定物價與復興經濟之使命。新貨幣政策規定三行無限制買賣外匯，即是適時穩定外匯的一種設施，不過永久之穩定，尙待有通盤及強有力之辦法。穩定之手段甚多，下述二種辦法乃各國所常採用者。(1)設立匯兌平衡基金，英美自放棄金位後，即設法成立匯兌基金，結果外匯穩定，基金數目，英國有三萬萬五千萬磅，美國有二十萬萬元，因國際匯兌戰爭之劇烈，其數常需增大，吾國外匯需要若干基金始能穩定，雖一時不易估計，然其數目甚大則甚顯然，在此民窮財盡之時，此鉅額款項之措施，頗非易事，且國際借款，又一時不易實現，其次又因平衡基金運用之結果，常有虧蝕風險，像英國每年常因此虧折數千萬磅以上，中國若須採取平衡基金辦法，當須考慮這一點。(2)『釘住』Pegging外匯法，是比較經濟的辦法。其方式亦有多端，最單純者，就先議定一固定匯率，由本國政府向外國銀行或銀行團締訂契約，爲防匯價之漲落而買賣本國匯票，同時本國中央銀行亦在國內作同樣之賣買，遇有外匯頭寸不足之時，纔向締約銀行發出匯票，彼此間毋需大宗資金的授受，不過在一定期間給付利息。歐洲大戰時，英磅法郎動搖，即與美國銀行締約，藉以維持匯

價，效力頗大，此法頗經濟，既可避免借債之種種麻煩，成本又低，對於我國目下的情勢，很爲適宜。

此處所謂穩定匯價，意謂外匯之價格至於某點對於我國最有利的穩定，確定外匯應穩定的一點，必須考慮國內外貿易，債務，物價諸方面，如(A)分析外國物價與本國物價變動之比率，將本國物價折成外幣與外貨比較，若外貨價值仍較低，則酌量使本國匯兌減低，使杜絕外貨，因籍外匯傾銷作用，侵奪本國的工商業。(B)分析本國對外貿易中原料品與製造品變動的趨勢，外匯降低，進口貿易有受阻可能，可不必一定有利於本國，因各國在某種範圍內終需要他國貨品之輸入，其中原料品，尤不可缺少。(C)分析本國對外債務狀况，包括外債，本國人在外國之存款投資等項。總之，外匯穩定的一點，須審察國內的經濟情形，國外的變動狀况，而確定其最有利永久的比例，所以須完全由自身做出發點，切忌因某種利益而附屬於一種外幣下，弄得民族經濟永久沒有出頭的一天。一方確定匯率一方施以有力的穩定，這便是新貨的政策對於外匯問題應當注意的一點。

新貨幣政策實行後的影響

新貨幣政策既爲事勢所需要，並且認爲解決國內金融問題的唯一辦法，對於國內外的影響，到底有什麼影響？

(一)國外：(1)新貨幣政策的實施，予美國白銀政策一大打擊。我國的停止銀本位，最大的原因，是美國收買白銀人爲的提高銀價，前面已經講過，美國白銀派議員原意，以中國爲銀本位國，假借提高用銀國尤其是中國貨幣購買力之口號，從中牟利造成了中國貨幣的極度恐慌，早爲學者及工商業家所指謫。今中國亦停止了銀本位，則美國白銀派將無由籍口，白銀政策的失敗，又增加了一個可能性，最近一月來世界銀價的慘跌，很足表現白銀政策的趨勢了。

(2)英美在華貨幣戰的尖銳化：最近世界貨幣戰爭中，金磅和美元是二個重要角色，二者無時無刻不在竭力相互爭軋之中，次殖民地位的中國，當然是牠們的爭奪所應考慮。美國白銀政策的施行，多少帶有控制中國貨幣的意味，今新貨幣政策的展開，雖然不是正式加入英鎊集團，但視所定外匯匯率，至少對於英國是相當有利。而在美國方面，都並不發生好感，相反的，由於英國的活躍，顯然表示不懟的態度，因此，兩國在華的貨幣鬥爭，暗中又急劇地加速進行起來。

(二)國內：(1)金融方面：白銀外流可籍法幣的實施防止。白銀國有，可使白銀在政府權力下得有利之運用。發行準備之統一，以前紊亂複雜之幣制，可乘機加以整理。同時成色紛歧之硬幣，亦可逐漸收回，至於通貨緊縮的現象，當然可以稍爲鬆動，運用自如了。法幣匯價之降低及穩定，可以促進和誘致外人投資，以上種種對於金融界確是很有利益。

（2）工商業方面：一般物價上漲刺激農工商各種企業之發展，以往萎縮停頓的病態，逐漸可以挽救在，前因幣價過高，物價低落，經濟衰敗，改革幣制以後，幣價脫離了銀價，當然要降低一點。其反面，卽一般物價將跟着上漲一點。物價的自然逐漸上漲，確是一種好現象，況且近來我國幣價之高，表現於匯價上的，更爲明顯，儘管國內物價低落，折合外幣，還是很貴，所以出口貿易減少。現在新幣制，把減價訂在一個較低的水平線上，則國內物價雖略漲，折合外幣後，還是很低，當然一方面又可促進出口貿易的發展。

（3）社會方面：人心可以安定，數年來社會上因通貨的緊縮，白銀的外流，愁慮充滿了全社會，工商業日漸衰落，失業人數日漸增多，農村經濟的破產，社會上購買力之薄弱，達於極點。失業增多及人民購買力薄弱，本爲社會不甯之主因，一般飢寒交迫的平民，惟有挺而走險，爲最後之爭扎，社會頓呈不安定的狀態。新貨幣政策實施後，一方面工商業得以復興，失業工人減可以少，他方面農產品價格的提高，亦可救濟頻危的農民購買力

可以逐漸增加，社會因得以安定了。

（4）財政方面：國庫收支可以措置裕如，因以往之財政收入短少，無非因農村破產，工商凋敝，致稅源減少，陷於困頓，卽政府慣用之『公債財政政策』，亦已達山窮水盡的境地。今通貨管理後既能使人心安定，工商業發達及金融業的鬆動，則政府的稅收　自可加多，且金融鬆動後，利率卽可下降，政府可收回高利公債，再發行低利的公債，以減少國庫支出，如最近發行的統一公債與復興公債，倘若沒有新貨幣政策的穩定幣值，是不易成功的。現在政府一方收入增加上一方支出減少，財政的平衡，當然極有希望。

結論

此次新貨幣政策。確爲我國金融史上重要的一頁，不特爲目前應付世界潮流的自衛辦法，且散漫的金融組織，可藉以健全，複雜的貨幣制度亦可因而調整，由自然放任散亂的情狀走入計劃管理的大道。我們應相信政府和贊助政府好好的管理，使整個國民經濟，得以從此安全向前進展。由經濟的復興運動，追求着民族的生路！

中國農村的破產及其救濟的方策

沈曾定

緒言

自從資本主義彌漫了全球之後，帝國主義便繼續不斷的向經濟落後之國家侵略，一方面欲充分推消其貨物，而奪取最大之利潤，另一方面欲逐出他國家之勢力，以發展其本國之市場。在這種以資本爲商戰之工具，剝削爲商戰之目的之狀況之下，中國遂成爲列強所角逐之最大目標，而亦爲資本主義帝國主義下奮鬭最感困難的國家，試觀下列我國近幾年來國際貿易輸入輸出的對照表，便可想見列強在華傾消勢力的大概了。

年份	輸入	輸出	入超數
一九二四	一〇一•八二一〇	七七•一七八四	二四•六四二六
一九二五	九四•七八六五	七七•六三五三	一七•一五一二
一九二六	一一二•四二二一	八六•四二九五	二五•九九二六
一九二七	一〇一•二九一四	九一•八六二〇	九•四二九四
一九二八	一一九•五九六九	九九•一三五五	二〇•四六一四
一九二九	一二六•五七七九	一〇一•五六八七	二五•〇〇九二
一九三〇	一三〇•九七五六	八九•四八四四	四一•四九一二
一九三一	一四二•七五七三	八八•七四五一	五四•〇一二二
一九三二	一〇四•九二六四	四九•二六四一	五四•六六二三
一九三三	八六•三七〇〇	三九•二七〇〇	四七•一〇〇〇

（單位千萬海關兩）

綜觀上表所列，在一九二七年，入超數較小外，其餘的爲數，皆可驚人，而尤以最近幾年爲甚。因每年的輸入，超過輸出，故每年把現銀去償付這差數，加以世界不景氣的影響我國無形輸入，如僑胞匯款和國等之減少，以及美國白銀政策之打擊，遂造成了現銀外流之恐慌。因列強的傾消政策，我國工商業，或以新興事業，或以成本高貴，不能與外商競爭，遂造成工商業衰敗失業等等的問題。因工商業的不振，失業人口的增加，購買力的薄弱，原料的消路，遂一蹶不振。此不啻爲農民之一極大打擊，而種種的剝削，尙層出而不窮，於是農村破產，農民不土著，離鄉輕家而入都市，全國的經濟基礎，因而大受動搖，有岌岌可危之勢。故居今而言救濟，當自佔有全中國百分之七十五以上之農民始。蓋一國的經濟基礎，終究要靠大多數的民衆，而不树在一二人的身上，一旦我國農民有了出路，耕種方法經過改良，原料成本減低之後，工商業自會發達。購買力自會增高，國民經濟，自必臻於鞏固的地位，故救濟農村之被認爲當今之急務也，蓋有由也。至於救濟的方法，雖屬衆多，要當以經濟上的援助與發展爲焦點，則庶幾矣。茲先觀察中國農村的現狀怎樣。

中國農村底現狀

誰都知道，我國是以農立國的國家，我們的國本，是樹於農業上的，就全國的人口而言，則農民要佔全國人口百分之七十五而強，從事於工商業及其他的事業的，總計也不過百分之二十幾。就對外貿易而言，則輸出品又全是農業上的原料品，製造品的輸出，可以說沒有，所以至今中國尚未脫離農業國的地位。以我國土地的廣大，人口的衆多，而又處於溫帶的地位，故氣候和暖，土地肥沃，宜於耕種，並且天然富原甚多，可以取用不竭，則是我國的農林畜牧各業，定必蒸蒸日上，以至於極盛的地位了，然而事實怎樣，事實上我們的國本，是動搖了，我們的農業，是危機四伏，再不設法救濟，將陷於不可收拾的地步了。茲將我國農村衰敗的現像，概略的分述於後。

(一)農產品的入超　我國有了肥沃的土地，適宜的溫度，巨大的勢力以從事墾植，則最底限度，當可自給，全國人民的生活資料，不必依賴外洋的輸入，然而觀察近年來農產物進出口的統計，確都是入超，而入超額至少要佔到總入超額百分之六十以上，這足以表示我國農產品的衰敗，結果農業崩壞，經濟破潰。茲將近十年來農產品之入超情形，列表以明之

年份	純輸入	入超	米麥及其他穀類之輸入	棉花輸入
一九二三	九二三	一七〇	一四〇	四〇
一九二四	一〇一八	二四六	一二一	三二
一九二五	九四八	一七一	八六	四五
一九二六	一一二四	二五九	一四一	六九
一九二七	一〇一三	九四	一四三	五四
一九二八	一一九六	二〇五	一〇五	五一
一九二九	一二六六	二五〇	一四八	七六
一九三〇	一三一〇	四一五	一七二	一一七
一九三一	一四三三	五二四	一八九	一六七
一九三二	一〇四九	五五七	二一三	一一三
一九三三(一月至六月)	六二六	三六二	一五二	五一

單位百萬海關兩

帝國主義的國家，挾政治經濟的勢力，盡量地把本國生產品輸入到中國來，並且設法想奪去中國原有的，卓越農產品的貿易如茶如絲從前歐洲人所消費的，大都由中國運出但根據近年來的出口數字，絲茶的貿易，確日漸的衰敗了，照這樣的情形下去，我國的農村經濟，尚有振興之望麽。

年份	生絲	茶	卵及製品	桐油
一九二三	一三九	二三	三〇	一七
一九二四	一〇八	二一	三二	一八
一九二五	一四〇	二二	三三	一七
一九二六	一四五	二六	三八	一五
一九二七	一二九	三二	三四	二二
一九二八	一四五	三七	四四	二三
一九二九	一四八	四一	五二	二四
一九三〇	一〇九	二六	五一	三一
一九三一	八五	三三	三八	二〇
一九三二	三三	二五	二八	一五
一九三三	二四	一七	一八	一五

單位百萬海關兩

（二）土地分配不均　統計全國的農民，他與全國人口所佔的百分率，是不亞於百分之七十五，關於這農民大衆的土地分配比率，前由武漢土地委員會統計如下。

有土地農民（包含地主）　一五〇〇〇〇〇〇〇人
無土地農民（雇農）　三〇〇〇〇〇〇〇人
同上（佃農）　一三六〇〇〇〇〇〇人
同上（遊民土匪）　二〇〇〇〇〇〇〇人
合計　有土地農民一五〇〇〇〇〇〇〇人
無土地農民一八六〇〇〇〇〇〇人

如此看來，約佔五分之三的農民，是沒有土地的，至於有土地的農民，他們的土地分配比率怎樣，再看下面武漢政府的統計

類別	所有地面積	農民百分率	土地面積百分率
貧農	一畝—十畝	四四	六
中農	十畝—三十畝	二四	一三
富農	三十畝—五十畝	一六	一七
小地主	五十—百畝	九	一九
大地主	百畝以上	五	四三

（小數位不計在內）

上表很顯明的表示着，在有土地的農民中，佔到祇有百分之十幾的地主階級，却佔有着全土地百分之六十以上，直接與農村生產無關係的大地主，雖祇佔農民百分之五，却占有土地的百分之四十以上，這可見土地是集中在少數的地主階級的手裏，其他大多數的人，所佔有的土地，不過一點，而實際上無土地，及僅有一點土地的農民，至少要佔到全農民數之四分之三於此可見土地分配的不均，這些佔大多數，而有少數土地的農民，把他們每年的收入，除了付稅等必要的用途外，所餘是無幾了，如何能維持他們的生活呢，此尚指自耕農與半自耕農而言，至於那些佃農

，自己沒有田，祗好向地主借田來耕種，把他們大部份的收入，交給地主，做借地的酬報，而一班地主們，尚想出種種苛刻的租借辦法，以盡剝削之能事，所以佃戶之能勉強度日，已是幸事，並且一方面因生活程度之提高，另一方面因帝國主義的經濟侵略，而農產品價格之下跌，而地田租金，則不論凶年豐年，一概的要出，於是鬻子女，典質變賣，以苟延殘喘，這樣的生活，如何能永久的維持下去。

（三）農村資金的枯竭　農民在青黃不接的時候，需款最是急切，如有資金流通，則能維持生活，否則凍餓死亡，在所不免，但中國的農村，因種種的關係，一日比一日的貧困下來，農村間的現銀，一貫的流入都市，造成了現銀集中都市的畸形發展，而在農村間，則發生了金融週轉不靈的問題，農民日見貧困，向爲自耕農者，不能維持生活，遂退而爲半自耕農，爲半自耕農者，則流爲佃農，觀夫下表所列，自耕農之日見減少，與佃農之日益增加，便可想見一班了。

年份	佃農	半自耕農	自耕農
一九一二	二八%	二三%	四九%
一九三一	三一	二三	四六
一九三二	三一	二三	四六
一九三三	三二	二三	四五

農民在他需要款項而無處移挪的時候，爲了維持他的生命，顧不得將來的利害，祗要有可以借款的地方，他們就去借，以救目前之急，在中國農村間，農民的借款方法，不免下列三種。

a集會或合會。

b高利貸的私人放款。

c典質。

除了集會是一個比較完善的方法外．其餘二者，都是病民的，尤其是高利貸，在集會式的借款中，因各個農民的狀況，大都相同，所以所集的資金不多，而需款的農民却甚衆，故這種的借款方式，雖很普遍，而握金融重心的金融機關，尚是典當與私人放債者。

第二種的借款方式——高利貸是中國農村中最普遍的機金融機關，而且是最顯著的榨取農民脂膏的手段，利率之高，令人作舌，其概況有如左列。

省名	借數	利息
江蘇（武進一帶）	米一斗	年利稻三斗
山西（一般）	糧一斗	年利五斗
湖南（桃源）	一元	月利一元
廣東（佛山）	一元	日利一角
江蘇（南通）	一元	月利一元

安徽（滁縣一帶）	一元	月利一角六
江蘇（一般）	一元	隔日利一角
浙江（一般）	一元	月利一角
四川（南川）	一元	日利六分

此其大概也，如以特例來講，則張覺人君在他「中國農村的的階級的透視」一文中說：

「浙江的產鹽區域，一元的借款，期限四十日，本利須還二元，若以一年計算，那末利息約合百分之九百，江蘇的南通地方，一元的借款，期限三個月，除本金之外，還須添附棉籽一担，（代價三四元）若以一年計算，那末利息約合百分之一千四百。」

農民有這種高利負担的，據張君所引的統計如下。

區域		已有報告之縣數	負債農家對於農家總數之比
西北區	察哈爾，綏遠，寧夏，甘肅，陝西。	四八	六八%
北方區	山西，河北，山東，河南。	三〇五	五七%
中部區	湖北，湖南，江西。	八〇	六二〃
東部區	安徽，江蘇，浙江。	一〇七	六六%
西南區	四川，雲南，貴州。	九〇	五九%
東南區	福建，廣東，	七一	六〇%
平均率———			六二%

第三種的借款方式—典當在中國農村中，也很佔勢力的，他的利率也是很高的，張一凡君在他的『我國典當業之研究』一文中說：

『至於利率，普通總是每月二分，比外國是大得多了，然其中還有種種『過門』，比如官定利率，至多不得過二分，於是他們把每分分成三期，每期則取息一分至一分八厘，於是每月便有三分至五分四厘了，不特如此，還加其他各種徵費，因此在上海租界內，竟時有九分之高利。

他們計算利率，又是以當本大小做標準的，在這裏他才能對平民加重了剝削，比如典當利率，通稱為二分，但在當價一元以內的，常定為每月三分，可是在百元以上的，却又減少至一分八厘，，或一分六厘，這情形到了所謂押當的地方，區別與剝削更大，額定為每期二分，一月三期，便有六分，但遇大票，即典價在十元以上，或五十元以上者，便減為二分，或一分八厘，因此貧苦的人，將他僅有的東西去當所得然很小，這給於貧民已是一極大損失，何況還把重重的利息加在他身上……。』

中國農村的金融，既已枯竭了，大多數的農民，是在大地主的壓迫與高利的盤剝中困鬬着，他們是呼號着，渴望同情的救濟。

（四）捐稅的繁重　就民國成立後而言，單是稅目，已有七種，地丁漕糧差徭墾務租課雜賦和附加稅，其他苛捐雜稅，尚不計其數，此種稅率，與年俱增，單就田賦一項，由民國十六年到民國二十二，這七年中，稅率竟增加一・二六倍之多，參看左表。

年次	正稅（每兩）	指數
民國十六年	〇・九三六	一〇〇
民國十七年	〇・九六二	一〇二
民國十八年	〇・九四八	一〇一
民國十九年	一・一一八	一一九
民國二十年	一・〇三六	一〇八
民國二十一年	〇・九一六	九八
民國二十二年	一・一八二	一二六

其附加稅，又往往超過正稅數倍，可謂佔苛捐雜稅中重大部分，此外各地尚有預徵田賦的事情，以增加農民之負担，結果使農民傾家蕩產，而農無所歸。

（五）天災人禍　中國的農村，自清末以來，簡直可以說沒有一年不爲天災人禍所蹂躪，所謂天災卽水旱蝗虫等的爲患而尤以近年來之水災，爲害尤大，所謂人禍，卽連年烽火，內亂外患，相興不已，直接簡接，都與農民以極大之損失。

（六）農民的流徙　農民在農村中，感覺得生活沒有保障，日益貧困，不得不另謀生活之道，他們慕着都市生活之消遙，謀生機會之較多於其他各地，遂離鄉輕家，而入都市，故都市人口的增加，眞是一日千里，以上海而論，在一九三二年七月，統計人口，爲一百五十三萬五千餘人，到了是年十二月，人口已增至一百六十四萬五千餘人，僅僅半年間，卽有十一萬餘人口的增加，而最近的統計，則人口已增至三百多萬，卽以非商業機關的北平而論，人口的增加亦甚速。

民國二十年	九八三八九四人
民國二十一年	一〇三六三二五人
民國二十二年	一〇六一三六〇人

農民的離開農村，不但是一個量的問題，而是一個質的問題，因爲離村向外發展的農民，大部是年輕力壯之中年人，剩下的是一班老弱的家長，及無能的婦孺，以這種無能力的人，去做墾植的主力軍，農村自然更要不興。

（七）荒地的增多　在中國可耕地的荒廢，是歷年增加的，據陳石海君「中國墾植問題」一文中所引統計，歷年增加情形如下。

年份	荒地面積對一九一四年的百分比
一九一四	一〇〇
一九一五	一一三
一九一六	一〇九
一九一七	二五九
一九一八	二三七
一九二二	二五〇
一九三〇	三二三

再引一九三三年一月二日，中華日報東函翻譯通信第一四一號，關於江西產茶地的荒廢如下。

「江西全省八十一縣中，產茶地方達五十餘縣，近年來因對外輸出的委縮，和共產軍的蹂躪，茶商均感茶業經營之不利，故結果從事種茶的農民，及靠茶出售的商人，相繼遺棄茶園，別圖生活之路，而且全國各產茶地茶園，大抵委於荒廢。」

由荒地之增加，可以知道農戶之日見減少，他們不安於固有之職業，而出外另謀生活之道了。

（八）農民智識的幼稚　全中國的人口，百分之九十以上，都是不識字的，而欲在農民中，找出一二個識字的人，眞是鳳毛麟角，不可多得所以他們的智識，沒有進步，於耕種則死守成法，不知改良，於國事則茫然不知，故祇能爲地主土棍，以及貪官汚吏等所蹂躪，而無抵抗能力。

（九）家庭手工業之破壞　自從南京條約簽訂以後，國際資本，就開始以商品輸入，來伸展其勢力於中國農村，中國的入超，年有驚人的數字，在上面已經見過，並且帝國主義者，更在中國各大城市，大量的投資工業，利用中國廉價的勞動力，來從事生產製造各種日用品，以極廉之價，推銷其出品於中國的市場，於是外國工業製造品，驅逐了土製的手工業品，支配了中國的市場，中國農民的副業—手工業，就遭破壞，生計日促。

以上所述之現象，雖爲其犖犖大者，然已足了解中國農業危機之一斑了。

救濟農村之方策

中國農村破產的情形，既如上述，故救濟農村之爲當今之急務也，已爲大衆所公認但是怎樣去救濟呢，或謂當自政治方面着手，産除貪官汚史，減低賦稅等等，或謂當自社會方面着手，如改良土地分配等，或謂當自經濟方面着手以週轉農村金融或謂當自教育方面着手，以提高農民智識程度等等，說皆然也，蓋社會上的問題好比一個蜘蛛網，各個間有相互的關係的，所以能從各方面着手進行，那是最善了，但事實上每不可能，故祇能權衡事

之紛急，對準了目今農業上急待解決的問題，而下救濟的方策，庶不致事倍功半，至於農業上急待解決的問題，可分下例三大類

(一)如何週轉農村金融，以確定農村經濟。這個問題之嚴重性，上面已經說過，茲不再贅，在農村經濟確定之後，農民對於農業的興趣，定必增加，不會再有離村等的現象發生，而農事改良農民教育，等亦可依次進行。

(二)如何改良農業生產，以促進農產品的需要。中國農民的耕種，是依照了存舊的方法，他們的耕種器具，還是與千百年前的不相上下，更論不到利用機械，以增進耕植的效能，所以中國的農產品，經不得外國的農產品的打擊，便一蹶不振了。

(三)如何改良及發展農村消運機關，使農民有較好的市場，而脫離中間人的操縱物價。中國的農村間，沒有完備的運輸機關，而農民的智識，又是十分幼稚，他們不知道怎樣去找較好的市場，怎樣可以賣到較高的價格，故農村與都市的接觸，即農產品之由農村而入於都市的市場，一概由那買辦階級包辦着，農產品的價格，由他們操縱着，蓋農民在養蠶到了繭成之後，耕種到了秋收的時候，便急急的想賣出去，因爲他們沒有多少儲蓄，急於現款的緣故，於是那班買辦階級，利用這個機會，故意不肯收買，等到價格一再減低，才開始買去，農民一年的心血，等於白費故農民如能自覓消路，屏除這種買辦階級，自常得益不少。

問題既認請了，那末怎樣去做，才能達到解決這種問題之目的呢，可有二種方法：

(一)農民自身的合作卽各個農民，爲實現他們經濟上的相互利益，自由意志的結合起來，在平等的基礎上，組織經濟共同發展之機關，這種機關可分下列幾種：

(a)信用合作社　這是由一村中多數農民所組織成的金融機關，他的社員，及他的主人翁，是一而二，二而一的，每個社員，在入會的時候，須交一筆錢，爲合作社的資本，他的主要作用，是貸款於社員，作正當的生利的消費，同時吸收社員的餘款，以養成儲蓄之美德，他給人家一種信用，同時收受人家對於他的信用，故名信用合作，農民有了這種機關後，在需要資金的時候，可向社內出借，這樣金融可以靈通，而高利貸的盤剝，亦可避免了

(b)生產合作社　這是由農民之從事於同樣生產事業者，組織而成的，他的功用，一方面是共同生產，一方面是共同販賣，各個社員，把他們同樣的農產物，委合作社去製造，改良及販賣於市場，所以可利用機械，以增進生產之效率，互相討論研究，改良生產方法，增進農業智識，在販賣方面，則往常農民總立於不利的地位，因爲他們沒有商人那樣機警熟練，有了合作社後，販賣事業可由社員中有商業知識的人去辦理，自然可免此損失了，並且也不需要那班買辦階級，受他們的剝削了，丹麥的酪

乳雞蛋等的合作社，顯然有相當的成績。

（c）消費合作社　組織這種合作社的目的，是要避免商人的榨取，不使一班零販商，剝奪農民種種的利益，他一方面供給家常的日用品，一方面供給職業上的用品，如種子飼料農具等等，沒有這種社的時候，農民需要物品，就從零販商那裏買得，貨物之從生產者，到農民的手裏，至少要經二三次轉折，這班中間人，是專靠吸取農民的利益，增加農民的負担，有了這種組織之後，農民的需要品，可由合作社大批的向商人直接去做買賣，既可以避免零售商之剝削，又可因大批的購買，得到較廉的價格於農民豈不大受其利，且價値高昂之墾殖機械，如犂鋤機及打穀機等，農民無力獨自購買者，可由合作社買來，作社內資產之一，而轉租於各農民，以達增進耕種效率之目的。

（二）銀行與農村之合作　這並不是集合各個農民的餘資或社費，而組成信用合作社，而是以都市內，過度集中的資金，設立農村銀行，以借款於農民，作生產之用，則農村金融，藉以週轉靈通，而都市的集中資金，亦可謀得出路了，這是一個兩得其利的方策，並在可能範圍內，農村銀行，當盡代農民為購買需要品，及販賣農產品的義務，即農民的需要品，可正批的托農村銀行代辦，農民的農產物，也可委農村銀行代為推銷於市場，如是則零販商的盤剝，買辦階級的操縱，都可避免，而後農村復興有望，至於銀行的進益，則是一些合理的潤利。

救濟農村的方法，解決農村金融生產及推消問題的道路，不外上述二端，歐西各國早有實行者，有取前者，有採後者，當視農村情形而定，那末照我們中國當的農村狀況而言，應採取那一種呢，可以說，欲解決中國農村目今之三大問題，我們祇有一條路可走，就是組織農村銀行，誰都知道，中國的農民，大都（一）知識很是低微，要這些沒智識的人，去辦理事情，簡直是莫明其妙，顧了頭顧不到脚，終歸一敗塗地，並且易為他人所欺詐和利用。（二）目不識丁的，教他們寫他們的姓名，尚且大都不會，不用說上一筆賬，記一樁事了，並且大都是（三）十足的贛漢，所以要他們謀自己的解放，去組織信用生產消費等合作社，事實上是萬不可能的，他們的境況是亟待改良的，但他們沒有能力，去救濟他們自己，所以他們將來的出路，他們將來的存亡，全靠着非農民的同胞，能否作合理的同情的援助，以救濟他們，就是能否有健全組織的，合理投資方式的農村銀行產生。

農村銀行的設計

為了救濟農村的破產，故有設立農村銀行之必要，在這裏我們並不要選定一塊地，而樹立一座擁有千百萬資金的巨大銀行而是需要設立許多許多小資本的銀行，把他散居在各鄉各村在間，這些銀行互相間，及與其他銀行當然是有連絡的，我們不需要少數的大銀行，而需要多數的小銀行，分散在鄉下，是因於各地的土地不同，生產不同，風俗習慣等都不同，蓋救濟農村，當深入鄉下，把農業的情形，詳細的考察一下而後可，故農村銀行的範圍，不宜過廣，因為過廣了後，考察不易，每不能確實的明了農民的處境，且因各地情形種種之不同，村社政策不能一貫，顧了東顧不了西，不如在各村設立銀行，來得有效了，至於各村間的銀行，為救濟各村的農業，最低限度，當履行下列幾種任務。

（一）農村的研究　各個農民銀行，對於其效勞的農村，當詳有細的研究，和澈底的明了，為了要改進這農村的現狀，這種務可作兩方面。

a農村的考察。這裏當包括農村人口的多少，農民智識程度之高低，土地的肥瘠，農民生產的種類方法及效果，農民消費的狀況，村內運輸的便利與否，以及氣候雨水等等的問題。

b指導農民。根據上面考察研究所得的改進方法，告之以農民，教他們實行，以公開演講的方式，及圖畫等的表示，去指導他們。

（二）貸款於農民　農民銀行，最大的職務，是借貸資金於農民，使能發展其生產事業，這種借款的方式，可分成兩類。

抵押的借款。這種借款，是在農民需要大宗的款項，而償還的期限，比較要久遠一些的時候請求的，如農民之作設備建築，或增進農場時，沒有一筆資本時，不得不出之這種借款形式以他的不動產，如土地房屋等，或以其所有的有價物品等作為抵押而借款、並每年的把款子攤還這是長期的借款。

c信用借款。這種借款是短期的，期限總在三四個月以上，而不過一年的，貸款的數目，比較小，不用物品為抵押，而以人格為擔保者，當農民需要款子，去真正的增進他們經濟地位時，可向銀行請求借款，經銀行派員，審慎的調查，這款子用途的是否適當，這筆數目，是否應一部或全部的答允，或完全否認以後，如認為確有貸款之必要時，得由貸款者鄰居二人或二人以上的個人信用担保，經銀行認為滿意時　便可借得其數，銀行於款子放出後，還得從旁監察他的用途，究竟是否為貸款時所陳之目的而用去的，如若不然，便當設法早日收回。

（三）購買物品　農村銀行，當為農民購買各種正批的物品，然後再分派與各個農民，所以免除零販商的剝剝削這裏可有兩種事業：

a代辦事業。農民需要的各種日用品，耕種的工具，以及稻麥蠶等的種子，如欲購買，皆可託農村銀行，向批發處正批的購買，加以運輸手續費等，由農民各人分担，較之直接向零販商交易，要便宜得多。

b租借事業，即農業上可利用的各種高貴價值的機器，農民個人力量所辦不到的，農村銀行，當代爲買就，再租借給農民，農民費小數的租金，便可利用機器來生產了，而農村銀行以其一二輛機器，輪流借給農民，也不致受損失，且能極盡機器之效能。

（四）輔助與改良農民生產事業　這種當然的與上面所述的各種業務，是有密切的關係的，因爲改良農民生產事業，總須考察農民生產狀況，購買佳良種子，及金融上的援助，故與當上面三者，相互爲用，不過這裏所應當注意，及着力的地方，可分下列幾點；

a肥料的研究，及改進，使適合農業的需要，並爲各種表示，以介紹及擴大佳用肥料之用途。

b農產品種植方面，則指導農民，從事於切合需要的各種物品，教導他們，有效的耕種方法，並代辦各種佳良的種子等等。

c畜牧方面，則教導農民，如何飼養，如何預防疾病等等。以改良其品質。

d育蠶方面，則蠶種之佳良，飼養的方法，蠶桑之品質，及其他的製造手續等，如有改良的可能，當盡力爲之。

e其他生產事業。

（五）運輸事業　農民生產完畢後，可請求農村銀行，代爲消運到市場上去，就是他們可將他們的米麥牛羊雞卵等，託銀行代賣，所以避免買辦階級的操從物價也，在農村銀行，則由經驗豐富，熟悉市場情形的人，把這些東西運至市場而出售，所徵於農民者，除運輸費外，不過一些經手費而已，如農民需款孔殷，則可由農村銀行，預先支付物價幾分之幾，待完全脫售後，再付餘數，這樣農民的境況，較之在買辦階級盤剝下生活者，不知好了幾倍。

（六）儲蓄事業　村銀行除放款外，同時當吸收農民的存款，以養成儲蓄的美德，一方面使農民不致浪費，另一方面，則這些存款，由銀行吸收後，仍是用來謀本村農民的利益的。

以上不過一個大概的計劃，每個農村銀行所必須有的，去實行這計劃，我們不必分成什麽研究部，購買部，生產部，貸款部等等，並且每部設了什麽部長等，這樣銀行的費用增加，於農民大有不利，我們須在最經濟的範圍內，實行這種業務，不求形式上的表現，而求事實上的效果，至於在農村銀行內做事的人員，應當有誠懇的態度，公正的行爲，以對待農民，使他們對於農村銀行，有一種好感，而盡量的利用他，那末進行順利，可以逆覩。

緒論

銀行家之把都市的資銀，分散到鄉下去週轉農村金融復興農村經濟，確是一樁很好的事一方面解決都市的金融集中，一方面可將剝奪農民脂膏，危害農民生機的零販，買辦階級，高利貸者及典當業者打倒，但農村銀行，如果任意的讓這班資本家銀行家去辦，則不免發生不良事端，蓋人類求利的心，是無壓足的，這班銀行家，久而久之，恐不免借救濟農村的美名，向農民身上取最大的利益，則反為害農了，故農村銀行最好由國家辦理，由國家籌集資本，去救濟農村，但是目前的中國政府，拮据到這樣地步，到那兒去籌這宗巨款呢，所以祇有讓銀行界來投資救濟農村了，不過這裏政府，當派員調查及監察各農村銀行，使不得向農民作過分的要求，則庶能達到復興農村之目的，而政府若能同時手產除貪官污史，減低賦稅。改良土地分配，實行農民教育等，與農村銀行，相互為救濟復興農村之工作，則更為余所馨香祝禱者也。

二五，二，十二日

最近國際經濟戰爭之兩種方式

楊天孫

自十八世紀工業革命發生後，世界上一切戰爭之發生，莫不起因於經濟問題，如歐洲各國數百年之殖民地和遠東之日俄戰爭均是，蓋經濟爲一國之命脈，經濟安定，民生裕如，遂後社會安甯，政治上軌，一國之繁榮亦隨之俱來，反之，經濟問題不能解決，社會不得安甯，失意者即挺而走險，國家從此多事，故凡政治家執政後，其唯一務道，爲解決本國之經濟問題，茲可謂經濟之安定，確爲一國富強之先決條件，各國爲謀求本國經濟之發展，必阻礙他國經濟勢力之伸張，無形之中，遂演成國際經濟戰爭，查最近國際間經濟戰爭之方式有二種：即金本位之攻防戰和紙本位之貶值戰，請將此兩種，戰爭方式之內容述於下。

金本位之攻防戰，始於一九三一年，爲法國向英國所施之貨幣戰策，此戰策分攻者和守者兩方，在攻者方面，向被攻者國內收回以前所投下之大批短期資金，使其國幣匯率下降，現金外流，通貨信用緊縮，予以金融上之窘迫，在守者方面，則盡力設法防止資金流出，其方法即一面提高貼現率，使一部份外資，仍保留國內，並引誘他國短期資金流入，一面復舉外債，使他國之正貨隨之流入。蓋一旦資金外逃，現金流出，中央銀行之發行準備率定因之下落，如此則金本位制遂有崩潰之虞，將與國體上莫大之羞辱，起國內經濟界莫大之紛擾。

英國自一八一六年確立金本位後，倫敦遂漸成爲世界金融之中心，自實施金本位制至歐戰前止，百年之中，其國內正貨充足，信用卓著，復採自由放任政策，任金出入，以穩定國內物價，調節國際匯兌，俾帝國工商實業蒸蒸日上，英國之金本位制遂成歐美各國貨幣制度之模範，迨大戰時，英政府爲防止金本位崩潰及戰時財政上之便利起見，發起名義上之兌換現金制，緊縮通貨，以濟急需，然實際上現金並無充足準備，有時竟不及發行額十分之一，人民因國難期間，愛國熱忱，無人請求兌現。故斯時雖爲金本位制，事實上已脫離金本位制矣，大戰停止後，此畸形之金本位制已不復能存在，乃改施新金本位制。

新金本位制與戰前金本位制不同之點有三。（一）人民不得自由製造貨幣。（二）現金均集中於英格蘭銀行，不得流通於市，（三）不到必須輸現出口時，鈔幣不能兌現，且所兌現者非爲金幣，乃生金，故此制亦可稱爲金塊本位制。

此新金本位實施後，英國之金融界情形漸漸轉佳，倫敦復爲世界金融之中心，方慶幸其金本位制之恢復，豈知又因借德鉅款助德恢復實業一事，招法國之忌，乃至復被迫放棄金本位。

法德乃世仇，歐戰後，法勝德敗，法乃侈求德國賠償巨額損失，德在戰後，國內經濟混亂已極，復須賠巨款與協約國，經濟更形混亂，倘無他國借以巨款，整頓金融，恢復工商業，則必引起空前之恐慌，世界亦將因此感受不安矣，當時法國因自德國獲得鉅量之賠款，勢力大增，英國欲防止法國稱霸大陸，遂決扶德以抑法，借其巨額短期資金，整頓金融，復興實業。法國見英德友好，復有德奧關稅同盟，遂且忌且懼，開始向英德下貨幣攻擊令，收回在英德之大量短期資金，德國國內現金立時大量外流，信用通貨于是緊縮，物價下跌，失業日衆，起極度之金融恐慌，茲將德國當時現金和通貨量列之於表，以示法國資金收回時，德國現金忘劇外流之形狀

德國國家銀行之紙幣流通額和金準備（單位百萬馬克）

年　月	紙幣流通額	所有現金	金準備率
一九三一年五月三十日	四，二九九	二，三九〇	五八，一
六月六日	四，〇七九	二，三〇〇	五九，二
十五日	三，八八九	一，七六六	四八·一
二十三日	三，七二六	一，四一一	四〇，四
三十日	四，二九五	一，四二一	四〇，[illegible]
七月七日	四，一一〇	一，四二二	四三，六
十五日	四，一六二	一，三六六	三五，八
二十三日	四，一五九	一，三五三	三六，四

德國自五月三十日至七月念三日，現金流出共十億三千七百萬馬克，金準備率由百分之五八，一減至三六，四，已在法定金準備以下，遂不得已停止金本位，同時頒行緊急法令，管理匯兌，禁金出口，一則以防本國資金逃避，再則可止外國資金之收回，當時在德之外國資本，因是均被凍結，不能出流，然後德國方得渡過此金融之難關。法國除向德國收回資金外，同時復向英國收回大批短期資金，以報復英國之扶德抑已。英受法國之壓迫後，金本位亦立時動搖，蓋英國借與德國之資金，大半爲法國存放於英國者，彼一方因爲助德，另一方面亦有厚利可圖。今法國突然向英收回此大批資金，英國本身既無多大資金，美法之存放又为被鎖在德國境內，無法運回，現金乃大批流出，當時英國已鬧着嚴重之失業問題，無法解決，倘再將正貨流盡，物價將更下跌，爲解決金融難關與失業問題，遂不得不毅然放棄金本位制，實行紙本位矣。此亦法國所不願之結果，蓋英放棄金本位制後，禁金出口，貶低鎊値，法國一部份未及運出之資金，不但被禁於英國境內，更因金鎊下跌，而大吃其虧。英國則反因其鎊值下跌，而有利於出口貿易，失業人數大減，復用管理的通貨膨脹，使物

，工商金融得一時之繁榮。所幸者，法國非世界之商業國家，其商業大都爲母國與殖民地間之商業，可藉保護關稅壓倒他國，不然，法國卽擁有巨量黃金，恐亦要步英後塵，同樣放棄金本位。此可視日美兩國隨英之後，放棄金本位制，採取紙本位爲證。至此，金本位之攻防戰告終，而紙本位制之貶值戰開始矣。

英自放棄金本位後，最顯著之結果，爲英匯之下落。國內物價因較前騰貴，若以金計算，反較前低落，故其對外貿易，較施行金本位國佔於有利地位。茲將當時英法美三國物價指數，列表於後：

年月	英國一般物價指數	倫敦金價指數	用金表示英國物價指數	美國物價指數	法國物價指數
一九三一年九月十八日	一〇〇	一〇〇	一〇〇	一〇〇	一〇〇
一九三一年十二月卅日	一〇八·九	一二四	七六·四	九六	九三·四

觀右表，英國停止金本位後，物價雖比前騰貴，金價飛漲尤速，以金價計算物價，物價指數反降落至七六·四，美國和法國之物價亦比以前低落，與英較，則不如。故英國於輸出貨易方面大佔優勢，對外之競爭力於以增強。貿易進步，收支轉佳，國內金融由於安定，信用大增，外資復又大量流入。善外資之轉移，有兩原因：（一）爲高利所吸引，卽由低利率之國家流入高利率之國家。（二）視國家之安定與否而轉遷，由繁亂不安之國內流向較安定之國內。英國自對外貿易進步後，經濟安定，信用鞏固，以前逃出之資金，仍由別國回至國內，英匯乃復漲。在以前金本位未停止時，英匯之上漲，爲可喜之事，今則不然。蓋英匯上漲，對外輸出貿易，將趨衰落，輸入則反將增加。且英匯下落，則無須似昔裝現出口。是以英匯上漲時，英國政府卽用匯兌平準基金（其數約有三億七千五百萬磅，）購買外匯，抬高外幣價值，抑底金磅價值，英國之對外貿易，遂復立於有利之地位。

追隨英國放棄金本位者爲日本，日本受世界經濟恐慌之影響後，工商金融各界卽長生風波。與英國放棄金本位後，日貨因價昂到處受排擠，日本不得不立卽摹倣而放棄金本位。英國之幣制，向爲世界各國幣制之模範，尤慣爲日本所仿效。今英已放棄金本位，卽令日本政府不願放棄金本位，亦爲勢所不能，蓋一般人之心理，推測政府必追隨英國而放棄金本位，唯恐放棄金本位後，日匯欲暴落，於是爭購外匯，現金亦必隨之流出，金本位之維持仍爲不可能，再以放棄金本位後，在商戰上可操勝算，政府乃決然放棄金本位。日本放棄金本位後之結果，爲日匯之暴跌，日匯之下落，助成對外貿易之發展，若其國內之物價，因放棄金本位而呈反比例之騰貴，則由日匯低落所得之利益，適被抵消，無利可圖。但放棄金本位後，匯兌之低落和物價之漲高，並非絕對相連之事，因物價之上漲，全視國內通貨膨脹與否。今日本放棄金本位後，國內通貨並不膨脹，其物價仍照舊，而匯外則低落，如此對外貿易之競爭力遂增大，今日本放棄金本位後，匯兌固然下落，其國內之通貨並無膨脹，其物價僅受人心恐慌之影響上漲甚微。一九三一年來東京物價可見於下

東京物價指數（以一九一四年之物價為一百）

年　月	指數	年　月	指數
一九三一年十一月	一一六	一九三二年十一月	一三八
十二月	一二〇	十二月	一四三
一九三二年一月	一二六	一九三三年一月	一四七
二月	一二八	二月	一四二
三月	一二六	三月	一四一
四月	一二二	四月	一四〇
五月	一一九	五月	一四〇
六月	一一六	六月	一四二
七月	一一七	七月	一四四
八月	一三三	八月	一四三
九月	一三三	九月	一四五
十月	一三四	十月	一四三

由上表，可知日停止本金本位後，物價上漲甚微，即以一九三一年十一月之物價為標準，則僅漲百分之二十強，然其匯兌已低落百分之六十，故對外貿易，大佔優勢，日貨得以傾銷全球，無與匹敵矣。

茲附最近四年日本對外貿易輸出表於後（單位日金百萬元）

年　份	對中國輸出	對其他各國輸出	總　計
一九三一年	二三六，九	八八四，六	一，一二一，五
一九三二年	二五四，八	一，一一〇，七	一，三六五，六
一九三三年	四一〇，六	一，四二一，六	一，八三二，三
一九三四年	五五三，五	二，〇一二，三	二，一七一，九

自英日停止金本位後，美國繼之而起，大戰後，美國素被稱為金元王國，其國內儲藏之現金，甲於全球，故其放棄金本位，並非由於現金之缺乏，乃出於英日停止金本位後，予美國國際商業上莫大之打擊所致，美自放棄金本位後，其金元雖較前低落，但因其經濟地位勝於別國，金元匯價仍無大跌，未能與英日競爭。乃復採購金政策，出重價購買國內外生金，使金價高漲，迨金價漲高後，金元價值即反比例下落，於是貨幣貶值之計乃得售。若美國貫徹其貨幣貶值政策，繼續購金，使英對美之匯兌反高，則英必出而應戰，再用匯兌平準基金抑低金磅，同時日本亦必再跌日元，如此紙本位之貶值戰愈演愈烈矣。

上述國際經濟戰之兩種方式，均為各國用以發展其本國經濟之戰略，其先為金本位之攻防戰，目的在使對方被攻國之幣值低

落，破壞其國內經濟之安定，詎知被攻國放棄金本位後，反獲得對外貿易之優勢，各國乃相率改變戰策，爭先放棄金本位，抑低幣值，紙本位之貶值戰乃起，各國為謀經濟之發展，除極力貶低幣值外，同時再增高關稅，杜防他國貨品之輸入。若一國首先增加關稅，他國必照樣增加關稅，如此，輾轉報復，終乎關稅壁壘高築，結果，遂使國際貿易完全停頓，各國之經濟更無出路，社會愈感不寧，政潮由是起。觀乎方今遠東戰雲之瀰漫，列強軍縮會議之尖銳化，形見第二次世界人類大屠殺之演出在即，是可證區區之經濟問題，足以左右世界之安危。欲謀世界之和平者，安能不先事解決經濟問題乎？

改良我國典當業

李明濟

國民經濟狀況與典當業

我國工商之落後，誠爲無可諱言之事實，茲據主計處統計局一九三一年之記載，總括我國工業最發達之上海漢口無錫天津四大都市資本總額不及二萬萬元，工人總數僅叁拾餘萬人。以與歐美工業先進諸國相比較，其別不啻霄壤；卽以我國擁有四萬萬七千五百萬人口而言，其比數亦極幾微；蓋百分之八十以上之人口，方從事於舊法耕種之農業也。

我國農業之出產，佔全國生產額百分之九十以上，偌大民族之經濟生活，胥賴於是，理論上其所以足資平衡對外貿易者，農產物耳。自民國十八年以後之六年中，入超之額，最高年達九萬萬元，最少者亦在五萬萬元以上，以平均每年六萬萬元，計此巨額之負擔，已足以致中國經濟狀況之死命。更引起吾人之驚異者，厥唯糧食之大量輸入耳。夫以農立國者，糧食且不能自給，國民之衣食住行，殆無一而不仰給於外人矣！茲更引據李炳華先生前爲『交大經濟』所著之「發展交通與復興中國」一文中，所引證之『中國各部糧食由國外或國內進口淨數或出口淨數表』，以爲糧食輸入之佐證：

（以百萬catties爲單位）

	米	麥	麵粉	高粱	黍	穀
西北	−27	+81	−262	+476	+551	+110
北部	−238	−51	−802	−247	−16	−104
中部	−337	−267	−647	−62	−7	−11
廣東	−940	−1	−131	0	0	−1

整個國民經濟狀況之惡劣，已如上言，而蒙害最深，受苦最重者，則爲佔人口絕對大多數之農民，根據一九二七年武漢國民黨中央農民部之調查，得下列之表：

類別	人口百分比	佔有土地額比
小農一——一〇畝	四四	六
中農十一——三〇畝	二六	一三
富農三〇——五〇畝	一六	一七
小地主五〇——一〇〇畝	九	一九
大地主一〇〇畝以上	五	四三

就上表觀，中小農佔人口百分之七十，所有耕田，少者一二畝，多者亦不過三十畝，在一二畝田之家，自耕其地，無論如何，

不能自足，必備工於人。即在三十畝之家，土地之購置；田畝之改良！肥料之需要；備資之償付；衣食住行之消費；在在需用多量之資金。而賦稅之繁重，正稅之外，更有附稅；據立法院統計處民十九年之調查，江蘇江浦縣之田賦種類，多至三十種，而其中二十六種均為附加稅，近者國府雖厲行廢除苛雜，而積病甚深，一時難期大效，農民負擔之重，不待辯也。故在豐饒之歲，雖中農之家，亦不過能勉為應付耳！一旦天災流行，兵連禍結；或而洪起氾濫，或而赤地千里；或而死亡枕籍；傷心慘目，筆不勝書也。即在平時，若逢婚喪喜慶病患醫藥等人事之發生，以無儲積之農家，時不免難於應付之苦。且農人收獲，歲有定時。非至穀熟之季，無大宗收入可望，而生活所需，無日或止。故以言支出收入，在時間上也難保持平衡。質言之，無論為應付災害，應付人事，或應付日用之需，款項之借貸，乃為事實上所必要者。雖都市之銀行林立，然高樓大廈之門，手胼足胝之農夫，欲入而且不可得也！遑言告貸哉？事實上舍鄉村之專事重利盤剝者外，農民又孰從而告貸哉？有之，其為典當乎。

原典當設立之宗旨，在與窮民以資金之融通。胼胝手足之小農小工，以及中下社會，若有緩急之需，不論衣物首飾等，皆可以典押現金，而典當則不懼貸款之奇零，不畏貯藏之重贅，物而有價，概與接受，手續簡單，進出便利。在平民銀行，合作事業未有相當發展之時，典當之功用，愈見宏大而必需。而典當與小農小工關係之密切，殆無可過言也。典當既與農工等中下社會之經濟生活，息息相關。而農民又佔我國人口之絕對大多數，是則典當業且與整個之國計民生相關係也！所以影響國計民生者其道雖不一。然典當之得失優劣，其影響必不小。而典當業之改良，其亦改良國計民生之一道乎？

現有之我國典當業制度及其趨向

吾人欲言改良典當業者，必先究其制度及趨向，以為改良之張本。我國之有斯業已久，始於何時，殆不可考！後漢書劉虞傳有：『虞所賚賞，典當胡夷』，金史則有：『聽民開質典，利息重至五七分』。故可知典當業之在我國，確有悠久之歷史也。有此之初，多半屬慈善性質，非富商鉅賈，不能勝任，故典當之東家，有員外之稱；若於斯業者，有朝奉之號，斥資組織，自數萬元以至數十萬元不一。大抵以萬元為單位，應定資本總額若干，須視其所在地之商業及人口為比例。商業繁盛，人口稠密之區，則資本須大，方足以應需求，否則不能應其環境之需要，或過多而至失去需要。在昔多為獨資經營，近為集合便易計，多有採用合資制度，訂立契約，名曰「合同」，以昭信守。此項契約上，載明各股東出資之數目，及盈虧之分配退股與加本；會議時間與夫各種常例：所以明各股東之責任與權利亦即合資營業之規章也。

我國典當業之分類，約為四種：即典、當、質、押、是也。凡云典者，其質物之額，並無限制，而當鋪對於質貸之額，則可有限。又有就裝璜而分別者，典鋪之櫃臺必為一字形，而當鋪應作曲尺形，至質與押，則其規模猶小，當、質；押之分，大多根據納稅之不同。蘇省當之領帖，需納費五百元；質需三百元；押則僅需一百元。通常典之資本最大，期限最長，利息最輕，押值亦較高。當次之，質又次之，押則適得其反。原設押之始，非正當商人之所為，蓋軍犯之流，藉此以放重利，病民非以便民也。又有所謂代當者，常設於鄉曲小邑，領用典當之款以作資本，押得之貨，再轉押於典當。或須將貨運送典當存儲；或即由典當派人監視；視雙方之契約而定。江蘇之典當業，祗分當、質；押；三種。一等公典，俗謂為當；二等公典，俗謂按為質；三等公典，俗謂為押。廣東之典當業則又異是，分當店、店，押店三等。

無論為典，為當、為質 為押、或為按店，為獨資或為合資；典當業實與平民生計有密切之關係，故政府常日居於監視地位。在昔張之洞督鄂，以公款存放各典，週息四釐。一面令各典改期限十六個月為﹑十個月，二分取息。非殷實商家，不得開設典當。曾國藩在江督任上，招商設典。原定月息三分，後減為二分八，二分五，二分二、最後為二分，所以非殷實之商家不得設典者，蓋有見於與平民之關係，而責其負無限之責任也。所以規定利率者，蓋保護平民之利益，而免其被侵害也。然何者為殷實，殷實之限度何如？利率可高低，何者為合法之利率？此皆當有切實合理之規定，一方固當保護平民之利益，一方亦當考慮典方之立場；務使平民得合法合理之保護；而典方負合理之責任，得合法之利益。空虛之殷實兩字，固不足以規定典方之責任；而一味壓低利率，不思典方資金之來源與現金之成本，亦非澈底而有效之辦法也。在未討論此解決辦法之先，請先引民國十六年冬江蘇省財政廳所頒布之『當典營業新則』，以明我國典當業制度之一般。

當典營業新則

第一條　商人合資或獨資，遵章請領營業憑證開設典鋪者，由官廳驗明資本，得給證准其開設。

第二條　典商有遵章納稅之義務。

第三條　典商收質物件，應隨時製給當票；填明物質，花色當本日期。

第四條　當物出入，悉以銀元為本位，零尾角洋銅元，均按市價折合，逐日於櫃前標明本日市價，不得另有洋水名目，至存箱與否，任從當戶之便。

第五條　當物限同公平估值，不得抵當信當，

第六條　有左列情形之一者，得拒絕受當：

（一）官物有識證可辨者，

（三）珍奇玩物不能確定價值者，

第七條　典商實因原集資本足數，不能添本周轉者，呈由官廳驗明屬實，准時暫其止當，另籌資本復業。

第八條　典商所取息金，不得過按月二分，

第九條　受典貨物，以十八個月爲滿期，過期不贖，得由典商估變，

第十條　當息准以月計，但經過第一個月以後，取贖逾期在五日以內，不得收息，棉衣讓利，應於每年十月，十一月兩個月間行之，農具讓利，應於每年二三兩個月間行之。

第十一條　當戶交足本利，應聽將貨物贖回，不准留難。但當戶亦不得抽取一部份，要求贖回，致生枝節。

第十二條　當戶不願貨物滿當，准其按月上利，依期保留。

第十三條　兵災，盜刦，大水，鄰火，非人力所能抵抗，致有損失概不賠償。但事後憑官廳社團令明，有號可認者，照舊放贖，其零星遺失，無號可稽者，得估值變賣，以半價歸典商，半價分給當戶，按票攤付。

第十四條　失竊及自行失愼者，由地方官廳查明該典兩年內售賣滿貨，折中計算，作爲當物原值，以定賠償成數，惟當本利息理應扣除。其賠償成數之標準，列舉如左：

（一）失竊者，應照當價票面認賠全數。（例如當價一元，再賠一元）。

（二）自行失愼，經地方官廳查明確無別項情弊者，應照當價票面，認賠半數，（例如當價一元，再賠半元）。

第十五條　竊盜當贓，由事主鳴官存案，領有印憑，得備本赴典取贖，免其交利。俟該犯弋獲，由官追出當本，給還事主。

第十六條　當戶失落當票，須報明該票花色當本日期及貨物特別記認，邀同的實店保，並本境地甲，填掛失票，由典查明相符，交付利息，轉換新票，倘記憶不清，又無的保者，不得補給失票。

第十七條　當票以比對底簿騎縫圖記爲準，倘有僞造及塗改污滅者，認爲無效，並得依法控究。

第十八條　本規則自經省政務會議通過，公佈日起施行，如有未盡事宜，得隨時修正之。

我國典當業之制度，既如上述矣，今請進而言其趨向。在昔經濟情况穩定之秋，物價之變遷有限，經營抵押放款之典當，在平時既有衣物首飾等爲其放款之保障；即縱有當物滿期而仍未取

贖，當滿之物，猶不難得善價而沽諸。資金之週轉既靈，營業亦較其他一般商業爲穩當，故人多樂於投資也。近來不景氣之惡潮瀰漫全世界，而年年入超之我國，經濟情形之凋敝，殆爲尤甚，馴至百業不興，資金竭蹶，典當一業，亦難例外。蓋市面凋敝，則購買力薄，物價低落，滿當之物，出售維艱，而一般中下階級，值此經濟衰敗之時，求當者多，取贖者少。典當既苦於應當，而資金之來源，一則以經濟不景氣之籠罩，存款銳減，借款艱難；再則以取贖寥寥；再則以滿期典物，囤積難銷；故日趨竭蹶。因週轉不靈而停業者，比比然也。長此以往，不思救濟，則整個典當業之破產，意中事耳！影響我國經濟狀況者，當爲何如？

據湖南實業雜誌社發行之實業雜誌第二○七號所載『農民貸款的來源之統計』觀之，我國典當業已有顯著之衰落，茲特附錄於后：（該號雜誌係民國二十四年七月三十一日出版）

農民貸款的來源表

(省名)	(銀行)	(合作社)	(典當)	(錢莊)	(商店)	(地主)	(富農)	(商人)
察哈爾				一二·五	一八·七	二五·○	一二·五	三一·三
綏遠	二·九	五·八	二·九	八·八	五·八	二○·七	一七·七	三五·四
甯夏					二一·八	一四·三	二八·六	三五·二
青海			六·九		一四·九	三三·五	一七·○	三八·三
甘肅		一·三	二·六		一六·○	二一·三	三二·七	三六·一
陝西	四·一	二·○	九·○	五·○	二○·九	一五·四	一四·四	二九·六
山西	四·九	一·三	一八·九	一三·○	一一·四	一四·四	一三·四	三二·六
河北	三·三	一一·九	五·一	一○·七	一三·八	一三·二	一九·八	三二·二
山東	六·一	八·四	三·五	一六·三	一五·四	一五·五	一九·六	二○·二
江蘇	八·八	五·六	一八·五	六·二	七·二	二三·五	一四·二	一六·○
安徽		八·六	六·九	○·五	一三·一	三○·四	一六·九	二三·六
河南	一·七	一·三	六·三	六·五	一五·七	二八·八	一六·六	二三·一

湖北	二·九	四·九	一〇·九	二·九	一三·八	二五·四	二一·六	一六·六
四川	二·六	〇·九	一八·三	六·八	八·八	二六·六	一四·五	一二·五
雲南	二·六	〇·八	五·二		六·一	三三·四	二一·一	三〇·八
貴州			七·四		一〇·四	三二·九	二三·九	二五·四
湖南		一·六	五·六	二·二	一三·六	三四·五	二二·七	一九·八
江西	一·六	三·二	五·六	四·〇	一一·二	三二·六	二二·四	一八·四
浙江	三·七	四·五	一六·二	一〇·一	一二·〇	二一·九	一五·八	一五·八
福建	〇·九		三·六	七·二	一六·三	二〇·〇	二二·八	二九·二
廣東	三·二	〇·三	一八·四	五·五	一三·二	一六·九	一二·四	二〇·一
廣西	三·七		二二·三	〇·八	八·九	三一·八	一三·四	一九·一
平均	二·四	二·六	八·八	五·五	一三·一	二四·二	一八·四	二五·〇

典當業衰落之原因及其改良

根據『農民貸款的來源表』之統計，典當佔及百分之八·八而退居第五位，所謂商人、富農、地主、商店者，非高利絕不貸出，如江蘇武進縣一帶，借米一斗，年利稻三斗，廣東佛山，借洋一元，日利一角。此種驚人之高利，於窮僻之農村，不難見之，而單犯者流，所經營之小押，十日一計，利率六分，雖在通都大邑若上海者，亦屢屢見也。一般中下階級之被榨取，誠有鄭以聊生之歎！

値此典當業衰落之時，上海市典當業有縮短當期之舉。此果足以改良我國之典當耶？余竊以爲治標之法也，而非治本之方貸爲典當業主片面設計者也，而非統籌農村一般的經濟困難者也。茲先引證關於縮短當期之新聞紀載兩則，以見其所據之理由及其辦法，以爲討論之張本，

(一)新聞報民國二十四年十二月二十二日載

『滬市典業因受市面不景氣影響，營業一蹶不振。迭請求政府當局予以救濟，業經中央批復，准予縮短當押期限及減低典押物價。茲據記者探悉本市年來典業營業，趨於絕

境，悉因有典無贖，期滿之後，又難變賣，原來各典當滿期典物，均批由一般衣莊或傢具店鋪出賣，但邇來該項營業亦一蹶不振，以致各貨囤稿難銷。今雖政府顧念典業困難，予以變通，但典業前途，仍極黯淡。年來典業，紛紛清理，在廢歷年關之前，恐尚有難於支持者云』。

(二)新聞報民國二十四年十二十六日載

『滬市典當業爲救濟同業起見，對當期自十八個月縮短爲十二個月案，經市社會局核准後，並經新老同行聯席會議，決議明年元旦實行後，該同業公會昨特緊急通告云：年來市面凋敝，物價低落，男女衣式，時有改變。以致同業受當各貨，取贖銳減期滿出售，遭受綦虧。本會應同業之請，經呈准上海市社會局，將當貨滿期自十八個月改短爲十二個月，以資救濟。茲由本會召集新老同行聯席會議，議決自二十五年一月一日起爲同業實行改短滿期之期，所有以前受當之期，仍照理向章辦。除呈報外特此登報通告』。

根據上述之新聞紀載兩則，一般典當業之衰落，又獲一鐵的證明。概括言之，上海市典當業之縮短當期，一則以救濟衣式之改變；一則以減低滿期當物之利息負担與成本；均所以圖銷售之便利，求資金之週轉靈通也。然服式之時時改變，爲都市之特點。若在鄉村，老農苦工等之衣式，多歷久而不變。爲一般之典當業着想者，此不足爲病也。以言利息之負担，及滿期當物之成本，縮短當期，僅不過可以解決一部份耳！典當業活之動資金，固不能僅恃滿期當物之實價也。在我國內地之典當業，其營業情況，多爲季候化。在平時多當而少贖；在農熟之後，取贖陡增，故有時則需要借款，有時則亦有餘款需要存放，欲策存放之安全，則僅可得極低之利率，欲得大宗之借款，往往不可能；縱或得之，利率必倍蓰於存放之所得。一進一出，利率上之虧折，利息與成本負担俱增，僅恃縮短所獲，不知能平衡此否？若一旦求當者激增，借款無着，仍不能免於週轉不靈而停業也，然無論如何，縮短當期，確可以減輕當本，而救濟銷售之一部份的困難，此急治標之法，在典當業主方面，不無稗益，在另一方面，一般中下階級之迫而出於典質者，既因減低典押物價(見新聞紀載一)而所獲無多；又因縮短當期而取贖之機會減少；雙重壓迫，困苦更增。爲一般之經濟困難情形着想，余誠不敢取於縮短當期之辦法也。

在未討論澈底的改良辦法以前，請先究其衰落之原因。

(一)投資之減少　通常人皆以典當爲財庫之所在，盗匪多以之爲刧搶之目的，每遭洗刧，損失不貲。若遭火災，損失尤巨。在近數年匪多於毛之時，典當之安全，頗令人懷疑。故不少之富戶般商，多裹足不敢前，以此造成資之減少。

(二)借款之困難　典當所恃以週轉之資金，除一部份爲資本外，多數仍仰給外界之借與。近年來經濟恐慌，達於極點，銀行既緊縮放款；錢莊又多數倒閉；私人資金，亦多大減而特減；典當之借款，因而困難。故有週轉維艱之苦，往往迫而停業。

(三)求當之激增　基於普遍的經濟狀況之衰落，求當者之數甚激增。各典當以其有限之資源，曷足以應社會無窮之需要？且多有典無贖，死當既多，資金之週轉率遂小，故應付爲難。

(四)社會購買力之減小　求當者之數量，既因經濟恐慌而激增；社會之一般的購買力，復因經濟恐慌而遞減。以致滿期典物囤積難銷。各典資金，因而板滯，有一蹶不振之勢。

典當業衰落之原因，當不止於上述之四種。但上述之四種，要實爲普遍之現象。而典當業之需要改良及救濟，誠一不可虛飾之事實也。茲更引證新聞報二十五年一月間紀載一則於后：

「財長孔祥熙鑒於新幣政改革後國內經濟情形逐漸轉佳。惟農村經濟，尚未澈底恢復原狀。特於日前面囑中南銀行總經理胡筆江，四行儲蓄會總經理錢新之，協助鄉村錢業與典當業，以期渡過廢歷年關，復興農村經濟。昨悉胡錢兩氏奉命後，已着手起草協助救濟辦法。大約在廢歷年內，先從近處小處入手，作爲初步救濟。一俟總結算期後，

再通盤籌劃救濟全國錢業典業。蓋鄉村典業，係我國金融史上最初與人民有切膚關係者，救濟之道，亟不容緩云」

然則我國之典當業，當如何救濟耶？當如何改良耶？中央既已注意及之，不久之將來，必有切實之辦法，誠無用吾人之過慮也。茲不過就管見所及，次第錄之，以待芻耳。

(一)政府銀行放款　現在一般典當業之衰落，其最大原因，多爲借款艱難，資金有欠靈通，若政府銀行肯大批借款，取最低利率，則週轉不靈，因而停業者，故可減少。而當本亦可因借款利率低小而減輕，出售滿期當物，自較易脫手，不必待縮短當期而苦窮民也。典當業務，原爲抵押放款性質。以其業務之瑣細，政府銀行，勢難兼理。然本於福國利民之宗旨，此與絕對大多數中下階級人民生活息息相關之典當業，匡救維持，則在政府銀行責不容辭者也。且典業放款，有物可抵，與普通之一般信用放款，其可靠性亦不可同日而語也。

(二)強迫保險　兵災盜劫，大水，隣火，非人力所能抵抗者，致有損失，於理固不能責典當之賠償。至失竊與自行失慎者，若損失過大，而非典當業主力所能償者，雖繩之以法，責其賠償，亦屬無補於事也。然窮苦之當戶，萬不能再令其遭受損失。爲顧全當戶利益及典當業主之困難計，惟有強迫保險。以全國各省市計，典當之總數必甚大。質言之，其平均率必大。而兵災，

盜刼，大水，隣火，失竊，及自行失愼等危險，究屬不常見之事。故所取保費必不大，而爲各典當之易於負担者。一經保險，業主及當戶之利益，均得一鈇一般的保證矣。此種保險，最好由政府銀行專利承保，以增安全。而加入此種保險，須政府明白規定爲典當業之必要條件。

（三）代當業務之推廣　代當之制度，已於現有之我國典當業制度及其趨向一章中佃及之矣，茲不復述。茲所欲言者乃此種業務之推廣耳。原典當一業，多祇設立於城市及大鄉鎮；以其大宗業務，較有把握故開支可宗，有利可介。若窮僻小邑，往往不能成立一典當者，以其業務之太清淡也。於此種區域，若附近無城鎮，無典當，窮民不得不迫而高利稱貸。故放印子錢及小押等，於此種地方特多。窮民之被剝削亦特甚。爲救濟此種現象起見，各城鎮典當應於鄉曲小邑，儘量多設代當處。

（四）法定股息與紅利　典當業原含有救濟性質，所謂惠貧事業，當以慈善爲宗旨。應與普通專以牟利爲目的之事業，有所分別。典當主多得一分利益，即窮苦當戶增加一分負担。故典當業主之利潤，有限制之必要。鄙意典當股息，不得過市上利率。股東紅利，應低於一般商業機關。其爲百分之幾，尤有待乎調查與研究。此種股息與紅利率，當由政府規定之。是爲法定股息與紅利。在付給股息紅利之後，如有富餘，即存儲爲公積金。非至清理閉歇，不得動用。此年年存儲之公積金，可以加強資源，增進事業之穩固與安全。典當之實力增加，即當戶之保障益健。在政府允許之下，并得動用公積金，以爲改良業務，減低典質利率時之補助。

（五）減低典質利率與費用　在不妨礙典當業獲得法定股息與紅利之情況下，典質費用「指一切浮費」應求一律取消。典質利率，應逐漸減低。利息之計算，更當公平確實：以便利當戶爲原則，由政府督率各典當逐步改良。

（六）政府監督　爲實行上列各項方案起見，各地方政府應任命專員，專司考察監督之責。

（七）兼營衣莊或傢具店鋪　爲謀滿當貨物之出路，及避免衣莊或傢具店鋪商人之從中取利，典當業在適當的環境之下，可兼營衣莊或傢具店鋪。

（八）農產物抵押　在銀行林立之處，固有堆機倉庫可以抵押穀物。而內地城鎮之未有銀行者，典當業可兼營農產品抵押，以便利農民資金之週轉；以免受奸商操縱市場，抑抵價格之損失。且零星抵押，銀行所不承受者，典當一本其不憚貸款之奇零，不設貯藏之重督之精神，可以承做。

編輯者言

受命編輯本刊之日未嘗不怔忪惶愧也以經驗之缺乏故怔忪而無所措以知識之剪陋故惶愧而不敢當使非出版部長何紹賢兄之諄囑不已誠無以啓其嘗試之心也

既冒昧就職而後知此乃一極難得之機會蓋本校師長同學均能愛護本刊徵稿之文既布琳琅珠玉紛投率皆宏著儻論徵稿毫無困難反得於本刊與世相見之前先睹諸家大作廣見聞益知識誠良好之求知機會也至於編緝之事一切進行率仍舊章復得諸師長學術上之指導諸先進經驗上之幫助響之感經驗缺乏知識剪陋者不復爲工作之累矣

本期稿件得於師長者半得於同學者半諸師長海內知名固無待於介紹諸同學本其所學據其所見撰而爲文有無可觀待讀者之批評蓋文章自有定價不必編者爲之介紹也

本刊之得失優劣根據過去之歷史毀譽參半然無論爲毀爲譽必自關心本刊者發之今而後甚望關心本刊者作實際之愛助改良本刊以底於至善

今值發刊例得有言謹以萬分之誠向諸師長同學致謝

二十五年一月十六日明濟於上院編輯室